처음에는 방대한 내용을 정리하여 새로운 유형의 책을 내면서 불안한 마음도 있었다. 그러나 생각보다 폭넓은 독자층이 이 책을 이용하고 있다는 사실과 많은 분들이 유용하고 필요한 책이라는 말씀을 해주셔서 다행이라고 생각한다. 앞으로도 이 책이 꾸준히 많은 분들에게 사랑받고 도움이 되기를 소망한다. 이 사전이 나오기까지 도와주신 많은 분들에게 다시 한번 감사드리고, 아울러 더 충실한 내용을 위해 많은 조언과 도움을 주신 독자들과 동료들에게도 이 자리를 빌려 고마운 마음을 전하고자 한다.

2023년 3월

이 진 영

차례

01 사회 SOCIETY

사회 문제 SOCIAL ISSUES

지식 기반 사회 **knowledge-based society**

지식 기반 사회로 이행하는 과정에서 빈국들이 소외되면 안 될 것이다.

The world's poor should not be excluded from the emerging ***knowledge-based society***.

정보화 사회 **information society, digital society**

인터넷 사회 **Internet society**

네티즌 **Netizen**

우리는 책임 있는 네티즌이 되어야 한다.

We must be responsible ***Netizens***.

블로그 **blog, blog site**

인터넷의 블로그 숫자가 5개월마다 2배씩 늘어났다.

The number of ***blogs*** on the Net has doubled in size every 5 months.

• Blog란?

Blog란 weblog의 약어로, 개인이 매일 자신의 생각이나 시평을 올리는 일지(log) 형태의 웹 사이트다. 블로그를 운영하는 사람들을 blogger, 블로그를 운영하는 행위는 "*to blog*" 또는 "blogging"으로 표현한다.

소셜 미디어 **social media**

소셜 네트워킹 **social networking**

SNS 계정 **SNS account**

☞ *SNS* : *Social Networking Service* 또는 *Social Networking Site*의 약자로서 이용자들 간 커뮤니케이션을 통해 관계망(*network*)을 형성할 수 있도록 해주는 웹 기반 서비스다. 대표적으로 *Twitter*, *Facebook*, *Instagram*, *Tik Tok* 등이 있다.

팔로워(구독자) **follower**

인플루언서 **influencer**

인플루언서 마케팅은 유명인, 운동선수, 블로거 등 영향력이 큰 인물을 활용해서 브랜드 홍보를 하는 것이다.

Influencer marketing uses celebrities, athletes, bloggers, and other influential figures to market brands.

인터넷 범죄 **Internet crime, cyber crime**

명의 도용 **identity theft**

해킹 **hacking**

유해 사이트 **harmful website**

음란 사이트 **pornographic website**

음란 사이트들은 인터넷상에서 가장 상업적인 사이트다.

Pornographic sites are the most commercial sites on the net.

안티 사이트 **hate site, anti-site**

안티 사이트는 개인이나 특정 집단을 공격한다.

Hate sites maliciously attack a person or a certain group of people.

자살 사이트 **suicide website**

자살 사이트를 통해 만난 것으로 추정되는 30세 남성과 32세 여성이 사체로 발견되었다.

A 30-year-old man and a 32-year-old woman, who were believed to have met through an internet ***suicide website***, were found dead. (*Independent*)

MZ세대 **MZ Generation (Millenials + Gen Z)**

Z세대 **Generation Z, Gen Z** (1995년~2010년대 초반 태생)

알파세대 **Generation Alpha, Gen Alpha** (2010년대 초반~2020년대 중반 태생)

Y세대 **Generation Y, Millenial generation, Millenials** (1980년~1994년 태생)

이들은 스스로를 Y세대, 에코 부머, 밀레니엄 세대 등 여러 이름으로 일컫는다.

They go by a host of taglines : ***Generation Y***, Echo Boomers, or Millennium Generation. (*Businessweek*)

X세대 **Generation X**

386세대 **3-8-6 Generation**

386세대란 1960년대에 출생하여, 1980년대에 대학을 다녔고, 이 용어가 유행하기 시작했을 당시 30대였던 세대를 가리킨다.

The ***3-8-6 Generation*** are those who were born in the 1960's, attended college in the 1980's and were in their 30's when the term came into vogue.

2030세대 **Generation 2030**

2030세대란 한국에서 X세대라고 할 수 있다.

Generation 2030 is Korea's answer to Generation X. (*International Herald Tribune*)

딩크족 **DINKS (Double Income No Kids)**

딩크족은 저축보다는 소비에 관심이 많다.
Dinks are more interested in consumption than savings.

조기 유학 **going overseas to study at a young age**
조기 유학에 관한 논란이 많다.
There is much debate about ***sending young children overseas*** to study.

기러기 아빠 **"home-alone" fathers, gireogi dads**
최근 한국에서는 조기 유학생 자녀를 동반하는 어머니들이 늘면서 기러기 아빠가 늘고 있다.
"Home-alone" fathers are on the rise, as mothers leave their husbands behind to accompany young children who go abroad for education.

사교육비 **private education costs, expenses for private tutoring, expenses for extra-school learning**
늘어나는 사교육비는 부모들에게 큰 짐이 되고 있다.
Increasing ***expenses for private tutoring*** place a great burden on parents.

님비 현상 **NIMBY (Not-in-MY-Back-Yard) syndrome**
지역 이기주의 **NIMBY (Not-in-MY-Back-Yard) mentality**
혐오 시설 **unwelcome facility, unpleasant facility**
주민들은 혐오 시설인 화장터가 들어서는 것을 반대했다.
The local residents opposed the construction of a crematorium which is considered an ***unpleasant facility***.

가족 이기주의 **familialism**
한국 주부들 사이에는 내 가족만 아는 가족 이기주의가 팽배해 있다.
Familialism, valuing only the interests of one's own family, is a widespread attitude among Korean mothers.

호화 결혼식 **extravagant weddings**
예식장 **wedding hall**
피로연 **wedding reception, wedding banquet**
고소득층의 호화 결혼식은 많은 사람들로부터 비난을 받는다.
Extravagant weddings held by well-to-do families are criticized by many people.

과소비 **conspicuous consumption, conspicuous spending, extravagance, spending beyond one's means**
졸부들은 아직도 과소비를 통해 부를 과시한다.
Many nouveau-riche still show off their wealth through ***conspicous spending***.
한국은행은 저축률 감소의 한 원인이 과소비 풍조 탓이라고 밝혔다.

The Bank of Korea reported that the ***conspicuous consumption*** is one of the causes of decreased savings rate.

과소비 추방 운동 **frugality campaign**

한국의 사회 단체들은 과소비 추방 운동을 벌이고 있으나 일부에서는 범국민적인 과소비 추방 운동이 수입을 막는 원인이 될까봐 우려하고 있다.

Although Korean social groups are pushing for a ***frugality campaign***, some worry that a nationwide campaign to encourage frugality could discourage imports.

경조사비 **expense/expenditure for funerals and wedding gifts**

봄과 가을에는 경조사비 지출이 많다.

Expense for funerals and wedding gifts increases in spring and fall seasons.

축의금 **wedding gift-money**

부의금 **condolence money**

사회 불평등 **social inequality, social disparity**

성소수자 **sexual minority**

☞ 퀴어(*Queer*) : 모든 성소수자를 의미하는 총칭. 영어로는 폄하의 의미가 내포되어 *LGBTQ*로 대체되고 있다.

☞ *LGBTQ* : 성소수자 중 레즈비언(*Lesbian*), 게이(*Gay*), 양성애자(*Bisexual*), 트랜스젠더(*Transgender*), 성정체성 혼란(*Questioning*) 또는 퀴어(*Queer*)를 말한다. 그 외 *LGBTQ+*는 +를 통해 모든 성소수자를 아우른다는 의미다.

사회적 다양성 **social diversity**

사회적 포용성 **social inclusiveness**

양극화 현상 **(socio)economic polarization**

1997년 IMF 위기 이후 시장 개혁의 가속화에 따른 사회 양극화 현상이 심화되면서…

…growing ***social polarization*** in the wake of escalating market reforms since the 1997 financial crisis. (*Znet.com*)

소득 격차 **income gap**

고소득층 **high income class**

중산층 **middle income class**

저소득층 **low income class**

고소득층과 저소득층의 소득 격차는 1997년의 6.9배에서 2002년에는 8.9배로 확대되었다.

Income gap between ***high income class*** and ***low income class*** extended from 6.9 times in 1997 to 8.9 times in 2002.

부랑인 **homeless**

노숙자 **street dwellers**

IMF 외환 위기로 인해 노숙자가 급격히 늘어났다.

The number of ***street dwellers*** dramatically increased during the financial crisis of 1997.

소외 계층 **underprivileged class, disenfranchised group, underprivileged population, marginalized group**

취약 계층 **disadvantaged group, vulnerable group**

특권층 **privileged class**

대통령은 특권층이 아닌 소외 계층을 위한 정책을 펴겠다고 약속했다.

The President promised to implement policies for the ***underprivileged population***, not for the ***privileged few***.

중산층 **middle class**

최상위 계층 **upper middle class**

차상위 계층 **near poor**

차상위 계층은 기초 생계비 지원을 받는 사람들 바로 위의 계층이다.

The "***near poor***" refers to the class immediately above those who receive Basic Livelihood subsidies.

황금만능주의 **money worship, moneyism**

오늘날 우리는 황금만능주의 사회에 살고 있다.

Nowadays, we live in a society where ***moneyism*** is the unofficial religion.

Nowadays, we live in a society that ***worships money***.

갑질 ***gapjil*, abusive behavior or acts**

갑질이란 우월한 힘을 이용하여 약자를 무시하는 강압적 태도나 행위다.

"***Gapjil***" refers to abusive behavior or acts committed by those in positions of power over others.

지역감정 **regional animosity, regional rivalries, interregional antagonism**

그는 선거 공약으로 나라를 분열시키는 지역감정 근절을 내세웠다.

In his election campaign he promised to work towards ending the ***regional rivalries*** that have divided the country.

연고주의 **cronyism (based on personal affiliation), loyalty to someone from the same school or region**

학연 **school affiliation**

지연 **regional affiliation**

우리나라에는 학연이나 지연을 중심으로 한 연고주의가 자리 잡고 있다.
Cronyism based on school or ***regional affiliations*** is a deep-rooted custom in Korea.

마약 — drugs, illicit drugs

　— 오남용 — drug abuse, drug use

일반 사원과 주부들에게서까지 마약 오남용 실태가 발견되고 있다.
Even ordinary salarymen or housewives were found to ***use drugs***.

마약 범죄 — drug problem, drug-related crime

　마약 사범 — drug offender

　마약 소지 — posession of drugs

마약 사범들에 대한 엄중한 조치…
...strict measures taken against ***drug offenders***...

　마약 단속 — drug control, anti-drug enforcement, crack down on drugs

뉴욕시의 고등학교에 대하여 마약 단속을 강화할 예정이다.
More ***anti-drug enforcement*** is planned for high schools in New York City.

필로폰(philopon) — methamphetamine

합성 마약 — synthetic drug

대마초 — marijuana, cannabis

대마초는 중독성이 없다고 주장하기도 한다.
Some maintain that ***marijuana*** is non-addictive.

마약 대사 — anti-drug ambassador

…중국의 광동 출신 팝가수 Kelly Chan을 마약 대사로 임명…
...appointed Canton pop singer Ms. Kelly Chan as an ***Anti-drug Ambassador***...

마약 중독자 — drug addict

중국의 마약 중독자 수는 10년 전에 비해 6배나 증가했다.
The number of ***drug addicts*** in China increased by 6 times compared to a decade ago.

약물 남용 — substance abuse

약물 남용은 향정신성 물질의 비의학적 사용을 뜻한다.
Substance abuse means non-medical use of psychotropic agents.

외모 지상주의 — lookism

성형 수술 유행 — popularized/widespread cosmetic surgery

우리 사회의 외모 지상주의가 성형 수술을 부추긴다.

Lookism, embedded in our culture, promotes ***cosmetic surgery***.

☞ <의학/생활 건강> 참조.

퇴폐풍조 **promiscuity, decadence**

윤락 산업 **sex industry, prostitution**

윤락녀, 매춘부 **sex worker, prostitute**

성인 전화방 **adult phone-sex service**

성인용품 **sex toys, adult toys/products**

요즘은 인터넷에서 성인용품을 판매한다.

These days, ***sex toys*** are sold on the internet.

음주 문화 **drinking culture/custom**

폭탄주 **boilermaker, atom bomb**

어젯밤에 폭탄주를 돌렸다.

We drank a round of ***boilermakers*** last night.

원조 교제 **Wonjo gyoje, underage prostitution**

원조 교제란 미성년 여성이 나이 많은 남성에게 성을 제공하고 그 대가로 돈을 받는 행위를 뜻한다.

"Wonjo gyoje" is the act of an underage female providing sex to older men in exchange for pocket money.

몰카 **illegal spycams, intimate photos taken without consent/by hidden camera(s)**

몰래 찍은 사진 및 동영상의 유포를 막기 위해 정부가 더 강력한 조치를 취해야 한다.

The government needs to take stronger action against the distribution of ***intimate photos and footage taken by hidden cameras***.

불법 유포 **non-consensual sharing, sharing intimate images without consent**

장묘 문화 **burial custom, burial practices**

매장 **burial**

국토가 좁은 한국에서는 장묘 문화가 바뀌어야 한다.

Korea, with its limited land area, must change its ***burial customs***.

화장 **cremation**

화장터 **crematorium**

납골당 **mausoleum**

최근 여론 조사에 의하면 한국 성인의 72%가 화장(火葬)을 선호하는 것으로 나타났다.

A recent survey showed that almost 72% of Korean adults wished to ***be***

cremated after they die.

양심적 병역 거부자 **conscientious objector**

대체 복무 제도 **alternative service**

Jonathan Ben-Artzi는 양심적 병역 거부자로서 이미 징병 거부로 몇 달을 복역했다.

Jonathan Ben-Artzi is a ***conscientious objector*** who has already spent months in prison for refusing conscription. (*Guardian*)

사행 산업 **gaming industry/business**

사행성 산업 중 경마, 경륜, 경정의 재정 기여도는 낮아진 반면…

While the fiscal contribution of ***gaming businesses*** such as horseracing, bicycle racing, and boat racing has decreased...

해외 원정 도박 **going abroad to gamble, overseas gambling**

한국 형사법에 의해 도박은 금지되며, 따라서 해외 원정 도박은 불법이다.

The Korean criminal law forbids gambling, so ***gambling abroad*** is illegal.

빈곤 POVERTY

빈곤 **poverty, economic destitution**

빈곤은 여러 아프리카 국가들의 심각한 문제 중 하나다.

Poverty is one of the most serious issues in many African countries.

최빈국 **poor of poorest nations, least developed countries**

빈곤선 **poverty line**

빈곤선 이하 또는 이상의 생활을 하는 사람들…

...people living below or above ***poverty line...***

절대 빈곤 **abject poverty**

20% 이상의 세계 인구가 아직도 절대 빈곤을 벗어나지 못하고 있다.

More than 20% of the world population still remains in the state of ***abject poverty***.

무허가촌 **squatter town**

판잣집 **shanty, makeshift hut**

고부채 최빈국 **Highly Indebted Poor Countries (HIPC)**

고부채 식량 부족 국가 **Highly Indebted Food Deficit Countries (HIFDC)**

42개 고부채 최빈국은 연간 수출액의 150%를 외채 상환에 사용해야 한다.

For the 42 ***HIPCs***, 150% of the amount annually earned through exports goes toward repaying their foreign debt.

국가 간 빈부 격차 **gap between wealthy and poor nations, wealth disparity among rich and poor countries**

빈익빈 부익부 **the rich getting richer and the poor getting poorer**

정보 획득에서도 빈익빈 부익부 현상이 나타난다.

The phenomenon of ***the rich getting richer and the poor getting poorer*** exists in information acquisition.

남남 문제 **South-South issues**

남북문제 **North-South issues**

남북 협력 **North-South Cooperation**

남남 협력 **South-South Cooperation**

남남 협력이란 개발도상국가 간의 경제·기술 협력을 말한다.

South-South Cooperation is economic and technological cooperation among the developing countries.

• North-South란?

남북 관계, 또는 빈국과 부국의 관계라는 뜻. 북반구의 선진국과 남반구의 저개발 국가들 간의 관계는 식민 관계가 종식된 후에도 경제 발전과 빈부 격차가 더 심화되고 있다. 이 같은 격차로 야기되는 정치·사회·경제적 문제들을 포괄하여 남북 관계라고 한다.

• South-South란?

주로 남반구에 개도국과 후진국들이 위치하고 있어 이들 국가들을 통틀어 남(南)으로 부르고 있다. 그러나 개발도상국 간에도 경제적 발전 수준의 격차 및 그에 수반되는 문제들이 있으며 이를 남남 문제라고 한다.

공적 개발 원조 **Official Development Assistance (ODA)**

개발원조위원회 **Development Assistance Committee (DAC)**

대외경제협력기금 **Economic Development Cooperation Fund (EDCF)**

정부는 IMF 사태 이후 중단한 대외경제협력기금(EDCF)의 정부 출연을 내년부터 재개하는 등 공적 개발 원조(ODA)를 확대하기로 했다.

The government decided to expand ***ODA*** including resumption of governmental contribution of ***EDCF*** which was suspended since the foreign currency crisis in 1997.

공여금 **contributions**

공여국 **donor country**

수원국 recipient country

• ODA란?

Official Development Assistance. 공적 개발 원조. 남북 협력의 일환으로 선진국들이 정부 차원에서 저개발 국가나 국제기구에 공여하는 경제적·기술적 지원. OECD의 개발원조위원회(DAC)에서는 회원국들이 GDP의 0.7% 이상을 개도국에 대한 ODA로 제공하도록 권고하고 있다.

인도주의적 구호 사업 humanitarian work
국제 구호 사업 international relief operation

한국 종교 단체들이 국제 구호 사업에 참여하고 있다.
Korean religious organizations participate in ***international relief operations***.

국경 없는 의사회 Médecins Sans Frontières
옥스팜 OXFAM
세계 식량 계획 World Food Programme (WFP)

삶의 질 quality of life

장애인의 삶의 질 향상을 위한 여러 가지 환경 개선이 필요하다.
In order to improve the ***quality of life*** for the disabled, many improvements need to be made in the surrounding facilities.

생명지표 life indicator
문해율 literacy rate
문맹률 illiteracy rate

빈국들은 문맹률이 높다.
Poor countries have high ***illiteracy rates***.
빈국 여성들에게는 문맹 퇴치가 최우선 과제다.
Eliminating illiteracy is the most urgent task for women in poor countries.

문맹 퇴치 fight illiteracy, reduce illiteracy
문맹 인구 illiterate people, illiterate population

세계 문맹 인구 가운데 3분의 2가 여성이다.
Two thirds of the ***illiterate population*** are women.

소액 금융 microfinance
소액 대부 microcredit

빈곤과 기아에 대한 방편으로서 소액 금융의 가치가 입증되었다.
Microfinance has proved its value, in many countries, as a weapon against poverty and hunger. *(Kofi Annan)*

• Microcredit이란?

영세민들이 소규모의 자영업을 시작하여 자립할 수 있도록 소액의 자금을 대출해주는 제도. 대출을 받을 만한 신용이나 담보가 없는 사람들에게 무담보로 제공되기도 하고 몇 명을 묶어서 상호 보장을 하도록 한다. 개도국의 여성들이 대표적 수혜자로서 방글라데시의 그라민(Grameen) 은행이 대표적인 운용 기관이며, 그 외 아시아, 아프리카, 남미 등 여러 나라에서 도입했다.

식수 부족 **shortage of drinking water**

식량 부족 **food shortage**

기아 **famine, hunger**

남아프리카 지역에서는 1천 3백만 명 이상이 기아에 시달리고 있다.
In South Africa, more than 13 million people suffer from ***famine***.

세계보건기구 **World Health Organization (WHO)**

공중 보건 **public health**

질병 퇴치 **eradicate disease**

WHO는 소아마비가 퇴치되었다고 발표했다.
WHO declared that poliomyelitis has been ***eradicated***.

질병 예방 **disease prevention**

전염병 **infectious disease, communicable disease**

국제백신연구소는 개발도상국의 전염병을 예방하기 위한 목적으로 설립됐다.
The International Vaccine Institute was founded for the prevention of ***infectious diseases*** in developing countries.

수인성 질환(병) **waterborne disease**

수백만 명의 아이들이 깨끗한 식수를 먹지 못해 수인성 질병으로 사망한다.
Millions of children die of ***waterborne diseases*** because they have no access to clean drinking water.

1일 평균 에너지 공급량 **Daily Energy Supply (DES)**

그러나 실제로 17개 국가에서는 식량 공급 문제가 심각하여 1일 평균 에너지 공급량이 2000칼로리 미만이다.
But the reality is that 17countries have severe food supply problems, with a ***DES*** of less than 2000 kcal. (*FAO website*)

기대 수명 **life expectancy, life span**

한국인의 기대 수명은 1970년 63.2세에서 2019년에는 83.3세로 급격히 증가했다.
The ***life span*** of Koreans has dramatically increased from 63.2 years in 1970 to 83.3 years in 2019.

사망률 **mortality rate**

영아 사망률 **infant mortality rate**

선진국에서는 영아 사망률이 낮다.

Infant mortality rate is very low in advanced countries.

인구 POPULATION

세계인구개발회의 **International Conference on Population and Development (ICPD)**

맬더스의 인구론 **Malthus's Essay on the Principle of Population**

기하급수적 **geometrically**

산술급수적 **arithmetically**

인구는 기하급수적으로 증가하는 반면, 식량은 산술급수적으로밖에 증가하지 않기 때문에 불행한 결과를…

...production of food increases ***arithmetically*** and production of people ***geometrically***, with unfortunate results...

유엔인구기금 **UN Population Fund (UNFPA)**

인구 증가율 **population growth rate**

세계 인구 증가율은 1960년대의 3%에서 크게 낮아져 1993년에는 0.9%였다.

World ***population growth rate*** dropped significantly from 3% in the 1960's to 0.9% in 1993.

인구 구성, 인구 구조 **demography, demographics**

한국의 인구 구조는 선진국의 인구 구조를 닮아가고 있다.

The ***demographics*** of Korea is shaping into that of developed countries.

☞ *demographics* : 인구 통계라는 의미도 된다.

인구 조사 **census**

5년에 한 번씩 인구 조사를 한다.

The national ***census is taken*** every 5 years.

The national ***census is conducted/held*** every 5 years.

인구 모형 **population profile, population pyramid**

인구 절벽 **demographic cliff**

인구 절벽은 납세자의 감소를 뜻하므로 미래 국가 예산에 큰 부담이 될 것이다.

The ***demographic cliff*** will place a strain on future state budgets because we will have fewer taxpayers. (*Star Tribune*)

인구 배당금 **demographic dividend**

향후 몇 십년간 인도는 세계에서 가장 젊은 인구층을 가진 국가로서 남아 있을 것이며 이런 인구 배당금은 어쩔 수 없는 것…

India will remain one of the youngest countries in the world in the next few decades and this ***"demographic dividend"*** is seen as an inevitable.. (*Hindu*)

인구 고령화 **ageing of population, ageing demographics**

여러 선진국은 인구 고령화로 인한 문제에 시달리고 있다.

Many advanced countries have problems related to the ***ageing of populaton.***

고령화 지수 **Aging Index**

고령화 사회 **ageing society**

고령 사회 **aged society**

유엔은 노인 인구가 7% 이상인 사회를 고령화 사회, 14%를 넘으면 고령 사회라고 부른다.

The United Nations describe a society whose elderly consist of more than 7 percent of the population, as ***"ageing."*** If it tops 14 percent, it is referred to as ***"aged."***

☞ *aging vs. ageing* : 양쪽 모두 맞는 표기다.

초고령 사회 **super aged society**

출산율 **fertility rate**

합계 출산율 **total fertility rate (TFR)**

일본 기혼 여성의 합계 출산율은 1950년대 이후 급격히 감소했다.

Total fertility rate (***TFR***) of Japanese married women has dropped sharply since 1950s.

출생률 **birth rate**

전문가들은 계속해서 한국의 출생률이 떨어질 경우 2020년에는 전체 인구 중 노인이 차지하는 비율이 13.2%가 될 것이라고 전망했다.

Experts say that with ever-declining ***birth rates***, the elderly population will account for 13.2% of South Korea's population by 2020.

☞ *birth rate* : 출생률. 인구 100명당 출생되는 인구 수.

☞ *fertility rate* : 출산율. 여성 1명당 출산하는 자녀 수.

평균 자녀 수 **average number of children per couple**

한국에서 남녀 2명이 평균적으로 갖는 자녀 수는 1.6명이다.

The ***average number of children per couple*** stands at 1.6 in Korea.

인구 대체 수준 **Population Replacement Level/Rate**

인구 변화가 안정적인 인구 대체 수준은 여성 1명당 자녀 수 2.1명이다.

The ***population*** stabilizing ***replacement rate*** is 2.1 babies per woman.

15세~45세 사이의 한국 여성 합계 출산율은 인구 대체 수준보다 훨씬 떨어진다.
The TFR of Korean women aged 15 to 45 is much lower than the ***population replacement level***.

가임기 — reproductive age, child-bearing age
가임기 여성…
...women of ***reproductive age***...

모자 보건 — mother and infant (health) care
보건 분야의 인프라 투자로 모자 건강을 증진시킬 수 있다.
Investing in public health infrastructure will enhance ***mother and infant health care***.

가족계획 — family planning, planned parenthood

산아 제한 — control birth
높은 인구증가율을 낮추기 위해 중국 정부는 산아 제한 정책을 실시하고 있다.
The Chinese government ***controls birth*** in order to curb the rapid increase of population.

피임 — birth control, contraception
피임을 하다.
...***practice birth control***...
...***use contraceptive measures***...

불임 시술 — sterilization

인권 HUMAN RIGHTS

인권 — human rights
— 탄압 — suppression of human rights
— 유린 — violation of human rights
매춘 여성에 대한 인권 유린이 심각하다.
Violation of human rights of prostitutes is serious.
— 보호 — protection of human rights
피의자 인권 보호를 위한 구체적 방안이 마련되어야 한다.
Definite measures are needed to ***protect the human rights*** of criminal suspects.

권리 침해 — violation/encroachment/infringement of rights

양도할 수 없는 권리 — inalienable rights
생명의 권리 — right to life
종교의 자유 — freedom of religion

출판의 자유 **freedom of the press**

표현의 자유 **freedom of expression**

결사의 자유 **freedom of association**

언론과 집회의 자유 **freedom of speech and assembly**

그 행위는 그들의 언론의 자유를 침해하는 행위다.

The action in question ***infringes upon their freedom*** of speech.

세계인권선언 **Universal Declaration of Human Rights (of 1948)**

국가인권위원회 **National Human Rights Commission of Korea**

국가인권위원회는 기혼자에 대한 이화여대의 학칙은 평등권에 위배된다는 진정을 접수…

The National Human Rights Commission of Korea received a petition against Ewha Womans University's policy towards married women...

국제사면위원회 **Amnesty International**

양심선언 **conscience declaration, testaments of conscience**

내부 고발인, 공익 제보자 **whistle blower**

양심수 **prisoner of conscience**

양심수를 석방하라고 요구하다.

...demand the release of ***prisoners of conscience***...

난민 **refugees, displaced people**

정치 난민 **political refugee**

경제 난민 **economic refugee**

중국은 탈북자들을 정치 난민으로 인정하지 않는다.

China does not recognize North Koreans as ***political refugees***.

난민 지위 **refugee status**

유엔인권고등판무관에서 X에게 난민 지위를 부여하면…

If UNHCR grants ***refugee status*** to X ...

유엔난민협약 **UN Convention Relating to the Status of Refugees**

유엔난민의정서 **UN Protocol Relating to the Status of Refugees**

유엔인권고등판무관 **UN High Commissioner on Human Rights (UNHCR)**

국내 실향민 **Internally Displaced Persons/People (IDP)**

국내 실향민(IDP)이란 무력 분쟁, 폭력 사태 및 인권 침해로 인해 집을 떠난 사람들이다.

Internally displaced persons (***IDPs***) are people who are forced to flee their homes due to armed conflict, generalized violence, violations of human rights.

글로벌 사회 문제 GLOBAL SOCIETY ISSUES

글로벌화 **globalization**

지구촌 **global village**

반글로벌화 운동 **anti-globalization movement**

반글로벌화 운동은 유럽 전역으로 퍼져나갔다.

The ***anti-globalization movement*** expanded to whole Europe.

비정부 기관 **Non-governmental Organization (NGO)**

시민 단체 **civic organization, civil groups**

풀뿌리 운동 **grass-roots campaign/movement**

지방 비정부 기관의 환경주의자들은 HSIP에서 매일 육만 톤의 폐수를 방출한다고 주장한다.

Local ***NGO*** environmentalists claim that 60,000 tons of toxic water is discharged daily by the HSIP.

문명의 충돌 **Clash of Civilization**

9·11 테러 이후 문명의 충돌론이 다시 관심을 끌었다.

The ***clash of civilization*** theory gained attention once again after the 9·11 terror incident.

안락사 **euthanasia, mercy killing**

네덜란드에서는 안락사가 합법화되었다.

Euthanasia has been legalised in the Netherlands.

조력 자살 **assisted suicide**

연장치료중단, 사전연명의료의향서 **Do-not-resuscitate order, DNR order**

심폐소생술 **cardiopulmonary resuscitation (CPR)**

☞ *DNI* : *Do-not-intubate*. *DNR*의 일부로서 인공호흡을 위한 삽관을 하지 말라는 서면 명령이다.

낙태 **abortion**

낙태주의자 **pro-choice**

반낙태주의자 **anti-abortionist, pro-life**

불법 낙태 **illegal abortion**

낙태 금지법은 낙태 시술을 급격히 줄일 뿐 아니라 합법적 또는 불법적 시술로 인해 사망하는 여성과 태아의 수를 줄일 것이다.

Laws preventing abortion will not only dramatically reduce the total number of abortions, but also the number of women and babies killed by either legal or ***illegal abortions***.

가족 문제 FAMILY ISSUES

대가족 **extended family**
핵가족 **nuclear family**

산업화에 따라 대가족은 핵가족으로 대체되었다.
As the society became industrialized, ***extended families*** were replaced by nuclear families.

한국가정법률상담소 **Korea Legal Aid Center for Family Relations**
가정법원 **family court**
혼인 적령 **legal age to marry**
혼인 신고 **marriage registration**

정식으로 혼인 신고를 하지 않았다.
The ***marriage*** was never officially ***registered***.

만혼 **delayed marriages, marrying at an older age**

만혼 경향으로 인해 첫 자녀 출생 연령이 높아졌다.
Due to ***delayed marriages***, people are having their first child at an older age.

법률혼 **de-jure marriage, legal marriage**
사실혼 **de-facto marriage, common-law marriage**

이혼이나 결별 시 재산 분할에서 사실혼 부부들은 법률혼 부부와 같은 권리를 갖지 않는다.
Common-law couples do not have the same rights as married couples when it comes to splitting up their property after a break up or divorce. (*CFCN, Canada*)

이혼 **divorce**
 이혼 청구 **file for divorce**
 이혼율 **divorce rate**

이혼율이 높아지고 결혼 연령이 늦춰지면서 독신자가 증가하고 있다.
As ***divorce rates*** increase and people get married later in life, the number of singles are on the rise.

 위자료 **alimony, divorce settlement**
 자녀 양육권 **child custody**

이혼 부부들이 자녀 양육권 소송도 한다.
Divorcing couples also file for ***custody of the child***.

 양육비 **child support**

편부모 — **single parent, lone parent**

편부모 가족의 증가에도 불구하고 아직까지 편부모 가족을 비정상 가족 또는 결손 가족이라는 부정적인 시선으로 바라보는 경향이 많다.

Although ***single parent*** families are on the rise in Korea, there is still a tendency to regard them as abnormal or dysfunctional families.

저출산율 — **low fertility rate**

저출산 추세 — **low birth rates, women having less children**

여성의 고학력과 저출산 추세는 상관관계가 있다.

Higher education for women and ***lower birth rates*** are correlated trends.

한국 사회의 저출산 추세…

Korean women are ***having less children***...

출산 장려 정책 — **pro-birth policy, pro-natalist policy**

출산 장려금 — **birth subsidy**

편모 가정 — **single mother family**

결손 가정 — **dysfunctional family, broken family**

결손 가정이 늘어나면서 아동 학대가 크게 증가하고 있다.

As the number of ***dysfunctional families*** increases, child abuse also increases dramatically.

동성동본 — **identical surname of same ancestral line**

한국에서 동성동본 간의 결혼은 금지되었었다.

Korea prohibitted marriages between couples who have ***identical surnames of the same ancestral line.***

친자 확인 소송 — **patrimony suit**

친자 확인 소송을 제기하는 라이따이한이 최근 늘고 있다.

Recently, more and more Lai Taihans are filing ***patrimony suits.***

상속 — **inheritance**

상속법 — **inheritance law**

자녀들 사이의 상속 재산 분할에 대한 다툼이 법적 소송으로까지 갔다.

The dispute among the descendants over the ***inheritance*** ended up in court.

재산 — **property, estate, wealth**

양자가 그의 재산을 상속했다.

The adopted son ***inherited the estate.***

직계 가족 — **directly extended family, immediate family**

직계 존속 **lineal ascendant, parent**

직계 비속 **lineal descendant, children**

상속의 제1순위는 피상속인의 직계 비속이다.

The estate shall descend to the descendants in the ***direct line of lineal descent.***

Lineal descendants have priority claim over the inheritance.

세대차 **generation gap**

소년 소녀 가장 **minor-aged head of household**

부모가 다 없는 소년 소녀 가장들을 돕기 위해…

In order to help ***minor-aged heads of household*** who are missing both parents...

청소년 범죄 **juvenile crime**

소년 법원 **juvenile court**

컴퓨터 게임으로 인해 청소년 범죄가 증가한다고 한다.

Some say that computer games cause an increase in ***juvenile crime.***

촉법 소년 **juvenile/youth/child/underage offender**

촉법 소년은 죄를 지어도 형사 처벌을 받지 않는 10세 이상 14세 미만인 아이들이다.

Juvenile offenders are those aged from 10 to 14 who are are not subject to criminal punishment.

일부에서는 촉법 소년 연령을 하향 조정해야 한다고 믿는다.

Some believe we need to lower the minimum age for ***youths*** to be processed through the adult system.

경로사상 **respect for the elderly**

경로석 **senior citizens'seating**

경로당 **senior citizen center**

노인 **elderly, aged, retiree, senior person**

사회가 고령화됨에 따라 노인 문제가 심각한 사회 문제로 등장했다.

As the society ages, the welfare of ***the aged*** becomes serious social issues.

노인 인구 **elderly population, aged population, retiree population**

1990년에서 1994년까지 비노인층 인구는 3배 늘어난 것에 비해 노인층 인구는 11배 증가했다.

The elderly population increased elevenfold between 1990 and 1994 while the non-elderly increased only threefold.

버려진 노인 abandoned elderlies

독거노인 lone elderly, single elderly household, aged citizens who live alone

독거노인들의 숫자가 늘고 있다.

There is an increasing number of ***aged citizens who live alone***.

무의탁 노인 aged people on welfare, homeless elderlies

무의탁 노인들을 수용하는 시설…

...facilities to house ***homeless elderlies***...

고독사 dying alone, solitary death, lonely death

…독거노인들의 고독사…

...***lonely deaths*** of the elderly who live alone...

노인 빈곤 elderly poverty

노인 빈곤율 elderly poverty rate

OECD에 의하면 한국은 세계에서 가장 노인 빈곤율이 높다.

According to OECD, South Korea has the highest ***elderly poverty rate*** in the world.

요양원, 양로원 nursing homes, old-age homes

양로원이나 요양원은 노인복지법에 의해 관리된다.

Nursing homes or ***old-age homes*** are regulated by the Welfare of Senior Citizens Act.

요양병원 Long Term Care Hospital (LTCH)

실버산업 old-age business, elderly market, mature market, silver industry

실버타운 retirement community, "silver town"

실버 상품 mature-adult products, products for the elderly

베이비 붐 세대의 수요에 맞춰 새로운 실버산업들이 등장하고 있다.

Yet the boomers are also creating new ***"silver industries"*** designed to match their new needs. (*New Zealand Herald*)

☞ *Silver Industries* : 원래는 미국의 *AARP*(전국은퇴자협회)의 *Harry Moody* 국장이 처음 사용한 용어. 영어권보다는 한국과 일본에서 보편화된 단어다.

여성 문제 WOMEN'S ISSUES

여성의 권한 신장 women's empowerment

여성의 평등권을 보장하려면 권한이 신장되어야 한다.

Women need to be ***empowered*** in order to ensure equal rights.

여성 권한 척도 **Gender Empowerment Measure (GEM)**
여성 운동 **women's movement**
여성 해방 운동 **women's liberation movement**

1960년대 미국에서는 여성 해방 운동이 활발했다.
In the United States, ***women's liberation movement*** was strong in 1960s.

여성주의 **feminism**
페미니스트 **feminist**

여성주의는 매우 다양한 영역에 적용되고 있다.
Feminism is adopted in various fields.

여성학 **women's studies**

페미니즘은 1980년대에 소개되면서 여성학·사회학 등의 분야에서 이슈로 부각됐다.
Feminism was introduced in 80's and became a main issue in ***women's studies***, sociology and other fields.

성별 **gender**
성별 격차 **gender gap**

성별 임금 격차를 해소해야 한다.
We must close the ***gender gap*** in wages.

양성평등 **gender equality, gender equity**

남녀는 평등하다.
Men and women are equal.
현재는 양성평등을 위한 많은 사회단체와 법률이 존재한다.
There are many social organizations and laws for ***gender equality***.

양성평등기본법 **Framework Act on Gender Equality**
남녀고용평등법 **Equal Employment Act**
성 불평등 **gender inequity, gender inequality**
성차별 **gender discrimination, sexual discrimination**

아직도 직장에는 성차별이 존재한다.
Gender discrimination still exists in the workplace.

역차별 **reverse discrimination**
여성에 대한 불평등 **gender inequality**

여성에 대한 불평등을 제거해야 한다.
We must eliminate ***gender inequality***.

성분리 교육 **gender differentiated education**
성중립적 교육 **gender neutral education**

성중립적 교육의 필요성이 늘고 있다.
Gender neutral education becomes increasingly necessary.

성범죄 **sexual crime**
성폭행 **sexual assault, rape**
성희롱 **sexual harassment**
성희롱 예방센터 **sexual harassment prevention center, complaint center**

관련 법안이 개선됨에 따라 직장 내 성희롱은 많이 줄어들었다.
As concerned laws have been improved, ***sexual harassment incidents*** in the workplace have decreased.

성폭력 **sexual violence**
미투 운동 **Me-too movement, #MeToo Movement**

2017년에 미투 운동이 전 세계적으로 확산되었다.
the global ***#MeToo hashtag and movement*** for change that went viral in 2017.

성폭력 및 젠더기반폭력 **sexual and gender-based violence (SGBV)**

SGBV에 대한 SDG 파트너십은 SGBV 생존자를 위한 인권 기반 서비스를 향상시킬 수 있는 효과적인 방법을 모색하고 공유하는 데 초점을 맞춥니다. (UNDP 서울정책센터)
This SDG Partnership focuses on identifying and sharing effective means of enhancing rights-based services to ***SGBV*** survivors.

성매매 **sex trafficking**
매춘 **prostitution**
가정 폭력 **domestic violence**
여성 쉼터 **women's shelter**
피해 여성, '매 맞는 아내' **battered women, abused women**

여러 여성 단체에서는 가정 폭력 피해 여성을 위한 쉼터를 제공하고 있다.
Several social organizations for women offer ***women's shelters*** for ***battered women***.

가정폭력방지 및 피해자보호 등에 관한 법률 **The Act for the Prevention of Domestic Violence and Victim Protection**

여성에 대한 모든 형태의 차별 철폐에 관한 협약 (여성차별철폐협약) **Convention on the Elimination of All Forms of Discrimination against Women (CEDAW)**

미혼모 **unwed mothers, single mothers**

혼전 임신 **pre-marital conception**

혼외 출산 **child born out of marriage, non-marriage births**

☞ *single mother* : 원래는 편모라는 뜻이나 미혼모를 지칭할 때도 사용한다.

가부장 제도 **patriarchal system**

남존여비 **"respect man and despise woman", men above women**

남존여비 사상이 팽배한 사회…

...a society that places ***men above women***...

남성 지배적 사회 **male-dominated society**

최근 많이 개선되었지만 한국은 여전히 남성 지배적인 사회다.

In spite of the recent improvement, Korea is still a ***male-dominated society***.

남아 선호 사상 **male preference, preference for sons, social attitude favoring boys**

아직도 아시아에서는 남아 선호 사상이 남아 있다.

There is still a ***preference for sons*** in Asia.

남아 선호 사상을 불식시켜야 한다.

We must change the ***social attitude favoring boys***.

제사 **jesa, ancestor memorial service**

한국에서는 맏아들이 제사를 모시게 되어 있다.

In Korea, the eldest son has the duty of holding ***memorial services for ancestors***.

일부다처제 **polygamy**

수단에서는 남성 인구의 약 절반이 일부다처제를 실천하고 있다.

In Sudan, around 50% of the country's men ***practice polygamy***.

☞ *monogamy* : 일부일처제

태아 성별 검사 **test to determine sex of fetus**

양수 (천자) 검사 **amniotic fluid test, amniocentesis**

태아 성별 검사 등의 목적으로 초음파 검사가 무분별하게 사용되어서는 안 된다.

Sonograms should not be used indiscriminately for such reasons as to ***determine the fetus' sex***.

성비 불균형 **imbalance in gender/sex ratio**

출산 성비 불균형 **imbalance in gender/sex ratio at birth**

한국 학령기 아동들의 성비 불균형은 심각하다.

There is a serious ***imbalance in gender ratio*** among school-age children in Korea.

국제여성의 해 **International Women's Year**

유엔과 민간 기구들은 여성 문제에 관심을 모으기 위해 국제여성의 해를 지정했다.
The ***International Women's Year*** was created by the United Nations and private organizations to call attention to women's issues.

전업주부 **full-time homemaker, stay-home mother/mom**
그녀는 직장을 그만두고 전업주부가 되었다.
She quit her job to become a ***full-time homemaker***.
☞ *soccer mom* : 축구 연습 다니는 어린 초등학생 자녀를 뒷바라지하는 것을 주부의 상징으로 생각하여 전업주부를 지칭할 때 사용하는 말.

직장과 육아 병행 **working mothers, working while raising children**
직장 보육 시설 **workplace childcare facilities, workplace daycare centers**
직장과 육아를 병행하는 여성이 늘어나면서 직장 보육 시설의 역할이 강조된다.
As the number of ***working mothers*** increased, the role of ***workplace day-care centers*** is emphasized.

돌봄 노동 **care work**
가사 분담 **sharing housework**
점점 더 많은 남성들이 가사를 분담하는 데 동의한다.
Increasing number of men agree to ***share housework***.

일-가정 양립(워라밸) **work–life balance**
일과 삶의 균형을 뜻하는 '워라밸(Work-life balance)' 문화가 기업 전반에 확산되고 있다.
Worabal, a Korean acronym for ***work-life balance***, is being more widely accepted among businesses.
☞ "워라밸"은 한국에서만 사용되는 용어다.

여성 참정권 **women's suffrage, women's right to vote**
쿠웨이트의 의회에서는 별도의 법안으로 여성 참정권을 불허했다.
Legislators in Kuwait rejected ***women's suffrage*** in a separate bill. (*ABC News*)

호주 제도 **Family Registry System, male family headship, family-head system**
남성만을 호주로 인정하는 제도는 2007년 폐지되었다.
The traditional Family Registry System that only recognize men as ***heads of the family register*** was abolished in 2007.

모성 보호 **protection of motherhood**

출산 child bearing

한국 정부는 작년부터 모성 보호 제도를 확대했다.

From last year, the Korean government strengthened its ***protection of motherhood***.

여성 인력 women workforce, female workforce

한국 경제를 지속적으로 성장시키려면 우수한 여성 인력을 활용해야 한다.

Korea must utilize the skilled ***women workforce*** if it is to sustain economic growth.

경제 참여율 economic participation rate

우리나라 여성의 경제 참여율은 아직 낮다.

The ***economic participation rate*** of women in Korea is still low.

UN 여성지위위원회 UN Commission on the Status of Women

복지 제도 WELFARE SYSTEM

복지 제도 welfare system

사회 보장 제도 social security system

스웨덴은 사회 보장 제도가 잘 되어 있다.

Sweden has a good ***social security system***.

복지 서비스 social welfare service, human service

정부는 국민들에게 복지 서비스를 제공한다.

The government provides ***social welfare services*** to its people.

사회 복지사 social worker

복지 국가 welfare state

한국이 명실공히 복지 국가가 되려면…

...if Korea is to become a fully developed ***welfare state***...

노인 복지 elderly welfare, welfare for the aged

☞ <사회/가족 문제> 참조.

노인장기요양보험 제도 Long-Term Care (LTC) Insurance

• Long Term Care란?

노령이나 병환으로 혼자 생활을 하기 어려운 노인들을 시설에 수용하는 대신 자택에 거주하게 하면서 요양 보호 서비스를 제공하는 보험 제도. 한국에서는 국가 지원의 공적 보험 제도로서 2008년 7월부터 시행되고 있다.

노인 복지사 caregiver, caretaker (for the elderly)

노인 부양 **support elderlies**

피부양자 **dependant**

피부양자에 대한 세금 공제…

...tax deduction for ***dependants***...

노인 부양률 (부양 비율) **Old Age Dependancy Ratio, Elderly Dependancy Ratio, Aged Support Ratio**

미처 준비하지 못한 상태에서 노인 부양 비율은 급속히 증가하고 있다.

Old age dependancy ratio grows at an alarmingly fast rate without society being prepared to handle it.

노령 수당 **old-age allowance**

비장애인 **people without disabilities**

☞ 정상인이라는 말이 부적절한 것처럼 "*normal persons*" 도 사용하지 않는다.

장애인 **disabled persons/people, persons with disabilities**

장애인 시설 **accessability facilities, facilities for people with disabilities**

한국에는 지하철, 공공건물들에 장애인 시설이 턱없이 부족하다.

In Korea, subways and public buildings are poorly equipped with ***accessibility facilities***.

접근성 **accessibility**

장애인들에게 물리적 접근성과 함께 디지털 접근성도 보장되어야 한다.

Digital ***accessibility*** as well as physical accessibility must be provided to persons with disabilities.

재활 시설 **rehabilitation facilities**

정신 및 신체 장애인들을 위한 재활 시설에 대한 지원이 필요하다.

More support is needed for ***rehabilitation centers*** for the physically and mentally disabled.

장애인 복지 **welfare for the disabled**

장애인 복지를 증진시키기 위한 정부 정책…

Government policies to improve the ***welfare for the disabled***...

장애 급여 **disability benefits**

장애 보험 **disability insurance program**

복지 수혜자 **welfare recipient**

복지 혜택 **welfare benefits**

복지 혜택은 수혜자들의 상황에 따라서 지급되어야 한다.

Welfare benefits should be provided depending on the circumstances of the ***welfare recipient***.

최근 통계에 따르면, 전국의 복지 수혜자 건수가 48% 떨어졌다고 한다.

According to the most recent statistics, the nationwide ***welfare recipient*** caseload dropped by 48 percent.

공공 부조 **public assistance**

사회 안전망 **social safety net**

경제 구조 조정과 함께 사회 안전망을 확충해야 한다.

We must strengthen our ***social safety net*** as we restructure the economy.

국민기초생활보장법 **National Basic Livelihood Security Act (NBLSA)**

최저생계비 **minimum livelihood (cost)**

최저 생활수준을 보장하는 기초생활보장법이 제정되었다.

The government enacted the ***National Basic Livelihood Security Act*** that ensures the ***minimum level of livelihood.***

1992년, 중국 도시에 최저생계비 개념이 도입되어 그 이하의 생활을 하는 국민들에게 정부가 지원을 하게 되었다.

After 1992, when the ***minimum livelihood*** was gradually introduced to Chinese cities, the government started to aid people living under that level. (*People's Daily*)

기초생활수급자 **Recipient of Livelihood Program**

근로복지기본법 **Framework Act on Labor Welfare**

생계비 **livelihood subsidy**

홍콩 정부는 노년층을 위한 생계비 보조 계획을 수립하겠다고 약속했다.

The Hong Kong government promised to set up an elderly ***livelihood subsidy*** program.

사회 보험 제도 **social insurance program**

최근, 사회 보험 제도의 행정 절차를 현대화하려는 많은 노력이 있었다.

Recently, efforts have been made to modernize the administrative procedures of ***social insurance programs.***

사회 보장의 4축 **Four Pillars of Social Security**

고용 보험 **Employee Insurance (EI)**

산재 보험 **Industrial Accident Compensation Insurance (WII)**

건강 보험 **National Health Insurance (NHI)**

국민 연금 **National Pension**

공공 근로 사업 **Public Works Program**

취로 사업 **Public Works Program**

아르헨티나는 국가 재정과 민간 재정을 받아 4년간 120억 달러의 공공 근로 사업을 실시하겠다고 발표했다.

Argentina has announced a $12 billion, four-year ***Public Works Program*** that will be financed with a mix of public and private financing.

보건 사업 **public health program/service**

건강 증진 **health promotion**

세계 각국은 국민 건강 증진의 중요성을 점점 더 인식하고 있다.

Increasingly the countries of the world recognize the importance of ***public health promotion.***

보건소 **Public Health Center (PHC)**

연금 제도 PENSIONS

공공 연금 제도 **public pension system**

1994년의 공공 연금 제도를 포함한 연금 제도 개정법은…

The Pension Revision Act of 1994, covering the ***public pension system...***

국민 연금 제도 **National Pension System (NPS)**

국민 연금 기금 **National Pension Fund (NPF)**

저부담 고급여 **low contributions high benefits**

국민연금관리공단 **National Pension Service (NPS)**

사적 연금 **private pension**

기업 연금 제도 **corporate pension scheme/system**

연기금 **pension fund**

기업 연금 제도에서는 연기금의 운용이 매우 중요하다.

The management of ***pension funds*** is very important to the ***corporate pension system.***

연금의 재정 건전성 **fiscal soundness of the pension fund**

노후 소득 보장 **old age income security**

연금 제도의 목적은 노후 소득 보장이다.

The purpose of pension systems is ***old age income security.***

노인 기초 연금 **Basic Old Age Pension**

월 180만원의 노인 기초 연금…

A Basic Old Age Pension of 1,800,000 Won a month...

장수 위험 **longevity risk**

장수 위험이란 기대 수명보다 오래 살 가능성을 의미한다.

Longevity risk is the likelihood of living well beyond their life expectancy.

근로자 퇴직 급여 보장법 **Guarantee of Workers' Retirement Benefits Act (Korean ERISA)**

☞ *"401k Plan"* : 미국에서 가장 일반적인 연금 제도. 사용주와 근로자가 급여의 일정 비율을 정년 때까지 적립하고 이렇게 조성된 기금을 간접 투자로 운용하여 노후에 대비하게 된다.

☞ *"ERISA"* : *Employee Retirement Income Security Act.* 미국의 근로자 퇴직 소득보장법.

퇴직 연금 제도 — **retirement pension (scheme), corporate pension**

퇴직금 — **severance pay, retirement allowance pay (RAS)**

퇴직금에서 퇴직 연금으로의 전환을 위한 세제 혜택…

...tax incentives to induce the transition from the existing ***severance pays*** to ***corporate pensions***...

수급 개시 연령 — **pension benefit commencement age**

수급 자격 — **eligibility to receive pension payments**

한국개발연구원은 수급 개시 연령을 올려야 한다는 내용의 보고서를 제출했다.

KDI published a report saying that the government should raise the ***pension benefit commencement age***.

확정 기여형 연금 — **Defined Contribution plan (DC)**

확정 급여형 연금 — **Defined Benefit plan (DB)**

고용인들은 확정 급여형 연금을 선호한다.

The employees prefer a ***defined benefit*** (***DB***) ***plan***.

부분 적립 방식 — **unfunded/partially funded pension plan**

완전 (수정) 적립 방식 — **fully-funded pension plan**

완전 적립 방식은 각 세대가 노후를 위해 스스로 기금을 적립한다.

In a ***fully-funded*** approach each generation saves for its own retirement.

부과 방식 — **Pay-as-You-Go (PAYG) system**

부과 방식은 수직적인 체계로, 현재의 근로 세대가 그 윗세대를 부양하는 방식이다.

Pay-as-You-Go is a vertical system, where each working generation supports the generation that preceded it.

사학 연금 — **Korea Teachers Pension**

군인 연금 — **Military Personnel Pension**

공무원 연금 — **Government Employee Pension**

연준위에 따르면 주정부와 지역정부 공무원 연금 기금만 3조 달러에 이른다.

According to the Federal Reserve, state and local ***government employee pension*** funds alone have nearly $3 trillion in assets.

연금 보험료 — **pension premium, contribution rate**

원칙적으로 일본 내의 모든 근로자는 연금 보험료를 내야 한다.

In principle, all persons working in Japan are required to pay a ***pension premium***.

의료 보험 HEALTH INSURANCE

보건 의료 — **healthcare**

보편적 의료 보장 — **Universal Health Coverage (UHC), universal healthcare**

☞ 모든 국민이 공공 또는 민간 의료 보험에 가입하여 경제적 어려움 없이 의료 서비스를 받을 수 있도록 한다는 개념으로 2011년 WHO에서 결의안을 채택했다.

국민건강보험법 — **National Health Insurance Act**

국민 건강 보험 — **National Health Insurance (NHI)**

가입자 — **participant**

가입 — **participation**

건강 보험 가입은 의무적이며, 피보험자는 준조세식 보험료를 납부한다.

Participation is mandatory, where the insured pays quasi-tax type insurance contributions.

건강 보험료 — **NHI contribution**

건강 보험료율 — **National Health Insurance rate**

지난해 건보 가입자는 세대당 평균 146,700원의 보험료를 납부했다.

Last year, NHI participants paid 147,600 Won in ***insurance contributions*** per household.

☞ 우리나라의 공공 의료 보험은 '건강보험'이라고 하며 납입하는 보험료(*premium*)는 고용주가 함께 납입하므로 *insurance contribution* 또는 *premium contribution*이라고 한다.

의료 보험료 — **health insurance premium**

의료 보험료가 올해 7% 인상될 전망이다.

Health insurance premiums are forecast to go up by 7% this year.

지난해 건보 가입자는 세대당 평균 5만 9천 399원의 보험료를 납부했다.

Last year, NHI participants paid 59,399 Won in ***insurance contributions*** per household.

보험증 — **health insurance card**

본인 부담액 — **co-payment, Out of Pocket (OOP) payment**

— 보상 — **reimbursement**

환자의 본인 부담액이 백만원이 넘으면 초과 금액의 50%를 보상받는다.

When the patient's ***co-payment*** exceeds ₩1,000,000, he is reimbursed

50% of the excess medical fee.

약사법 **Pharmaceutical Affairs Law**

의약 분업 **separation of drug prescribing and dispensing**

조제 **fill prescription, dispense drugs**

환자들은 약국에 가서 약을 조제받는다.

Patients go to pharmacies to get their ***prescriptions filled***.

처방 **prescribe**

처방전 **prescription**

의사 처방전 없이 약사가 약을 판매할 수 없다.

Pharmacists are not allowed to ***dispense*** medicine without a doctor's ***prescription***.

민간 의료 보험 **private health insurance**

직장 의료 보험 **workplace health insurance**

지역 의료 보험 **regional health insurance**

의료 수가 **healthcare fee, medical service fee**

개원의들의 집단 시위 때마다 의료 수가가 다섯 차례에 걸쳐 인상되고…

Demonstrations held by practicing physicians raised the ***medical service fee*** payment 5 times...

행위별 수가 **Fee-for-Service (FFS)**

포괄수가제 **Diagnosis-Related Groups (DRG) system**

현물 급여 **benefits-in-kind, in-kind benefits**

현금 급여 **benefits-in-cash, cash benefits**

요양 급여 **medical care benefits/allowances**

분만 급여 **maternity benefits/allowances**

장제비 **funeral allowances**

현금 급여에는 요양 급여, 분만 급여, 장제비 등…

Benefits-in-cash include ***medical care allowances, maternity allowances, funeral allowances***...

1차 의료 급여 기관 **primary care provider**

2차 의료 급여 기관 **secondary care provider**

주치의 제도 **Patient Referral System**

1차 진료의 **primary physician**

주치의 **family doctor**

전문의 **specialist**

1차 진료의가 전문의에게 환자를 의뢰하다.

The *primary physician* refers the patient to a *specialist*.

표준 약가 **reference pricing**

일반약, 제네릭 약품 **generic drugs**

• Generic Drugs란?

제네릭 약품이란 고유 상표 등록 의약품(brand name drug)과 화학 성분·복용량·안전성·효능·투여 경로·품질·성능과 용도 면에서 동일한 약품이지만 훨씬 가격이 싼 모방 약품으로 일명 카피약이라고 하기도 한다. 신약으로 개발되어 상표를 등록한 의약품의 특허 기간이 만료되면 제조가 허용된다.

신약 **innovation drugs, original drugs, research-based drugs**

의약 분업의 최대 수혜자는 고가의 신약을 제조하는 외국 제약 회사다.

The biggest beneficiaries of the separation of medical and pharmaceutical jurisdictions are foreign pharmaceutical companies who produce *"original" or innovation drugs*.

건강보험심사평가원 **Health Insurance Review Agency (HIRA)**

건강보험심사평가원은 의료 수가와 의료 행위에 대한 평가를 한다.

HIRA is in charge of reviewing healthcare fees and evaluating healthcare performances.

국민건강보험공단 **National Health Insurance Service (NHIS)**

한국보건사회연구원 **Korea Institute for Health and Social Affairs (KIHASA)**

노동 LABOR

근로자 **worker**

관리직 **manager**

사무 전문직 **clerical worker, white collar worker**

일반직 **general administration**

사무 전문직은 대체로 조직화되지 않았다.

Most *white collar workers* are not unionized.

생산직 **production worker, blue collar worker**

공장 자동화로 생산직 근로자들의 일자리가 줄었다.

Factory automation reduced the number of jobs for *blue collar workers*.

기능직 **technical worker**

하급 기능직 manual worker

숙련직 skilled worker

단순 노동직 unskilled worker

그 보험에는 단순 노동직과 숙련직 종사자가 모두 포함된다.

The insurance covers both ***skilled*** and ***unskilled workers***.

지식 근로자 knowledge worker

정보화 시대에는 지식 근로자가 조직에 부가 가치를 창출해준다.

In the information era, ***knowledge workers*** are the ones who will create value for the organization.

회사에서는 제휴사와 지식 근로자 교환 실시 여부를 고려 중이다.

The company is considering a ***knowledge worker*** exchange program with its affiliate.

고용주, 사용자 employer

피고용인 employee, the employed

사업장 workplace

사업장 내 폭력 문제에 대한 보고서가 최근에 발표되었다.

Recently a report came out about violence in the ***workplace***.

5인 이상 사업장…

...***workplaces*** with 5 workers or more...

고용 employment

완전 고용 full employment

노동당의 새로운 경제 목표에는 경제 안정, 높은 생산성, 그리고 완전 고용과 같은 안들이 있었다.

A few of the new economic goals of the Labor Party were economic stability, high productivity and ***full employment***.

과거 고성장 시대에 한국은 거의 완전 고용 경제였다.

Korea was very close to a ***full employment economy*** in the high-growth period of the past.

불완전 고용 underemployment

불완전 고용률 underemployment rate

만성적 고실업률의 결과 중 하나는 불완전 고용이다.

One of the effects of chronic high unemployment rate is ***underemployment***.

정리 해고제, 파견 근로제 도입에 따라 불완전 취업이 급증하고 있다.

The introduction of layoffs and dispatched temporary workers have increased the number of ***underemployed***.

• Under employment란?

불완전 고용. 케인즈의 정의에 따르면 완전 고용(full employment)이 아닌 상태. 완전 고용이란 현행 임금 수준에서 취업할 의사가 있어도 취업을 하지 못하는 비자발적 실업(involuntary unemployment)이 존재하지 않는 상태를 가리킨다. 따라서 불완전 고용은 비자발적 실업이 존재하는 상태, 또는 임금·근로시간·능력 수준·경력 면에서 불만스러운 상황에서 고용된 상태를 말한다. 엄격히 실업은 아니지만 불완전 고용은 구직자에 비해 일자리가 부족한 상황에서 발생한다.

고용 증대 **increase employment**

고용 증대 효과를 기대한다.

...expected to ***increase employment***...

고용 창출 **create employment, job creation**

경제 위기 극복을 위해 100만 개의 일자리를 창출하겠다고 약속…

...in order to overcome the economic crisis, a promise was made to ***create*** one million ***jobs***...

고용 안정 **employment stabilization, job security, employment stability, stable employment**

정부는 고용 안정을 위한 정책을 시행했다.

The government implemented measures for ***employment stabilization***.

기업 구조 조정으로 근로자들의 고용 안정이 흔들린다.

Corporate restructuring threatens workers' ***job security***.

실업 **unemployment**

IMF 위기 때 처음으로 실업이 사회적인 문제가 되었다.

Unemployment became a social issue for the first time during the financial crisis.

실업률 **unemployment rate**

일본의 실업률은 지난 10월에 5.4%를 기록했다.

Japan's ***unemployment rate*** reached a record 5.4% in October.

청년 실업 **youth unemployment**

인도의 청년 실업률은 현재 16%다.

India's ***youth unemployment*** now stands at 16 percent.

실업자 **the unemployed, the jobless**

실업자들에 대한 대책이 필요하다.

We need measures for ***the unemployed***.

구직자 **job seekers**

실망 실업자 **discouraged workers**

실망 실업자는 구직 실패 경험 때문에 적극적인 구직에 나서지 않는다.

Discouraged workers do not actively seek jobs because they have failed in the past.

계절 근로자 **seasonal worker, seasonal labor**

계절 노동자들이 묵을 숙소를 짓는 중이다.

Accommodation facilities for ***seasonal workers*** are under construction.

플랫폼 노동자 **platform workers**

이제 배달 기사와 같은 플랫폼 노동자들도 산재보험에 가입할 수 있게 된다.

Platform workers, such as delivery riders, can now be covered by industrial accident insurance.

이주 근로자 **migrant workers**

철새 노동자 **seasonal migrant workers**

해고 **dismissal, layoff**

정리 해고 **redundancy layoff, retrenchment**

1997년 개혁을 통해 국내 처음으로 정리 해고가 이루어졌다.

The 1997 reform allowed ***redundancy layoffs*** to take place in Korea for the first time.

고용 승계 **employment succession**

고용 계약 **employment contract, labor contract**

고용 계약에서는 급여뿐 아니라 휴가 및 출산 휴가에 대해서도 다룬다.

Employment contract includes terms regarding holidays and maternity leave as well as salary.

고용 기회 **employment opportunity**

균등한 고용 기회 **equal opportunity for employment**

남녀를 불문하고 균등한 고용 기회가 주어져야 한다.

Men and women should be given ***equal opportunity for employment.***

고용보험제 **Employment Insurance System (EIS)**

한국에서는 고용보험제가 1995년 7월 1일에 도입되었다.

In Korea, the ***Employmnet Insurance System*** was introduced on 1 July, 1995.

노동법 **labor law, labor code**

근로기준법 **Labor Standards Act**

남녀고용평등법 **Equal Employment Act**

최저임금법 **Minimum Wage Act**

그 회사는 최저임금법을 위반했다.

The company violated the ***Minimum Wage Act***.

노동 시장의 유연성 **labor market flexibility**

노동 시장의 경직성 **labor market rigidity**

국제 경쟁력을 위해서는 노동 시장의 유연성이 제고되어야 한다.

If we are to gain international competitiveness, we must increase the ***flexbility of our labor market***.

☞ "*flexecurity*" : *flexibility + security* 의 합성어.

노무사 **labor attorney, labor lawyer**

공인 노무사 **certified public labor attorney**

노조에서는 공인 노무사의 도움을 필요로 하고 있다.

The labor union needs the help of a ***certified public labor attorney***.

임시 고용 **temporary employment**

ILO는 임시 고용 등 불완전 취업 상태에 있는 노동 인구가 7억5천만~9억 명에 달하는 것으로 분석했다.

ILO estimates that the number of workers in underemployed situations such as ***temporary employment*** amounts to 750 to 900 million.

비정규직 근로자 **precarious worker, non-standard/temporary worker, non-regular employment worker**

☞ 비정규직 근로자를 *non-regular employment workers*라고 할 수는 있으나 *employment* 없이 *non-regular workers*라고 지칭하는 것은 정확한 용어가 아니다.

임시 근로자 **contingency worker**

파견 근로자 **dispatched worker**

일용 근로자 **daily worker**

시간제 근로자 **part-time worker**

시간제 근로자도 정규직 근로자와 동등한 대우를 받아야 한다.

Part-time workers should receive the same treatment as comparable full-time workers.

택배 기사 **delivery worker, delivery truck driver**

감정 노동 **emotional labor**

감정 노동이란 업무를 하는 과정에서 노동자가 자신의 감정 상태를 통제하고 고객에게 맞추는 것이 요구되는 형태의 노동이다.

Emotional labor is a form of work that requires the management of one's feeling to please the customer.

감정 노동자 **emotional labor provider, workers involved in emotional labor**

근로 빈곤층 **working poor**

근로자 파견 **worker dispatching, manpower leasing**

근로자 파견사 **worker dispatching/leasing company, temporary employment/manpower agency, staffing agency**

30여 명이 인도네시아에 있는 근로자 파견사를 통해 일자리를 구했다.

Around 30 people found jobs through an Indonesian ***manpower agency***.

노동의 비정규직화 **casualization of labor**

노동의 비정규직화는 노동계의 가장 큰 우려 중 하나다.

Casualization of labor is one of the biggest concerns of the labor community.

경제 활동 인구 **economically active population**

경제 활동 인구 비율 **percentage of economically active population**

보고서에 의하면 경제 활동 인구 비율은 2015년에 그 최고치인 72.1%에 이르고 2020년에는 71%로 하락할 것이라고 한다.

The ***percentage of economically active population***, according to the report, will reach maximum in 2015 at 72.1% and will decrease to 71% in 2020.

노동 활동 인구 **labor force, workforce**

이 지역의 노동 활동 인구는 이제 2백만을 넘는다.

Total ***labor force*** in the region now exceeds 2 million.

노동 참여율 **labor force participation rate**

남성들의 노동 참여율(16세 이상으로 현재 일하고 있거나 취직하려는 의지가 있는 남성의 비율)이 1월에 73.6%로 사상 최저 수준을 기록했다.

The male ***labor force participation rate*** - the percentage of men 16 years or older who are working or are looking for a job- fell to the lowest level on record in January at 73.6%.

취업 **employment, getting a job**

취업 알선 기관 **employment service/job reference agency**

공공 고용 알선 기관 **Public Employment Service (PES)**

재취업 **re-entry into the work force, be re-employed**

구조 조정 2년 후, 해고 노동자 중 재취업한 사람은 50%에 불과하다.

2 years after the restructuring, only 50% of the fired workers are turned to be ***re-employed***.

이직 **job relocation, leaving one's job**

이직률 **job turnover**

근속 확률 **retention rate**

근속 확률이 높다고 해서 다 좋은 것은 아니다.

A high ***retention rate*** is not necessarily all good.

유연근무제 **flexible working time arrangement (WTA), flexible working time, flextime**

현행 노동법에서 허용하는 유연근무제로 주 52시간 근무제를 보완할 수 있으나…

Although current labor laws allow ***flexible work arrangements*** that could mitigate the constraints of the 52-hour workweek rule...

법정 근로 시간 **statutory working hours, legal working hours**

법정 근로 시간을 줄이는 일은 삶의 질 개선에 기여한다.

Reducing ***statutory working hours*** contributes to a better quality of life.

야간 근로 **night work**

계약상 야간 근로 시에는 추가 수당을 주도록 되어 있다.

According to the contract, extra pay is required for ***night work***.

연장 근로 **extended work**

연장 근로가 미치는 영향에 대해서는 그다지 알려진 바가 없다.

There is little known about the impact of ***extended work*** hours.

시간외 근로, 초과 근로 **overtime**

한국 기업들은 초과 근로 수당을 지급하는 것을 꺼린다.

Korean companies are relunctant to pay workers for ***overtime***.

주 52시간 근무제 **52-hour workweek, 52-hour workweek rule**

한국은 주 52시간 근무제를 도입했다.

South Korea has introduced the ***52-hour workweek*** system.

근로 의욕 **work motivation**

근로 의욕은 직업에 대한 만족도와 밀접한 관련이 있다.

Work motivation is closely connected with job satisfaction.

근로 조건 **work conditions**

복리 후생 **employee welfare**

현재 노조의 최대 관심사는 복리 후생 문제다.

At present, the biggest concern of the union is the issue of ***employee welfare***.

작업 안전 **work safety, occupational safety**

근로자의 작업 안전을 위해 안전 검사를 정기적으로 실시한다.

The company regularly conducts safety inspections to ensure ***work safety***.

직업병 **occupational disease, occupational hazard**

격렬한 몸동작 때문에 관절염은 치어리더에게 직업병…

...arthritis is an ***occupational hazard*** to cheerleaders who repeat vigorous body movements...
중국에서는 매년 탄광 광부 약 1만 명이 직업병으로 사망한다.
Approximately 10 thousand mine workers in China lose their lives because of ***occupational diseases***.

한국산업안전보건공단 **Korea Occupational Safety and Health Agency (KOSHA)**

산업 재해 **industrial accident**

재해 보상 **compensation for industrial accident**

많은 외국인 근로자들은 재해 보상도 받지 못한다.
Many foreign workers never receive any ***compensation for industrial accidents***.

재해율 **accident rate**

무재해 운동 **zero-accident campaign**

10년 전에 시작된 무재해 운동은 성공을 거두었다.
The ***zero-accident campaign***, launched 10 years ago, has been successful.

외국인(이주) 근로자 **foreign workers, migrant workers**

수천 명의 인도네시아 국적의 이주 노동자들이 말레이시아의 새 관련법을 피해 고향으로 돌아갔다.
Thousands of Indonesian ***migrant workers*** returned home fleeing the new law in Malaysia.

불법 노동자 **illegal workers, undocumented workers**

외국인 등록증 **alien registration (card)**

그 나라에서 취업을 하려면 여권뿐 아니라 외국인 등록증이 필요하다.
You need an ***alien registration card*** in addition to a passport in order to work in the country.

송출국 **labor-sending country, originating country**

수용국 **receiving country, host country**

한국의 외국인 근로자들의 최대 송출국은 X국이다.
Country X is the largest ***labor-sending country*** of migrant workers to Korea.

산업 연수 제도 **Alien Industrial Technical Training Program (AITTP)**

산업 연수생 **industrial trainees**

매달 수천 명의 외국인이 산업 연수생으로 우리나라에 들어온다.
Thousands of foreigners come to Korea as ***industrial trainees*** every month.

노동 허가 **work permit**

노동 허가제 **work permit system**

불법 외국인 근로자 문제를 해결하기 위해 노동 허가제를 도입해야 한다.

We need to introduce a ***work permit system*** in order to address the problem of illegal foreign workers.

취업 관리 제도 **Employment Management System**

서비스 산업에서는 재외 동포를 대상으로 취업 관리 제도를 실시할 계획이다.

The ***Employment Management System*** for overseas Koreans will be set up in the service industry.

불법 체류 자진 신고 **self-reporting of illegal alien status**

강제 출국 **deportation**

피난민들은 미국에서 강제 출국될 위기를 맞았다.

Now the refugees are facing ***deportation*** from the U.S.A.

3D 직종 **3D type work, 3D jobs**

경제 성장으로 생활 수준이 올라가면서 3D 직종에서 중소기업을 중심으로 인력난이 심화돼왔다.

Labor shortage became serious for ***3D jobs*** in SMEs as living standards improved with economic development.

3D 직종 기피 현상 **aversion to 3D-type work**

사회적으로 3D 직종 기피 현상이 있다.

There is a social ***aversion to 3D-type work***.

• 3D란?

dirty, difficult, dangerous의 약자로, 1980년대 한국 경제가 성장하면서 근로자들이 더럽고, 힘들고, 위험한 직종을 기피하는 현상을 지칭하는 용어. 국제적으로 통용되는 노동 전문 영어는 아니며 주로 단순 생산직, 건설 노무자 등을 뜻한다.

임금 WAGE

무노동 무임금 **no work no pay**

정부에서는 무노동 무임금 원칙을 고수하고 있다.

The government maintains its ***'no work, no pay'*** position.

감봉 **wage cut, pay cut**

현재 상황으로 보아 대규모 인원 감축이나 감봉이 불가피하다.

The current situation requires a large-scale layoff or ***wage cut***.

회사의 상황이 어려워 임원들이 감봉을 자청했다.
The executives voluntarily took ***a pay cut*** considering the difficult situation of the company.

임금 wages
X사에서는 최고 경영자의 임금이 전체 직원 임금의 20%에 달한다.
Wages of the CEO accounts for 20 percent of total wage payment in company X.

통상 임금 normal wage
실질 임금 real wage
명목 임금 nominal wage
이 보고서에 산업별 명목 임금지수가 나와 있다.
This report offers a ***nominal wage*** index by industry.

기본 급여 basic salary
실업 급여 unemployment benefit
그는 1년이 넘도록 실업 급여를 받는 처지다.
He has been a recipient of the ***unemployment benefit*** for more than a year.

수당 allowance
가족 수당 family allowance, dependent allowance
근속 수당 seniority allowance
초과 근무 수당 overtime pay allowance
교통 수당 transportation allowance
모든 직원은 교통 수당을 받는다.
Every employee receives a ***transportation allowance***.
가족 수당으로 한 달에 5만원이 지급된다.
50,000 Won is paid out each month as ***family allowance***.

연월차 수당 compensation for unused monthly and annual leave
주 52시간 근무제와 관련하여 쟁점이 되고 있는 것은 연월차 수당이다.
The contentious issue regarding the 52-hour workweek is the ***compensation for unused annual and monthly leaves***.

고정급 fixed salary, fixed wage
계약급 contract wage
장부에 계약급 액수가 기록되어 있지 않다.
Contract wages are not recorded in the account book.

휴직 temporary leave, leave of absence

그는 현재 4개월간 휴직 중이다.
He is on a four-month ***leave of absence***.

휴가 **leave**

나는 다음 주에 휴가를 낼 계획이다.
I am planning to ***take a leave*** next week.

월차 유급 휴가 **paid monthly leave**

간호 휴가 **nursing leave**

교육 휴가 **educational leave**

X사에서는 직원들에게 유급 교육 휴가를 지원한다.
Company X offers its employees paid ***educational leaves***.

생리 휴가 **menstruation leave**

산전후 휴가 **pre-natal and post-natal leave**

출산 휴가 **maternity leave**

육아 휴직 **childcare leave**

육아 휴직은 출산 휴가에 이어 이루어지는 경우가 대부분이다.
In most cases, ***childcare leave*** follows ***maternity leave***.

모성 보호 **maternity protection**

…육아 휴직의 실질적 사용 보장 등 '모성 보호 강화'를 요구했다… (조선일보)
...asked for improved ***maternity protection*** such as guaranteeing effective childcare leaves...

임금 체불 **unpaid wages, back pay**

노동자 수백 명이 임금 체불 문제로 파업에 들어갔다.
Hundreds of workers struck over ***unpaid wages***.

노사 관계 INDUSTRIAL RELATIONS

노동자 **worker, labor**

노동절이 되자 노동자들이 시가행진을 벌였다.
On Labor Day, ***workers*** marched on the streets.

노동 기본권 **basic labor rights**

단결권 **right to organize**

단체 행동권 **right to collective action**

단체 교섭권 **right to collective bargaining**

노조는 단체 교섭권을 가진다.
The labor union has the ***right to collective bargaining***.

근로 조건 **working condition**

작업 환경 **work environment**

많은 직업병은 열악한 작업 환경으로 인한 것이다.

Many occupational diseases result from a poor ***working environment***.

불법 노동 **illegal labor**

3D 직종에서는 불법 노동력을 이용하는 사례가 흔하다.

Using ***illegal labor*** is common in 3D jobs.

아동 근로 **child labor**

고용 연령 **minimum employment age, age of entry into employment**

정부에서는 최소 고용 연령을 15세로 정했다.

The government fixed the ***minimum age of entry into employment*** at 15.

강제 근로 **forced labor**

이번 총회의 목적은 중국 내 강제 노동 문제에 대한 해결안 모색이다.

The purpose of the convention is to find a solution to the ***forced labor*** issue in China.

부당 해고 **unfair dismissal**

그는 회사를 상대로 부당 해고 소송을 냈다.

He filed a legal suit against the company for ***unfair dismissal***.

정리 해고 **layoff(s)**

대규모 구조 조정의 일환으로 회사 전체 인력의 약 13%를 정리 해고했다.

The company has ***laid off*** around about 13% of its workforce, as part of a larger restructuring.

☞ *layoff* : 영어로 layoff는 단어 자체가 일반적 해고(*fire, dismissal*)와 달리 기업의 사정에 따른 인력 감축이라는 의미를 갖는다.

노동 운동 **labor movement**

노동 운동가 **labor activist**

전 세계 노동 운동가들이 브라질에서 회합을 가졌다.

Labor activists from all parts of the world had a convention in Brazil.

노동조합 **labor union**

조합원 **union member**

현재 우리 직장 조합원의 숫자는 300명이다.

At present, we have 300 ***union members*** at our workplace.

노조 전임자 **full-time union worker**

노조 간부 **union official**

해직된 노조 간부들을 복직시켜야 한다.

The fired ***union officials*** must be reinstated.

노조 대표 **union representative, union leader**

노조에서는 구속된 노조 대표를 석방하라고 요구한다.

The union is demanding that the detained labor ***union leader*** be released.

복수 노조 **multiple unions in a single workplace**

복수 노조를 허용하다.

...recognize ***multiple unions in a single workplace*** ...

조직화 **unionization**

노조 조직률 **unionization rate, union density rate**

아직 동남아 국가들의 근로자들은 조직화 수준(조직률)이 낮다.

The ***level of unionization***(***unionization rate***) among Southeast Asian workers is still low.

경제사회노동위원회 **Economic, Social & Labor Council**

우리나라에는 1997년 IMF 위기 당시 경제사회노동위원회가 결성되었다.

The ***Economic, Social Labor Council*** was set up in Korea during the economic crisis of 1997.

단체 협약 **collective agreement**

단체 협상 **collective bargaining**

생산직 근로자들의 임금은 단체 협약에서 명시된다.

The production workers' wages are set out in the ***collective agreement***.

신노사 문화 **New Industrial Relations**

노사 관계 **labor-management relations, industrial relations**

원만한 노사 관계 **good labor-management relations**

노사협의회 **labor-management council**

현재의 위기를 타개하려면 노사협의회를 구성해야 한다.

A ***labor-management council*** should be established in order to overcome the current crisis.

대립적 노사 관계 **confrontational labor-management relations**

노사 협상 **labor-management talks**

임금 협상 **wage negotiations**

현대자동차의 노사 협상이 결렬되었다.

Labor-management talks at Hyundai Motors broke down.

노사 분쟁 **labor-management dispute, labor dispute**

병원 내 노사 분쟁은 환자들의 안전을 위협할 수도 있다.

Labor disputes at hospitals might threaten the safety of patients.

쟁의 행위 **industrial actions, disputes**

파업 **strike, walk out**

현대차 노조는 파업에 들어가기로 결의했다.

Hyundai labor union resolved to go on ***strike***.

총파업 **general strike**

업무 복귀 **return to work**

노조는 파업을 종료하고 10일 업무에 복귀하기로 결정했다.

The union decided to end the strike and ***return to work*** on the 10th.

직장 폐쇄 **lockouts**

노조의 행위에 맞서 기업 측에서는 직장 폐쇄 등의 조치를 취한다.

Companies counter union action by measures such as ***lockouts***.

직권 중재 **official arbitration**

태업 **sabotage, work slow down**

강성 노조 **militant labor union**

한국의 강성 노조는 외국인 투자 저해 요인이 되고 있다.

The ***militant labor unions*** in Korea is a disincentive for foreign investors.

연좌 농성 **sit-in demonstration**

기업 합병을 반대하는 연좌 농성을 건물 앞에서 벌였다.

There was a ***sit-in demonstration*** in front of the building protesting the corporate merger.

점거 농성 **lock out, take over**

노조원들은 본사에 들어가 점거 농성을 벌였다.

Union members broke into headquarters and ***took over*** the office.

공권력(경찰 병력) 투입 **mobilize riot police, deploy police force**

정부는 수천 명의 경찰 병력을 노조 사무실에 투입…

...the government ***mobilized*** thousands of ***riot police*** to raid the union's offices...

산별 노조 **industrial union, industrial trade union**

개별 직장 노조들은 산업별 노조 연맹에 가입한다.

Individual workplace unions become member unions of a ***industrial trade union federation***.

상급 기관 **umbrella organization**

민주노총 **Korea Confederation of Trade Unions (KCTU)**

한국노총 **Federation of Korean Trade Unions (FKTU)**

각 산별 노조는 다시 상급 기관에 속한다.

Trade unions again belong to an ***umbrella organization***.

국제노동기구 **International Labor Organization (ILO)**
　이사회 **Governing Body**
　국제노동사무국 **International Labor Office**
　사무총장 **Director-General**
　ILO 총회 **General Conference**
　국제노동헌장(ILO헌장) **ILO Charter, International Labor Charter**
　ILO협약 **ILO Convention**

ILO협약 100호는 동일 노동 동일 보수를 규정하고 있다.
ILO Convention No. 100 sets forth the principle of equal work equal pay.

1998년은 결사의 자유에 대한 ILO협약 87호가 50주년이 되는 해였다.
1998 marks the 50th anniversary of ***ILO Convention*** No. 87 regarding freedom of association.

• ILO란?

International Labor Organization. 국제노동기구. ILO는 사회 정의와 노동자들의 권리 증진을 위해 1919년 베르사유조약에 의해 창설되어, 1946년에는 UN의 첫 전문 기구가 되었다. ILO는 협약(Conventions)과 권고(Recommendations)를 통해 결사의 자유, 단체 협상, 강제 근로 폐지 등을 명시하고 이를 바탕으로 국제노동기준을 설립한다. 다른 국제기구는 대부분 정부가 회원국의 대표로 있지만 ILO는 사용자·노동자·정부 대표가 이사회에 속하며 연례 총회에는 회원국의 정부 대표 2인과 노사 대표 각 1인이 참석한다. 2022년 기준 한국 포함 187개국이 활동 중이며, 본부는 스위스 제네바에 있다.

양질의 일자리 **decent work/employment**
세계노동조합연맹 **World Federation of Trade Unions (WFTU)**
국제자유노동조합연맹 **International Confederation of Free Trade Unions (ICFTU)**

Fundamental Conventions of ILO : ILO의 8개 핵심 협약(기본 협약) 내용	
29	강제근로에 관한 협약 Forced Labor Convention
87	결사의 자유 및 단결권 보호에 관한 협약 Freedom of Association and the Protection of the Right to Organize Convention
98	단결권 및 단체교섭권 원칙의 적용에 관한 협약 Right to Organize and Collective Bargaining Convention
100	동일가치 근로에 대한 남녀 근로자의 동등보수에 관한 협약 Equal Remuneration (for Men and Women for Work of Equal Value) Convention

105	강제근로의 폐지에 관한 협약 Abolition of Forced Labor Convention
111	고용 및 직업에 있어서 차별대우에 관한 협약 Discrimination (in Respect of Employment and Occupation) Convention
138	취업의 최저연령에 관한 협약 Minimum Age (for Admission to Employment) Convention
182	가혹한 형태의 아동노동 철폐에 관한 협약 Worst Forms of Child Labor Convention

02 문화 CULTURE

관광 TOURISM

관광 — **tourism, sight-seeing**
  성수기 — **high-season, peak season**
  비수기 — **low-season**
  평수기 — **off-peak season**

호텔업계에 관광 성수기가 다가오면서 예약이 몰리고 있다.
The hotel industry is flooded with reservations as the ***high-season*** approaches.

관광 산업 — **tourism industry, tourism**

네팔에서 관광 산업은 세 번째로 큰 외화 수입원이다.
Tourism is [Nepal's] third largest source of foreign exchange... (*CNN*)

한국관광공사 — **Korea National Tourism Organization (KNTO)**
세계관광기구 — **World Tourism Organization (WTO)**
태평양관광협회 — **Pacific Area Travel Association (PATA)**
한국 방문의 해 — **Visit Korea Year**

한국관광공사에서는 올해를 한국 방문의 해로 지정했다.
KNTO designated this year as ***"Visit Korea Year."***

관광 수입 — **tourism revenue, tourism receipt**
관광 자원 — **tourism resource**

관광 자원을 개발하는 정책…
...policies for developing ***tourism resources***...

관광 상품 — **tourism product**

본 도시의 관광 상품과 인프라에 대한 더 큰 관심이 필요하다.
Greater attention should be given to the city's ***tourism products*** and its supporting structure.

관광객 — **tourist**
  방문 관광객 — **visiting tourist**

인도네시아의 공식 발표에 의하면 작년 10월 나이트클럽 폭파 사건 이후 발리의 방문 관광객 수가 60% 감소했다고 한다.
Official figures released in Indonesia show the ***number of tourists visit-***

ing the island of Bali dropped by 60 percent in the aftermath of the nightclub bombings in October last year. (*ABC News*)

외래 관광객 **inbound tourist, incoming tourist, visitor arrivals**

외래 관광객 수는 1972년 25만 명에서 1992년에 두 배로 증가했다.

Visitor arrivals have been continuously increasing from 250,000 in 1972 and doubled since 1992.

내국인 출국자 **outbound tourists, tourist departure overseas**

관광 수지 **tourism BOP**

올해 큰 폭의 관광 수지 적자가 불가피할 것으로 우려된다.

We are concerned that a large deficit in the ***tourism BOP*** will be inevitable this year.

여행 수지 **balance of travel account**

유학생, 연수생이 갈수록 증가하여 여행 수지 적자 폭이 커지고 있다.

With more and more students are traveling overseas for study or language training, the ***travel account*** deficit continues to grow.

관광 송출국 **originating country**

중국은 한국 외래 관광객의 최대 송출국이다.

China is the number one ***originating country*** of tourists visiting Korea.

관광국 **tourist destination**

스페인은 1992년 바르셀로나 올림픽 이후 유럽에서 최대 관광국이 되었다.

Spain became the most popular ***tourist destination*** in Europe after the 1992 Barcelona Olympic Games.

관광지 **tourist attraction/destination/site/spot**

관광 명소 **famous tourist attractions, popular tourist sites**

주요 관광 명소를 방문하는 여행 패키지…

...a travel package that visits all the ***popular tourist sites***...

볼거리 **point of interest, attractions**

바가지요금 **overcharge, overpricing, exorbitant charge/price/fare, rip-offs**

아직도 관광객에 대한 바가지요금이 사라지지 않고 있다.

People still continue to ***overcharge*** tourists.

People still continue to ***charge*** tourists ***exorbitant prices***.

입장료 **admission charge/fee**

입장권 **admission ticket**

단체 입장 **group admission**

단체 할인 **group discount**

창덕궁과 같은 고궁에는 입장료를 내야 한다.

You must pay an ***admission charge*** to see royal palaces such as Changdeokgung Palace.

국제 자유 도시 | Free International City

정부는 제주공항과 인근 지역을 자유 무역 및 관광 지대로 지정하여 제주시를 국제 자유 도시로 만들고자 한다.

The government will make Jeju a ***free international city*** by designating Jeju Airport and its surrounding area a tourist and free trade zone.

관광 단지 | tourism complex

숙박 시설 | lodging facilities, accommodations

부대시설 | supporting facilities

상가 시설 | shopping centers, shopping facilities, shops

경주 관광 단지에는 삼천 명의 관광객을 수용할 수 있는 숙박 시설이 있다.

The Gyeongju tourism complex has ***lodging facilities*** that can accommodate three thousand tourists.

호텔 관광업 | hotel business, hospitality industry

호텔 등급 | hotel classification

특급 호텔(오성 호텔) | five-star hotel, deluxe hotel, luxury hotel

한국 관광지는 특급 호텔 외에는 양호한 숙박 시설이 거의 없다.

Korea tourism sites lack decent accommodation other than ***luxury hotels***.

공항 호텔 | airport hotel

관광호텔 | tourist hotel

가족들이 저렴하게 묵을 수 있는 관광호텔이 부족하다.

There is a shortage of moderately priced ***tourist hotels*** for families.

호텔 | hotel

— 투숙 | stay at a hotel, check into hotel

대부분의 관광객은 호텔에 투숙한다.

Most tourists ***stay at hotels***.

대연회장 | grand ballroom

소연회실 | function room

돌, 회갑연 등을 위한 소연회실이 마련되어 있다.

Function rooms are available for First or Sixtieth Birthday celebrations.

객실 | hotel room

— 예약 | room reservation

비예약 투숙객 | walk-in guest, walk-ins

1인용 객실 | single occupancy room, single room

1인용 객실은 하루에 50불이다.

A ***single occupancy room*** is $50 a night.

2인용 객실 | double occupancy room, twin room

비수기에는 객실 이용률이 30% 이하로 떨어진다.

Occupancy rates drop below 30% during the off-seasons.

공실률 | vacancy rate

객실료 | room rate, room charge

로열 슈이트의 객실료는 하루에 1,000불이다.

The ***room rate*** for the Royal Suite is $1,000 a night.

호텔 서비스 | hotel service

유료 | pay item, charged item

방에서 유료 영화를 볼 수 있다.

You may watch ***a pay movie*** in your room.

냉장고의 음료는 유료다.

Beverages in the room refrigerator are ***charged items***.

무료 | free of charge, complimentary, no charge

이 과일 바구니는 호텔에서 무료로 제공하는 것이다.

The fruit basket is ***complimentary***.

The fruit basket is a ***complimentary service*** from the hotel.

봉사료, 팁 | service charge, tip, gratuity

봉사료를 받지 않습니다.

We do not accept ***gratuities***.

한국 호텔에서 식사하면 10% 봉사료가 붙는다.

In Korean hotels, ***a service charge*** of 10% is included in the food bill.

팁을 10~15% 정도 주는 것이 관행이다.

It's customary to leave a 10~15% ***tip***.

여관 | inn, hotel, hostelry, lodge

게스트하우스 | guest house

호텔보다 값싼 여관이나 게스트하우스를 찾는 관광객들을 위해서는…

...for travelers who want to stay in ***inns*** or ***guest houses*** that are more affordable than hotels...

☞ *Motel* : 자동차를 객실 앞에 주차할 수 있는 형태의 숙박 시설. 한국 여관은 따라서 "*Motel*"보다는 "*Inn*" 또는 "*Hotel*"이라는 명칭이 더 정확하다.

민박 | private lodging

콘도 | condominium hotel, time-share hotel

문화 • 관광

펜션 **pension**

제주도에서 펜션은 콘도와 함께 저렴한 숙박 시설로 각광 받고 있다.

Jeju Island's ***pensions*** are becoming popular as affordable lodging along with ***condominium hotels***.

☞ *Bed and Breakfast* : 숙박과 조식까지 제공되는 여관. B&B라고도 한다.

• Pension이란?

펜션은 유럽의 빵시옹(pension)에서 유래한 것으로, 유럽의 pension 혹은 Bed and Breakfast는 호텔보다는 격이 낮고 조식만 제공하는 저렴한 숙박 시설을 칭한다. 대부분 전문 숙박업자보다는 은퇴자나 전원생활을 즐기는 사람들이 하는 경우가 많다. 한국 펜션은 유럽식 고급 민박이라고 부르기도 한다. 제주도에서는 펜션업을 법으로 규정하여 체험 농장, 어린이 놀이터, 간이 골프장, 게이트볼장, 수영장, 바비큐장 등을 의무화하고 있으며, 건물은 대개 원룸형이 집합한 형태다.

외식 산업 **restaurant business**

요식 업체 **restaurants**

대중식당 **popular restaurants, casual restaurants**

고급 식당 **fine-dining restaurants**

수빅에는 관광객들을 위한 면세점과 고급 식당, 생태 관광 시설이 있다.

Subic is also offering duty-free shopping along with ***fine-dining restaurants*** and ecotourism facilities for the tourists to enjoy.

유흥업소 **bars and night clubs**

카지노 **casino**

노래방 **karaoke**

주점 **bars**

의료 관광 **medical tourism**

태국, 싱가포르, 두바이 및 한국에서는 정부들이 의료 관광 활성화를 위해 노력하고 있다.

In Thailand, Singapore, Malaysia, Dubai and South Korea, the governments have facilitated ***medical tourism***.

생태 관광 **ecotourism**

생태 관광은 이미 십년 전부터 존재해왔다.

The eco-tourism industry has been around for more than a decade.

생태 공원 **eco-park**

생태 공원의 조성과 함께 농장은 열대 밀림 지대로 바뀔 것이다.

A plantation will be transformed into a tropical jungle with the launch of an ***eco-park***.

해상공원　**marine eco-park**

여수에 해상공원을 조성할 계획이다.

A ***marine eco-park*** will be built in Yeosu.

자연 관광　**nature tourism, wilderness tourism**

수목원　**arboretum**

조류 보호원　**bird sanctuary**

철새 도래지　**staging grounds/wintering sites for migratory birds**

철새 도래지도 훌륭한 관광 자원으로 개발할 수 있다.

Staging sites for migratory birds can also be developed into great tourism resources.

천문관　**planetarium**

식물원　**botanical garden**

수족관　**aquarium**

문화 관광　**culture tourism**

체험 관광　**adventure tourism**

뉴질랜드에는 흥행작 <반지의 제왕>의 배경이었던 험난한 산과 강들을 둘러보는 체험 관광 코스들이 있다.

New Zealand offers ***adventure tourism*** in the exciting mountains and raging rivers, which have become the backdrop of the cinematic blockbuster "The Lord of the Rings."

학습 관광　**academic tours, educational tourism**

환경 친화적 관광　**sustainable tourism, low-impact tourism**

생태 관광은 환경을 해치지 않는 모든 형태의 관광을 포함한다.

Eco-tourism includes all forms of ***sustainable tourism***.

휴양지　**vacation resort**

휴식 공원　**recreational park**

휴양림　**recreational forest**

삼림욕　**forest bathing, green shower**

삼림욕은 심신의 피로를 풀어준다.

Green showers relax the body and spirit.

전망대　**scenic outlook, scenic spot, vista point**

영화 <쉬리>에 나온 전망대도 관광 명소가 되었다.

The ***scenic spot*** that appeared in the movie "Shiree" became a popular tourist site.

산책로　**promenade**

놀이공원 amusement park
  테마 공원 theme park
  물놀이 공원 water park
    <쥬라기 공원>을 모방한 테마 공원을 설립…
    …building a ***theme park*** fashioned after "Jurassic Park"…
쇼핑 관광 shopping tour
    요즘 일부에서는 해외로 쇼핑 관광을 간다.
    Nowadays, some people go overseas on ***shopping tours***.
민속 공예품 traditional crafts, local handicrafts
관광 기념품 tourist souvenirs
  특산품 local specialty, indigenous product
    자연산 꿀은 이 지방의 특산품이다.
    Natural honey is the ***local specialty***.
면세 쇼핑 duty-free shopping
  공항 면세점 airport duty-free shop
  면세품 duty-free goods
    내국인 면세점 개점 이틀째인 25일 하루 동안 5천 8백여 명이 이용, 2억 5천여 만원의 매출 실적을 올렸다고 26일 밝혔다. (조선일보)
    The domestic ***duty-free shop*** recorded 5,800 visitors and 250 million won in sales on the 25th, one day after opening.
    공항 면세점에서 사면 훨씬 더 싸다.
    It is much cheaper if you buy it at the ***airport duty-free shops***.
  면세품 인도장 duty-free (goods) pick-up
  부가세 환급 VAT refund
    관광객은 공항에서 쇼핑한 물건에 대한 부가세를 환급받을 수 있다.
    Tourists can receive a ***VAT refund*** at the airport on any items that they purchased.
컨벤션 산업 convention industry
    컨벤션 산업을 육성하기 위하여 부산에 대규모 컨벤션 센터를 건립했다.
    Busan built a large-scale convention center in order to promote the ***convention industry***.
  국제회의 전문 조직업체 Professional Convention Organizer (PCO)
국제회의 유치 attract/host international conferences
    한국은 대규모 국제회의를 유치하기 위해 노력해야 한다.
    Korea needs to focus its efforts on ***attracting*** large ***international conferences***.

세계박람회 EXPO, Exposition

국제박람회사무국 Bureau International des Expositions (BIE)

세계박람회는 올림픽, 월드컵과 함께 세계 3대 이벤트 가운데 하나다.

The world ***EXPO*** is one of the three major global events along with the Olympics and the World Cup.

등록 박람회 Registered Exposition

인정 박람회 Recognized Exposition

부산시는 2030 등록박람회를 유치하기 위해 노력하고 있다.

Busan is bidding to host a BIE (Bureau International des Expositions) ***registered*** World ***Expo*** in 2030.

여행 TRAVEL

여행 travel, tour, trip

업무 여행 business travel, business trip

여가 여행 leisure travel, leisure trip

업무 목적으로 여행을 하는 여행객…

...travelers on ***business trips***...

...passengers ***traveling on business***...

여행 산업 travel industry

여행사 travel agency, travel agent

세계여행업자협회 World Association of Travel Agencies (WATA)

한 달에 300여 개의 일반 여행사가 문을 닫는 반면, 온라인 여행사는 더 많은 고객을 끌고 있다.

Storefront ***travel agents*** are closing at a rate of about 300 a month, as more customers turn to online ***travel companies***.

여행 일정 travel itinerary

여행 일정에 변경이 생겼다.

There's been a change in the ***travel itinerary***.

당일 여행 daily excursion

X박 Y일 Y days and X nights

이번 여행은 4박 5일 코스다.

The trip is for ***5 days and 4 nights***.

항공 예약 make a flight reservation, book a flight

사장이 직접 뉴욕행 항공편을 예약했다.

The president ***made reservations on*** the New York flight himself.

예약 확인 — confirm reservation, reservation confirmation

예약 취소 — cancel reservation, reservation cancellation

여행일 15일 전까지 발권하지 않으면 예약이 자동 취소된다.
The ***reservation*** will be automatically ***cancelled*** if the ticket is not purchased by 15 days prior to the traveling day.

성수기 요금 — high-season fare, peak season fare

비수기 요금 — low-season fare, off-season fare

학생들의 방학 기간인 성수기에는 항공 요금이 인상된다.
During the ***peak season***, which is during school vacations, the airfare increases.

발권 — ticketing

전자 발권 — electronic ticketing

단체 관광 여행 — guided tour, group tour, package tour

그는 유럽으로 단체 관광 여행을 떠났다.
He went on ***a package tour*** of Europe.

여행 상품 — travel package, tour package

선상 여행 — cruise trip

유람선 — cruise ship, cruise line

금강산까지는 유람선을 타야 한다.
Travelers have to take the ***cruise ship*** to go to Geumgang Mountain.

비자 — visa

입국 비자 — entry visa

단수 비자 — single entry visa

복수 비자 — multiple entry visa

이번에는 미국으로 가는 복수 비자를 받았다.
This time, I received a ***multiple entry visa*** for the U.S.

관광 비자 — tourist visa

학생 비자 — student visa

업무 비자 — business visa

관광 비자로 여행을 왔다가 불법 체류하는 외국인 노동자들이 많다.
Many foreign workers illegally stay in the country after entering on ***tourist visas***.

무사증 통과 — Transit Without Visa (TWOV)

무비자 협정 — visa exemption treaty, visa-waiver agreement

한국과 태국은 무비자 협정을 체결했다.
Korea and Thailand signed a ***visa exemption treaty***.

출입국 관리국	Immigration Bureau
출입국 수속	immigrations, immigration clearance

여행자들은 출입국 수속을 먼저 해야 한다.

Travelers are required to first go through ***immigrations***.

출입국 신고서	immigration documents
입국 신고서	arrival card, disembarkation card, entry card
출국 신고서	departure card
출입국 카드	immigration card, entry/departure card

출입국 카드를 기재(작성)하다.

...fill out an ***immigration card***.

출입국 (관리) 심사관	immigration officer
체류 기간	length/duration of stay

출입국 심사관은 여행자들에게 예정 체류 기간을 묻는다.

Immigration officers ask travelers their planned ***length of stay***.

입국 거부	deny entry

그는 비자가 만료되어 입국을 거부당했다.

He ***was denied entry*** into the country because his visa had expired.

Immigrations ***denied him entry*** into the country because his visa had expired.

여권	passport

여권 만료 기간이 30일이 안 남았으면 탑승할 수 없다.

Boarding is not allowed if the ***passport*** expires in less than 30 days.

단수 여권	single passport
복수 여권	multiple passport
세관	customs
통관	customs clearance, customs procedure
세관원	customs officer
세관 신고	customs declaration

통관을 하기 전에 세관 신고서를 작성해야 한다.

You must fill out a ***customs declaration*** form before ***going through customs***.

— 물품	goods, items
관세	duty
가산세	penalty

신고하지 않은 물품들에 대하여 가산세가 부과된다.

A ***penalty*** will be levied on taxable items that are not declared.

환전 — currency exchange, exchange money

환전소 — money exchange, currency exchange

환전소에 가서 한국 돈을 달러로 바꿔야 한다.

I need to go to the ***money exchange*** and ***change*** some Korean money ***into*** dollars.

공항 환율이 호텔보다 유리하다.

The airport ***offers better exchange rates*** than the hotels.

☞ *better rates, more favorable rates* : 유리한 환율.

☞ <금융/외환> 참조.

환전 수수료 — exchange fee

문화유산 CULTURAL HERITAGE

고요한 아침의 나라 — Land of the Morning Calm

은둔의 왕국 — Hermit Kingdom

동방예의지국 — Nation of Courtesy and Respect

한국은 동방예의지국으로 알려져 있다.

Korea has been called the ***Nation of Courtesy and Respect***.

사계절 — four (distinct) seasons

한국은 사계절이 뚜렷하다.

Korea has ***four distinct seasons***.

삼면이 바다 — flanked/surrounded by the ocean on three sides

한국은 삼면이 바다다.

Korea is ***surrounded by the ocean on three sides***.

산이 많은 지형 — mountainous topography, hilly terrain

한국은 산이 많은 지형이다.

Korea has a ***mountainous terrain***.

한국어 — Korean Language

한글 — *Hangeul*, the Korean alphabet

한국어는 우랄알타이어로 분류된다.

The ***Korean language*** belongs to the Ural-Altaic group.

단군 신화 — Dangun mythology, foundation myth of Dangun

건국 신화 — founding legend, foundation myth

환인 — *Hwanin*, "god of heavens"

웅녀 — *Ungnyeo*, "bear-woman"

기원전 2333년에, 웅녀가 된 곰이 건국 시조인 단군을 낳았다.
In 2333 BC, a mountain bear was transformed into a "***bear-woman***" who gave birth to ***Dankun***, the ***founder*** of the nation.

단일 민족	**ethnically homogeneous nation, single ethnic group/race, one people, homogeneous ethnic group**

한민족은 고유 언어, 문화와 풍속을 가지고 있는 단일 민족이다.
Koreans are a ***homogeneous ethnic group*** with their own language, culture, and customs. (*KNTO*)

고조선	**Old Joseon, Go-Joseon**
삼한 시대	**Three Han Federation, Confederated Kingdoms**
삼국 시대	**Three Kingdoms Period**
고구려	**Goguryeo**
백제	**Baekje**
신라	**Silla**
통일신라	**Unified Kingdom of Silla**
후삼국	**Later Three Kingdoms**
고려 시대	**Goryeo Dynasty**
조선 시대	**Joseon Dynasty**
일제 시대, 일제 강점기	**period of Japanese occupation/Japanese colonial rule**

… 36년 일제 강점기의 식민 잔재…
...remnants of the 36-year ***period of Japanese occupation***...

한일 합방	**Japan's annexation of Korea**
을사조약	***Eulsa Treaty*, Protectorate Treaty of 1905**
독립운동	**independence movement**
3·1 운동	**March 1st Independence Movement**
임시 정부	**(Shanghai) provisional government**
8·15 해방	**liberation from colonial rule (on Aug.15, 1945)**
6·25 전쟁	**Korean War**
신탁 통치	**trusteeship**
정부 수립	**founding/establishment of government**
문화재	**cultural property, cultural heritage**
— 보존	**preservation, safeguard**
— 감정	**appraisal**

각 공항에는 문화재를 검사하는 감정관들이 파견 나가 있다.

Professional ***appraisers*** are assigned at airports to inspect ***cultural properties***.

문화 자산	
선사유적지	prehistoric sites
거석문화	megalithic culture
선돌	menhir
고인돌	dolmen
명승지	historical sites
유적지	historic site
고궁	royal palace
왕릉	royal tomb
고분	ancient tomb, burial mound
도굴	tomb raiding
유물	artifacts
도자기	ceramics, pottery
고려청자	*Goryeocheongja, Goryeo* ware (celadon)
상감청자	inlaid celadon
고령토	kaolin clay
분청사기	*Buncheongsagi, Buncheong* ware (pottery)
조선백자	Joseon white porcelain
첨성대	*Cheomseongdae* (observatory)
측우기	*Cheugugi* (rain gauge)
해시계	*Haesigye* (sundial)
팔만대장경	Korean Tripitaka, Tripitaka Koreana
금속활자	movable metal type
신라금관	Gold Crown of Silla Kingdom
에밀레종 (성덕대왕신종)	Emille Bell
거북선	*Geobukseon*, the Turtle Ship, iron clad battleship
고구려벽화	murals in the ancient tombs of Goguryeo Kingdom, Goguryeo tomb murals

불상	Buddha Images
불조각상	Buddha Sculptures
동불	bronze Buddha
금동불	gilt-bronze Buddha
석불	stone Buddha

국보 **NationalTreasure**
보물 **Treasure**
사적 **Historic Site**
명승 **Scenic Site**
천연기념물 **Natural Monument**

<이상한 변호사 우영우>에 나온 500년 된 팽나무가 천연기념물로 지정되었다.
The 500-year-old hackberry tree featured in the drama series "Extraordinary Attorney Woo" was designated as a ***Natural Monument***.

무형문화재 **Intangible Cultural Heritage/Property**
민속문화재 **Folklore Cultural Heritage**
등록문화재 **Registered Cultural Heritage**
문화재 불법 유출 **illegal export of cultural property**

과거 일제 시대에 많은 문화재가 불법 유출되었다.
Many ***cultural properties*** were ***illegally exported*** during the Japanese colonial period.

반환 **return, restitution**
외규장각 ***Oegyujanggak*, Korean archives, the royal archives**

한국과 프랑스의 외규장각 반환 협상…
...the Korea-France negotiations concerning the restitution of ***the royal archives***...

세계문화 및 자연유산의 보호에 관한 유네스코 협약
UNESCO Convention for the Protection of the World Cultural and Natural Heritage

• UNESCO란?

United Nations Educational, Scientific and Cultural Organization. 유네스코. 교육·과학·문화의 보급 및 교류를 통해 국가 간의 협력 증진을 목적으로 1945년에 설립된 국제연합 전문 기구다. 2022년 기준 회원국은 193개국이며, 11개의 준회원국이 있다. 한국은 1950년에 가입했다.

세계유산 **World Heritage**

1995년 석굴암과 불국사는 유네스코 세계유산으로 등재되었다.
Seokguram and Bulguksa were registered on the ***UNESCO World Heritage*** List in 1995.

등재 **inscribed, registered**

무형문화유산 **Intangible Cultural Heritage**

세계기록유산 **Memory of the World**

한국의 유네스코 지정 세계유산 UNESCO's World Heritage List (reg. date)	
대표적 세계유산 Cultural Heritage	
석굴암·불국사	Seokguram Grotto and Bulguksa Temple (1995)
종묘	Jongmyo Shrine (1995)
창덕궁	Changdeokgung Palace Complex (1997)
조선왕릉	Royal Tombs of the Joseon Dynasty (2009)
한국의 역사마을: 하회와 양동	Historic Villages of Korea: Hahoe and Yangdong (2010)
한국의 서원	Seowon, Korean Neo-Confucian Academies (2019)
산사, 한국의 산지승원	Sansa, Buddhist Mountain Monasteries in Korea (2018)
경주역사유적지구	Gyeongju Historic Areas (2000)
한국의 갯벌	Getbol, Korean Tidal Flats (2021)
고창, 화순, 강화의 고인돌 유적	Gochang, Hwasun and Ganghwa Dolmen Sites (2002)
남한산성	Namhansanseong (2014)
백제역사유적지구	Baekje Historic Areas (2015)
제주 화산섬과 용암동굴	Jeju Volcanic Island and Lava Tubes (2007)
수원화성	Hwaseong Fortress(1997)
해인사 장경판전	Haeinsa Temple Janggyeong Panjeon, the Depositories for the Tripitaka Koreana Woodblocks (1995)
대표적 세계기록유산 Memory of the World	
훈민정음 해례본	The Hunmin Jeongeum Manuscript (1997)
조선왕조실록	The Annals of the Joseon Dynasty (1997)

백운화상초록불조 직지심체요절	Baegun hwasang chorok buljo jikji simche yojeol (vol. II), the second volume of "Anthology of Great Buddhist Priests and Zen Teachings" (2001)
동의보감	Donguibogam: Principles and Practice of Eastern Medicine (2009)
조선통신사에 관한 기록: 17세기~19세기 한일 간 평화구축과 문화교류의 역사	Documents on Joseon Tongsinsa/Chosen Tsushinshi: The History of Peace Building and Cultural Exchanges between Korea and Japan from the 17th to 19th Century (2017)
1980년 인권기록유산 5·18 광주민주화운동 기록물	Human Rights Documentary Heritage 1980 Archives for the May 18th Democratic Uprising against Military Regime, in Gwangju, Republic of Korea (2011)
국채보상운동 기록물	Archives of the National Debt Redemption Movement (2017)
새마을운동 기록물	Archives of Saemaul Undong (New Community Movement) (2013)
승정원 일기	Seungjeongwon Ilgi, the Diaries of the Royal Secretariat (2001)
조선왕조 의궤	Uigwe: The Royal Protocols of the Joseon Dynasty (2007)
KBS특별생방송 '이산가족을 찾습니다' 기록물	The Archives of the KBS Special Live Broadcast "Finding Dispersed Families" (2015)
난중일기(亂中日記), 이순신 장군의 진중일기(陣中日記)	Nanjung Ilgi: War Diary of Admiral Yi Sun-sin (2013)
고려대장경판 및 제경판	Printing woodblocks of the Tripitaka Koreana and miscellaneous Buddhist scriptures (2007)
일성록	Ilseongnok: Records of Daily Reflections (2011)
조선왕실 어보와 어책	Royal Seal and Investiture Book Collection of the Joseon Dynasty (2017)
한국의 유교책판	Confucian Printing Woodblocks (2015)
대표적 무형문화유산 (인류 구전 및 무형유산 걸작) Intangible Cutural Heritage (Masterpieces of the Oral and Intangible Heritage of Humanity)	

종묘제례 및 종묘제례악	Royal Ancestral Rite and Ritual Music in Jongmyo Shrine (2001)
판소리	Pansori Epic Chant (2003)
아리랑, 한국의 서정 민요	Arirang, Lyrical Folk Song (2012)
농악	Nongak, community band music, dance and rituals in the Republic of Korea (2014)
김장, 김치를 담그고 나누는 문화	Kimjang, making and sharing kimchi in the Republic of Korea (2013)
씨름, 한국의 전통 레슬링	Traditional Korean wrestling (Ssirum/Ssireum) (2018)
처용무	Cheoyongmu (2009)
제주해녀문화	Culture of Jeju Haenyeo (women divers) (2016)
택견, 한국의 전통 무술	Taekkyeon, a traditional Korean martial art (2011)
남사당 놀이	Namsadang Nori (2009)
영산재	Youngsanjae (2009)
가곡, 국악 관현반주로 부르는 서정적 노래	Gagok, lyric song cycles accompanied by an orchestra (2010)
대목장, 한국의 전통 목조 건축	Daemokjang, traditional wooden architecture (2010)
매 사냥, 살아 있는 인류 유산	Falconry, a living human heritage (2010)
줄타기	Jultagi, tightrope walking (2011)
줄다리기	Tugging rituals and games (2015)
한산 모시짜기	Weaving of Mosi (fine ramie) in the Hansan region (2011)
강릉 단오제	Gangneung Danoje festival (2005)
강강술래	Ganggangsullae (2009)
제주 칠머리당 영등굿	Jeju Chilmeoridang Yeongdeunggut (2009)
연등회	Yeondeunghoe, lantern lighting festival in the Republic of Korea (2020)

민속 문화 FOLK CULTURE

민속촌 Folk Village
국립민속박물관 National Folk Museum of Korea
무속 신앙 shamanism

무속 신앙은 한국의 문화적 근간을 이루고 있다.
Shamanism is at the root of Korean culture.

박수 shaman (male)
무당 shaman (female)

무당이 주문을 외우기 시작하면…
When ***the shaman*** starts to chant...

굿 *Gut*, shaman rite

병을 고치기 위해 굿을 한다.
Shaman rites are performed to cure illnesses.

부적 *bujeok*, talisman

부적은 귀신을 쫓는다고 여겨진다.
A Bujok, or ***talisman*** is believed to ward off evil spirits.

지하대장군 totem pole
농악 *Nongak*, farmers music
사물놀이 *Samulnori*
판소리 *Pansori*
탈춤 mask dance

사물놀이는 전통 타악기 4가지로 구성된다.
Samulnori is performed by 4 traditional percussion instruments.

민화 *minhwa*, folk painting
풍속화 genre painting
십장생도 painting of 10 symbols of longevity

이화여대박물관은 이승만 전 대통령이 소장했던 '십장생도 병풍'을 3월 2일부터 박물관 3층에서 일반 공개한다.
Ewha Womans University Museum will be exhibitting the "***10 Symbols of Longevity*** Folding Screen," that had been formerly owned by ex-President Rhee Seungman.

관혼상제 冠婚喪祭 rites of passage, the four ceremonial rites
관 冠 coming of age
혼 婚 marriage

상 喪	funeral
제 祭	ancestor worship
제사	ancestor memorial rite, memorial ritual

제사를 모시는 것은 장남의 몫이다.
Memorial rites are the responsibility of the oldest son in the family.

세시풍속	seasonal customs
설날	*Seolnal*, Lunar New Year's Day

대부분의 가정에서는 구정을 쇤다.
Most families celebrate ***the Lunar New Year's Day***.

추석	*Chuseok*, Harvest Moon Festival

추석은 한국판 추수감사절이라고 할 수 있다.
Chuseok is the Korean version of Thanksgiving.

대보름	*Daeboreum*, 15th day of the First Moon
절기	*jeolgi*, seasonal terms, seasonal turning points
양력	solar calendar
음력	lunar calendar

음력은 천체의 주기를 기준으로 하는 역법으로서, 24절기가 있다.
The ***lunar calendar*** is governed by a complex reckoning of the movements of celestial bodies and has ***24 terms***.

입춘	*Ipchun*, first day of spring
삼복	*Sambok*, three dog days of summer

한국에서는 삼복에 몸보신으로 삼계탕을 먹는다.
Koreans traditionally eat Ginseng Chicken on the three ***sambok*** days to reenergize themselves.

동지	*Dongji*, winter solstice, the Eleventh Moon

주거 SHELTER

기와집	tiled roof house
기와	roof tiles
단청	*dancheong*, multi color painting (on wooden structures/pillars and rafters)
초가집	thatched roof house
한옥	*hanok*, traditional Korean-stye house
목조 건물	wooden structures, wooden buildings
99칸	*99 kans*

옛날에는 임금의 궁궐 외에는 99칸이 넘는 가옥이 허용되지 않았다.
It was forbidden for any private house except a royal palace to be larger than ***99 kans*** (*each kan being the space between four columns, roughly 3.3 square meters*).

정자	pavilion
대문	outer gate
사당	ancestral shrine
안채	*anchae*, inner quarters
안방	mistress's room
보료	embroidered mattress
행랑채	servants' quarters
사랑채	*sarangchae*, outer quarters
사랑방	*sarangbang*, master's room
경상	reading desk
병풍	folding screen
족자	hanging scroll
미닫이	sliding doors
창호지	rice paper
온돌 문화	*ondol floors*, underfloor hypocaust heating system

한국은 아직도 온돌 문화를 유지하고 있다.
Houses are still ***heated with ondol floors*** in Korea.

의복 CLOTHING

백의민족	the "white-clad people"
한복	*hanbok*, traditional Korean dress
명주	silk
무명	cotton
삼베	hemp, linen
모시	ramie
치마저고리	*chima-jeogori*, skirt and top
갓	*gat*, cylindrical hat made of horse hair
보자기	*bojagi*, wrapping cloth
장신구	personal ornaments, decorative accessories
비녀	*binyeo*, rod hair pin
화관	flower crown

노리개	*norigae*, pendant
장도	ornamental dagger
복주머니	*bokjumeoni*, silk string-pouch, "lucky" pouch
개량 한복	modernized *hanbok*, simplified *hanbok*

음식 FOOD

음식 문화 — culinary tradition, culinary culture

전통 음식 — traditional food, traditional cuisine, traditional cooking

토속 음식 — local dishes, local flavor, indigenous food

구수한 토속 음식을 맛보려면…

...if you want to taste unpretentious ***local dishes***...

궁중 요리 — Korean royal cuisine

궁중 요리 전문가…

...culinary expert of ***Korean royal cuisine***...

밥과 반찬 — rice and side dishes

한정식 — full course Korean meal

김치 — *gimchi*, *kimchi*, fermented vegetables

☞ *kimchi* : 한국어의 로마 표기법이 바뀜에 따라 *gimchi*가 표준 표기법이 되었으나 외국에 이미 *kimchi*로 많이 알려져 있으므로 양쪽 다 사용 가능하다.

김장 — *gimjang*, making kimchi for winter storage

한국 사람들은 늦가을에 김장을 한다.

In late autumn, Korean housewives ***prepare kimchi*** in large amounts ***for winter storage***.

고깃집 — grill house, Korean BBQ house

횟집 — raw-fish/sushi restaurants

포장마차 — street vendors

전통 술 — traditional alcoholic drinks, Korean drinks/wine/liquor/spirits

- 소주 — *soju*, distilled liquor
- 청주 — *cheongju*, clear rice wine
- 막걸리 — *maggeolli*, rice beer, rice wine

☞ *maggeolli* : 영어의 *wine*은 과실주이므로 막걸리의 정확한 번역은 곡물주인 *rice beer*다. 그러나 워낙 *rice wine*으로 널리 불린 관습 때문에 둘 다 사용 가능하다.

민속 주점 — *minsokjujeom*, traditional pub

민속 주점에서는 동동주나 막걸리를 먹는다.
Customers usually drink dong-dong-ju or ***maggeolli*** at the ***minsokju-jeom***.

한국 전통 음식 Traditional Korean Cuisine		
한국 음식	Name	English description
갈비찜	*galbi-jjim*	braised/stewed short ribs
구이	*gui*	charbroiled/barbecued dishes
불고기	*bulgogi*	beef barbecue, charbroiled beef
갈비구이	*galbi-gui*	marinated short rib barbecue
고기산적	*sanjeok*	skewered beef barbecue
김치	*kimchi* (표준)	fermented vegetables
총각김치	*chongkak-kimchi*	ponytail *kimchi*, baby radish *kimchi*
배추김치	*bechu-kimchi*	napa cabbage *kimchi*
깍두기	*kkakduki*	cubed radish *kimchi*
열무김치	*yeolmul-kimchi*	summer green cabbage *kimchi*
동치미	*dongchimi*	winter water *kimchi*
나물	*namul*	blanched and seasoned vegetables
고사리나물	*gosari-namul*	seasoned fern braken
도라지나물	*doraji-namul*	seasoned bellflower root
무나물	*moo-namul*	seasoned julienned radish, cooked
무생채	*moo-sengche*	seasoned julienned radish, fresh
호박나물	*hobak-namul*	seasoned summer squash
낙지볶음	*nakji-bokkeum*	stir-fried small octopus
냉면	*nengmyeon*	cold buckwheat noodles in beef broth
떡국	*tteok-guk*	sliced-ricecake soup
만두국	*mandu-guk*	dumpling soup
밥	*bab*	steamed rice, boiled rice
누룽지	*nurungji*	scorched rice, scorched and boiled rice
비빔밥	*bibimbab*	mixed-rice
돌솥비빔밥	*dolsot bibimbab*	mixed-rice served in stonepot

빈대떡	*binde-ttoek*	mungbean griddle cakes
신선로	*sinseollo*	Korean royal mongolian pot
육개장	*yukge-jang*	hot and spicy beef soup
잡채	*jabche*	stir-fried cellophane noodle with vegetables
전	*jeon*	battered and pan-fried dishes
호박전	*hobak-jeon*	battered and pan-fried summer squash
생선전	*sengseon-jeon*	battered and pan-fried fish fillet
찌개/전골	*jjigae/jeongol*	stews & hotpot
된장찌개	*doenjang-jjiggae*	bean paste stew
고추장찌개	*gochujang-jjiggae*	hot chili bean paste stew
김치찌개	*kimchi-jjiggae*	kimchi stew
해물전골	*haemul-jeongol*	assorted seafood hotpot
탕	*tang*	soup
갈비탕	*galbitang*	beef rib soup, short rib soup
곰탕	*gomtang*	beef tripe soup, assorted beef soup
꼬리곰탕	*gori-gomtang*	oxtail soup
삼계탕	*samgyetang*	ginseng chicken
생선매운탕	*sengseon-meun-tang*	spicy fish pot stew, Korean-style bouillabaisse
설렁탕	*seolleong-tang*	beef tongue & bone soup
젓갈	*jeotgal*	salted fish/seafood
멸치젓	*myeolchi-jeot*	salted anchovies
새우젓	*sewoo-jeot*	salted shrimp
장	*jang*	fermented (bean) sauces
된장	*doenjang*	soybean paste
고추장	*gochujang*	hot bean paste, chili bean paste
간장	*ganjang*	soy sauce
죽	*juk*	rice porridge, congee
단호박죽	*danhobakjuk*	winter squash porridge
팥죽	*patjuk*	red bean and rice porridge

전복죽	*jeonbokjuk*	abalone rice congee
한과	*han-gwa*	Korean sweets
강정	*gang-jeong*	honeyed rice puffs
약과	*yakgwa*	deepfried rice-dough cookies
약식	*yaksik*	sticky rice dessert (with pine nuts and dried fruit)
엿	*yeot*	Korean-style taffy
다식	*dasik*	pressed rice dough cookie (with pine pollen)
떡	*tteok*	rice cake
수정과	*sujeong-gwa*	persimmon punch
식혜	*sike*	sweet rice punch, sweet rice nectar

문화 산업 CULTURE INDUSTRY

문화 산업 **cultural production industry, cultural industry**

한국과 중국의 문화 산업을 대표하는 미디어 회사들은 관련 법규에 관한 상호 협의에 합의하는 양해 각서를 체결했다.

Media firms representing the ***cultural production industries*** of ROK and China signed an MOU, agreeing to mutual consultations on laws and regulations.

문화 다양성 **cultural diversity**

문화다양성협약 **UNESCO Convention on Cultural Diversity (CCD)**

☞ 공식 명칭은 *Convention on the Protection and Promotion of the Diversity of Cultural Expressions*. 2005년 10월에 UNESCO 총회에서 채택되었다.

문화 다양성을 지키기 위한 문화계의 노력…

The cultural community's effort to preserve ***cultural diversity***...

콘텐츠 산업 **contents industry**

문화 상품 **cultural products**

문화 상품권 **arts & cultures gift certificate**

한류 열풍 **hallyu, (South) Korean Wave**

한류 열풍은 동아시아 지역에서 일고 있는 한국 대중문화와 연예인들에 대한 선호 현상을 말한다.

Hallyu, or the ***South Korean Wave*** refers to the sudden surge of popularity of South Korean pop culture and products in East Asian countries.

출판 PUBLISHING

출판사 — **publisher, publishing company, publishing house**

출판 계약 — **publishing deal, book deal**

P씨는 Prentice Hall 출판사와 출판 계약을 체결했다.

Mr. P signed a ***book deal*** with the Prentice Hall ***publishing company***.

출판권 — **publishing rights**

인쇄소 — **printer, printing company**

이 인쇄 회사는 오늘날 사업 환경의 수요를 충족시키기 위해 신속한 경영을 한다.

This ***printing company*** operates with speed to meet the demands of today's business environment.

교열, 교정 — **proofread, correct print**

이 책은 교정을 잘못 봐서 오자가 많다.

This book has many misprints owing to careless ***proofreading***.

단행본 — **a book, a separate volume**

우리는 지금까지의 논문들을 단행본으로 엮었다.

We made ***a book*** out of the articles so far published.

문고본 — **paperback**

번역 도서 — **translated book, translation**

그것은 원래 영어 소설의 번역서다.

It's a Korean ***translation*** of an English novel.

원서 — **original language book**

소설 — **fiction, novel**

비소설 — **non-fiction**

『모리와 함께한 화요일』이 비소설 부문에서 1위다.

"*Tuesdays with Morris*" is No.1 in the ***non-fiction*** category.

시집 — **poetry book, poetry collection**

수필집 — **collection of essays**

교양서 — **self-help books**

참고서 — **reference books**

자서전 — **autobiography**

유명인들의 자서전은 대부분 베스트셀러가 된다.

Autobiographies of celebrities usually make the bestseller list.

판 edition, print
발행본 issue
원본 original copy
초판 first print, first edition
초판은 일주일도 못 되어 매진되었다.
The *first edition* was sold out in less than a week.
재판 second print
초판이 다 팔리고 재판에 들어갔다.
The book's *first edition* sold out and went into *second print*.
삼판 third print
개정판 revised edition
한정판 limited edition
완본 unabridged edition
축약본 abridged edition, abridged copy
보충판 additional print
구독자들은 보충판을 반값에 구매할 수 있다.
All our subscribers may purchase *additional print copies* at a 50% discount.
인쇄 printing
제본, 제책 book binding
책등 book spine
책날개 flap
앞날개 front flap
뒷날개 back flap
목차 table of contents
표지 cover
색인 index
삽화 illustration
이 책에는 삽화가 들어 있지 않다.
This is an *unillustrated* book.
판형 book size
640페이지에 A4 판형인 그 역사책은 한국의 전통 문화에 대해 다루고 있다.
The history book of the 640-page A4 *size book* tells about the traditional Korean culture.
베스트셀러 bestseller
그 책은 3주째 연속 베스트셀러 1위다.

The book has been No.1 ***on the bestseller list*** for 3 consecutive weeks.

판매 부수 number of copies sold

지금까지 한국에서 그 책은 백만 권이나 팔렸다.

1 million copies of the book were ***sold*** in Korea so far.

저작권 copyright

　저작권자 copyright holder, copyright owner

☞ <통상/지적 재산권> 참조.

전자 출판 electronic publishing

국제 도서전 international book fair

도서 상품권 books gift certificate

영화 산업 FILM INDUSTRY

영화 film, motion picture, movie

사실극 영화 live-action film

극영화 fiction film

기록 영화 documentary film, documentary, non-fiction film

실험 영화 experimental film

선전 영화 propaganda film

애니메이션 영화 animated film, animation

액션 영화 action film

공상과학(SF) 영화 science fiction movie

공포 영화 horror film, horror movie

조폭 영화 (Korean) gangster film

멜로 영화 melodrama, tear-jerker

조폭 코미디나 멜로 같은 특정 장르 제작에만 매달려서는 안 된다.

We shouldn't be overly dependant on certain genres of movies, such as ***gangster comedy*** or ***melodrama***.

전편 prequel

속편 sequel

<스타워즈>의 속편을 제작했다.

...***produced a sequel to the*** movie "Star Wars"...

영상물 video, film, visual production

영상 산업 film industry, movie industry

제작 production

　제작자 film producer, film maker

제작사 **production company, production house**

미국의 유명 영화 제작사인 유니버셜픽처스…

Universal Pictures, a major motion picture ***production company*** in the U.S.…

제작비 **production cost**

영화 <타이타닉>은 어마어마한 제작비를 들인 영화였다.

The ***production cost*** for "Titanic" was astronomical.

☞ *low-budget movie* : 저예산 영화.

기획 **production planning**

감독 **direction, director**

스티븐 스필버그는 할리우드에서 가장 유명한 감독 중 한 명…

Steven Spielberg is one of the most famous ***directors*** in Hollywood…

<쉰들러 리스트>의 감독은 스티븐 스필버그였다.

"Shindler's List" ***was directed by*** Steven Spielberg.

Steven Spielberg ***was the director of*** "Shindler's List."

미술 감독 **art director**

음악 감독 **music director**

촬영 **shooting, filming, cinematography**

촬영 기사 **cinematographer**

촬영 감독 **cinematography director**

로케 촬영 **location shooting, shoot on location**

감독과 출연진은 로케 촬영을 하러 호주에 갔다.

The director and his staff went to Australia to do their ***location shooting***.

출연 배우 **featured actors, starring actors/actress**

배역 **casting**

대역 **stand-in**

아역 **child actor, child's part**

그 영화에는 아역으로 X가 등장했다.

X acted the ***child's part*** in that movie.

주제 음악 **theme music, original music score**

의상 **costume**

편집 **editing, cutting**

그 장면은 편집되었다.

That particular scene was ***edited***.

That particular scene was ***cut***. (삭제의 개념)

영화 배급 **film distribution**

배급사 **film distributors, film distribution company**

제작이 지연되었던 마틴 스콜세지의 장편 영화에는 영화 배급사인 미라막스와의 편집상 이견과 갈등이 반영되고 있다.

Martin Scorsese's long-delayed epic shows the warts of compromise from his editing fight with ***distributor*** Miramax. (*Honolulu-Star Bulletin*)

개봉 **opening, release**

영화 관객 **movie goer/viewer/audience**

관객 동원 **viewer attraction, draw/attract movie viewers**

그 영화는 10만 명의 관객을 동원했다.

The movie ***drew*** 100 thousand ***movie goers***.

흥행 실적 **box office performance/record, ticket sales**

흥행 성공 **box office success, box office hit**

그 영화는 흥행에 성공했다.

The movie was a ***box office hit***.

그 영화는 흥행에 실패했다.

The movie ***did poorly at the box office***.

The movie ***was a flop***.

흥행작 **blockbuster, hit movie**

☞ *Big Screen* : 영화의 속어. *big screen*은 대형 스크린에 상영되는 영화를 뜻하며 *small screen*은 그보다 작은 TV를 가르킨다. 예를 들어, TV 탤런트가 영화에 처음으로 출연하면 *big screen debut*라고 한다.

시사회 **preview**

오늘 A영화의 시사회가 열렸다.

A ***preview*** of movie A was held today.

영화평 **film review**

영화 평론가 **movie critic**

영화 등급 **movie rating**

전체 관람가 **General**

(13세) 관람가 **Over (13)**

제한 관람 **Restricted**

영화관 **movie theatre, cinema**

복합 상영관 **multiplex cinema**

동시 상영 **double feature**

매표소 **box office, ticket office**

피카디리도 복합 상영관으로 변신했다.

Picadelly was also renovated into ***multiplex cinemas***.

예약 판매 reserved ticketing
암표 판매 ticket scalping
더빙 dubbing
자막 sub-title

외화는 한국어로 더빙하는 것보다 자막을 넣는 것이 낫다.
Sub-titles are better than Korean dubbing when it comes to foreign films.

장편 영화 feature film
단편 영화 short film, short subject, "shorts"
독립 영화, 인디 영화 independent film

독립 영화 제작자들은 많은 관객을 겨냥하지 않는다.
Independent film makers do not target a large audience.

영화제 film festival
출품작 entry, submitted film
칸영화제 Cannes Film Festival, Festival de Cannes
황금종려상 (the) Palme d'Or
베니스영화제 International Venice Film Festival
황금사자상 (the) Golden Lion
베를린국제영화제 Berlin International Film Festival
황금곰상 (the) Golden Bear
부산국제영화제 Pusan International Film Festival (PIFF)

부산국제영화제에 출품된 작품은 작년보다도 많았다.
The number of entries in ***PIFF*** exceeded last year's number.

부천국제판타스틱영화제 Puchon International Fantastic Film Festival (PiFan)
전주국제영화제 Jeonju International Film Festival
서울국제여성영화제 Seoul International Women's Film Festival (SIWFF)
청룡영화상 (the) Blue Dragon Film Awards
심사 jury review, judgement
심사위원회 jury
심사위원 jury member, juries
작품 선정 select, award

B영화제의 심사위원이 되다.
... serve on the ***jury*** of B Film Festival.
... serve as a ***jury*** for the B Film Festival.

아카데미상 Academy Awards
— 후보 nominee

그 영화는 아카데미상 6개 부문의 후보에 올랐다.

The movie ***was nominated*** for 6 ***Academy Awards***.

남우주연상	**Best Actor Award**
여우주연상	**Best Actress Award**
남우조연상	**Best Supporting Actor Award**
여우조연상	**Best Supporting Actress Award**
작품상	**Best Picture Award**
각본상	**Best Screenplay Award**
감독상	**Best Director Award**

작품상은 <기생충>에게 돌아갔다.

The Best Picture Award went to "Parasite."

대표적 한국 영화	
헤어질 결심 (2022)	Decision to Leave
기생충 (2019)	Parasite
극한직업 (2019)	Extreme Job
신과 함께: 죄와 벌 (2017)	Along With the Gods : The Two Worlds
아가씨 (2016)	The Handmaiden
베테랑 (2015)	Veteran
암살 (2015)	Assassination
국제시장 (2014)	Ode to My Father
명량 (2014)	Roaring Currents
범죄와의 전쟁 (2011)	Nameless Gangster : Rules of Time
해운대 (2009)	Haeundae
밀양 (2007)	Secret Sunshine
괴물 (2006)	The Host
달콤한 인생 (2005)	A Bittersweet Life
올드보이 (2003)	Oldboy
봄날은 간다 (2001)	One Fine Spring Day

기타 OTHERS

음악 산업	**recording industry**

취입 | **record**

가수 J씨가 신곡을 취입했다.

Singer J ***recorded*** a new song.

음원 | **musical recording**

☞ 과거의 *LP*나 *CD* 등의 음반이 디지털 음원(*digital musical recording*)의 형태로 대체되고 있어 음반산업은 음악산업으로 바뀌었다.

공연 산업 | **concert industry**

공연 기획 | **concert organization**

공연 기획자 | **concert organizer**

재즈 공연의 기획을 맡은 Sarah Arnold…

Jazz ***concert organizer*** Sarah Arnold...

자선 공연 | **benefit concert**

탈북자를 위한 연말 자선 공연…

End-of-year ***benefit concert for*** North Korean refugees...

음악회 | **music concert**

성악가 | **singer, classical singer, opera singer**

연주가 | **player**

조수미는 세계적으로 유명한 성악가다.

Jo Sumi is a world famous ***opera singer***.

교향악단 | **symphony orchestra**

지휘자 | **conductor, maestro**

…지휘자인 주빈 메타는 인도 출신으로…

...the Indian born ***Maestro*** Zubin Mehta...

비엔나 필하모닉에는 특이하게 전속 지휘자가 없다.

Vienna Philharmonic...most unusually, has no resident ***maestro***... (*Taipei Times*)

현악기 | **string instrument, strings**

타악기 | **percussion instrument, percussions**

관악기 | **wind instrument**

공연단 | **troupe, company**

극단 | **theatre company**

무용단 | **dance company, dance troupe, dance troop**

한국의 고전 무용단이 현지에서 공연을 했다.

Korean traditional ***dance company*** gave a local performance.

서울무용단은 다음 주에 북경에서 공연할 예정이다.

The ***Seoul Dance Troupe*** will be performing in Beijing next week.

기획사 — **production company, talent agency, entertainment management company**

소속 기획사 사무실에서 기자들을 만난 최양은…

Miss Choi who met with reporters in the office of her ***management agency***...

매표소 — **ticket booth**

매진 — **sold out**

예매 — **advance ticketing, booking**

예매권 — **advance ticket**

내일 공연 입장권을 예매했다.

I've bought ***advance tickets*** for tomorrow's concert.

인터넷으로 예매가 가능하다.

Online advance ticketing is available.

관람권 — **ticket, admission ticket**

로열석 — **royal box seat**

A석 — **Seat-A, front row seat**

일반석 — **general admission**

입석 — **standing seat, standing room only, student-standing seat**

모든 좌석이 매진되어 입석만 몇 개 남았다.

All seats are sold out with only a few ***standing seats*** available.

전시 — **exhibition**

4월에 반 고흐 작품이 전시된다.

Van Gogh's work will ***be exhibitted*** in April.

Van Gogh's work will ***be on exhibition*** in April.

미술 전시회 — **art exhibition**

전시 기획자(큐레이터) — **(art) curator**

미술관 — **art museum, art center**

뉴욕의 MoMA는 가장 대표적인 현대 미술관이다.

New York's MoMA is the most famous ***museum*** for modern art.

☞ *"MoMA" : Museum of Modern Art*. 뉴욕시에 소재.

화랑 畫廊 — **art gallery**

S씨는 현대 미술사를 전공한 뒤 화랑에서 전시 기획자로 근무했다.

Mr. S studied modern art history and worked as a ***curator*** at an ***art gallery***.

조형 미술 — **plastic arts, formative arts**

추상 미술 abstract art
회화 painting
조각 sculpture
비디오 예술 video art

본 전시회에는 비디오 아트와 디지털 아트를 포함한 현대 미술과 개념 예술 작품이 전시된다.

In our exhibitions we present contemporary and conceptual art-including digital and ***video art*** ...(*Buffalo News*)

광주 비엔날레 Gwangju Biennale
설치 미술 installation art
행위 예술 performance art

작가는 길에서 행위 예술을 한다.

The artist is ***doing performance art*** in the street.

게임 산업 game industry

할리우드 영화와 게임 산업은 점점 연계가 강화되고 있다.

Hollywood and the ***game industry*** are getting closer than ever.

콘텐츠 산업 contents business
애니메이션 산업 animation industry

문화체육관광부는 게임, 애니메이션 등 새로 부상하는 산업 부문에서 약 4만 명 정도의 인력이 부족할 것으로 전망하고 있다.

MCST projects a worker shortage of about 40 thousand in newly emerging industries such as ***game and animation***.

☞ *Anime* : 아니메(アニメ)라고 불리는 일본 만화가 서양 문화권에서 나름대로의 독자층을 형성하면서 그대로 *anime*라는 이름으로 불리게 되었다. 일본 만화(책)는 *manga*라고 부른다.

캐릭터 산업 character merchandising, branded merchandising/character franchising business

디즈니월드는 캐릭터 사업으로 많은 수입을 올린다.

Disney World earns an enormous amount of revenue through its ***character franchising business***.

상품화 사업 merchandising business, branded merchandising business

캐릭터 산업이란 영화나 애니메이션 캐릭터의 상품화 사업을 뜻한다.

The so-called "character business" refers to the ***business of merchandising*** of film or animation characters.

패션 산업 fashion industry, fashion business

오뜨 꾸뛰르	**haute couture**
기성복	**ready-to-wear, prêt-à-porter**
맞춤복	**custom ordered/custom made garment**

그 디자이너는 올해 자신의 기성복 라인을 시작했다.
The designer launched her own ***prêt-à-porter*** line this year.

컬렉션	**collection**
춘하 —	**spring-summer collection, S/S collection**
추동 —	**fall-winter collection, F/W collection**

디자이너 X씨는 하얏트호텔에서 2004년도 춘하 컬렉션을 발표한다.
Designer X will show his ***S/S 2004 collection*** at the Hyatt Hotel.

유행	**fashion, trend**
복고풍	**retro-style**
첨단 패션	**latest fashion, in fashion**

올 봄에는 70년대 복고풍이 유행이다.
70's retro-style is the new trend for this spring.
월드컵 이후 빨강이 유행 컬러가 되었다.
After the World Cup games, red was ***in fashion***.
After the World Cup games, red was ***the" in"color***.

패션쇼	**fashion show**
무대	**runway, catwalk**
패션모델	**fashion model**
슈퍼모델	**supermodel**

São Paulo Fashion Week 행사에서 슈퍼모델 지셀은 모델료로 받은 3만 불의 절반을 자선금으로 내놓았다.
...during São Paulo Fashion Week, the ***supermodel*** Gisele Bündchen gave half her $30,000 ***runway*** fee to [charity]... (*New York Times*)

문화 단체 및 기관 Cultural Organizations	
국립국악원	The National Center for Korean Traditional Performing Arts
국립국어원	The National Academy of the Korean Language (NAKL)
국립민속박물관	The National Folk Museum of Korea
국립발레단	Korea National Ballet Company
국립오페라단	The National Opera Company of Korea

국립극장	The National Theater of Korea
국립중앙도서관	The National Library of Korea
국립중앙박물관	National Museum of Korea
국립합창단	The National Chorus of Korea
국립현대미술관	National Museum of Contemporary Art, Korea
독립기념관	Independence Hall
서울예술단	Seoul Performing Arts Company
영상물등급위원회	Korea Media Rating Board
영화진흥위원회	Korean Film Council
예술의전당	Seoul Arts Center
한국저작권위원회	Korea Copyright Commission
정동극장	National Jeongdong Theater of Korea
한국간행물윤리위원회	Korea Publication Ethics Commission
한국공예·디자인문화진흥원	Korean Craft & Design Foundation
한국문화예술교육진흥원	Korea Arts & Culture Education Service
한국문화관광연구원	Korea Culture and Tourism Institute
한국콘텐츠진흥원	Korea Creative Content Agency
한국영상자료원	Korean Film Archive
한국예술종합학교	Korea National University of Arts
한국출판문화산업진흥원	Publication Industry Promotion Agency of Korea

03 언론 광고 MEDIA & ADVERTISING

언론 MEDIA

언론계 — **the media, the press**

언론인 — **journalists, members of the press**

분쟁 지역에서 목숨을 거는 언론인들의 생명과 권리는 보호받아야 한다.
The lives and rights of ***journalists*** risking their lives in areas of conflict should be protected.

대중 언론 — **mass communication**

인터넷도 대중 언론 매체다.
The internet is also a medium of ***mass communication***.

언론 매체 — **the (news) media**

☞ *the media* : 매체(*medium*)들의 총집합인 '언론'이라는 의미로 사용되면 복수지만, 단수처럼 사용되기도 한다.

언론에서 그 사건을 보도하고 있다.
The ***media is*** reporting the event.
The ***media are*** reporting the event.

☞ *all media* : 모든 매체들이라는 뜻에서 복수.

모든 매체들이 다 효과적인 것은 아니다.
Not ***all media*** are effective.

☞ *the medium* : 개별 매체로서 단수.

아직까지 가장 보편적인 매체는 신문이다.
The most popular ***medium*** is the newspaper.

그 서류는 언론에 의해 공개되었다.
The document was made public by ***the media***.

대중 매체 — **mass media**

인쇄 매체 — **print media**

방송 매체 — **broadcast media**

미 연방통신위원회는 미국 방송 매체의 활동을 규제한다.
The United States Federal Communications Commission (FCC) regulates US ***broadcast media***.

멀티미디어(다매체) — **multimedia**

TV, 신문 등의 전통 매체들은 다매체·다채널 시대에 경쟁력을 유지하기 위해 노력하고 있다.
Conventional media such as TV and newspaper are striving to remain competitive in this world of ***multimedia*** and multi-channels.

보도의 객관성 **objectivity of the report**
보도의 객관성이 의심된다.
The ***objectivity of the report*** is questionable.

편파적 보도 **biased reporting, unfair reporting**
공정한 보도 **unbiased reporting, objective reporting**
계속 공정한 보도를 해주십시오.
Please continue to give us ***unbiased reporting***.

언론중재위원회 **Press Arbitration Commission**
언론과 출판의 자유 **freedom of speech and publication**
독재 정권은 언론의 자유를 탄압한다.
Dictatorships tend to oppress ***the freedom of speech***.

언론 탄압 **oppress the media**
조선일보는 정치권의 언론 탄압을 주장했다.
The Chosun Ilbo maintained that it was ***being oppressed*** by the political circle.

언론 규제 **media control, media regulation**
아직도 개발도상국에서는 언론을 규제한다.
Many developing countries still ***exercise control over the media***.

검열 **censorship, censor**
인터넷 윤리 확립 노력이 검열로 이어져서는 안 된다.
Establishing morality on the Internet should not be extended to ***censorship***.
그 내용은 검열 삭제되었다.
That particular content ***was censored***.

신문 NEWSPAPER

신문 **newspaper**
조간 — **morning paper**
석간 — **evening paper**
동아일보는 석간신문이었으나 조간으로 바뀌었다.
The Donga Daily used to be an ***evening paper***, but is now a ***morning paper***.

일간지 daily newspaper

주간지 weekly newspaper, tabloids

주간지에 날 법한 기사 내용이다.

The article is of the sort you would find in ***tabloids***.

• Tabloid란?

원래 tabloid란 판형의 일종으로서, 규격이 소형인 신문이라는 뜻. 서양의 주간지들이 타블로이드판으로 제작되었기 때문에, 이제는 타블로이드라는 말 자체가 선정적인 내용 위주의 주간지의 대명사가 되었다.

구독 subscription

나는 워싱턴 포스트 지를 구독한다.

I ***subscribe to*** the Washington Post.

I am a ***subscriber of*** the Washington Post.

— 신청 subscription, send subscription

그 신문을 구독 신청했다.

I ***sent a subscription to*** the newspaper.

구독료 subscription fee

구독료를 납부하지 않아 신문이 끊겼다.

The newspaper stopped being delivered because I failed to pay my ***subscription fee***.

구독자 subscriber

온라인 구독 digital subscription, online subscription

해당 신문의 온라인 구독료는 월 9.99달러다.

A ***digital subscription*** to the newspaper costs $9.99 a month.

부수 circulation

발행 부수 published/recorded circulation

A일보는 하루 발행 부수가 한국에서 가장 많다.

A daily ***recorded*** the highest in daily ***circulation*** in Korea.

발송 부수 distributed circulation

무료 부수 free copies, freely distributed copies

유료 부수 paid circulation

ABC협회로부터 발행, 발송, 유료 부수를 인증받아…

...submitted ***published, distributed*** and ***paid circulations*** for approval by ABC...

발행부수공사제도 ABC-certification of circulation

ABC공사 **ABC audit**

조선일보는 1993년에 처음으로 ABC공사에 참여했다.

The Chosun Ilbo was the first to apply for an ***ABC audit*** in 1993.

공칭 부수 **uncertified circulation**

A일보의 공칭 부수는 4십만이다.

A daily has ***an uncertified circulation*** of more than 400,000.

• ABC란?

Audit Bureau of Circulations. 신문·잡지 발행 부수 공사기구. ABC는 자율 감독 기관으로서, 신문·잡지 등의 언론 매체들이 자체적으로 보고하는 간행물의 발행 부수 등을 객관적으로 규정된 기준에 따라 조사·확인한다.

언론중재법(언론중재 및 피해구제 등에 관한 법률) **Press Arbitration Act**

신문법(신문 등의 자유와 기능 보장에 관한 법률) **Newspaper Act**

호외 **extra, special edition**

그 사건은 호외로 보도되었다.

The event was reported in ***an extra***.

가판 **newsstand edition**

가판대 **newsstand**

가판이란 전날 발행되어 오후 7시쯤 배포되는 다음날 신문의 초판이다.

A ***newsstand edition***, distributed at around 7pm, is the first edition of the following day's newspaper.

보급소 **local distributing agency**

배달 **delivery**

구독자가 원하지 않는 경우 신문은 3일 이상 배달될 수 없다.

Newspapers are not allowed to ***deliver*** unwanted subscriptions for more than three days.

기자 **reporter, journalist**

수습기자 **junior reporter**

기자단 **press corp, press pool**

대통령의 기자단과의 인터뷰는 국가 경제에 관한 것이었다.

The president's interview with ***the press corp*** covered the country's economy.

출입 기자 **correspondent, accredited journalist,**

assigned reporter

백악관 출입 기자 샘 도널슨…

Sam Donaldson, White House ***correspondent***...

Sam Donalson, accredited journalist

외교통상부 출입 기자들…

...***reporters assigned to*** the Ministry of Foreign Affairs and Trade...

홍보 **public relations**

홍보 담당 **public relations officer**

그는 홍보 분야에서 13년 이상 일한 경험이 있다.

He has more than 13 years of experience in ***public relations***.

대변인 **spokesman, spokeswoman, spokesperson**

백악관 대변인은 북한이 준비됐다면 미국은 대화를 할 것이라고 말했다.

The spokesman of the White House said if North Korea was ready, the U.S. was willing to talk.

공보관 **press secretary, press attaché**

기자 브리핑 **press briefing**

내일 아침 10시에 기자 브리핑을 가질 것이다.

The ***press briefing*** will take place tomorrow morning at 10 o'clock.

기자 간담회 **press meeting**

기자 회견 **press conference, press interview**

민주당 당수가 수요일에 기자 회견을 가졌다.

The head of the Democratic Party held a ***press conference*** on Wednesday.

기자석 **press seats, press box**

보도 자료 **press release, press kit, press material**

정의당은 일요일 보도 자료를 내놓았다.

The Justice Party released a ***press kit*** Sunday.

특파원 **correspondent**

외신 특파원 **foreign correspondent**

그는 서울에서 신화통신의 특파원으로 4년 동안 활동했다.

He worked as ***Xinhua's correspondent*** for four years in Seoul.

종군 기자 **war correspondent**

그녀는 1951년 전쟁이 발발했을 때 로이터 통신의 종군 기자였다.

She was a ***war correspondent*** for Reuters when the war broke out in 1951.

방송 기자 **network reporter**

취재 **report, coverage**

월드컵을 취재하는 스포츠 기자들…
...the sports reporters ***covering*** the World Cup games...

현장 취재 on-site news coverage

현장 보도 on-site reporting

특파원의 중국 현장 취재에 따르면, 중국에서 체포되는 북한인들의 수가 빠르게 증가하고 있다.
According to an ***on-site news coverage*** by foreign correspondents, the number of North Koreans being arrested there is increasing rapidly.

취재원 news source

인용 quotation

익명의 출처 anonymous source

그 기자는 기사에서 익명의 인물을 인용했다.
The journalist ***quoted an anonymous source*** in his article.

제보 tipping, tip

사건을 취재한 기자는 처음에 익명의 전화 제보를 받았다.
The reporter who covered the event was initially ***tipped*** by an anonymous caller.

심층 보도 investigative reporting

그는 피라미드 조직에 대한 심층 보도를 했다.
He did a ***investigative report*** on pyramid schemes.

편집 edit

그 방송사는 살해 장면을 편집하지 않고 내보냈다.
The broadcasting company did not ***edit*** the footage and aired the murder scene.

기사 article

이 기사는 한국 교육 체계 개선의 장애물에 대해 다룰 것이다.
This ***article*** will address the main obstacle to improving the Korean educational system.

전면 — cover story, front story

이 잡지는 한국 정부 설립 50주년을 전면 기사로 다룬다.
This magazine features ***a cover story*** on Korea's 50th anniversary of the government's foundation.

특집 — feature story, feature article

훌륭한 특집 기사는 생생하고 흥미로우며 정보를 줘야 한다.
An effective ***feature story*** should be lively and interesting, as well as informative.

특종 — scoop, beat

이것은 멋진 특종 기사가 될 것이다.

This will make a terrific ***scoop***.

육하원칙 the Five Ws and One H, 5W1H

보도의 육하원칙…

…***the Five Ws and One H*** of reporting…

• 5W 1H란?

Five Ws and One H. 육하원칙. 모든 보고서·기사에 적용되는 원칙으로 "누가, 언제, 어디서, 왜, 무엇을, 어떻게", 즉 "Who, When, Where, Why, What and How"다. 한국어에서는 항상 육하원칙이지만, 영어에서는 "the Five Ws"만 말할 때도 있고 "the Five Ws and One H"로 말하는 경우도 있다.

해설, 시평 commentary

최근 직원들의 스톡옵션에 대한 좋은 시평들이 많이 나온다.

There are many good ***commentaries*** on the subject of employee stock options.

독점 취재 exclusive coverage

이 사건은 본지가 독점 취재했다.

Our newspaper did an ***exclusive coverage*** on this event.

사건 당사자가 본지에 독점 보도를 약속했다.

The person involved promised our paper ***an exclusive***.

기명 기사 by-lines

이 기명 기사들은 기고가들이 좀더 직접적으로 독자들과 대화하도록 한다.

These ***by-lines*** let writers speak more directly with readers.

보도 사진 photo journalism, news photo

사진 기자 photo journalist

마감 시간 deadline

그 기자는 마감 시간을 지키지 못했다.

The reporter failed to meet ***the deadline***.

기사 마감 시간이 있다.

I have a ***deadline*** to meet.

면 page

1면 front page

— 면에 계속 continued on page —

그것은 1면 기사로 대서특필되었다.

It appeared as a full-blown story on ***the front page***.

머리기사 **top story**

A일보는 한국 언론의 세무 조사를 머리기사로 다루었다.

A daily published an article on the tax probe of Korean media as a ***top story***.

인정 기사 **human interest story**

인정 기사는 대부분의 사람들에게 흥미를 주는 이야기이며, 사실만을 전달하는 뉴스와는 다르다.

A ***human interest story*** is a story that is of interest to most people, and it differs from hard core news.

제목, 표제 **headline**

"개혁의 시작"이라는 제목 아래 그 칼럼은 한국 언론의 세무 조사에 대해 다루었다.

Under the ***headline***, "The Beginning of Reform", the column dealt with the tax probe into Korean media companies.

사회란(섹션) **society section**
연예란(섹션) **entertainment section**
정치란(섹션) **political section**
스포츠란(섹션) **sports section**

NYTimes.com의 스포츠 섹션에 대한 독자의 의견을 바랍니다.

We welcome your comments about the ***sports section*** of NYTimes.com.

사설 **editorial**

논설위원 **editorial writer**

객원 논설위원 **contributing editor**

각 객원 논설위원은 1년에 한 번씩 환경과 관련한 기고문이나 특집 기사를 쓴다.

Each ***contributing editor*** writes at least one article or special feature article annually on some topic related to the environment.

주필 **chief editorial writer**

다음은 A일보의 주필과 스탠포드대학 교수의 인터뷰 내용이다.

The following is the text of an interview between the ***chief editorial writer*** of A-Daily and a professor at Stanford University.

편집인 **editor**

신문 편집인에게 편지를 보내십시오.

Submit a letter to ***the editor***.

편집장 **editor in chief, chief editor**

AFP 스포츠 섹션의 편집장인 그는 1998년 프랑스 월드컵 기사를 썼다.
He, AFP ***chief editor*** of sports, covered the 1998 World Cup in France.

기고 **contribute article, write article for**

발행인 **publisher**

올해 3월까지 김은 K일보의 발행인이었다.
Kim has been the ***publisher*** of K-Daily newspaper up to March of this year.

연재소설 **serial novel, fiction series**

내가 쓴 소설이 신문에 연재된다.
My ***novel*** appears in the newspaper as a ***series***.

연재만화 **(serial) comic, comic series**

간지 **inserts**

구독자들은 신문과 함께 간지를 받는다.
Subscribers receive their ***inserts*** along with their newspaper delivery.

광고지 **flyers**

부고란 **obituaries**

현대그룹의 고 정주영 회장의 부고를 신문에 실었다.
Newspapers ran ***obituaries*** of Hyundai group's late chairman Chung Ju-yung.

인물 동향 **society column**

소문란(섹션) **gossip column**

이 소문란은 유명인들의 최신 가십 기사들을 전해준다.
This ***gossip column*** catches up on all the celebrity gossip.

일요 특집 **Sunday supplement**

한국 뉴스 일요 특집은 지역 사업에 영향을 주는 한 주의 최신 이슈들을 전해준다.
Korea News ***Sunday supplement*** keeps you updated on the issues of the week affecting business in and around Korea.

구인 구직 및 안내 광고 **classified ads, classified section**

신문의 구인 구직란에서 얻어낸 다른 사람들의 집주소를 이용한 범죄들이 일어났다.
Crimes were committed using other people's home addresses taken from ***classified ads*** in newspapers.

선정주의 **sensationalism**

텔레비전 방송국들은 폭력적이고 선정적인 장면들을 내보내는 데 제약을 받지 않는다.

Television stations have no restraint in broadcasting violence and ***sensationalism***.

• Yellow Journalism이란?

Yellow Journalism(황색 저널리즘)은 자극적 표제, 선정주의, 삽화 등으로 독자를 유인하는 행위를 말한다. 처음 등장한 것은 1989년으로, 당시 신문왕 W.R. 허스트가 이끌던 <뉴욕 모닝저널>과 퓰리처상으로 유명한 J. 퓰리처의 <뉴욕월드> 잡지에서 동시에 옐로 키드(yellow kid)라는 황색 옷을 입은 소년을 주인공으로 한 만화를 연재했는데, 이후 치열한 경쟁으로 내용이 점점 과도한 선정주의로 흘렀다는 데서 유래되었다.

가짜뉴스 **fake news**

가짜뉴스는 오정보와 역정보로 이루어진다.

Fake news is made up of misinformation and disinformation.

잡지 MAGAZINE

정기 간행물 **periodicals, periodic publications**

월간지 **monthly publication, a monthly**

주간지 **weekly publication, a weekly**

계간지 **quarterly publication, a quarterly**

신동아는 계간지로서 일 년에 4번 나온다.

Shindonga is ***a quarterly*** that is published 4 times a year.

여성 잡지 **women's magazine**

권호 **issue**

10월호 **October issue**

포춘지의 최신판은 세계 500대 기업에 대해 다루었다.

Fortune's most recent ***issue*** dealt with the Global 500 companies.

업계 전문지 **trade magazine**

화보 **picture magazine, photo magazine**

사진 기자인 맥스는 몇몇 화보지에서 활동한다.

Photo-journalist Max works for several ***picture magazines***.

주간 **managing editor**

객원 필자 **contributing editor**

A일보는 현재 기사를 기고하는 객원 필자를 600명 이상 보유하고 있다.

A-Daily currently has over 600 ***contributing editors*** that contribute articles.

펼침면 **spread**

삽지 **insert**

쪽장 **gatefold**

쪽장에 광고하는 것은 경쟁자들보다 뛰어나 보이게 할 것이다.

Advertising with ***gatefold*** cover will help you stand out from your competition.

접지 **folded pages**

독자층 **readers, readership**

인터넷 신문의 독자층이 늘어나고 있다.

Internet newspapers' ***readership*** is growing.

원고 청탁 **commission an article**

기사를 써달라는 청탁을 받았다.

I ***was commissioned to*** write ***an article.***

웹진 **webzine**

인터넷에서 잡지식으로 발간되는 웹진…

Webzines, published on the Internet, are very much like magazines...

방송 BROADCASTING

방송 **broadcast, air**

일본 노래들이 제한된 시간 동안 라디오나 텔레비전에서 방송되는 것이 허용될 것이다.

Japanese songs will be allowed to ***be broadcast on*** radio and TV for a limited time.

인터뷰가 방송으로 나가고 있다.

The interview is ***being aired.***

The interview is ***on air.***

방영 **TV broadcast, televise**

그 TV 방송국은 청문회를 생방송으로 네 시간 동안 방영했다.

The TV broadcasting company ***televised*** four hours of live broadcasting on the hearings.

방송 사업자 **broadcasters, broadcasting companies**

공영 방송 **public broadcasting**

공영 방송국 **public broadcasting company**

KBS는 공영 방송사다.

KBS is a ***public broadcasting company.***

야당과 친정부 공영 방송국 간에 싸움이 있었다.

There was fighting between the opposition and a pro-government ***public broadcasting companies.***

민영 방송 **commercial (private) broadcasting**

민영 방송국 **commercial broadcaster (broadcasting company)**

광고를 게재하여 무료 시청을 제공하는 민영 방송식 비즈니스 모델…

Commercial broadcasting models that run on commercial advertisements and provide free viewing...

중앙 방송 **national broadcast, national station**

지방 방송 **local broadcast, local station**

화재, 사고 등의 지역 소식은 지방 방송에서 접한다.

Viewers can watch local news, such as fires or accidents, on their ***local channels.***

방송 시간 **air time, broadcasting hours**

방송 시간은 오전 5시부터 오후 12시까지로 단축된다.

Broadcasting hours will be shortened to 5:00 am to 12:00 pm.

제작 **production**

PD **Producer Director**

한국의 PD들은 프로듀서와 디렉터를 겸하고 있다.

The Korean ***PDs*** act both as the producer and director.

제작사, 프로덕션 **production company**

그 제작사는 텔레비전 드라마를 20년 이상 제작해왔다.

The ***production company*** has been making TV dramas for over 20 years.

라디오 방송 **radio broadcast**

청취자 **audience, listeners**

라디오 프로그램 청취자들이 보낸 신청곡…

...requests sent in by the programme ***listeners...***

청취율 **audience ratings**

아침 라디오 프로그램의 청취율이 올라갔다.

Audience ratings for morning radio programs have gone up.

FM 방송 **FM radio, FM broadcasting**

AM 방송 **AM radio, AM broadcasting**

초단파 **Very High Frequency (VHF)**

극초단파 **Ultra High Frequency (UHF)**

초단파 라디오의 주파수 범위는 30MHz에서 300MHz다.

The ***VHF*** range of the radio spectrum is the band extending from 30MHz to 300MHz.

• FM이란?

FM은 Frequency Modulation의 약자로 주파수 변조라는 뜻. 원신호가 변할 때 신호의 강약·고저로 반송파(搬送波)의 주파수를 변화시키는 방식으로, FM 라디오와 TV 방송의 음성 신호는 FM 방식으로 방송된다.

• AM이란?

AM은 Amplitude Modulation의 약자로 진폭 변조라는 뜻. AM은 반송파에 신호를 단순히 혼합하여 겹치게 하는 방식으로서, AM 라디오 방송과 TV의 영상 신호는 AM 방식으로 방송된다.

공중파 TV **broadcast TV, free network, free-to-air TV**

유선 방송이 점차 더 확산되면서, 공중파 방송의 수입이 줄어들고 있다.

The ***free-to-air TV*** industry is feeling a squeeze on its revenue base as cable TV gains further ground.

지상파 방송 **groundwave broadcast, terrestrial broadcast**

위성 TV로도 지상파 방송을 다 볼 수 없다.

Satellite TV watchers cannot see all ***groundwave broadcast*** channels.

유선 방송 **cable TV**

유선 방송 가입자 **cable subscribers**

유선 방송 가입자 수는 2001년 23만 명에서 2005년 2백만 명으로 늘어날 것이다.

The number of ***cable subscribers*** will increase from 230,000 in 2001 to 2 million in 2005.

위성 TV **satellite TV**

디지털 멀티미디어 방송 **digital multimedia broadcasting (DMB)**

디지털 위성 TV **digital satellite TV, Direct-to-home (DTH) satellite TV**

이동 전화나 이동 중인 차량에 장착된 모니터로 수신할 수 있는 디지털 위성 방송 서비스…

…a ***digital satellite broadcasting service*** that can be received on mobile phones and monitors aboard moving vehicles… (*Tokyo Times*)

디지털 위성 TV의 성장세가 둔화되는 반면, 경쟁 사업인 디지털 케이블의 시장 점유율은 늘고 있다.

Direct-to-home satellite TV growth is slowing down while rival digital cable is gaining market share.

시청자 **audience, viewer, viewership**

현재 한국에서 볼 수 있는 Channel V는 중국 시청자들을 주로 겨냥한 것이다.

The "Channel V" currently seen in Korea is mainly aimed at ***audiences*** in China.

누적 시청자 **cumulative audience**

방송사는 누적 시청자 약 120만 명을 기록하고 있다.

The station has built a ***cumulative audience*** of almost 1.2 million.

시청률 **viewership/audience ratings, ratings**

조사에 따르면 인터넷의 보급 결과로 골든아워의 TV 시청률이 11% 떨어졌다.

According to a research, the prime-time TV ***ratings*** dropped 11% as a result of wider usage of the Internet.

시청률 조사 **ratings research, tallying audience ratings**

영국의 한 시청률 조사 회사가 한국 시장으로 진입하려고 계획하고 있다.

A British firm in the business of ***tallying audience ratings*** plans to move into the Korean market.

☞ *"TARP" : Tallied Audience Ratings Points.*

닐슨 시청률 **Neilson's Rating**

가시청권 **coverage**

난시청 **poor reception**

유선 방송은 특히 난시청 지역에서 환영받았다.

Cable TV was especially welcome in areas where ***the reception was poor***.

생방송 **live broadcast**

이 프로그램은 생방송으로 나간다.

The programme will ***be broadcast live***.

The programme is a ***live broadcast***.

월드컵 게임 동안 그 공원에서 축구 경기가 생방송으로 중계될 것이다.

Throughout the World Cup, the park will ***broadcast live*** soccer matches.

중계방송 **relay broadcast**

중계차 **OB Van, Outdoor Broadcasting Van**

녹화 방송 **taped broadcast**

녹화 **video taping, recording, filming**

이것은 녹화 방송이다.

This is a ***video taped*** program.

NG **No-Good takes, blooper**

녹화 중 3번 NG를 냈다.

There were ***3 NG takes*** during the filming.

방영 — **air, broadcast, put on air**

그 프로그램은 저녁 8시에 방영될 예정이다.

The program will ***air*** at 8:00 pm.

The program will ***be broadcast*** at 8:00 pm.

The program will ***be on the air*** at 8:00 pm.

재방송 — **rebroadcast, rerun**

프로그램 편성 기획 — **programming, scheduling**

골든아워 — **prime time**

7월의 골든아워 프로그램 시청률은 불과 1.65%였다.

July's average program rating for ***prime time*** was only 1.65%.

국명 고지 — **station identification**

프로그램 사이 시간에는 스팟 광고와 국명 고지를 한다.

Spot commercials and ***station identification*** make up the station break.

프로그램 개편 — **programme rescheduling**

봄철/가을철 프로그램 개편…

...***programme rescheduling*** for the new season...

- **드라마(연속극)** — **drama series**
- **사극** — **history drama series**
- **코미디쇼** — **comedy hour**
- **토크쇼** — **talk show**
- **퀴즈쇼** — **quiz show**
- **뉴스** — **news**
- **다큐(멘터리)** — **documentary**
- **다큐-드라마** — **docu-drama**
- **요리쇼** — **cooking show**
- **시트콤** — **comedy series**
- **리얼리티(쇼)** — **reality show**
- **광고 시간** — **commercials, commercial break**

앵커맨 — **news anchor**

- **앵커우먼** — **anchor woman**

그녀는 한국계 미국인으로서는 처음으로 CNN 헤드라인 뉴스의 앵커로 발탁되었다.

She has become the first Korean American to be appointed as an ***anchor*** at CNN Headline News.

해설자 **commentator**

스포츠 해설자 **sports commentator**

그는 케이블 방송사에서 해설자로 일해왔다.

He has been working as a ***commentator*** for the cable network.

문자 다중 방송 **text multiplexed broadcasting, teletext**

폐쇄 자막 시스템 **Closed Captioning (CC)**

폐쇄 자막 시스템이란 청각 장애자를 위한 특수 자막 방송이다.

Closed Captioning is a specially broadcast subtitles for the hearing-impaired.

음성 다중 방송 **voice multiplexed broadcasting, multi-channel audio system**

양방향 TV **interactive TV**

주문형 영화 **pay-per-view (movie), PPV**

그 영화는 HBO의 주문형 영화 서비스에서 방영될 것이다.

It will be televised by HBO ***pay-per-view***.

☞ *pay-per-view* : 처음에 영화부터 서비스가 제공되었으나 이제는 스포츠 경기 등 다른 프로그램으로까지 확대되고 있다.

주문형 비디오 **Video on Demand (VOD)**

OTT(온라인동영상서비스) **Over-the-Top (OTT)**

월트 디즈니사는 OTT 서비스인 디즈니플러스를 11월에 한국에서 런칭했다.

Walt Disney Co. launched its ***OTT*** service in November.

대표적 한국 드라마	
파친코	Pachinko
오징어 게임	Squid Game
도깨비	Goblin (또는 Guardian : The Lonely and Great God)
사랑의 불시착	Crash Landing on You
이상한 변호사 우영우	Extraordinary Attorney Woo
별에서 온 그대	My Love from Another Star
태양의 후예	Descendants of the Sun
미스터 선샤인	Mr. Sunshine
응답하라 1988	Reply 1988
미생	The Incomplete

한국 언론사 MEDIA COMPANIES	
신문사	
동아일보	Dong-A Ilbo
조선일보	Chosun Ilbo
중앙일보	Joong-Ang Newspaper Co.
한국일보	Hankook Ilbo
한겨레신문	Hankyoreh
방송사	
한국방송공사	KBS (Korean Broadcasting System)
문화방송	MBC (Munhwa Broadcasting Corporation)
에스비에스	SBS
한국교육방송공사	EBS (Educational Broadcasting System)
매일방송	MBN (Maeil Broadcasting Network)
제이티비씨	JTBC (Joongang Tongyang Broadcasting Company)
TV조선	TV Chosun
채널A	Channel A
케이엔엔(부산경남방송)	KNN (Korea New Network)
와이티엔	YTN (Yonhap Television News)
연합뉴스 TV	Yonhap News TV
아리랑 TV	Arirang TV
CBS 기독교방송	CBS (Christian Broadcasting System)
BBS 불교방송	BBS (Buddhist Broadcasting System)
서울특별시 미디어재단 티비에스	TBS (Traffic Broadcasting System)
오씨엔	OCN (Original Contents Network)
엠넷	Mnet (Music Network)
티비엔	tvN (total variety Network)
인터넷 매체	
아프리카 TV	Afreeca TV
트위치	Twitch

카카오 TV	Kakao TV
네이버 TV	Naver TV
판도라 TV	Pandora TV
IPTV 채널	
KT올레 TV	Olleh tv
LG유플러스 TV	U+ tv
SK브로드밴드 인터넷 TV	B tv
OTT 플랫폼	
넷플릭스	Netflix
디즈니플러스	Disney+
웨이브	wavve
티빙	TVING
쿠팡플레이	Coupang Play
왓챠	Watcha

한국 언론 관련 기관	
국제방송교류재단	The Korea International Broadcasting Foundation
방송통신위원회	Korea Communication Commission
언론중재위원회	The Press Arbitration Commission
한국방송광고진흥공사	Korea Broadcast Advertising Corporation (KOBACO)
한국언론진흥재단	Korea Press Foundation

광고 ADVERTISING

광고 **advertising**

많은 업체들은 빠른 시일 내에 매출을 올리기 위해 광고를 한다.

Many companies depend on ***advertising*** to promote sales over a short period of time.

— 하다 **advertise**

새로운 제품을 TV에 광고하다.

...***advertise*** the new product on television.

— 내다 **place advertisement, run advertisement**

제품 광고를 신문에 내다.

...*place* the new product *advertisement in* daily newspapers.

...*run* the new product *advertisement in* daily newspapers.

광고물 **advertisement**

어느 곳을 가나 거의 모든 곳에서 광고물을 접한다.

We see *advertisements* almost everywhere we go.

광고주 **advertiser**

미국 자동차 업체들은 최대 TV 광고주로서, 연간 150억 불을 광고비로 지출한다.

U.S. auto makers are the largest TV *advertiser*, spending $15 billion a year.

광고비 **advertising cost**

엄청난 광고비는 결국 물건 값을 올린다.

The enormous *advertising cost*, in the end, raises the price of the product.

광고 지출 **ad spending, ad expenditure**

이라크 전쟁 보도 때문에 광고 지출 계획에 차질이 생길 수 있다.

The Iraq war coverage could disrupt TV *ad-spending* plans.

광고 캠페인 **ad campaign**

8월에 집중적인 광고 캠페인을 할 것이다.

We will run an intensive *ad campaign* in August.

광고 대행사, 광고사 **advertising agency, creative agency**

광고 대행사들은 인력 부족에 직면하고 있다.

Advertising agencies are facing staff shortages.

광고사의 매출액 **gross income**

취급고 **gross revenue, billings**

수수료 **agency commission, margin**

광고 매체 측에서는 광고료의 15%에 해당하는 수수료를 광고사에 지급한다.

The medium pays the agency 15% of advertising price as *agency commission*.

계약 광고 **volume contract**

광고주들은 위약금 없이 계약 광고를 취소할 수 있다.

Advertiser may elect to terminate the *volume contract* without penalty.

광고 제작 **ad production, creative**

미디어 바이어들은 이제 광고의 시각적 어필을 창조하는 광고 제작자들만큼이나 중요해졌다.

...media buyers [have] gained equal importance to the "*creatives*" who create an ad's visual appeal. (*Reuters*)

제작 광고 **ad, creative**

우리가 제작한 광고는 향수를 불러일으키고자…

Our ***creative*** aimed to illicit a feeling of nostalgia...

제작물 **creative works**

광고 제작부 **creative department**

크리에이티브 총괄 **creative director, chief creative officer**

이 광고 제작부는 창조적 재능을 가진 재능 있는 예술가들로 구성되어 있다.

This ***creative department*** is comprised of talented artists with creative skills.

• Creative란?

원래는 형용사이지만 광고 제작 또는 광고 창작을 일컫는 명사로 사용. 과거에 광고 대행사는 주로 매체의 지면이나 시간을 광고주에 팔기만 했으나, 오늘날은 제작까지 하므로 ad agency 대신 creative agency라고 흔히 부른다.

광고 수입 **advertising revenue**

회사의 2020년 광고 수입은 총 17억 달러였다.

The company's ***advertising revenue*** totaled $1.7 Billion in 2020.

광고 대상 **advertising audience**

인터넷 라디오 청취자들은 매우 매력적인 광고 대상이다.

Internet radio listeners are an extremely attractive ***advertising target***.

• Advertorial이란?

기사성 광고. 신문이나 잡지에 기사처럼 보이도록 제작된 광고.

• Infomercial이란?

상품을 판매하는 업체에서 유선 방송 채널의 시간을 사서 하는 광고 쇼. 대부분 새로운 상품을 소개하는 내용이라는 뜻에서 information과 commerical의 합성어다. 10~20초 단위의 일반 TV 광고와는 달리 19~30분 동안 상품을 집중적으로 광고한다.

PR **public relations**

구체적인 사항에 대해서는 PR 담당자에게 연락하시오.

Contact the ***PR manager*** for further details.

홍보 **publicity, promotion**

그녀는 현재 행사 홍보를 하고 있다.

She is currently ***promoting*** the event.

공익 광고 **public message, public service advertising**

그 어느 때보다도 텔레비전과 라디오에 공익 광고가 많이 소개된다.

There are more ***public service advertisements*** on television and radio than ever before.

기업 PR **corporate PR**

기업 이미지를 제고시키려면 기업 PR에 신경 써야 한다.

We must pay attention to ***corporate PR*** if we are to enhance our corporate image.

홍보부장 **PR director**

기업의 홍보부장은 기자 출신이 많다.

Many corporate ***PR directors*** are former journalists.

제품 광고 **product advertising**

제품 광고는 사람들의 관심을 사로잡을 만한 힘이 있어야 한다.

Product advertising has to have the power to grab people's attention.

광고 모델 **ad model**

광고 출연 **appearance, product endorsement**

유명 스타가 광고 모델로 출연하면 효과가 크다.

Celebrity ***appearance*** is very effective for ads.

출연료 **payment for ad appearance, product endorsement fee**

• CPM이란?

Cost per Mill. 1,000명에게 또는 1,000가구에게 광고 메시지를 전달하는 데 드는 비용. Mill은 로마 숫자로 1000.

광고 매체 **advertising media/medium**

어떤 광고 매체가 가장 효과적일지 결정한 다음에 광고 캠페인을 하는 것이 좋다.

It's good to determine which ***advertising media*** will be most effective before running an ad campaign.

미디어 바이어 **media buyer**

TV, 라디오, 인쇄 중 어느 매체가 광고 대상층에게 가장 효과적인 광고 메시지를 전달하는가를 결정하는 미디어 바이어들…

The ***media buyers***–the people who decide if an advertiser should buy television, radio or print to get the advertising message to their target market... (*The Australians*)

인쇄 광고 **print advertisement, printed advertisement**

방송 광고보다 인쇄 광고가 싸다.

Printed advertisement costs less than broadcast commercials.

방송 광고 **broadcast commercial, TV/radio spot**

2003년 1사분기에는 열 개 이상의 코카콜라 클래식 TV 광고, 인쇄 광고, 라디오 광고가 나갈 것으로 예정되어 있다.

More than a dozen new Coke Classic ***television ads*** and a number of print and ***radio spots*** are scheduled to appear in the first quarter of 2003... (*Reuter*)

CM **commercial message**

CM은 TV, 라디오에 나가는 광고다.

CM refers to ***commercials*** on TV and radio.

CM송 **commercial song/jingle**

산뜻한 CM송이 효과적이었다.

The catchy ***commercial song*** had a great effect.

CF **commercial film**

그들은 TV 광고를 촬영하는 중이다.

They are shooting a TV ***commercial film*** now.

매체 접촉 **media contact**

매체 계획 **media planning**

매체 계획이란 광고할 매체에 대한 평가 및 선택을 뜻한다.

Media planning is about assessing and choosing the media for advertising.

옥외 광고 **outdoor advertising**

옥외 광고판 **billboard, signboard, out-of-house (OOH)**

옥외 광고는 상표 인지도를 구축하는 데 도움이 될 수 있다.

Billboard ads can help build brand awareness.

교통 광고 **transit advertising, traffic advertising**

교통 광고는 텔레비전이나 라디오처럼 꺼버릴 수 없다.

Transit advertising can't be turned off like television or tuned out like radio.

차량 게시 광고 **car-card advertising**

버스 측면 광고 **bus-side advertising, bus-card advertising**

지하철 광고 **subway-card advertising**

전철도 차량 내에 부착된 광고판을 정기적으로 교체한다.

Subways also regularly change the ***advertising cards*** inside their cars.

광고 전단 **handbill, flyer, circular**

광고 전단 만 장을 뿌렸다.

We distributed 10 thousand ***flyers***.

돌출 광고 **side-box advertising**

돌출 광고는 매우 눈에 띈다.

Side-box advertising is highly prominent.

• DM Campaign이란?

Direct Marketing Campaign. 판촉물을 고객 또는 잠재 고객에게 발송하는 판촉 운동. 외부 기관의 데이터베이스 또는 CRM 등 내부 고객 정보 데이터베이스 등을 이용해서 발송 대상자를 선정한다.

광고 효과 **advertising effect/impact, PR effect**

월드컵 후원사들은 막대한 광고 효과를 볼 것으로 예상하고 있다.

World Cup sponsors are expecting to see huge ***PR effect***.

광고 노출 **ad exposure**

광고 노출량 **Gross Rating Points (GRP)**

• GRP란?

Gross Rating Points. 전파 매체에서의 광고 효과를 측정하는 기준. 광고의 노출량을 계산하는 방법으로 전파 매체가 도달하는 총세대수(reach)에 광고 회수(frequency)를 곱하여 계산한다. 특정 집단(target group)을 대상으로 측정하면 Targeted Rating Points (TRP)가 된다.

광고 도달 **ad reach**

광고 도달률 **ad coverage, ad circulation**

자유 연상 **free association**

자유 연상법은 오늘날에도 인간의 정신을 연구할 때 사용된다.

The technique of ***free association*** still plays a role today in the study of the mind.

인지도 **recognition**

비보조 인지도 **unaided recognition**

휴렛팩커드는 프린터 분야에서 비보조 인지도 1위를 차지했다.

Hewlett-Packard ranked No.1 in terms of ***unaided recognition*** in the printer business.

브랜드 인지도 **brand recognition**

그 상품의 브랜드 인지도가 높다.

The product ***brand is well recognized.***

브랜드 가치 **brand equity, brand value**

코카콜라는 엄청난 브랜드 가치를 구축하는 데 백 년 이상을 소요했다.

Coca-Cola has spent more than a century building up its phenomenal ***brand equity***.

다임러 벤츠, 리바이스, 스타벅스, 맥도날드 등 세계적 브랜드 가치를 지닌 기업들…

Daimler-Benz, Levis, Starbucks, McDonald's and other companies with global ***brand equity***...

브랜드 파워 **brand power**

2002 월드컵으로 인해 한국 국내 정보 기술 브랜드 파워가 강해졌다.

Korea's domestic IT ***brand power*** rose thanks to the 2002 World Cup.

브랜드 구축 **building up a brand, branding**

브랜드 평판 **brand reputation**

브랜드 충성도 **brand loyalty**

브랜드 충성도가 이 회사의 성공에 핵심적이다.

Brand loyalty remains critical to the success of this company.

소구(력) **appeal**

그 광고 포스터는 소비자들에게 큰 소구력이 있었다.

The ad poster had a strong ***appeal to*** the consumers.

헤드라인 **catchphrase, tagline**

"Coke, the Real Thing"은 코카콜라 광고의 유명한 헤드라인이었다.

"Coke, the Real Thing" was the famous ***tagline*** of Coca-Cola.

광고 카피(원고) **ad copy, copywriting**

광고 카피에 무엇이 효과적인지는 많은 점들이 알려져 있다.

A great deal is known about what works in an ***ad copy***.

점두 광고 **in-store ads**

구매 시점 광고 **POP (Point-of- Purchase) advertising, POS (Point-of-Sales) advertising**

• POP Advertising이란?

Point of Purchase Advertising. POP 광고 또는 구매 시점 광고. 상품이 구매되는 매장 내부에서 실행하는 광고. 윈도 디스플레이, 상품 전시대, 선반 전시, 벽면 전시 등.

간접(협찬) 광고 **PPL, product placement**

• PPL이란?

Product Placement. 영화나 드라마에 소품이나 소도구로서 제품을 끼워 넣는 방식으로 하는 간접 광고.

가두선전 **street ad**

이동통신의 가두선전은 청소년층을 겨냥한다.

The ***street ads*** of mobile telecom companies were targetted toward teenagers.

현수막 광고 **vertical banner ad**

찌라시 **figger circulation**

찌라시는 텔레비전 광고만큼 효과적일 수 있다.

Figger circulation can be as effective as TV ads.

배너 광고 **banner ad**

인터넷 배너 광고의 효과를 조사…

Conduct a research on the effectiveness of Internet ***banner ads***...

04 스포츠 레저 SPORTS & LEISURE

스포츠 SPORTS

대한체육회	**Korean Sports Council**
국민체육진흥공단	**Korea Sports Promotion Foundation (KSPO)**
대회	**games, tournament**
개막식	**opening ceremony**
폐막식	**closing ceremony**
스포츠 대회	**sports competition, games**
조직위원회	**organizing committee**
주관사	**host/organizers of the game**
개최 도시	**hosting city, venue city**

2012년도 올림픽 대회 개최 도시는 런던이었다.
London was the ***host city*** for the 2012 Olympic Games.

2002년 한국과 일본은 FIFA 월드컵 역사상 처음으로 공동 개최했다.
In 2002, Korea and Japan were the first ***co-hosts*** in FIFA World Cup history.

참가국	**entry country**
— 출전	**entry**

300여 명의 선수들이 출전했다.
There were over 300 athletes who ***entered*** the competition.

한국은 마라톤 종목에 3명의 선수를 출전시켰다.
Korea had 3 ***entries*** in the marathon event.

— 참가	**participate**

아시안게임에 39개국이 참가했다.
39 countries ***participated in*** the Asian Games.

대회 유치	**host the games/championship**
유치 경쟁	**bidding, host city bids**

2000년도 올림픽 대회는 여러 도시가 유치 경쟁을 벌였다.
Many cities ***bid for*** the 2000 Olympic Games.

유치위원회	**bidding committee**
유치 성공	**win the bid, successful bid**

베이징이 2008년도 올림픽 대회 유치에 성공했다.
Beijing ***won the bid for*** the 2008 Olympic Games.

스포츠 경기 — **sports game, sports competition, match**
  개인 경기 — **individual sport**
  단체 경기 — **team sport**

배드민턴과 수영은 상이하지만, 공통점은 둘 다 개인 경기이자 단체 경기라는 점이다.
Badminton is different from swimming, but they're alike in one way. Both are ***team***, as well as ***individual sports***. (*Pioneer Press International*)

시범 경기 — **exhibition match**
  평가전 — **warm-up match**
  친선 경기 — **friendly match**

한일 친선 경기…
…***a friendly match*** between Korea and Japan…

경기 — **event**
종목 — **discipline, sports, event**

태권도는 1988년에 올림픽 공식 종목으로 채택되었다.
Taekwondo was introduced in 1988 as an ***official event*** of the Olympic Games.

예선 — **preliminary (qualifying) match/games/round**
  — 탈락 — **be eliminated, fail to qualify**

프랑스는 예선전에서 탈락했다.
France was ***eliminated in the qualifying round***.

본선 — **finals, final games**
  — 진출 — **advance to the finals, qualification**

한국은 본선에 진출했다.
South Korea ***advanced to the finals***.

준준결승전 — **quarter-final match, quarter-finals**
준결승전 — **semi-final match, semi-final game, semi-finals**
결승전 — **final match, final game, finals**
패자부활전 — **repechage competition, repechage**

패자부활전에서 이겨 호주까지 온 통가는…
…Tonga, who came through ***the repechage*** event to reach Australia… (*London Times*)

승부 — **win and loss**
  역전승 — **comeback victory, come-from-behind victory**

…White Sox에 뜻밖의 역전승을 거두고…

...after a stunning ***come-from-behind victory*** over the White Sox... (*Kansas Royal News*)

예상을 뒤엎은 경기 **an upset**

한국은 16강전에서 이탈리아를 이기면서 월드컵 사상 최대 이변을 연출했다.

South Korea pulled off one of the biggest ***upset*** in World Cup history by defeating Italy in the round of 16.

무승부 **tie, draw**

한국과 중국전은 1:1 무승부로 끝났다.

Korea played a 1-1 ***draw*** against China.

Korea ***tied*** the game 1-1 with China.

우승 타이틀 **championship, champion title**

2연패 **back-to-back wins**

3연승 **3 consecutive/3 back-to-back wins**

— 방어 **defend championship, defend title**

그는 우승 타이틀을 방어하는 데 실패했다.

He failed to ***defend the championship title***.

득점 **score points**

실점 **lose points**

삼성 농구단은 토요일의 치열한 경기에서 8점 앞섰다.

Samsung Thunders ***scored*** 8-plus ***points*** in Saturday's close game.

무패 기록 **undefeated**

무실점 **shutout**

박찬호가 시즌 두 번째 무실점 게임을 기록했다.

Park Chan-ho threw his second ***shutout*** game for the season.

접전 **close match/game**

한국은 여러 접전 끝에 준결승전에 진출했다.

Korea had several ***close matches*** on their way to the semifinals.

전력 비교 **comparison of teams**

열세 **overpowered, overwhelmed**

한국 대표팀은 체력과 작전 면에서 상대팀보다 열세였다.

Korea's national team ***was overwhelmed by*** the other team in both physical strength and game play.

일방적 우세 **one-sided game**

일방적으로 우세한 경기가 끝날 무렵 관중들은 대부분 가고 없었다.

By the end of this ***one-sided game***, most of the crowd already left.

경기장	**stadium**
그라운드	**field, pitch, arena, playing ground**
관중석	**spectator seat**
[숫자] 석	**seats [number]**

Maracan 경기장은 20만 석 규모의 세계 최대의 축구 경기장 중 하나다.
The Maracan is one of the largest soccer stadiums in the world, ***seating nearly 200,000***.

점수판	**score board**
전광판	**electronic score board**
광고판	**signage, advertisement board**

코카콜라는 새로운 상품을 선전하기 위해 경기장 내의 광고판을 사용했다.
Coca-Cola used the ***in-arena signage*** to promote their new product.

진행자	**announcer**
스포츠 해설자	**sports commentator**

CBS 해설자는 Weir가 미국인이나 다름없다고 지적…
One CBS ***commentator*** went so far as to point out that Weir might as well be an American...(*Montreal Gazette*)

경기 중계	**game broadcast**
실황 중계, 생중계	**live broadcast**
위성 중계	**satellite broadcast**

경기가 저녁 8시에 생중계된다.
The game will ***be broadcast live*** at 8 pm.

프로 선수 — **professional athlete**

타이거 우즈는 18세에 아마추어에서 프로로 전향했다.
Tiger Woods turned ***professional*** when he was 18.

운동 스타 — **star athlete**

대학 운동 스타 중 프로로 성공하지 못하는 경우가 많다.
Many s***tar athletes*** in college fail to succeed in the pros.

몸값, 계약 금액 — **salary**

마이크 트라웃은 메이저 리그에서 최고의 몸값을 받는다.
Mike Trout has the highest ***salary*** in the Major Leagues.

스카우트 — **scout, recruit**

뉴욕 양키스는 뛰어난 스카우팅 능력으로 외국 선수들을 발굴한다.
Good ***scouting*** allows the Yankees to discover overseas talent.
그 선수는 대학 시절에 X감독에게 스카우트되었다.
The athlete ***was recruited*** by coach X when he was in college.

구단 team
  구단주 team owner
  입단 join the team, team registration
  이적 team transfer

…손흥민 선수의 영국 팀으로의 이적 협상을 쉽게 할 조건으로…
...conditions that would ease negotiations for Son's ***transfer to*** an English ***team***...

스포츠 마케팅 sports marketing
  공식 후원 official sponsorship
  공식 파트너 official partner
  공식 후원사 official sponsor

미국 장애인올림픽의 공식 파트너이자 미국 국가 대표팀의 공식 후원사…
An ***official partner*** of Special Olympics USA and an ***official sponsor*** of Special Olympics Team USA... (*PR Newswire*)

  상품 모델 계약 product endorsement

포드사와의 거액 상품 모델 계약에도 불구하고 포드 챔피언십에 불참했고…
...pulling out of the Ford Championship... despite a large ***endorsement contract*** with the car company. (*Atlanta Journal Constitution*)

줄다리기 tug-of-war
씨름 Ssirum
  씨름 선수 Ssirum wrestler
승마 horseback riding, riding
  승마 대회 horse riding competition, equestrian game
  종마 thorough breed
  기수 rider

USC의 승마팀에서 6명이 Zone 5 결선에 진출한다.
USC's ***equestrian team*** qualified six riders for the Zone 5 finals... (*Columbia State*)

올림픽 대회 THE OLYMPIC GAMES, THE OLYMPIAD

하계 올림픽 Summer Olympics, Summer Olympic Games
동계 올림픽 Winter Olympics, Winter Olympic Games

한국은 쇼트 트랙에서 김동성이 문제의 심판 판정으로 금메달을 뺏기자 동계 올림픽을 보이코트하겠다고 했다.
Korea threatened future boycott of the ***Winter Olympics*** after a contro-

versial call took the gold away from Kim Dong Sung.

유스 올림픽 **Youth Olympics, Youth Olympic Games**
패럴림픽 **Paralympics Games, Paralympic Games**
국제올림픽위원회 **International Olympic Committee (IOC)**
IOC 위원 **IOC Member**
아시아올림픽평의회 **Olympic Council of Asia (OCA)**
국가올림픽위원회 **National Olympic Committee (NOC)**

로버트 헬믹은 개인적인 이익을 위해 직위를 이용했다는 혐의를 받고 1991년 미국올림픽위원회와 IOC 위원직을 사퇴했다.

Robert Helmick resigned as USOC president and as an ***IOC member*** in 1991 after he was accused of using his position for personal gain. (*Seattle Times*)

더 빠르게, 더 높게, 더 힘차게 **Citius, Altius, Fortius**
Faster, Higher, Stronger

"더 빠르게, 더 높게, 더 힘차게"라는 올림픽 표어 아래…

...under the Olympic slogan of "***Citius, Altius, Fortius***"...

오륜기 **Olympic Flag**
올림픽 헌장 **Olympic Charter**
올림픽 성화 **Olympic Torch**
성화 점화 **torch lighting**
성화 봉송 **torch relay, carry the Olympic Torch**

올림픽 성화는 2002년 9월 5일 동시에 점화되어 회원국을 통해 봉송될 것이다.

The ***Olympic Torch will be lit*** on September 5, 2002 simultaneously and ***relayed*** throughout the member countries/regions...

경기 **sports**

2020년 하계 올림픽대회에 33개의 경기가 있었다.

The 2020 Summer Olympics included 33 ***sports***

종목 **discipline**
세부 종목 **event**

알파인스키는 슈퍼-G, 슬라롬 등의 세부 종목으로 나뉜다.

Alpine Skiing as a sport is subdivided into several ***events*** including Super-G and Slalom.

메달 순위 **medal ranking**
메달 시상식 **victory ceremony**

한국은 오늘 경기에서 금메달 2개를 추가했다.

Korea added two more gold ***medals*** after today's competitions.

선수촌 **Olympic Games Village, athletes village**

오늘 한국 선수들이 입촌식을 갖고 선수촌에서 여장을 풀었다.

The Korean athletes had a flag raising ceremony and settled in the ***Olympic Games Village***.

하계 올림픽 공식 종목 (2024 파리 기준)	
수상 경기	Aquatics
수영	Swimming
배영	Backstroke
자유형	Freestyle
평영	Breast Stroke
접영	Butterfly
개인 혼영	Individual Medley
계영	Freestyle Relay
혼계영	Medley Relay
다이빙	Diving
플랫폼	Platform
싱크로나이즈드 다이빙	Synchronized Diving
스프링보드	Spring Board
아티스틱 스위밍	Artistic Swimming
수구	Water Polo
양궁	Archery
개인전	Individual
단체전	Team
혼성단체전	Team, Mixed
육상 경기	Athletics/Track and Field
트랙 경기	Track Events
단거리 달리기 (100m, 200m, 400m)	Sprints
중거리 달리기 (800m, 1,500m)	Middle-Distance Running
장거리 달리기 (5,000m, 10,000m)	Long Distance Running
장애물 종목	Hurdles 110m(남)/100m(여), 400m, Steeplechase

이어달리기 (계주)	Sprint Relays 4×100m, 4×400m
필드 경기	Field Events
멀리뛰기	Long Jump
높이뛰기	High Jump
3단 뛰기	Triple Jump
장대높이뛰기	Pole Vault
투포환	Shot Put
원반던지기	Discus
투창	Javelin
해머던지기	Hammer Throw
도로 경기	Road Events
마라톤	Marathon
경보	Race Walk 20km, 50km(남)/ 10km(여)
종합 경기	Combined Events
7종 경기	Heptathlon (여)
10종 경기	Decathlon (남)
배드민턴	Badminton
농구	Basketball
야구	Baseball
권투	Boxing
체급	weight class
브레이킹	Breaking
카누 스프린트	Canoe Flatwater
카누 슬라럼	Canoe Slalom
사이클 BMX 레이싱	Cycling BMX Racing
사이클 BMX 프리스타일	Cycling BMX Freestyle
사이클 산악자전거	Cycling Mountain Bike
사이클 도로	Cycling Road
사이클 트랙	Cycling Track
승마	Equestrian

장애물비월경기	Jumping
마장마술	Dressage
종합마술(삼일경기)	Eventing
펜싱	Fencing
플로레	Fleuret, Foil(영)
사브레	Sabre, Saber(영)
에페	Épée, Epee(영)
축구	Football
골프	Golf
체조	Gymnastics
기계체조	Artistic Gymnastics
단체 경기	Team Competition
개인 경기	Individual All-around
마루운동	Floor Exercise
철봉	Horizontal Bar (남)
평행봉	Parallel Bars (남)
링	Rings (남)
안마	Pommel Horse (남)
도마	Vault
평균대	Beam (여)
이단 평행봉	Uneven Bars (여)
리듬체조	Rhythmic Gymnastics (여)
단체 경기	Group All-around
개인 경기	Individual All-around
트램펄린	Trampoline
핸드볼	Handball
하키	Hockey
유도	Judo
마라톤 수영	Marathon Swimming
근대5종	Modern Pentathlon
조정	Rowing

7인제 럭비	Rugby Sevens
요트	Sailing
사격	Shooting
공기 권총	Air Pistol
공기 소총	Air Rifle
속사 권총	Rapid Fire Pistol
권총	Pistol
소총 3자세	Rifle 3 Positions
스키트	Skeet
트랩	Trap
스케이드보드	Skateboarding
소프트볼	Softball
스포츠 클라이밍	Sport Climbing
스피드	Speed Climbing
볼더링	Bouldering
리드	Lead Climbing
서핑	Surfing
탁구	Table Tennis
태권도	Taekwondo
테니스	Tennis
철인 3종 경기	Triathlon
배구	Volleyball
비치발리볼	Beach Volleyball
역도	Weightlifting
인상	Snatch
용상	Clean and Jerk
레슬링	Wrestling
자유형	Wrestling Free-Style
그레코로만형	Wrestling Greco-Roman
농구 3x3	3x3 Basketball

동계 올림픽 공식 종목 (2026 밀라노 코르티나 기준)	
바이애슬론	Biathlon
봅슬레이	Bobsleigh
컬링	Curling
아이스하키	Ice Hockey
루지	Luge
스케이팅	Skating
피겨 스케이팅	Figure Skating
쇼트 트랙 스피드 스케이팅	Short Track Speed Skating
스피드 스케이팅	Speed Skating
스켈레톤	Skeleton
스키	Skiing
알파인 스키	Alpine Skiing
크로스컨트리 스키	Cross-country Skiing
프리스타일 스키	Freestyle Skiing
노르딕-복합	Nordic Combined
스키 마운티니어링	Ski Mountaineering
스키-점프	Ski Jumping
스노보드	Snowboard

약물 사용 **doping, taking substances**

대회 참가 선수들이 약물을 사용하는 것은 엄격히 금지되어 있으며, 총 760번의 약물 검사가 실시될 것이다.

All athletes participating in the Games are strictly prohibited from ***taking substances***, and a total of 760 doping tests will be conducted.

약물 검사 **doping test**

X는 약물 검사에서 합격/불합격되었다.

X passed/failed the ***doping test***.

실격 **disqualification**

X는 약물 검사에서 스테로이드 양성 반응을 보여 실격되었다.

X was ***disqualified*** after testing positive for steroids.

올림픽의 상업화 **excessive commercialization of the Games**

방송권 **broadcasting rights**

미국 올림픽위원회의 재원은 기업들의 스폰서십과 방송권 판매 등을 통해 확보된다.
The USOC's money comes from corporate sponsorships, sales of ***broadcasting rights***. (*Reuters, UK*)

주관 방송사 host broadcaster

축구 FOOTBALL

축구 football, soccer

미식축구 American football

둘 다 축구라고 불리지만, 미식축구와 축구는 전혀 다른 스포츠다.
Although both are called football, ***American football*** and ***soccer*** are two totally different sports.

축구 경기 soccer match, soccer game

축구 경기는 본경기 90분 동안 진행된다.
A ***soccer match*** lasts 90 minutes in regulation.

전반전 first half

후반전 second half

후반전 10분 만에 한국이 골을 넣었다.
Korea scored a goal 10 minutes into the ***second half***.

본경기 regulation

시합은 본경기 이후 아무 득점 없이 끝났다.
The match finished goalless after ***regulation***.

하프 타임 half time

연장전 overtime

연장전으로 들어가다.
...go into ***overtime***...

연장전도 동점으로 끝나 승부차기로 승패를 결정했다.
Overtime also ended in a draw, so the match was decided by penalty kick.

선수 players

중앙공격수 centerforward, striker

미드필더 Midfielder

중앙수비수 central defender, centerback

풀백 full-back

윙백 wing-back

골키퍼 goalkeeper

주전 선수 starting players
— 교체 player substitution

각 팀에는 11명의 선수가 있다.

Each team fields eleven ***players***.

감독 coach
코치 assistant coach

거스 히딩크는 2002년 월드컵 최고 감독상을 받았다.

Guus Hiddink won the best ***coach*** award of the 2002 World Cup.

주장 captain

홍명보는 한국 국가 대표팀의 주장이다.

Hong Myung Bo is the ***captain*** of the South Korean national team.

심판 referee
부심 assistant referee
선심 line judge

선심이 판정한 마지막 두 오프사이드는 부정확했다.

The last two offside calls by the ***line judge*** were incorrect.

심판의 판정 referee call
애매한 — controversial decision, questionable call

심판은 지난 경기에서 애매한 판정을 여러 번 내렸다.

The ***referee*** made several ***questionable calls*** late in the game.

부당한 — unfair call

너무나 많은 부당한 판정으로 경기에서 패했다.

Too many ***unfair calls*** cost them the game.

편파적 — one-sided

오늘의 판정이 편파적이라는 것은 누구나 알 수 있다.

Anyone could tell that today's calls were ***one-sided***.

비디오보조심판 Video Assistant Referee (VAR)
반칙(파울) foul
오프사이드 offside
— 선언 call foul

심판은 X선수에게 파울을 선언했다.

The referee ***called a foul*** against X.

경고 yellow card, warning
퇴장 sending off, giving the red card, ejecting from the game

한 경기에서 경고를 두 번 받으면 퇴장에 해당한다.

Two ***yellow cards*** in one game is equivalent to a ***red card***.

시뮬레이션 — **simulation**

심판은 시뮬레이션에 대하여 X에게 주의를 주었다.

The referee cautioned X for ***simulation***.

득점 — **goals, scoring goals**

호나우두는 펠레의 월드컵 득점 기록을 깼다.

Ronaldo broke Pele's World Cup ***goal*** record.

선취골, 선제골 — **opening goal, first goal**

선취골을 넣은 뒤 이탈리아는 보수적인 경기를 펼쳤다.

After scoring the ***opening goal***, Italy played conservatively.

동점골 — **equalizer goal**

설기현은 이탈리아전에서 동점골을 넣었다.

Seol Ki Hyun scored the ***equalizer goal*** against Italy.

결승골 — **winning goal**

골든골 — **golden goal**

안정환의 골든골로 한국은 2 대 1로 이탈리아를 이겼다.

Ahn Jung Hwan's ***golden goal*** gave South Korea a 2 to 1 victory over Italy.

실버골 — **silver goal**

자책골 — **own goal**

승부차기 — **penalty shootout**

본경기와 연장전을 득점 없이 끝내고, 한국은 승부차기에서 스페인을 이겼다.

After a scoreless regulation and overtime period, South Korea defeated Spain in ***penalty shootout***.

스로인 — **throw-in**

코너킥 — **corner kick**

골킥 — **goal kick**

페널티킥 — **penalty kick**

프리킥 — **free kick**

오버헤드킥 — **overhead kick**

센터링 — **centering**

월드컵 대회 THE FIFA WORLD CUP GAMES

국제축구연맹 — **Fédération Internationale de Football Association (FIFA)**

• FIFA란?

Fédération Internationale de Football Association. 1904년 5월 21일, 프랑스·벨기에·덴마크·네덜란드·스페인·스웨덴·스위스 7개국이 파리에 모여 각국의 축구연맹을 국제적인 연합체로 조직했다. FIFA는 스포츠 집행 기구로서, 축구의 발전, 경기 추진, 각국 협회 간 우호 증진, 경기 규칙의 준수 등을 목적으로 하여 여러 프로그램과 대회를 추진하는데, 그중 가장 유명한 것이 월드컵이다. FIFA의 회원국은 현재 200개국이 넘는다.

월드컵 대회 **The FIFA World Cup Games**

2002년 월드컵은 유럽이나 미주 지역 외에서 처음으로 열린 경기였다.
The 2002 World Cup was the first ***World Cup*** held outside of Europe or the Americas.

한국은 월드컵 대회 역사상 첫 승을 올렸다.
Korea won its first match in the ***World Cup Games***.

조 추첨 **draw**
조 **pool**
예선 조추첨 **preliminary draw**
본선 조추첨 **final draw**

뉴질랜드는 D조 추첨에서 멜버른에서 이탈리아와 경기를 하게 되었다.
New Zealand ***is drawn in Pool D*** to play Italy in Melbourne.

캐나다는 월드컵에서 웨일즈, 뉴질랜드, 이탈리아 등과 같은 조다.
Canada is in a ***World Cup pool*** with Wales, New Zealand, Italy and...

지역예선 **preliminaries**
본선 **final round**
조별리그 **first round**
16강전 **second round, the round of 16**

한국은 16강전에 진출했다.
Korea advanced into ***the round of 16***.

32팀 중 16팀이 16강전에 진출한다.
Out of 32 teams, 16 advances to the ***second round***.

8강전 **quarter finals**
4강전 **semi finals**

2002년 한국 국가 대표팀은 역사상 아시아팀으로는 최초로 4강전에 진출했다.
The 2002 South Korean national team became the first Asian team to reach the ***semi finals*** in the history of the competition.

3~4위전 **third place game**

터키는 대구에서 펼친 3~4위전에서 한국을 3대 2로 이기고 월드컵 3위를 차지했다.

Turkey clinched third place in the World Cup with a 3-2 victory over South Korea in the ***third place game*** at Daegu.

결승전 final

경기 matches

라운드 로빈 방식 Round-Robin matches

녹아웃 방식 Knock Out matches

유로 1996에서는 7번의 녹아웃 경기 중 5경기가 연장전을 치렀고 4경기는 승부차기를 했지만 3경기는 결국 0:0으로 끝났다.

At the Euro 1996 5 of 7 ***knock out matches*** had gone into extra time and 4 into penalty shoot-outs, 3 of them with a 0:0 scoreline.

• Round-Robin vs. Knock Out이란?

라운드 로빈 방식에서는 한 팀이 같은 조의 모든 팀과 경기를 한다. 승리, 무승부, 패배의 경우 각각 다른 점수가 주어지는데, 점수가 높은 팀이 다음 경기에 진출한다. 점수가 같을 경우 골 선별력, 득점골 등으로 결정한다. 반면 녹아웃 방식은 두 팀씩 경기를 하면서 한 번이라도 패하면 자동 탈락하는 방식이다.

야구 BASEBALL

프로 야구 professional baseball

메이저 리그 Major League Baseball, Major League

마이너 리그 Minor League Baseball, Minor League

많은 한국 선수들이 미국 메이저 리그로 진출했다.

Many Korean baseball players went to the ***Major League***.

야구장 baseball stadium, ballpark

투수 마운드 pitcher mound

홈 플레이트 home plate

마운드는 홈 플레이트에서 대략 18.44미터 떨어져 있다.

The ***mound*** is approximately 18.44 meters away from ***home plate***.

외야 outfield

내야 infield

내야 안타를 치다.

...hit a ***infield*** hit...

루 base

불펜 bull pen

구원 투수가 불펜에서 워밍업을 하고 있다.

The relief pitcher is warming up on the ***bull pen***.

홈그라운드 경기 home game

그 팀으로서는 홈그라운드라 유리하다.

That team has the ***home ground advantage***.

심판 umpire

주심 chief umpire, umpire-in-chief

부심 base umpire

회 inning

X회 말 bottom of the Xth inning

X회 초 top of the Xth inning

3회에 팀 선수들은 2번씩 타석에 들어서서 13타점을 올렸다.

The team batted around twice and scored 13 runs ***in the third inning***

연장전 extra inning

월드 시리즈 경기는 1998년 이후에는 계속 연장전을 치렀다.

There hasn't been a World Series without an ***extra-inning*** game since 1998.

공격팀 team at bat

수비팀 team in the field, fielding team

유격수 shortstop

좌익수 left fielder

우익수 right fielder

중견수 centerfielder

중견수가 너무 오른쪽으로 치우쳐 있다.

The ***centerfielder*** shifted too much to the right.

1루수 first baseman

2루수 second baseman

3루수 third baseman

내야수 infielder

9회 말 투 아웃 상황에서 내야수들은 추가 안타를 막기 위해 필드 뒤쪽으로 물러났다.

With two outs in the bottom of the ninth, ***infielders*** moved back to prevent an extra base hit.

외야수 outfielder

외야수는 보통 강력한 타자가 등판하면 더 뒤로 물러선다.

Outfielders generally move back against more powerful hitters.

포수 catcher

투수 pitcher

L.A. 다저스의 투수였던 박찬호는 현재 텍사스 레인저스에서 뛰고 있다.

Former L.A. Dodgers ***pitcher*** Park Chan-ho, now plays for the Texas Rangers.

등판 take the mound, pitch

선발 투수 starting pitcher

구원 투수 relief pitcher

양키스 팀은 구원 투수진이 막강하다.

The Yankees have a strong group of ***relief pitchers***.

평균 방어율 earned run average (ERA)

페드로 마르티네즈의 평균 방어율은 메이저 리그에서 가장 낮다.

Pedro Martinez has the lowest ***ERA*** in the Major League.

자책점 earned run

승리 투수 winning pitcher

패전 투수 losing pitcher

패전 투수는 자책점을 두 점 내주었다.

The ***losing pitcher*** only gave up two ***earned runs***.

완투 throw a complete game, pitch the whole game

류현진이 완투를 했다.

Ryu Hyun-Jin ***threw a complete game***.

Ryu Hyun-Jin ***pitched the full 9 innings***.

완봉 shutout

두산 베어스가 LG 트윈스에게 완봉승을 거두었다.

Doosan Bears pitcher ***threw a shutout against*** the LG Twins.

Doosan Bears won by ***shutting out*** the LG Twins.

퍼펙트게임 perfect game

대부분의 투수들은 선수 생활 동안 한 번도 퍼펙트게임을 기록하지 못한다.

Most pitchers never pitch a ***perfect game*** in their career.

타자 batter, player at bat

지명 타자 designated hitter (DH)

타석 batter's box, bat

그는 타석에 들어섰다.

He stepped into the ***batter's box***.

He is ***at bat***.

대타 **pinch hitter**

대타를 투입하면 강력한 공격을 할 수 있다.

Using a ***pinch hitter*** can help start a struggling offense.

타순 **line up, batting order**

평균 타율 **batting average**

이 타자의 평균 타율은 3할을 넘는다.

This batter's ***batting average*** has been above .300.

타점 **runs, runs-batted-in (RBI)**

안타 **hit, base hit**

2타점 안타를 쳤다.

...***hit*** a two-run single...

3루타를 쳤다.

He made a three-base ***hit***.

He ***hit*** a triple.

우익수 쪽으로 2루타를 치다.

...***hit*** a double to right field...

무안타 **no-hitter, hitless, no-hit**

6회까지 무안타(노히트) 게임이었다.

It was a ***no-hitter*** going into the sixth inning.

홈런 **home run**

2점 홈런 **2-run homerun**

선수 X는 2점 홈런을 쳐서 동점으로 만들었다.

Player X tied the game with a ***2-run homerun***.

만루 홈런 **grand slam**

베리 본즈는 만루에 타석에 들어서서 만루 홈런을…

Barry Bonds stepped up to the plate with the ***bases loaded***, setting up the ***grand slam***...

땅볼 **grounder**

뜬 공 **fly ball**

삼진 **strike out**

그는 두 번 삼진당했다.

He was ***struck out*** twice.

번트 **bunt**

희생 번트로 추신수가 2루까지 진출했다.

Shin-soo Choo...moved to second on a ***sacrifice bunt***.

도루 **steal, stolen base**

이 포수는 공을 던지는 팔 힘이 약하여 쉽게 도루를 당한다.

This catcher has a weak throwing arm, making him vulnerable to ***steals***.

중계 플레이 **cutoff play**

내야수가 중계 플레이를 잘하는 것이 결정적이다.

A good ***cutoff play*** by the infielders is crucial.

만루 **bases loaded**

잔루 **left-on-base (LOB)**

그 팀은 기회를 많이 놓쳐서 13개의 잔루를 기록했다.

The team missed too many opportunities, leaving 13 runners ***left-on-base***.

삼관왕 **triple crown**

삼관왕이란 평균 타율, 타점, 홈런이 리그에서 가장 높은 것을 말한다.

Triple crown means leading the league in batting average, RBI, and homeruns.

명예의 전당 **Baseball Hall of Fame**

조지 브렛은 1999년 7월 25일 명예의 전당에 헌액되었다.

George Brett was inducted into the ***Baseball Hall of Fame*** on July 25, 1999.

골프 GOLF

골프 **golf**

골프의 대중화를 위해 값싼 퍼블릭 코스를 지어야…

Cheap public golf courses have to be built to ***popularize golf***...

골프장 **golf course**

퍼블릭 — **public golf course**

102회 유에스 오픈은 처음으로 퍼블릭 코스인 베스페이지 블랙 코스에서 열렸다.

The 102nd U.S. Open was held at Bethpage Black course, the first ***public course*** in open history.

회원제 — **private golf course, golf clubs**

뮈르필드와 오거스타 내셔널은 모두 회원제 골프장이다.

Both Muirfield and the Augusta National are ***private golf clubs***.

X인 플레이 — **X ball-play**

그 골프장은 주말에는 5인 플레이까지 가능하다.

That golf course allows ***5 ball-plays*** on weekends.

골프 회원권 — **golf club membership**

— 분양 — **issue/sell membership**

회원권 거래소 — **golf club membership exchanges**

새로 개장하는 골프장 회원권의 분양가는 2억원이다.

The newly opening ***golf club's membership*** costs 200 million Won.

골프 연습장 — **driving range, practice range**

도시에 사는 골퍼들은 인근 연습장에 자주 간다.

Golfers living in the city frequent local ***driving ranges***.

코스 — **course**

티박스 — **teeing ground, tee box**

페어웨이 — **fairway**

러프 — **rough**

공이 러프에 들어갔다.

The ball landed in the ***rough***.

그린 — **green**

그린을 직접 공략했다.

...aimed directly for the ***green***...

해저드 — **hazards**

워터 — — **water hazard**

필 미켈슨은 파를 노렸지만 세컨 샷이 워터 해저드에 빠지면서 그의 꿈은 무산됐다.

Phil Mickleson's hopes for a par were dashed after his second shot landed in the ***water hazard***.

벙커 — **bunker**

벙커에서 3타 만에 빠져나오다.

...get out of the ***bunker*** in three shots...

...take three strokes to escape the ***bunker***...

홀 — **hole**

그 골프장은 54홀이다.

That golf course has ***54-holes***.

It's a ***54-hole*** course.

숏홀 — **par 3 hole**

롱홀 par 5 hole
꺾어진 홀 dogleg hole
이 홀은 오른쪽으로 꺾어진다.
This hole ***doglegs to the right***.

핸디캡 handicap
그 사람은 핸디가 10이다.
He has a 10 ***handicap***.
와이어는 오거스타 내셔널의 핸디캡 1인 파4 10홀에서 스리퍼트를 했다.
Weir three-putted in the playoff on Augusta National's No. 1 ***handicap*** hole, the par-4 10th. (*Florida Today*)

점수 score
타수 number of strokes
트리플 triple-bogey
더블 double-bogey
보기 bogey
넬리 코다는 17홀에서 보기를 범했다.
Nelly Korda ***bogeyed*** the 17th hole.
파 (기준 타수) par
대회에서 우승하려면 파세이브가 매우 중요하다.
Saving ***par*** is an important part of winning championships.
버디 birdie
고진영은 17번 홀에서 버디를 잡았다.
Jinyoung Ko ***birdied*** the 17th hole.
그는 5번 홀에서 버디를 기록하고, 어려운 파세이브를 몇 개 한 후 다시 11번 홀에서 버디를 잡았다.
He made ***birdie*** on No. 5, saved a couple of tough pars and made another ***birdie*** on No. 11.
이글 eagle
알바트로스 albatross
언더파 under par
로리 맥길로이는 그날 언더파를 기록한 유일한 선수였다.
Rory McIlroy was the only player with a ***under par*** score for the day.
오늘 경기에서 박세리는 3언더파 67타를 쳤다.
Seri Pak shot a ***3-under par 67***.
오버파 over par

이븐파 **even par**

오늘 소렌스탐은 이븐파를 쳤다.

Sorenstam shot ***even par*** today.

Sorenstam finished with an ***even par*** today.

대회 **competition, match**

메이저 우승 **major championship, major wins**

타이거 우즈는 오늘 102회 US 오픈에서 우승을 거둬 통산 여덟 번째 메이저 우승을 기록했다.

Tiger Woods won the 102nd U.S. Open today, the eighth ***major championship*** of his career.

X는 메이저 우승을 10번 했다.

X has 10 ***major wins*** in his career.

상금액 **prize money**

올해 첫 우승자는 PGA 역사상 최대 액수의 상금을 탈 것이다.

This year's open winner will receive the largest ***prize money*** in PGA history.

총상금액 **total prize money**

올해 총상금액 1위는 타이거 우즈다.

This year's leading ***total prize money*** winner is Tiger Woods.

경기 진행 요원 **marshal**

진행 보조원 **caddie**

경기 중단 **game suspended**

폭우로 경기가 중단되었다.

The ***game*** was ***suspended*** due to heavy rain.

컷오프 **cutoff, cut**

컷오프에서 탈락했다.

...failed to make ***the cut***.

...missed ***the cut***.

• Skins란?

스킨즈 매치의 목표는 가장 많은 수의 스킨을 획득하는 것이다. 한 홀에서 가장 낮은 타수를 치는 사람은 그 홀, 혹은 '스킨'을 따낸다. 두 명 이상이 공동으로 낮은 타수를 칠 경우 아무도 그 스킨을 획득하지 못하고 그 스킨은 다음 홀로 넘어간다. 즉, 세 번 연속 홀에서 두 명 이상이 동점을 기록하면, 네 번째 홀의 스킨은 네 개가 된다.

• Match Play란?

매치 플레이는 총점과 상관없이 이긴 홀의 수로 승패를 결정한다. 각 홀에서 가장 타수가 낮은 선수나 팀이 한 점을 얻는다. 점수는 이긴 홀 수에 따라 2 up, 2 down으로 표시한다. 반면, 일반 골프 대회는 총 타수가 적은 선수가 우승자가 되는 경기 방식으로 진행되며 이를 스트로크 플레이(stroke play)라고 한다.

• Sudden Death란?

처음으로 한 홀에서 우승하는 선수가 경기를 이긴다. 연장전에서 채용하는 게임 방식으로, 두 명 이상이 경기를 해서 두 명 이상의 동점자가 나올 경우 가장 적은 점수를 기록한 경기자들만 진출하고 나머지는 탈락된다. 한 사람이 우승할 때까지 이러한 방식이 계속된다.

선두 **leader**

타이거 우즈는 4번 홀에서 버디를 기록하여 선두를 따라잡았다.
Tiger birdied the 4th hole to pull even with the ***leader***.

단독 선두 **individual leader, the leader**

제레미 켈러와 2타 차로 단독 선두로 나섰다.
He was the ***individual leader*** by two strokes against Jeremy Keller.

공동 선두 **co-leader**

우즈와 엘스는 15홀을 돈 후 공동 선두에 올랐다.
Woods and Els are ***co-leaders*** after 15 holes.

우승 **winner**

2위 **second place**

연장전 **playoff**

소렌스탐은 5홀의 연장전 끝에 이겼다.
Sorenstam won after a 5 hole ***playoff***.

주요 골프 협회	
PGA	Professional Golf Association
LPGA	Ladies Professional Golf Association
EPGA	European Professional Golf Association
KPGA	Korean Professional Golf Association
KLPGA	Korean Ladies Professional Golf Association

골프 기록 통계 **golf statistics**

드라이버 거리 driving distance

페어웨이 적중률, 드라이버 정확도
driving accuracy (percentage), fairway hits

타이거 우즈의 페어웨이 적중률은 67.9%다.
Tiger Wood's ***driving accuracy*** is 67.9%.

그린 적중률 greens in regulation (GIR, %)

평균 타수 scoring average

평균 퍼팅수 putting average

상금 순위, 상금 랭킹 money ranking, money list

세계 랭킹 world ranking

취미와 여가 HOBBIES & RECREATION

레저 산업 leisure industry

레저 활동 leisure activities

국내 레저 산업은 1997년 외환 위기 이후 다시 흑자로 돌아서고 있다.
The domestic ***leisure industry*** is now moving back into positive territory after the 1997 financial crisis.

등산 mountain climbing, hiking

암벽 등반 rock climbing

스포츠 클라이밍 sports climbing

등반대 climbing party

나는 일요일마다 가족과 등산을 한다.
I ***go mountain climbing*** every weekend with my family.

스쿠버다이빙 skin scuba diving

윈드서핑 wind surfing

무더운 여름이 다가오면서 사람들은 한강공원에서 윈드서핑, 수상 스키, 보트 타기 등 수상 스포츠를 즐기고 있다.
As the muggy summer approaches, people are enjoying sports such as ***wind surfing***, water skiing and sailing at the Han River Parks.

낚시 fishing

바다낚시 ocean fishing

배낚시 boat fishing

민물고기 낚시 freshwater fish

겨울 낚시 ice fishing

경마 horse racing

경마장 race track, race course
야간 경마 night racing

뚝섬 경마장은 1954년 한강의 한 섬에서 개장했다.

The Ttukseom ***Racecourse*** was opened in 1954 on an island on the Han River.

경정 motorboat racing
경륜 cycle racing

경륜은 경륜경정법에 의해 국민체육진흥공단과 지방자치단체가 수행하는 공공사업이다.

Cycle racing is public project governed by the Seoul Olympic Sports Promotion Foundation and local governments based on the Cycle and Motorboat Racing Act.

무술 martial arts
태권도 *taekwondo*
합기도 *hapgido*
유도 judo
검도 kendo
태극권 Tai Chi Chuan
기공 체조 Qigong exercise
공수도 karate

태권도는 한국의 전통 무술이다.

Taekwondo is a Korean traditional ***martial art***.

사냥 hunting
요가 yoga
명상 meditation

그는 매일 아침 요가와 명상을 한다.

He practices ***yoga*** and ***meditation*** every morning.

볼링 bowling
볼링장 bowling alley

김수경 선수는 일요일에 열린 여성부 볼링 경기에서 금메달을 획득했다.

Kim Su-kyung won gold medals on Sunday in women's ***bowling***.

익스트림 스포츠 X-Sports, extreme sports
산악자전거 mountain biking
자전거 bicycle motorcross (BMX)
스케이트보드 skate board
스노보드 snow board

퀵보드 quick board

X-Sports란 스케이트보드를 시작으로, 자전거, 롤러블레이드, 그리고 최근의 퀵보드 등 신세대 스포츠를 모은 것이다.

Extreme sports are Generation Y sports, that include ***BMX***, roller blades and the more recently introduced ***quick board***.

수상 스키 water skiing

번지 점프 bungee jumping

현대 아산은 장정 부두 근처에 북한 최초의 번지 점프 시설을 지을 것으로 알려졌다.

Hyundai Asan is said to be planning to build North Korea's first ***bungee jumping*** facility near Jangjeong wharf.

스카이다이빙 skydiving

특전사의 한 대원이 스카이다이빙 5,000회로 한국 기록을 세웠다.

A member of the Republic of Korea Army Special Forces (KASF) has the highest record for the number of ***skydiving*** in Korea making some 5,000 jumps.

패러글라이딩 paragliding

행글라이딩 hang gliding

사진 photography

삼각대 tripod

수동카메라 manual-focus camera

자동카메라 auto-focus camera

디지털 카메라 digital camera

광학렌즈 optical lenz

ASA 감도 ASA Speed (American National Standard Institute)

역광 back light

암실 darkroom

현상 development

현상소 kiosk, DP&E (development, printing & enlargement)

인화 printing

인화지 printing paper

사진은 돈이 많이 드는 취미다.

Photography is an expensive hobby.

요리 cooking

미식가 gourmet

그는 입맛이 까다로운 미식가다.
He is a ***gourmet*** with extremely discerning taste.

요리 학교	culinary school, cooking school
음식 평론가	food critique
와인 전문가	wine connoisseur, wine expert

보보스족은 일반적으로 요리와 와인에 관심이 많다.
The Bobos class usually take great interest in ***cooking and wine***.

음악 감상	music appreciation
독서	book reading
수집	collection
수집가	collector

그는 동전 모으기가 취미다.
He ***collects*** old coins as a hobby.

장기	*Janggi*, Chinese chess (Xiangqi)
서양장기	chess
바둑	*Baduk*, Go

바둑은 고대 중국에서 유래한 게임으로, 바둑판에 흑과 백이 대전한다.
Go is an ancient Chinese game of strategy played on a wooden board with black and white stones.
☞ *Go* : 일본 이름이 영미 문화권에서 통용. 중국어는 *Weiqi*, 한국어로는 *Baduk*이며 *board game*으로 설명된다. *Korean Chequers*나 *Korean Chess*는 부정확한 이름이다.

바둑알	pebble (black or white)
수	move

바둑의 첫 수는 361개가 있을 수 있다.
Go has 361 opening ***moves***.

게이머	gamer
프로 게이머	professional (computer) gamer
원예	gardening
꽃꽂이	flower arrangement
침봉	needlepoint holder, pinpoint holder, pin holder, frog
수반	low container

동양 꽃꽂이에서는 침봉에 꽃을 꽂는다.
Flowers stems are positioned on ***needlepoint holders*** in oriental ***flower arrangement***.

서예	calligraphy

동양화	oriental brush painting
먹	ink stick
벼루	inkstone
한지	rice paper
공예	crafts
도자기	pottery making
가마	kiln
유약	glaze
수석	viewing stone

그는 강으로 다니며 수석을 모으는 게 취미다.
His hobby is exploring rivers to collect ***viewing stones***.

05 교육 EDUCATION

교육 제도 EDUCATIONAL SYSTEM

교육부 — **Ministry of Education (MOE)**
교육청 — **Office of Education**
  서울특별시교육청 — **Seoul Metropolitan Office of Education**
  시도 교육청 — **Provincial Office of Education**
  교육지원청 — **District Office of Education**
  교육감 — **Superintendent (of Educational Affairs)**
장학제도 — **School Inspectorate**
  장학관 — **Inspector**

교육 관련 기관	
한국교육개발원	Korean Educational Development Institute (KEDI)
한국교육과정평가원	Korea Institute of Curriculum and Evaluation (KICE)
한국교육방송	Korea Education Broadcasting Service (EBS)
한국교육학술정보원	Korea Education and Research Information Service (KERIS)
한국직업능력연구원	Korea Research Institute for Vocational Education and Training (KRIVET)
한국학중앙연구원	The Academy of Korean Studies (AKS)

정규 교육 — **formal education**

그는 정규 교육을 제대로 받지 못했다.

He was not ***formally educated***.

미국인들은 더 나은 직업과 높은 소득을 위해 정규 교육 기간을 연장하는 추세다.

Americans are getting more ***formal education*** to secure better job opportunities and higher earnings.

  초등 교육 — **primary education**
  중등 교육 — **secondary education**
공립학교 — **public school**

사립학교 **private school**

대부분의 미국인들은 공립 학교를 지지하고 있으며, 아직은 미국의 교육 제도를 사립학교나 다른 교육 제도로 대체할 생각은 없다.

Most Americans support ***public schools*** and aren't quite ready to turn the nation's educational system over to ***private schools*** or some other alternative.

공교육 **public education**

사교육 **private education**

사교육비 **private education cost**

공교육을 정상화시켜야 사교육비를 줄일 수 있다.

The ***pubic education system*** has to resume its due function in order to reduce ***private education costs***.

과외 **private tutoring**

학원 **private learning institutes**

입시 학원 **college prep institutes, cram schools**

많은 학생들이 재수를 택하며, 입시 학원들로 수강생들이 몰리고 있다.

Cram schools are crowded with students who have opted to reapply for college entrance exams.

의무 교육 **compulsory education**

보편 교육 **universal education**

2004년부터 9년제 의무 교육이 실시된다.

The 9-year ***compulsory education*** system will be fully implemented in 2004.

☞ *K-12* : 미국의 *Kindergarten*부터 12학년까지라는 뜻으로, 유치원부터 고등학교 3학년 격인 12학년까지의 의무 교육 기간에 해당한다.

☞ *Year 13* : 영국 교육 제도에서는 5세에 *Year 1*에 취학하므로 한국의 고3, 미국의 12학년에 해당하는 학년이 *Year 13*이다.

교육열 **educational zeal, dedication/passion/enthusiasm for their children's education**

취학 **school entry, school enrollment, school attendance**

취학 연령 **school-age**

취학률 **enrollment rate, enrollment ratio**

3~5세 아동들의 유아원과 유치원 취학률이 38%에서 65%로 늘어났다.

Enrollment ratios for 3-5 year olds in pre-kindergarten and kindergarten increased from 38% to 65%.

중국은 향후 5년간 초등학교 취학률을 99%로, 중학교 취학률을 90% 이상으로 올린다는 방침을 세웠다.

China has decided to keep its ***enrollment rate*** at primary schools above 99 percent, and increase that of junior middle schools to above 90 percent in the next five years. (*People's Daily*)

학령 아동 **school-age children**

미국의 몇몇 군에서 학령 아동의 수가 늘어남에 따라 일부 학군에서는 교사를 채용하고 새로 학교를 지으려 노력하고 있다.

With the increased number of ***school-age children*** in some U.S. counties, some school districts are trying to hire teachers and build new schools.

학령전 교육 **pre-school education, pre-primary education**

학령전 교육은 배움에 흥미를 느끼도록 하는 데 초점을 맞추어야 한다.

Pre-school education should focus on making the child feel that learning is fun.

학령전 아동 **pre-school age children, pre-schoolers**

유아원 **nursery school, pre-kindergarten**

남녀 공학 **co-education**

최근 분리 교육이 남녀 공학보다 나은지에 대한 논쟁이 계속되고 있다.

There's an ongoing debate about whether single-sex education is better than ***co-education***.

인성 교육 **character building education, teaching morality**

전인 교육 **holistic education, all-rounded education**

정부는 아이들이 전인 교육을 받을 수 있도록 학교들을 독려하고 있다.

The government is urging schools to provide ***holistic education*** to children.

특수 교육 **special education**

특수 아동 **special needs children**

장애아 **children with disabilities, handicapped children,**

지적 장애아 **children with intellectual disability**

청각 장애아 **children with hearing impairment, deaf children**

시각 장애아 **children with vision handicap, blind children**

우리는 특수 아동에 대한 지원과 교육을 위해서 노력해야 한다.

We need to focus in on helping ***special needs kids*** and furthering their education as well. (*Woodlands Villager*)

학습 장애 **learning disability**

주의력 결핍장애 **Attention Deficit Disorder (ADD)**

주의력 결핍과잉 행동장애 **Attention Deficit Hyperactivity Disorder (ADHD)**

독서 장애 **dyslexia**

음성 인식 소프트웨어가 개발되어 독서 장애나 중증의 관절염이 있는 사람들에게 도움을 줄 수 있게 되어…

Developments in improving voice recognition software could help people with ***dyslexia*** or severe arthritis... (*icWales*)

통합 교육 **integrated education**

정상아들과 장애아들이 한 교실에서 공부하는 통합 교육은…

...***integrated education*** where disabled children study in the same classroom with normal children...

영재 교육 **Gifted and Talented Education (GATE), education for the gifted and talented**

영재 학급 **GT (Gifted and Talented) class**

선별 과정을 통해 영재를 선발한다.

Gifted children are selected through a screening process.

영재 학급의 학생들에게 특수 교육을 제공한다.

Special education is provided to children in ***GT classes***.

조기 교육 **early childhood education, early start**

한국에는 조기 교육 바람이 불어 취학 전 어린아이들조차 집에 없다.

Even preschoolers are never home in Korea because of the fervor for ***early childhood education***.

성인 교육 **adult education**

평생 교육 **lifelong education**

평생 교육은 시간, 장소 구별없이 생애 기간 중 어느 때라도 받을 수 있다.

Lifelong learning allows people to have access to education anywhere and anytime throughout their lives.

원격 교육 **distance learning, remote education, distance education, e-learning**

많은 교육 기관들이 원격 교육 프로그램을 개발하고 있다.

Many educational institutions are developing ***distance education programs***.

정보통신 기술의 빠른 진보와 인터넷으로 원격 교육이 발전하여 평생 교육의 도구로 사용되고 있다.

The rapid progress of information and communication technologies and the Internet have greatly expanded the power of ***distance learning*** as a tool for lifelong learning.

면대면 교육 **face-to-face education**

아직은 원격 교육보다는 면대면 교육이 중요하다.

Face-to-face education is still more important than remote education.

주입식 교육 **lecture-based education**

주입식 교육은 창의력을 말살한다.

Lecture-based education methods stifle creativity.

암기식 학습 **education by rote, learning by rote, rote study, memory education**

우리나라에서는 암기식 교육을 한다.

In Korea, education is based on ***rote study***.

대안 교육 **alternative education**

일부 부모들은 현재 학교의 질에 불만이 있거나 아이에게 좀더 개인적 차원의 관심을 제공하기 위해 대안 교육을 고려한다.

Some parents are looking into ***alternative education***, because they are dissatisfied with the quality of the current school or think their children need more individualized attention.

열린 학교 **free education**

독학 **self-teaching, self-education, autodidact**

자택 학습 **home-schooling**

공교육의 질적 저하로 미국에서는 많은 부모들이 홈스쿨링(자택 학습)을 택하고 있다.

With the decline of the public education system, many parents in the U.S. are opting for ***home-schooling***.

비정규 교육 **non-formal education**

산업 연수 **industrial training**

기업 연수 **in-service training, on-the-job training (OJT)**

젊은이들이 사회에 발을 내디디기 전에 좀더 준비가 되도록 하기 위해 기업 연수와 인턴 프로그램을 고안했다.

On-the-job training programs and ***internships*** have especially been designed to better prepare youngsters before they set foot in the real world.

1년간 기업 연수를 받다.

...to undergo one year of ***on-the-job training***...

도제 제도 **apprenticeship program**

5년 도제 제도를 거치다…

To serve a 5-year ***apprenticeship***...

☞ *trainee* : 연수생, 수습사원.

직업 기술 교육 **technical & vocational education (TVE)**

직업 훈련 **vocational training**

교육 행정 정보 시스템 **National Education Information System (NEIS)**

학교 SCHOOL

학교 **school**

우리 딸은 고등학교에 다닌다.

My daughter attends high ***school***.

폐교 **school close down**

젊은 부부들이 도시로 이전하면서 폐교하는 농촌 학교가 늘고 있다.

Many rural ***schools are closing down*** as young families migrate to the cities.

휴교 **school closed**

황사 현상이 심해지자 전국에 일일 휴교령이 내렸다.

As the sand-dust storm became worse, all schools were ordered to ***close for the day***.

학교 배정 **school placement, school assignment**

좋은 고등학교에 배정받으려고 위장 전입하는 건수가 늘어나고 있다.

More people are falsifying their addresses to get their children ***placed in*** preferred high ***schools***.

학군 **school district**

소아 비만을 줄이기 위해 LA의 학군에서는 청량 음료 판매를 금지할 계획이다.

Hoping to combat childhood obesity, the L.A. ***school district*** is planning to ban soft drinks sales.

8학군 **Eighth School District (of Gangnam)**

강남 8학군으로 위장 전입하는 학생들이 늘고 있다.

There is an increasing number of students who falsely register their addresses in the ***Eighth School District*** of Gangnam.

전학 **transfer**

편입생 **transfer student**

우리 학급에 편입생(전학생)이 들어왔다.

We have a new ***transfer student*** in the class.

점점 더 많은 한국 중학생들이 외국 학교로 전학하고 있다.

More and more Korean middle school students ***are transferring to*** schools in foreign countries.

초등학교 **elementary school, primary school**

그는 유명한 재벌이었으나 학력은 초등학교 중퇴였다.

He was a famous chaebol, but he never even finished ***elementary school***.

중 · 고등학교 **secondary school**

중학교 **junior high school, junior/lower secondary school, middle school**

☞ *middle school* : 원래 *middle school*이란 6-2-4년 학제의 교육 제도에서 6학년부터 중2까지에 해당하며, *junior high school*은 중1, 중2에 해당한다. 이 경우 *high school*은 중3~고3에 해당한다.

고등학교 **high school, senior/upper secondary school**

문과 **liberal arts track**

이과 **science track**

고2에 진급하면서 문과나 이과를 택한다.

Students take either the ***liberal arts or science track*** as they advance to the 2nd year of high school.

전문계 고등학교 **vocational high school**

농업고등학교 **agricultural high school**

상업고등학교 **commercial high school**

공업고등학교 **industrial high school**

수산고등학교 **fishery & marine high school**

야간 학교 **night school**

그는 야학에서 가르친다.

He teaches students in ***night school***.

특수목적고등학교(특목고) **Special High School**

과학고등학교 **Science High School**

외국어고등학교 **Foreign Language High School**

일류 대학 합격자 중 특목고 출신들이 크게 늘었다.

The proportion of ***Special High School*** graduates has increased among the entrants of high ranking universities.

자립형사립고등학교 **financially independent/self-run private high schools**

고교 평준화 **standardizing high schools, de-ranking high schools**

1974년부터 고교 입시를 폐지하고 고교 평준화 정책을 시행했다.

Korea abolished high school entrance exams in 1974 and implemented a

standardization policy for high schools.

☞ 고교 평준화는 일반적으로 *equalization*으로 직역하고 있으나, *standardize level of high schools through student placements, de-rank high schools by abolishing entrance exams*라는 설명적 표현이 더 적절하다.

하향 평준화 **lower average, balanced but lower overall level**

복수 지원 추첨제 **multiple application lottery system**

고등학교 학력의 하향 평준화…

...achieved a ***more balanced, but in overall, lower academic level*** among Korean high schools...

시청각 교재 **audio visual aid, AV material**

시청각 교육실 **audio visual lab, AV lab**

영어 교육을 제대로 하려면 시청각 자료와 시청각실이 필요하다.

A***udio visual material and AV labs*** are required to teach English properly.

☞ *"CAI"* : *"Computer Aided Instruction"*. 컴퓨터를 사용하는 교육 방법.

교재 **learning material**

교과서 **school textbook**

일본의 국정 역사 교과서에 나와 있는 내용이 왜곡되었다.

The contents of Japan's government-approved history ***textbooks*** have misrepresented historical facts.

교과목 School Subjects	
국어 Korean	
고전	Classical Korean Literature
작문	Writing, Composition
수학 Mathematics	
수학 II	Advanced Mathematics
기하	Geometry
대수	Algebra
미적분	Calculus
사회 Social Studies	
역사	History
윤리	Ethics
지리	Geography

과학 Science	
화학	Chemistry
물리	Physics
생물	Biology
지구과학	Earth Science
예체능 Arts & Physical Education	
음악	Music
미술	Fine Art
체육	Physical Education, P.E.
가정 Home Economics	
기술 Industrial Arts	
특별활동 Extra-Curricular Activity, Extra-Curriculars	
미술반	Art Club
연극반	Drama Club
요리반	Cooking Class
과학반	Science Club
신문반	School Paper

시험 **examination**

중간시험 **mid-term test, mid-term exam**

기말시험 **final examination, final exam, finals**

다음 주가 기말시험 기간이다.

Next week is the ***final examination period***.

문제 유형 **question format, question type**

주관식 **short answer/essay/free-response question**

객관식 **multiple choice question**

사지선다형 **4-choice multiple choice question**

OX형 문제 **true or false question**

이번 역사 시험에서는 주관식 5문제와 사지선다형 20문제가 나온다.

You will have to write 5 ***short essays*** and answer 20 ***multiple choice questions*** in the history exam.

모의고사 **mock examination, practice exam, trial exam**

모의고사 성적으로 보아서는 S대를 지원해도 된다.

The results of the ***trial examination*** shows the student can apply to S University.

성적 school grade

좋은 — good grades, high grades

나쁜 — bad grades, low grades

그는 성적이 우수한 모범생이다.

He is an excellent student who gets good(high) ***grades***.

요즘 아이의 학교 성적이 떨어지기 시작했다.

His ***grades*** have been falling lately.

수 秀 *su*, excellent

우 優 *u*, very good

미 美 *mi*, good, average, satisfactory

양 良 *yang*, weak, needs improvement

가 可 *ga*, unsatisfactory

☞ "*letter grade*" : A, B, C, …/수, 우, 미, … 등으로 표기하는 성적.

평균 학점 Grade Point Average (GPA)

그 학생의 고등학교 평균 학점이 3.8이었다.

His high school ***GPA*** was 3.8.

학부모회 parents association

교사학부모회 Parent Teacher Association (PTA)

교사학부모회 모임이 목요일 열릴 예정이다.

The ***PTA meeting*** will be taking place on Thursday.

학부모 면담 teacher-parent conference/meeting

담임 선생 homeroom teacher

담임 선생님과 면담 시간을 약속하다.

...make an appointment for a meeting with ***the homeroom teacher***.

...schedule a ***teacher-parent conference*** with ***the homeroom teacher***.

방과후 학교 After School Program

전국교직원노동조합 Korean Teachers and Education Workers' Union

한국교원노동조합 Korean Union of Teaching and Education Workers (KUTE)

교내	
교장실	Principal's Office
교감실	Vice Principal's Office

교무실	Faculty Office, School Office
서무실	Cashier, Registration Office
도서관	Library
상담실	Student Counseling Office
자습실	Study Hall
과학실험실	Science Lab
컴퓨터실	Computer Lab
미술실	Art Room
시청각교육실	Audio Lab, AV Lab
보건실, 양호실	School Infirmary
훈육실	Detention Room
체육실(관)	Gymnasium
강당	Auditorium
교내 식당	Student Cafeteria, Canteen
교사 휴게실	Teachers' Lounge, Faculty Lounge
학생 휴게실	Student Lounge

출석 **attendance, roll call**

한국 중·고등학교에서는 교사들이 수업 시간 전에 항상 출석을 부른다.

In Korea, teachers in secondary schools always take ***roll call*** before each class.

결석 **absence, failure to attend classes**

무단결석 **truancy, absenteeism**

그는 몇 년 전, 무단결석과 잦은 싸움으로 인해 퇴학당할 뻔했다.

He nearly got himself expelled a few years ago for ***truancy*** and a history of fighting.

☞ *truant* : 무단결석 학생.

현장 학습 **field trip**

수학여행 **school trip, field trip**

학교에서 경주로 수학여행을 간다.

The students are taking ***a school trip*** to Gyeongju.

The students are going ***on a field trip*** to Gyeongju.

☞ *field trip* : 학습 여행이라는 뜻으로 1박 이상의 수학여행에도 사용된다.

학교 급식 **school lunch**

현재 모든 초등학교는 학교 급식을 실시한다.

At the present, all primary schools provide ***school lunches***.

☞ 우리나라 학교 급식은 정부 지원이 되므로 *subsidized school lunch*다. 정부가 100% 보조를 하는 경우는 *free school lunch*.

학원 폭력 **school violence, school bullying**

학원 불량배, 불량 집단 **school gang**

괴롭힘, 집단 괴롭힘 **bullying, collective harassment**

일본 학교에서는 이지메와 교실 붕괴가 심각한 문제다.

Bullying and the ***collapse of the classroom*** are serious problems in Japanese schools.

☞ 영미 문화권의 *bullying*은 대부분 강자(*bully*)가 약자를 괴롭히는 일대일 식의 괴롭힘이다.

집단 따돌림, 왕따 **bullying and harassment, exclusion**

왕따 당하는 아이를 전학시켰다.

The student who was ***bullied and harassed*** by classmates transferred to another school.

비행 청소년 **juvenile delinquent**

탈선 **delinquency**

폭력 영화, 그리고 심지어 일부 만화까지도 청소년 비행에 한몫을 했다고 비난받고 있다.

Violent movies, and even some cartoons are being blamed for playing a part in ***juvenile delinquency***.

학생 상담 **student counseling**

탈선한 학생들은 상담으로 먼저 지도해야 한다.

Delinquent students should be first dealt with through ***counseling***.

상담 교사 **school counselor, guidance counselor**

훈육 조치 **disciplinary measures**

일부에서는 몇몇 학생들이 교사에게 폭력을 행사했다는 소식을 접한 뒤, 좀더 강한 훈육 조치가 있어야 한다고 주장했다.

After hearing that a few students used violence against the teachers, some people urged for stronger ***disciplinary measures***.

체벌 **corporal punishment**

교권 상실 **loss of teachers' authority**

교권이 위협을 받다.

The ***teachers' authority*** is threatened.

퇴학 조치 **expulsion, dismissal**

자퇴 **leave, drop out**

그 학생은 결국 학교에서 퇴학당했다.

In the end, the student ***was expelled from*** school.

정학 **suspension**

그 남학생은 학교에서 급우에게 폭력을 행사하여 3개월 정학 처분을 받았다.

The boy ***was suspended*** from school for 3 months after beating a classmate.

졸업 **graduation**

졸업장 **graduate certificate, diploma**

그는 고등학교 졸업장이 없다.

He doesn't have a ***high school diploma***.

졸업식 **commencement, graduation ceremony**

그녀는 수석으로 졸업하여 졸업식에서 상을 받았다.

She was awarded valedictorian at the ***commencement***.

☞ "*cum laude*" : 우수 졸업. "*summa cum laude*" : 최우수 졸업.

☞ "*valedictorian*" : 수석 졸업생. "*salutatorian*" : 차석 졸업생.

동창 **alumni**

동기 **classmate**

☞ *class* : 한 학급(반)이라는 의미도 있지만, 같은 학년(기)을 지칭하기도 한다. 예를 들어, '1990년도에 졸업한 15기 졸업생'이면 영어로는 *the Class of '90*라고 한다.

선배 **upper classmate, senior alumnus/alumna**

후배 **lower classmate, junior alumnus/alumna**

동창회 **alumni association**

고등학교 동기였던 열 명의 동창생들이 모여 모교에 총 만 달러 상당의 기부를 하기로 했다.

Ten fellow ***alumni*** who were high school classmates decided to donate a total amount of ten thousand dollars to their alma mater.

☞ *alumna* : 여자 동창(복수 *alumnae*), *alumnus* : 남자 동창(복수 *alumni*). 그러나 일반적으로 *alumni*로 총칭한다.

모교 **alma mater**

앨 고어는 모교인 하버드대학교를 방문하여 최근 시사에 대한 토론회에 참석할 예정이다.

Al Gore is travelling to Harvard University, his ***alma mater***, to participate in an academic discussion about current events.

입시 COLLEGE ADMISSION

입학 — **admissions**

— 정원 — **student capacity, enrollment capacity**

학과장은 법대 정원을 늘릴 것을 제안했다.

The dean proposed to increase the student ***capacity*** of the Law Department.

— 경쟁률 — **admissions ratio**

서울대는 작년 가장 낮은 경쟁률을 기록했다.

The SNU recorded the lowest ***admissions ratio*** last year.

지원자 — **candidate, applicant**

올해 여성 지원자는 50%가 넘었다.

The percentage of female ***applicants*** has reached over 50% this year.

응시자 — **applicant, examinee, candidate**

응시자는 8시 전에 교실에 도착해야 한다.

The ***applicants*** are required to arrive at the room before 8 o'clock.

입학 서류 — **documents for admission**

성적 증명서 — **school transcript, academic record**

재학 증명서 — **certification/letter/verification of enrollment**

졸업 증명서 — **certificate of graduation**

대학들은 입학 지원 시 SAT 성적뿐 아니라 성적 증명서도 요구한다.

Universities require students to mail their ***school transcripts*** as well as SAT scores when applying.

대학 수학능력 시험 — **College Scholastic Ability Test (CSAT)**

올해 수능 시험은 11월 6일 치러진다.

This year's ***CSAT*** is going to be administered on November 6th.

그 여학생은 수능 시험 점수가 XXX점이다.

She scored XXX in the ***CSAT***.

검정고시 — **government high-school equivalency examination**

그는 대학 입학 자격 검정고시에 합격했다.

He passed the ***government high-school equivalency examination*** for college entrance.

모집 — **admission**

정시 모집 — **scheduled admission, regular admission, regular decision/selection**

특차 모집 — **special selection, early admission, early decision**

수시 모집 — **rolling admission, non-scheduled admission**

특차 모집 원서 마감은 정시보다 몇 달 빠르다.

The application deadline for ***early admission*** is several months earlier than ***regular admission***.

입학시험 — **entrance examination**

한국 정부는 일관성 없는 대학 입시 제도 때문에 비난을 받는다.

Korean government has been criticized for inconsistent college ***entrance examination*** policies.

서류 전형 — **application review, preliminary screening of application**

봉사 점수 — **credits for community service**

내신 성적 — **academic achievement (in high school)**

입학시험 심사에서 내신 비중을 늘린다.

High school records will be weighted more in reviewing applications.

☞ "*GPA*" : *Grade Point Average*. 외국의 경우 내신 성적에서 중시하는 것으로 고교 성적 평균 점수를 뜻한다.

시험 전형 — **examination type**

면접 — **interview**

필기시험 — **written examination**

지필시험 — **written examination**

구술시험 — **oral examination, interview**

입학시험은 필기시험과 구술시험으로 구성된다.

The entrance examination consists of both ***written examination*** and ***oral examination***.

실기 시험 — **practical skills examination**

예체능계는 실기 시험을 본다.

Applicants for arts, music and physical education departments are required to take ***practical skills examinations***.

논술 시험 — **essay test**

2005년도 서울대 입시에서 논술 시험이 부활된다. (조선일보)

Seoul National University will revive the ***essay test*** for 2005 entrance exams.

원서 접수 — **receiving/submit application form**

수험표 — **test admission ticket, certificate of examination**

원서를 접수하고 수험표를 받는다.

After submitting the application forms, applicants receive ***test admission*** *tickets.*

합격선 **cut-off line**

합격선에 못 미치는 점수…

...total points that was short of the ***cut-off line***...

합격자 발표 **notice of admission, announcement of admissions**

합격자는 교내 게시판과 인터넷에 발표된다.

Admissions will be ***announced and posted*** on the campus bulletin board and school web site.

3불 정책 **"3 Nos", three policy restrictions on college admissions**

본고사 **college-administered entrance examinations**

고교 등급제 **rank high-schools, high-school rankings**

기여 입학제 **admission by donation**

옥스퍼드대학은 부호이자 은행가의 아들을 입학시키지 않기로 함에 따라 기여 입학제의 도입을 거부했다.

Admission by donation was ruled out at Oxford University when it rejected the son of a wealthy banker. (*Education Telegraph*)

국제 학업 능력 평가 시험	
TOEFL	Test of English as a Foreign Language
TOEIC	Test of English for International Communication
SAT	Scholastic Aptitude Test
IGCSE	International General Certificate of Secondary Education
IB	International Baccalaureate
GRE	Graduate Record Examination
GMAT	Graduate Management Admission Test
LSAT	Law School Admission Test
IELTS	International English Language Testing System

대학 COLLEGE EDUCATION

고등 교육 **tertiary education, post-secondary education, higher education**

고등 교육 기관 **institute of higher education**

점점 더 많은 여성들이 고등 교육 기관에 진학하고 있다.

More and more women are enrolling in ***institutes of higher education***.

학력 **educational background, academic background**

그는 고학력 소지자다.

He is ***a college(university) graduate***.

그는 우수한 학력을 갖고 있다.

He has a ***strong/good educational background***.

대학 진학률 **college enrollment rate**

선진국에서는 여학생들의 대학 진학률이 남학생보다 더 높다.

In industrialized countries, female students' ***college enrollment rate*** is higher than that of male students.

대학 **college, university**

대부분의 한국 고등학생은 명문 대학에 들어가기 위해 열심히 공부한다.

Most of Korean high school students study hard to enter prestigious ***universities***.

총장 **president, chancellor**

학장 **dean, rector, provost**

그녀는 사범대학의 새 학장이 되었다.

She has become the new ***dean*** of the college of education.

교수진 **academic staff, faculty**

우리 학교 여자 교수는 전체 교수의 7%에 불과하다.

Females make up only 7% of the ***faculty*** at our school.

교직원 **school staff**

직원 **supporting staff, administrative staff**

시설을 개선시키고 직원을 잘 훈련하기 위해 학교 측에서는 부단한 노력을 하고 있다.

The school is putting much effort in building better facilities and training ***supporting staff***.

본교 **main campus**

서울의 대학 본교는 신촌에 집중되어 있다.

Main campuses in Seoul are concentrated in Sinchon.

분교 **satellite campus, branch campus**

고려대학교의 분교는 서창에 있다.

Korea University also has a ***satellite campus*** in Seochang.

Korea University also has a ***Soe Chang campus***.

종합 대학 **university**

4년제 종합 대학에 진학하려면…

...in order to enter a 4-year ***university***...

전문 대학 **junior vocational college, junior college, junior technical college**

최근 여론 조사에 의하면 4년제 학부 졸업생과 전문대 졸업생의 취업률의 격차는 상당하다.

A recent survey revealed the huge gap in the employment rate between university graduates and ***2-year college*** graduates.

산업 대학 **polytechnic university**

기능 대학 **polytechnic college**

기능 대학은 농업과 호텔 등 다양한 분야의 교육을 제공한다.

Polytechnic colleges offer education in agriculture, hotel, and other various fields.

사범 대학 **teachers college, college of education**

교생 실습 **in-service training**

사범 대학 졸업생들은 대부분 농촌 발령을 원치 않는다.

Most graduates of ***education colleges*** do not want to be assigned to rural schools.

교수직 **professorships**

그는 이화여대 교수직을 수락했다.

He accepted the ***professorship at*** Ewha Womans University.

강사 **lecturer**

시간 강사 **part-time lecturer**

전임 강사 **full-time lecturer**

학부에서 통계학을 강의할 전임 강사가 필요하다.

Full-time lecturers are needed for undergraduate instruction in statistics.

조교수 **assistant professor**

부교수 **associate professor**

정교수 **full professor**

명예 교수 **professor emeritus, honorary professor**

현재 박사님께서는 MIT의 명예 교수로 재직하고 있으며…

The professor is currently a ***professor emeritus*** at MIT...

석좌 교수 **name-endowed professor, chair professor**

객원 교수 **visiting professor**

그는 하버드대학에서 1년간 객원 교수로 있었다.

He was at Harvard University for a year as a ***visiting professor***.

겸임 교수 **adjunct professor**

교환 교수 **exchange professor**

아버지가 교환 교수로 발령받았기 때문에 전 가족이 한국으로 이주했다.

His family moved to Korea because his father was transferred as an ***exchange professor***.

임용 **receive tenure**

그 교수는 임용되었다.

The professor ***received a tenure***.

재임용 **maintain tenure**

그 교수는 재임용에 실패했다.

The professor failed to ***maintain his tenure***.

연구년 **sabbatical year, sabbatical**

올해는 그 교수의 연구년이다.

The professor ***is on sabbatical***.

교수들은 7년에 한 번씩 연구년을 가진다.

Professors go on ***a sabbatical*** every 7 years.

학과 **department**

학과장 **department head, department chair**

영어과와 인문대는 같은 건물을 사용한다.

The English ***department*** and Human Studies College share the same building.

학점 **credit, unit**

졸업하려면 총 140학점을 따야 한다.

Students are required to ***earn 140 credits*** in order to graduate.

학점 교환 제도 **cross-registration system, credit exchange system**

6개 대학이 참여하고 있는 학점 교환 제도를 이용할 수 있다.

...students may take advantage of a ***cross-registration system*** among six member universities.

연세대학교에 가서 교환 학점 과목을 신청하다.

...***cross-register for a course at*** Yonsei University.

전공 **major, area of concentration, major area of studies, major subject**

그는 하버드대학에서 생물학을 전공했다.

He ***majored in*** biology at Harvard University.

공과대학에 5개의 전공이 있고…

...the College of Engineering offers five ***concentrations***...

부전공 **minor (subject)**

복수 전공 **double/dual/joint major**

복수 전공한 학생…

...students with ***a double major***...

계열 **general area of study**

본교에서는 계열별로 학생을 모집한다.

Our school selects students based on ***general areas of study***.

At our school, students chose a ***general area of study*** when they apply.

인문과학 **humanities studies, arts and humanities, human science**

인문과학을 전공하는 학생 수가 매년 줄어들고 있다.

The number of students majoring in ***human science*** is declining every year.

사회과학 **social science**

자연과학 **science**

이공계 **science and engineering**

이공계는 정부의 지원을 받고 있다.

The department of ***science and engineering*** received support from the government.

☞ *"STEM" : Science, Technology, Engineering, Mathematics*

교양 과목 **liberal arts course, general studies**

학생들은 교양 과목보다 비지니즈 과목을 더 선호한다.

Students prefer taking business classes than ***liberal arts courses*** now.

기초 과정/과목 **foundation program/course**

필수 과목 **compulsory course, mandatory course**

제2외국어는 대부분의 학교에서는 필수 과목이다.

Foreign language is a ***compulsory course*** in almost all schools.

선택 과목 **elective course**

내년에는 댄스 강의가 선택 과목으로 개설될 것이다.

Dancing class will be offered as an ***elective course*** next year.

선수 과목 **pre-requisite course**

고급 수학을 듣기 위해서는 몇 개의 선수 과목이 있다.

There are certain ***pre-requisite courses*** for Advanced Mathematics.

교과 과정 **curriculum, course**

미국 교과서를 사용함으로써, 학생들은 한국에서 미국의 교과 과정을 배울 수 있다.
By using American textbooks, students can learn the U.S. ***curriculum*** in Korea.

학사 일정 **academic calendar**
학사 일정에 따르면 학생들은 올해 180일 등교한다.
According to the ***academic calendar***, students will attend 180 days this year.

학기 **term, semester**
한 학기는 15주로 구성되어 있다.
Each ***term*** is approximately 15 weeks long.

2학기제 **semester system**
캘리포니아 대학은 2학기제로 운영된다.
California University operates ***on a semester system***.

3학기제 **trimester system**

학부 **undergraduate**
학부 때의 전공과 대학원의 전공은 반드시 같지 않아도 된다.
The major of ***undergraduate*** studies do not have to coincide with that of graduate studies.

대학원 과정 **graduate program/course, postgraduate studies**
특수 대학원 **special graduate school**
전문 대학원 **professional graduate school**
BK21 프로젝트의 본래 취지는 일부 대학의 대학원 과정을 개선시키기 위한 것이었다.
The original BK21 plan was aimed at improving ***postgraduate studies*** at several universities.

석사 과정 **master's program**
박사 과정 **doctoral program**
박사후 과정 **post-doctorate program, post-degree course**
사람들은 대부분 해외에서 박사후 과정을 밟기를 선호한다.
Many people choose to take ***post-doctorate course*** at a foreign university.

법학전문대학원 **law school**
의학전문대학원 **medical school**
학위 **academic degree**
— 취득 **receive/earn degree**
하버드대학에서 경제학 박사 학위를 받았다.

...***received a Ph.D. degree*** in economics ***from*** Harvard University...

...***earned a Ph.D. degree*** in economics ***at*** Harvard University...

학사 학위 **bachelor's degree, B.A., B.Phil**

석사 학위 **master's degree, M.A., M.Phil**

박사 학위 **doctoral degree, doctorate degree, Ph.D., D.Phil**

학위 논문 **dissertation, thesis**

논문 제출 **submit dissertation**

박사 학위를 받기 위해서는 학위 논문을 제출해야 한다.

Submission of a ***dissertation*** is part of the requirements to receive a ***doctorate degree***.

논문 발표 **defense**

논문 심사 **defense, hearing**

논문 심사 위원회 **defense committee**

논문 심사 위원 **member of defense committee, jury**

학위	
B.A.	Bachelor of Arts
B.S.	Bachelor of Science
B.F.A.	Bachelor of Fine Arts
M.A.	Master of Arts
M.S.	Master of Science
M.D.	Doctor of Medicine
MBA	Master of Business Administration
D.Th.	Doctor of Theology
Ph.D., D.Phil	Doctor of Philosophy
LL.M.	Legum Magister (Master of Laws)
J.D.	Juris Doctor (Ph.D. of Laws)
Sc.D.	Doctor of Science
S.J.D.	Scientiae Juridicae Doctor (Doctor of Juridical Science)

청강생 **noncredit student, auditor**

청강생은 이 수업을 들을 수 없다.

Noncredit students are not allowed to take this class.

교환 학생 **exchange student**

그는 교환 학생으로 버클리대학에 가고 싶어 한다.
He wants to go to Berkley as an ***exchange student***.

졸업 정원제 **graduate quota system**

과락 **fail a course**

3번 이상 결석하면 과락으로 처리된다.
If you have more than 3 absences, you will ***fail the course***.

재수강 **repeat/retake course, take the course for a second time**

학자금 융자 **student loan, student financing**

학생들은 가장 낮은 이자율의 학자금 융자를 제공할 기관을 찾는다.
Students search for lenders with lowest ***student loan*** rates.

장학금 **scholarship**

장학생 **fellow, recipient of scholarship**

그녀는 연세대학교에 장학금을 받고 갔다.
She got a ***scholarship to*** the Yonsei University.

휴학 **leave of absence, academic leave**

복학 **return from leave, reinstatement**

제적 **dismissal**

한 학기를 휴학하고 어학 연수를 가다.
...***take a one-year leave*** to go abroad for foreign language study...
...***take off a year*** to go abroad for foreign language study...

학생회 **students' union/government**

학생회장 **president/representative of the students' union**

학생회장에 선출되기 위해 운동했다.
...campaigned to be elected as ***president of the students' union***.

동아리, 서클 **varsity club, intramural circle, student association, student club**

동아리에 참여함으로써 학생들은 더 많은 친구들을 사귈 수 있다.
Students can make more friends by joining ***intramural circles***.

주요 대학교	
가톨릭대학교	Catholic University of Korea
건국대학교	Konkuk University
경기대학교	Kyonggi University
경남대학교	Kyungnam University

경북대학교	Kyungpook National University
경원대학교	Kyungwon University
경희대학교	Kyung Hee University
계명대학교	Keimyung University
고려대학교	Korea University
공군사관학교	Korea Air Force Academy
공주교육대학교	Gongju National University of Education
광운대학교	Kwangwoon University
경찰대학	Korea National Police University
국민대학교	Kookmin University
국방대학교	Korea National Defense University
단국대학교	Dankook University
덕성여자대학교	Duksung Women's University
동국대학교	Dongguk University
동덕여자대학교	Dongduk Women's University
명지대학교	Myongji University
목원대학교	Mokwon University
부산외국어대학교	Pusan University of Foreign Studies
삼육대학교	Sahmyook University
상명대학교	Sangmyung University
서강대학교	Sogang University
서울대학교	Seoul National University
서울시립대학교	University of Seoul
서울여자대학교	Seoul Women's University
선문대학교	Sun Moon Univeristy
성균관대학교	Sungkyunkwan University
성신여자대학교	Sungshin Women's University
세종대학교	Sejong University
숙명여자대학교	Sookmyung Women's University
순천향대학교	Soonchunhayng University

숭실대학교	Soong Sil University
아주대학교	Ajou University
연세대학교	Yonsei University
영남대학교	Yeungnam University
우석대학교	Woosuk University
원광대학교	Wonkwang University
육군사관학교	Korea Military Academy
이화여자대학교	Ewha Womans University
인하대학교	Inha University
전남대학교	Chonnam National University
전북대학교	Chonbuk National University
제주대학교	Cheju National University
조선대학교	Chosun University
중앙대학교	Chung-Ang University
차의과대학교	CHA Univeristy
총신대학교	Chongshin University
추계예술대학교	Chugye University for the Arts
충남대학교	Chungnam National University
충북대학교	Chungbuk National University
포항공과대학교	Pohang University of Science and Technology
한국교원대학교	Korea National University of Education
한국방송통신대학교	Korea National Open University
한국외국어대학교	Hankuk University of Foreign Studies
한국항공대학교	Hankuk Aviation University
한림대학교	Hallym University
한밭대학교	Hanbat National University
한성대학교	Hansung University
한양대학교	Hanyang University
해군사관학교	Republic of Korea Naval Academy
홍익대학교	Hongik University
KAIST	Korea Advanced Institute of Science and Technology

학문	
인문과학 Human Science	
문학	Literature, Literary Studies
국문학	Korean Literature
독문학	German Literature
불문학	French Literature
중문학	Chinese Literature
일문학	Japanese Literature
언어학	Linguistics, Philology
역사학	History, Historical Studies
인류학	Anthropology, Anthropological Studies
고고학	Archaeology, Archaeological Studies
철학	Philosophy, Philosophical Studies
신학	Theology, Theological Studies
기독교학	Christianity, Christian Studies
불교학	Buddhism, Buddhist Studies
유교학	Confucianism, Confucian Studies
종교학	Religion, Religious Studies
사회과학 Social Science	
심리학	Psychology
사회언어학	Sociolinguistics
교육심리학	Educational Psychology
교육학	Educational Studies
특수교육학	Special Education
사회학	Social Studies, Sociology
신문방송학	Journalism, Communication Studies
지리학	Geography, Geographical Studies
경제학	Economics
경영학	Business Administration, Business Management
행정학	Public Administration

지역학	Regional Studies
국제학	International Studies
국제정치학	International Politics
법학	Law
소비자학	Consumer Science
의류학	Fashion Studies, Apparel Studies
예술 Arts	
조각	Sculptural Art, Plastic Art
섬유예술	Fiber Art
회화	Fine Arts
응용미술	Applied Fine Arts
그래픽디자인	Graphic Designs
사진학	Photography
영상학	Film Studies
도예	Ceramic Arts
종교음악	Religion Music
작곡	Composition
기악	Instruments
체육학	Physical Education
무용학	Dance
자연과학 Natural Science	
생물학	Biology
물리학	Physics
환경학	Environmental Studies, Environmental Science and Engineering
수학	Mathematics
화학	Chemistry
통계학	Statistics
공학 Engineering	
의학	Medical Studies, Medicine

의예과	Pre-med
약학	Pharmacology
컴퓨터공학	Computer Science
전자공학	Electronical Engineering
전기공학	Electrical Engineering
기계공학	Mechanical Engineering
생물공학	Biotechnology
생명공학	Bio-engineering
식품공학	Food Engineering
건축학	Architectural Studies
토목공학	Civil Engineering

06 종교 RELIGION

종교 RELIGION

종교, 신앙 **religion, belief, faith**

그는 신앙심이 깊다.

He is a ***very religious*** person.

그는 신앙심이 없다.

He is an ***unreligious*** person.

포교 **propagation, introduction, dissemination**

개종 **convert, conversion**

기독교의 전파와 함께 많은 사람들이 개종했다.

Many people ***were converted*** when Christianity was ***introduced***.

유신론 **theism**

무신론 **atheism**

무신론자, 무교도 **atheist**

러시아는 거의 75년간 공산주의 체제가 강요한 무신론주의를 신봉했다.

Russia lived under communist-imposed ***atheism*** for nearly three-quarters of a century.

다신교 **polytheism, polytheistic religion**

일신교 **monotheism, monotheistic religion**

세계의 3대 일신주의 종교들은 모두 한 목소리로 인간 복제 발표 성명을 비난했다.

The world's three main ***monotheistic religions*** were at one in denouncing the claim of first human cloning.

제정 분리 **separation of religion and politics, separation of church and state**

일본 총리의 신사 참배는 제정 분리 원칙에 위배되는 행위다.

The visit to the Yasukuni shrine by the Japanese prime minister goes against the principle of ***separation of religion and politics***.

종교 분쟁 **religious conflicts, religious wars**

인종 청소, 종교 분쟁, 민족간 갈등…

...incidents of ethnic cleansing, ***religious conflicts*** and racial tension.

종교 탄압 **religious persecution**

탈레반 조직이나 그들에게 탄압받은 이슬람교도들이나 모두 코란을 읽는다.

The Koran is read by the Taleban and by the Muslims ***who were persecuted by*** the Taliban.

신도, 교도 **believers, followers**

비교도 **unbelievers, non-believers**

선교사들은 비교도들을 전도하려고 힘쓴다.

Missionaries will try to convert ***unbelievers.***

종교 집단, 종교 단체 **religious group, religious sect**

교주 **founder of a sect, leader of a sect**

통일교의 교주는 문선명이다.

Sun Myung Moon is the ***founder of*** the Unification Church.

광신도 **religious fanatic**

광신도 집단 **religious cults, religious fanatic group**

7년 전 동경 지하철에서는 광신도 집단들이 12명의 사망자와 5,000명의 부상자를 낸 신경가스 살포 사건을 일으켰다.

There was a nerve gas attack by ***religious fanatics*** on the Tokyo subway seven years ago, which killed 12 and injured 5000.

3대 종교 **the 3 main religions, the 3 major religions**

세계 3대 종교인 기독교·불교·이슬람교는 유일신을 믿는다.

The 3 major religions of the world "Christianity, Buddhism and Islamism" all are monotheistic religions.

유대교 **Judaism**

힌두교 **Hinduism**

힌두교도 **Hindu**

인도 구자라트주의 한 유명 힌두교 사원에 대한 무장괴한들의 습격 사건…

...terrorist attacks on the ***Hindu*** temple in Gujarat, India...

시크교 **Sikhism**

시크교도 **Sikh**

파키스탄의 페르베즈 무샤라프 대통령은 11월 20일 이슬라마바드에서 여러 시크 과격파 단체들과 만남을 가졌다.

Pakistan President Pervez Musharraf met with various ***Sikh*** radical organizations at Islamabad on November 20.

자이나교 **Jainism**

조로아스터교 **Zoroastrianism**

통일교 **Unification Church**

…문선명 목사가 이끄는 우파 종교 집단인 통일교단.
...Rev. Sun Myung Moon's right-wing ***Unification Church***.

기독교 CHRISTIANITY

기독교 **Christianity, Christian church, Christian faith**

— **신자** **Christian**

그는 기독교 신자가 되었다.
He ***became a Christian***.

그는 독실한 기독교 신자다.
He is a ***devout Christian***.

성경 **Bible, Holy Book, Holy Scripture**

X장 Y절 **chapter X verse Y**

마태복음 6장 34절에서 예수는 "그러므로 내일 일을 위하여 염려하지 말라. 내일 일은 내일 염려할 것이요 한 날의 괴로움은 그날에 족하니라"고 말씀하셨다.
In the book of Matthew ***chapter 6 verse 34,*** Jesus says "Take therefore no thought for the morrow : for the morrow shall take thought for the things of itself. Sufficient unto the day is the evil thereof."

구약 **Old Testament**

신약 **New Testament**

구약성서는 예수 이전의 이스라엘 사람들의 이야기다.
The ***Old Testament*** tells the story of Israelis before Christ.

구약 Old Testament			
창세기	Genesis	전도서	Ecclesiastes
출애굽기	Exodus	아가	Song of Solomon
레위기	Leviticus	이사야	Isaiah
민수기	Numbers	예레미야	Jeremiah
신명기	Deuteronomy	예레미야애가	Lamentations
여호수와	Joshua	에스겔	Ezekiel
사사기	Judges	다니엘	Daniel
룻기	Ruth	호세아	Hosea
사무엘상	1 Samuel	요엘	Joel
사무엘하	2 Samuel	아모스	Amos

열왕기상	1 Kings	오바댜	Obadiah
열왕기하	2 Kings	요나	Jonah
역대상	1 Chronicles	미가	Micah
역대하	2 Chronicles	나훔	Nahum
에스라	Ezra	하박국	Habakkuk
느헤미야	Nehemiah	스바냐	Zephaniah
에스더	Esther	학개	Haggai
욥기	Job	스가랴	Zechariah
시편	Psalms	말라기	Malachi
잠언	Proverbs		

신약 New Testament			
마태복음	Matthew	디모데전서	1 Timothy
마가복음	Mark	디모데후서	2 Timothy
누가복음	Luke	디도서	Titus
요한복음	John	빌레몬서	Philemon
사도행전	Acts	히브리서	Hebrews
로마서	Romans	야고보서	James
고린도전서	1 Corinthians	베드로전서	1 Peter
고린도후서	2 Corinthians	베드로후서	2 Peter
갈라디아서	Galatians	요한일서	1 John
에베소서	Ephesians	요한이서	2 John
빌립보서	Philippians	요한삼서	3 John
골로새서	Colossians	유다서	Jude
데살로니가전서	1 Thessalonians	요한계시록	Revelation
데살로니가후서	2 Thessalonians		

삼위일체 **Trinity, Three-in-Oneness**

성부 **Father**

성자 **Son**

성령, 성신 **Holy Ghost**

성부·성자·성령의 삼위가 하나라는 삼위일체설…

...the Doctrine of ***Trinity*** which is a theory of God's ***Three-in-Oneness***...

천지 창조 **Creation**

하나님은 7일 만에 천지를 창조하셨다.

God ***created*** heaven and earth in 7 days.

창조론 **creationism**

진화론 **theory of evolution, evolution theory**

지적 설계론 **Intelligent Design**

• Intelligent Design이란?

지적 설계론. 진화론의 한계를 과학적으로 지적하면서 "불가해한 섭리에 의한 설계(창조)가 있었다"고 주장하는 과학적 창조론. 1987년 미국 연방 대법원에서 공립 학교에서 창조론을 가르치는 것이 헌법에 위배된다는 판결을 내린 후 Discovery Institute 소속 과학자들이 중심이 되어 주창했다.

예언자 **prophets**

예수 **Jesus**

예수는 인간을 영원한 멸망에서 구원했다.

Jesus saved men from eternal damnation.

최후의 만찬 **Last Supper**

성배 **Holy Grail**

12제자 **Twelve Disciples**

십자가 **Cross, Crucifix**

예수는 십자가에 못박혀 죽었다.

Jesus was ***crucified***.

부활 **Resurrection**

예수의 십자가 사망과 부활…

The crucifixion and ***resurrection*** of Jesus...

승천 **Ascension**

복음 **Gospel, Good News**

복음을 전파하다.

...spread the ***Good News***.

최후의 심판 **the Last Judgement**

최후의 심판날…

...on ***the Last Judgement day***...

주기도문 **Lords' Prayer**

그는 매일 주기도문을 외운다.

He says the ***Lord's Prayer*** everyday.

사도신경	**Apostles' Creed**
부활절	**Easter**
사순절	**Lent**

독실한 기독교 신자들은 부활절 전의 사순절 동안 금식이나 금욕을 한다.
Devout Christians fast or practice abstinence during the season of ***Lent*** right before ***Easter***.

성탄절	**Christmas**
십계명	**Ten Commandments**

십계명 Ten Commandments
1. 다른 신을 섬기지 말라. Thou shalt have no other gods before Me.
2. 우상을 만들지 말라. Thou shalt not make unto thee any idols.
3. 여호와의 이름을 망령되이 일컫지 말라. Thou shalt not take the name of the Lord thy God in vain.
4. 안식일을 거룩히 지키라. Remember the Sabbath day, to keep it holy.
5. 네 부모를 공경하라. Honor thy father and thy mother.
6. 살인하지 말라. Thou shalt not kill.
7. 간음하지 말라. Thou shalt not commit adultery.
8. 도적질하지 말라. Thou shalt not steal.
9. 거짓 증거하지 말라. Thou shalt not bear false witness against thy neighbor.
10. 탐내지 말라. Thou shalt not covet.

천주교	**Catholicism, the Catholic church**
— 신자	**Catholic**
성당	**catholic church, cathedral** (대성당)

명동성당은 그동안 반체제 인사, 운동권 학생과 강성 노조 지도자들의 피난처가 되어왔다.

The Myongdong Cathedral served as a sanctuary for dissidents, student activists and militant labor leaders.

성모 | Holy Mother, Virgin Mary
마리아 | the Virgin Mary, Blessed Mary
— 잉태 | Immaculate Conception

동정녀 마리아에게 태어났다.
...born to the ***Virgin Mary***...

미사 | mass

매일 미사를 드리다.
...say ***mass*** everyday...
자정 미사를 올리다.
...hold a midnight ***mass***...

연옥 | purgatory
세례 | baptism
세례명 | Christian name, baptismal name

세례를 받고 천주교 신자가 되면 세례명을 받는다.
When you are ***baptized*** into the Catholic church, you receive a ***Christian name***.

교황 | Pope, Pontiff
교황 성하 | His Holiness Pope —

내년에는 세계청년대회가 바오로 교황성하께서 지정하는 날짜에 열린다.
World Youth Day will be held on a day designated by ***His Holiness Pope Paul***.

교황청 | Vatican, Roman Curia
교황청(국가명) | State of the Vatican City, the Holy See

한국은 바티칸과 1963년 수교했다.
Korea established diplomatic ties with the ***State of the Vatican City*** in 1963.
교황청의 장 루이 토랑 외무장관은 주교황청 러시아 대사를 불렀다.
The ***Vatican's*** foreign minister, Archbishop Jean-Louis Tauran, summoned Russia's ambassador to the ***Holy See***.

교황청 대사관 | Vatican Embassy, Apostolic Nunciature

베를린의 교황청 대사관에 보관했던 문서를 공개했다.
Documents stored in the archives of the ***Apostolic Nunciature*** of Berlin was made public.

세계성체대회 | congressus eucharisticus

교구 parish, diocese

주교 bishop

김수환 추기경(76세)의 후임자는 청주 교구장인 정진석(67세) 주교다.

The 76-year-old Kim will be succeeded by Nicholas Cheong Jin Suk, 67, ***bishop*** of the Chongju diocese.

대주교구 archdiocese

대주교 archbishop

북한은 서울 대주교구의 명예 대주교구장인 김수환 추기경 등 종교계 지도자들을 북한으로 초청하기를 희망한다.

North Korea hopes to invite religion leaders of South Korea [such as] His Eminence Stephen Cardinal Kim, ***Archbishop*** Emeritus of Seoul ***archdiocese.*** (*CBCK Newsletter*)

추기경 Cardinal

김수환 추기경은 1969년 4월 28일 추기경으로 추대되었다.

Cardinal Kim Sou-hwan was elevated to ***Cardinal*** on April 28, 1969.

수도원 monastery, friary

수도승 friar, catholic monk

수녀원 convent, nunnery

수녀 nun

그녀는 수녀원에 들어가 수녀가 되었다.

She went into a ***convent*** and became a ***nun***.

성찬식 communion service

성찬식을 하다.

...hold a ***communion service***.

고해 성사 confession, penance

천주교 신자들은 정기적으로 고해 성사를 해야 한다.

Catholics must go to ***confession*** regularly.

신부 priest

서임 ordination

그는 서임받은 신부다.

He is an ***ordinated priest***.

개신교 Protestant Church

— 신자 a Protestant

감리교 Methodist Church

장로교 Presbyterian Church

나는 장로교인이다.

I am ***a Presbyterian***.

침례교	Baptist Church
종교학, 신학	theology
신학 대학	seminary, divinity college, theological school
목사	reverend, pastor, minister
장로	elder
집사	deacon, deaconnes

교회의 대사는 장로들이 모여 결정한다.

Major decision in the church are made by the church ***elderlies***.

전도사	missionary, evangelist
선교사	missionary

초기 한국 대학들은 외국인 선교사들이 세웠다.

The early universities in Korea were founded by ***foreign missionaries***.

전파	propagate/spread a religion
전도	religious conversion

사람들을 다른 종교로 전도하는 것은 쉽지 않다.

Getting a group of people to ***convert*** to a new religion is not an easy task.

예배	worship service, church service

아침 예배를 보다.

...attend the morning ***service***.

부흥회	Revival

교회에서 다음 주에 부흥 집회를 갖는다.

The church is holding a ***Revival*** meeting next week.

한국기독교교회협의회	The National Council of Churches in Korea (KNCC)
교파	church denomination

루터교는 기독교 교파다.

The Lutheran Church is a Christian ***denomination***.

그리스정교	Greek Orthodox Church
러시아정교	Russian Orthodox Church
성공회	Anglican Church
프렌체스카교회	Franciscan Church
말일성도교회	Church of Jesus Christ and the Latter Day Saints
제칠일안식일예수재림교	Seventh Day Adventist
루터교	Lutheran Church
예수회	Jesuit Church
여호와의 증인	Jehovah's Witness

불교 BUDDHISM

소승 불교 **Theravada Buddhism, Southern Buddhism**
대승 불교 **Mahayana Buddhism, Eastern Buddhism**
조계종 **Jogye Order of Korean Buddhism, Jogye Buddhism**

한국의 조계종은 대승 불교다.
The ***Jogye Order of Korean Buddhism is Mahayana Buddhism***.

선불교 **Zen Buddhism**
원불교 **Won Buddhism**
티베트 불교 **Tibet Buddhism, Vajrayana Buddhism**
달라이 라마 **Dalai Lama**

티베트의 종교 지도자 달라이 라마는 티베트가 중국 헌법하에서 독립을 얻을 수 있게 되기를 바란다고 말했다.
Tibetan spiritual leader the ***Dalai Lama*** said he hoped Tibet would gain selfrule under the Chinese constitution.

부처 **Buddha**
석가모니 釋迦牟尼 **Shakyamuni Buddha, Siddharta Guatama**

보리수나무 밑에서 열반에 이른 석가모니…
Shakyamuni Buddha who attained Nirvana under the Bodhi Tree...

미륵 彌勒 **Maitreya Buddha, Buddha of the Future**
보살 菩薩 **Bodhisattva**
관세음보살 **Avalokitesvara, the Bodhisattva of Compassion**

꽃병과 버드나무 가지를 손에 든 관세음보살…
Avalokitesvara holding a vase and willow spray in her hands...

중, 스님 **Buddhist monk**
X 스님 **Venerable X**

성철 큰스님은 한국의 가장 대표적인 선사 중 한 분이었다.
Venerable Songchol was one of the most representative Korean Seon masters.

주지스님 **chief monk, Abbot**
동자승 **child monk**
비구니 **bhikkhuni, Buddhist nun**

그녀는 삭발하고 비구니가 되었다.
She shaved her head and became a ***Buddhist nun***.

절, 사찰 **Buddhist temple**

만다라 曼茶羅	mandala
만자 卍字	Swastika, the symbol of good fortune
법당 法堂	Dharma Hall, Buddha Hall
대웅전 大雄殿	Dharma Hall, Main Buddha Hall
사리탑 舍利塔	stupa, pagoda preserving relics of the Buddha
마애불 磨崖佛	Buddhist image relief on rock cliff

대웅전은 건축미를 돋보이기 위해서 다양하게 장식된다.

The ***Main Buddha Hall*** is greatly decorated to enhance the beauty of its architecture.

불교 신도	Buddhist, Buddhist worshipper
공양 供養	offering
공양미 供養米	offering rice

불교 신자들은 공양의 의미로 향을 태운다.

Buddhists burn the incense as an ***offer***.

참선 參禪	Zen, Seon Meditation, Ch'an
좌선 坐禪	sitting meditation, sitting Zen
선원 禪院	Zen Center
선사 禪師	Zen Master, Seon Master
선문답 禪門答	Zen dialogue
법문 法問	Dharma Talk

X 선사와의 법문…

... a ***Dharma talk*** with the ***Zen Master*** X....

예불, 불공	Buddhism (ceremonial) service

불공을 드리러 절에 가다…

...go to the temple to offer ***Buddhism service***...

염불 念佛	chanting, reciting, prayer to Buddha, Amitabha chant
아미타불 阿彌陀佛	Amitabha
묵주 默珠	Buddhist mala, mala beads, worry beads
염주 念珠	Buddhist mala, mala beads

염불을 하다.

...***pray to Amitabha***...

...do the ***Amitabha chant***...

석가탄신일	Buddha's Birthday
방생 放生	release of living beings, animal-outings

석가탄신일에 불교도들은 방생을 한다.

On the 8th of the fourth month of the lunar calendar, Buddhists ***release living beings*** to commemorate Buddha's Birthday.

연등 축제 **Lotus Lantern Festival**

2002년에는 전통적인 연등 외에도 월드컵을 맞아 "축구공 등"을 만들기도 했다.

In addition to the traditional ***Lotus Lanterns***, Buddhists also made "Soccer Ball Lanterns" to commemorate the 2002 FIFA World Cup.

불경 佛經 **Sutra, Buddhist scripture**

법화경 法華經 **Lotus Sutra**

화엄경 華嚴經 **Flower Garland Sutra, Avatamsaka Sutra**

대장경 大藏經 **Tripitaka, Tri-pitaka**

팔만대장경 八萬大藏經 **Tripitaka Koreana**

대장경은 성경 70권에 달하는 분량이다.

The ***Tripitaka*** amounts to 70 volumes of the Bible.

불법 佛法 **Dharma**

업보 業報 **Karma effect, Karmic result**

백팔번뇌 百八煩惱 **108 delusions/torments of man**

생로병사 生老病死 **birth, old age, sickness and death**

행 行 **karma, action**

인과응보 因果應報 **Cause and Effect, Law of Cause and Conditions**

깨달음, 보리 菩提 **Enlightenment**

달라이 라마는 화요일 석가모니의 깨달음이 있었던 장소에 도착했다.

The Dalai Lama arrived at the traditional site of the ***enlightenment*** of Buddha on Tuesday.

열반 涅槃 **Nirvana**

열반에 이르다…

…attain ***Nirvana***…

해탈 解脫 **emancipation, liberation**

해탈에 이르려면 끝없는 노력을 해야 한다.

Emancipation is ***attained*** only through endless efforts.

윤회 輪廻 **Samsara, transmigration, metempsychosis**

윤회설 輪廻說 **doctrine of Samsara**

불교에서는 윤회설을 믿는다.

Buddhism upholds the ***doctrine of Samsara***.

전생 **former life**

이생 **this life**

환생 **rebirth, reincarnation**

인간은 동물로 환생할 수도 있다.
Men can ***be reincarnated as*** animals.

이슬람교 ISLAMISM, THE ISLAMIC FAITH

이슬람교도 **Muslim**

이슬람교도와 테러 집단을 동일시하면 안 된다.
Muslims should not be confused with terrorists.

알라 **Allah**

수니파 **Sunni Muslim, Sunnism**

시아파 **Shiite Muslim, Shiism**

레바논의 시아파 종교 지도자는 미국의 부시 대통령을 히틀러에 비교했다
Lebanon's top ***Shiite Muslim*** cleric on Friday likened US President George W. Bush to Adolf Hitler. (*Jeruselum Post*)

• Sunni Muslim vs. Shiite Muslim이란?

Sunni Muslim은 전 세계 이슬람교도의 85%를 차지하며 정통파라고도 한다. 탈레반도 원리주의 수니파다. 수니파 교도의 수는 약 4억으로 아랍·이집트를 중심으로 이슬람권의 주요 부분을 형성하고 있다. 시아(Shiah, Shiism)란 원래 '분파'라는 뜻으로 마호메트에게는 아들이 없었기 때문에 그가 죽은 후 후계를 둘러싸고 대립이 시작되면서 시아파가 생겨났다. 즉 수니는 '예언자의 관행'(Sunna)을 따르는 사람이라는 뜻으로 4명의 정통 칼리프(후계자라는 의미)가 선지자 마호메트의 후계자라고 믿는다. 반면, Shiite Muslim은 마호메트의 사위이자 4대 칼리프인 알리만 정통 칼리프이며 그의 후손만이 정통 이슬람 지도자라고 보고 있다. 시아파는 이란을 중심으로 파키스탄·아프가니스탄·카자흐스탄 등에 약 3,000만~4,000만 명 정도의 교도를 두고 있으며 전 세계 이슬람교도의 15%를 차지한다.

수피즘 **Sufism**

☞ *Sufism* : 이슬람교 내의 신비주의 운동.

이슬람법 **Sharia law**

스위스 최대 은행인 UBS가 서방 은행으로는 처음 이슬람 율법인 샤리아에 의해 운영되는 지점을 바레인에 개설했다.
UBS, Switzerland's biggest bank, recently became the first Western bank to open a branch operating under ***Sharia law*** in an Islamic country. (*Swiss Info*)

코란, 이슬람 경전 **Koran, Qur'an**

선지자 무함마드 **the prophet Mohammed**

회교 사원 **Mosque**

한국에는 서울과 전주에 회교 사원이 있다.

There are 2 ***Mosques*** in Korea: one in Seoul and the other in Jeonju.

칼리프 **Caliph**

수하르토 사망 후, 바시르는 회교 국가를 옹호하며 칼리프 제도를 부활시켰다.

After Suharto's death, Bassyir has been advocating an Islamic state and revived the ***caliphate***. (*IHT*)

기도 의식 **prayer, Salat**

하루에 다섯 차례 하는 기도 의식은 메카 쪽을 보고 하도록 되어 있다.

Salat, or daily prayer of 5 times, has to be performed facing the direction of Mecca.

신앙 고백 **faith, Shahada**

자선의 의무 **purification, Zakat**

성지 순례 **pilgrimage, Hajj**

모든 회교도 신자는 일생에 적어도 한 번은 성지 순례 기간 동안 메카를 방문해야 한다.

Every Muslim is supposed to visit Mecca at least once in a lifetime during the annual ***Hajj***.

하지란 메카로 가는 연례 성지 순례를 뜻한다.

Hajj is the annual pilgrimage to Mecca.

라마단 **Ramadan**

금식 **fasting**

이슬람교에서 라마단은 금식으로 신앙을 고취시키는 성스러운 달이다.

The Muslim holy month of ***Ramadan*** is a time of ***fasting*** and heightened spirituality.

이슬람 원리주의자 **Islamic fundamentalists**

마하티르 총리는 말레이시아가 이슬람의 교리에 충실한 회교 원리주의 국가라고 선언했다.

Prime Minister Mahathir Mohamad has declared that Malaysia is already an ***Islamic fundamentalist*** state that abides by the fundamental teachings of Islam. (*The Straits Time*)

이슬람 부흥 운동 **Islamic renewal, Islamic revival movement**

지하드 **Jihad**

극렬한 일부 회교 원리주의 집단은 서방에 대하여 전 세계적인 성전을 수행하겠다고 다짐했다.

Extreme Islamic fundamentalist groups have vowed to wage a global ***ji-***

had, or a Holy War against the West.

☞ *Jihad* : *Jihad*는 원래 이슬람교에서는 도덕적 신성함에 도달하기 위하여 행하는 노력(*striving or struggling*)이라는 의미를 갖는다. 흔히 언론에서는 지하드를 성전(*Holy War*)이라고 번역하나, *Holy War*는 원래 이슬람교도들을 멸하기 위한 십자가 원정을 두고 중세 유럽에서 만든 말이므로, 정확한 번역이라고 할 수 없다.

이슬람 국가 **Nation of Islam**

이슬람 국가의 지도자인 루이스 파라칸은 워싱턴 집회에서 군중에게 "미국은 흑인에 대한 오랜 핍박으로 우리에게 큰 빚을 지고 있다"고 말했다.

"It seems that America owes black people a lot for what we have endured," ***Nation of Islam*** leader Louis Farrakhan told the crowd in Washington D.C.

☞ *Nation of Islam* : 미국의 흑인을 중심으로 결성된 이슬람 단체.

동양 사상 EASTERN THOUGHTS

유교 儒教 **Confucianism**
- 공자 孔子 **Confucius**
- 맹자 孟子 ***Mencius, Mengzi***
- 대학 大學 **Great Learning**
- 중용 中庸 **The Doctrine of the Mean**
- 논어 論語 **the Analects of Confucius**
- 주역 周易 ***Zhou-I*, ancient Chinese divination text**
- 서경 書經 **Book of Documents**
- 시경 詩經 **Book of Odes**
- 효경 孝經 **Book of Filial Duty**
- 춘추 春秋 **The Spring and Autumn Annals**

아직 우리나라에는 유교적인 관습의 뿌리가 깊다.

Confucianist customs remain deep-rooted in our society.

삼강오륜 三綱五倫 **moral rules to govern the Five Human Relations**
- 부자유친 父子有親 **between father and son, there is closeness**
- 군신유의 君臣有義 **between sovereign and subject, there is justice**
- 장유유서 長幼有序 **between senior and junior, there is order**
- 부부유별 夫婦有別 **between husband and wife, there is a separation of duties**
- 붕우유신 朋友有信 **between friends, there is trust**

도교 道教 **Taoism, Daoism**

노자 老子 — ***Lao-tzu, Laozi***

장자 莊子 — ***Chuang Tzu, Zhuang Zi***

도덕경 道德經 — ***Tao Te Ching, Dao De Jing***

'도'란 한자로 길이라는 뜻으로서, 도덕경은 인생과 처세술을 다루고 있다.

"***Tao***" is a Chinese word meaning "way," and the ***Tao Te Ching***, Taoism's classic text, is about how we live and should live in this world.

음양오행설 陰陽五行說 — **Yin-Yang Theory, Yin-Yang and Five Phases/ Elements**

음양오행은 모든 만물의 변화를 설명해준다.

Yin-Yang and Five Phases explain the patterns for every change.

괘 卦 — **trigram, signs of divination**

팔괘 八卦 — **eight trigrams, eight signs of divination**

육십사괘 — **sixty four hexagrams**

태극 太極 — **tai chi**

법륜공 法輪功 — ***Falun Gong***

중국이 법륜공과 반체제 인사를 탄압하는 과정에서…

... while China suppressed ***Falun Gong*** and other political dissidents...

풍수지리 風水地理 — ***Feng Shui*, geomancy**

무너진 월드트레이드센터 부지에 Unity Tower를 건립하는 안부터, 풍수지리에 따라 설계해야 한다는 안까지 여러 가지 조언이 제시되었다.

The advice ran from naming a single building on the [WTC] site Unity Tower to adhering to the principles of ***feng shui***, an ancient Asian concept of harmonious design. (*CNN Asia*)

☞ 최근 서양에서도 "*feng shui*"가 유행하고 있으나, 주로 실내 가구 배치 등 작은 규모에서만 적용되고 있다.

무속 신앙 巫俗信仰 — **shamanism**

무당 巫堂 — **shaman, *mudang***

박수무당 — **male shaman**

굿 — ***Gut*, shaman ritual, shaman rites**

재수굿을 하다.

...hold a ***Jaesu Gut***, or Gut for good luck and good fortune...

병을 고치기 위해 굿을 했다.

"***Gut***" ceremonies, or ***shaman rites*** were performed to cure illnesses.

부적 符籍 — ***bujeok*, talisman**

사람들은 부적이 귀신을 쫓아낸다고 믿는다.

A bujeok, or ***talisman*** is believed to ward off evil spirits.

역경 易經 — *I-ching*, The Book of Changes

역술 易術 — fortune telling

사주 四柱 — Four Pillars

사주를 풀다.

...interpret one's fortune based on the ***Four Pillars***.

사주를 보러 가다.

...go to see what the ***Four Pillars*** say about his fortune.

관상 觀相 — face reading, physiognomy

수상 手相 — palm reading, palmistry

관상학적으로 얼굴에서 코 아래는 50세 이후의 인생을 나타낸다.

According to the art of Oriental ***face reading***, the lower section of the face represents life after 50.

12지신 支神 — twelve zodiacal animal deities, twelve animals of the Chinese Zodiac

자 子 — Rat

축 丑 — Ox

인 寅 — Tiger

묘 卯 — Hare, Rabbit

진 辰 — Dragon

사 巳 — Snake

오 午 — Horse

미 未 — Sheep

신 申 — Monkey

유 酉 — Rooster

술 戌 — Dog

해 亥 — Pig

중국 역법에서는 각각 동물로 상징되는 12년을 한 주기로 본다.

Chinese astrology has a cycle of twelve years, each one represented by ***twelve animals***.

07 행정 PUBLIC ADMINISTRATION

행정 PUBLIC ADMINISTRATION

중앙 정부 **central government**

국방·외교·조세는 중앙 정부에서 담당한다.

The ***central government*** is in charge of national defense, diplomacy and taxes.

중앙 집권 체제 **centralized governance, centralized government system**

지방 분권 체제 **decentralized governance, decentralized government system**

권위적이고 중앙 집권화된 정치 관행의 뿌리가 깊을수록, 지방 자치는 더 많은 제약에 부딪힌다.

The more popular are traditions of authoritative and ***centralized governance*** in a state, the more dangerous is the limitation of local self-governance.

지방 분권화 **decentralization, devolution**

북부 아일랜드에 지방 분권 체제의 지방 정부를 세우면 50억 파운드를 절감할 수 있을 것…

A ***devolved government*** in Northern Ireland could save at least half a billion pounds...(*UTV UK*)

행정 기능 이전 **transfer administrative functions**

행정 기능 중 상당 부분이 지방 자치 단체로 이전된다.

Many ***administrative functions*** will be decentralized and ***transferred to*** local governments.

행정중심복합도시(행복도시) **multifunctional administrative city**

세종시는 충청남도에 위치한 행정중심복합도시다.

Sejong City is a ***multifunctional administrative city*** in Chungcheongnam-do.

권한 이양 **delegatiaon of power, transfer of authority**

조세권은 중앙 정부에 남아 있고 다른 권한은 이양된다.

Taxation ***authority*** remains with the central government while other ***le-***

gal authorities will be delegated.

지방 자치제 **local autonomy, local self-governance**

한국은 1993년부터 지방 자치제를 실시했다.

Korea implemented ***local self-governance*** in 1993.

Korea granted administrative ***autonomy to local governments*** in 1993.

자치구 **autonomous region, autonomous district**

…중국의 자치구들…

...the ***autonomous regions*** in China...

지방 자치 단체(지자체) **local governments/authorities/bodies, municipalities**

자치 단체장 **chief executive/head of local government**

광역 자치 단체 **upper level local government/authority**

기초 자치 단체 **lower level local government/authority**

여권 발급 기능도 기초 단체로 이전되었다.

The issuance of passports was another function that has been transferred to ***lower level local authorities.***

지방 자치 단체	
광역 자치 단체 upper level local government	
도	province
도지사	Provincial Governor
도의회	Provincial Government Council
도의원	Member of Provincial Council
특별시	Capital Metropolitan City
광역시	Metropolitan City
기초 자치 단체 lower level local government	
시	city
시장	Mayor
시의회	City Council
시의원	Member of City Council
군	Gun, county
구	Gu, metropolitan district, ward
구청	Ward Office

구청장	Ward Governor, Mayor of Ward Office
구의회	Local Council, Ward Council
구의원	Local/Ward Council Member

지방 의회 **local assembly, local council**

지방 의회에 진출한 여성의 숫자는…

The total number of women in ***local assemblies*** amounts to...

주민 소환제 **recall vote, recall election**

주민 소송제 **citizens suit**

…지자체 상대 주민 소송제 도입…

...introduce ***"citizens suit"*** provisions against local governments...

행정 구역 **administrative district, precinct**

— **개편** **rezoning administrative districts**

서울시는 행정 구역 개편 작업을 시작했다.

The Seoul Metropolitan Government started ***rezoning its administrative districts***.

민원 CIVIL PETITIONS

민원 **civil petitions, civil complaints**

민원 창구 **civil petitions desk**

☞ *civil petitions* : 민원이란 원래 정부에 청원하는 것을 뜻하나, 많은 경우 일상적인 서류 등의 접수나 발급을 뜻하는 의미로 사용된다. 이 경우에는 *civil applications & registrations* 또는 *civil affairs*로 번역하는 것이 더 적절하다.

행정 서비스 **public administrative services**

입학 원서 접수 증명서와 관련된 대학 행정 서비스가 통합될 예정이다.

Public administrative services of the universities related to applications and certifications will be integrated.

민원 업무 **civil applications & registrations, civil affairs administration**

수입 인지 **revenue stamp**

혼인 신고 **marriage registration**

출생 신고 **birth registration**

전출입 신고 **report address changes**

서류 발급 **issuance of administrative documents**

구청에서 혼인 신고를 하면 구청장 명의로 혼인 증명서가 발급된다.

The official certificate of marriage is also issued by the Mayor of Ward Office after the ***marriage is*** duly ***registered***. (*travel.state.go*)

주민 등록 residence registration

주민등록번호 Residence Registration Number, National Residence ID number, Resident ID No.

주민등록증 Residence Registration Card, Residence ID Card

주민등록등본 Certified Copy of Residence, Certificate of National Registration

도장 personal seal, name stamp

가족관계증명서 Certificate of Family Relations

인감증명서 Certificate of Registered Seal

주민등록증 위조 기술이 정교해져, 전문가들도 구별하기가 쉽지 않다.

The spurious ***residence ID card*** is getting finer and finer so even experts cannot tell fake from real.

본적 permanent address, family's permanent address

호주가 구청의 관할 구역에 본적을 갖게 되면 각 호별로 호적이 작성된다.

The family register is compiled for each family unit when the family head has established a ***permanent address*** within the jurisdiction of the ward office.

호적 Family (Census) Register

호적등본 Certified Copy of Family (Census) Register

실제 결혼은 구청에서 이루어지며, 호적에 결혼 사실을 등록하게 된다.

The marriage actually takes place at the Ward Office where a record is made on the ***family census register***.

토지 등기 property registration, real estate registration

토지등기부등본 Real Estate Registration

자동차 민원 moter vehicle registration

자동차등록증 vehicle registration

경제 불황으로 인해 감소하던 자동차 등록 건수가 다시 늘기 시작했다.

Vehicle registration volume which had been falling due to the economic recession has now started to increase again.

운전면허 driver's license

운전면허시험장 License Examination Site, Driver's License Test Site

국제 면허증 international driver's license

운전면허는 발급 후 수년에 한 번씩 갱신해야 한다.

Once ***driver's licenses*** are issued, they must be renewed once every several years.

☞ *"DMV"* : *Department of Motor Vehicles*. 미국에서 자동차 면허·등록을 담당하는 지방 행정 기관.

도시 행정 URBAN ADMINISTRATION

수도 **capital**

수도권 **capital area, the capital and vicinity**

현재 서울을 비롯한 수도권에 사는 인구는 2천만이 넘는다.

More than 20 million people live in ***Seoul and its vicinity***.

수도권광역도시계획 **Metropolitan Plan of the Capital Area**

신도시 **New Towns, satellite cities, bed town**

강북 신도시 개발을 통해 강남의 부동산 투기를 억제하다.

...control real estate speculation in the Gangnam area through developing ***new towns*** in the Gangbuk area...

도청 소재지 **provincial capital**

전주는 전라북도 도청 소재지다.

Jeonju is the ***provincial capital*** of North Jeolla Province.

도시 인구 **urban population**

수도권 집중 억제 정책 **Capital Region Concentration Control Policy (CRCCP)**

인구 유입 **population influx/migration**

산업화와 함께 대규모의 농촌 인구가 도시로 유입되었다.

Industrialization brought about a large-scale ***migration*** of rural ***population*** into the cities.

인구 집중 **population concentration**

1997년부터 일본에서는 세 번째로 도쿄에 다시 인구가 집중되기 시작했다.

Starting in 1997, we have seen the beginning of a third period of ***population concentration*** in Tokyo.

과밀 현상 **urban congestion**

고질적인 농촌 지역 빈곤과 도시 과밀 현상은 제3세계에서 가장 심각하면서도 일반적인 사회·경제적 문제다.

Persistent rural poverty and increasing ***urban congestion*** are two of the major and common socio-economic problems in the Third World.

도시 공동화 **emptying-out of the cities, outflow of urban**

population

도시 주민들이 인근 신도시로 이주하면서 대도시들은 공동화되고 있다.

Large cities are ***emptying-out*** as residents rapidly move out to the new towns in the vicinity.

도시화 urbanization

도심 city center, central business district (CBD)

시내 down town, inner-city

새로 개발될 신도시는 서울 도심에서 45㎞ 떨어져 있다.

The new town planned for development is 45km away from Seoul's ***CBD***.

외곽 지역 outer limits, outer edge, peripheral area

빈민가 slum, inner-city

그 이후 시정부에서는 빈민 구역을 재개발하기 위해 수백만 달러의 예산을 배정했다.

Since then, the city has allocated millions of dollars in development funds to revitalize ***inner-city*** neighborhoods. (*Cincinnati Post*)

☞ *inner-city* : 원래는 시내라는 뜻이지만, 상류나 중산층 인구가 시외로 이전하자, 빈민가를 시사하는 완곡한 표현으로 사용된다.

도시 확산 urban sprawl

인공위성은 도시 확산에 따른 환경적인 영향을 보여주는 큰 그림을 제공해준다.

Satellites provide a big picture perspective on the environmental impacts of ***urban sprawl***.

도시 계획 urban planning

도시 공학 urban engineering

도시 재개발 urban redevelopment

금번 재개발 사업은 Jackson-Appleton-Middlesex (JAM) Urban Renewal Plan의 첫 주요 사업으로 평가된다.

The ***redevelopment*** is also being hailed as the first significant undertaking of the Jackson-Appleton-Middlesex (JAM) Urban Renewal Plan. (*Lowell Sun*)

도시 재생 urban renewal

빈민가 정리 및 도시 재생 프로그램…

...slum clearance and ***urban renewal programs***... (*Monroe Times*)

주차난 shortage of parking spaces

거주민 우선 주차제 (resident) permit parking

아파트 지정 주차제 assigned parking (for apartment residents)

주차난은 서울의 심각한 문제 중 하나다.

Shortage of parking spaces is one of the biggest problems in Seoul.

도시 교통 억제 정책 urban traffic control measures
버스 전용 차선 bus-only lanes, reserved bus lanes
혼잡 통행료 congestion fee/charge

도시 교통 억제 정책의 일환으로 도심으로 진입하는 차량에 대하여 혼잡 통행료를 징수한다.

As an ***urban traffic control measure, congestion fees*** are collected from vehicles entering into the CBD.

☞ <교통/도시 교통> 참조.

서울특별시청 Seoul Metropolitan Government (SMG)
시청 Seoul City Hall

서울시청은 더 적은 비용과 인력으로 더 많은 행정 서비스를 제공하려고 한다.

The ***Seoul Metropolitan Government*** plans to provide more services to the citizens with less staff at a lower cost.

도시 환경 urban environment, city environment
환경 미화원 sanitary worker

환경 미화원은 시에서 직접 고용한다.

Sanitary workers are directly employed by the city government.

환경 복원 사업 environmental restoration project
청계천 복원 restoration of Cheonggyecheon (Stream)
난지도 매립 reclamation of Nanji waste landfill

청계천 복원 사업은 복개 도로를 제거하는 것으로 시작한다.

Cheonggyecheon Restoration Project starts with removing the paved road that covers the stream.

조경 사업 landscape projects, urban landscaping
녹지 조성 create green areas/land

시정부에서 강 근처에 대규모의 녹지 조성을 계획하고 있다.

The city government plans to ***create*** large-scaled ***green areas*** near the river.

근린 생활 시설 social amenities
근린 공공시설 recreational facilities
근린공원 neighborhood parks

월미도의 해군 공원을 근린 공공시설로 전환할 계획이다.

The Marine Park in Wolmido, Incheon will be turned into a ***recreational facility***.

정부 GOVERNMENT

행정 수반 head of government
국가 원수 head of state
대통령 President
— 취임 take office as President, inauguration
대통령 취임 후 첫 외국 방문…
...the first overseas visit since ***taking office as the President***...
취임식 inaugural ceremony
금번 취임식은 간소했다는 긍정적인 평을 받았다.
The ***inaugural ceremony*** was hailed for its simplicity.
전 대통령 former President
클린턴 전 미국 대통령…
...***former*** US ***President*** Bill Clinton...
단임 single term
연임 serve successive terms
한국 대통령은 5년 단임제다.
The President of Korea serves ***a single 5-year term***.
용산 대통령실 the President's Office
수석 senior advisor, senior secretary
대통령 정무수석에 X가 임명되었다.
X was appointed as the ***senior political advisor to*** the President.
비서실 Office of the President
비서실장 Chief of Staff
노무현 당선자의 비서실장에 문희상 씨가 임명되었다.
Moon Heesang was appointed as ***presidential chief of staff to*** Roh Moo-hyun, president elect.
내각 cabinet
개각 appointment of new cabinet, cabinet reshuffle
청와대는 개각 인사를 발표했다.
The President announced ***the newly appointed cabinet***.
재야 내각 shadow cabinet
예비 내각 shadow cabinet
그는 연합당의 재야 내각에서 자신이 재무장관직을 맡게 될 것이라고 말했다.
[He said] he would take the Treasury portfolio for himself in the new Co-

alition ***shadow cabinet***. (*Daily Telegraph*)

각료 **cabinet member, minister**

각료를 임명하다.

...appoint ***cabinet members***.

대통령이 각료회의를 소집했다.

The President convened a ***cabinet meeting***.

대통령실 조직 (2022년 기준)	
대통령	President
비서실장	Chief of Staff
총무비서관	Secretary to the President for Administrative Affairs
관리비서관	Secretary to the President for General Affairs
의전비서관	Secretary to the President for Protocol
부속실장	Personal Secretary to the President
국정상황실장	Secretary to the President for State Affairs Monitoring
공직기강비서관	Secretary to the President for Civil Service Discipline
법률비서관	Secretary to the President for Legal Affairs
인사기획관	Senior Secretary to the President for Personnel Affairs
미래전략기획관	Senior Secretary to the President for Future Strategy
국정기획수석	Senior Secretary to the President for Policy Planning
정무수석	Senior Secretary to the President for Political Affairs
시민사회수석	Senior Secretary to the President for Civil and Social Agenda
홍보수석	Senior Secretary to the President for Public Relations
경제수석	Senior Secretary to the President for Economic Affairs
사회수석	Senior Secretary to the President for Social Policy
국가안보실장	Director of National Security (National Security Advisor to the President)
제1차장	Principal Deputy National Security Advisor (Secretary-General of the NSC Secretariat)
제2차장	Deputy National Security Advisor for National Defense

국무총리 **prime minister**

경제 부총리 **Deputy Prime Minister of Economy**

사회 부총리	**Deputy Prime Minister of Social Affairs**
장관	**minister**
차관	**vice minister**
차관보	**deputy vice minister**
국장	**director general (of bureau)**
과장	**director (of division)**

정세균 씨가 이낙연 총리의 뒤를 이어 국무총리로 임명되었다.
Chung Sye-kyun has been named ***prime minister*** of Korea, succeeding Lee Nakyon.

대한민국 행정부 조직표 (2022년 기준)

대통령 President	
대통령비서실	Office of the President
국가안보실	Office of National Security
대통령경호처	Presidential Security Service (PSS)
대통령 직속기관	
국가정보원	National Intelligence Service (NIS)
감사원	Board of Audit and Inspection (BAI)
방송통신위원회	Korea Communications Commission (KCC)
대통령 자문위원회	
국가안전보장회의	National Security Council (NSC)
민주평화통일자문회의	Peaceful Unification Advisory Council (PUAC)
국민경제자문회의	National Economic Advisory Council (NEAC)
국가과학기술자문회의	Presidential Advisory Council on Science and Technology (PACST)
독립위원회	
국가인권위원회	National Human Rights Commission of Korea
고위공직자범죄수사처	Corruption Investigation Office for High-ranking Officials (CIO)
국무총리 Prime Minister	
국무조정실	Office for Government Policy Coordination
국무총리비서실	Prime Minister's Secretariat
국가보훈처	Ministry of Patriots and Veterans Affairs (MPVA)

인사혁신처	Ministry of Personnel Management (MPM)
법제처	Ministry of Government Legislation (MOLEG)
식품의약품안전처	Ministry of Food and Drug Safety (MFDS)
공정거래위원회	Korea Fair Trade Commission (KFTC)
금융위원회	Financial Services Commission (FSC)
국민권익위원회	Anti-corruption and Civil Rights Commission (ACRC)
개인정보보호위원회	Personal Information Protection Commission
원자력안전위원회	Nuclear Safety and Security Commission (NSSC)
정부부처 및 산하기관 Ministries and Affiliated Agencies	
기획재정부	Ministry of Economy and Finance (MOEF)
국세청	National Tax Service (NTS)
관세청	Korea Customs Service (KCS)
조달청	Public Procurement Service (PPS)
통계청	Statistics Korea (KOSTAT)
교육부	Ministry of Education (MOE)
과학기술정보통신부	Ministry of Science and ICT (MSIT)
외교부	Ministry of Foreign Affairs (MOFA)
통일부	Ministry of Unification (MOU)
법무부	Ministry of Justice (MOJ)
대검찰청	Supreme Prosecutors' Office (SPO)
국방부	Ministry of National Defense (MND)
병무청	Military Manpower Administration (MMA)
방위사업청	Defense Acquisition Program Administration (DAPA)
행정안전부	Ministry of the Interior and Safety (MOIS)
경찰청	Korean National Police Agency (KNPA)
소방청	National Fire Agency (NFA)
문화체육관광부	Ministry of Culture, Sports and Tourism (MCST)
문화재청	Cultural Heritage Administration (CHA)
농림축산식품부	Ministry of Agriculture, Food and Rural Affairs (MAFRA)

농촌진흥청	Rural Development Administration (RDA)
산림청	Korea Forest Service (KFS)
산업통상자원부	Ministry of Trade, Industry and Energy (MOTIE)
특허청	Korea Intellectual Property Office (KIPO)
보건복지부	Ministry of Health and Welfare (MOHW)
질병관리청	Korea Disease Control and Prevention Agency
환경부	Ministry of Environment (MOE)
기상청	Korea Meteorological Administration (KMA)
고용노동부	Ministry of Employment and Labor (MOEL)
여성가족부	Ministry of Gender Equality and Family (MOGEF)
국토교통부	Ministry of Land, Infrastructure and Transport (MOLIT)
행정중심복합도시 건설청	National Agency for Administrative City Construction (NAACC)
새만금개발청	Saemangeum Development and Investment Agency (SDIA)
해양수산부	Ministry of Oceans and Fisheries (MOF)
해양경찰청	Korea Coast Guard (KCG)
중소벤처기업부	Ministry of SMEs and Startups (MSS)

임명 **appointment**

X를 외무장관으로 임명했다.

X ***was appointed*** Minister of Foreign Affairs.

X ***was appointed*** to the post of Minister of Foreign Affairs.

임기 **term, tenure**

신임 **incoming X, newly appointed X**

전임자 **predecessor**

후임자 **successor**

전직 **former X, outgoing X**

현직 **incumbent, the current X**

전·현직 장관들은 모두 조사 대상이 된다.

All ***former*** and ***incumbent*** ministers will be subject to investigation.

겸직 **concurrent office**

소장은 기획위원회 위원장을 겸직한다.

The Director shall hold ***concurrent office*** as a member of the Planning Board.

사임 **resignation**

사표 **letter of resignation**

이라크 전쟁에 반대하여 사임했던 로빈 쿡 전 영국 외무장관…

Former British foreign secretary Robin Cook, who ***resigned from*** the government in opposition to war with Iraq... (*Space Daily*)

인준 **confirmation/approval of appointment**

인준 청문회 **confirmation hearing**

장상 국무총리 서리에 대한 국회 인준이 부결되었다.

Chang Sang, the Prime Minister designate failed to be ***confirmed*** by the National Assembly.

장관의 직책 **portfolio of minister**

그는 연합당의 재야 내각에서 본인은 재무장관을 담당하게 될 것이라고 말했다.

He said he would take the Treasury ***portfolio*** for himself in the new Coalition shadow cabinet. (*Daily Telegraph*)

대통령은 경제 관련 장관들을 소집하여 회의를 열었다.

The President called the ***ministers with*** economic ***portfolios*** to a meeting.

무임소 장관 **minister without portfolio**

공무원, 공직자 **public servant, civil servant**

직업 공무원 **career civil servant**

그녀는 경제 규제, 소비자 보호, 경쟁 정책과 관리 분야의 전문성을 갖춘 직업 공무원이다.

She is a ***career civil servant*** with expertise in economic regulation, consumer protection, competition policy and management. (*Creditman, UK*)

정치적 임명직 **political appointee**

정치적 임명직의 평균 재임 기간은 3년이 채 못 된다.

The average tenure of a ***political appointee***...was just under three years. (*Washington Post*)

개방형 임용제 **open recruit policy**

능력주의 **meritocracy**

행정 고시 **Higher Civil Service National Examination**

X급 **grade X**

행정 고시는 5급 사무관을 선발하는 시험이다.

Civil service examination is an examination to select ***Grade 5 adminis-***

trative officers.

고위 공무원, 고위 공직자 **high-level public/high-ranking government official, senior official**

정부는 고위 공직자들의 재산을 공개하도록 했다.

The government requires ***high-level government officials*** to disclose their wealth.

하위 공무원 **low-level public official, junior officer**

일선 공무원 **front line officers, rank-and-file civil servants**

김대중 대통령은 일선 공무원 190명을 청와대로 초청…

President Kim Dae-jung invited 190 ***front line officers*** to Cheong Wa Dae for luncheon...

관료 **bureaucrat, government official**

기술 관료 **technocrat**

관료 조직 **bureaucracy**

관료 조직을 정비하려면 어느 정도의 감원이 예상된다.

A plan to streamline government ***bureaucracy*** will lead to minor staff cuts. (*Moscow Times*)

중국의 관료 체계는 비효율적이고 낭비가 많다는 평이다.

China's ***bureaucracy*** has a well-deserved reputation of being inefficient and wasteful. (*Radio Australia*)

☞ *bureaucracy* : 관료 조직, 관료 체계, 관료주의 모두를 포괄하는 단어로서 부정적인 의미를 내포한다.

준정부 기관 **quasi-government organization**

국영 기업들은 공공 이익을 위해 일하는 준정부 기관들이다.

Public corporations are ***quasi-government organizations*** serving the interest of the public.

정부 유관 기업 **Government Linked Corporations (GLC), government affiliated organization**

• GLC란?

Government Linked Corporations. 정부 유관 기업. 다음의 세 종류가 있다.

1. 정부 투자 기관(Government Financed Institution) : 정부가 납입금 자본의 50% 이상을 출자한 법인 중 정부투자기관관리법의 적용 대상이 되는 법인으로 조폐공사, 관광공사 등이 있다.
2. 정부 출자 기관(Government Invested Institution) : 정부가 납입 자본금의 50% 이하를 출자하여 최대 주주가 된 법인 중 정부투자기관 이외의 법인으로

담배인삼공사, 대한매일신보사 등이 있다.

3. 정부 출연 기관(Government Funded Institution): 정부가 출자를 한 것이 아니라, 운영비·사업비 등의 경비를 출연금 형태로 지원받는 기관이다.

정부 출자 기관 **government invested institution**
정부 출연 기관 **government funded/donated/financed institution**
정부 투자 기관 **government financed institution**

국민체육진흥공단은 정부 유관 기관이다.
Seoul Olympic Sports Promotion Foundation (SOSFO) is a ***government affiliated organization***.

주요 공공 기관	
건강보험심사평가원	Health Insurance Review & Assessment Service (HIRA)
국립생태원	National Institute of Ecology (NIE)
국민건강보험공단	National Health Insurance Service (NHIS)
국민연금공단	National Pension Service (NPS)
국토교통과학기술진흥원	Korea Agency for Infrastructure Technology Advancement (KAIA)
근로복지공단	Korea Workers' Compensation & Welfare Service (KCOMWEL)
농림식품기술기획평가원	Korea Institute of Planning and Evaluation for Technology in Food, Agriculture and Foresty (IPET)
한국농업기술진흥원	The Korea Agriculture Technology Promotion Agency (KOAT)
한국개발연구원	Korea Development Institute (KDI)
대한무역투자진흥공사	Korea Trade-Investment Promotion Agency (KOTRA)
대한석탄공사	Korea Coal Corporation (Kocoal)
소상공인시장진흥공단	Small Enterprise and Market Service (SEMAS)
신용보증기금	Korea Credit Guarantee Fund (KODIT)
여수광양항만공사	Yeosu Gwangyang Port Authority (YGPA)
예금보험공사	Korea Deposit Insurance Corporation (KDIC)
울산항만공사	Ulsan Port Authority (UPA)
인천국제공항공사	Incheon International Airport Corporation

주택도시보증공사	Korea Housing & Urban Guarantee Corporation (HUG)
중소벤처기업진흥공단	Korea SMEs and Startups Agency (KOSME)
축산물품질평가원	Korea Institute for Animal Products Quality Evaluation (EKAPE)
한국가스공사	Korea Gas Corporation (KOGAS)
한국가스안전공사	Korea Gas Safety Corporation (KGS)
한국감정원	Korea Appraisal Board (KAB)
한국공항공사	Korea Airports Corporation (KAC)
한국관광공사	Korea Tourism Organization (KTO)
한국광해광업공단	Korea Mine Rehabilitation and Mineral Resources Corporation (KOMIR)
한국교육학술정보원	Korea Education and Research Information Service (KERIS)
한국교통안전공단	Korea Transportation Safety Authority (TS)
한국국토정보공사	Korea Land and Geospatial Informatix Corporation (LX)
한국농수산식품유통공사	Korea Agro-Fisheries & Food Trade Corporation (aT)
한국농어촌공사	Korea Rural Community Corporation (KRC)
한국도로공사	Korea Expressway Corporation (EX)
한국무역보험공사	Korea Trade Insurance Corporation (K-SURE)
한국산업기술진흥원	Korea Institute for Advancement of Technology (KIAT)
한국산업인력공단	Human Resources Development Service of Korea (HRDK)
한국석유공사	Korea National Oil Corporation (KNOC)
한국석유관리원	Korea Petroleum Quality & Distribution Authority (K-Petro)
한국소비자원	Korea Consumer Agency (KCA)
한국수력원자력	Korea Hydro & Nuclear Power Co., Ltd. (KHNP)
한국수산자원관리공단	Korea Fisheries Resources Agency (FIRA)
한국수자원공사	Korea Water Resources Corporation (K Water)
한국수출입은행	Korea Export-Import Bank of Korea (Korea Exim-bank)

한국에너지공단	Korea Energy Agency (KEA)
한국에너지기술평가원	Korea Institute of Energy Technology Evaluation and Planning (KETEP)
한국연구재단	National Research Foundation of Korea (NRF)
한국원자력안전기술원	Korea Institute of Nuclear Safety (KINS)
한국인터넷진흥원	Korea Internet & Security Agency (KISA)
한국장애인고용공단	Korea Employment Agency for Persons with Disabilities (KEAD)
한국전기안전공사	Korea Electrical Safety Corporation (KESCO)
한국전력거래소	Korea Power Exchange (KPX)
한국전력공사	Korea Electric Power Corporation (KEPCO)
한국조폐공사	Korea Minting, Security Printing & ID Card Operating Corporation (KOMSCO)
한국중부발전	Korea Midland Power Co., Ltd. (KOMIPO)
한국지역난방공사	Korea District Heating Corporation (KDHC)
한국철도공사	Korea Railroad Corporation (KORAIL)
한국청소년상담복지개발원	Korea Youth Counseling & Welfare Institute (KYCI)
한국토지주택공사	Korea Land & Housing Corporation (LH)

국정 운영 **govern state affairs, governance, stare administration**

그들은 국정을 어떻게 운영할 것인지를 논의하기 위한 특별 회의에 모였다.

They gathered for a special session to discuss how to ***govern state affairs***.

공공 정책 **public policy**

정책 입안 **policy making**

정책 입안자 **policy makers**

정책 시행 **implement policy, policy implementation**

정책 조율 **policy coordination**

부처 간 정책을 조율해야 한다.

There must be inter-ministerial ***policy coordination***.

행정 실책 **mismanagement**

졸속 행정 **ill-thought/ill-conceived measures**

미봉책 **stop-gap measures, half-measures**

이번에는 미봉책이 아닌 일관되고 장기적인 정책이 필요하다.

This time, we need a consistent long-term policy, not ***stop-gap measures***.

관료주의 **bureaucracy, bureaucratic mindset**

정치적 관료주의는 개혁의 걸림돌이 될 수 있다.

Political ***bureaucracy*** can be an obstacle to reform.

관존민비 **government rules above the people**

관존민비 사상…

...the belief that ***government rules above the people***...

복지부동 **entrenchment, passiveness**

변화를 싫어하는 공무원들의 복지부동…

...the ***entrenchment*** of civil servants who are averse to change...

무사안일 **complacency**

이번 참사는 담당자들의 무사안일주의로 인한 것이다.

The latest accident was caused by the ***complacency*** of the officers in charge.

부정부패 **corruption, fraud**

정부 기관의 비효율성과 부정부패는 납세자들로부터 정부가 당연히 거둬야 하는 세금을 거둬들일 능력과 의지를 약화시켰다.

The agency's inefficiency and ***corruption*** have withered its ability and its willingness to obtain from taxpayers what the government is due.

☞ *rent seeking* : 어떤 직책이나 지위에 따라오는 권한을 남용하여 경제적 이득을 취하는 것. 지대 추구라고도 한다.

만연한 — **widespread/pervasive/endemic/entrenched corruption**

— 척결 **eradicate/eliminate corruption, government clean-up, house cleaning**

비리 **wrongdoing, misconduct, fraud and waste**

부정 **irregularities, unlawful conduct**

비자금 **secret funds, slush funds**

뇌물 **bribe, graft, kickback**

— 수수 **giving and receiving bribe(s)**

— 수뢰 **receiving bribe(s), passive bribery**

— 공여 **bribery**

대가성 자금 **pay-off, in return for a favor**

X는 대가성 자금이 아니었다고 주장한다.

X maintains that the money was not any kind of a ***pay-off***.

뇌물방지협약(OECD) **Convention on Combating Bribery of Foreign Public Officials in International Business Transactions**

유엔부패방지협약 **UN Convention Against Corruption**

국제투명성기구 **Transparency International (TI)**

반부패국민연대 **Transparency International Korea**

부패인식(체감)지수 **Corruption Perception Index (CPI)**

국제투명성기구의 부패인식지수 보고서에서 인도는 133개국 중 83위를 차지했다.

India ranked of 83 out of 133 countries in the ***Corruption Perception Index*** of ***Transparency International.***

투명사회협약 **Social Pact on Anti-Corruption and Transparency (K-PACT)**

공직자윤리법 **Public Service Ethics Act**

국가권익위원회 **Anti-Corruption & Civil Rights Commission**

공공 부문 개혁 **public sector reform**

정부 혁신 **government innovation, government reform**

규제개혁위원회 **Regulatory Reform Committee**

작은 정부 **small government**

작은 정부를 구현하다.

...implement a ***small government*** ...

☞ *Big Brother* : 작은 정부와는 반대로 위압적이고 국민에 대한 감시가 심한 정부를 표현하는 단어. 미국에서 주로 쓰이며 조지 오웰의 소설 『1984』에서 유래한다.

굿 거버넌스 **good governance**

서방의 채권국들과 공여국들은 재정의 건전한 관리, 굿 거버넌스, 그리고 인권 개선 등을 조건으로 채무국의 부채를 탕감해줬다.

The Western lenders and donors have provided debt relief in exchange for sound fiscal management, ***good governance*** and a track record for human rights by recipient nations. (*News24*)

• Good Governance란?

한국어로 선정(善政), 협치(協治)라고 번역되기도 하나 일반적으로 '굿 거버넌스'라고 한다. Good Governance는 공식화된 정의는 없으나 일반적으로 참여주의·법치주의·투명성·책임성·형평성·효율성·지속가능성·인권존중 등의 원칙을 기반으로 하는 국정 운영 방식을 말한다. 즉 의사 결정 과정과 정책 이행 과정에서 정부·기업·시민사회가 동참하고 같이 책임을 진다는 뜻이다.

전자 정부 **e-government**

싱가포르는 전자 정부를 구현하겠다고 선언했다.

Singapore announced plans to implement an ***e-governemnt.***

전자 구매 **e-procurement**

정부는 전자 구매 시스템을 구축했다.

The government built an ***e-procurement*** system.

재정 FISCAL AFFAIRS

정부 예산 **national budget**

올해 정부 예산의 9%가 연구 개발을 위해 배정되었다.

Nine percent of the ***national budget*** was allocated to research and development this year.

예산 **budget**

— 편성 **compile/draw up budget, budgetting**

기획재정부는 최대 120조 원으로 내년 예산을 편성하기로 결정한 바 있다.

The Ministry of Economy and Finance (MOEF) earlier decided to ***draw up*** a maximum of ₩ 120 trillion for the ***national budget*** next year.

— 책정 **allocate/earmark/appropriate budget**

— 집행 **execute/implement budget**

북한은 매년 국가 전체 예산의 14% 정도를 국방비로 책정해왔다.

North Korea has been ***earmarking*** 14% of its total ***budget*** for defense.

— 조기 집행 **front-loading, early implementation of budget**

일본 재무성이 내년도 예산을 조기 집행하겠다는 계획…

...Japan's Finance Ministry's reported plans to ***front-load next year's spending into*** the first half of the year... (*Dow Jones Newswire*)

예산안 **budget proposal**

국회가 예산안을 통과시켰다.

The National Assembly passed the ***budget proposal.***

기획재정부 **Ministry of Economy and Finance (MOEF)**

월요일, 기획재정부의 발표에 따르면 지난해 공무원은 887,861명이라고 한다.

According to the ***Ministry Economy and Finance*** (***MOEF***) on Monday, the number of government workers was 887,861 as of the end of last year.

재정 정책 **fiscal policy**

긴축 재정 정책 **austerity/tight fiscal policy**

확대 재정 정책 **expansionary fiscal policy**

고이즈미 총리 정부는 긴축 재정 정책을 조정할 필요가 있어…

[Prime Minister Junichiro Koizumi's government] should adjust its ***austerity budget policy***... (*Daily Yomiuri*)

총액 예산제 **block allocation**

항목별 예산제 **line item allocation**

사업 예산 제도 **program budgeting**

성과주의 예산 제도 **performance based budget**

발생주의 예산 **accrual budget**

통합 재정 **consolidated budget**

지난해 통합 재정 운용의 결과로 7.3조 원의 흑자를 기록했다.

The balance of ***consolidated budget*** operations for last year showed a surplus of ₩ 7.3 trillion.

일반 회계 **general accounts**

특별 회계 **special accounts**

통합 재정 운용 회계는 일반 회계와 특별 회계를 포함해 국가 예산 항목을 모두 합친다.

The consolidated budget operation accounts combine all the items of the nation's budgets, including the ***general accounts*** and ***special accounts***.

추가 경정 예산 **supplementary budget**

정부가 제안한 4.1조 원의 추가 경정 예산이 국회에서 통과되었다.

The National Assembly passed the government-proposed ***supplementary budget*** of ₩ 4.1 trillion.

재정 운용 **fiscal management, management of public finances**

재정 수요 **fiscal demand**

재정 수입 **fiscal revenue**

총수입 **budget aggregates**

재정 수입은 올 하반기의 경제 성장과 회복에 크게 달려 있다.

The ***fiscal revenue*** depends heavily on economic growth and recovery in the latter half of this year.

준재정 **quasi-fiscal**

특정 경제 부문을 지원하기 위한 준재정 지출…

...***quasi-fiscal*** expenditures to support certain economic sectors... (*Zimbabwe Independent*)

공공 지출 **public spending**

브라운 재무장관은 차입으로 공공 지출을 늘려서 적기에 경제를 부양시킬 수 있었다고 할 것…

Brown will say expanding ***public spending*** by borrowing has buoyed the economy at just the right time... (*Guardian UK*)

경상 지출 **recurrent expenditure**

재량적 재정 정책 **discretionary fiscal policy**

재량적 지출 **discretionary spending**

미국에서 연방 기금은 정부의 재량적 지출을 위해 사용된다.

Federal funds are used primarily for ***discretionary spending*** by the U.S. government. (*Dunsmuir News*)

재정 건전성 **fiscal discipline, fiscal soundness**

재정 상태 **fiscal position**

정부의 재정 건전성 회복이 가장 중요한 국가적 문제로 떠오르고 있다.

Recovery of the government's ***fiscal soundness*** is emerging as one of the most important national tasks.

균형 예산 **balanced budget**

흑자 예산 **surplus budget**

적자 예산 **deficit budget**

내년 예산의 1.9% 증가는 균형 예산을 위해 계획된 것이다.

The 1.9 percent increase in the budget next year has been planned to achieve a ***balanced budget*** next year.

예산 적자 **budget deficit**

예산 적자와 정부 채무는 외환 위기 이후 급격히 증가했다.

The ***budget deficit*** and government debts have ballooned since the foreign currency crisis.

재정 적자 **fiscal deficit**

일본은 GDP의 1.4배에 달하는 빚으로 인해 재정 적자에 계속 시달려왔다.

Japan continues to suffer from ***fiscal deficit***, with debts amounting to 1.4 times its gross domestic product.

조세 TAX

세금 **tax**

– 부과 **impose tax, levy tax**

X에 대하여 세금을 부과하다.

...***impose tax on*** X...

— 징수 **collect tax**

X로부터 세금을 징수하다.

...***collect tax*** from X...

— 인상 **raise taxes**

— 인하 **lower taxes, cut taxes, tax cuts**

부시는 선거 공약으로 세금 인하를 약속했다.

Bush made a campaign promise to ***lower taxes***.

세수 **tax revenue**

정부는 잔여 세수를 포함하여 가능한 모든 자금을 동원하기로 결정했다.

The government decided to mobilize all available fund sources, including leftover ***tax revenue***.

조세 제도 **tax regime, tax system**

조세 정책 **tax policies**

조세권 **taxation right, taxation authority**

한 조세 정책 전문가는 납세자들이 늘어나는 세금 부담으로 고통받아왔다고 말했다.

One expert on ***tax policies*** said that taxpayers have been suffering from an increasing tax burden.

일반세 **general purpose tax, ordinary tax**

목적세 **earmarked tax**

영국 자유민주당은 국가 의료 서비스를 위한 자금을 마련하기 위해 목적세를 요구했다.

The Liberal Democrats called for a specially ***earmarked tax*** to raise money to fund the NHS.

명목세 **nominal tax**

한 보고서는 EU 지역 내의 기업에 단일한 명목세율을 적용하자는 제안을 지지했다.

A report supports the suggestion of a uniform ***nominal tax*** rate for corporations within the EU.

준조세 **quasi-tax**

미국의 FDI 유입의 저해 요소는 기업들에게 부과되는 높은 법인세율과 준조세다.

Another hurdle repelling US FDI inflow is the high effective tax rate and other ***quasi-tax*** measures imposed on firms. (*KEB*)

조세 부담 **tax burden, tax incidence**

조세 부담률 **tax burden ratio**

2003년 한국의 조세 부담률은 2002년보다 21.4% 오른 22.6%에 달할 것이다.
Korea's ***tax-burden ratio*** is estimated to reach 22.6 percent in 2003, up from 21.4 percent estimated for 2002.

조세 저항 **tax resistance**
납세자 **taxpayer**
혈세 **taxpayers' hard earned money**

정부는 납세자들의 혈세를 낭비했다.
The government has wasted a huge amount of ***taxpayers'hard earned money***.

세금 납부 **payment of tax**
사업자 등록증 **tax registration certificate**
세금 납부 고지서 **notice of tax payment**
납부 기한 **due date**

자동차 세금 납부 기한이 이달 말이다.
Automobile taxes are ***due*** by the end of this month.

납세 의무 **tax obligation, duty to pay taxes**
체납 세액 **tax liability, unpaid taxes, overdue taxes**

그는 정부에 대한 체납세액이 천만원이 되었다.
He owed the government 10 million Won in ***unpaid taxes***.

납부 세액 **tax due**
결정 세액 **total tax, tax liability**

투자자들은 생산 총투자에 대해 5%의 세금 면제를 받거나 결정 세금에서 투자로 인한 손실액을 공제받는다.
Investors will be allowed to have 5 percent of their total investment in the product exempted from tax or deduct any capital losses from the investment from their ***tax liability***.

과세 표준 **taxable income, tax base**

재산의 과세 표준은 매각에서 발생한 손실이나 이득을 계산하는 출발점이다.
The ***tax base*** of property is the starting point for computing gain or loss on a sale.

세율 **tax rate**
세율표 **tax rate schedule**
표준 세율 **standard tax rate**
누진세 **progressive tax**
역진세 **regressive tax**
단일 세율 **flat rate tax**

대규모 주주들이 주식 발행일로부터 1년 이내에 주식을 팔 경우 누진 세율이 적용된다.
The ***progressive tax*** will be applied in cases where major shareholders sell off stocks within one year of issuance.

세제 감면 **tax breaks, tax reduction and exemption**

과세 특례 **low/favorable tax rates**

그는 과세 특례 대상이다.
He is eligible for ***favorable tax rates***.

비과세 **tax exemption**

과세 면제 **tax exemption**

정부는 우리 사주제에 참여한 근로자에게 과세 면제 혜택을 제공하는 계획을 추진하고 있다.
The government also plans to launch a ***tax exemption*** benefit for workers who own company shares.

조세 피난처(지역) **tax haven**

대부분의 특수 목적 회사들은 케이맨 제도 등의 조세 피난처에 설립된다.
Most SPCs (Special Purpose Companies) are established in ***tax havens*** such as the Cayman Islands.

• Tax Haven이란?

낮은 소득세율을 적용해 조세 회피를 하려는 기업들이 자금 운용이나 거래 서류 처리의 기지로 이용하는 지역 또는 국가. 이런 지역에서는 법인세, 개인 소득세에 대한 원천과세가 없거나, 과세를 한다 해도 세율이 아주 낮다. 조세 피난 지역들은 세제상의 우대 조치뿐만 아니라 외국환관리법·회사법 등의 규제가 거의 없고, 기업 경영상의 장애 요인이 적은 곳이다. 상당수의 다국적 기업들은 카리브해 연안이나 중남미의 조세 피난 지역에 명목 회사 형태의 법인을 설립하여 세금을 회피하거나 자금을 운용하는 수단으로 사용하고 있다.

• Tax Holiday란?

개발도상국 등이 경제 개발을 위해 투자를 촉진시키려고 법령에 의해 인가된 사업에 대해 일정 기간 동안 일정 소득에 대하여 과세를 면제해주는 제도를 말한다. 법령에 따라 다르지만, 인가를 받은 사업체들은 각국의 수출에 기여를 하는 경우가 대부분이며, 지역 경제 활성화나 고용 창출의 목적으로 투자를 유치하는 경우는 반드시 수출용 생산이 아니라도 장기간의 tax holiday를 인센티브로 제공한다.

세금 구간 **tax bracket**

구간별 세율을 10% 낮춰도 지난 6년간의 인플레율(25%)을 따지면 이전보다 상대적으로 세금을 많이 내고 있다.

Even with the 10% reduction for each ***tax bracket***, tax payments have increased when you consider the inflation rate(25%) for the past 6 years.

원천 징수세 **withholding tax**

원천 과세 **taxation at the source of income**

새로운 재정 정책에는 이자 소득에 대한 원천 징수세율 10% 인상도 포함된다.

New fiscal policy is including a 10 percent increase in the rate of ***withholding tax*** on interest income.

소득세 **income tax**

근로 소득세 **payroll tax, wage tax**

불로 소득세 **unearned income tax**

금융 소득 종합 과세 **global taxation on financial income**

정부는 금융 소득 종합 과세 등 불로 소득에 대한 종합 과세 체제를 도입할 것…

...the government will introduce a comprehensive tax system on ***unearned income*** such as a ***global taxation on financial income***...

과세 소득 **taxable income**

정부는 삼 년 이상 과세 소득에서 신용카드 사용에 대해 공제를 해주고 있다.

The government allows tax deduction for credit card charges on ***taxable income*** of up to three years.

소득 신고 **income tax return**

세금 계산서, 세금 영수증 **tax invoice**

간이세금계산서 **simplified tax invoice**

납세자들은 모두 소득 신고를 해야 한다.

Taxpayers must file their ***income tax return***.

현금영수증 **cash receipt**

세금 환급 **tax rebate**

2000년에 세금 신고를 한 미국인은 2001년에 세금 환급을 받게 된다.

Every American who filed a 2000 tax return will get a ***tax rebate*** in 2001.

세금 공제 **tax deduction**

손금 인정 **tax deductibility**

국내 거주 외국 노동자의 주택과 자녀 교육비에 대한 소득 세금 공제는 월 고정 수입의 20%까지 적용된다.

The income ***tax deduction*** for foreign workers' housing and children's education expenses is applicable up to only 20 percent of their fixed monthly salaries.

세액 감면 **tax credit**
  부양가족 **dependents**
  자녀 양육비 세액 공제 **tax credit for child and dependent care**

국세청은 외국의 투자를 받는 국내 기업에 세액 감면을 적용하기로 했다.
The National Tax Service decided to allow foreign-invested firms in the country to apply for ***tax credits***.

탈세 **tax evasion, tax avoidance**

유로-아시아 그룹의 양빈 회장은 탈세 혐의로 경찰 조사를 받고 있다.
Euro-Asia group chairman Yang Bin is under police investigation for ***tax evasion*** charges.

  가산세 **penalty tax, surtax**

실제보다 과도하게 공제를 받았을 경우에는 불성실신고 가산세 등을 추징당하게 된다.
Penalty taxes are levied for non-compliance when the tax deductions have been excessive.

국세청 **National Tax Service (NTS)**
  세무 조사 **tax audit, tax inspection**
  자금 출처 조사 **investigate the source of funds**

조세 피난처에 회사를 설립한 벤처 회사가 세무 조사를 받았다.
A venture firm that was established in a tax haven ***received a tax audit***.

  국세 **national tax**
  지방세 **local tax**

15종류의 국세와 16종류의 지방세가 있다…
...there are 15 different ***national taxes*** and 16 ***local taxes***...

세금 종류 Taxes	
갑근세(갑종근로세)	Income Tax of Grade A
공동시설세	Community Facility Tax
교통세	Transportation Tax
근로소득세	Payroll Tax, Wage Tax
농어촌특별세	Special Tax for Rural Development
농지세	Farmland Tax
담배소비세	Tobacco Consumption Tax
도시계획세	City Planning Tax
도축세	Butchery Tax

등록세	Registration Tax
마권세	Race Tax, Betting Tax
면허세	License Tax
방위세	Defense Tax
법인세, 법인소득세	Corporation tax, Corporate Income tax
부가가치세	Value Added Tax (VAT)
부당이득세	Unfair Profit Tax
상속세	Inheritance Tax, Estate Tax
소비세	Consumption Tax
양도소득세	Capital Gains Tax
유류특소세	Excise Tax on Gasoline
이자배당소득세	Interest and Dividend Income Tax
이전세	Transfer Tax
인지세	Stamp Tax
자동차세	Automobile Tax, Vehicle Tax
자본이득세	Capital Gains Tax
자산재평가세	Asset Revaluation Tax
재산세	Property Tax
전화세	Telephone Tax
종합부동산세	Comprehensive Real Estate Holding Tax
종합소득세	Global Income Tax
종합토지세	Aggregate Land Tax, Global Landholding Tax
주민세	Inhabitant Tax
주세	Liquor Tax
주식양도차익세	Capital Gains Tax
증권거래세	Securities Transaction Tax
증여세	Gift Tax
지역개발세	Regional Development Tax
특별소비세	Special Excise Tax
판매세	Sales Tax

토지 개발 LAND DEVELOPMENT

토지 — land

토지 소유권 — land ownership, ownership title of land

 토지 공개념 — public ownership of land

국가 과제 프로젝트팀은 개발권을 토지 소유권과 분리시켜야 한다고 제안…
The National Agenda Team proposed the separation of ***land ownership*** from development...

임야 — forests, woodlands

농지 — agricultural land, farmland

전답 — agricultural land, fields and rice paddies

그 계획이 완성되면 삼십오만 헥타르 농지의 가뭄 문제가 없어질 것이다.
If the project is completed it will eliminate the problems of drought in 350,000 ha of ***agricultural land***.

토지 개발 — land development

 택지 개발 — development into residential land

 산업 단지 개발 — development of industrial sites

토지 개발과 아파트 건축에 대한 열광은 수도권 지역의 폭발적인 인구 증가 때문이다.
The craze for ***land development*** and apartment building construction is attributed to the explosive growth of population in the capital region.

토지 측량 — land measuring and survey

토지 감정 평가 — land appraisal

개발 대상 부지의 토지 감정 평가를 했다.
A land appraisal was done on the site which is to be developed.

토지 이용 — land utilization, land use

 상업 용지 — commercial lot

 공업 용지 — industrial lot

 공장 용지 — factory lot, factory site

벤처 기업들이 정부로부터 공장 용지를 특가로 분양받았다.
Venture businesses bought ***factory lots*** from the government at favorable prices.

개발제한구역제도 — Restricted Development District System

 상수원 보호 구역 — water resource conservation area

 풍취 지구 — scenic zone, nature preservation area

지난 1971년 한국에 개발제한구역제도가 도입되었다.

In 1971, ***Restricted Development District System*** was introduced to Korea.

난개발 **haphazard/disorderly/pell-mell development**

팔당의 상수원 보호 지역이 난개발로 오염되고 있다.

Paldang's ***water resource conservation area*** is becoming polluted from ***haphazard development.***

그린벨트 **Green Belt**

캠브리지시는 개발이 금지된 구역인 그린벨트로 둘러싸여 있다.

The City of Cambridge is surrounded by ***a Green Belt,*** an area of land protected from development. (*Cambridge.gov.uk*)

— **해제** **release/open up the Green Belt for development, lift/ease restrictions on development of Green Belt zones**

일부 전문가들은 정부가 그린벨트를 해제해야 한다고 주장한다.

Some experts argue that the government should ***lift the ban on development in the Green Belt zone.***

건설 사업 CONSTRUCTION PROJECTS

사회 간접 자본 **social overhead capital (SOC)**

— **확충** **expand SOC, build up SOC**

건축 시장을 활성화하기 위해 정부는 올 상반기에 사회 간접 자본 예산의 85%를 지출할 계획이다.

In a bid to prop up the construction market, the government is set to spend 85 percent of its ***social overhead capital*** (***SOC***) budget in the first half of this year.

인프라 사업 **infrastructure project**

경제 발전이 이루어지기 위해서는 우선 사회 간접 자본과 인프라를 구축해야 한다.

If an economy is to develop, the first things to have are social overhead capital and ***infrastructure.***

대형 토목 공사 **large-scale civil works project**

그 회사는 대형 토목 공사로서 첨단 자동 요금 체계를 갖춘 고속도로를 설계·시공했다.

The company designed and built a highway featuring a sophisticated automatic tolling system on a ***large-scale civil works project.***

설계 **architectural design**

설계 업체 **architectural design company**

설계 업체로 외국 회사가 선정되었다.

A foreign company has been selected as the ***architectural design company***.

설계 도면 **architectural drawings**

조감도 **birds eye view**

평면도 **building layout, floor plan**

단면도 **cross-sectional view**

입면도 **building elevation**

광주 월드컵 경기장은 11군데 경기장 중 유일하게 건축 재료, 설계 도면, 건축 방법이 모두 한국에서 만들어졌다.

Gwangju World Cup stadium was made from purely Korean-made construction materials, ***architectural drawings*** and building methods, which is not the case for Korea's other 10 stadiums.

시공 **construction, construction work**

시공 업체 **builder, constructor, contractor**

총괄 시공자 **managing contractor, general contractor**

일괄 도급 계약 **single responsibility contract**

도급 업체 **contractor**

하도급 업체 **sub-contractor**

국내 최대 도급 업체인 현대건설은 지난해 해외 공사에서 15억 2천 7백만 달러를 벌었다.

Hyundai Engineering and Construction, the largest ***contractor*** in the country, earned U.S.$1.527 billion, in overseas projects last year.

공사 기간 **construction term, consturction work period**

공사 기간은 6개월, 9개월, 혹은 12개월로 다양하다.

Construction term varies between 6, 9, or 12 months.

부실 공사 **shoddy construction, faulty construction**

경찰은 그 건물 붕괴가 부실 공사로 인한 것인지 조사 중이다.

The police is investigating whether the building collapsed due to ***faulty construction***.

시공 감리 **construction supervision**

구조물 **structure**

안전 검사 **safety inspection**

한국관광공사가 금강산 주요 호텔에 대한 안전 검사를 곧 실시할 예정이다.

The Korea Tourism Organization will soon conduct a ***safety inspection*** on a major hotel at North Korea's Mount Geumgang.

보강 공사 **reinforcement, rehabilitation**

안전 진단 결과에 따른 구조물 보강 공사를 추진할 예정…

...planning on ***reinforcement*** work on the structure depending on the results of safety inspections...

민자(민간 투자) 사업 **Private Participated Infrastructure (PPI)**

임대형 민자사업 **Build-Transfer-Lease (BTL)**

수익형 민자사업 **Build-Operate-Transfer (BOT)**

운영권/수익권 **concession**

사업 시행자 **concessionaire**

기부 채납/이전 **transfer**

공공투자관리센터 **Public Private and Infrastructure Investment Management Center (PIMAC)**

• PPI란?

Private Participated Infrastructure. 국가나 지자체가 국민에게 꼭 필요한 서비스를 제공하기 위하여 건설해야 하는 국공립 시설의 건설 사업에 민간이 BTL 또는 BTO 방식으로 참여하는 사업이다.

• BTL이란?

Build, Transfer and Lease. 민간 사업자가 건설(Build)을 하고, 소유권은 정부에 이전(기부 채납, Transfer)되며, 대신 협약된 기간 동안 민간이 시설의 사용 수익권을 임차해(Lease) 갖게 된다.

• BOO, BOT, BOOT, BTO란?

- BOO. Build, Own and Operate: 사회간접자본 시설의 준공과 동시에 사업자에게 시설의 소유권이 인정된다.

- BOT. Build, Operate and Transfer: 사회간접자본 시설 준공 후 일정 기간 동안 사업자에게 시설의 소유권이 인정되지만 기간 만료 시 시설 소유권이 국가 또는 지방자치 단체에 귀속된다.

- BOOT. Build, Own, Operate and Transfer: 기법상 BOT와 동일하나 사업자의 시설 소유권을 강조하기 위해 구분한다.

- BTO. Build, Transfer and Operate: 선기부 채납. 사회간접자본 시설의 준공과 동시에 시설의 소유권이 국가 또는 지방자치 단체에 귀속되지만 사업자에게 일정 기간의 시설 관리 운영권을 인정한다.

조달 사업 PROCUREMENT

정부 조달 — **government procurement, public procurement**

전자구매 — **e-procurement**

미국은 정부 조달 시장에 있어서 비관세 규제를 유지해왔다.

The U.S. has maintained a non-tariff rule on its ***government procurement*** market.

수의 계약 — **private contract, reserved procurement, reserved bid**

…건축·용역·공급과 관련된 수의 계약 프로그램…

...***private contracts*** reserved for construction, services, and supplies...

공개 입찰 — **public tender, public bid**

국제 경쟁 입찰 — **International Competitive Bid (ICB)**

기획재정부는 인천공항 건설 사업을 공개 입찰할 예정이다.

The Ministry of Economy and Finance plans to open Incheon Airport project to ***public tender***.

입찰 안내서 — **Request for Proposal (RFP)**

자격 심사 요청서 — **Request for Qualification (RFQ)**

과업 지시서 — **Terms of Reference (TOR)**

입찰 참여업체는 RFQ를 이달 말까지 제출해야 한다.

All bidders must submit their ***RFQs*** by the end of this month.

낙찰 — **award the contract/sale**

최저 낙찰제 — **lowest tender formula**

종합 낙찰제 — **best value system**

유찰 — **rejection of all bids, failure to award contract**

참여 업체들의 입찰가가 너무 높아 유찰됐다.

All bids were rejected because the bid prices were too high.

• Dutch Auction이란?

네덜란드식 경매. 미리 정해둔 가격에 따라 입찰가가 자동으로 변한다. 일반 경매의 경우에는 시간이 감에 따라 입찰가가 내려가고, 역경매의 경우 입찰가가 올라간다.

• English Auction이란?

영국식 경매. 가격, 시간, 수량 순으로 더 나은 조건을 제시한 입찰자에게 낙찰되는 가장 일반적인 경매 형식이다. 두 입찰자가 같은 가격으로 입찰가를 낸 경우, 먼저 입찰한 입찰자로 낙찰되고, 가격과 시간이 같으면 더 많은 수량에 따라 낙찰자가 선정된다.

입찰자, 응찰자 **bidder**

파워콤의 경쟁 입찰사인 하나로텔레콤은 정부가 입찰을 LG그룹에 유리하도록 했다고 주장했다.

Hanaro Telecom, a rival ***bidder*** for Powercomm, claimed that the government had favored the LG group for the bid.

우선 협상자 **preferred bidder**

신한그룹이 이끄는 채권단이 조흥은행에 대한 정부의 80% 지분에 대해 우선 협상자로 선정되었다.

A consortium led by Shinhan Financial Group was selected as the ***preferred bidder*** to buy the government's 80 percent stake in Cho Hung Bank.

재난 통제 DISASTER CONTROL

소방청 **National Fire Agency (NEMA)**

재난안전관리본부 **National Disaster and Safety Status Control Center**

특별재난지역 **disaster area**

— 선포 **declare as disaster area**

정부는 수해 지역을 특별재난지역으로 선포했다.

The government ***declared*** the flood damaged area ***as a disaster area***.

자연재해 **natural calamities, natural disaster**

인위 재난 **man-made disaster**

정부는 자연재해 및 인위 재난으로부터 국민의 생명과 재산을 보호해야 한다.

The government must protect the people's lives and property from ***natural and man-made disasters***.

☞ <환경/기상> 참조.

안전사고 **safety-related accidents, preventable accidents**

☞ 안전사고라는 뜻으로 "*safety accidents*"라는 말은 사용하지 않는다. 안전 의식의 부족으로 생긴 사고라는 뜻으로 표현하려면 "*preventable accident*"라고 하면 된다.

안전 의식 **safety awareness**

안전 수칙 **safety rule, safety instructions**

시민들의 안전 의식과 안전 수칙 실천이 절실히 요구된다.

Citizens must have ***safety awareness*** and practice ***safety rules***.

구조대 rescue team

구조대원 rescuers

구조견 rescue dog

사고 현장으로 119 구조대가 파견되었다.

The 119 ***rescue team*** was dispatched to the accident site.

재해 복구 사업 disaster recovery

재해 예방 disaster prevention

재해가 일어난 후의 복구에만 신경 쓸 것이 아니라 재해 대책 정책을 잘 마련하여 준비 태세를 강화하고, 재해 예방에 초점을 맞추어야 한다.

Instead of concentrating on post-***disaster recovery,*** disaster preparedness policy should be better "prepared" and therefore "preventive" of the damage.

화재 fire

— 예방 fire prevention

불이 즉각 번졌던 그 건물에는 화재 예방 시설이 전혀 갖춰져 있지 않았다.

There were no ***fire prevention facilities*** in the building which went up in flames almost immediately.

— 대피로 fire escape

— 경보기 smoke alarm

화재경보기가 작동하지 않았다.

The ***smoke alarm*** failed to go off.

The ***smoke alarm*** did not work.

소방 사업 fire control

비상구 emergency exit

소화, 진화 fire extinguishing, putting out fire

소화기 fire extinguisher

가정용 소화기…

…***fire extinguisher*** for the home…

실제로 소화기를 사용해서 불을 끄는 방법을 보여주는 시연이다.

The demonstration will allow residents to activate ***an extinguisher*** and put out an actual fire.

소화전 fire hydrant

소방차 fire engine

소방대원 fire fighter

소방 사다리 **scaling ladder, tower ladder**
대형 사고 **disaster, large-scale accident**
사망자 수 **death toll, number of casualties**

러시아 흑해의 관광객들 중 홍수로 인한 사망자 수는 75명으로 늘어났다.
The ***death toll*** rose to 75 in Russia where tourists on the Black Sea were hit by flood waters.

수색 구조 **Search and Rescue (SAR)**
시체 발굴 **recovery of bodies**

화요일의 지하철 방화 사건 이후로 대구에서는 수색 구조 작업이 한창이다.
Search and Rescue efforts are in full swing in Daegu in the aftermath of Tuesday's tragic subway arson.

공익사업 PUBLIC UTILITIES

공익사업 **public utilities**
공공요금 **public utility fees**

OECD는 또한 공공요금의 증가로 인해 내년 소비자 물가가 3퍼센트 증가할 것이라고 예측했다.
The OECD also predicted that consumer prices next year would rise 3 percent, on the impact of an upsurge in ***public utility fees***.

수도 사업 **waterworks**
상수도 사업 **waterworks, water supply**
하수도 사업 **sewerage works, drainage works**
상수도 시설 **water supply facilities**

도청측은 도로나 상수도 시설과 같은 하부 구조를 도 예산을 들여 확충할 계획이다.
The provincial government intends to build its infrastructure including roads and ***water supply facilities*** with provincial funds.

전기 가스 사업 **electricity and gas**

☞ <에너지/전력> 참조.

체신 사업 POSTAL SERVICE

우정 사업, 체신 사업 **postal service**
우정사업본부 **Korea Post, Office of Postal Service (OPS)**

우편 서비스 부문에 대한 고객 만족도가 크게 상승한 배경에는 지난 7월 정보통신부 소속 기관으로 우정사업본부가 새로 출범한 것이 계기가 됐다.
Customer satisfaction toward the postal service greatly improved after the ***Office of Postal Service*** (***OPS***) was newly established as a bureau of the Ministry of Information and Communication last July.

체신 업무 — postal work
- 지방우정청 — Regional Office of Korea Post
- 우체국 — Post Office
- 우편취급국 — Postal Agency
- 우체통 — mail box

미국 우정청은 우체통에 폭탄을 장치하는 범인을 찾기 위해 혈안이다.
The U.S. Postal Agency is now engaged in a costly search for whoever is placing bombs in rural curbside ***mail boxes***.

- 우편원 — postal workers
- 우편량 — mail volume

연말연시에는 우편량이 급증한다.
Mail volume surges during the end-of-year holiday season.

- 우편 번호 — postal code, zip code
- 우편 요금 — postal rate
- 우표 — postage stamp

내달에 우편 요금이 오른다.
Postal rates will increase next month.

국내 우편 — domestic mail
- 속달 — express mail
- 등기 우편 — registered mail
- 우편엽서 — postal card

속달로 부치면 하루 만에 우편물이 도착한다.
Express mails require only one day for delivery.

국제 우편 — international mail
- 국제 특급 — Express Mail Service (EMS)
- 국제 소포 — international parcel
- 항공 우편 — air mail
- 항공 엽서 — aerogramme

서류를 국제 특급 우편으로 발송했다.
The document was sent by ***international priority mail***.

개인 사송업체 — private courier

DHL과 같은 개인 사송업체들이 공공 우편 사업에 타격을 주고 있다.

Private couriers, such as DHL, are affecting public postal services.

배달 **mail delivery**

— 사고 **lost mail, undelivered mail**

발송인 **sender**

수취인 **receiver**

집배원 **mail carrier, mailman, postman**

집배원이 업무 과로로 사망했다.

A *mail carrier* died of work overload.

소포 우편물 **postal parcel**

새로운 소포 우편물 서비스는 소포를 보낸 후 하루 안에 수신자가 받을 수 있도록 한다.

The special *postal parcel* service insures parcels are delivered to recipient by no later than a day after.

전신 **telegraphy**

전보 **telegram**

전신기 **telegraph**

교황 바오로 2세가 조문 전보를 보냈다.

Pope John Paul II sent a *telegram* of condolence. (*Guardian*)

우편 사서함 **post-office box, P.O. Box**

우체국 예금 **postal savings**

일본의 우체국 예금은 총 100조 엔에 달한다.

Postal savings in Japan amounts to 100 trillion Yen.

우편환 **money order**

우편환으로 송금하다.

...send the payment by *money order*.

전신환 **telegraphic money transfer**

만국우편연합 **Universal Postal Union (UPU)**

과학기술정보통신부 장관은 현재 베이징에서 열리고 있는 만국우편연합총회에 참석 중이다.

The Minister of Science and ICT is attending a plenary session of the *Universal Postal Union* (*UPU*) being held in Beijing.

08 사법 LAW

사법 제도 JUDICIAL SYSTEM

사법권 judicial power, jurisdiction

행정·입법·사법의 삼권은 독립되어 있다.

In modern nations the three powers of administration, legislation and ***jurisdiction*** are independent of each other.

사법부 judiciary, judiciary branch

사법 제도 judicial system

법률 law, legislation, statute

판례법 case law, common law

성문법 statutory law

관습법 customary law

판례법은 과거의 법원 판결을 근거로 한다.

Common laws are derived from past court rulings.

공법 public law

사법 private law

영미법(보통법) common law

대륙법 continental law

법치주의 rule of law

인권과 법치주의를 옹호하는 민주적인 아프가니스탄…

...a democratic Afghanistan upholding ***the rule of law*** and ***human rights***...

법치 국가 a nation ruled by law

민주 국가들은 법치주의를 표방한다.

Democratic countries uphold ***the rule of law***.

적법성 legality

위법 legal non-compliance

준법 legal compliance

그 인터넷 사이트에서는 준법 상담 프로그램을 제공한다.

The web page provides a ***legal compliance*** consulting program.

적법 절차 due process

헌법 constitution, constitutional law, the Constitution

대한민국 헌법 제1조에 의거하여…

In accordance with Article 1 of ***the Constitution*** of the Republic of Korea...

☞ 특정 국가의 헌법을 지칭할 때는 대문자로 표기한다.

개헌 constitutional amendment, amend the constitution

개헌론자들은 의원 내각제를 추진하고 있다.

Those who argue for ***constitutional amendment*** are pushing for a parliamentary cabinet system.

헌법재판소 Constitutional Court of Korea

헌법재판소장 President of the Constitutional Court

재판관 Justice(s)

헌법 소원 constitutional complaint

위헌 violation of the constitution, unconstitutional

합헌성 constitutionality

헌법재판소에서 위헌 판결을 받았다.

The action was ruled by the ***court of constitutional review*** as ***unconstitutional***.

☞ *U.S. Supreme Court* : 미국에서는 대법원이 헌법재판소의 기능을 한다.

최상위법 highest-level law

한 국가의 헌법은 모든 국내법 중 최상위법이다.

The constitutional law is the ***highest-level law*** in the state.

상위법 superior law

하위법 subordinate law

상위법은 하위법에 우선한다.

Superior laws have precedence over ***subordinate laws***.

국제법 international law

국제관습법 international customary law

국내법 domestic law

협약이 비준되면 국내법을 우선한다.

Once ratified, conventions supercede the ***domestic laws*** of member countries.

☞ <국제 정치/외교> 참조.

법령 legal statutes

형사법 criminal law

민사법 civil law

상법	commercial code, commercial law
세법	tax law
행정법	administrative law
변호사법	attorneys-at-law act
공무원법	civil servants act
특허법	patent law

미국에서는 특허법 관련 사건은 연방법원에서 재판을 한다.
In the U.S., cases involving ***patent law*** must be tried in federal court.

훈령	directive
대통령령	executive order, presidential decree

대통령이 대통령령을 내렸다.
The President has issued an ***executive order***.

시행령	enforcement decree
시행 규칙	enforcement regulations
규정	regulation
조례	ordinance
행정 조례	administrative ordinance
지방 조례	local ordinance

지난달, 시에서는 기물 파손 행위를 막기 위한 조례를 통과시켰다.
The city passed an ***ordinance*** against vandalism last month.

법적 효력	legal force
법적 구속력	legally binding force

법원에서 명령을 내리면 법적 구속력을 갖게 된다.
When a court issues an order, it has ***legally binding force***.

공소 시효	statute of limitation
사법(재판) 관할권	legal jurisdiction, legal competence
초심 재판 관할권	original jurisdiction
관할 법원	competent court

미군에 대한 사법 관할권은 미군사령관이 갖는다.
The U.S. command has ***jurisdiction*** over U.S. military personnel.
그러나 경우에 따라 사법 관할권을 주재국에 인도한다.
But the command can transfer ***jurisdiction*** to the host country on a case-by-case basis.

준거법	governing law

이 경우 증권거래법에 준거하여…

This case is ***governed by*** the Securities Exchange Act...

소급법 **retroactive law**

이 법은 소급 적용된다.

The law is ***retroactively applied.***

공정한 고지를 해야 한다는 헌법상 요구 때문에 소급법 적용은 금지되어 있다.

Constitutional requirement of fair notice prohibits ***retroactive laws***.

일사부재리 **double jeopardy**

• Sunset Clause란?

특정 법이나 규정을 도입하면서 법의 시효를 명시하여, 일정 기간이 지나면 해당 법이 자동으로 소멸되도록 하는 조항. 일몰 조항 또는 소멸 조항이라 한다.

법학전문대학원(로스쿨) **Law School**

변호사 시험 **national bar examination**

그는 로스쿨을 졸업하고 3번 도전 끝에 변호사 시험에 합격했다.

He passed the ***national bar examination*** after 2 failed attempts since he graduated from law school.

변호사 **lawyer, counselor, attorney at law, barrister, solicitor**

국선 변호사 **state-appointed lawyer**

관선 변호사 **court appointed lawyer, public defender**

관선 변호사는 따로 변호사를 선임하지 않거나 선임할 능력이 없는 개인을 위해 주에서 임명한다.

Public defenders are appointed by the state to represent individuals who choose not to, or are unable to hire their own lawyers.

변호사 개업 **start a law practice**

개업 변호사 **practicing lawyer**

변호사 시험에 합격한 후, 그는 변호사 개업을 하기로 마음먹었다.

After passing the bar exam, he decided to ***start his own law practice***.

법률 법인(로펌) **law firm**

대한변호사협회 **Korean Bar Association (KBA)**

비리 행위로 대변협에서 회원 지위를 박탈당한다면…

If he is disbarred from the ***KBA*** as a result of his misconduct...

변호사비 **lawyer fee**

변호사 선임 **hire/appoint a lawyer**

변호사 선임비 retainer fee, attorney fee

변호사를 선임하려면 선임비를 내야 한다.

In order to ***hire a lawyer***, you must pay a ***retainer***.

공인 노무사 Certified Public Labor Attorney

공인 노무사가 체불 임금을 해결해주었다.

The ***Certified Public Labor Attorney*** resolved the case involving unpaid wages.

변리사 patent lawyer/attorney

판사 judge

부장 판사 senior judge, chief judge

배석 판사 associate judge

그 사건을 담당하는 판사를 안다.

I know the ***judge*** who is presiding over the case.

재판부 trial division, trial bench

합의부 judicial panel, three-judge panel

대법원 Supreme Court

대법관 justice of the Supreme Court

대법원장 Chief Justice of the Supreme Court

현재 우리나라 대법원장은 최종영 씨가 맡고 있다.

Jong-young Choi is the current ***Chief Justice of the Supreme Court of Korea***.

전원 합의체 full panel

고등법원 High Court

서울고등법원 Seoul High Court

지방법원 Regional Court, District Court

대구 지방법원은 12세 소녀를 강간한 남자에게 징역 5년형을 선고했다.

Daegu ***Regional Court*** sentenced the man who had raped a 12-year old girl to 5 years' imprisonment.

가정법원 family court

이혼 문제는 가정법원 담당이다.

Divorce cases are handled in ***family court***.

청소년법원 juvenile court

행정법원 administrative court

형법 CRIMINAL LAW

형사법 criminal law

형사소송법 criminal procedure

Joseph Correale을 형사법에 의해 기소할지에 관해 집중적으로 논의할 것…

Discussion will focus on whether to prosecute store owner [Joseph Correale] under ***criminal law***... (*Central Maine Daily Sentinel*)

범죄 crime

계획적 범죄 premeditated crime

우발적 범죄 accidental crime

계획적 살인이었다.

It was ***premeditated murder***.

공범자 accomplice

그는 도주 차량을 운전함으로써 공범자가 되었다.

By driving the getaway car, he became an ***accomplice***.

범행 방조 aid and abet

범인 은닉 misprision of felony

증거 인멸 destroying evidence

경범죄 minor offense, misdemeanor

그는 경범죄로 처벌을 받았다.

He was punished for ***misdemeanor***.

중죄 felony

그는 중죄 판결을 받았다.

He was convicted of ***felony***.

조직범죄 organized crime

조직폭력배, 폭력 조직 gangster group, crime ring, criminal organization, mafia, gang

베트남 조직폭력배 두목인 홍 탄 마이는 버트를 살해한 혐의로 후에 기소되어 사형에 처해졌다.

Vietnamese ***organized crime ring*** leader Hung Thanh Mai later was convicted and put to death for Burt's murder. (*Orange County Register*)

교통 범죄 traffic related offenses

무면허 운전 driving without a license

음주 운전 drunk driving, Driving Under the Influence of Alcohol (DUI)

음주 운전은 가장 심각한 교통 범죄 중 하나다.

Drunk driving is one of the most serious ***traffic related offenses***.

☞ <교통/도로 교통> 참조.

차량 도난 **auto theft**

☞ 도난 차량 : stolen vehicle.

범죄	
강력 범죄 violent crimes	
절도	theft, larceny
경절도	petty larceny
강도	robbery
무장 강도	armed robbery
공갈	racketeering
협박	extortion
총기 소지	possession of arms
폭행	assault and battery
무단 침입	trespassing
납치	kidnapping, abduction
방화	arson
상해	injury, bodily harm
살인 murder, homicide	
연쇄 살인	serial killer
존속 살인	patricide
살인 미수	attempted murder
과실 치사	manslaughter
상해 치사	murder by second degree
경제 관련 범죄 white collar crime	
경제 사범	white collar criminal, economic crime
횡령	embezzlement
사기	fraud
배임	misappropriation
뇌물 수수	bribery

밀수	smuggle
탈세	tax evasion
카드 사기	credit card fraud
지폐 위조	counterfeiting money, making counterfeit money
마약 범죄 drug offenses	
마약 사범	drug offenders
마약 밀거래	drug trafficking
마약 소지	possession of drugs
마약 제조	illicit drug manufacturing
가정 범죄 domestic crime	
가정 폭력	domestic violence
아동 학대	child abuse
아동 유기	child neglect
성폭력 범죄 sex offenders	
성폭행	sexual assault
아동 성폭행	child sexual assault, child sexual molestation
성 착취	sexual exploitation
성희롱	sexual harassment
성범죄자	sexual offenders
강제 매춘	forced prostitution
교통 범죄 traffic related offenses	
무면허 운전	driving without a license
음주 운전	drunk driving, Driving Under the Influence of Alcohol (DUI)
차량 도난	auto theft
행정 관련 범죄 administrative crime	
공무 집행 방해	obstruction of official duty
문서 위조	forgery
인감 위조	forging a seal
문서 파기	destroying records

직무 유기	dereliction of duty
직무 태만	negligence
알선 수뢰	illegal lobbying

형사 처리 CRIMINAL PROSECUTION

대검찰청 **Supreme Prosecutor's Office (SPO)**

검찰총장 **Prosecutor General**

검찰총장은 사형 제도에 대해 새로운 정책 노선을 택하겠다고 밝혔다.

The ***Prosecutor General*** announced a new policy on the death penalty.

고등검찰청 **High Prosecutor's Office (HPO)**

지방검찰청 **District Prosecutor's Office (DPO)**

서울지방검찰청 **Seoul Central District Prosecutor's Office**

검사 **prosecutor**

지방검사 **district attorney**

특검제 **special prosecutor**

그 사건을 위하여 특검제를 실시할 것을 요구했다.

...made demands to appoint a ***special prosecutor*** to the case...

경찰청 **Korea National Police Agency (KNPA)**

서울특별시 경찰청 **Seoul Metropolitan Police Agency (SMPA)**

경찰서 **police station**

지구대 **police box**

치안센터, 파출소 **police box**

경찰 Police	
경찰청장	Commissioner General of KNPA
서울특별시 경찰청장	Commissioner of SMPA
경찰서장	chief of police station
경감	police captain, police inspector
경장	police corporal
수사관	investigator
형사	detective
순경	policeman

치안 — **public security**

범죄 예방은 치안 유지의 중요한 한 부분이다.

Crime prevention is an important part of maintaining ***public security***.

교통경찰 — **traffic policeman**

교통경찰이 있으면 안전 운전을 하게 되는 경우가 많다.

Traffic policeman's presence often encourages safer driving.

순찰 — **patrol**

검거 대부분은 순찰중에 이루어진다.

Many arrests are made while on ***patrol***.

순찰 차량 — **patrol car**

감시 — **surveillance**

그 건물은 감시 중이다.

The building is ***under surveillance***.

사복 경찰 — **plainclothes policeman**

잠복근무 — **stake-out**

사복 경찰들이 24시간 교대로 잠복근무를 했다.

Plainclothes policemen took turns in a round-the-clock ***stake-out***.

미행 — **follow, trail**

경찰이 용의자를 미행했다.

The police ***followed*** the suspect.

도청 — **wiretapping**

미국에서는, 경찰이 도청을 하려면 영장을 발부받아야 한다.

In the U.S., police must obtain a warrant to ***wiretap***.

제보 — **tip**

제보자 — **informant**

경찰은 제보자로부터 제보를 받고 출동했다.

The police mobilized after being tipped by an ***informant***.

☞ *paid informant* : 정보 제공 대가로 경찰로부터 보상을 받는 제보자.

경찰 기습 — **police raid**

경찰 기습에서 불법 도박단 일원이 검거되었다.

Members of the illegal gambling ring was arrested following a ***police raid***.

사건 현장 조사 — **crime scene investigation**

피해자 — **victim**

가해자 — **offender**

판사는 가해자에게 피해자에 대해 손해배상을 하라고 명령했다.

Judge ordered the ***offender*** to make restitution to the ***victim***.

수배 **wanted by the police**

탈옥한 후에, 그는 경찰에 의해 수배되었다.

After escaping from jail, he was ***wanted by the police***.

연행 **taken to the police station, taken into custody**

경찰에서는 살인 혐의로 연행된 사람이 누구인지 밝히지 않았다.

Police declined to release the name of the man ***taken into custody*** for suspicion of murder.

범법자 **offender**

초범(자) **first-time offense (offender)**

판사들은 초범에 대해서는 가벼운 형을 선고하는 경향이 있다.

Judges tend to give lighter sentences to ***first time offenders***.

재범 **repeat offense**

상습범 **repeat offender**

그는 이미 동일 범행을 4번이나 저지른 상습범이다.

He is a ***repeat offender*** who has already committed the same crime 4 times.

청소년 범죄 **juvenile offense**

소년범 **juvenile offender**

보호 시설 **juvenile facility**

미국에서는 청소년 범죄 기록을 공개하지 않는다.

In the U.S., records of ***juvenile offenses*** are sealed.

피의자, 용의자 **suspect**

살인 용의자 **murder suspect**

경찰에서는 어젯밤 있었던 살인 사건의 용의자를 아직 찾지 못했다고 밝혔다.

Police announced that they still don't have a ***suspect*** for last night's murder.

혐의 **suspicion**

몽타주 **artist's sketch, composite picture**

인상착의 **description**

몽타주를 만들기 위해 한 목격자가 용의자의 인상착의를 설명했다.

A witness gave ***description*** of the suspect for an artist's sketch.

체포 명령 **issue a warrant for arrest**

경찰은 탈옥범에 대한 체포 명령을 내렸다.

The police ***issued an arrest warrant for*** the escaped convicts.

검거, 체포 **arrest, apprehend**

경찰은 범죄 현장에서 용의자들을 검거했다.

Police ***arrested*** the suspects at the scene of the crime.

긴급 체포 emergency arrest without a warrant

입건 book

경찰은 강도죄로 그를 입건했다.

The police ***booked*** him on charges of robbery.

자진 출두 voluntarily report to the police

그는 경찰에 자진 출두했다.

He ***voluntarily turned himself in*** to the police.

자수 surrender, give oneself up

그는 3개월 도주 끝에 경찰에 자수했다.

He ***surrendered*** himself to the police after 3 months of running.

자백 confession

그는 범행을 자백했다.

He ***confessed to*** the crime.

강제 자백 forced confession

그는 자신이 무고하며 다만 자백을 강요받았다고 주장했다.

He maintained his innocence and that the police had ***forced him to confess***.

취조 interrogation

심리생리검사기(거짓말 탐지기) lie detector, polygraph

심리생리검사기를 형사 취조에 사용한다.

Polygraphs are used for criminal ***interrogation***.

진술서 affidavit

경찰은 목격자 세 명으로부터 그가 범인이라는 진술서를 확보했다고 주장했다.

The police claimed to have ***affidavits*** from three witnesses, stating that he is the murderer.

형사 처리 criminal prosecution

그 주에서는 증거 부족에도 불구하고 형사 처리를 강행하기로 했다.

The State decided to go ahead with the ***prosecution***, despite a lack of evidence.

고소 complaint

☞ 고소란 범죄의 피해자 또는 그와 일정한 관계가 있는 고소권자가 범죄 사실을 신고하고 범인의 처벌을 구하는 의사 표시다.

고발 report a crime

그는 제삼자에 의해 강도 혐의로 고발당했다.

He was ***reported*** for robbery by a bystander.

☞ 고발이란 고소권자와 범인 이외의 사람이 수사 기관에 대하여 범죄의 처벌을 구하는 의사 표시다.

형사 소추 **criminal prosecution/charge**

그는 각종 범죄 행위 때문에 형사 소추를 당하게 되었다.

He is facing several ***criminal charges*** for various different crimes.

기소 **prosecution, indictment**

기소 중지 **suspension of proceedings/prosecution**

기소 유예 **suspend indictment**

검사는 기소 중지를 결정했다.

The prosecutor decided to ***suspend the prosecution***.

불구속 기소 **prosecute without arrest**

구속 영장 **arrest warrant**

판사는 증거 사실을 들은 후에 구속 영장을 발부했다.

The judge issued an ***arrest warrant*** after hearing the evidence.

형사 소송 **criminal litigation**

형사학 **criminology**

형사학은 범행 동기나 조짐, 범죄 행위 예방 등 다양한 연구 분야를 포괄한다.

Criminology covers a wide area of study, including causes, manifestation, and prevention of criminal behavior.

국립과학수사연구원 **National Forensic Service (NFS)**

법의학 **forensic science**

지문 감식 **fingerprint analysis**

범죄 현장에서 지문을 채취했다.

...took ***fingerprints*** from the crime scene.

현장 지문 감식까지 했지만 그들은 결정적인 증거를 찾아내지 못했다.

Even after a thorough ***fingerprint analysis*** of the crime scene, they found no conclusive evidence.

시체 부검 **autopsy, postmortem examination**

국제 범죄 INTERNATIONAL CRIME

국제 범죄 **international crime, transnational crime**

국제 범죄 조직 **international crime ring/organization**

캐나다 경찰은 국제 범죄 조직과 연계된 용의자 45명 이상을 고발했다.
The Canadian police charged more than 45 people in connection with an ***international crime ring***.

범죄인 인도 **criminal extradition, extradite a criminal**
캐나다는 사형을 당하게 되어 있는 범죄인의 인도를 거부한다.
Canada refuses to ***extradite criminals*** facing the death penalty.

범죄인 인도 조약 **criminal extradition treaty**

국제형사경찰기구 **International Criminal Police Organization (Interpol)**

국제형사재판소 **International Criminal Court (ICC)**
유럽 국가들은 미군의 국제형사재판소에 대한 면책 특권을 거부했다.
European countries refused to grant U.S. soldiers immunity from prosecution in the new ***International Criminal Court***.

인신 매매 **human trafficking**

강제 매춘 **forced prostitution**

강제 노동 **forced labor**
한국 유흥업소의 인터걸들은 강제 매춘을 당하고 있다.
The "intergirls" working in Korean bars fall victim to ***forced prostitution***.

돈(자금)세탁 **money laundering**
국제 금융 기관들은 돈세탁을 방지하려는 국제적 노력을 지지한다.
International Financial Institutions support the international effort against ***money laundering***.

무기 밀거래 **illegal arms sales, arms dealing, arms trafficking**

마약 밀거래 **drug trafficking**
한국과 중국 간의 마약 밀거래…
Drug trafficking between Korea and China...

밀수 **smuggling**
무기 밀수와 마약 밀수를 근절해야 한다.
The ***smuggling*** of drugs and weapons must be put to a stop.

위조지폐 **counterfeit money, counterfeit bill**

위폐 발행 **counterfeiting (activities)**
만원권 위조지폐가 유통되고 있다.
Ten thousand won ***counterfeit bills*** are being distributed.
범인은 상점에서 위조지폐를 사용하려던 중 체포되었다.
The suspect was arrested at a store trying to pass a ***counterfeit bill***.

불법 장기 매매 **Illegal trafficking of human organs**

강제 장기 적출 **forced organ harvesting**

형벌 PENALTY, PUNISHMENT

징역형 **imprisonment (with hard labor), prison sentence**

X년 이하 **up to X years**

위법자는 5년 이하의 징역에 처한다.

Violators will receive a prison term of ***up to 5 years***.

금고형 **confinement, imprisonment without hard labor**

신체형 **corporal punishment**

벌금형 **fine**

X는 300만원의 벌금이 부과되었다.

X ***was fined*** 3 million Won.

보석(금) **bail**

그는 보석이 허용되지 않는 징역 4년형을 선고받았다.

He was sentenced to 4 years without ***bail***.

보석금은 5백만원으로 결정되었다.

The ***bail*** was set at 5 million Won.

자택 연금 **house arrest**

아웅산 수지가 자택 연금에서 풀려났다.

Aung San Suu Kyi was released from ***house arrest***.

보호 관찰 **probation**

그는 유죄를 인정하는 대가로 보호 관찰형을 받았다.

In exchange for a guilty plea, he received ***probation*** instead of jail term.

보호 감찰관 **probation officer**

훈방 조치 **release with warning**

실제 피해 증거가 없으면 대부분의 스토커들이 훈방 조치된다.

Without evidence of actual harm, most stalkers are ***released with warning***.

면허 취소 **revocation of license**

음주 운전으로 기사의 면허가 취소되었다.

The driver had his ***license revoked*** for drunk driving.

면허 정지 **suspension of license**

미성년자에게 술을 판 단란주점은 면허 정지 처분을 받았다.

The bar ***was suspended its business license for*** serving alcohol to under-age customers.

The ***court suspended the bar's business license*** after it served alchohol to underage customers.

사회봉사 **community service**

음주 운전으로 적발된 X양은 50시간 사회봉사 명령을 받았다.

Ms. X was ordered to 50 hours of ***community service*** after being arrested for drunk driving.

복역 **serve sentence, serve prison term**

무기 징역, 종신형 **life imprisonment, life sentence**

그는 무기 징역형을 선고받았다.

He ***was sentenced to life***.

He received a ***life sentence***.

사형 **death sentence, death penalty**

그는 사형을 언도받았다.

He ***was sentenced to death***.

He was given the ***death penalty***.

사형 제도 폐지 **abolish capital punishment**

사형 제도 폐지론자들은 그것이 비인도적이라고 한다.

Opponents of capital punishment believe it to be inhumane.

사형수 **death roll prisoner**

감옥, 구치소 **jail**

교정 기관 **correctional institution**

교도소 **prison, jail**

그는 교도소에 수감되었다.

He was ***put in jail***.

He ***was imprisoned***.

교도관 **warden**

교도관은 교도소 운영에 대한 재량권을 가진다.

A ***warden*** has the discretion of how to run the prison.

갱생, 자활 **rehabilitate**

사회 복귀 **reintegration**

자활 프로그램은 죄수들의 사회 복귀를 도와준다.

Prison ***rehabilitation programs*** help prisoners ***reintegrate*** into society.

재소자 **prison inmates**

모범수 **prisoner with good conduct/behavior**

가석방 **parole**

X는 모범수로 인정받아 가석방으로 풀려났다.

X was released on ***parole*** for ***good behavior***.

출소, 석방 **be released from prison**

모범수로 인정받는다면 그는 2년 안에 석방될 수도 있다.

With good behavior, he could ***be released from prison*** in less than two years.

사면 **pardon**

감형 **commute sentence, reduce sentence**

복권 **reinstatement of rights**

형기의 3분의 1이 경과해야 감형이나 복권이 가능하다.

At least one third of the prison sentence should have been served before their ***sentences are commuted*** and ***rights reinstated***.

대통령 사면 **presidential pardon**

연례행사처럼 행해지는 대통령의 사면권 행사에 대한 견제가 필요하다.

There should be some restrictions on ***presidential pardons*** that are routinely issued every year.

처벌 면제 **impunity**

면책 특권 **indemnity, immunity**

그는 증언하는 대가로 면책 특권을 받았다.

He was granted ***immunity*** in exchange for his testimony.

재판 TRIAL

관할 법원 **competent court**

제소 **file a law suit, bring a case to court**

그는 회사를 상대로 소송을 제기할 계획이다.

He is planning to ***file a law suit*** against the company.

승소 **win the case/trial**

패소 **lose the case/trial**

상소 **appeal, go to an appellate court**

제1심 법원 **court of first instance**

재판에서 패소한 측은 고등법원에 상소했다.

The party that lost the trial ***appealed*** to a higher court.

상고 **final appeal, go to the Supreme Court**

상고에서도 패한다면 원고는 더 이상 의지할 곳이 없다.

After losing the ***final appeal***, the plaintiff had no more recourses available.

항고 interlocutory appeal
형사 소송 criminal suit
민사 소송 civil suit
불법 행위에 관한 소송 torts

범인이 저지른 한 가지 행위에 대해 형사 및 민사 소송을 모두 제기하기도 한다.
Criminals can face both ***criminal*** and ***civil suit*** for the same act.

소장 complaint
출두 명령 summons

그는 법원의 출두 명령을 받았기 때문에 하루 휴가를 요청했다.
He requested time off from work because he received a ***summons*** to appear in court.

심리 proceeding
원고 plaintiff, complainant

☞ *complainant* : 형사 재판에서 원고가 검찰인 경우에 원고를 지칭.

피고 defendant
죄를 인정 plead guilty, admission of guilt

☞ *plea bargaining* : 피고가 범죄를 인정하는 대신 형벌을 관대하게 내리기로 합의하는 것.

치산 legally competent, quasi-incompetent
금치산 legally incompetent

피고는 금치산자로 법정에 설 수 없다는 결론이 났다.
The defendant was declared ***legally incompetent*** to stand trial.

구두 변론 oral argument
최종 변론 closing argument

피고 측 변호사가 최종 변론을 했다.
The defense side lawyer gave his ***closing argument***.

증인 심문 examine/question the witness
반대 심문 cross-examination
대질 심문 cross-examination with both parties present

반대 심문을 피하기 위해 증인석에 서지 않으려는 피고가 많다.
Many defendants choose not to take the witness stand to avoid ***cross examination***.

증인 witness

중요한 증인이 출두하지 못했기 때문에 변호인측에서는 휴정을 요청했다.
The defense moved for recess because a key ***witness***s failed to show up in

court.

감정 증인 **expert witness**

증언 **testify, give evidence/deposition/testimony**

증인은 살인 현장에서 용의자를 목격했다고 증언했다.

The witness gave ***testimony*** that the suspect was seen at the murder scene.

The witness ***testified*** in court that the suspect was seen at the murder scene.

증인은 회사가 특허 기술을 사용했다고 증언했다.

...the witness ***deposed*** that the company had used the patented technology.

☞ *witness deposition* : 증인 녹취.

증거 **evidence, exhibit**

• Deposition이란?

법정에서의 증언은 testimony in court다. 반면, 주로 미국에서 재판 전 선서하에 증인이 하는 증언을 녹취하여 후에 사용하는데, 이 과정을 deposition이라고 한다. 한국어로는 '선서 공술서에 의한 증언', '직접증인조사'로 번역되며, 법정에서의 증언과 같은 효력을 갖는다.

진술서 **affidavit**

참고인 **unsworn witness**

배심원 **jury**

전통적으로 배심원 정원은 12명이지만, 오늘날에는 민사 재판의 경우 배심원 정원을 6명으로 허용하는 법정도 있다.

While a traditional ***jury*** is made up of twelve members, some courts today allow six member ***jury*** for civil trial.

대배심원 **grand jury**

— 선정 **jury selection**

— 평결 **jury verdict**

피고 측은 징벌적 배상금이 지나치다고 주장하며 배심원 평결을 상소했다.

Defense appealed the ***jury verdict***, claiming that the punitive damages are excessive.

☞ *hung jury* : 불일치 배심. 배심원 제도에서 배심원들이 합의에 이르지 못하여 평결할 수 없는 경우.

소환장, 소환 영장 **subpoena**

그는 다음 주에 있는 재판에 출두를 명하는 소환장을 받았다.

He was served a ***subpoena***, ordering him to testify at next week's trial.

궐석 재판 **judgment by default**

피고가 출두하지 않았기 때문에 궐석 재판이 이루어졌다.

Since the defendant failed to show up, ***judgment*** for the plaintiff was entered ***by default***.

공소 기각 **case dismissal**

증거 불충분으로 공소 기각되었다.

The ***case was dismissed*** for lack of evidence.

법정 판결 **court's decision/ruling/sentence**

대법원에서 하급 법원의 판결을 뒤집었다.

Supreme court overruled the lower ***court's ruling***.

1심 판결 **first ruling**

무죄 판결 **acquitted**

유죄 판결 **convicted**

미국의 경우, 일단 피고가 무죄 판결을 받으면 검찰에서 다시 기소할 수 없다.

In the U.S., once a defendant is ***acquitted***, prosecution can not try the case again.

보호 명령 **protective order**

그녀는 폭력을 휘두르는 남편을 상대로 보호 명령을 받을 목적으로 법원을 찾았다.

She went to court to get a ***protective order*** against her abusive husband.

접근 금지 명령 **restraint order**

형사 재판 **criminal trial**

대부분의 형사 재판은 며칠 안에 끝난다.

Most ***criminal trials*** last only a few days.

형 **sentence**

구형 **demand sentence, sentence sought by the prosecution**

검찰은 사형을 구형했다.

Prosecution filed an intent to seek the ***death penalty***.

— 선고 **sentence, give/receive a sentence, hand down sentence**

그는 징역 15년 형을 선고받았다.

He ***was sentenced to*** 15 years in prison.

He ***received a sentence of*** 15 years in prison.

— 집행 **execute the sentence**

X의 사형 집행을 담당할 관리가 임명되었다.
An officer was appointed to ***execute the sentence*** of death upon X.

집행 유예 **suspension of sentence, stay of execution**
길고 지루한 재판 끝에 그는 집행 유예를 받는 데 성공했다.
After a long, tedious trial, he won a ***stay of execution***.

약식 재판 **abbreviated trial**
소액이 걸린 소송은 약식 재판으로 진행한다.
An ***abbreviated trial*** takes place for cases involving small sums.
☞ *petit case court* : 소액 재판소.

법정 모독죄 **contempt of court**
그날 두 번째로 소동을 피운 후에, 피고에게는 법정 모독죄가 추가되었다.
After his second outburst of the day, the defendant was found in ***contempt of court***.

위증 **false witness, false evidence, perjury**
법정에서 위증을 하면 형사처벌을 받는다.
One is subject to criminal prosecution for committing ***perjury*** in court.

국제재판(소) **international tribunal**
해상법 담당이나 구 유고슬라비아 전범 재판 등 다양한 국제재판소가 있다.
There are many different ***international tribunals***, such as international tribunal for the law of the sea and international criminal tribunal for former Yugoslavia.

국제 상사 중재 **international arbitration**
국제 상사 중재원 **international arbitrator**
국제 상사 중재에는 기업이 연관되어 있는 경우가 많다.
Many ***international arbitrations*** involve corporations.

중재 약정 조항 **arbitration clause**
소송을 피할 목적으로 직원들에게 중재 약정 조항에 서명하도록 하는 회사가 많다.
Many companies require their employees to sign an ***arbitration clause*** to avoid law suits.

중재 판정 **arbitration awards**
중재인, 중재자 **arbitrator**
먼저 중재자를 선임한다.
First, an ***arbitrator*** is appointed.

기피 **challenge**
중재자 선정이 불공정하면 중재인을 기피한다.

A ***challenge is raised*** if the appointment of the arbitrator was not fair.

조정 **conciliation**

조정관 **conciliator**

일반적으로, 조정관의 역할은 분쟁의 해결이라기보다는 분쟁 당사자들 간의 의사소통 촉진에 있다.

Typically, a ***conciliator***'s role is to facilitate communication between the disputing parties, rather than actually settling the dispute.

알선 **mediation**

화해 **settlement**

양측은 비용이 상당한 소송에 들어가기 앞서 우선 화해를 시도하자는 데 동의했다.

Both sides agreed to try ***to settle*** before going through a costly law suit.

라틴어 법률 용어	
absente reo	in the absence of the defendant (피고 궐석으로)
amicus curiae	friend of the court (법정의 고문)
bona fide	good faith (성실, 선의)
caveat	let one be aware (소송절차 정지 통고)
writ of certiorari	to be made more certain (사건이송 명령장)
cui bono	to whose advantage (누구의 득이 되는가)
de facto	in fact (사실상)
de jure	by law (법률상)
exempli gratia	example given (예를 들어)
ex officio	from office (직권상의)
habeas corpus	you should have the body (인신보호영장)
in camera	in chambers (비공개로)
in personam	against the person (대인)
in re	related to (~와 관련하여)
in rem	against the thing (대물)
inter alia	among others (특히)
ipso facto	by the fact itself (사실 자체에 의해)
ipso jure	by the law itself (법률 자체에 의해)
jus cogens	compelling law (강행규범)

jus gentium	law of nations (만민법,국제법)
jus non scriptum	unwritten law (비성문법)
jus scriptum	statue law, written law (성문법)
lex non scripta	unwritten laws (비성문법)
lex scripta	statue laws, written laws (성문법)
mala fides	bad faith (불성실, 악의)
mea culpa	my fault (내 잘못)
per curiam	by the court (법원에 의해)
per se	itself (그 자체로)
prima facie	clear (명백한)
pro bono	for the good (무료)
res judicata	a matter decided (기결사항)
stare decisis	let the decision stand (판결 선례 준수 원칙)
subpeona	under penalty (법원소환 명령)
ultra vires power	beyond the lawful capacity (능력외 권한)
venire facias	make come (배심원 소집영장)

민법 CIVIL LAW

소송 **law suit, litigation, legal proceeding**

— 제기 **file a law suit, take the matter to court**

당사자 간의 합의에 실패한 후, 그는 소송을 제기했다.

After failing to resolve the matter out of court, he ***filed a law suit***.

— 취하 **drop the suit**

상대편에서 소를 취하했다.

The other party ***dropped the lawsuit***.

민사 소송 **civil suits, civil litigation**

민사소송법 **civil procedure**

그는 교통사고 피해 배상을 목적으로 민사 소송을 제기했다.

He filed a ***civil suit*** to recover damages from a car accident.

반대 소송 **counter claim, opposition procedure, cross-suit**

맞고소 **countersue, file a counterclaim**

이웃에게 고소당한 후, 그는 분풀이로 맞고소를 결심했다.

After being sued by his neighbor, he decided to ***file a counterclaim*** out of spite.

합의 (out-of-court) **settlement**

합의부 **three-judge court**

그 사건은 결국 합의로 끝났다.

The case was eventually ***settled out of court***.

이혼 소송 **divorce suit**

대부분 여자 쪽에서 이혼 소송을 제기한다.

In most cases, the wife ***files for divorce***.

친자 확인 소송 **paternity suit**

친자 확인 소송 결과 그가 아기의 친부로 결정 났다.

The paternity suit established that he is indeed the baby's father.

명예 훼손 소송 **libel suit, libel**

명예 훼손 **defamation**

여배우가 주간지를 명예 훼손죄로 고발했다.

The actress filed a ***libel suit*** against the tabloid.

The actress sued the tabloid ***for libel***.

집단 소송 **class action suit**

집단 소송을 하면 시간과 비용을 상당히 절감할 수 있지만, 모든 소송을 다 집단 소송으로 만들기는 어렵다.

While a ***class action suit*** can save substantial time and effort, not all lawsuits can be consolidated into ***a class action suit***.

행정 소송 **administrative litigation**

연방통상위원회는 그 회사에 대해 행정 소송을 제기할지 여부를 밝히지 않았다.

The Federal Trade Commission has not announced whether they will bring any ***administrative litigation*** against the company.

저당권 **mortgage, hypothec**

담보권 **security right, hypothec, security interest**

구상권 **right to indemnity**

소구권 **right of recourse**

일부 주에서는 의사에 대한 보험 회사의 구상권을 법령으로 제한한다.

In some states, statutes limit insurance company's ***right to indemnity*** against physicians.

가처분 **preliminary injunction**

소송을 하면 대개 가처분 신청부터 한다.
In most civil suits, the plaintiff usually first files for a ***preliminary injunction***.
법원에서 가처분 명령을 내렸다.
The court ordered ***a preliminary injunction***.

가압류 **provisional attachment**

차압 **attachment, foreclosure**

담보물이었던 집에 차압이 들어간다.
There is an ***attachment*** on the house, which was a collateral for a loan.

배상 **compensation, indemnity**

배상권 **right of indemnification**

계약서에 명시된 배상권은 다음 권리를 포함한다….
The ***right of indemnification*** stated in the contract may include rights such as....

손해 청구 **claim damage, file for damages**

청구권 **right of claim**

원고는 청구권 포기에 동의한 적이 없다고 증언했다.
The plaintiff testified that he never agreed to waive his ***right of claim***.

손해 배상 **damages**

피해 보상 **compensatory damages**

징계적 보상 **punitive damages**

판사는 피해 보상금으로 10만 달러, 징계적 보상금으로 7백만 달러를 회사 측에서 지불하라고 명령했다.
Judge ordered the company to pay $100,000 in ***compensatory damages*** and $7 million in ***punitive damages***.

☞ <유통/소비자> 'PL법' 참조.

소송인 **litigants, plaintiff and defendant**

의료 과실 소송을 제기하기 전에 주 의료협회에 먼저 문제 제기를 하도록 정해 놓은 주가 많다.
Many states require the ***plaintiff*** to file for a state medical board review before filing a malpractice suit.

계약 **contract, agreement**

계약 당사자들끼리 계약을 체결하다.
The parties to the contract sign an ***agreement***.

계약 위반 **breach of contract**

계약 기간 **period of contract**

계약 체결 signing of contract

계약 당사자 parties to the contract

계약 당사자 양측 모두 계약 파기 방안을 모색하고 있다.

Parties to the contract are both seeking to nullify the contract.

해약 termination of contract

중도 해약 mid-term termination of contract

해약금 cancellation fee, penalty

그 계약은 일방적인 중도 파기를 허용하지 않는다.

The contract does not allow for unilateral ***mid-term termination***.

무효화 nullify

계약 취소 contract cancellation

위약금 penalty for breach of contract

계약서에 위약금 관련 조항이 없다는 것이 문제다.

The problem is that the contract does not specify anything about ***penalty for breach of contract***.

증빙 서류 evidential document, supporting document

공증 notarization

공증인 notary public

해당 문서는 공증을 받아야 한다.

The concerned document must receive ***notarization***.

09 정치 POLITICS

의회 PARLIAMENT

의회	parliament
의석	(parliamentary) seats

국가위원회에서는 의회 의석 중 33%를 여성에게 할당할 것을 요구…
...the National Commission to demand 33 percent reservation of ***seats*** for women in ***Parliament*** ...(*Statesman, India*)

의원	legislator, lawmaker, member of parliament

미 의원들이 군축 문제를 논의하고 있다.
U.S. ***lawmakers*** are talking about the issue of arms reduction.

상원 의원	member of the upper house/chamber
하원 의원	member of the lower house/chamber
국회의원	member of National Assembly, assemblyman, lawmaker

P는 제16대 국회의원으로 선출되었다.
P was elected to the 16th ***National Assembly***.
P became a member of the 16th ***National Assembly***.

초선 의원	first-time elected member of the parliament, first-term lawmaker
삼선 의원	three time elected member of the parliament, third-term lawmaker

비록 초선이기는 하지만, 의회 내에서 X의 영향력은 상당하다.
Though he is a ***first-term lawmaker***, X is an influential figure in the parliament.

의회 민주주의	parliamentary democracy
대의 민주주의	representative democracy
다수결의 원칙	principle of majority rule

민주주의는 다수결의 원칙으로 구현된다.
Democracy is implemented in the form of ***majority rule***.

다수의 횡포	tyranny of the majority
삼권 분립	separation of (legislative, judicial and executive)

power, division of power (into the three branches of government)

입법부 — legislative branch, the legislature

행정부 — executive branch, the administration

사법부 — judiciary branch, the judiciary

사법부의 독립을 보장하기 위한 원칙이 있어야 한다.

We need principles to guarantee the independence of ***the judiciary***.

세력의 균형 — balance of power

견제와 균형 — check and balance

거부권 — veto authority, veto power

대통령은 특검 법안에 대한 거부권을 행사하지 않기로…

The President has decided not to ***veto*** the Special Prosecution Bill…

탄핵 — impeachment

탄핵안 — impeachment bill

미 의회는 트럼프 대통령에 대한 탄핵 소추를 결정했다.

The U.S. Congress decided to ***impeach*** President Trump.

의회 제도 — parliamentary system

일원제 — unicameral system, one chamber system

양원제 — bicameral system, two chamber system

양원제 의회는 상원과 하원으로 구성된다.

A ***bicameral*** parliament is composed of the upper and lower house.

각국의 의회 (2022년 현재)

국가	의회 명칭		임기
한국	National Assembly (국회)		4년
미국	Congress (의회)	Senate (상원)	6년
		House of Representatives (하원)	2년
영국	Parliament (의회)	House of Lords (상원, 귀족원)	12-15년
		House of Commons (하원, 서민원)	5년
프랑스	Parliament(*Parlement*) (의회)	Senate (상원, 프랑스 상원)	6년
		National Assembly (하원, 국민의회)	5년
일본	Diet (의회)	House of Councillors (참의원)	6년
		House of Representatives (중의원)	4년
중국	National People's Congress (전국최고인민대표대회)		5년

러시아	Federal Assembly(*Federalnoye*)(의회)	Council of the Federation (상원, 연방평의회)	없음
		State Duma (하원, 국가두마)	5년
북한	Supreme People's Assembly (최고인민회의)		5년

국회 **National Assembly**

회기 **session**

국회가 회기 중이다.

The National Assembly is ***in session***.

휴회 **recess, out of session**

국회가 휴회 중이다.

The National Assembly is ***out of session*** (***in recess***).

정기 국회 **regular session, ordinary session**

임시 국회 **extraordinary session, ad-hoc session**

제헌 국회 **The Constituent Assembly**

임시 국회 의제가 어제 발표되었다.

Topics for the ***ad-hoc session*** were announced yesterday.

입법 활동 **legislative activities**

입법 **legislation, to legislate**

입법 절차 **legislative procedure**

법안 **bill, draft legislation, legislative bill**

개정 시안 **draft amendment, amendment bill**

입안 **submit a legislative proposal, propose a bill**

심의 **deliberation**

제정 **enactment, enact a law**

새로 제정된 법안은 2020년 1월 1일 발효된다.

The ***newly enacted law*** goes into effect on Jan. 1, 2020.

오랜 심의 끝에 마침내 새 법률이 제정되었다.

After a long ***deliberation***, the law was finally ***enacted***.

표결 **put to vote**

통과 **passage**

법안이 의회에서 다수결로 통과되었다.

The legislative proposal ***was passed*** in the parliament by a majority vote.

입법 예고 **notification of pending legislation, announcement**

새 법안이 이미 입법 예고되기는 했지만, 발효되는 것은 두 달 뒤다.

Although the new ***legislation*** has been ***announced***, it will go into effect after two months.

공포 **promulgation, proclamation**

발효 **enter into force, become effective**

새 법은 공포 후 20일 후에 발효된다.

The law ***becomes effective*** 20 days after ***proclamation***.

자유 투표 **free voting, party-independent voting**

당은 국무총리 비준안에 자유 투표를 하기로…

The party has decided that members will ***vote freely*** on the confirmation of the appointment of the prime minister...

날치기 통과 **railroading**

법안이 국회에서 날치기 통과되었다.

The bill was ***railroaded*** in the National Assembly.

거수기 **rubber stamp**

그 회의는 결의안을 기계적으로 승인하기만 했다.

The whole meeting was a ***rubber stamping*** of the resolutions.

조약 비준 **ratification of treaties**

조약 비준은 대통령 권한에 포함된다.

Ratification of treaties falls into the presidential powers.

예산안 심의 **deliberation of the national budget**

…의회 예산안 심의 도중에…

... during the congressional ***deliberation of the national budget*** ...

국정 감사 **inspection and investigation of state administration, parliamentary audit**

국회가 국정 감사를 실시했다.

The National Assembly conducted a ***parliamentary audit*** on the matter.

국정 조사권 **parliamentary right to investigate state administration**

국회가 국정 조사권을 발동했다.

The National Assembly invoked the ***parliamentary right to investigate state administration***.

공청회 **public hearing**

청문회 **hearing, investigative hearing, parliamentary hearing**

…에 대한 청문회를 열다.

...hold a ***parliamentary hearing*** on...

인사 청문회 **confirmation hearing**

국회는 김석수 총리 지명자에 대하여 이틀에 걸쳐 인사 청문회를 열었다.
The National Assembly held a two-day ***confirmation hearing*** on Kim Suk Soo, the prime minister designate.

의회의 권한 **Parliamentary Powers**

불체포 특권 **Immunity from Arrest**

국회의원뿐 아니라 외교관에게도 불체포 특권이 있다.
Diplomats enjoy ***immunity from arrest*** as well as members of the parliament.

원내 발언 표결의 자유 **Nonliability Privilege**

방탄 국회 **parliamentary sessions held to shield lawmakers, abusing parliamentary privilege of immunity**

국회의장 **Speaker of the National Assembly**

원내 교섭 단체 **Negotiating Group**

X당이 원내 교섭 단체가 되기 위한 의석수를 확보했다.
X Party secured enough seats to become a ***Negotiating Group*** in the National Assembly.

대한민국 국회	
의장단	Presidency
국회의장	Speaker
부의장	Vice Speaker(s)
본회의	Plenary Session
위원회	Committees
상임위원회	Standing Committees
국회운영위원회	House Steering Committee
법제사법위원회	Legislative and Judiciary Committee
정무위원회	National Policy Committee
기획재정위원회	Strategy and Finance Committee
교육위원회	Education Committee
과학기술정보방송통신위원회	Science, ICT, Broadcating and Communications Committee
외교통일위원회	Foreign Affairs and Unification Committee
국방위원회	National Defense Committee
행정안전위원회	Public Administration and Security Committee

문화체육관광위원회	Culture, Sports and Tourism Committee
농림축산식품해양수산위원회	Agriculture, Food, Rural Affairs, Oceans and Fisheries Committee
산업통상자원중소벤처기업위원회	Trade, Industry, Energy SMEs, and Startups Committee
보건복지위원회	Health and Welfare Committee
환경노동위원회	Environment and Labor Committee
국토교통위원회	Land, Infrastructure and Transport Committee
정보위원회	Intelligence Committee
여성가족위원회	Gender Equality and Family Committee
특별위원회	Special Committees
예산결산특별위원회	Special Committee on Budget and Accounts
윤리특별위원회	Special Committee on Ethics
인사청문특별위원회	Special Committee for Confirmation Hearing
교섭단체	Negotiating Groups
입법지원기관	Legislative Support Organizations
국회예산정책처	National Assembly Budget Office
국회사무처	National Assembly Secretariat
국회입법조사처	National Assembly Research Service
국회도서관	National Assembly Library

정당 정치 PARTY POLITICS

정치의식 **political consciousness, political awareness**

정치 참여 **political participation**

여성의 정치 참여도가 증가해왔다.

Women's ***political participation*** has been growing.

정치인(정치가) **politician, statesman, political figure**

정계 입문 **enter politics**

정계 복귀 **return to politics**

그는 정계 복귀 가능성을 일축했다.

He ruled out any possibility of ***returning to politics***.

정치권	politicians, political circle
불신	distrust

정치권에 대한 깊은 불신감…

The public is disillusioned with ***politics***(~***cians***).

People feel a deep ***distrust*** toward ***politics***.

정치 무관심	political indifference

젊은 세대의 낮은 투표율은 그들의 정치적 무관심을 나타낸다.

Low voter turnout among young people reflects their ***political indifference***.

창당	founding a new party
창당 발기인 대회	founders' meeting to launch a new party

…신당 창당을 제안…

...to propose ***founding a new party*** ...

국민의 힘	People Power Party
더불어민주당	Democratic Party of Korea (DP)
정의당	Justice Party
입당	join the party, become a member of the party
탈당	withdraw/resign from the party, give up party membership

일부에서는 정치 중립성을 위해 대통령이 탈당해야 한다고 주장한다.

Some argue that the President should ***leave the party*** to establish political neutrality.

정당	political party
당대표	Party Leader, Chairman
원내대표	Floor Leader
최고위원회	Supreme Council
최고위원	member of the Supreme Council
당간부	party leaders
당원	party member

노동당 간부들의 비밀 회동…

... a private meeting of Labor ***Party leaders*** ...

당의 정강(정치 강령)	party's political platform
정치 노선	political platform

X후보의 정치적 노선을 잘 모르겠다.

Candidate X's ***political platform*** is not clear.

양당제	two party system
일당제	one party system

다당제 multi-party system

다당제 체제에서 다원주의가 구현된다.

A ***multi-party system*** can promote pluralism.

여당 ruling party

집권당 party in power, ruling party

다수당 majority party

다수당 총재…

...the leader of the ***majority party***...

...***the Majority Leader***...

야당 opposition party

집권 소수당 ruling minority party

소수당 minority party

X는 소수당 대변인이다.

X serves as a spokesman for the ***minority party***.

무소속(의원) an independent, a parliament member with no party affiliation

그는 무소속 의원이다.

He is ***an independent***.

의회 장악 control the parliament

미국에서 공화당이 의회를 장악했다.

The Republican Party ***took control of Congress***.

The Republican Party now ***controls the Congress***.

여소야대 minority government, opposition (party) controlling the parliament

여소야대 정부에 불안한 기운이 감돈다.

The ***minority government*** is showing signs of anxiety.

동거 정부 co-habitation government

양당은 동거 정부 형식으로 권력을 나누기로 합의했다.

The two parties agreed to share power under a ***co-habitation*** system.

연합당 coalition party

연정(연립 정부) coalition government

X당에서 연립 정부 구성을 주장하고 나선다.

Party X calls for a ***coalition government***.

교섭 단체 negotiating group, negotiating bloc

전당 대회 national convention

2020년 전당 대회는 큰 성공을 거두었다.

The 2020 ***national convention*** was a huge success.

중앙당	party headquarter
지부	party local chapter, local branch
권력 쟁탈전	political struggle

정파 간 권력 싸움이 치열하다.

There is intense ***political struggle*** among the different factions.

정치 파벌	political factions
계보	political line

김의원은 JP 계보다.

Lawmaker Kim is a ***member of JP's line***.

후견인	patron, guardian, sponsor, political patronage
초당적	bipartisan
비정파적	non-partisan
당파적	partisan
당론 투표	party voting, voting along party lines

☞ *voting along party lines* : 의회에서 투표를 할 때 당의 노선에 따라 투표하는 것.

정치 성향	political views, political inclination
보수파	conservatives
진보파	liberals, progressives
급진파	radicals
과격파	extremists, radicals
민족주의파	nationalists
중도파	centrists, moderates
온건파	moderates, doves
강경파	(political) hard-liners, hawks
개혁파	reformists
노장파	the old guard
좌익, 좌파	left wing, leftist
우익, 우파	right wing, rightist

요즘은 중도 우파의 목소리를 듣기 어렵다.

It's hard to hear ***the moderate right*** voice their opinion.

밀실 정치	behind-the-scene politics, covert political deals

그 결정에는 밀실 정치의 입김이 작용한 것 같다.

There seems to be some murky ***behind-the-scene politics*** involved in the decision.

금권 정치 **money politics, plutocracy, politicking with soft-money**

금권 정치를 하지 않는 깨끗한 정당…

... a party free from ***money politics*** ...

합종연횡 **forming (numerous) political alliances, strategic alliances between political factions**

정치권의 합종연횡…

... ***forming strategic political alliances***...

...***grouping and regrouping*** among political factions...

당론 분열 **divided party, factional division**

그 문제로 인하여 당론이 분열되었다.

The party ***is divided*** over the issue.

지역주의 **regional factionalism**

지역주의 타파를 위한 노력…

... efforts to eliminate ***regional factionalism*** ...

정계 개편 **political realignment, switching of political parties**

정계 개편이 추진되다.

A ***political realignment*** takes place.

Several politicians will be ***switching parties***.

당정 개편 **party reshuffle**

당 대변인이 주요 당정 개편이 있을 것이라고 암시했다.

The party spokesman indicated a major ***party reshuffle***.

영수 회담 **meeting of party heads**

대통령은 야당 대표와 영수 회담을 가졌다.

The president held a ***meeting with the head*** of the opposition party.

선거 ELECTIONS

선거 **elections**

— 실시 **hold elections**

올해 3차례에 걸쳐 선거가 실시된다.

Three ***elections*** are scheduled to ***be held*** this year.

총선 **general election**

한국은 올해 총선을 실시한다.

Korea holds its ***general election*** this year.

대선 presidential-election

그는 대권에 도전하겠다고 발표했다.

He announced that he would ***run for presidency***.

대통령 당선인 President-elect

윤석열 대통령 당선인…

President-elect Yoon Suk-yeol ...

지방 선거 local elections

야당이 경기 지역 선거에서 압승을 거두었다.

The opposition party won the ***local elections*** in Gyeonggi Province by a landslide.

자치 단체장 선거 election of the heads of local authorities/governments, municipal elections

광역 단체장 선거 election of heads of city and provincial governments, mayoral and gubernatorial elections

시장 선거 mayoral elections

도지사 선거 (provincial) gubernatorial elections

도지사 선거는 3월에 치러질 예정이다.

The ***gubernatorial elections*** are scheduled for March.

보궐 선거 by-election, election to fill vacancy, off-year election

중간 선거 off-year election

선출직 elected official

선거 제도 electoral system

보통 선거 popular vote/election, universal suffrage

비밀 선거 secret election, elect by secret ballot

민주화 운동 지도자는 비밀 선거를 요구했다.

The democratic movement leader called for ***election by secret ballot***.

직접 선거 direct election, direct suffrage

간접 선거 indirect election, indirect suffrage

프랑스는 헌법에 의해 5년마다 직접 선거로 공화국 대통령을 선출한다.

According to the French Constitution, the President of the Republic is elected by ***direct suffrage*** every five years. (*U.S. Commercial Service*)

경선제 presidential primary election

당내 후보 경선 win party nomination by vote, compete for nomination

정치 · 선거

전국민 경선제 open primary

후보 지방 경선 provincial primaries, local primaries

후보 지방 경선에서 압승을 거두다.

... to pull off a landslide victory in the ***local primaries*** ...

다수 대표제 majority representation

소수 대표제 minority representation

비례 대표제 proportional representation

더불어민주당은 비례 대표 의석 36석을 배분받았다.

...36 ***proportional representation*** seats were allocated to DP...

• 비례 대표제란?

복수 정당이 있는 경우 개개 정당에 대해 그 정당이 획득한 득표수에 비례하여 의석이 배분되도록 한 선거 제도를 말한다.

직능 대표제 functional representation, vocational representation

나라 안에 직능 대표제 개념을 처음 도입하다.

... to introduce the idea of ***functional representation*** to the country.

• 직능 대표제란?

현행 모든 대표제가 당선 방식이나 투표 방식만 다를 뿐 지역 단위로 대표를 뽑는 지역 대표제다. 그러나 직능 대표제는 직업별로 선거인단을 조직하여 의회에 그 업계 또는 직업을 대표하는 사람을 보내는 대표 선출 방식이다. 지역 대표제는 사회 계층이나 직업을 고려하지 않으므로, 진정한 국민 대표일 수 없다는 입장에서 이 제도가 주장되었다. 현재는 지역의 공동 이익보다 직능에 따른 공동 이익이 강해져 전통적인 대의 제도에 대한 수정안으로 대두되고 있다.

정당 투표제 party voting

정당 명부제 (German-style) Party Registration Voting System

6·13 지방 선거에서 사상 처음 도입되는 정당 명부식 1인 2표제…

...the German-style ***party registration voting system*** introduced for the first time in the June 13th local elections is based on one-voter-two-votes...

• 정당 명부제란?

독일식 정당 명부제란, 지역구 의원과 비례 대표 의원을 같이 선출하는 방식이다. 각 정당은 지역구 후보와 함께 비례 대표 후보들의 명단을 사전에 발표하며, 유권자들은 지역구 후보를 선출하는 투표와 함께 정당의 비례 대표 명단을 보고 지지 정당에 투표하므로, 총 두 번의 투표를 하게 된다. 같은 후보자가 지역구 후보와 비례 대표 후보를 겸할 수 있어 지역구 선거에서 낙선하더라도 비례 대표에 의해 당선될 수 있다. 독일에서 시행되는 의원 선출 방식이다.

선거구 **electoral district, voting district, constituency**

선거구민 **local constituents**

전국구 **national district**

지역구 **local district**

지역구를 돌며 유세를 하다.

... make a campaign tour of the ***local districts*** ...

소선거구제 **single-member/seat district system**

중선거구제 **multi-member (2-5) districts**

대선거구제 **multi-member district system, multi-seat electoral districts**

지역구는 그 지역에서 1명을 선출하는 소선거구제와 2명 이상을 선출하는 중대선거구제로 나뉜다.

Constituencies may be based on a ***single-member district,*** in which only one person is chosen to hold office from that district, or on a ***multi-member district,*** in which more than one member is chosen to hold office from that district. (*Acadia University Website*)

• 소선거구제란?

한 선거구에서 의원 1명을 선출하는 제도. 유권자들은 후보자 중 1인 1표제이며, 후보자 중에서 최다 득표자 1명만 당선된다. 당선자는 결과적으로 다수 대표가 된다.

• 중대선거구제란?

한 선거구에서 2인 이상을 선출하는 제도. 중선거구제란 2인에서 5인 이하를 선출하는 제도이며, 넓은 의미의 대선거구제다. 1인 2표제가 가능하며, 최다수를 득표하지 않은 후보자도 당선이 가능하다.

예비 선거 **primary election, preliminary election, primary**

미국의 대통령 예비 선거…

...the ***presidential primaries*** of the U.S....

다수 득표제 **first-past-the-post system**

결선 투표 — **run-off vote, second ballot**

결선 투표가 시급하다.

There's an urgent need for a ***run-off vote***.

국민 투표 — **national referendum, plebiscite**

한 세기만에 처음 있는 국민 투표…

... the first ***national referendum*** in a century...

유권자 — **voter(s)**

인구의 절반 이상이 여성 유권자다.

More than a half of the whole population are women ***voters***.

1인 1표제 — **one-voter-one-vote**

선거 연령 — **minimum voting age**

입후보 — **candidature**

후보자 — **candidate**

입후보 자격 — **eligibility for candidacy**

대선 입후보 자격…

...***eligibility for candidacy*** for the position of President...

피선거권 — **right to run for public office**

출마 — **run for office, be a candidate**

그는 대통령직에 단독 출마했다.

He ***ran*** unopposed ***for*** the presidency.

그는 대통령직을 놓고 X후보와 경합을 벌였다.

He ***ran against*** X for the presidency.

공천 — **party nomination, get on the ballot**

공천 후보가 세 명이다.

There are three candidates for ***party nomination***.

선거 운동 — **election campaign, electioneering, run a campaign**

선거 운동원 — **campaign worker**

선거 운동원들이 불법 선거 운동을 벌이다 적발되었다.

The campaign workers were caught running an illegal ***election campaign***.

홍보전 — **media campaign**

유세 — **political campaign**

전국 유세 — **national campaign tour**

후보 X는 후보 Y에 맞서 전국 유세 중이다.

Candidate X is on a ***national campaign tour*** against Y.

후보 지지 — **support a candidate**

대통령은 자신은 어떤 후보도 지지하지 않겠다고 말했다.
The President said he would not ***support any candidate***.

선거 공약 **campaign pledge, election pledge**
그의 선거 공약은 현실성이 없다는 비난을 받았다.
His ***campaign pledge*** has been criticized for not being realistic at all.

선거 강령 **running platform**

선심성 **pork barrel**

지역 선심 사업 **pork-barrel project**
전통적인 선심성 정치에서 탈피하기 위한 노력의 일환으로, 다나카는 수십 년 된 댐 건설 사업을 백지화했다.
In an effort to break away from traditional ***pork-barrel politics***, Tanaka scrapped a decades-old dam construction plan. (*Japan Times*)

불법 정치 자금 **illegal political fund, political slush fund**

— 조성 **illegal fund-raising**

선거 자금 **campaign funds**

— 모금 운동 **fund raising campaign**
민주당에서 대규모 선거 자금 모금 운동을 시작했다.
The Democratic Party launched a large-scale ***fund raising campaign***.

정치 후원회 **political support group**
그 친목회는 사실 특정 후보의 정치 후원회로 드러났다.
The seemingly social gathering turned out to be a ***political support group*** for a certain candidate.

정치 후원금 **political contributions/donations**
정치 후원금을 내는 오랜 관행을 거부하다.
... to refuse the old practice of making ***political contributions***.

낙선 운동 **blacklisting candidates, un-election campaign, negative campaign to block election**
일부 시민 단체들은 특정 후보에 대한 낙선 운동을 벌인다.
Some civic organization have conducted ***negative campaigns*** against designated candidates ***to block their election***.

선거법 **Election Law**

공명선거 **clean and fair election**

중앙선거관리위원회 **National Election Commission (NEC)**
중앙선거관리위원회의 유권 해석에 따라…
... by an authoritative interpretation of the ***National Election Commission*** ...

부정 선거 **rigged voting, the votes were rigged**

선거 비리 **election scandal/fraud**

선거 비리 때문에 정치 안정이 흔들리고 있다.

The ***election scandal*** is threatening political stability.

선거 부정 **election fraud**

매표 **vote-buying**

대통령은 선거 부정 의혹을 철저히 수사하겠다고 약속했다.

The President vowed to investigate the alleged ***election fraud*** thoroughly.

흑색선전 **political slander, negative campaign, mudslinging**

흠집 내기, 인신공격 **attack reputation, character assassination**

색깔론 **make issue of ideology, question ideology**

한때 색깔론으로 궁지에 몰렸던 후보…

...the candidate lost ground when ***questions*** were raised about ***his ideology***...

선거 여론 조사 **opinion poll**

선거 실시 전에 선거 여론 조사를 실시했다.

Opinion polls were taken during the run-up period to the elections.

여론 조사에 의하면 X후보가 앞서고 있다.

The ***polls*** show candidate X in the lead.

Candidate X is leading in the ***polls***.

여론 조사에 의하면 X후보가 뒤지고 있다.

Candidate X is trailing in the ***polls***.

여론 조사에 의하면 X후보가 가장 앞서고 있다.

According to the ***polls,*** candidate X is the front-runner.

Candidate X is the favorite.

오차 범위 **margin of error**

두 후보 사이의 지지도 차이는 여론 조사의 오차 범위인 4% 이내에 들어온다.

The difference between the two candidates falls within the range of the poll's ***margin of error*** which is 4%.

출구 조사 **exit poll**

주요 방송국 출구 조사에서는 모두 노 후보가 보수 야당의 이회창 후보를 앞서는 것으로 나타났다.

Exit polls from all major broadcasters suggested Roh beat conservative opposition candidate Lee Hoe Chang ... (*Reuters*)

후보 단일화 **merge candidacies/bids, unite forces, withdraw**

and endorse

합당 **merger of parties, merge parties**

안철수는 윤석열과의 후보 단일화 제안을 철회했다.

Ahn Cheol-Soo...scrapped an earlier proposal to merge his bid with [Yoon Suk-yeol]. (*Bloomberg*)

투표 **vote**

— **개시** **open polls**

— **마감** **close polls**

오전 7시에 투표를 개시하여 오후 6시에 마감한다.

The ***polls will open*** at 7 o'clock in the morning and ***close*** at 6 o'clock in the afternoon.

투표율 **voter turnout**

특히 젊은 층의 투표율이 저조했다.

Voter turnout was especially low among young voters.

보수파는 한국의 총 3천 4백만 유권자 중 48%에 불과한 투표율 덕에 이득을 보았다.

Conservatives profited from the low ***turnout of*** 48% of South Korea's 34 million ***voters***.

득표 **win votes, get votes, gain votes**

부동표 **undecided votes/voters, swing voters**

여성표와 부동표를 공략하다.

Try to win over the women voters and the ***undecided voters***.

부재자 투표 **absentee votes, absentee voting**

그 지역 선거에서 부재자 투표는 500여 표에 불과했다.

Only around 500 ***absentee votes*** were cast in the local election.

사전 투표 **early voting**

투표함 **ballot box**

투표소 **polling stations**

투표용지 **ballot**

기표하다.

... ***to fill in a ballot*** ...

개표 **vote counting, opening ballot boxes**

집계 **count votes, tally votes**

전자 개표 **electronic ballot-counting, electronic vote tabulation systems**

☞ *electronic voting* : 전자 투표로서 집계뿐만 아니라 투표 자체를 *touch screen* 등을

정치 • 선거

통해서 하는 것.

수개표 manual vote-count

재검표 recount

전자 개표 과정에 문제가 있다고 수개표를 요구…

...demand a ***manual recount*** because of problems in the ***electronic ballot-counting system***...

선거 결과 voting results

낙선 fail to be elected

당선 be elected

X가 Y직에 당선되다.

X was ***elected as*** Y.

X was ***elected to*** the office of Y.

근소한 차이 narrow margin, close election

이회창은 1997년 선거에서 1.7%의 근소한 차이로 김대중 후보에게 패했다.

Lee Hoe Chang was ***defeated*** by Kim Dae Jung ***by a narrow margin*** of 1.7% of the votes in the 1997 elections.

선거는 접전이었다. 그는 근소한 차이로 이겼다(졌다).

It was a ***close election***. He ***won***(***lost***) ***by a close margin***.

박빙의 차이, 신승 razor-thin margin, close election

김의원은 도전자를 박빙의 차이로 이기고 재선출되었다.

Lawmaker Kim ***wins*** re-election ***by a razor-thin margin*** over challenger.

압승 landslide victory, overwhelming victory

현직 시장이 선거에서 압승을 거두었다.

The incumbent mayor ***won*** the election ***by a landslide***.

It was ***a landslide victory*** for the incumbent mayor.

대통령 당선자 president-elect

인수위원회 presidential transition committee

X가 대통령인수위원회의 위원장으로 임명되었다.

X was appointed the chairman of the presidential transition committee...

정권 POLITICAL POWER

집권 come into power, be in power, rule

X가 집권하다.

X ***comes into power***.

수하르토 대통령은 장기 집권했다.
President Suharto ***ruled*** for a long time.

취임 **take office as president, be sworn in as president**

밀월 기간 **honeymoon period**

이제 두 정당 간의 밀월 기간은 끝이 났다.
Now the two parties' ***honeymoon period*** is over.

레임덕 기간 **lame duck period**

☞ *lame duck* : 레임덕. 임기말 권력 누수 현상.

사임 **resign (as president), give up presidency**

퇴임 **leave office, end presidential term**

시위대는 대통령의 퇴임을 요구했다.
The demonstrators called on the President to ***leave office***.

위정자 **ruler**

그 국가의 위정자의 영도 방식에 따라…
...depending on the leadership style of the ***ruler*** of the country...

정치 체제 **political system**

대통령(중심)제 **presidential system, presidentialism**

의원 내각제 **parliamentary government, parliamentary system**

대부분의 유럽 국가들은 의원 내각제를 시행한다.
Most European nations follow the ***parliamentary system of government***.

총리 책임제 **prime ministerial system**

내각 책임제 **(parliamentary) cabinet system, cabinet government system**

정계 일부에서는 대통령제를 내각 책임제로 바꿀 것을 주장한다.
...political circles are calling for replacement of the ***presidential system*** of government with a ***parliamentary cabinet system***...

분권형 대통령제 **presidential system with distributed power**

X국가에서는 2005년에 분권형 대통령제를 도입할 계획이다.
Country X will introduce a ***presidential system with distributed power*** by 2005.

이원 집정부제 **semi-presidentialism**

프랑스식 이원 집정부제란 대통령과 총리가 권력을 분담하는 정부 형태…
A French style ***semi-presidentialism*** means a government where executive power is shared between the president and prime minister...

대통령 단임제 **single-term presidency**

대통령 중임제 multiple-term presidency

연임 serve consecutive terms, serve a second term

현 주지사가 연임하지 못할지도 모른다.

The incumbent governor may not ***serve consecutive terms***.

임기 만료 term ends, end of political term

대통령의 임기는 2022년으로 만료되었다.

The presidential ***term ended*** in 2022.

국정 state administration, governance

국정 운영 governing the state

대통령이 국정 운영에 전념하겠다고 당에서 사퇴했다.

The President resigned from the party to concentrate on ***governing the state***.

국민 지지도 public support, support from (of) the public

대통령은 국민의 지지를 받고 있다.

The President has ***public support***.

대통령에 대한 지지도가 떨어지고 있다.

The President is ***losing support*** from the public.

Public support for the President is weakening/dwindling.

지지율 approval rating

대통령에 대한 국민의 지지율이 20% 떨어졌다.

Approval rating of the President has dropped by 20%.

신임 투표 vote of confidence

불신임 투표 vote of non-confidence, parliamentary non-confidence vote

총리 불신임 투표가 국회에서 가결되었다.

A ***non-confidence vote*** against the prime minister was passed in the parliament.

정권 재창출, 재집권 be re-elected to power

현 정부의 정권 재창출 의지…

...the current government's determination to ***be re-elected to power***...

재집권 실패 failure to regain power, fail to be reelected as president (prime minster)

과거 독재자가 재집권에 실패했다.

The former dictator ***failed to regain power***.

정권 교체 transition of power, change of government

정권이 교체되다.

There is a ***power transition***.

There is a ***change of hands in government***.

평화적 정권 교체 **peaceful transition of power**

한국 최초의 평화적 정권 교체…

...the first ***peaceful transition of power*** (change of government) in Korean history...

정권 이양 **concession of power**

권력 승계 **succession of power**

김정일은 아버지로부터 권력을 승계했다.

Kim Jungil ***succeeded power*** from his father.

권력 승계자 **political successor**

후계자 **(hand-picked) successor, heir apparent**

후진타오 부주석은 장쩌민 주석의 권력 후계자로 알려져 있다.

Vice President Hu Jintao is known to be the ***heir apparent*** to President Jiang Zemin.

대한민국 정부 역사	
상해 임시 정부	Shanghai Provisional Government
해방	Liberation
신탁 통치	Trusteeship
'48 건국	Founding of the Government
제1공화국	The First Republic (이승만 정부 1948-1960)
한국 전쟁	Korean War
4·19 혁명	April Student Revolution
제2공화국	The Second Republic (장면 정부 1960-1961)
5·16 혁명	Military Coup of 1961
제3공화국	The Third Republic (박정희 정부 1961-1972)
제4공화국	The Fourth Republic (박정희 유신 정부 1972-1982)
유신 체제	Yusin Regime
광주 항쟁	Gwangju Democratic Uprising
제5공화국	The Fifth Republic (전두환 정부 1983-1987)
6·29 선언	June 29 Declaration
제6공화국	The Sixth Republic (노태우 정부 1988-1992)

문민정부	The Civilian Government (김영삼 정부 1993-1997)
국민의 정부	The Government of the People (김대중 정부 1998-2002)
참여 정부	The Participatory Government (노무현 정부 2003-2007)

* 2008년 출범한 이명박 정부부터 별도의 정부 명칭은 쓰지 않는다.

비민주 정권 **non-democratic government**

의회 해산 **dissolve parliament, dissolution of parliament**

비상사태 **state of emergency**

옐친 대통령은 의회를 해산시키고 비상사태를 선언했다.

President Yeltsin ***dissolved the parliament*** and declared a ***state of emergency***.

계엄령 **martial law**

전국이 계엄령하에 있다.

The whole nation is placed under ***martial law***.

군사 정부 **military government, military rule, junta**

국제 사회가 버마의 군사 정부에 압력을 가했다.

The international community pressured the Burmese ***junta***.

독재 정권 **dictatorship, autocracy, dictatorial rule**

독재자 **dictator, autocrat, despot**

그 독재자는 이제 새 정부의 관용을 바라고 있다.

Now the former ***dictator*** hopes for mercy from the new government.

개발 독재 **economic development directed by political dictatorship**

박 전 대통령 시대는 개발 독재로 특징지어진다.

The reign of former President Park is marked with ***economic development directed by political dictatorship***.

과두 정치 **oligarchy, oligarchic government**

과두 정치는 소수가 다수를 지배하는 체제다.

Oligarchy is a system in which a small group governs the majority.

숙청 **purge, remove, eliminate**

반정부 인사 **political dissident**

반정부 인사에 대한 정치적 탄압…

...oppression(persecution) of ***political dissidents***...

민주화 **democratization**

민주화 운동 **democratic movement**

…1980년대의 민주화 운동을 이끌었던 세대…
The generation that led the ***democratic movement*** of the 1980's...

풀뿌리 정치 **grass-root politics**
풀뿌리 정치의 개념에 몇 가지 변화가 있었다.
There have been a few changes in the concept of ***grass-root politics***.

정치적 혼란 **political turmoil, political turbulence**

정치 불안정 **political instability**
정치 불안정이 점점 심해지는 추세다.
The ***political instability*** has been growing.

반정부 시위 **protest/demonstration/rally against government**
반정부 시위를 벌이다.
...stage(hold) ***a demonstration*** against the government.

전투 경찰 **riot police**
전투 경찰이 시위를 진압하다.
...***riot police*** suppresses the ***demonstration***.

화염병 **Molotov cocktail**
시위대가 화염병을 던졌다.
The protesters threw ***Molotov cocktails***.

최루탄 **tear gas**
전투 경찰이 최루탄을 쏘자 시위 군중이 해산되었다.
The crowd was dispersed when the riot police fired ***tear gas***.

반란 **insurgence, upheaval, rebellion, uprising**

폭동 **riot**
X지방에서 폭동이 일어났다.
A ***riot*** broke out in the provincial area of X.

국가 전복 **overthrow the government, subversion**
국가 전복 기도…
... an attempt to ***overthrow the government***...

정권 축출 **ejected from power, expulsion**
X당에게 선거 패배는 곧 정권에서 축출당한다는 의미다.
To party X, losing the election means being ***ejected from power***.

실권 **lose power**

사퇴 **resign from office, step down**
국민들이 대통령의 사퇴를 요구했다.
People demanded the ***resignation*** of the President.

망명 defect, exile, asylum

그는 미국으로 망명했다.

He ***defected to*** the U.S.

— 요청 seek political asylum

그녀는 미국에 정치적 망명을 요청했다.

She ***sought political asylum*** in the U.S.

— 인사 defector

이라크 망명 인사가 기자 회견을 가졌다.

An Iraqi ***defector*** held an interview with the reporters.

정권 복귀 reinstatement, return to power

그는 1년 동안의 망명 생활을 끝내고 다시 정권을 잡았다.

He ended his life in exile for a year and ***returned to power***.

친일파 pro-Japanese collaborators

정치적 코드 political code, political thoughts/ideology, political language

노무현 정부의 코드 정치가 오히려 분열을 조장한다는 비난을 받았다.

Many accused the Roh administration's "***code politics***" for promoting further division.

코드 인사 appointments based on shared political ideology

10 국제 정치 INTERNATIONAL POLITICS

국가 THE STATE

국가 state, nation, country

국토 territory, land

국토 면적 land area

인구와 국토 면적을 볼 때, 중국은 대만 기업들에게 매우 크고 매력적인 시장이다.

Given China's huge population and ***land area,*** it presents an enormous market that appears very seductive to Taiwanese firms. (*Taipei Times*)

국경 national border

탈북자들은 압록강을 건너 중국과의 국경을 넘는다.

The North Korean defectors cross the ***national border*** with China across the Yalu River.

영토 territory

영토 보전 territorial integrity

영토 분쟁 territorial dispute

과테말라와 벨리즈의 대표단은 영토 분쟁을 해결하기 위해 워싱턴에서 만날 것이다.

Representatives from Guatemala and Belize will meet in Washington in an attempt to solve their ongoing ***territorial dispute.***

영유권 territorial rights

독도의 영유권은 한일 관계에서 항상 문제로 남아 있다.

The ***territorial right*** over Dokdo (island) remains a contentious issue between Korea and Japan.

영토 반환 returning/reverting territory

1997년에 홍콩이 중국으로 반환되었다.

Hong Kong was ***reverted to*** China in 1997.

Hong Kong was ***returned to*** China in 1997.

영공 territorial air

— 침입 invasion of territorial airspace

미국 비행기가 중국 영공을 침입했다.

...the U.S. plane had ***invaded*** Chinese ***territorial airspace***.

영해 **territorial waters**

북방 한계선 **Northern Limit Line (NLL)**

— 침범 **intrusion/violation of territorial waters**

5척의 북한 상선이 남한의 영해를 4번 침범했다.

Five North Korean commercial ships entered South Korean ***territorial waters*** on four separate occasions.

민족 국가 **nation-state**

…2002년도 선거에서 여당에 반대표를 던졌던 소수 민족 집단으로 새로운 민족 국가를 설립하는 것…

...establishing a new ***nation-state*** for an ethnic group that mostly voted against the ruling party in 2002...(*Daily Nation, Kenya*)

한민족 **Korean people**

단일 민족 **homogenous people, people of a single nation, common ethnicity**

한국 민족은 단일 민족이다.

Koreans are ***homogenous people***.

Koreans are ***of a single nation***.

민족의식 **national ethos, national consciousness**

그것은 우리의 민족의식에 악영향을 미친다.

It has a negative effect on our ***national ethos***.

민족주의 **nationalism**

국수주의 **chauvinism, nationalism**

국수주의는 궁극적으로 소속감의 필요에서 비롯된다.

Chauvinism comes ultimately from a need to belong.

☞ *xenophobia* : 외국인에 대한 적대적인 국민 정서.

자주 **self-reliance**

자결 **self-determination**

자결권 **right to self-determination**

주권 **sovereignty**

…열강의 보호를 받는 대신 주권을 포기…

...relinquish ***sovereignty*** in exchange for protection by major powers...

주권 국가 **sovereign state, sovereign nation**

그들은 이란을 주권 국가로 인정했다.

They have recognized Iran as a ***sovereign state***.

식민지 **colony**

국제 정치 • 국가

보호령 protectorate

…X섬은 영국 보호령이다.

...Island X is a ***British protectorate.***

종주국 suzerain state

속국 vassal state, client state

건국 founding of a nation, nation building

정부 수립 establishment of government

국가의 재건 rebuilding of a nation, second nation building

새 정부는 제2의 건국을 주창했다.

The new government announced its commitment to a "***second nation building.***"

신탁 정부 trustee government

신탁 통치 trusteeship

UN의 신탁 통치가 코소보나, 비슷한 상황의 캄보디아나 동티모르에서처럼 효과적이지 않을지도…

A UN ***trusteeship*** might not be as effective as it was in Kosovo, or in similar circumstances in Cambodia or East Timor... (*South China Morning Post*)

임시 정부 interim government, provisional government

상하이 임시 정부에 지원을 했던 애국지사들의 묘지가 LA에서 발견됐다.

The cemetery for patriotic Koreans who raised funds for the Shanghai ***provisional government*** was found in LA.

망명 정부 government in exile, exile government

태국에 있는 버마의 망명 정부…

... the Burmese ***exile government*** in Thailand...

독립 independence

독립 국가 independent state

한국은 1945년 일제 식민 통치로부터 독립했다.

Korea gained its ***independence*** from Japanese colonial rule in 1945.

Korea was liberated from Japanese colonial rule and became an ***independent state*** in 1945.

분리 secession, become a separate state

분리주의자 secessionists

러시아는 분리 독립을 위해 싸우는 체첸 반란군을 진압하는 데 성공하지 못했다.

Russia has been unable to win the conflict in Chechnya, the republic where rebels are fighting a war of ***secession.***

합병 **annex, merge, accede**

캐시미르는 인도와 합병되었다.

Kashemere ***acceded to*** India.

합병 조약 **annexation treaty**

한일 합방 **Japan's annexation of Korea**

1910년에 한일 합방이 있었다.

Japan annexed Korea in 1910.

연합 **confederation**

…독립적 주로 이루어진 연합…

...a ***confederation*** of independent states...

연방 **federation, commonwealth**

통일 방안으로 제시된 낮은 단계의 연방제…

...a loose form of ***federation*** proposed as a reunification formula...

☞ "*Federation of Malaysia*" : 말레이시아연방, "*Federal Republic of Germany*" : 독일연방공화국, "*the British Commonwealth*" : 영연방, "*United States of America*" : 미합중국, "*Commonwealth of Independent States (CIS)*" : 독립국가연합.

분할 **partition**

분단국가 **divided nation**

한국은 세계에서 유일한 분단국가다.

Korea remains the only ***divided nation*** in the world.

소국 분할 **balkanization**

일부 외교관들은 수니파 아랍 국가들이 전후 이라크의 소국 분할을 우려한다고 전했다.

Diplomatic sources say Sunni Muslim Arab states fear a "***balkanization***" of a post-war Iraq. (*UPI*)

국민 PEOPLE

국민 **national, citizen, people**

그는 한국 국민이다.

He is a Korean ***national***.

He is a Korean ***citizen***.

한국 국민들은 근면하다.

Korean ***people*** are diligent.

국적 **nationality**

— 유지 **remain a citizen, retain citizenship**

— 포기 **renunciation of citizenship, give up citizenship**

미국 국적을 유지하려면 한국 국적을 포기해야 한다.

If you want to retain your U.S. citizenship, you must ***give up*** your Korean ***citizenship***.

If you want to retain your U.S. citizenship, you must ***renounce*** your Korean ***citizenship***.

국적법 **Nationality Law**

귀화 **become a naturalized citizen, change nationality**

그는 한국 부인과 결혼해 한국에 귀화했다.

He married a Korean wife and ***became a naturalized citizen*** of Korea.

이중 국적 **dual citizenship**

유능한 인재를 해외로부터 영입하려면 이중 국적을 허용해야 한다.

Dual citizenship should be allowed if we are to bring in qualified people from overseas.

이민, 이주인 **immigrant**

미국 내 한국인 이민의 숫자는…

The number of Korean ***immigrants*** in the U.S.…

이민법 **immigration law**

이민국 **immigration office, immigration bureau**

9·11 사태 이후 미국 이민국은 외국인들의 입국을 제한하고 있다.

The ***Immigration Office*** of the U.S. is restricting entry of foreigners after the 9·11 incident.

불법 입국 **illegal entry**

불법 체류자 **illegal resident, illegal alien**

미국 정부는 불법 체류자들을 색출하여 본국으로 추방했다.

The U.S. government rounded up ***illegal aliens*** and deported them back to their home countries.

비거주 외국인 **non-resident alien**

강제 출국, 추방 **deportation, expulsion**

불법 체류자들은 적발되면 추방된다.

Illegal residents are ***deported*** when discovered.

거주자 **resident**

거주국 **country of residence**

거주지 **place of residence**

거주지를 기재하는 난이 있다.

There is a space for writing your ***place of residence***.

외국인 거주자 | **expatriates, aliens**

화교 | **ethnic Chinese, Chinese expatriates**

재미 교포 | **Korean Americans, ethnic Koreans in the U.S.**

하와이에 거주하는 이민 3세 재미 교포들은 대부분…

Most of the 3rd generation ***Korean Americans*** in Hawaii...

시민권 | **citizenship**

— 취득 | **obtain citizenship**

그는 미국으로 이주하여 시민권을 취득했다.

He emigrated to the U.S. and ***obtained U.S. citizenship***.

영주권 | **permanent residence, denizenship, permanent residency**

그는 미국 영주권을 신청했다.

He applied for ***permanent residence*** in the U.S.

그는 미국 영주권을 취득했다.

He obtained ***permanent residence*** in the U.S.

☞ *Green Card* : 미국 영주권 약식 명칭(노동허가증).

애국심 | **patriotism**

애국자 | **patriot**

2002년 월드컵 대회는 젊은 세대의 애국심과 자긍심을 불러일으켰다.

The 2002 World Cup games promoted ***patriotism*** and pride among the younger generation.

국민의례 | **national ceremony**

☞ 애국가 제창 없이 국기에 대한 경례로 끝나는 국민의례는 *salute the flag*.

국가 | **national anthem**

애국가 제창이 있겠습니다.

Please join in a chorus of the ***national anthem of Korea***.

국기 | **national flag**

국기에 대한 맹세가 있겠습니다.

We will now pledge allegiance to the ***national flag***.

국기 게양 | **hoist/fly/hang/raise the national flag**

반기 | **half-staff, half-mast**

현충일에는 모두 반기를 게양한다.

The national flag is flown at ***half-staff*** on Memorial Day.

조기 | **half-staff, mourning flag**

…참사 희생자를 애도하는 뜻에서 조기를 게양할 예정…

...the flag will be lowered to ***half-staff*** in honor of the victims of the tragic accident...

국위 선양 **promote national prestige**

국제무대에서 국위를 선양했다.

...***promoted national prestige*** in the international arena...

국제 위상 **international status**

한국은 국제적 위상을 높이고 싶어한다.

Korea wants to upgrade its ***international status***.

각국 국기	
태극기	the Taegeukgi, the national flag of Korea
성조기	the Stars and Stripes, the national flag of U.S.A
일장기	the Flag of the Rising Sun, the national flag of Japan
오성홍기	the Five-Starred Red Flag, the national flag of People's Republic of China
청천백일기	the Sun-in-the-Blue-Sky Flag, the national flag of Taiwan
영국국기	the Union Jack, the national flag of U.K.
인공기	the national flag of DPRK

국제 관계 INTERNATIONAL RELATIONS

한반도 정세 **situation in the Korean peninsula**

한반도 주변 정세 **situation surrounding the Korean peninsula**

주변 4강 **4 surrounding powers**

주변 4강의 세력 구도가 동북아시아의 새로운 지역 안보 질서를 형성해가고 있다.

The international power structure of the ***4 surrounding powers*** is shaping a new regional security order in Northeast Asia.

국익 **national interest, vital interest**

…는 우리의 국익에 부합한다.

... is in the ***interest of*** our ***country***.

…는 대한민국의 국익에 배치된다.

...is against the ***interest of Korea***.

이해관계 **interests**

양국의 이해관계가 상충한다.

The two countries have conflicting ***interests***.

양자 관계 **bilateral relations**

— **개선** **improve/enhance/develop relations**

— **증진** **advance/further/expand/enhance relations**

— **악화** **deterioration/worsening of relations**

한국과 X국의 관계가 악화되다.

Korea's ***bilateral relations*** with country X deteriorated.

협력 관계 **cooperative relations/ties**

— **확대** **expand cooperative relations/ties**

— **강화** **strengthen cooperative relations/ties**

양국은 협력 관계를 증진시키기 위하여…

...in order for the two countries to further ***strengthen cooperative ties***...

긴밀한 관계 **close relations, close ties**

한국과 X국은 긴밀한 관계를 맺고 있다.

Korea enjoys ***close bilateral relations*** with country X.

소원한 관계 **distant/cooling relations**

한국과 X국의 관계가 소원해졌다.

Korea ***became distant from*** country X.

Korea's ***relations*** with country X ***cooled*** down.

긴장 **tensions**

— **관계** **tense relationship, strained relations**

한국과 X국 간의 관계가 긴장되다.

...Korea's ***relations*** with country X ***become strained*** ...

— **고조** **build up tensions, rising/mounting tensions**

양국간 긴장이 고조되었다.

Tensions mounted between the two countries.

— **완화** **ease tensions, détente**

양국간 긴장이 완화되었다.

Tensions eased between the two countries.

6월 초, 리처드 아미티지 미 국무부 부장관은 파키스탄과 인도를 방문하고 양국 간의 긴장을 완화시켰다.

In early June, Deputy Secretary of State Richard Armitage flew to Pakistan and India and engineered a ***détente***.

적대적 관계 **hostile relations, hostility, animosity**

남북한의 적대적 관계를 청산하고…
...to put an end to ***hostile relations*** between North and South Korea...

반목 관계 **at odds with each other, enmity, antagonistic relations**

적대국 **hostile country**

X국은 Y국에 대하여 적대적이다.
Country X is ***hostile*** towards country Y.

적국 **enemy state**

2000년 말, 이라크는 달러화를 '적국의 통화'로 규정하고, 자국 원유 가격을 유로화로 표시하기 시작했다.
Labeling the dollar "the currency of an ***enemy state***," Iraq switched its oil denomination to the euro in late 2000. (*Black World Today*)

보복 조치 **retaliatory measure, reprisal**

미국이 탈레반에 대하여 보복 조치를 취했다.
The U.S. took ***retaliatory measures*** against the Taliban.

제재 조치 **sanctions**

— 가하다 **impose sanctions**

X국에 제재 조치를 가하다.
...sanctions ***are imposed on*** country X.
...***impose sanctions on*** country X.

— 완화하다 **ease sanctions**

제재 조치를 완화하다.
...***sanctions are eased***.

— 해제하다 **lift sanctions, end sanctions**

제재 조치를 해제하다.
...***sanctions were lifted***.

경제 제재 **economic sanctions**

무역 제재 **trade sanctions**

미국과 북한은 교역이 거의 없으므로 무역 제재 조치가 큰 효과는 없을 것이다.
The ***trade sanctions*** will have limited effects, since the U.S. and North Korea have almost no trade with each other.

화해 **reconciliation, rapprochement**

양국 간 화해 협상이 결렬되었다.
The ***rapprochement*** talks between the two sides failed.

국제 정치 INTERNATIONAL POLITICS

국제 정치 **international politics, global politics**

주 EU 아프가니스탄 대사는 다시 아프가니스탄이 국제 정치의 희생양이 되는 일이 없기를 바란다고 했다.

...the Afghan ambassador to the European Union said he hoped Afghanistan would not once again become a victim of ***international politics***. (*Reuters Alertnet*)

국제 정세 **international situation, international circumstances**

이스라엘은 국제 정세를 틈타 군사력을 이용하여 평화를 파괴하려…

...Israel is seeking to exploit the ***international circumstances*** to destroy peace through the use of military power... (*Arab News*)

급변하는 한반도 주변 정세…

...the rapidly changing ***international circumstances*** surrounding the Korean peninsula...

국제 질서 **international order**

지난 한 세기 동안 인류는 새로운 국제 질서를 확립하려는 시도를 두 번 했다.

Twice in this century humanity has attempted to bring about a ***new international order***.

세력 균형 **balance of power**

강대국 **powerful nation, power**

약소국 **small country**

미국의 대외 안보는 세계의 다른 지역의 안정적인 세력 균형에 달려 있다.

The external security of the U.S. depends on a stable ***balance of power*** elsewhere in the world.

초강대국 **superpower**

미국은 유일한 초강대국이지만, 세계의 경찰 역할을 자임하며 군림하려고 해서는 안 된다.

Although the U.S. is the ***sole superpower***, no single nation should reign as the police of the world.

힘의 정치 **power politics, realpolitik**

힘의 정치만이 중동 지역에 평화를 가져올 수 있다.

For Mideast, only ***realpolitik*** can result in peace.

상호주의 **reciprocity, principle of reciprocity**

미국은 상호주의에 입각한 대북 정책을 시행할 것이다.

The U.S. will base its North Korean policy on the ***principle of reciprocity***.

일방주의 **unilateralism**

중국은 국제 무대에서 점점 부상하는 미국의 일방주의에 긴장하고 있다.

Beijing is nervous about Washington's growing ***unilateralism*** in world affairs.

쌍무주의 **bilateralism**

쌍무적 **bilateral**

양국 관계 **bilateral ties/relations**

쌍무주의를 통해서만 이런 국제적 분쟁을 해결할 수 있다.

The way to solve these international disputes is only through ***bilateralism***.

다자주의 **multilateralism**

쌍무주의나 지역주의가 다자주의에 우선시되어서는 안 된다.

Bilateralism or regionalism should not be undertaken at the expense of ***multilateralism***...(*Forbes*)

다자 관계 **multilateral ties/relations**

다자 협력체 **multilateral cooperative forum, multilateral cooperative arrangement**

아시아태평양경제협력체 **Asia-Pacific Economic Cooperation (APEC)**

— 회원국 **member economies**

☞ *APEC*의 회원국에는 국가가 아닌, 또는 일부에서 국가로 인정하지 않는 홍콩·대만 등이 회원 자격으로 참가하고 있기 때문에 *member countries*라고 하지 않으며, 홍콩·대만도 각각 *Hong Kong China*, *Chinese Taipei*로 지칭된다.

G20 정상회담 **G20 Summit**

시진핑 중국 주석은 2020년도 G20 정상회담 의장국인 사우디아라비아를 방문할 예정이다.

Chinese President Xi Jinping is likely to visit Saudi Arabia as it is the host of the 2020 ***G20 summit***.

• APEC이란?

Asia-Pacific Economic Cooperation. 1989년, 호주의 호크 수상이 아·태지역의 경제 협력을 위한 협의체로 제의하여 같은 해 11월에 공식적으로 출범. 제1차 APEC 각료회의는 호주 캔버라에서, 1차 정상회의는 1993년 미국 시애틀에서 개최되었다. 역내 교역 및 투자 촉진과 함께 광범위한 분야에서 협력 사업을 추진하고 있다. 창설 회원국은 한국·미국·일본·캐나다·호주·뉴질랜드와 아세안 6개국(태국·말레이시아·인도네시아·싱가포르·필리핀·브루나이)이며 그 후에 중국·대만·홍콩·멕시코·파푸아뉴기니·칠레·러시아·베트남·페루가 가입하여 현재 총 21개 회원국이 있다. 상설 사무국은 싱가포르에 있다.

• G20란?

Group of 20. 선진 7개국 정상회담(G7)과 유럽연합(EU) 의장국 그리고 신흥시장 12개국 등 세계 주요 20개국을 회원으로 하는 국제기구. 1999년 9월에 개최된 국제통화기금(IMF) 총회에서 G7과 신흥시장이 참여하는 기구를 만드는 데 합의하여 같은 해 12월 창설되었다. 1999년 독일에서 첫 회의가 열린 이래 매년 정기적으로 회원국의 재무장관과 중앙은행 총재가 회담하다가, 글로벌 금융위기 발생을 계기로 2008년부터 정상급 회의로 격상되었다. 회의의 주요 내용은 국제금융의 현안이나 특정 지역의 경제위기 재발 방지책, 선진국과 신흥시장 간의 협력체제 구축 등이며, IMF·세계은행(IBRD)·유럽중앙은행(ECB)·국제통화금융위원회(IMFC)가 옵서버 자격으로 참가한다.

아시아유럽정상회의 **Asia-Europe Meeting (ASEM)**

동남아시아국가연합 **Association of Southeast Asian Nations (ASEAN)**

동남아국가연합(ASEAN)은 'ASEAN+3' 협력 강화를 구상하고 있다.

ASEAN considers strengthening 'ASEAN plus 3' cooperation.

• ASEAN+3란?

Association of Southeast Asian Nations+3. 1997년부터 아세안 10개국, 즉 인도네시아·브루나이·말레이시아·베트남·싱가포르·필리핀·태국·라오스·미얀마·캄보디아가 동아시아와의 협력을 증진시키기 위해 한국·일본·중국과 함께 가지는 정상회의. 1999년부터는 ASEAN+3 각료회의도 개최되고 있다.

냉전 **the cold war**

40년의 냉전이 종식되었다.

The 40-year-old ***cold war*** ended.

동서 진영 **eastern and western blocs**

중립국 **neutral state**

냉전 구도 **cold war structure**

한반도에 유일하게 남아 있는 냉전 구도…

...the ***cold war structure*** that remains only on the Korean peninsula...

탈냉전 시대 **post-cold war era**

탈냉전 시대에 미국은 유일한 초강대국이다.

U.S. remains the only superpower in the ***post-cold war era***.

탈냉전 구도 **post-cold war structure**

그러나 미국이 다른 주요 국가들의 뜻을 무시해 버리면, 오늘날의 탈냉전 국제체제에 큰 부담을 초래할 것이다.

But a U.S. decision to flout the will of other major powers could severely strain the ***post-cold war structure*** of global politics. (*ABC News*)

국제 체제 **international political system**

일극 체제 **unipolar system**

양극 체제 **bipolar system**

양극화된 세계에서…

...in a ***bipolorized*** world...

다극 체제 **multipolar system**

세계는 양극 체제에서 다극 체제로 옮아갔다.

The world is moving away from a ***bipolar system*** to a ***multipolar system***.

이 경우, 양극 구도가 무너지면서 힘의 공백 상태가 생긴 것이다.

In this case, the vacuum has arisen following the demise of the ***bipolar structure of power***. (*Indian Express*)

비동맹운동회의 **Non-Aligned Movement (NAM)**

비동맹회의 지도자들은 이라크 사태에 대한 다자주의적 접근 방식을 촉구하며 화요일 정상회의를 끝마쳤다.

Leaders of the ***Non-Aligned Movement*** (***NAM***) ended their summit late Tuesday with calls for a multilateral approach to the Iraq crisis... (*Asia Times*)

비동맹주의 **principle of non-alignment**

비동맹국가 **non-aligned state, NAM members**

비동맹국가들은 유엔 회원국의 3분의 2를 차지한다.

NAM members make up two-thirds of the United Nations membership.

일국 패권주의 **hegemonism, hegemony**

미국의 패권을 중심으로 한 일극 체제를 우려하고 있다.

...concerned over a unipolar system based on U.S. ***hegemony***...

팽창주의 **expansionism**

장쩌민과 후진타오는 내부 회의에서는 미국의 패권주의적 팽창주의에 대한 우려를 표명…

...Jiang and Hu have in internal meetings expressed concern about Washington's hegemonic ***expansionism***... (*CNN Asia*)

고립주의 **isolationism**

진정한 위험은 미국이 고립주의로 회귀할 가능성이다.

The real danger is a return to U.S. ***isolationism***. (*Sidney Morning Herald*)

지역주의 **regionalism**

배타적 지역주의 **exclusive regionalism, regional blocs**

개방적 지역주의 open regionalism

국제연합 UNITED NATIONS

국제연합 **United Nations**

국제연맹 **League of Nations**

UN 헌장 **Charter of the United Nations, UN Charter**

헌장 전문 **Preamble of the UN Charter**

UN 헌장 전문에는…

In the ***Preamble of the Charter of the United Nations***...

UN 회원국 **UN member**

동시 가입 **simultaneous accession, joint admission**

1991년 한국과 북한은 UN에 동시 가입했다.

South Korea and North Korea ***simultaneously acceded to*** the UN in 1991.

South and North Korea were ***jointly admitted to*** the UN in 1991.

회비 **membership fees, membership dues**

회비 체납과 비효율성이 유엔의 문제로 지적되고 있다.

Unpaid ***membership dues*** and inefficiency are pointed out as major problems for UN.

UN 사무국 **UN Secretariat**

UN 사무총장 **UN Secretary General**

현재 유엔 사무총장은 반기문이다.

Ban Ki-moon is the current ***UN Secretary General***.

UN 총회 **UN General Assembly (UNGA)**

57차 총회.

...the 57th Session of the ***UN General Assembly***.

의장 **President**

57차 유엔총회의 의장 Jan Kavan…

Mr. Jan Kavan, ***President*** of the fifty-seventh session of the United Nations General Assembly... (*www.UN.org*)

의장국 **Presidency**

한국은 2001년도에 UN 의장국이었다.

Korea had the UN ***Presidency*** in 2001.

Korea was ***President*** of the UN General Assembly in 2001.

안전보장이사회(안보리) **UN Security Council (UNSC)**

비상임이사국 **non-permanent members of the Security Council**

안보리 비상임이사국인 멕시코와 칠레는…

Mexico and Chile, ***non-permanent members of the Security Council...*** (*Merco Press*)

상임 이사국 **permanent members of the Security Council**

거부권 **veto power**

…전쟁을 반대하는 프랑스와 러시아는 유엔 안보리에서 거부권이 있는 국가들…

France and Russia - two prominent anti-war voices who hold ***veto power*** on the ***UN Security Council...*** (*United Press International*)

UN 결의안 **UN resolution**

안보리 상정 **refer to the Security Council**

…문제를 유엔 안보리에 상정하기로 결정…

...decided to ***refer*** the matter ***to the UN Security Council...***

평화 유지군 **peace-keeping forces, PKO forces**

다국적군 **multilateral forces, coalition forces**

동티모르에 유엔 평화 유지군을 주둔시켰다.

UN peace-keeping forces were stationed in East Timor.

평화 유지 활동 **peace-keeping operations (PKO)**

한국은 유엔의 평화 유지 활동에 적극적으로 참여하려고 한다.

Korea is now seeking active participation in ***UN peace-keeping operations.***

UN의 조직	
총회 General Assembly	
안전보장이사회 Security Council (SC)	
신탁통치이사회 Trusteeship Council	
경제사회이사회 Economic and Social Council (ECOSOC)	
사무국 Secretariat	
국제사법재판소 International Court of Justice (ICJ)	
지역경제위원회 Regional Commissions	
아태경제사회이사회	Economic and Social Commission for Asia and the Pacific (ESCAP)
유럽경제위원회	Economic Commission for Europe (ECE)

라틴아메리카 경제위원회	Economic Commission for Latin America and the Caribbean (ECLAC)
아프리카경제위원회	Economic Commission for Africa (ECA)
서아시아경제위원회	Economic and Social Commission for Western Asia (ESCWA)
기능 위원회 Functional Commissions	
마약위원회	Commission on Narcotic Drugs (CND)
통계위원회	Statistical Commission
인권위원회	Commission on Human Rights
여성지위위원회	Commission on the Status of Women (CSW)
사회개발위원회	Commission for Social Development
지속가능개발위원회	Commission on Sustainable Development (CSD)
범죄예방 및 사법정의위원회	Commission on Crime Prevention and Criminal Justice
개발을 위한 과학기술위원회	Commission on Science and Technology for Development
인구개발위원회	Commission on Population and Development
보조 기구 및 기금 Programmes and Funds	
유엔무역개발회의	UN Conference on Trade and Development (UNCTAD)
국제무역센터	International Trade Centre (ITC)
유엔개발계획	UN Development Programme (UNDP)
유엔여성개발기금	UN Development Fund for Women (UNIFEM)
유엔자원봉사단	UN Volunteers (UNV)
유엔자본(개발)기금	UN Capital Development Fund (UNCDF)
유엔난민고등판무관실	UN High Commission for Refugees (UNHCR)
유엔팔레스타인난민구호사업기구	UN Relief and Works Agency for Palestine Refugees in the Near East (UNRWA)
유엔아동기금	UN Children's Fund (UNICEF)
세계식량계획	World Food Programme (WFP)
유엔인간거주위원회	UN Human Settlement Programme (UNHSP/UN-HABITAT)
유엔마약통제프로그램	UN Drug Control Programme (UNDCP)

유엔환경계획	UN Environment Programme (UNEP)
유엔인구기금	UN Population Fund (UNFPA)
전문 기구 Specialized Agencies	
유엔식량농업기구	Food and Agriculture Organization (FAO)
세계은행그룹	World Bank Group
국제개발부흥은행	Int. Bank of Reconstruction and Development (IBRD)
국제통화기금	International Monetary Fund (IMF)
국제금융공사	International Finance Corporation (IFC)
국제투자분쟁해결본부	International Centre for Settlement of Investment Disputes (ICSID)
국제투자보증기구	Multilateral Investment Guarantee Agency (MIGA)
국제해사기구	International Maritime Organization (IMO)
국제민간항공기구	Int. Civil Aviation Organization (ICAO)
국제개발협회	International Development Association (IDA)
국제농업개발기금	Int. Fund for Agricultural Development (IFAD)
세계노동기구	International Labor Organization (ILO)
국제해사기구	International Maritime Organization (IMO)
국제통신연합	Int. Telecommunication Union (ITU)
유엔교육과학문화기구	UN Educational Science Culture Org. (UNESCO)
유엔공업개발기구	UN Industrial Dev. Organization (UNIDO)
만국우편연합	Universal Postal Union (UPU)
세계보건기구	World Health Organization (WHO)
세계지적소유권기구	World Intellectual Property Org. (WIPO)
세계기상기구	World Meteorological Organization (WMO)
관련 기구 Related Organizations	
국제원자력기구	International Atomic Energy Agency (IAEA)
세계무역기구	World Trade Organization (WTO)
세계관광기구	World Tourism Organization (WTO)

포괄적핵실험금지조약기구	Comprehensive Nuclear Test Ban Treaty Organization (CTBTO)
화학무기금지기구	Organization for the Prohibition of Chemical Weapons (OPCW)

외교 DIPLOMACY

외교 **diplomacy**

외교력 **diplomacy, diplomatic skill**

미국은 북한이 제네바 합의를 위반했기 때문에 이번에 북한을 무장 해제시키려면 외교력이 필요하다고 한다.

Washington says Pyongyang's violation of the Geneva Agreed Framework is the reason ***diplomacy*** is needed to disarm the North this time. (*Reuters*)

외교 관계 **diplomatic relations, diplomatic ties**

— 수립 **establish diplomatic ties, establish formal ties**

한국이 중국과 외교 관계를 수립하다.

Korea ***establishes diplomatic ties*** with China.

외교 관계에 관한 빈 협약 **Vienna Convention on Diplomatic Relations**

예방 외교 **preventive diplomacy**

전방위 외교 **omnidirectional diplomacy**

각국 외무부	
한국 외교부	Ministry of Foreign Affairs
미국 국무부	Department of State (DOS)
일본 외무성	Ministry of Foreign Affairs
중국 외교부	Ministry of Foreign Affairs
영국 외무부	Foreign and Commonwealth Office

등거리 외교 **equidistant diplomacy**

양대 공산 국가 간 관계에 균열이 가자, 북한은 소위 등거리 외교를 구사했다.

As the relationship between the two big communist states developed a rift, North Korea employed so-called ***"equidistant" diplomacy***.

경제 외교 **economic diplomacy**

적극적인 경제 외교의 일환으로 샘 에규 박사는 몇몇 중국 투자자들을 유인했다.

In continuation of his aggressive ***economic diplomacy*** Dr. Sam Egwu has attracted a group of Chinese indusrialists to invest. (*Allafrica.com*)

다자 외교 **multilateral diplomacy**

방글라데시는 다자 외교에 적극적이었고 회원국들 사이에서 신임을 얻었다.

Bangladesh has been active in ***multilateral diplomacy*** and gained a reputation among its members.

실리 외교 **practical diplomacy**

그러나 레이건의 실질적인 정책들은 전후 실리 외교의 청사진을 반영했다.

But Reagan's actual policies reflected more the post-World War II blueprint of ***practical diplomacy***. (*Hartford Courant*)

정상 외교 **summit diplomacy**

일본은 정상 외교를 비롯한 양자 협의를 통해 무역 및 투자의 자유화를 추진했다.

Japan has worked toward the liberalization of trade and investment through such means as ***summit diplomacy*** and other bilateral consultations. (*mofa.go.jp*)

정상 회담 **summit meeting, meeting of the heads of state**

…9월 13일 미일 정상 회담…

...U.S.-Japan ***summit meeting*** on September 13...

국가 승인 **recognize as a state, recognition**

티베트는 독립 국가로 승인받기를 원한다.

Tibet hopes to be ***recognized as*** an independent ***state***.

법률상 승인 **de jure recognition**

사실상 승인 **de facto recognition**

통일에 관한 합의를 도출하는 데 실패하면 … TRNC를 사실상 국제적으로 승인해주는 격이 된다.

Failure to reach a reunification deal would ... grant [TRNC] ***de facto international recognition.*** (*Radio Free Europe*)

교차 승인 **cross recognition**

미국과 일본이 북한을 승인하고, 러시아와 중국이 남한을 승인하는 이른바 교차 승인에 대한 북한의 반대 입장…

...North Korea's opposition to ***"cross-recognition"*** of itself by Washington and Tokyo, in exchange for Moscow and Beijing recognizing Seoul. (*"North Korea: Making Up Lost Ground?" Aidan Foster-Carter*)

상호 승인 **mutual recognition**

테슬러는 팔레스타인인의 3분의 2가 양국이 영토권을 일부 포기하고 상호 승인하는 것을 바탕으로 한 평화안을 지지한다고 말했다.
Tessler said nearly two-thirds of Palestinians support peace based on a two-state solution with territorial compromise and ***mutual recognition***. (*The Michigan Daily*)

수교 **normalize diplomatic ties, establish diplomatic relations**

국교 **diplomatic ties**

— 정상화 **normalize relations**

일본과 북한은 2년 만에 수교 협상을 재개했다.
Japan and North Korea resumed ***normalization talks*** that had been suspended for 2 years.

— 단절, 단교 **sever diplomatic relations, break off diplomatic ties**

1992년 한국은 중국과의 국교 수립으로 대만과 외교 관계를 단절했다.
Korea ***severed diplomatic ties with*** Taiwan in 1992 when it ***normalized relations with*** China.

— 관계 복원, 복교 **resume diplomatic relations, restore formal ties**

북한은 미얀마와 단절됐던 외교 관계를 복원한다고 발표했다. (조선일보)
North Korea announced that it will ***restore diplomatic relations*** with Miyanmar.

외교 사절 DIPLOMATIC MISSION

외교관 **diplomat, foreign service officer**

직업 외교관 **career diplomat**

정치 임명직 **political appointee**

화요일, 부시 대통령은 하이티 대사로 직업 외교관인 James B. Foley를 선임했다.
President Bush picked ***career diplomat*** James B. Foley on Tuesday to be ambassador to Haiti. (*ABC News*)

외교단 **diplomatic corps, diplomatic community**

자선 음악 공연에 주한 외교단들도 참석했다.
The ***diplomatic community*** in Korea also attended the beneficiary concert.

외교단장 **Dean of the Diplomatic Corps**

외교 특사 **special envoy**

— 파견 **assign, dispatch, send**

미국은 북한에 특사를 파견하기로 한 계획을 취소했다.

The U.S. cancelled its plan to send a ***special envoy*** to North Korea.

외교 사절 **diplomatic envoy**

— 임명 **appoint, accredit**

한국은 X를 주중 대사로 임명했다.

Korea ***appointed*** X as ambassador to China.

Korea ***accredited*** X as ambassador to China.

— 소환 **recall**

한국은 주일 대사를 소환했다.

Korea ***recalled*** its ambassador to Japan.

— 추방 **expel**

부시 행정부는 지난 3월 러시아 외교관 52명을"기피 인물"로 규정, 추방했다.

The Bush administration ***expelled*** 52 Russian diplomats after designating them as ***"persona non grata."***

☞ *persona non grata : an unwelcome or unacceptable person*. 기피 인물.

☞ *persona grata : a welcome or acceptable person*. 환영받는 인물.

공관 **diplomatic mission**

— 개설 **open diplomatic mission**

정부는 신생 독립 국가에 공관을 개설했다.

The government ***opened*** its embassy in the new independent state.

— 철수 **close (down) diplomatic mission**

정부는 주 나이지리아 공관을 철수했다.

The government ***closed*** its ***embassy*** in Nigeria.

대사관 **embassy**

☞ 주한 영국 대사 : *the British Ambassador to Korea*.

☞ 주한 영국 대사관 : *the British Embassy in Korea*.

총영사관 **consulate general**

중국 선양의 한국 영사사무소를 총영사관으로 승격시킨다.

The consulate office in Shenyang in China was upgraded to a ***consulate general***.

☞ 공사관 : 19세기 말과 20세기 초에 국가 간 조약을 맺고 세운 대표부는 대사관보다 한 급 아래인 공사관이었으며 이때는 *legation*이라고 불렀다.

영사관 **consulate**

대표부 **mission**

연락 사무소 **liaison office**

한국은 올해 8월 하노이에 연락 사무소를 설치했다.

South Korea set up a ***liaison office*** in Hanoi in August this year.

대사 **Ambassador**

벨티에 주한 벨기에 대사 내외…

...the Belgian ***Ambassador*** to Korea, H.E. and Madame Beltier...

☞ 대사를 호칭할 때, 2인칭으로는 *Your Excellency*로, 3인칭으로는 *His/Her Excellency*로 지칭하며 *Mr. Ambassador*도 무방하다. 여성 대사는 *Madame Ambassador*라고 부른다.

특명 전권 대사 **ambassador extraordinary and plenipotentiary**

대사 대리 **acting ambassador, Chargé (d'affaire ad interim)**

신임 대사가 부임하기 전까지 대사 대리가 대사 직무를 수행한다.

The ***acting ambassador*** will be assuming the role of ambassador until the new ambassador arrives.

순회 대사, 특사 **ambassador-at-large, roving ambassador**

…Zalmay Khalilzad, 미국의 자유 이라크인을 위한 특사 겸 순회 대사…

...Zalmay Khalilzad, the White House "special envoy and ***ambassador-at-large*** for free Iraqis"... (*Guardian, UK*)

대기 대사 **ambassador-at-large**

브루나이 외무부의 대기 대사인 하자 마스나 공주…

Princess Hajah Masna, who is ***Ambassador-at-Large*** in Brunei's Ministry of Foreign Affairs...

아그레망 **agrément**

대사를 파견하려면 접수국으로부터 아그레망을 받아야 한다.

When accrediting an ambassador, an ***agrément*** has to be received from the host country.

신임장 **Letter of Credence, credentials**

각국에 부임한 대사는 신임장을 제출한다.

The ambassador presents the ***Letter of Credence*** for the government.

예방 **courtesy call**

오늘 신임 영국 대사가 장관을 예방했다.

The new UK ambassador paid a ***courtesy call to*** the Minister.

공사 **Minister**

조선 시대에는 미국에 공사를 외교 사절로 파견했다.

During the Joseon Dynasty, Korea accredited a ***Minister*** to the U.S.

총영사 **Consul General**

영사 **Consul**

심양의 한국 총영사관에서 조선족에게 비자를 발급하며…
...as the Korean ***Consulate*** in Shenyang issued visas to ethnic Korean-Chinese...

공관장 **Head of Mission, Heads of Mission**
공관차석 **Deputy Chief of Mission (DCM)**
참사관 **Counsellor**
서기관 **Secretary**
1등 서기관 **First Secretary**
2등 서기관 **Second Secretary**
3등 서기관 **Third Secretary**
상무관 **Commercial Attaché**
무관 **Military Attaché**
공보관 **Press Attaché**
문정관 **Cultural Attaché**
경제관 **Economic Attaché**
노무관 **Labor Attaché**

…홍콩 주재 미국 노무관 John Doe…
...U.S. ***Labor Attaché*** in Hong Kong, John Doe...

외교관의 특권 **diplomatic privilege**
면책 특권 **diplomatic immunity**

한 국가에 주재하는 외교관은 형사 재판에 대한 면책 특권을 부여받는다.
All diplomats posted in another country are granted ***diplomatic immunity*** from criminal jurisdiction.

치외 법권 **extraterritoriality, extraterritorial rights**

☞ 과거에 대사관 부지는 본국의 영토로 간주되었으나, 오늘날은 치외 법권의 개념보다 단순한 관할권 외 지역으로만 인정된다.

외교 행낭 **diplomatic pouch**

외교 문서의 배달을 위한 외교 행낭은 주재국의 통관 절차를 거치지 않는다.
Diplomatic pouches are for the purpose of delivering diplomatic documents and are not subjected to customs clearance of the host country.

외빈 방문 **visit of VIP**
국빈 방문 **state visit**
공식 방문 **official visit**
공식 실무 방문 **official working visit**

국무총리는 4일간의 공식 실무 방문을 위해 서울에 도착했다.
The Prime Minister arrived in Seoul on a 4-day ***official working visit***.

실무 방문 working visit

비공식 방문 non-official visit

비공식 방문차 서울에 들른 차관…

...the vice minister who came to Seoul on a ***non-official visit*** ...

공식 수행원 official entourage

20명의 공식 수행원에는 X가 포함될 것이다.

The 20-member ***official entourage*** will include X.

의전 protocol

의전장 chief of protocol

그렇게 하는 것은 의전에 어긋난다.

That is against ***protocol***.

공항 의전 airport protocol

의장대 사열 inspection of the Honor Guards

양국 정상은 의장대를 사열했다.

The two heads of state ***inspected the Honor Guards***.

공식 만찬 official dinner

만찬사 dinner speech

환영사 welcome speech, welcoming remarks

답사 return speech, reply speech

건배 toast

좌석 배열 seating arrangement

주빈 Guest of Honor

주빈을 위해 건배를 제의합니다.

I'd like to propose a toast to the our ***guest of honor***.

☞ 초청장의 "*RSVP*" : *Répondez S'il Vous Plaît* 의 약자. 참석 여부 통보 요망의 뜻.

☞ *Regrets Only* : 불참 시 통보를 요망한다는 뜻.

국립묘지 참배 visit the national cemetery

공식 방문 일정에는 국립묘지 참배가 포함된다.

A visit to the national cemetery is included in the official visit schedule.

국장 state funeral

세르비아의 수상 조란 진지치의 장례식이 2003년 3월 15일 국장으로 치러진다.

The ***state funeral*** of Serbian Prime Minister Zoran Djindjic will take place on Saturday, March 15, 2003. (*Serbia Info*)

시신 안치 body lies in state

조문 사절 dignitaries/representatives/officials attending the

funeral

힐러리 클린턴을 비롯한 조문 사절들은 조화를 헌화했다.

Wreaths were later laid by ***dignitaries attending the funeral***, including first lady Hillary Rodham Clinton.

대외 정책 FOREIGN POLICY

대외 정책 **foreign policy**

…중국의 대북 정책 관행을 보면…

...in China's practice of ***foreign policy*** toward North Korea... (*Asia Times*)

강경책 **hard-line policy, tough stance**

그러나 대북 제재 조치 수단이 점점 적어지면서, 전쟁만이 남아 있는 유일한 강경책이 되어가는 상황이 급속도로 전개되고 있다.

Yet with fewer available measures to sanction Pyongyang the only ***hard-line policy*** left to implement is rapidly becoming a war. (*Yomiuri Shimbun*)

유화책 **conciliatory/appeasement policy, conciliatory/appeasement measure**

유화 제스처의 일환으로, 파월 장관은 미국이 대북 식량 지원을 곧 재개할 것이라고 말했다.

In an apparent ***conciliatory gesture***, Powell said the United States would soon resume food aid shipments to North Korea. (*Taiwan News*)

강경파 **hard-liners, hawks**

온건파 **moderates, doves**

대북 포용 정책은 오랫동안 미국의 강경파와 온건파 간의 쟁점이었다.

The policy of engaging North Korea has long been disputed between Washington's ***hawks*** and ***doves***.

조정자 **mediator**

균형자 **balancer**

제3의 노선으로 노무현 정부는 동북아시아의'균형자 역할론'을 주창…

...the Roh administration has advocated a third path, that of a ***'balancer'*** between the great powers of Northeast Asia. (*Korea Times*)

포용 정책 **engagement policy**

미국은 중국에 대하여 포용 정책으로 선회했다.

The U.S. shifted its China policy towards ***engagement***.

봉쇄 정책 **containment policy**

경제 봉쇄 **economic blockade**

미 국방부와 국무부는 북한의 핵개발 프로그램에 대하여 경제 봉쇄라 할 만한 조치를 취할 계획을 하고 있다.
The Pentagon and State Department are drawing up detailed plans to impose what amounts to an ***economic blockade*** of North Korea over its nuclear program. (*The Socialist*)

무역 봉쇄 **trade embargo**

무기 금수 조치 **arms embargo**

EU는 버마에 대하여 무기 금수 조치, 고위급 방문 불허, 비자 발행 거부 등을 포함한 제재 조치를…
European Union restrictions on Burma include an ***arms embargo***, a ban on high-level visits, and visas... (*Voice of America*)

대북 정책 NORTH KOREA POLICY

대북 정책 **North Korea policy, policy toward North Korea**

정권이 바뀌면 대북 정책이 강경책으로 돌아설 것이다.
If the government changes, our ***North Korea policy*** will change to a hardline policy.

공조 체제 **(diplomatic) coordination**

국제 관계 분석가들은 미일 공조 체제가 어느 때보다도 탄탄하다고 믿는다.
Analysts believe that ***coordination*** between Washington and Tokyo is better on all levels than ever. (*Yomiuri Shimbun*)

대북정책조정감독그룹 **Trilateral Coordination and Oversight Group (TCOG)**

이달 말 한·미·일 대북정책조정감독그룹 회의를 개최하기로 합의…
They also agreed to hold a meeting of the ***Trilateral Coordination and Oversight Group*** (***TCOG***) later this month... (*Daily Yomiuri*)
☞ *TCOG : T-COG*로 읽는다.

대북정책조정관(美) **U.S. policy coordinator on North Korea**

윌리엄 페리 전 국방장관과 웬디 셔먼 등이 대북조정관을 지냈다.
William Perry, the former Defense Secretary and Wendy Sherman served as ***U.S. policy coordinators on North Korea***.

햇볕 정책 **Sunshine Policy**

햇볕 정책 옹호론자들은 현재로서는 현실적 대안이 없다고 설명한다.
The proponents of ***Sunshine Policy*** say that, as of now, there is no viable alternative.

평화 번영 정책 **Peace and Prosperity Policy**

☞ *Peace and Prosperity Policy* : 노무현 정부의 대북 정책 명칭.

북방 정책 **Northern Policy**

한국의 북방 정책은 중국, 러시아 및 동구 국가들과의 수교로 이어졌다.
Korea's Northern Policy effectively led to normalization of ties with China, Russia and eastern European countries.

• Northern Policy란?

과거 서독이 추진한 동독 및 사회주의권에 대한 동방 정책(Ostpolitik)의 논리를 기초로 1980년대에 제6공화국이 추진한 외교 정책이다. 중국·소련 및 동구권과의 관계 개선을 통해 북한의 개방·개혁을 유도하여 평화 통일의 길로 접근하는 데 그 목적이 있었다.

• Sunshine Policy란?

햇볕 정책. 김대중 정부의 정책으로서 공식적인 명칭은 대북화해협력정책이다. 영어로는 Engagement Policy나 Sunshine Policy라고 불린다. 북측의 무력 도발을 허용하지 않고, 북한에 대한 흡수 통일을 시도하지 않으며 북한과의 화해와 협력을 추진하는 것을 골자로 한다.

북한 핵문제 **North Korean nuclear Issue**

핵 위기 **nuclear crisis**

1993년 북한의 NPT 탈퇴로 시작된 핵 위기…
The ***nuclear crisis*** that started with North Korea withdrawing from NPT in 1993...

6자 회담 **six-party talks, six-way talks, six-nation talks**

한반도의 핵문제를 다룰 제3차 6자 회담이 6월 23~26일에 베이징에서 개최된다.
The third-round ***six-party talks*** on the nuclear issue of the Korean Peninsula will take place in Beijing on June 23-26.

핵개발 프로그램 **nuclear development program**

북한의 핵개발 프로그램은 동결되었다.
North Korea's ***nuclear development program*** was put on hold.

핵동결 **nuclear freeze, freeze nuclear program**

미국이 북한과의 대화를 재개하면 핵동결 문제가 의제가 될 것이다.
The ***nuclear freeze*** will be on the agenda if the U.S. resumes talks with NK.

☞ <안보/국제 안보> '국제원자력기구' 참조.

핵 프로그램 해체 **dismantle nuclear program**

핵개발 포기 **abandon nuclear development**

핵시설	nuclear facilities
— 재가동	reactivate nuclear facilities, restart reactors
— 불능화	disablement, disable nuclear facilities
봉인	seal

고농축 우라늄	highly enriched uranium (HEU)
감시 카메라	monitoring camera

북한은 IAEA가 설치한 핵시설의 봉인과 감시 카메라를 제거하기 시작…
NK started to remove the ***seals*** and ***monitoring cameras***...

(북미) 제네바 합의 **Geneva Agreed Framework, the Agreed Framework**

부시 정부는 북한이 핵 관련 주요 시설을 동결하고 국제원자력기구의 사찰을 받는 대가로 북한에 경수로를 지어주기로 한 제네바 합의를 불신한다.
The Bush administration basically does not trust the ***Geneva Agreed Framework*** which promised to build NK light water reactors in exchange for freezing its nuclear facilities and accepting IAEA inspections.

• 한반도평화프로세스란?

the peace process on the Korean Peninsula. 한반도의 완전한 비핵화와 항구적인 평화를 위한 문재인 정부의 한반도 정책으로, '종전선언 - 평화협정 체결 - 항구적 평화체제 구축'을 목표로 한다. 2017년 7월 문재인 대통령의 '베를린 구상'에서 시작되어 2018 평창 동계올림픽 북한 선수단 참가, 세 차례의 남북정상회담(2018), 두 차례의 북미정상회담(2018-2019) 등의 과정을 거치며 구체화되었다.

• CVID/PVID/FFVD란?

Complete, Verifiable and Irreversible Dismantling. 완전하고 검증 가능하며 돌이킬 수 없는 핵폐기. 2002년에 집권한 부시 정부는 대북 정책을 전면 재검토하며 "verifiable and irreversible"이라는 표현을 쓰기 시작했고, 후에 CVID라는 표현으로 발전했다. 이외에도 PVID(Permanent, Verifiable and Irreversible Dismantling), FFVD(Final, Fully Verified Denuclearization) 등의 표현도 있다.

북한 미사일 개발 프로그램 NK's missile development program

미국은 북한에 대하여 180마일 이상의 사정거리를 갖는 모든 미사일의 개발·제조·배치를 금지하는 포괄적인 미사일 협정을 요구했다.
The U.S. demanded a comprehensive missile agreement that would ban the ***development, production and deployment of all missiles*** with a range of over 180 miles.

외교 협상 DIPLOMATIC TALKS

외교 협상 **diplomatic talks/meeting/negotiations**

양자 회담, 쌍무 회담 **bilateral meeting, bilateral talks**

미국은 WTO 가입 조건을 놓고 중국과 쌍무 협상을 진행했다.

The U.S. engaged in ***bilateral talks*** with China regarding the conditions for acceding to the WTO.

다자 회담 **multilateral talks**

3자 회담 **trilateral talks, trilateral meetings**

공동 성명서 **joint statement, joint communique**

공동 선언문 **joint declaration**

4개국이 최근 공동 선언문에 서명했다.

4 countries recently signed a ***joint declaration***.

장관 회의 **ministerial meeting**

고위 관리회의 **senior officials meeting (SOM)**

실무급 회의 **working-level meeting**

남북 4자 회담의 참석자들은 오늘 뉴욕에서 실무급 회의를 가질 것이다.

The participants in the four-party Korean peace talks will hold a ***working-level meeting*** in New York today.

사전 협의 **prior consultation**

양측은 사전 협의로 기본적인 조건에 합의했다.

The basic conditions were agreed upon between the two sides through ***prior consultations***.

사전 정지 작업 **groundwork**

고위급 회담의 사전 정지 작업을 위하여 실무급들이 내한했다.

Working level officers came to Korea to lay down ***the groundwork*** for highlevel talks.

협상 **negotiations, talks**

— 결렬 **failure, break down, fall through**

평화 협상이 결렬되었다.

The peace talks ***broke down***.

— 재개 **resumption of talks**

상대측에서는 대화를 재개할 의사가 있다고 말했다.

The other party expressed its willingness to ***resume talks***.

협상 진척 **progress of talks, talks move forward**

지지부진 **no progress, bogged down, delayed progress**

양측의 비타협적 태도로 협상이 지지부진했다.
The intractable position taken by both sides ***delayed any substantial progress*** in the talks.

교착 상태 **stalemate, stalled, impasse, deadlock**

교착 상태에 빠져 있던 남북 대화에 돌파구가 마련된 셈이다.
It's a breakthrough for the ***stalled*** talks between North and South Korea.

협상력 **negotiating strength, negotiating skill**

한국의 협상력 부족으로…
…due to the weak ***negotiating skill*** of Korea…
X측은 협상력에서 Y측에게 밀린다.
X is ***no match against*** Y.
X측은 Y측에 끌려 다닌다.
X is ***playing into the hands of*** Y.

협상 입장 **position, stance**

— 견지 **maintain position, stand firm on its position**

X측은 입장을 견지한다.
X ***maintains its position.***

— 변화 **change position, reverse position**

X측은 입장을 바꾸었다.
X ***has changed its position.***
X ***reversed its position.***

— 철회 **withdraw from position, retract position**

X측은 입장을 철회했다.
X ***withdrew from its position.***

유리한 입장 **be in a strong/advantageous position, have the upper-hand/advantage**

X측의 입장이 유리하다.
X ***has the upper-hand.***
X ***has the advantage.***

불리한 입장 **weak position, disadvantageous position**

X측의 입장이 불리하다.
X ***is at a disadvantage.***
X ***is in a weak position.***

협상 태도 **negotiation attitude/approach/stance**

조급 **anxious, impatient**

X는 조급하다.

X is ***impatient***.

X is ***overly anxious***.

저자세 **demeaning, supplicating, subservient**

X가 저자세를 취하다.

X is the ***supplicant***.

X ***takes a demeaning stance***.

강압적 **coercive**

타협 **compromise**

양측은 절충안을 도출하기 위해 노력했다.

Both sides tried to ***forge a compromise*** on the issue.

Both sides tried to ***come up with a compromise*** on the issue.

타협적 **flexible, accommodating, compromising**

비타협적 **intransigent, intractable, bullheaded, recalcitrant**

상대측이 비타협적 태도를 견지하는 한 협상에 진전이 있을 수 없다.

There can be no progress as long as the other party remains ***intransigent***.

양보 **make concession, concede, give in**

X국이 Y국에게 양보했다.

Country X ***made a concession*** to Country Y.

Country X ***gave in to*** the demands of Country Y.

상대편이 그 사안에 대하여 양보를 했다.

The other party ***conceded on*** that issue.

The other party ***made a concession on*** that issue.

협상 전략 **negotiation strategy**

시간 벌기 **playing for time**

X는 시간을 끌고 있다.

X is ***playing for time***.

시간을 끌수록 우리 측에 유리하다.

Time is on our side.

물밑 협상 **behind-the-scene negotiations/talks**

일본은 북핵 문제에도 불구하고 북·일 수교 협상을 위한 물밑 접촉을 지속하고 있다.

Japan continues to pursue ***behind-the-scene*** normalization ***talks*** with North Korea despite the nuclear issue.

이중 협상 **dual-track negotiations**

이면 합의 **side agreement**

무역 협정에 처음으로 노동 관련 이면 합의가 수반되었다.

With it was the first labor ***side agreement*** ever attached to a trade agreement. (*CRS Report to Congress*)

협상 카드 bargaining chip

북한 측은 협상 카드가 떨어지고 있다.

The North is running out of ***bargaining chips***.

그는 식량 원조를 협상 카드로 이용해서는 안 된다고 강조했다.

Food aid, he stressed, should not be used as a ***bargaining chip***.

벼랑끝 전술 brinkmanship

벼랑끝 외교 diplomatic brinkmanship

사담 후세인 이라크 대통령은 UN의 무기 사찰에 대해 계속 벼랑끝 외교를 하고 있다.

Iraq President Saddam Hussein continues his ***diplomatic brinkmanship*** over UN weapons inspections.

양해 각서 Memorandum of Understanding (MOU)

X국과 Y국은 어제 양해 각서를 체결했다.

Country X and Country Y signed an ***MOU*** yesterday.

협정 agreement

— 체결 conclude agreement

— 이행 implementation of agreement

— 불이행 non-compliance of agreement

— 위반 violation of agreement

— 파기 abrogation of agreement

— 무효화 nullify/abort/invalidate/rescind agreement

한국의 국방부 장관은 북의 침범 행위가 정전 협정을 무효화하려는 노력의 일부라고 말했다.

South Korea's Defense Minister said the North's incursion was part of efforts to ***"nullify"*** the armistice.

조약 treaty

평화 조약 peace treaty

동맹 조약 alliance treaty

우호 조약 friendship treaty, amity treaty

방위 조약 defense treaty

…한미 상호 방위 조약…

...ROK-U.S. Mutual ***Defense Treaty***...

양자 조약 bilateral treaty

다자 조약 | multilateral treaty

조인국 | signatory countries, signatories, parties to the treaty, contracting parties

한국은 바젤 협약의 조인국이다.

Korea is a ***signatory to*** the Basel Convention.

서명 | signature

가서명 | initialing

북미 양측은 합의문에 가서명했다.

North Korea and the U.S. ***initialed*** the agreement.

국제법 | international law

국제 관습법 | international customary law

국제형사재판소는 국제 관습법을 기반으로 하지 않는다고 주장하는 미국의 압력…

...U.S. pressure...that the jurisdiction of the International Criminal Court is not based on the ***customary international law***... (*Daily Times*)

규정 | statute, provision, rule

우선 | supersede, supplant, superior to, have precedence over

유럽연합법은 국내법에 우선한다.

European Union laws ***supersede*** national laws.

비준 | ratification

유보 | reservation

한국은 ILO 협약을 비준하면서 일부 유보 조항을 두었다.

Korea ratified the ILO convention with a few ***reservations***.

발효 | go into effect, go into force, become effective

본 협약은 2020년 1월 1일 효력이 발생한다(발효된다).

The convention ***goes into force*** (***goes into effect, becomes effective***) on January 1, 2020.

헌장 | Charter

규약 | Covenant

협약 | Convention

의정서 | Protocol

전문 | preamble, preambular section, chapeau

본문 | substantive text, main body of agreement

조 | article

장 | chapter

절	clause
부칙	addendum
조항	provision
항	paragraph, subparagraph, section
부속의정서	annex
부속서	attachment

영국 UNITED KINGDOM

영국 — The United Kingdom (of Great Britain and Northern Ireland)

영국 대사관 — British Embassy, Her Britannic Majesty's Embassy

영국 문화원 — British Council

영연방 — British Commonwealth

대영제국 — British Empire

대영제국은 19세기 내내 초강대국의 지위를 유지했다.

The ***British Empire*** remained a major superpower throughout the 19th century.

의원 내각제 — parliamentary government

입헌 군주제 — constitutional monarchy

입헌 왕정에서의 왕은 정치적 권력이 없는 상징적인 존재다.

In the ***constitutional monarchy***, the monarch is a figurehead without real political power.

의회 — Parliament

상원 — House of Lords

상원의원 — Peers

하원 — House of Commons

하원의원 — Member of Parliament (MP)

이 문제에 대한 법률 제정을 놓고 영국 의회에서는 앞으로 몇 달 안에 2차 심의를 하게 된다.

Legislation on this is due for a second reading in the U.K. ***Parliament*** in the next few months.

노동당 — Labour Party

보수당 — Conservative Party

자민당 — Social and Liberal Democrats

영국 총리는 소속당인 노동당과 마찰을 빚고 있는 듯…

The british prime minister may be having problems with his own ***Labour Party***...

그레이트 브리튼 및 북아일랜드 연합 왕국 정부
Government of the United Kingdom of Great Britain and Northern Ireland

영국 정부 His Majesty's Government	
교육부	Department for Education
교통부	Department for Department for Transport
국방부	Ministry of Defence
국제통상부	Department for International Trade
균등발전·주거·지역사회부	Department for Levelling Up, Housing & Communities
기업·에너지·산업전략부	Department for Business, Energy & Industrial Strategy
내각부	Cabinet Office
내무부	Home Office
노동·연금부	Department for Work and Pensions
디지털·문화·미디어·스포츠부	Department for Digital, Culture, Media & Sport
법률자문실	Attorney General's Office
법무부	Ministry of Justice
보건·사회복지부	Department of Health and Social Care
수출신용기구	UK Export Finance
외무·영연방, 국제개발부	Foreign, Commonwealth & Development Office
재무부	HM Treasury
환경·식품·농촌부	Department for Environment, Food & Rural Affairs

국왕/여왕 폐하의 정부 **His/Her Majesty's Government**

총리 **Prime Minister**

장관 **Secretary of State**

…통상산업부장관…

...the ***Secretary of State*** for Trade and Industry...

차관 **Minister**

전 노동차관 Kate Hoey는 블레어 총리에게 경고했다…
Prime minister Blair was warned by former ***Labour Minister*** Kate Hoey... (*Guardian*)
☞ 일반적인 경우에 위와 같으며, 조직과 직위에 따라 명칭은 조금씩 다르다.

• 10 Downing Street란?

다우닝가는 런던에 있는 영국의 관청가로서, 외무성과 내무성 등이 있고, 10번지에는 총리 관저와 사무실이, 11번지에는 재무장관 관저가 있다. 다우닝가 10번지는 영국 총리실의 대명사로 쓰이고 있다.

• White Hall이란?

런던 시내 웨스트민스터 의사당 인근의 백색 건물들이 밀집한 White Hall에 다우닝가 10번지인 수상 관저를 포함한 정부 중앙 부처들이 소재하고 있어, 영국 중앙 정부를 일컬을 때 White Hall이라고 부르기도 한다.

영국 왕실 **British Monarchy, Royal Family**
영국 왕실은 영국에서 가장 오래된 통치 기관이다.
The ***British Monarchy*** is the oldest institution of government in the United Kingdom.

찰스 국왕 3세 **King Charles III, King of the United Kingdom and the other Commonwealth realms**
즉위 **accession to the throne, coronation, crowned**
즉위식 **coronation ceremony**
즉위 50주년 **Golden Jubilee year**
영국의 찰스 국왕 3세는 2022년 즉위했다.
King Charles III was ***crowned*** in 2022.

영국군 **British Royal Army**
영국 공군 **Royal Air Force (RAF)**
영국 해군 **Royal Navy**
영국 해병대 **Royal Marine**
영국 해군 핵잠수함 HMS Splendid와 HMS Turbulent에서 발사한 미사일…
...missiles launched from the ***Royal Navy*** nuclear-powered submarines, HMS Splendid and HMS Turbulent. (*UTV*)

영국 성공회 **Anglican Church**
왕립예술학교 **Royal College of Art**
대영박물관 **The British Museum**

대영박물관의 한국관에는 대영박물관이 소장하고 있는 한국의 미술품과 고대 유품들이 전시되어 있다.
The Korea Foundation Gallery houses ***The British Museum's*** collection of Korean art and archaeology. (*British Museum, www.thebritishmuseum.ac.uk*)

도버 해협 **Strait of Dover**
해저 터널 **Channel Tunnel**
영국 통신 **British Telecommunications (BT)**
영국 공영 방송 **British Broadcasting Corporation (BBC)**

영국 공영 방송 BBC는 모든 방송 채널을 스카이에서 다른 위성 방송으로 옮기기로 결정한 것을 정당화했다.
The ***BBC*** has defended its decision to move all of its channels off the Sky service and on to a new satellite. (*Sunday Herald*)

영국중앙은행(영란은행) **Bank of England**
런던증권거래소 **London Stock Exchange (LSE)**
런던국제금융선물거래소 **London International Financial Futures and Options Exchange (LIFFE)**
시티 오브 런던 시장 **Lord Mayor of the City of London**
런던 시경 **Scotland Yard**
북아일랜드혁명군 **Irish Republican Army (IRA)**
신페인당 **Sinn Fein**

영국으로부터의 분리 독립을 위해 30년간 투쟁한 북아일랜드혁명군 IRA는…
The ***IRA***, which fought for three decades to end British rule in the province...

• Lord Mayor of the City of London이란?

시티 오브 런던 시장 또는 로드 메이어라고 한다. 런던시에는 시장이 둘이 있다. 그중 하나는 민선 시장인 the Mayor of London으로서, 런던 광역시(Greater London Authority)의 행정·치안·교통·개발·환경 등을 책임진다. 반면, The Lord Mayor of the City of London은 the Corporation of London의 장으로서, 일반 행정에도 일부 관여를 하지만, 특히 금융 기관이 밀집된 금융가("the Square Mile", "the City")를 대표하며 대내외적으로 국제 금융의 중심으로서의 런던시를 홍보하는 대사의 역할을 수행한다.

미국 UNITED STATES OF AMERICA

미합중국 **United States of America**

연방 **federation, federal**

미국은 50개 주로 이루어진 합중국이다.

The ***United States of America is a federation of*** 50 states.

주 州 **state**

군 郡 **county**

시 市 **city, town**

주 정부 등의 지방 정부는 자치권이 있다.

...***state*** and other local governments have autonomy.

☞ 시와 군은 합해서 *local government*로 지칭한다.

대통령 **President**

부통령 **Vice President**

조지 부시는 앨 고어 부통령을 박빙의 차로 누르고 대통령에 당선되었다.

George W. Bush was elected to ***the Office of President,*** winning over ***Vice President*** Al Gore by a narrow margin.

미 의회 **United States Congress**

상원 **Senate**

상원의원 **Senator**

하원 **House of Representatives**

하원의원 **Congressman**

그는 의원으로서는 처음으로 대통령을 공개적으로 비난했다.

He's the first ***member of the United States Congress*** to openly repudiate the President.

☞ *Capitol Hill* : 의회. 원래 *Capitol Hill*은 의사당 건물이 위치한 지명이지만, 때로 의회를 지칭하는 데도 사용된다.

공화당 **Republican Party, GOP("Grand Old Party")**

민주당 **Democratic Party**

X 상원의원은 민주당원이다.

Senator X is ***a Democrat.***

Senator X is ***a member of the Democratic party.***

미국노동조합총연맹-산업별조합회의 **AFL-CIO, American Federation of Labor and the Congress of Industrial Organizations**

미국 연방정부 U. S. Government	
대통령실 Executive Office of the President	
통상대표부	Office of the United States Trade Representative (USTR)
국가안전보장회의	National Security Council (NSC)
그 외 직속 위원회	Councils
정부 부처 Executive Departments	
국무부	Department of State (DOS)
국방부	Department of Defense (DOD)
합참본부	Joint Chiefs of Staff (JCS)
육군부	Department of the Army (DA)
해군부	Department of the Navy (DoN)
공군부	Department of the Air Force (DAF)
국토안보부	Department of Homeland Security (DHS)
상무부	Department of Commerce (DOC)
농무부	Department of Agriculture (USDA)
교육부	Department of Education (ED)
에너지부	Department of Energy (DOE)
보건사회부	Department of Health and Human Services (HHS)
주택도시개발부	Department of Housing and Urban Development (HUD)
내무부	Department of the Interior (DOI)
법무부	Department of Justice (DOJ)
교통부	Department of Transportation (DOT)
노동부	Department of Labor (DOL)
재무부	Department of the Treasury
재향군인부	Department of Veterans Affairs (VA)
행정부 하위 기관 Executive Department Sub-Agencies and Bureaus	
주류·담배·화기 및 폭발물 단속국	Bureau of Alcohol, Tobacco, Firearms and Explosives (ATF)
국세청	Internal Revenue Service (IRS)

연방수사국	Federal Bureau of Investigation (FBI)
식품의약국	Food and Drug Administration (FDA)
독립행정기구 Independent Agencies	
환경보호국	Environmental Protection Agency (EPA)
중앙정보국	Central Intelligence Agency (CIA)
연방준비제도	Federal Reserve System
연방준비제도이사회	Federal Reserve Board (FRB)
연방거래위원회	Federal Trade Commission (FTC)
연방통신위원회	Federal Communications Commission (FCC)
증권거래위원회	Security and Exchange Commission (SEC)

한미 관계 **Korea-U.S. relations**

동맹 **alliance, ally**

혈맹국 **tie forged in blood, blood ties**

한국과 미국은 혈맹국이다.

The relationship between the U.S. and ROK is a ***tie forged in blood***.

한미상호방위조약 **ROK-US Mutual Defense Treaty**

☞ <안보/국가 안보> 참조.

대량살상무기확산방지구상 **Proliferation Securities Initiative (PSI)**

북한인권법(美) **The North Korea Human Rights Act of 2004**

미군 철수 **withdrawal of U.S. forces**

과격 세력들은 미군 철수를 요구하고 있다.

Radical groups demand the ***withdrawal of U.S. military forces*** from Korea.

미군 감축 **reduction of U.S. forces**

미군 기지 **U.S. military base, U.S. military installation**

용산 미군 기지 이전 문제를 논의하기 위해…

...to discuss the relocation of the Yongsan ***U.S. military base***...

반미 감정 **anti-American sentiment**

반미주의 **anti-Americanism**

반미 시위…

...***anti-American*** demonstration...

재미 교포 **ethnic Koreans in the U.S. , Korean-Americans**

교포 3세 **third generation Korean-American**

한인 상인 | **Korean shopowners**

한인 상인들의 대부분은 자신이 상점을 운영하고 가족들을 고용한다.

Most ***Korean shopowners*** employ themselves and their families.

시민권 이민서비스국 | **Bureau of U.S. Citizenship and Immigration Services (USCIS)**

☞ 이민국(*Immigration and Naturalization Service, INS*)이 국토안보부 소속 *USCIS*로 조직 개편 및 개칭되었다.

아시아계 미국인 | **Asian Americans**

흑인계 미국인 | **African Americans**

인디언 | **Native Americans**

남미계 미국인 | **Latin Americans**

☞ "WASP" : White Anglo-Saxon Protestant. 백인 앵글로 색슨 개신교도.

인종 문제 | **ethnic issues**

인종 차별 | **racial discrimination**

인종 다양성 | **ethnic diversity**

소수민족 및 여성고용촉진법 | **Affirmative Action**

소수민족 및 여성고용촉진법은 미국에서 역사적으로 뿌리 깊은 인종 및 성차별 관행을 바로잡고자 하는 가장 적극적인 노력이다.

Affirmative Action is the nation's most ambitious attempt to redress its long history of racial and sexual discrimination. (*Washington Post*)

테러와의 전쟁 | **War on Terror**

불량국 | **rogue state**

"악의 축" 발언 | **"axis of evil" statement**

…9·11 테러 공격 이후 미국과 동맹국이 추진한 테러와의 전쟁…

...[the] Global ***War on Terror*** launched by America and her allies in the wake of the 9·11 terror attacks... (*NY Sun*)

애국법(테러방지법) | **Patriot Act**

초강대국 | **superpower**

세계 유일의 초강대국인 미국은…

...the United States, the only ***superpower*** in the world...

중국 CHINA

중화인민공화국 | **People's Republic of China (PRC)**

시진핑이 중화인민공화국 주석으로 선출되었다.

Xi Jinping was elected president of the ***People's Republic of China*** (***PRC***).

(*Eastday.com*)

주석 **President**

총리 **Premier**

중국 다롄에서 열린 세계경제포럼에서 리커창 총리는 미국산 자동차에 대한 관세를 인하하겠다고 밝혔다.

In meetings during the World Economic Forum in the Chinese port city of Dalian, ***Premier*** Li Keqiang promised to cut tariffs on American Cars.

부장 **Minister**

부부장 **Vice Minister**

전국인민대표대회, 전인대 **National People's Congress (NPC)**

인민 대표 **NPC deputies**

제10차 전국인민대표대회에는 총 2,951명의 인민 대표가 참석했다.

A total of 2,951 ***NPC deputies*** attended the 10th ***National People's Congress*** (***NPC***).

중국공산당 **Communist Party of China (CPC)**

총서기 **General Secretary**

상무위원회 **Standing Committee**

중앙위원회 **Central Commission**

중앙군사위원회 **Central Military Commission (CMC)**

제10차 전국인민대표대회에서 장쩌민은 중앙군사위원장으로 선출되었다.

Jiang Zemin chairman of the PRC ***Central Military Commission*** (***CMC***) [was elected] at the 10th National People's Congress (NPC) in Beijing Saturday. (*Eastday.com*)

인민해방군 **People's Liberation Army (PLA)**

인민해방군의 공군은 세계에서 세번째로 큰 병력이다.

The ***PLA*** airforce is the third largest in the world.

최고인민법원 **Supreme People's Court (SPC)**

최고인민검찰원 **Supreme People's Procuratorate (SPP)**

최고인민검찰원 검찰장에는 자춘왕이 선출됐다.

Jia Chunwang was elected procurator-general of China's ***Supreme People's Procuratorate***. (*People's Daily*)

인민일보 **People's Daily**

신화사 **Xinhua News Agency**

중국 국영 통신사인 신화사는 수요일 덩샤오핑이 사망했다고 전했다.

China's state-run ***Xinhua News Agency*** said Deng Xiaoping died Wednesday.

문화 혁명 (Great Proletarian) Cultural Revolution

4인방 Gang of Four

대약진 운동 Great Leap Forward

1958년부터 1960년까지 마오쩌둥의 대약진 운동…

Mao Zedong's the ***Great Leap Forward*** from 1958-1960...

3개 대표론 The Three Represents (theory of~)

☞ *The Three Represents* : 3개 대표론. 장쩌민 주석이 2000년 2월 발표한 지도 사상. "공산당은 선진 문화, 선진 생산력, 광대 인민의 이익을 대표해야 한다"는 것이 골자다. 2002년 11월 제16차 당대회에서 당 규약에 포함되어 마르크스 레닌주의와 마오쩌둥 사상, 덩샤오핑 이론과 함께 당의 지도 사상으로 격상되었으며 헌법 전문에 삽입됐다.

과학적 발전관 Scientific Development (concept of~)

☞ *Scientific Development* : 과학적 발전관. 2003년 10월 당 16기 중앙위원회 제3차 총회에서 후진타오가 발표한 정책. "사람을 근본으로 하여 전면적이고 균형 잡힌 지속가능한 발전을 추구한다"는 내용이다.

소강사회 小康社會 State of Xiaokang, state of relative comfort

화평굴기 和平崛起 Peaceful Rise/Rising, Peaceful Ascendancy

중국은 화평굴기론으로 중국위협론을 잠재우고자 한다.

China says it will pursue a ***"peaceful ascendancy"*** to allay concerns over the threat of a more influential China.

굴기 Rising, Rise

중국의 반도체 굴기

China's ***rise*** in the semiconductor industry

☞ 굴기 : 경제, 과학, 기술 등 구체적 분야에서도 세계 최고가 되겠다는 의미다.

자금성 Forbidden City

만리장성 Great Wall

천안문 Tiananmen Gate

천안문 광장 Tiananmen Square

…1989년의 천안문 사태…

...the ***Tiananmen Square*** upheaval in 1989...

사회주의 시장 경제 socialist market economy

위안화 Yuan

인민폐 Renminbi (RMB)

인민폐가 저평가되었다는 인식은…

The notion that the ***renminbi*** is dangerously undervalued... (*Cato Institute*)

경제 특구 Special Economic Zone

홍콩의 경계에 있는 심천은 해외 투자 및 기술 유치를 위해 지정된 중국의 5개

경제 특구 중 가장 성공한 곳이다.

Shenzhen at the border with Hong Kong is the most prosperous of China's five ***special economic zones*** set up to attract foreign investment and technology.

서부 대개발 **Strategy of Development of Western China**

일대일로 **One Belt, One Road (OBOR), Belt and Road Intitiative (BRI, B&R)**

중국의 일대일로 정책은 동아시아에서 유럽까지 연결하는 대규모 인프라 사업이다.

The ***Belt and Road Initiative*** is a massive infrastructure project that would stretch from East Asia to Europe.

홍콩 특별행정구 **Hong Kong Special Administrative Region, Hong Kong SAR**

마카오 특별행정구 **Macao Special Administrative Region (MSAR)**

행정장관 **Chief Executive (of SAR)**

— 반환 **return, revert, handover**

1999년 12월 20일 중국에 반환된 마카오 특별행정구…

...the ***Macao Special Administrative Region*** that was ***returned*** to China on December 20, 1999...

삼협댐 **Three Gorges Dam**

장강삼각주 **Yangtze River Delta**

환발해지구 **Circum-Bohai Region**

주강삼각주 **Pearl River Delta**

푸동단지 **Pudong District**

푸동단지는 성공적인 과학 공원의 사례다.

The ***Pudong District*** is a succesful example of a technology park.

증권감독위원회 **China Securities Regulatory Commission (CSRC)**

투자 적격 외국 기관 투자가 **Qualified Foreign Institutional Investors (QFII)**

기관 투자가 인가제도 **QFII system**

☞ *"QFII"* : *Qualified Foreign Institutional Investors*(투자 적격 외국 기관 투자가)의 약자. 재무 상태, 자산 규모, 회사 연혁 등의 자격 요건을 갖춘 외국 기관투자가들에게 중국 증권시장 직접 투자를 허용하는 제도. 대만의 *QFII* 제도를 모방한 것이다.

A주, B주 **A Shares, B Shares**

H주 **H Shares**

☞ *A Shares* : 중국의 증시에 상장된 주식은 *A*주와 *B*주가 있다. *QFII* 제도 도입 이전에는 외국인 투자자는 시가 총액이나 상장사가 상대적으로 적은 *B*주 시장에만 참여가 가능했다. 그

러나 *QFII* 제도 도입으로 증권감독위원회의 인가를 받은 외국인 투자 기관들도 시가 총액이 4조 위안이 넘는 *A*주에 대한 투자가 가능해졌다.

양안 관계 **China-Taiwan relations, cross-strait relations**

양안 관계에서 핵무기는 주요 사안이 아니다.

Nuclear weapons are not an issue when dealing with ***cross-strait relations***.

중국의 주요 인물 (2020년 기준)		
마오쩌둥	毛澤東	Mao Zedong
저우언라이	周恩來	Zhou Enlai
덩샤오핑	鄧小平	Deng Xiaoping
리 펑	李鵬	Li Peng
주룽지	朱鎔基	Zhu Rongji
장쩌민	江澤民	Jiang Zemin
후진타오	胡錦濤	Hu Jintao
원자바오	溫家寶	Wen Jiabao
쩡칭훙	曾慶洪	Zeng Qinghong
시진핑	習近平	Xi Jinping
리커창	李克强	Li Keqiang
후춘화	胡春華	Hu Chunhua
왕양	汪洋	Wang Yang

대만 **Taiwan**

☞ 중국은 *Taiwan*이라는 국가 명칭을 거부하므로 정부 간 국제회의에서 *Chinese Taipei*라 부른다. 민간 부문의 국제회의에서는 *Taiwan*이라고 한다.

대만 해협 **Taiwan Strait**

총통 **President**

국민당 **Kuomindang (KMT), Nationalist Party**

행정원 **Executive Yuan**

사법원 **Judicial Yuan**

입법원 **Legislative Yuan**

이 법안은 어제 행정원에서 승인을 받았으며, 입법원으로 보내져 추가적인 심의와 최종 승인 과정을 거치게 된다.

The bill, approved by ***the Executive Yuan*** yesterday, will proceed to ***the Legislative Yuan*** for further review and final approval. (*Taipei Times*)

하나의 중국 **One China Policy**

벨기에는 하나의 중국 정책을 따라 대만의 천수이벤 총통에게 입국 비자를 거부할 것…

Belgium will adhere to a ***'one China' policy*** and reject an entry visa to Taiwanese President Chen Shui-bian... (*Straits Time*)

일국 이체제 **One-China Two-Systems**

대만은 중국과의 경제 관계를 다시 활성화시켰으나, 중국의 일국 이체제 정책은 거부했다.

Taiwan revived economic relations with China, but refused Beijing's ***"One-China Two-Systems"*** policy. (*dsisi.org*)

두 개의 중국 **Two China Policy, One China One Taiwan Policy**

미국은 두 개의 중국 정책이나 대만 독립을 지지하지 않겠다고 공언했다.

The U.S. stated that it would not support ***a "two china" policy*** or Taiwan's independence.

삼통 **Opening of 3 links**

삼통이란 중국과 대만간 통신, 통상, 통행의 개방을 의미…

...the ***Opening of 3 links*** is opening of direct mail, shipping and communications link...

남사군도 **Spratly Islands**

남지나해 **South China Sea**

풍부한 어장과 원유 매장량을 갖고 있는 남지나해의 남사군도에 대하여 영유권을 주장하는 국가는 중국을 포함하여 6개국이나 된다.

Beijing is among six governments claiming the ***Spratly Islands*** in the oil- and fish-rich ***South China Sea***.

1자녀 낳기 정책 **One-child Policy**

1자녀 낳기 정책으로 인해, 부부는 아이를 낳기 위해 허가를 받아야 했다.

Under China's ***one-child policy***, couples needed a permit to have a baby.

화교 **overseas ethnic Chinese, Chinese expatriates**

화교 경제권 **Greater Chinese Economic Zone**

화교 경제권이 급성장하면서, 전 세계는 중국의 향후 진로를 관심 있게 지켜보고 있다.

The world carefully watches the future course of China, in relation to the rapid expansion of ***Greater Chinese Economic Zone***. (*Asahi.net*)

조선족 **ethnic Korean-Chinese, the Korean ethnic minority**

조선족 자치구 **autonomous district of ethnic Korean-Chinese, Korean autonomous prefecture/district**

연변 **Yanbian**

중국 길림성에는 연변 조선족 자치구가 있다.

The largest concentration of Koreans is in the ***Yanbian Korean Autonomous Prefecture*** in eastern Jilin Province.

동북공정 **Northeast Asian Project**

옛 고구려를 중국땅으로 왜곡하는 동북공정…

Northeast Asian Project, which portrays Goguryeo as Chinese territory...

☞ 동북공정 : 중국의 동북 3성(흑룡강성, 요녕성, 길림성)지역 소수민족 역사 연구 사업.

중국의 성 (22) Provinces (Capital)		
간쑤(감숙)성	甘肅省	Gansu Province
광둥(광동)성	廣東省	Guangdong Province
구이저우(귀주)성	貴州省	Guizhou Province
랴오닝(요녕)성	遼寧省	Liaoning Province
산둥(산동)성	山東省	Shandong Province
산시(섬서)성	陜西省	Shaanxi Province
산시(산서)성	山西省	Shanxi Province
쓰촨(사천)성	四川省	Sichuan Province
안훼이(안휘)성	安徽省	Anhui Province
윈난(운남)성	雲南省	Yunnan Province
장시(강서)성	江西省	Jiangxi Province
장쑤(강소)성	江蘇省	Jiangsu Province
저장(절강)성	浙江省	Zhejiang Province
지린(길림)성	吉林省	Jilin Province
칭하이(청해)성	靑海省	Qinghai Province
푸젠(복건)성	福建省	Fujian Province
하이난(해남)성	海南省	Hainan Province
허난(하남)성	河南省	Henan Province
허베이(하북)성	河北省	Hebei Province
헤이룽장(흑룡강)성	黑龍江省	Heilongjiang Province
후난(호남)성	湖南省	Hunan Province
후베이(호북)성	湖北省	Hubei Province

중국의 자치구 (5) Autonomous Regions		
광시좡주(광서장족)	廣西壯族	Guangxi Zhuang Autonomous Region
네이멍구(내몽골)	內蒙古	Inner Mongolia Autonomous Region
닝샤회이주(영하회족)	寧夏回族	Ningxia Hui Autonomous Region
시짱(서장)	西藏	Tibet (Xizang) Autonomous Region
신장위구르	新疆	Xinjiang Uygur Autonomous Region

중국의 직할시 (4) Municipalities		
베이징(북경)	北京	Beijing
상하이(상해)	上海	Shanghai
충칭(중경)	重慶	Chongqing
텐진(천진)	天津	Tianjin

중국의 성도(省都) Capital Cities		
란저우(난주)	蘭州	Lanzhou
광저우(광주)	廣州	Guangzhou
구이양(귀양)	貴陽	Guiyang
선양(심양)	瀋陽	Shenyang
지난(제남)	濟南	Jinan
시안(서안)	西安	Xi'an
타이위안(태원)	太原	Taiyuan
청두(성도)	成都	Chengdu
허페이(합비)	合肥	Hefei
쿤밍(곤명)	昆明	Kunming
난창(남창)	南昌	Nanchang
난징(남경)	南京	Nanjing
항저우(항주)	杭州	Hangzhou
창춘(장춘)	長春	Changchun
시닝(서녕)	西寧	Xining
푸저우(복주)	福州	Fuzhou
하이커우(해구)	海口	Haikou

정저우(정주)	鄭州	Zhengzhou
스자좡(석가장)	石家莊	Shijiazhuang
하얼빈(합이빈)	哈爾濱	Harbin
창사(장사)	長沙	Changsha
우한(무한)	武漢	Wuhan

일본 JAPAN

천황 **Emperor**

천황비 **Empress**

아키히토 천황은 왕세자 시절에 역사상 처음으로 평민인 현 미치코 천황비와 약혼했다.

Emperor Akihito was the first Crown Prince of Japan to be engaged to a commoner, the present ***Empress*** Michiko.

황위 **Chrysanthemum Throne**

황실 **Imperial Family**

궁내청 **Imperial Household Agency**

일본 궁내청 고위 관리들은 천황 제도를 바꾸는 것을 고려하지 않았다고 부인했으나…

While senior officials of the ***Imperial Household Agency*** have denied considering any changes to the emperor system… (*Japan Times*)

일본의 중앙 성청 Ministries and Agencies	
내각관방	Cabinet Secretariat
부흥청	Reconstruction Agency
디지털청	Digital Agency
내각부	Cabinet Office (CAO)
국가공안위원회	National Public Safety Commission
경찰청	National Police Agency
궁내청	Imperial Household Agency
금융청	Financial Services Agency
공정거래위원회	Japan Fair Trade Commission (JFTC)
개인정보보호위원회	Personal Information Protection Commission

소비자청	Consumer Affairs Agency
카지노관리위원회	Japan Casino Regulatory Commission (JCRC)
총무성	Ministry of Internal Affairs and Communications (MIC)
법무성	Ministry of Justice (MOJ)
외무성	Ministry of Foreign Affairs (MOFA)
재무성	Ministry of Finance (MOF)
문부과학성	Ministry of Education, Culture, Sports, Science and Technology (MEXT)
후생노동성	Ministry of Health, Labour and Welfare (MHLW)
농림수산성	Ministry of Agriculture, Forestry and Fisheries (MAFF)
경제산업성	Ministry of Economy, Trade and Industry (METI)
국토교통성	Ministry of Land, Infrastructure and Transport (MLIT)
환경성	Ministry of the Environment (MOE)
방위성	Ministry of Defense (MOD)
회계검사원	Board of Audit

총리 **Prime Minister**

관방장관 **Chief Cabinet Secretary**

아베 신조 관방장관의 정치적 부상…

The political rise of Shinzo Abe, the ***Chief Cabinet Secretary***...

의회 **National Diet**

참의원 **House of Councillors**

중의원 **House of Representatives**

일본 의회는 금요일 의사 표결을 할 예정이다.

Japan's Diet is expected to vote for a decision Friday.

자유민주당 **Liberal Democratic Party (LDP)**

민주당 **Democratic Party of Japan**

평화신당 **New Peace Party**

자유당 **Liberal Party**

일본공산당 **Japanese Communist Party**

사회민주당 **Social Democratic Party**

최고재판소 **Supreme Court of Japan**

평화 헌법 **Peace Constitution**

평화주의 헌법 **pacifist constitution**

[다나카 전 외무장관은] 군사력 보유를 금지하는 일본의 평화 헌법에 대한 논의가 시급하다고 역설했다.

[Former foreign minister Tanaka] also emphasized the urgent need for debate on national security and on Japan's ***"Peace Constitution",*** which bans its possession of military force. (*Japan Today*)

자위대 **Japan Self-Defense Forces (JSDF)**

항공 자위대 **Japan Air Self-Defense Force (JASDF)**

지상 자위대 **Japan Ground Self-Defense Force (JGSDF)**

해상 자위대 **Japan Maritime Self-Defense Force (JMSDF)**

일본 정부는 자위대의 이라크 파병을 위한 새 법안의 가능성에 대하여 생각하고 있다.

The government is weighing the possibility of new legislation that would pave the way for ***Self-Defense Force*** troops to be dispatched to Iraq. (*Asia Pacific Media Network*)

재무장 **rearmament**

정상 국가 **normal country**

고이즈미 총리가 추진하는 '정상 국가'로의 전환…

Prime Minister Koizumi seeks to make Japan a ***"normal country"***...

국가 방위 대강 **National Defense Program**

방위 지침 **Defense Guideline**

미일 공동 안보 **U.S.-Japan Joint Security**

1996년 4월, 미일 공동 안보 선언문이 발표되었다.

In April 1996, the ***U.S.-Japan Joint Security*** declaration was issued.

대기업 계열 **keiretsu**

일본 대기업 계열은 긴밀히 제휴된 계열 회사의 집합체다.

The Japanese ***keiretsu*** is a business group of closely affiliated companies.

현 縣 **prefecture**

현지사 **prefectural governor**

현지사가 대국민 특별 연설을 했다.

The ***prefectural governor*** made a special address to the citizens.

과거 청산 **redress the past**

사죄 **apologize, atonement**

일본이 과거 청산에 대한 과감한 선택을 할 때만 대화가 진전될 수 있다.

The talks can make progress only when Japan adopts a bold decision to ***redress its past*** crimes.

교과서 왜곡 **misconstrued Japanese history textbooks,**

distortions/misrepresentations in textbooks, whitewashing wartime atrocities in textbooks

아시아인들은 일본 관료들에게 왜곡된 일본의 역사 교과서를 공개하라고 요구하고 있다.

Asian people are urging the Japanese authorities to publicize the ***misrepresented facts in Japanese history textbooks.***

새 역사교과서 **the New History Textbook**

새로운 교과서를 만드는 모임 **Japanese Society for History Textbook Reform**

교과서 검정 **textbook screening**

교과서 왜곡 사건 **controversy over Japan's textbooks**

☞ *distorted textbooks* : 교과서 전체가 왜곡된 것이 아니고 일부 사실이 누락(*omission of facts*) 내지는 미화(*gloss over, beautify, whitewashing*)된 것이므로 *distorted textbooks*는 지나치게 단순한 표현이다. 이보다는 *misrepresentation(misconstruction) of historical facts/distortions in Japanese textbooks*가 더 정확한 표현이다.

종군 위안부 **wartime sex slaves, comfort women**

한국 종군 위안부들은 일본 정부를 대상으로 배상 청구를 했다.

Some Korean women who served as ***"comfort women"*** during the war sought compensation from the Japanese government through the courts.

강제징용 손해배상 **compensation to Korean forced laborers**

2018년 대법원은 일본 기업들에게 한국 강제징용 피해자들에게 배상 판결을 내렸다.

In 2018, the Supreme Court ordered Japanese companies to ***compensate Korean victims of forced labor.***

한일청구권협정 **Korea-Japan Claims Agreement**

☞ 1965년 6월 22일 조인된 한일청구권협정의 4개 부속협정에 한일청구권협정(*Agreement on Settlement of Problems concerning Property and Claims and Economic Co-operation between the Republic of Korea and Japan*)이 있다.

한일어업협정 **Korea-Japan Fisheries Agreement**

배타적 경제 수역 **Exclusive Economic Zone (EEZ)**

☞ <농림 수산/수산업> 참조.

국가 신도 **State Shintoism**

신사 참배 **visit (to) Shinto Shrine**

야스쿠니 신사 **Yasukuni shrine, Yasukuni Jinja**

A급 전범 **Class-A war criminal**

고이즈미 총리는 제2차 세계 대전에서의 일본의 행동을 정당화하거나 영웅시할 의도로 신사 참배를 한 것은 아니라고 말했다.
Koizumi has said the ***visit to the shrine*** didn't mean to justify or glorify Japan's actions in World War Two.

재일 교포 **Korean resident(s) in Japan**

재일 교포의 대북 송금 중단…
...***Korean residents in Japan*** suspending all remittances to North Korea...

민단(재일본대한민국민단)
Mindan, Korean Residents Union in Japan, pro-South Koreans in Japan

자동 국적 취득은 일본 국적을 원하는 대부분의 민단 교포들에게 큰 도움이 될 것이다.
Automatic citizenship would benefit the vast majority of ***Mindan*** who do want Japanese citizenship.

조총련(재일본조선인총련합회)
Chosenren, the General Association of Korean Residents in Japan, pro-North Korean association

그는 조총련계 인사다.
He is a member of the ***Chosenren, the pro-North Korean association*** in Japan.

적군파 **the Japanese Red Army**

미국은 적군파 대원들이 북한에서 추방될 것을 요구했다.
The U.S. demanded ***Japanese Red Army*** members be expelled from North Korea.

북한 현지처 **Japanese women married to North Koreans**

납북 일본인 **Japanese kidnapped/abducted by North Koreans, Japanese abductees**

일본은 1970년대와 1980년대에 북한이 11명의 일본인을 납치했다고 믿고 있다.
Tokyo believes that North Korean agents ***kidnapped 11 Japanese*** during the 1970's and 1980's.

북방 영토 **northern territories**

일본과 러시아 간 북방 영토 문제의 해결을 모색…
...for Japan and Russia to find a way to settle the ***"northern territories"*** issue...

쿠릴 열도 **Kuril Islands**

홋카이도 **Hokkaido Island**

냉전 시대가 도래할 것을 예측했기 때문에 스탈린은 홋카이도를 점령하고 싶어했다.

Stalin desired to seize ***Hokkaido Island***, for he foresaw the coming of the Cold War.

일본해 **Sea of Japan**

동해를 국제수로기구(IHO)에서는 일본해로 표기한다.

IHO calls the East Sea ***"Sea of Japan."***

독도 영유권 **territorial rights over Dokdo (Island)**

시마네현 조례 **ordinance adopted by Shimane Prefectural Assembly**

☞ 독도를 일본에서는 *Takeshima*라고 부르며, 간혹 영어로는 *Liancourt Rocks*라고 부르기도 한다.

유럽연합 EUROPEAN UNION

유럽연합 **European Union (EU)**

유럽단일의정서 **Single European Act**

유럽연합조약 **Treaty on European Union, Maastricht Treaty**

그것은 1991년 유럽연합조약에서 명시한 유럽안보방위정책에 힘을 실어준다.

It gives muscle to the European Security and Defence Policy (ESDP), set out under the EU's 1991 ***Maastricht Treaty***. (*EU Business*)

• EU란?

유럽연합(EU: European Union)은 유럽 공동체(EC) 12개국 정상들이 1991년 12월 네덜란드 마스트리히트에서 경제 통화 통합 및 정치 통합을 추진하기 위한 유럽연합조약(Treaty on European Union, 일명 마스트리히트 조약)을 체결함으로써, EC를 통칭하여 출범된 유럽의 정치·경제 공동체다. 현재 EU 회원국은 프랑스·독일·이탈리아·벨기에·네덜란드·룩셈부르크·영국·아일랜드·덴마크·그리스·스페인·포르투갈·노르웨이·오스트리아·스웨덴 등 15개국이며, EU 확대 정책에 의해 북쪽의 에스토니아에서부터 남쪽의 터키까지 총 13개 후보국이 지리적으로 광범위한 지역에 흩어져 있다. 이 중 키프로스·체코·에스토니아·헝가리·라트비아·리투아니아·몰타·폴란드·슬로바키아·슬로베니아가 2004년 5월 1일에 가입하여 15+10개국이 되었다.

• EC란?

European Community. 1967년 유럽경제공동체(EEC), 유럽석탄철강공동체(ECSC), 유럽원자력공동체(EURATOM) 등 세 기구가 유럽공동체(European Community)로 개편되어 설립되었다. 이렇게 경제 통합으로 시작한 유럽 통합이 마스트리히트 조약으로 확대되면서 EU가 출범되었으며, 본 조약에 의해 경제 공동체인 EEC가 EC로 명칭이 바뀌었다. 그러나 아직도 European Communities라는 복수 형태로 EEC, Euratom, ESCS 등의 공동체를 포괄적으로 지칭하는 데 사용되고 있다.

주한 EU대표부 **the European Commission's Delegation to Korea**

☞ 공식 명칭은 "유럽연합 유럽위원회 대표부"다.

주한 EU상공회의소 **European Union Chamber of Commerce in Korea (EUCCK)**

유럽 집행위원회 **European Commission**

유럽 집행위위원장 **President of the European Commission**

유럽 의회는 유럽 집행위원회 위원장의 임명을 비준해준다.

The European Parliament ratifies the appointment of the ***Commission President***.

유럽 의회 **European Parliament**

유럽 의회 의원 **Members of the European Parliament (MEP)**

유럽 의회의 총 의원 수는 626명으로 1979년부터 직접 선거로 선출되었다.

626 ***Members of the European Parliament*** (***MEPs***) have been elected by direct universal suffrage since 1979... (*www.Europa.eu.int*)

공동 결정 **Codecision (procedure)**

일반적인 입법 절차로서 도입된 공동 결정 절차는 유럽 의회를 이사회와 동등한 입지에 놓이게 해준다.

The normal legislative procedure, ***Codecision***, puts the European Parliament and the Council on an equal footing.

자문 절차 **Consultation (procedure)**

협력 절차 **Cooperation (procedure)**

동의 절차 **Assent (procedure)**

제안권 **Right of Initiative (procedure)**

동의 절차란 이사회에서 중요한 결정을 하기 전에 유럽 의회의 동의를 구해야 하는 것을 의미한다.

The ***assent procedure*** means that the Council has to obtain the European Parliament's assent before certain very important decisions are taken.

유럽 이사회 **European Council**

유럽 이사회는 각 회원국의 국가 또는 행정 수반과 유럽연합 집행위원회 위원장으로 구성된다.

The ***European Council*** brings together the Heads of State or Government of the fifteen Member States of the European Union and the President of the European Commission.

— 의장국 **European Council Presidency, EU presidency**

그러나 의장국인 그리스는 어제 최종 순간 변경 사항에 대하여 발표…

But the ***Greek EU presidency*** yesterday announced a last-minute change...

순환 의장국 **rotating presidency**

EU의 순환 의장국인 그리스의 조지 파판드레우 외무장관은…

...Greek Foreign Minister George Papandreou, whose country holds ***the rotating presidency of the EU***... (*UPI*)

가중 다수결 **weighting of votes, qualified majority**

이중 다수결 **double majority**

농업 정책과 경쟁 정책에 있어서는 이사회의 가중 다수결 표결에 따른 정책 결정이 행해지고 있다.

Agricultural and competition policies are decided through a ***qualified majority voting*** in the Council.

이사회 **Council of the European Union, the Council**

유럽 회의 **Council of Europe (COE)**

☞ *European Council*은 *EU* 회원국들의 정상회의이며, *Council of the European Union (the Council)*은 *EU*의 각료 회의다. 반면에 *Council of Europe*은 별도의 국제 기구다. 아래 설명 참조.

• European Council이란?

유럽 이사회. 각국의 정상 또는 행정 수반과 집행위 위원장으로 구성된다. 1년에 최소한 2회 개최되는 유럽 이사회에서는 유럽연합의 발전을 위한 여러 가지 제안과 정책이 논의되며 포괄적인 지침들이 제시된다. 각국 외무장관이 동행하며 의장국의 정상 또는 행정 수반이 회의 의장직을 수행한다.

• Council of the European Union이란?

이사회. EU의 각료급 회의로서 유럽 의회와 함께 공동 결정 절차를 통해 입법권 및 예산 심의권을 갖는다. 이사회는 또한 회원국의 경제 정책을 조율하고, 회원국 및 국제기구 국제 협정을 체결한다.

- **Council of Europe이란?**

유럽 평의회 혹은 유럽 회의로 번역되는 국제기구로서, EU와는 다른 독립적인 국제기구다. 제2차 세계 대전 후 유럽의 단결을 위하여 1949년 5월 5일 벨기에·덴마크·프랑스·아일랜드·룩셈부르크·이탈리아·네덜란드·노르웨이·스웨덴과 영국 등 10개국이 런던조약(Treaty of London)에 조인하면서 출범했다. 민주주의, 법치주의, 인권 등의 원칙 아래 사회·문화 등 다양한 분야에서 범유럽적 협력을 모색한다. EU의 15개 회원국을 포함하여 46개 회원국이 있다.

유럽경제사회이사회 **European Economic and Social Council (ECOSOC)**
지역사회이사회 **Committee of the Regions**
유럽옴부즈만 **European Ombudsman**
유럽사법재판소 **European Court of Justice**
유럽회계감사원 **European Court of Auditors**
유럽중앙은행 **European Central Bank**
유럽투자은행 **European Investment Bank**

유럽투자은행이 폴란드에 제공한 첫 차관은 폴란드의 철도 시설을 현대화하는 데 사용될 것이다.
The ***European Investment Bank's*** first loan to Poland would help modernize the country's railroads.

유럽연합 확대 **EU Enlargement**
가입 전 지원 **pre-accession support**

그는 농업과 농촌 지역 개발을 위한 가입 전 지원을 포함하여, 유럽연합 확대와 관련하여 농업 부문을 담당할 것이다.
He will deal with agricultural aspects of ***EU enlargement*** including ***pre-accession support*** for farming and rural development.

- **Community Acquis/Acquis Communautaire란?**

EU의 법안 및 관행을 포괄적으로 지칭하는 용어. EU의 신규 회원국들은 1958년 이후 로마조약과 개정 조약을 기반으로 EU 각료 이사회와 집행 위원회가 제정하고 적용하는 모든 법안과 관행을 수용해야 한다. 총 10만 페이지에 달하는 유럽연합 조약, 법제 및 관행 모음집으로 공동체법 및 관행의 집적이라고 한다.

공동 외교 안보 정책 **Common Foreign and Security Policy (CFSP)**
공동 안보 방위 정책 **European Security and Defense Policy (ESDP)**
집단 안보 **collective security**
유럽군 **Eurocorps**

유럽군은 1991년 창설되었으며 프랑스·독일·스페인·벨기에·룩셈부르크 군으로 이루어져 있다.

The ***Eurocorps*** was created in 1991 and is made up of troops from France, Germany, Spain, Belgium and Luxembourg.

아시아유럽회의 **Asia-Europe Meeting (ASEM)**

경제 화폐 동맹 **Economic and Monetary Union (EMU)**

단일 통화 **single currency**

덴마크·영국·스웨덴을 제외한 유럽 지역 12개국이 단일 통화를 사용한다.

12 countries in the European region use the ***single currency*** except for Denmark, U.K., and Sweden.

유로화 **EURO**

유로 통화권(지역) **EURO Zone, Euro area**

통화로 인한 어려움에도 불구하고 유로 통화 지역의 경제는 활발한 경기 회복 조짐이 보인다.

The ***euro-zone*** economy is showing strong signs of recovery despite its currency's travails.

관세 동맹 **customs union**

몇몇 유럽 국가들은 터키의 관세 동맹 가입을 반대한다.

Some European countries oppose the entry of Turkey into the ***customs union***.

유럽자유무역연합 **European Free Trade Association (EFTA)**

유럽경제지역 **European Economic Area (EEA)**

유럽 단일 시장 **single European market**

유럽자유무역연합과 유럽경제지역의 통합으로 최대 단일 시장이 출범했다.

The integration of ***EFTA*** and ***EEA*** created the largest ***single market***.

공동 농업 정책 **Common Agricultural Policy (CAP)**

공동 농업 정책은 토지 소유주들에 대한 보상 차원에서 수립되었다.

The ***Common Agricultural Policy*** is designed to compensate landowners for owning land.

• ACP란?

1975년 당시 EC 9개국은 아프리카, 카리브해 연안 그리고 태평양 도서국 45개국과 토고(Togo)의 수도 로메(Lomé)에서 유럽과 구 식민지 국가 간의 협력과 효과적인 발전 논의를 위한 이른바 로메협정(Lomé Convention)을 체결했다. 2000년에는 코토노 협정(Cotonau Agreement)이 체결되어 협력의 범위가 확대되었다. 현재 79개국이 참여하고 있다. (www.acp.int)

유럽연합 관련 약자		
ACP	ACP 국가	African, Caribbean and Pacific (Group of States)
ASEM	아시아유럽정상회의	Asia-Europe Meeting
BIC	정부 간 쌍무회의	Bilateral Inter-governmental Conference
BRITE-EURAM	기반산업기술과 응용기술 개발정책	Basic Research in Industrial Technology for Europe/European Research on Advanced Materials
CAP	공동농업정책	Common Agricultural Policy
CoE	유럽평회의	Council of Europe
Corepor	영구이사회	Permanent Representatives' Committee (PRC)
EBRD	유럽부흥개발은행	European Bank for Reconstruction and Development
EC	유럽공동체	European Community (former EEC)
ECHO	유럽인권사무국	European Commission's Humanitarian Aid Office
ECSC	유럽석탄철강공동체	European Coal and Steel Community
EEA	유럽경제지역	European Economic Area
EEC	유럽경제공동체	European Economic Community (now EC)
EAGGF	유럽농업지도 보장기금	European Agricultural Guidance and Guarantee Fund
ECOSOC	유럽경제사회이사회	European Economic and Social Committee
EIB	유럽투자은행	European Investment Bank
EMCF	유럽통화협력기금	European Monetary Cooperation Fund
EMS	유럽통화제도	European Monetary System
EMU	유럽통화동맹	European Monetary Union
EPC	유럽정치협력	European Political Cooperation
EPO	유럽특허청	European Patent Office
ESCB	유럽중앙은행제도	European System of Central Banks

ESDP	공동안보방위정책	European Security and Defense Policy
ESF	유럽사회기금	European Social Fund
EURATOM	유럽원자력공동체	European Atomic Energy Community
ESPRIT	유럽정보통신 개발전략	European Strategic Programme for R&D in IT
EUREKA	유레카계획	European Research Coordination Action
EUROFER	유럽철강산업연합	European Confederation of Iron and Steel Industries
Europol	유럽경찰국	European Police Office
ESA	유럽우주기구	European Space Agency
EUVP	유럽연합방문프로그램	European Union Visitors Programme
IGC	정부간회의	Intergovernmental Conference
INCO	국제협력	International Cooperation
JHA	공동내무치안정책	Justice Home Affairs
MCA	국경조정금	Monetary Cooperation Amount
OLAF	유럽반부패국	European Anti-Fraud Office
RACE	신정보통신기술개발 정책	Research and Development in Advanced Communications Technology in Europe
TAIEX	기술지원교환국	Technical Assistance Information Exchange Office

11 안보 SECURITY

국제 안보 INTERNATIONAL SECURITY

안보 질서 — **security order**

유엔은 세계적·지역적 안보 질서 유지의 중요한 역할을 담당한다.

UN plays a crucial role in maintaining the global and regional ***security order***.

안보 정책 — **security policy**

안보 위협 — **security threat**

중국의 경제적·군사적 성장은 미국에게 안보 위협이 될 수 있다.

China's economic and military growth could pose a national-***security threat*** to the United States.

인간 안보 — **human security**

인간 안보는 국가가 아닌 사람 중심의 안보 개념…

...***human security*** places human beings-rather than states-at the focal point of security considerations... (*UNDIR.org*)

안보 협력 — **security cooperation**

안보 대화 — **security dialogue**

양국은 낮은 단계의 안보 협력을 재개하기로 동의했다.

The two countries agreed to resume low-level ***security cooperation***.

아세안 지역안보 포럼 — **Asean Regional Forum (ARF)**

북태평양 안보협력대화 — **North Pacific Cooperative Security Dialogue (NPCSD)**

집단 안보 — **collective security**

다자간 안보 관계 — **multilateral security arrangement**

다자 안보 협력 체제 — **multilateral security cooperation**

지역 안보 협력 체제 — **regional security framework/arrangement**

동북아 지역에는 NATO나 OSCE와 같은 지역 안보 협력 체제가 없다.

Northeast Asia lacks a ***regional security framework*** analogous to NATO or OSCE.

유럽안보협력기구 — **Organization for Security and Cooperation in Europe (OSCE)**

서유럽동맹 **Western European Union (WEU)**

동북아시아에도 유럽안보협력회의(OSCE)처럼 동북아 문제를 집단적으로 협의하는 다자 협의체가 필요하다.

Northeast Asia also needs a multilateral cooperative forum such as ***OSCE***, where Northeast Asian issues can be collectively discussed.

북대서양조약기구 **North Atlantic Treaty Organization (NATO)**

쿼드 **Quadrilateral Security Dialogue (QSD), QUAD**

• QUAD란?

Quadrilateral Security Dialogue. 4자 안보 대화. 미국·인도·일본·호주 등 4개국이 참여하고 있는 안보협의체로서 중국을 견제하는 공동의 목표를 가진다.

• ARF란?

Asean Regional Forum. 아세안지역안보포럼. ARF는 정치·안보 문제에 대하여 상호 신뢰와 이해를 제고함으로써 지역의 평화와 안정을 추구하는 역내 유일한 정부 간 안보 협의체다. 2006년 현재 아세안 10개국을 비롯하여 미국, 일본, 한국, 북한, 러시아 등 25개국이 참가하고 있다. 1993년 7월 싱가포르에서 개최된 18개국 외무장관회의에서 아·태지역 정치 및 안보 협력 문제에 대한 협의체를 개최키로 합의함에 따라 1994년 태국에서 출범했다. (www.aseanregionalforum.org)

• NATO란?

North Atlantic Treaty Organization. 1949년에 체결된 북대서양조약의 수행 기구로서 결성되었다. 본래 목적은 소련에 대한 집단 안전 보장이었으나 1980년대 말 냉전 종식으로 NATO는 군사 동맹에서 벗어나 유럽의 국제적 안정을 위한 정치 기구로 재탄생했다. 북미와 서유럽의 국가들에 이어 체코·폴란드·헝가리 등 동유럽 국가들도 회원으로 가입했고, 2022년 스웨덴과 핀란드가 새롭게 가입하여 총 32개 회원국을 두고 있다. (www.nato.int)

• OSCE란?

Organization for Security and Cooperation in Europe. 유럽안보협력기구. 최대 규모의 지역 안보 기구로서 유럽·중앙아시아·북미 지역 56개 회원국(2006년 현재)을 보유하고 있다. 조기 경보, 분쟁 방지, 위기 관리의 역할을 담당하며 '협력적 안보'와 '포괄적 안보'의 개념으로 접근하고 있다. (www.osce.org)

쌍무적 안보 관계 **bilateral security arrangement**

새로운 계획을 도입하여 쌍무적 안보 관계를 증진시키고…

...implement a new plan to enhance the ***bilateral security arrangement***...

신뢰 구축	confidence building
신뢰 구축 조치	Confidence Building Measures (CBM)
신뢰 및 안보 구축	Confidence and Security Building Measures (CSBM)

북한과 유엔은 신뢰 구축을 위한 구체적인 대화 추진을 약속했다.

North Korea and the UN agreed to hold future talks on details of the ***confidence building measures***.

군사 직통 전화	military hotline
군사 활동의 사전 통보	prior notification of military activities
군사 훈련 참관	exchange of observers for military training

남북한은 군사 직통 전화를 개설하기로 합의…

North and South Korea agreed to establish a ***military hotline***...

평화 상태	state of peace
평화 협상	peace talks, peace process
평화 협정	peace agreement, peace treaty

휴전은 평화 협정으로 대치되지 못했다.

The armistice was never replaced by a ***peace treaty***.

평화 체제	peace regime, peace arrangement

서울에서는 한반도에 평화 체제를 구축하기로 결심을 굳혔다.

Seoul is set to establish a ***peace regime*** on the peninsula.

상호 불가침 조약	mutual non-aggression treaty

소련과 아프가니스탄은 상호 불가침 조약을 체결했다.

The Soviet Union and Afghanistan agreed to a ***mutual non-aggression treaty***.

안보 보장	security assurance

북한에게 안보 보장을 해주어…

...providing ***security assurance*** to North Korea...

안보 동맹	security alliance
군사 동맹	military alliance
동맹군	allied forces
군사 동맹국	military ally

나토는 엄격한 군사 동맹이기보다는…

NATO is less a top-notch ***military alliance*** than...

군비 경쟁 **arms race**

구소련과 미국 간 군비 경쟁…

…*the arms race* between former USSR and U. S.…

군비 증강 **arms buildup**

병력 증강 **force augmentation**

병력 증강을 위한 비용은 상당할 것이다.

The financial cost of *force augmentation* would be fairly high.

군비 통제 **arms control**

전략무기제한협정 **Strategic Arms Limitation Treaty (SALT)**

전략무기감축협정 **Strategic Arms Reduction Treaty (START)**

전략무기감축협정은 핵무기 감축을 촉발한 역사적인 조약으로서…

The *START* is a landmark treaty which launched the process of nuclear disarmament.

• MAD란?

Mutually Assured Destruction. 상호 확증 파괴. 1960년대에 대두된 미국과 소련의 전략 개념으로, 두 핵 강대국이 모두 확증 파괴 능력을 보유할 때는 핵 공포 때문에 서로 핵 공격을 못하게 된다는 것. 적국의 선제 핵 공격을 받더라도 적국에 보복 반격을 가하므로 결국 양국 모두 생산 능력과 사회 유지 능력이 파괴된다.

군축 **disarmament, arms reduction**

우리는 핵무기 감축을 위한 효과적인 방법들을 채택해야 한다.

We need to undertake effective measures in the direction of nuclear *disarmament*.

대량 살상 무기 **Weapons of Mass Destruction (WMD)**

UN의 결의안은 사담 후세인이 대량 살상 무기를 포기할 것을 요구한다.

UN resolutions require Saddam Hussein to give up *weapons of mass destruction*.

화학무기금지협약 **Chemical Weapons Convention (CWC)**

생물무기금지협약 **Biological Weapons Convention (BWC)**

현재 유엔의 화학무기금지협약에 150개국이 가입한 상태…

As of this month, 150 countries belong to the United Nations' *Chemical Weapons Convention*. (*Fox News*)

미사일기술 수출통제체제 **Missile Technology Control Regime (MTCR)**

• MTCR이란?

Missile Technology Control Regime. 미사일기술 수출통제체제. 대량 살상 무기의 비확산을 목표로 비공식적·자발적으로 모인 국가 연합. 이를 위해 국가별 무기 수출 인가의 조정을 담당하고 있다. MTCR은 캐나다·프랑스·독일·이탈리아·일본·미국과 영국에 의해 1987년 형성되었고, 현재 35개국의 회원을 보유하고 있다. 협회 내에서는 모두 평등한 지위를 누린다.

핵무기 — **nuclear weapons**

핵보유국 — **nuclear power, nuclear weapons state**

핵비보유국 — **non-nuclear power, non-nuclear weapons state**

핵무기로 핵비보유국을 공격하는 것은 비도덕적이다.

To use ***nuclear weapons*** against a ***non-nuclear power*** would be morally unacceptable.

핵폭탄 — **nuclear bomb**

핵미사일 — **nuclear missile**

핵탄두 — **nuclear warhead**

미사일에 핵탄두가 탑재될 수 있다.

A ***nuclear warhead*** could be attached to the missile.

무기급 플루토늄 — **weapons-grade plutonium**

고농축 우라늄 — **Highly Enriched Uranium (HEU)**

무기급 우라늄 — **weapons-grade uranium**

미국과 러시아 관리들은 노후 원자로에서 무기급 우라늄 45kg을 추출했다.

U.S. and Russian officials extracted 45 kilograms of ***weapons-grade uranium*** from an aging nuclear reactor.

핵실험 — **nuclear testing**

…3차례에 걸쳐 지하 핵실험을 단행했다.

...performed underground ***nuclear testing*** 3 times.

포괄적 핵실험금지조약 — **Comprehensive Test Ban Treaty (CTBT)**

핵확산금지조약 — **Nuclear Non-proliferation Treaty (NPT)**

북한은 1993년 3월 NPT 탈퇴를 선언했다.

In March of 1993, North Korea announced its withdrawal from the ***NPT***.

국제원자력기구 — **International Atomic Energy Agency (IAEA)**

안전 규정 — **safeguards, safeguard agreement**

북한은 국제원자력기구의 안전 규정을 준수하지 않았다.

NK did not comply with the ***IAEA safeguards***.

핵사찰 **nuclear inspections**

국제 사회는 북한이 국제원자력기구의 핵사찰을 재개할 것을 촉구했다.

The international community urged NK to resume IAEA ***nuclear inspections***.

• NPT란?

Nuclear Non-proliferation Treaty. 핵확산금지협정으로서 1968년 미국·소련·영국 주도로 체결되었다. 2002년 현재 조인국은 187개국이며 한국은 1975년 4월 23일 정식 조인국이 되었다. 북한은 1985년 12월 12일 가입했으나 1993년 3월 12일 탈퇴를 선언하고 이후 탈퇴를 유보했다가 2003년 1월 다시 탈퇴를 선언했다.

• IAEA란?

International Atomic Energy Agency. UN 산하 준독립 기구로서, 원자력 발전의 경제성 및 안전성 제고를 위한 국제적 협력을 목적으로 한다. 회원은 130개국이며 한국은 1957년도에, 북한은 1974년에 가입했다. 핵무기 개발 의혹이 있는 핵확산금지조약(NPT) 가입국의 관련 시설에 대해 국제원자력기구(IAEA)가 국제법적 의무에 따라 사찰 활동을 하고 있다.

• CTBT란?

Comprehensive Test Ban Treaty. 포괄적 핵실험금지조약. 1996년 UN 총회에서 어떠한 형태·규모·장소에서도 핵폭발 실험을 금지한다는 내용으로 결의한 전면적·포괄적인 핵실험금지조약. 기존 핵무기의 안전 여부를 점검하는 안전 실험과 임계치(臨界値) 이하의 극소규모 실험도 금지. 그러나 기존 5대 핵보유국 및 잠재적 핵개발 가능국, 그리고 원자로 시설 보유국 중 비준하지 않은 국가들이 있어 아직 정식으로 발효되지 않은 상태다.

국제 분쟁 INTERNATIONAL CONFLICT

국제 분쟁 **international conflict**

— 해결 **resolution, settlement**

국제 분쟁의 평화적 해결을 촉구했다.

They urged a peaceful ***resolution to international conflicts***. (*Idaho Statesman*)

— 중재 **arbitrate, mediate, intervene, broker peace**

카터 전 대통령은 평화 중재자로서 괄목할 만한 업적을 쌓았다.

Former president Jimmy Carter has built quite a career as a ***peace bro-***

ker. (*Washington Post*)

☞ *peace broker* : 평화 중재자.

— 개입 **intervention**

…UN의 국제 분쟁 개입 결정들…

…UN decisions to ***intervene*** in international conflicts…

지역 분쟁 **regional conflict**

냉전이 종식된 후 지역 분쟁이 늘어나고 있다.

More and more ***regional conflicts*** are taking place after the cold war ended.

영토 분쟁 **territorial dispute**

국경 **national border**

경계선 **demarcation line**

인도와의 영토 분쟁 해결을 위해 핵무기를 사용하겠다는 파키스탄의 위협…

…Pakistan's threats to use nuclear weapons to resolve its ***territorial dispute*** with India… (*Republicans*)

무력 분쟁 **armed conflict**

보스니아는 무력 분쟁 종결 후 7년 동안 재건을 위해 애썼다.

Bosnia has struggled to rebuild itself in the seven years since the ***armed conflict*** ended.

무력 침공 **armed aggression, armed invasion**

그들은 무력 침공에 대한 기억으로 고통스러워했다.

They were traumatized by memories of an ***armed invasion***.

무력 도발 **armed provocation**

북한은 남한의 무력 도발을 주장했다.

North Korea accused South of ***armed provocation***.

인종 갈등 **ethnic conflict, ethnic strife**

소수 민족 **ethnic minority**

소수 민족에 대한 탄압…

…political oppression of ***ethnic minorities***…

인종 학살 **genocide**

인종 청소 **ethnic cleansing, genocide**

현대 인류사는 내전, 인종 갈등과 인종 학살 등의 폭력으로 점철되어 있다.

Recent history offers plenty of examples of civil war, ethnic strife and ***genocidal*** violence. (*New York Times*)

내전 **civil war, civil strife**

분파 **sect**

반항군 **rebels, rebel forces**

민병대 **militia**

…9년 반 동안 이어져 온 중앙아프리카의 내전은 대부분이 투씨족인 정규군과 후투족 반항군 사이의 전쟁으로서…

...the 9 1/2 years of ***civil war*** in the central African nation between the Tutsidominated army and Hutu rebels... (*Kansas City Star*)

국제 테러 **international terrorism**

테러 행위 **acts of terrorism**

자동차 폭탄 테러 **car bombing**

자폭 테러 **suicide bombing of terrorists**

이번 사건 외에도 지난 몇 주 동안 여러 번의 자폭 테러 사건이 있었다.

The latest ***suicide bombing*** is one of many in recent weeks.

자살 폭탄 **suicide bombing**

지난해에는 자살 폭탄 테러가 이스라엘에 저항하는 팔레스타인들의 가장 강력한 무기였다.

During the past year, ***suicide bombing*** had become the most potent military weapon in the Palestinian uprising against Israel.

반테러 (활동) **counter-terrorism, anti-terrorism**

G8 정상들은 일요일 UN의 반테러 프로그램 강화에 대한 성명을 채택…

G8 leaders adopted a statement Sunday on the Strengthening the UN's ***Counter-Terrorism*** Program... (*RIA Novosti*)

테러 조직 **terrorist operations, terrorist organization, terrorist group**

테러 조직의 자금 지원을 위해 막대한 돈이 사용됐다.

Enormous amounts of money was used to finance the ***terrorist operation***.

테러 활동 **terrorism activities**

IS(이슬람 국가) **the Islamic State**

☞ *Islamic State* : *ISIS*(*Islamic State of Iraq and Syria*) 또는 *ISIL*(*Islamic State of Iraq and the Levant*) 또는 *Daesh*라고 부르기도 한다. 급진 수니파 이슬람 무장단체다.

알 카에다 **Al Qaeda**

하마스 **Hamas**

헤즈볼라 **Hezbollah**

이스라엘은 레바논의 헤즈볼라 게릴라의 지도자급을 체포했다고 발표했다.

Israel said Wednesday it had arrested a senior member of the Lebanese guerrilla group ***Hezbollah***. (*ABC News*)

테러 지원국 **state sponsors of terrorism, terrorist supporting** countries

테러 분자들을 은닉하거나 자금을 제공하는 테러 지원 국가도 미국의 적으로 간주된다.

Countries that support terrorism by harboring or funding terrorists will be considered as enemies of the United States.

국가 안보 NATIONAL SECURITY

국가 안보 — national security

국가안전보장회의 — National Security Council (NSC)

국가정보원 — National Intelligence Service (NIS)

국가정보원은 올해 138명의 탈북자가 입국했다고 발표했다.

The ***National Intelligence Service*** reported that 138 North Korean defectors arrived in Seoul this year.

분단국가 — divided nation

한국은 아직도 분단국가다.

Korea is a ***divided nation*** yet to be reunited.

군사 대치 상황 — military standoff, military confrontation

미국과의 군사 대치 상황에 있는 북한으로 여행을 가는 경우…

...when travelling to North Korea, which is locked in a ***military standoff with*** the U.S... (*The Globe and Mail*)

반공주의 — anti-communism

요즘 젊은 세대들은 반공정신이 투철하지 못하다.

The younger generation lacks strong support for ***anti-communism***.

국가보안법 — National Security Law (NSL)

공안사범 — public security offender

주사파 — NK-inspired student group

일부에서는 국가보안법을 폐지해야 한다고 한다.

Some say that the ***National Security Law*** should be abolished.

그는 국가보안법 위반으로 구속되었다.

He was arrested for violation of the ***National Security Law***.

선전 — propaganda, propagate

책동 — instigation

찬양 — praise, eulogize

고무 — encourage, support

학생들은 공산주의 찬양 고무죄로 고발되었다.

The students were accused of ***praising*** and ***encouraging*** communism.

주적 개념 **NK as main enemy of the state**

국방 백서는 아직도 북한을 주적으로 규정하고 있다.

Korean Defense White Paper still defines North Korea as the "***main enemy***."

미전향 장기수 **long-term pro-communist prisoners, jailed NK loyalists who refuse to denounce communism**

남한의 미전향 장기수들은 9월 초에 북한으로 이들을 송환하기로 한 남북간 합의를 환영했다.

All the ***long-term pro-communist prisoners*** in South Korea welcomed the South-North agreement to repatriate them to North Korea in early September. (*Yonhap News Agency*)

항일 빨치산 **communist partisans (guerillas) fighting Japanese imperialist army**

김일성은 항일 빨치산 집단을 이끌었다고 한다.

Kim Il Sung is said to have led a group of ***communist partisans against the Japanese imperialist army***.

괴뢰 정권 **puppet government**

탈레반 정권이 전복되면 미국은 카불에 괴뢰 정권을 수립할 것이다.

When the Taliban is expelled a ***puppet government*** of the U.S. is likely to be established in Kabul.

군사 정전 협정, 휴전 협정 **Military Armistice Agreement**

군사정전위원회 **Military Armistice Commission (MAC)**

중립국감시위원회 **Neutral Nation Supervisory Commission (NNSC)**

중국이 군사정전위원회에서 탈퇴하다.

China withdraws from the ***Military Armistice Commission***.

군사 분계선 **Military Demarcation Line (MDL)**

정전 협정에 의해 규정된 군사 분계선은 휴전선이다.

The ***military demarcation line*** set by the Armistice Agreement is the truce line.

비무장 지대 **Demilitarized Zone (DMZ)**

비무장 지대는 남한과 북한의 완충 지대다.

The ***Demilitarized Zone*** is a buffer between North and South Korea.

공동경비구역 **Joint Security Area (JSA)**

판문점 **truce village of Panmunjeom**

무장한 북한 군인 40명이 판문점 공동경비구역에 침입했다.

Forty armed North Korean troops entered the ***joint security area of Pan-***

munjeom.

북방 한계선 **Northern Limit Line (NLL)**

북한 측 해군 군함들은 북방 한계선을 넘어왔다.

North Korean navy vessels had crossed the ***Northern Limit Line***.

• NLL이란?

Northern Limit Line. 북방 한계선. 1953년 8월 30일 유엔군 사령관이 해상 충돌을 방지하기 위해 설정한 이후 남북한 양측이 준수해온 사실상의 남북간 해상 군사 분계선. 1992년 채택된 남북기본합의서에 의해 육상에서는 군사 분계선을 남북한의 경계선으로 하고 해상에서는 북방 한계선을 관할 구역으로 사실상 인정했다. 그러나 이후 수차례 북한이 북방 한계선을 침범함으로써 긴장이 조성되었다.

한미행정협정 **Status of Forces Agreement (SOFA)**

SOFA 개정 **revision of SOFA**

SOFA 협정의 전면적인 수정이 있어야 한국 국민들의 권리가 보호될 수 있다.

Only a full-fledged ***revision of SOFA*** will be able to protect the rights of Korean citizens.

☞ "*SOFA*" : 정식 명칭은 한미군사지위협정.

한미상호방위조약 **U.S.-ROK Mutual Defense Treaty (of 1954)**

1954년 한미상호방위조약에서 미국은 외부 침략으로부터 한국을 돕겠다고 약속했다.

In the 1954 ***U.S.-ROK Mutual Defense Treaty***, the United States commits to help the Republic of Korea defend itself from external aggression.

비축 탄약 **WRSA-K, War Reserve Stocks for Allies-Korea**

주한 미군 **United States Forces Korea (USFK)**

중국은 한반도 평화 유지를 위한 주한 미군의 역할 변화를 지지할 수도 있다.

China might support the changing status of the ***USFK*** to a peace-keeping role on the Peninsula.

— 재배치 **redeployment of U.S. Forces**

— 기지 이전 **relocation of U.S. military base**

방위비 분담 **military burden/cost sharing (between~)**

인계 철선 **tripwire**

북한이 도발하면 주한 미군이 인계 철선 역할을 하게 된다.

US forces stationed in South Korea will act as a ***tripwire*** in the case of North Korea's provocation...

주한 미군 사령부 **USFK Command**

주한 미군 사령관	Commander of U.S. Forces in Korea, USFK Commander
미8군	Eighth United States Army (EUSA)
미군	U.S. Forces
미군(군인)	U.S. soldier/serviceman/military personnel

☞ *Serviceman* : 요즘은 *serviceman*보다는 여자 군인을 포함하여 *service member*라고 한다.

☞ *"G.I."* : *Government Issue*의 약자. 현역 또는 퇴역한 미국 하사관병을 지칭하는 속어이므로 사용이 제한된다. 일반적인 문장에서는 *U.S. soldier*라는 표현이 무난하다.

유엔군 사령부	United Nations Command (UNC)
유엔군 사령관	UNC Commander in Chief
한미 연합군	U.S.-ROK Joint Forces
한미 연합사	ROK-U.S. Combined Forces Command (CFC)
연합 사령관	CFC Commander

양측은 한미 연합사와 유엔군 사령부를 모두 한강 이남으로 이전시키기로 합의했다.

The two sides agreed to move both the ***ROK-U.S. Combined Forces Command*** and the ***United Nations Command*** to south of the Han River.

한미연례안보협의회	ROK-U.S. Security Consultative Meeting (SCM)
한미군사위원회	ROK-U.S. Military Committee Meeting (MCM)

이달 말 연례안보협의회를 통해 용산기지 이전 등과 관련된 논의가 마무리…

...conclude the discussions regarding the relocation of Yongsan base at the ***ROK-U.S. Security Consultative Meeting*** (***SCM***) at the end of this month...

작전 지휘권	Operational Command (OPCOM)
작전 통제권(작통권)	Operational Control (OPCON)
평시 작전 통제권	peace-time operational control
전시 작전 통제권	war-time operational control
— 환수	withdrawal of OPCON
— 이양	transfer

전시 작전 통제권 이양 시기를 놓고 논란이 많다.

There is a heated debate over the timing of ***transferring war-time operational control***.

합동 군사 연습	joint military exercise
합동 군사 훈련	joint military training

중국과 키르기스스탄은 테러리스트 제거를 위한 합동 군사 연습을 했다.

China and Kyrgyzstan conducted a ***joint military exercise*** on combatting terrorists.

한미 연합 연습 **ROK-US Combined Military Exercise**

한미 합동 군사 훈련 **ROK-US Joint Military Exercise**

☞ *Combined military exercise* : 2개국 이상이 참여하는 군사 연습.

☞ *Joint military exercise* : 육·해·공군 및 해병대 중 2개군 이상이 참여하는 군사 연습.

북한은 한미 합동 군사 훈련을 중단할 것을 요구한다.

North Korea demands that the ***ROK-US joint military exercises*** be stopped.

북한 NORTH KOREA

조선민주주의인민공화국 **Democratic People's Republic of Korea (DPRK)**

미국은 이제까지 북한이 핵개발 프로그램을 포기하도록 국제적인 압력을 가해 왔다.

The U.S. has so far put an international pressure on ***the DPRK*** (***Democratic People's Republic of Korea***) to scrap its "nuclear weapons program,"...(*CNN Asia*)

☞ *"DPRK"*를 다시 한국어로 옮길 때는 상황에 따라 단순히 북한으로 번역해도 무방하다.

(조선) 노동당 **Workers' Party of Korea (WPK)**

북한에서는 위원장이 노동당 위원장을 겸한다.

In North Korea, the Chairman of the ***Workers' Party of Korea*** is also the Chairman of the country.

최고인민회의 **Supreme People's Assembly (SPA)**

국무위원회 **State Affairs Commission (SAC)**

국무위원회 위원장 **Chairman of the State Affairs Commission**

김정은은 국무위원회 위원장이면서 최고 권력자다.

Kim Jong-un is the ***Chairman of the State Affairs Commission*** and the most powerful political figure in North Korea.

국가보위성 **Ministry of State Security**

조선 인민군 **Korea People's Army (KPA)**

내각 **cabinet**

북한의 내각 기관지 민주조선…

...the Minju Joson, published by North Korea's ***cabinet***... (*Reuters Alertnet*)

북한 정부	
국무위원회	State Affairs Commission
위원장	Chairman
부위원장	Vice-Chairman
국방성	Ministry of Defence
국가보위성	Ministry of State Security
사회안정성	Ministry of Social Security
국가체육지도위원회	State Physical Culture and Sports Guidance Commission
최고인민회의	Supreme People's Assembly (SPA)
상임위원회	Presidium of the Supreme People's Assembly
예산위원회	Budget Committee
법제위원회	Legislation Committee
외교위원회	Foreign Affairs Committee
중앙재판소	Central Court
중앙검찰소	Central Public Prosecutors Office
도(직할시, 특별시) 인민위원회	Municipal & Provincial People's Committees
내각	Cabinet
총리	Premier
부총리	Vice-Premiers
국가가격위원회	State Price Commission
국가검열위원회	State Inspection Commission
국가계획위원회	State Planning Commission
국가과학기술위원회	State Science and Technology Commission
국가품질감독위원회	National Quality Management Commission
농업위원회	Agricultural Commission
조국평화통일위원회	The Committee for the Peaceful Reunification of the Country
평양건설위원회	Pyongyang Construction Commission
교육위원회	Education Commission

건설건재공업성	Ministry of Construction and Building-Materials Industry
경공업성	Ministry of Light Industry
국가건설감독성	Ministry of State Construction Control
국토환경보존성	Ministry of Land and Environment Protection
금속공업성	Ministry of Metallurgical Industry
기계공업성	Ministry of Machine-building Industry
노동성	Ministry of Labor
대외경제성	Ministry of External Economic Relations
도시경영성	Ministry of Urban Management
문화성	Ministry of Culture
보건성	Ministry of Public Health
상업성	Ministry of Commerce
석탄공업성	Ministry of Coal Industry
선박공업성	Ministry of Shipbuilding
수산성	Ministry of Fisheries
식료공업성	Ministry of Food Industries(?)
외무성	Ministry of Foreign Affairs
원자력공업성	Ministry of Atomic Energy Industry
육해운성	Ministry of Land and Maritime Transport
임업성	Ministry of Forestry
자원개발성	Ministry of State Natural Resources Development
재정성	Ministry of Finance
전력공업성	Ministry of Electric Power Industry
정보산업성	Ministry of Information Industry
채취공업성	Ministry of Mining Industry
철도성	Ministry of Railways
체육성	Ministry of Physical Culture and Sports
화학공업성	Ministry of Chemical Industry
내각사무국	Cabinet Secretariat
국가우주개발국	National Aerospace Development Administration

중앙통계국	Central Bureau of Statistics
국가과학원	State Academy of Sciences
중앙은행	Central Bank

개인숭배 **personality cult, monolithic figure**

북한에는 개인숭배를 상징하는 거대한 기념물이 많다.

There are many grand monuments that symbolize the ***personality cult*** in North Korea.

☞ *Supreme Leader, Great Leader* : 위대한 수령.

☞ *Dear Leader* : 친애하는 지도자.

주체사상 **Juche ideology**

북한은 주민들에게 철저하게 주체사상을 주입시킨다.

The North Korean government inculcates the ***Juche ideology*** in the minds of its people.

식량난 **food shortage**

북한 탁아소의 아동들은 식량난으로 심한 영양실조 상태였다.

The children at the NK nursery schools were extremely malnourished because of ***food shortages***.

농민 시장 **farmers market**

배급제 **central distribution system, public distribution system**

북한의 배급제가 사실상 붕괴되었다.

The ***central distribution system*** in NK has all but collapsed.

대북 식량 지원 **food assistance/food aid to North Korea**

김영삼 정부는 북한에 대한 대대적인 식량 지원을 계획했다.

The Kim Young Sam government planned on providing massive ***food assistance*** to North Korea.

— 전용 **diversion of food aid**

북한은 원조 식량을 군사용으로 전용할 수도…

...North Korea may ***divert the food aid*** for military use...

탈북자 **North Korean defectors/asylum-seekers**

탈북자 X명이 중국의 한국 영사관에 진입했다.

X North Korean ***asylum-seekers*** went into the Korean Consulate in China.

노동신문 **Rodong Sinmun**

북한관영중앙통신 **North Korean Central News Agency**

조선소년단 **Korean Children's Union**

김일성종합대학 **Kim Il Sung University**

리 대사는 평양의 김일성대학에서 4년간 수학하고 북한 주재 중국 대사관에서 근무했다.

Ambassador Li studied at ***Kim Il Sung University*** in Pyongyang and worked at the Chinese embassy in North Korea.

남북 경제 협력 **North-South economic exchange/cooperation**

정경 분리의 원칙 **separation of politics and business**

정부는 남북 경협에 정경 분리의 원칙을 적용하기로 했다.

The government decided to ***separate politics and business*** with regard to ***economic exchange with the North.***

황금평 · 위화도 경제지대 **Hwanggumpyong and Wihwa Special Economic Zone**

중국 당국은 북한이 제시한 황금평·위화도 경제특구법을 거부했다.

Chinese authorities have rejected the new laws Pyongyang drew up in relation to two ***special economic zones _ Hwanggumpyong and Wihwa islands.***

합영법 **Foreign Joint-Venture Act**

개성 공단 (공업 지구) **Kaesong Industrial Complex**

나진 선봉 경제특구 **Rajin-Sonbong Free Economic and Trade Zone (FETZ)**

두만강 유역 개발계획 **Tumen River Area Development Programme (TRADP)**

경제 관리 개선 조치 **internal economic management improvement measures**

2002년 7월 경제 관리 개선 조치로 임금과 물가가 인상되었다.

With the ***economic management improvement measures*** of July 2002, wages and prices were raised.

신의주 특별행정구 **Sinuiju Special Administrative Region**

일국 양제 **one state two systems**

만약 한국이 일국 양제하에 통일이 된다면, 한반도와 동북아 안보 문제는 근본적으로 해결될 것이다.

If Korea is reunified on the basis of ***one nation two systems***, the issue of security would be fundamentally solved in the Korean Peninsula and Northeast Asia.

철도 연결 **relink railways, re-establish rail link**

경의선 남북 철도 연결 공사가 끝나면…

...when the Gyeongui(Sinuiju-Seoul) ***railway is relinked***...

금강산 관광 사업 **Mt. Kumkang Toursim Project**

금강산 관광 사업은 현대가 독점 사업권을 갖는다.

Hyundai has the exclusive commercial rights to the ***Mt. Kumkang Tourism Project***.

육로 관광 **establish land link**

금강산 관광을 활성화하기 위해 육로 관광을 개발할 것이다.

We will seek to ***establish a land link to*** Mt. Kumkang to promote tours.

통일 REUNIFICATION

한반도 통일 **reunification of the Korean peninsula, national unification**

한국민들은 통일을 염원한다.

The Korean people aspire to ***national reunification***.

김정일은 주한 미군이 한반도 통일의 주요 장애라고 비난했다.

Kim Jong Il denounced the presence of U.S. troops in South Korea as the one major obstacle to the ***reunification of the Korean Peninsula***.

통일부 **Ministry of Unification (MOU)**

흡수 통일 **reunification by absorption**

적화 통일 **reunification by communizing the South**

모든 예측치에 따르면 흡수 통일은 회복하고 있는 한국의 경제에 큰 타격을 입힐 것이라고 한다.

All estimates suggest that ***reunification by absorption*** would greatly damage South Korea's rebounding economy.

통일 비용 **reunification costs**

민간 교류 확대는 통일 비용을 감소시킬 것이다.

Expanded exchanges among civilians can reduce potential ***reunification costs***.

통일 방안 **proposals/formula for reunification, modalities of reunification**

남북한은 서로 다른 통일 방안을 주장해왔다.

The two Koreas had pushed for two different ***proposals for reunification***.

연방제 **federation**

고려민주연방공화국 **Democratic Confederal Republic of Koryo**

연합제 **confederation**

통일 방안으로 제시한 낮은 단계의 연방제…
…the loose form of ***federation*** proposed as a ***formula for reunification***…

민주평화통일자문회의 **Advisory Council on Democratic Peaceful Unification (ACDPU)**

남북 대화 **North-South dialogue, inter-Korean dialogue**

— 재개 **resume inter-Korean dialogue**

— 중단 **suspend inter-Korean dialogue**

김대중 대통령 임기를 6개월 남기고 남북 대화를 재개하려는 시도는…
The attempt to ***revive inter-Korean dialogue*** with just six months left of Kim Dae-jung's tenure…

퍼주기 **excessive (unconditional) aid**

당사자 **concerned parties, the two Koreas**

남북문제는 당사자 해결의 원칙을 견지해야…
…inter-Korean issues must be resolved ***by the two Koreas***…

남북기본합의서 **South-North Basic Agreement**

한반도 비핵화 공동선언 **Joint Declaration on the Denuclearization of the Korean Peninsula**

화해와 불가침 및 교류협력에 관한 합의서 **Agreement on Reconciliation, Non-aggression, Cooperation and Exchange**

9.19 군사 합의 **9.19 Military Agreement**

남북 정상 회담 **North-South Korean summit meeting**

분단 55년 만에 열린 남북 정상 회담…
…the first ***North-South summit*** held since the division of the Korean Peninsula 55 years ago…

답방 **return visit**

김정은 위원장의 답방 시기에 대해 추측이 난무하다.
There are many different guesses as to when Chairman Kim Jung-un will make his ***return visit***.

남북 장관(급) 회의 **inter-Korean ministerial meeting, cabinet level meeting between the two Koreas**

고위급 회담 **high-level meeting**

제5차 남북 장관 회의에서 양측은 회의 의제 사안들에 대해 의견을 나눴다.
In the fifth ***inter-Korean ministerial meeting*** the two sides exchanged ideas on the issues on the meeting agenda.

이산가족 **separated families**

— 상봉 reunion of separated families

남북한은 두 차례 이산가족 방문단을 교환하기로 합의했다.

North and South Korea agreed to exchange two more groups of ***separated families.***

☞ <국제 정치/외교>, <안보/국제 안보> 참조.

군대 THE MILITARY

군인 soldier, servicemen, military personnel

직업 군인 professional soldier

직업 군인으로서 그의 경력은 흠잡을 데가 없었다.

His record as a ***professional soldier*** was impeccable.

군대 army, military

그는 20세에 군대를 갔다.

He joined ***the army*** when he was 20.

☞ *army* : 육군이라는 뜻이지만 일반적으로 군대를 지칭한다. 일반인들이 지원제일 경우 군대 갔다고 할 때는 *joined the army*라고 하고, 징병제일 때는 *went to the army, serve his military duty* 등으로 표현한다.

국방 national defense

국방의 의무 duty of national defense

모든 국민은 법률이 정하는 바에 의하여 국방의 의무를 진다.

All citizens shall have the ***duty of national defense*** under the conditions as prescribed by law.

병역 military service

병역 의무제 Universal Military Conscription

미국의 지원제와는 달리 러시아는 병역 의무제를 도입하고 있다.

Unlike America's volunteer army, Russia has ***universal military conscription.***

의무 병역 제도 compulsory military service/duty

관계자들은 오래전부터 의무 병역 제도를 폐지할 것이라고 약속했다.

Officials have long promised to end ***compulsory military service.***

지원제 voluntary enlistment

징병제 conscription

UNICEF는 징병제의 최저 연령을 만 18세로 제한했다.

UNICEF confirmed that the minimum age for ***conscription*** is 18 years.

병무청 Military Manpower Administration (MMA)

병무청에 가서 신고하다.

...go and report to the ***Military Manpower Administration***.

병역 기피 **dodge draft, evade draft**

병역 비리 **illegal draft evasion**

이회창 후보는 아들의 병역 비리를 부인했다.

Lee Hoe Chang, the presidential candidate denied that his son ***illegally evaded military draft***.

Lee Hoe Chang, the presidential candidate denied any wrongdoing related to his son's ***military service exemption***.

☞ *draft dodger* : 병역 기피자.

병역 특례 제도 **Special Military Service System**

의무 경찰 **auxiliary police**

사회 복무 요원 **public duty personnel service**

산업 기능 요원 **industrial technical personnel service**

집회나 시위 참여자들을 통제하기 위해 의무 경찰을 배치한다.

Auxiliary police officers are tasked with crowd control at rallies and protests.

학군단 **Reserve Officers' Training Corps (ROTC)**

교련 **school military drill**

교관 **ROTC instructor**

학군병 **ROTC cadet**

대학생들은 지도력을 기르고 군사 훈련을 받기 위해 ROTC에 들어간다.

College students...become part of ***ROTC*** to learn leadership skills, train for the military ... (*WTVO*)

소집 영장 **draft call**

…소집 영장에 응하지 않을 시 최소 5년 징역형이 선고…

...the minimum sentence for refusing the ***draft call*** is five years in prison...

신체검사 **physical exam**

대부분의 지원자들은 신체검사를 가장 가까운 군 기지에서 받게 될 예정이다.

Most applicants will be scheduled to take the ***physical exam*** at the nearest military base.

입영, 입대 **enlistment, conscription**

그는 18세에 입대했다.

He was ***conscripted*** into the army at 18.

입영 연기 **defer enlistment**

그는 대학을 졸업할 때까지 입영을 연기할 것이다.

He will ***defer enlistment*** until he graduates college.

탈영 **desertion from barracks, decampment**

탈영병 **deserter**

프랑스는 국제형사경찰기구에 탈영병 사실을 신고했고…

France has alerted Interpol about an army ***deserter***...

헌병 **military police (MP)**

군사 재판 **court martial, provost court**

그 사건의 책임자였던 이등병은 군사 재판에 회부되었다.

The private responsible for the incident was ***court martialed***.

제대 **discharge, demobilization**

그는 올해 제대했다.

He was ***discharged*** from the army this year.

훈련 **military training**

훈련소 **training camp, boot camp**

그는 신병 훈련소에 들어갔다.

He went to the ***military training camp*** for new recruits.

군, 군부 **military**

그는 군부를 장악하는 데 실패하여 축출되었다.

He was ousted after failing to take control over the ***military***.

정규군 **regular force**

상비군 **standing force**

비상군 **contingency force**

그들은 또한 비상군의 전략적 기능을 무시했다.

They also ignored the strategic utility of a multiple ***contingency force***.

비정규군 **non-regular force**

민병대 **paramilitary, militia**

수백 명의 이스라엘인을 겨냥한 아라파트 민병대의 폭격 계획…

Arafat ***militia*** plans bombing of hundreds of Israeli... (*Middle East Newsline*)

합동참모본부 **Joint Chiefs of Staff (JCS)**

합참의장 **Chairman of Joint Chiefs of Staff**

육군 **army**

해군 **navy**

공군 **air force**

해병대 marine corps

그 해군 교전은 3년간 가장 심각한 충돌이었다.

The ***navy*** battle is the most serious border clash in three years.

수도방위사령부 Capital Defense Command (CDC)

특전사령부 Special Warfare Command (SWC)

국군기무사령부 Defense Security Command (DSC)

한편 공군 차기 전투기 사업 군기밀 유출 사건을 수사 중인 국군기무사령부는… (조선일보)

...the ***Defense Security Command*** which is investigating possible information leaks in the Korean FX project...

군복무 기간 military service period

의무 군복무 기간을 마칠 때까지…

...until the completion of my obligatory ***military service period***...

현역 active service

현역 군인 active military serviceman

퇴역 retire from service/office, resign one's commission

윌슨은 자신이 퇴역하고자 하는 뜻을 밝혔다.

Wilson indicated his intention to ***retire from office***.

퇴역 장성 retired general

사막의 폭풍 작전에 참여했던 공군 퇴역 장성…

A ***retired Air Force general*** who took part in Desert Storm...

예편 retirement

전역 조치 discharged from (active) service/office

그는 헌법적 권리를 포기하지 않은 이유로 전역 조치당했다.

He was ***discharged from office*** for refusal to waive a constitutional right.

예비역 reserve force, reservists

예비군으로 편성…

...be placed on the ***reserve list***...

민방위대 Civil Defense Corp

예비군 reserve forces, conscripted reservist

향토예비군 Homeland Reserve Forces

내일 예비군 훈련이 있다.

I have a ***military reserve*** training tomorrow.

사관학교 military school

육군사관학교 military academy
공군사관학교 air force academy
해군사관학교 naval academy
교관 training officer
사관후보생 cadet
장교 후보생 officer candidate
아나폴리스에 위치한 미해군사관학교 3학년 생도가…
...a third-year ***cadet*** at the U.S. ***Naval Academy*** in Annapolis...
임관 commission, get one's commission
김XX는 해병대에 몇 안 되는 여성 임관 장교 중 한 명이다.
Ms. Kim is one of the few females who are ***commissioned officers*** in the marine corps.
편제 military organization
병과 military branch
국군에는 육·해·공군과 해병대의 4개 병과가 있다.
There are ***4 branches in the Korean military***: the army, navy, air force and marines.
부대 unit
PSYOP는 미국 군대의 특수 부대다.
PSYOP is a highly specialized ***unit*** of the U.S. military.
계급 military rank
계급장 insignia
…그의 계급을 표시하는 4개의 금색 별…
...four gold stars denoting his ***military rank***...
장성, 장군 general
그는 4성 장군이다.
He is a ***four star general***.
장교 officer
부사관 non-commissioned officer

제대 Echelons	
군단	Corps
사단	Division
여단	Brigade
연대	Regiment

대대	Battalion, Squadron (공군)
중대	Company, Squadron (공군)
소대	Platoon
분대	Squad

단장 Commanders	
군단장	Corps commander
사단장	Division commander
여단장	Brigade commander
연대장	Regiment commander
대대장	Battalion commander
중대장	Company commander
소대장	Platoon leader
분대장	Squad leader

사병 **private soldier, rank-and-file soldier, enlisted man (EM)**

명령에만 따랐던 일반 사병들은…

Rank-and-file soldiers who had only followed orders...

병사 **troop, rank-and-file soldier, enlisted man (EM)**

보병 **infantry**

보병의 주요 무기는 소총이다.

An ***infantry*** soldier's main weapon is a rifle.

포병 **artillery**

수송대 **transportation corps**

야전 부대 **field unit**

특공대 **commando unit/forces**

미국의 델타포스 특공대 요원들은 이라크에서 사담 후세인 색출 작전을 벌이고 있는 것으로 알려졌다.

Elite U.S. Delta Force ***commandos*** are believed to be hunting Saddam in Iraq. (*Glasgow Daily Record*)

특수 작전 부대 **special operation unit/forces**

공수 부대 **airborne unit**

보급 부대 **quartermaster corps**

보급 장교	quartermaster
공병대	engineer corps
통신 부대	signal corps
의장대	Honor Guard, ceremonial guard
항공 부대	aviation corps
화학 부대	chemical corps
의무대	medical corps
군의관	military medical officer
위생병	medic

군계급

장교 Officers

	육군 Army	해군 Navy	공군 Air Force	해병대 Marine Corps
대장	General	Admiral	General	(none)
중장	Lieutenant General	Vice Admiral	Lieutenant General	Lieutenant General
소장	Major General	Rear Admiral Upper Half	Major General	Major General
준장	Brigadier General	Rear Admiral Lower Half	Brigadier General	Brigadier General
대령	Colonel	Captain	Colonel	Colonel
중령	Lieutenant Colonel	Commander	Lieutenant Colonel	Lieutenant Colonel
소령	Major	Lieutenant Commander	Major	Major
대위	Captain	Lieutenant	Captain	Captain
중위	First Lieutenant	Lieutenant Junior Grade	First Lieutenant	First Lieutenant
소위	Second Lieutenant	Ensign	Second Lieutenant	Second Lieutenant
준위	Warrant Officer	Warrant Officer	Warrant Officer	Warrant Officer
부사관 Non Commissioned Officers				
원사	Command Sergeant Major	Master Chief Petty Officer	Chief Master Sergeant	Master Gunnery Sergeant
상사	Master Sergeant	Senior Chief Petty Officer	Senior Master Sergeant	Master Sergeant

중사	Sergeant First Class	Chief Petty Officer	Master Sergeant	Gunnery Sergeant
하사	Staff Sergeant	Petty Officer First Class	Technical Sergeant	Staff Sergeant
사병 Private Soldiers				
병장	Sergeant	Petty Officer Sec. Class	Staff Sergeant	Sergeant
상병	Corporal	Petty Officer Third Class	Senior Airman	Corporal
일등병	Private First Class	Seaman	Airman First Class	Lance Corporal
이등병	Private	Seaman Apprentice	Airman	Private First Class
신병	Recruit	Seaman Recruit	Airman Basic	Private

무기 WEAPONRY

무기 **weapon, arms, arsenal, munition**

무기고 **arsenal, armory, ordnance**

미국 무기고에서 가장 강력한 재래식 무기인 모압탄은…

...Massive Ordnance Air Burst bomb - the biggest conventional ***weapon*** in the U.S. ***arsenal***... (*New York Post*)

군사 장비 **military equipment, military hardware**

화력 **firepower**

화력 면에서 미군은 타의 추종을 불허…

...the U.S. military is unrivaled in terms of ***firepower***...

무기 체계 **weapons system**

북한은 개발한 거의 모든 무기 체계를 다른 국가에 팔았다.

North Korea has sold to others almost every ***weapons system*** it has ever developed.

무기 조달 **arms procurement**

무기를 대량으로 구입하는 국가에서는 무기 조달이 국방 예산의 20~30%를 차지한다.

Arms procurement usually accounts for 20-30% of the military budgets of the larger arms-purchasing countries.

방위 산업 | defense industry
방산업체 | defense industry companies

한국의 방위 산업 사상 처음으로 무기 수출 계약을 체결했다.
South Korea's ***defense industry*** has landed its first major arms export deal.

재래식 무기 | conventional arms/weapons

그 정책은 다자간 핵무기와 재래식 무기의 군비 경쟁을 초래할 것이다.
The policy is likely to lead to a multilateral nuclear and ***conventional arms*** race.

화학 무기 | chemical weapons
고엽제 | Agent Orange
탄저균 | anthrax

전쟁이 끝난 지 5년 후, 수백만 명의 베트남 사람들은 미국의 화학 무기인 고엽제의 후유증으로 계속 고통받고 있다.
Five years after the war ended, millions of Vietnamese continue to suffer the consequences of America's ***chemical weapon, Agent Orange***.

총 | arms, guns
구경 | caliber
총알 | bullet
장전 | load
탄약 | ammunition
탄알 | cartridge
발사 | fire, launch
발포 | open fire
명중 | direct hit
명중률 | hit probability, hit-and-miss ratio
저격병 | sharpshooter
기관총 | machine gun
소총 | rifle
반자동 소총 | semi-automatic rifle
자동 소총 | automatic rifle

M16 소총에 탄알을 장전하다.
...***load*** cartridge into the M16 ***rifle***.

수류탄 | hand grenade
조명탄 | flare bomb

조명탄을 쏘아 올리다.
...shoot ***a flare bomb*** into the air.

지뢰 land mine
  대인 지뢰 anti-personnel mine
  지뢰 탐지기 mine detector
  대인지뢰금지조약 Convention on Anti-personnel Mines

휴전선 지대의 지뢰를 제거하다.

...removal of ***land mines*** in the DMZ area...

전차 tank

장갑차 armored vehicle

공식적 철수는 없고 군인들과 장갑차는 가까운 곳에 머물렀다.

There was no formal withdrawal, and soldiers and their ***armored vehicles remained*** nearby.

대포 artillery
  방공포 anti-aircraft gun
  자주포 self-propelled gun
  박격포 mortar

인도 북동 지방에서 분리주의 반항군들이 정유소에 박격포를 발사했다.

Separatist rebels fired ***mortars*** at an oil refinery in northeastern India. (*Bismarck Tribune*)

  곡사포 howitzer
  대전차포 anti-tank gun
  야포 field artillery
  대공포 anti-aircraft gun, Anti Air Artillery (AAA)

공습경보 사이렌과 대공포 발사가 시작되었다.

Anti-aircraft guns started firing as the air-raid siren went off.

함정 naval vessel, ship

☞ *ship vs. boat* : -함은 *-ship*, -정은 *-boat*다. 예를 들어 초계함은 *patrol ship*, 초계정은 *patrol boat*.

  전함 battleship, warship
  함포 guns
  구축함 destroyers

첨단 구축함은 알 카에다 조직원으로 추정되는 자들에 의해 포격당했다.

A hi-tech ***destroyer*** was bombed by suspected al-Qaeda militants.

  호위함, 프리깃함 frigate

미사일 호위함 USS John L. Hall호는 화요일 패스커굴라 항으로 귀항할 예정이다.

The cruise missile ***frigate*** USS John L. Hall is scheduled to return Tuesday to homeport Pascagoula. (*ABC*)

항공모함	aircraft carrier
순양함	cruiser
초계함	patrol ship
초계정	patrol boat

서해 교전에서 남한의 경비정이 북한 군함으로부터 공격을 받았다.

In the naval battle South Korean ***patrol boats*** came under fire from North Korean warships.

수륙 양용정	amphibious vessel, amphibious assault boat
기뢰 부설함	mine laying ship
기뢰 탐색함	mine hunting ship
기뢰함	mine ship
소해정	mine sweeper
고속정	high-speed patrol boat
잠수함	submarine
핵잠수함	nuclear (powered) submarine
잠수정	midget submarine
어뢰	torpedo
기뢰(수뢰)	(naval) mine

영국 해군의 핵잠수함 HMS Splendid와 HMS Turbulent호에서 발사한 미사일…

…missiles launched from the Royal Navy ***nuclear-powered submarines,*** HMS Splendid and HMS Turbulent. (*UTV*)

군용기	military aircraft
헬기	helicopter
전투기	fighter
정찰기	reconnaissance aircraft

국방부는 지난 일요일 북한 전투기들이 동해 상공을 비행하던 미군 정찰기에 대해 위협 비행을 한 사건에 대하여 우려를 표명했다.

The ministry said it was particularly concerned by the interception of a US ***reconnaissance aircraft*** by North Korean ***fighter jets*** last Sunday. (*UPI*)

훈련기	trainer
요격기	interceptor
폭격기	fighter bomber
수송기	transport aircraft

2대의 러시아 수송기는 칸트시의 공항에 착륙했다.

안보 • 무기

Two Russian ***transport aircraft*** landed in the airport of the city of Kant.

공중 급유기 **refueling aircraft**

☞ <과학 기술/항공 우주> 참조.

• FX 사업이란?

Fighter Experimental. 차세대 전투기 사업. 현재 약 560여 대 보유 중인 공군 전투기종 중에서 이미 노후된 F-5기종과 2008년 F-4기종의 수명이 마감되면서 적정 수준의 공군 전력 유지를 위해 추진되었다. 그 선정 과정에 의혹이 제기되면서 논쟁의 대상이 되었으나 결국 예정대로 F-15K로 선정되었다.

• KFP이란?

Korea Fighter Program. 한국 전투기 사업. 전에는 FX계획이라고 불렀지만, 후에 KFP로 바뀌었다. 군 전력 증강 사업 중 율곡사업에 가장 역점을 두고 1992년부터 1998년까지 전투기 120대를 구매하거나 합작 생산하는 것이 주요 사업 내용이다.

미사일 **missiles**

탄두 **warhead, payload**

발사기 **launcher, launch pad**

격발 장치 **trigger, detonator**

뇌관 **detonating cap**

기폭제 **trigger explosive, prime powder, initial explosive**

북한은 2월 24일과 3월 10일 Sea of Japan(동해)에 단거리 미사일을 발사했다.
North Korea launched a ***short-range missile*** into the Sea of Japan on February 24 and again on March 10. (*Daily Telegraph*)

추적 장치 **tracking device**

사정거리 **missile (target) range**

일본과 미국 서안 지방이 북한의 장거리 미사일 사정거리 안에 들어온다.
Japan and the western coast of U.S. are in the ***target range*** of North Korea's long range missiles.

유도 미사일 **guided missile**

순항 미사일 **cruise missile**

지대지 미사일 **ground-to-ground missile**

지대공 미사일 **ground-to-air missile**

대공 미사일 **anti-aircraft missile**

해상 발사 미사일 **sea-launched missile**

40여 개의 해상 발사 미사일이 해군 군함과 잠수함에서 발사되었다.
More than 40 ***sea-launched missiles*** were fired from Navy ships and submarines.

요격 미사일 **antimissile, interceptor missile**
　지상 요격 미사일 **ground based interceptor/antimissile**
　탄도탄 요격 미사일 **Antiballistic Missile (ABM)**

☞ *"ABM Treaty"*: 1972년 미소 간 *Antiballistic Missile Treaty*.

패트리어트 요격 미사일은 1991년 걸프전에서 처음 사용되었다.
Patriot ***antimissile*** systems had never been used before the 1991 war. (*New York Times*)

탄도 미사일 **ballistic missile**
　단거리 탄도 미사일 **Short Range Ballistic Missile (SRBM)**
　중거리 탄도 미사일 **Intermediate Range Ballistic Missile (IRBM)**
　장거리 탄도 미사일 **Long Range Ballistic Missile (LRBM)**
　대륙간 탄도 미사일 **Intercontinental Ballistic Missile (ICBM)**
　해상발사 탄도 미사일 **Sea Launched Ballistic Missile (SLBM)**
　공중발사 탄도 미사일 **Air Launched Ballistic Missile (ALBM)**

노동1호는 중거리 탄도 미사일이었으며 노동3호는 장거리 탄도 미사일이다.
The Rodong Missile 1 was an ***IRBM***, and Rodong Missile 3 is a ***LRBM***.

첨단 무기 **advanced weapons, high-tech weapons**
　모아브탄 **Massive Ordnance Air Burst (MOAB) bomb**

☞ *"MOAB"*: *Massive Ordnance Air Burst*(공중폭발 대형폭탄)의 약어이나 *Mother of All Bombs*라는 별명도 있다.

　합동 유도탄 **Joint Direct Attack Munition (JDAM)**
　극초단파 폭탄, e-폭탄 **E-bomb, e-bomb**
　스마트 폭탄 **smart bomb, guided bomb**
　열화우라늄탄 **Bomb Depleted Uranium (BDU)**
　지하침투탄 **bunker buster**
　접속탄, 모자폭탄 **cluster bomb**
　무인 항공기 **unmanned aerial vehicle (UAV), unmanned aircraft, remotely piloted vehicle (RPV)**

화제가 되고 있는 신무기 중 하나인 e-폭탄은 극초단파 에너지를 발사하여 전자 장비를 무력화시킨다.
One of the most talked-about new weapons is the ***E-bomb***, which delivers a massive bolt of microwave energy that destroys electronic equipment. (*The Globe and Mail*)

전투 드론 **unmanned combat aerial vehicle (UCAV), combat drone**

전투 로봇 **military robot**

통신 장비 **communications equipment**

…연합군은 C3 및 정보 거점들을 겨냥하여 파괴하고 있다.

...coalition forces are also targeting and destroying ***command, control, communications*** (*C3*) and intelligence nodes... (*Federal Computer Week*)

• C3란?

Command, Control and Communication. 지휘, 통제 및 통신.

• C4I란?

Command, Control, Communication, Computer and Intelligence (또는 Information Technology). 지휘, 통제, 통신, 컴퓨터 및 정보(기술).

• C4ISR이란?

Command, Control, Communication, Computer, Intelligence, Surveillance and Reconnaissance. 지휘, 통제, 통신, 컴퓨터, 정보, 감시, 정찰.

군사력 MILITARY CAPABILITY

군사력 **military capability**

군사력에서 미국에 상대가 되는 국가가 없다.

There is no nation that can match the U.S. in terms of ***military capability***.

국방력 **defense capability**

방위력 **defense capability**

자주 국방력 **self-reliant defense capability**

중국은 국방비 지출을 늘리면서 자주 국방력 확보를 강조했다.

As China increased its military spending, the development of a more ***self-reliant defense capability*** was highlighted.

전력 **war capability, combat capability**

장비의 첨단화로 전력을 증강시키다.

... improve ***combat capabilities*** through modernization of military equipment...

병력 forces, troop

북한은 100만 병력을 갖고 있다.

North Korea has ***a one million strong army***.

— 규모 size of army, size of troop

— 배치 troop deployment, deployment of forces

호주군 2,000명은 안전하다고 보고되었다.

Australia's 2,000 ***troops*** were reported to be safe.

— 전진 배치 forward deployment of forces/troop

북한은 많은 병력을 휴전선 근방으로 전진 배치했다.

North Korea ***forward deployed*** a large number of forces near the DMZ.

지상 병력 ground forces

전투 부대 combat forces

탱크 부대 tank forces

기계화 부대 mechanized forces

지원 부대 support troops

이라크의 제51 기갑사단은 미군에게 전원 항복했다.

Iraq's 51st ***Mechanized Infantry Division***...surrendered Friday to U.S. troops. (*CNN Europe*)

해상 병력 naval force

함대 naval fleet

소함대 flotilla

전함대 combat fleet

해상권 maritime power, control of the sea

해상권을 장악해야 전쟁을 승리로 이끌 수 있다.

One must take command ***control of the sea*** to win the war.

연안 해군 coastal navy

대양 해군 blue water navy

옥포급 헬기 탑재 구축함이 취역함으로써 대한민국 해군은 연안 해군에서 대양 해군으로 전환하는 첫발을 내디뎠다.

With the commissioning of an Okpo class Destroyer Helicopter (DDH), the Korean navy has taken its first step from being a ***coastal navy*** to becoming a ***blue water navy***.

공중 병력 air forces

제공권 air supremacy, command control of the air

미군은 먼저 제공권을 장악한 후에 지상 병력을 투입한다.

The U.S. always attains ***air supremacy*** before sending in the ground troops.

비행 금지 구역 **no-fly zone**

한 항공기가 워싱턴의 비행 금지 구역을 침범했다.

An aircraft has violated Washington's ***no-fly zone***.

공중경보 지휘통제체계 **Airborne Warning And Control System (AWACS)**

공중경보 지휘통제체계는 이동성이 뛰어난 감시 시스템으로 공중 방어 체제를 상당히 향상시킬 것이다.

AWACS is a highly mobile surveillance system designed to significantly improve air defense systems.

항공 촬영 **aerial photography**

이 지역의 항공 촬영은 군사 기지의 존재를 확인시켰다.

An ***aerial photography*** of this region confirmed the existence of what appears to be a military base.

전쟁 WAR

전쟁 **war, belligerence**

개전 **initiation of war, start military campaign**

— 도발 **provoke a war, provocation**

— 수행 **execute/conduct war**

한 사람에게 국가를 대표하여 전쟁 수행권이 주어져서는 안 된다.

No one person should be empowered to ***conduct war*** on behalf of a country.

— 상태 **state of war, be at war**

남북한은 아직도 엄밀히 말하면 전쟁 상태다.

The two Koreas ***are*** still technically ***at war***.

— 장기화 **protracted war**

전쟁이 장기화될 것이라는 우려 때문에 주가가 떨어졌다.

Stock prices dropped on concerns that ***war will be protracted***.

종전 **end of war, end to the war**

종전 이후 복구 및 재건 사업…

...restoration and rebuilding of the nation after the ***end of war***...

억지력 **deterrence (capability)**

우리는 북한의 군사 도발에 대한 억지력이 필요…

...we must have the ***deterrence capability*** against North Korea's military provocation...

대비 태세 **defense posture**

최근의 동향을 볼 때 우리는 대비 태세를 강화해야 한다.

Looking at recent events, we must strengthen ***defense posture.***

준비 태세 **military preparedness**

임전 태세 **combat readiness, military preparedness**

정보 감시 태세 **Infocon**

감시 태세 **Watchcon**

전투 준비 태세 **Defcon, combat alertness**

합참은 북서해안 5개 섬 인근에 데프콘 3에 해당하는 전투 준비 태세령을 발령했다.

The JCS issued an order of ***combat readiness*** equivalent to "Defcon 3" around the five islands off the northwestern coast.

작전 대응 태세 **operational posture**

그 목적은 전쟁 발발의 저지와 작전 대응 태세의 강화에 대한 군사적 의지를 보여주는 것이다.

Its purpose is to demonstrate military commitment to deter war and strengthen ***operational posture.***

기동 훈련 **mobilization exercise, maneuver**

다음 달 대규모 군사 기동 훈련을 가질 예정이다.

A ***large-scale military maneuver*** is planned for next month.

민방위 훈련 **civil defense exercise, civil air-raid drill**

매달 15일에는 민방위 훈련이 실시된다.

On the 15th of every month, a ***civil defense exercise*** is conducted.

모의 전쟁, 시뮬레이션 **war simulation, war game**

컴퓨터로 제공된 시뮬레이션은 이라크 공격을 위한 연습이다.

Computerized ***war simulation*** is believed to be a rehearsal for Iraq invasion.

비상 태세 **high-alertness**

이 기간 동안 육해공군은 비상 태세를 유지할 것이다.

During this period, the army, navy and air force will maintain ***high alertness.***

전시 체제 **war footing**

준전시 체제 **semi-war footing**

영구적인 준전시 체제를 기반으로 하는 이스라엘 경제는…

...the Israeli economy which is based on a permanent ***semi-war footing...***

국지전 **local war**

지역전 regional war

국경 분쟁 border conflict

국지적인 국경 분쟁이 양국 간 전면전으로 확대되었다.

A ***local border conflict*** escalated to a ***full-scale war*** between the two countries.

총력전 all-front war

전면전 all-out war, full-scale war

미국은 테러 조직을 전멸시키기 위해 전면전을 선포했다.

The United States declared a ***full-scale war*** to annihilate terrorist systems.

대리전 proxy war

재래전 conventional war

재래 병력 conventional forces

우리는 재래 병력도 아젠다에 포함시킴으로써 대화 범위를 확대했다.

We have expanded the areas of dialogue by putting ***conventional forces*** on the agenda.

화생방전 chemical-biological-radiological war (CBR)

세균전 bacteriological warfare

화학전 chemical warfare

생화학전 bio-chemical warfare

그의 발표는 미국인들에게 화생방전의 현실에 대한 인식을 높였다.

His presentations heightened the awareness of the American public concerning the realities of ***CBR warfare***.

핵전쟁 nuclear war

과학자들은 소행성이 미사일 공격으로 오인될 경우 핵전쟁을 촉발시킬 수 있다고 한다.

Scientists warn that a small asteroid could accidentally start a ***nuclear war*** if mistaken for a missile strike.

장기전, 지구전 protracted war

소모전 war of attrition

멕시코 군대는 심각한 인권 침해를 초래하는 소모전을 하고 있다.

Mexican forces are engaged in a ***war of attrition*** in which serious human rights violations take place.

육탄전 hand-to-hand combat

미래전 future warfare

전자전 electronic warfare

디지털전 digital warfare

현대 전자전의 복잡성으로 인하여…
Because of the complexity of modern ***electronic warfare***...

입체전 **three dimensional warfare**

항공 전력의 출현으로 전쟁 양상은 입체전으로 발전했다.
The advent of air power ushered in ***three-dimensional warfare***.

전격전 **blitzkrieg (blitz) warfare**

이라크 침공은 21세기형 전격전으로서…
...invasion of Iraq as part of a 21st-century ***blitzkrieg***...

시가전 **urban combat, urban warfare**

게릴라전 **guerilla warfare**

심리전 **psychological warfare**

사기 **morale**

적의 사기를 떨어뜨리다.
...***demoralize*** the enemy...

아군의 사기를 진작시키다.
...***boost the morale*** of our soldiers.

군인들의 사기가 높다.
The soldiers' ***morale*** is high.

선전 포고 **declaration of war**

루즈벨트 대통령은 1941년 12월 8일에 일본에 선전 포고를 했다.
Roosevelt signed the ***declaration of war*** against Japan, December 8,1941.

최후통첩 **ultimatum**

교전 **belligerence, engagement of arms, exchange fire**

서해 교전으로 남북 관계가 긴장되었다.
Inter-Korean relations became tense with the ***exchange of fire*** that took place in the Yellow Sea.

교전국 **warring countries, belligerent nations**

본 회의는 교전국인 모든 국가를 초청할 것이다.
The conference shall invite each of the ***belligerent nations***.

확전, 전쟁 격화 **escalation of war**

갑작스런 확전은 승리가 요원할 수도 있다는 것을 상기시켜준다.
Sudden ***escalation of war*** reminds us that victory may be far off.

정전 **cease-fire, armistice, truce, suspension of war**

휴전 **cease-fire, truce, armistice**

휴전 상태 **state of armistice**

휴전 협정 armistice agreement

중국이 휴전 협정을 무효화했다.

China invalidated the ***Armistice Agreement***.

승전국 victor country, country that won the war

패전국 defeated country, country that lost the war

독일은 패전국으로 취급당했다.

The Germans were treated as a ***defeated country***.

인명 피해 casualty of war

민간인 피해 civilian casualties

민간인 희생자를 최소화하기 위해 최선을 다하고…

...do their best to minimize ***civilian casualties***.

사상자 casualties, killed or injured

실종자 missing in action (MIA)

베트남 전쟁으로 아직 약 1,900명의 미국 군인이 실종된 상태다.

Approximately 1,900 American servicemen remain ***missing in action*** from the Vietnam War.

전쟁 포로 prisoner of war (POW)

전쟁 난민 war refugees, displaced people

전쟁 포로로 2년을 수용소에서 보낸 후…

...after spending 2 years at a ***POW*** camp...

전쟁 배상금 war reparations

북한은 일본에게 전쟁 피해 보상을 요구하고 있다.

North Korea is demanding that Japan pay ***war reparations***.

전쟁 범죄 war crimes

전범 용의자들을 체포하고 송환하기 위한 법적 장벽을 없애고…

...removes legal obstacles for the arrest and extradition of ***war crimes*** suspects.

전범 war criminals

전범 재판 war crimes tribunal, war crime trial

제2차 세계 대전 후 나치 장교들은 뉘른베르크에서 전범 재판을 받았다.

After the second World War, many Nazi officials were tried as ***war criminals*** at Nuremberg.

전범 재판에서 밀로셰비치는 보스니아와 크로아티아에서 저지른 만행으로 고발되었다.

The ***war crimes tribunal*** charged Milosevic for atrocities in Bosnia and Croatia.

인도에 반하는 죄 crime against humanity
반인륜적 범죄 crime against humanity

헤이그의 UN 전범재판소는 2명의 보스니아 크로아티아 민병대원에게 전쟁 범죄와 인도에 반하는 죄로 유죄 판결을 내렸다.

Two Bosnian Croat former paramilitaries were found guilty Monday of ***war crimes*** and ***crimes against humanity*** by the U.N. tribunal in The Hague.

군사 작전 MILITARY OPERATIONS

군사 작전 military operation, military campaign

군사 작전을 수행하다.

...launch ***military campaign***.

...conduct ***a military campaign***.

☞ *"MOOTW" : Military Operations Other than War.* 대테러활동 등 전쟁 이외의 군사 작전.

전략 strategy

전략 요충지 strategically critical point

한국은 동북아에서 전략 요충지다.

Korea is considered as a ***strategically critical point*** in northeast Asia.

전술 tactic

교란 전술 harassment tactics

양동 전술 feinting tactics

지연 전술 delaying tactics

이스라엘은 지연 전술을 효과적으로 사용해왔다.

Israel has been effectively using ***delaying tactics***.

군사 교리 military doctrine

북한의 군사 교리는 네 번에 걸쳐 바뀌었다.

North Korean ***military doctrine*** has evolved through as many as four stages.

봉쇄 전략 containment strategy

제2차 세계 대전 이후 미국은 외교 정책의 일환으로 봉쇄 전략을 썼다.

After W.W.II, the U.S. began to follow a ***containment strategy*** as one of its foreign policies.

아군 friendly forces, friend

적군 enemy forces, foe

아군 사격 friendly fire

피아 식별 identification of friend or foe (IFF)

전 세계적인 장갑차의 증가로 피아 식별이 매우 어려워질 것이다.

With the world-wide proliferation of armored vehicles, ***identification of friend or foe*** will be exceedingly difficult.

전역 theater of war

전장 battle ground, battlefield

전역 방위 theater defense

나토는 미국의 전역 방위 필요성에 대해 동의했다.

NATO has identified with America's need for ***theater defense***.

국가전역 미사일 방위체제 National Missile Defense (NMD)

전역 미사일 방위체제 Theatre Missile Defense (TMD)

현재의 국가전역 미사일 방위체제와 전역 미사일 방위체제는 중국과 러시아의 최상의 미사일 공격을 막기에는 역부족이다.

The current ***NMD and TMD*** is not good enough to defend against the best of Chinese and Russian missiles.

• NMD란?

National Missile Defense system. 국가전역 미사일 방위체제. 미국이 추진하는 NMD 체제는 북한·이라크 등 미국에 적대적인 국가들이 미국 본토를 향해 미사일을 발사할 때 이를 공중에서 요격하는 방어망을 뜻한다. 미사일 탐지 위성과 조기 경보기 등으로 날아오는 미사일을 탐지한 후, 지상에서 요격 미사일을 쏘아 본토에 도달하기 전에 폭발시킨다는 것이다. 조지 부시 미 행정부의 강력한 추진 의사와 중국, 러시아의 반대로 군사적 긴장감이 고조되었다.

• TMD란?

Theatre Missile Defense system. 전역 미사일 방위체제. NMD 체제의 한 형태로 적국이 발사한 미사일을 공중에서 요격해 공격을 무력화하는 미국의 미사일 저지 시스템이다. 1983년 레이건 대통령의 핵, 생화학 탄두탑재 미사일을 우주에서 요격한다는 전략 방위 구상(SDI)에서 출발한 이후 전역 미사일 방어(TMD) 체제, 국가 미사일 방어(NMD) 체제 등으로 이름이 바뀌면서 구체화되었다.

전선 war front

전방 front line

후방 home front, rear

그는 후방 근무 배치를 받았다.

He was assigned to ***rear*** service on a military base.

군 기지 **military base, military camp, military installation**

수사관들은 반항군들이 군 기지를 폭격했을 거라고 믿는다.

Investigators believe rebels may be responsible for a bomb blast at a ***military base***.

야전 본부 **field command**

야전 병원 **field hospital**

야전 병원 설치를 위한 의료진과 물자는 항공기로 운반될 것이다.

Planes will carry medical personnel and supplies to set up a ***field hospital***.

병참 **logistics**

군수품 **military supply**

병참부 **military depot**

…모든 물품은 정상적인 군수 채널로 제공될 것이다.

...all goods will be processed through normal ***military supply*** channels.

보급 **military supply, logistics**

군수 보급 기지 **military supply complex/depot**

공수 **airlift, air transport**

산악 기지로 군수 물자를 공수했다.

...***airlifted*** all ***military supplies*** to bases located in the mountains.

정찰 **scout, spy, surveillance**

정찰대(군) **reconnaissance troop**

정찰 위성 **reconnaissance/surveillance satellite**

정찰기 **reconnaissance aircraft**

이라크군의 움직임이 미국의 정찰 위성에 포착되었다.

The movement of Iraqi forces was captured by the U.S. ***surveillance satellite***.

공격 **attack, offensive, assault**

진격 **advance**

돌격 **charge**

적의 공격을 받다.

Our troops are under ***enemy attack***.

아군이 공격할 것이다.

Our forces will be ***attacking***.

Our forces will ***be on the offensive***.

공습 **air raid, air strike**

야간 공습 night-time air raid, night-time air strike
공습경보 air raid siren, air raid alarm

공습경보가 발령되다.
An ***air raid alarm*** is sounded. The ***air raid siren*** goes off.

공습경보가 해제되다.
An ***all-clear sign*** is given.

상륙 작전 landing operation
수륙양동작전 amphibious operation

영국 해병대 특수 부대원들은 목요일에 과감한 수륙양동작전을 수행했다.
Royal Marine commandos staged a daring ***amphibious*** landing on Thursday. (*Herald Express*)

선제공격 pre-emptive strike
대대적 공격 massive strike, massive assault
무력화 neutralize

미국은 이라크에 대한 대대적 공격을 추진하고 있다.
The U.S. is pushing for a ***massive assault*** on Iraq.

궤멸, 섬멸 annihilate

미국은 테러 조직을 섬멸시키기 위해 전면전을 선포했다.
The United States declared a full-scale war to ***annihilate*** terrorist systems.

기습 공격 surprise attack

1950년 6월 25일 북한이 남한에 기습 공격을 가하면서 한국 전쟁을 촉발시켰다.
On June 25, 1950 North Korea launched a ***surprise attack*** against South Korea triggering the Korean War.

폭격 bombing
공중 폭격 aerial bombing
융단 폭격 carpet bombing

B-52에 의한 융단 폭격 소리는 아프가니스탄을 뒤흔들었다.
The thunder of ***carpet bombing*** by B-52s rumbled Afghanistan.

방어 defense, defensive
공중 방어 air defense
참호 trench
방공호 air raid shelter

근처에 세 자녀를 둔 가정이 방공호에 들어갔다.
Nearby, a family with three children huddled in an ***air raid shelter***.

인간 방패 human shield

점령군은 시민들을 인간 방패로 이용하고 있다.

The occupying forces are using the civilians as ***human shields***.

역습 — **counter attack**

반격 — **counter offensive**

  보복 — **retaliate, reprisal**

  격퇴 — **repel, drive back**

적은 반격을 하기 위해 준비하고 있는 듯하다.

The enemy seems to be preparing for a ***counter offensive***.

잠복 공격 — **ambush attack**

  복병 — **ambush**

게릴라군은 정글에 복병을 배치했다.

The guerilla army lay an ***ambush*** in the jungle.

차단 — **intercept, cut-off, interdict**

적의 보급로를 차단했다.

Enemy supply lines were ***cut-off***.

포위 — **surrounded, encircled**

6월 중순에 이르러 이스라엘 군대는 6천~9천 명의 테러리스트들을 포위했다.

By mid-June, Israeli troops had ***surrounded*** 6,000~9,000 terrorists.

후퇴 — **retreat, pull back**

악천후 때문에 전장에서 후퇴할 수밖에 없었다.

The bad weather forced us to ***retreat*** from the battlefield.

함락 — **fall, take**

  장악 — **take control of**

반란군이 수도를 함락시켰다.

The rebels ***took*** the capital.

The capital ***fell to*** the rebels.

점령 — **occupy**

  점령군 — **occupying forces, forces of the occupying nation**

12 경제 ECONOMY

경제 ECONOMY

경제 — economy

한국의 경제는 고비용 저효율 구조를 갖고 있다.

The economy of Korea has a high-cost low-efficiency structure.

경제적 — economical

그것은 매우 경제적인 수단이다.

That is a very ***economical*** solution.

☞ economize : 절약하다.

경제력 — economic strength, economic capacity, ability to make money

IMF 때 많은 가장들이 경제력을 상실했다.

During the economic crisis of '97, many fathers lost their ***ability to make money***.

— 논리 — economic logic, economic reasoning

경제 논리로 풀 문제를 자꾸 정치 논리로 풀려고 한다.

The solution to the problem should be based on ***economic logic***, not political logic.

경제인 — businessman

한미의 경제인들은 최근 사태를 우려하고 있다.

The Korean and U.S. ***businessmen*** are concerned over recent events.

경제성 — economic feasibility/viability/sense

그 사업은 경제성이 없다.

The project is not ***economically feasible***.

The project does not ***make economic sense***.

범위의 경제 — economies of scope

규모의 경제 — economies of scale

— 실현 — attain, achieve, realize

규모의 경제를 실현하기 위해서

...in order to ***realize economies of scale***...

...in order to ***attain economies of scale***...

비용 효과 **cost-effectiveness**

그 방법은 비용 효과가 크다.

That method will be very ***cost-effective.***

☞ <경제/경제> '경제 이론' 표 참조.

거시 경제 **macro-economy**

거시 경제학 **macroeconomics**

기초 여건 **economic fundamentals**

한국의 거시 경제적 기초 여건은 튼튼하다.

Korea's ***macroeconomic fundamentals*** are sound.

거시 경제 수치	
1인당 국민소득	Per Capita Income
개인가처분소득	Disposable Personal Income (DPI)
개인소득	Personal Income (PI)
경상계정	Current Account
관광계정	Travel Account/Tourism Account
관광수지	Tourism BOP
국내총생산량	Gross Domestic Product (GDP)
국민계정	National Accounts
국민소득	National Income (NI)
국민순생산(GNP-감가상각비)	Net National Product (NNP)
국내총생산	Gross Domestic Product (GDP)
국민총생산	Gross National Product (GNP)
명목 GNP	Nominal GNP
실질 GNP	Real GNP
GNP 디플레이터	GNP Deflator (Nominal GNP/Real GNPx100)
생산자물가	Producers Price
경상수지	Current Account Balance
GDP 갭	GDP gap

미시 경제 **micro-economy**

미시 경제학 **microeconomics**

올해 안정적이고 지속적인 거시 경제 정책과 미시 경제의 지속적 발전으로…

...due to stable and continued ***macro-economic*** policy, the continued strengthening of ***the micro-economy***... (*Ninemsn, Australia*)

실물 경제 **real economy**

실물 경제가 더욱 위축될 것으로 보임에 따라 내년의 경제 전망은 그리 밝지 않다.

The forecast for next year's economy looks gloomy, as the ***real economy*** will most likely contract further.

경제 주체 **economic players, economic agents**

정부 **government**

기업 **business**

가계 **household**

시장 경제에 참여하는 경제 주체들이…

The ***economic players*** who participate in the market economy...

가계 경제 **household economy**

가계 소득 **household income**

가계 지출 **household spending, household expenditure**

가계 부채 **household debt**

차입에 의한 소비가 일반화되면서 가계 부채가 증가하고 있다.

Household debt is on the rise as more and more people are spending on credit.

경제 5단체 **five major economic associations**

전경련 등 경제 5단체도 현 상황에 대하여 위기로 규정…

The 5 major economic associations including FKI defined the present situation as a crisis...

경제 5단체	
전국경제인연합회	Federation of Korean Industries (FKI)
대한상공회의소	Korea Chamber of Commerce and Industry (KCCI)
중소기업중앙회	Korea Federation of Small and Medium Business (Kbiz)
한국무역협회	Korea International Trade Association (KITA)
한국경영자총협회	Korea Employers Federation (KEF)

경제학 **economics**

고전학파 **Classical School of Economics**

케인즈학파 **Keynesian School of Economics**

계량 경제학 **econometrics**

경제 이론	
교환의 최적성(자원의 효율적 배분)	Pareto Optimality
구매력평가 가설	Purchasing Power Parity Theory
구축효과	Crowding Out Effect
규모에 대한 보수	Returns to Scale
규모의 경제	Economies of Scale
근린궁핍화 정책(보호주의)	Beggar my Neighbor
범위의 경제	Economies of Scope
보이지 않는 손	Invisible Hand
보호주의	Protectionism
부의 손실	Wealth Loss
부의 효과	Wealth Effect
수확체감의 법칙	Law of Diminishing Returns
임의보행 가설	Random Walk Theory
엥겔지수	Engel's Coefficient
자동안전화장치	Automatic Built-in Stabilizers
자유방임주의	Laissez-faire
전방효과	Forward Effect
전시효과	Demonstration Effect
절약의 역설	Paradox of Thrift
정보의 비대칭	Asymmetry of Information
조세의 귀착	Tax Incidence
중상주의	Mercantilism
지니계수	Gini Coefficient
톱니효과	Ratchet Effect
통화주의자	Monetarists
필립스 곡선	Philips Curve
필립스의 상충	Philips Trade-off
한계비용	Marginal Cost
한계소비성향	Marginal Propensity to Consume

한계이윤	Marginal Profit
한계효용	Marginal Utility
한계효용의 법칙	Law of Marginal Utility
효용의 극대화	Utility Maximization
후생의 손실(조세의 결과)	Welfare Loss
희소성의 법칙	Law of Scarcity
위험부담과 보상	Risks and Rewards
비용과 편익	Cost and Benefit
화폐수량설	Quantity Theory of Money

상품과 서비스, 재화와 용역 **goods and services**

농산품과 관련 서비스의 교역…

...trading in agricultural ***goods and related services***.

상품 **goods, products, commodities, merchandise**

한때 힐러리 클린턴은 상품 선물 거래로 큰돈을 벌었다.

Hillary Clinton made a large sum of money in ***commodity*** futures.

신상품 개발 경쟁이 치열하다.

Competition is stiff to develop new ***products***.

생필품 가격이 뛰었다.

Prices of ***commodities*** have risen sharply.

컴퓨터는 이제 일반 상품이 되었다.

Computers have now become ***commodities***.

상점에 상품을 진열하다.

The store displays its ***merchandise***.

• Goods vs. Product vs. Commodity vs. Merchandise

모두 상품이지만, 의미와 용도가 조금씩 다르다. Goods는 경제적 가치가 있는 재화임을 강조하는 단어. 예) capital goods(자본재), consumer goods(소비재). Product는 생산물·제조물이라는 의미에 역점을 두어, 제품·생산물 등의 뜻으로 쓰인다. 예) local products(국산품). Commodity는 소비 내지는 효용 측면이 강조된 단어로, 효용성이 크므로 일상적으로 사용하는 생필품 또는 원유, 설탕 등 상품 거래소에서 거래되는 기초 상품을 말한다. Merchandise는 판매 대상 또는 상거래 대상이 되는 물건으로서 상인(merchant)의 손에서 판매되는 상품을 가리킨다. 예) displayed merchandise(전시된 상품).

상품화 commercialization

그 캐릭터를 상품화했다.

The character was ***commercialized***.

상품 거래소 commodities exchange

상품 거래소에서는 상품 선물 거래를 한다.

Futures trading takes place on the ***commodities exchange***.

시카고 상품 거래소 Chicago Mercantile Exchange

소비재 consumer goods

외제 승용차와 TV, 의류와 같은 소비재에 대한 미국인들의 소비가 한 달간 359억 달러에 달해 사상 최고의 무역 적자를 기록했다.

The U.S. trade deficit swelled to a record $35.9 billion in April as Americans' appetite for foreign-made cars and ***consumer goods***, such as TVs and clothes, hit monthly all-time highs.

자본재 capital goods

컴퓨터, 비행기, 그리고 의료 기기를 포함한 자본재의 수입은 1999년 5월 이후 최저인 243억 달러로 떨어졌다.

Imports of ***capital goods***, including computers, planes and medical equipment, decreased to $24.3 billion, the lowest level since May 1999.

공공재 public goods

무임승차 free rider

무임승차란 공공재나 긍정적 외부 효과의 혜택을 누리며 비용 부담에는 동참하지 않는 행위다.

Free rider is someone who enjoys the benefits of a "public good" or a positive externality without contributing to paying the costs.

내구재 durable goods

미 상무부는 내구재(내구성이 적어도 3년인 제품) 주문량이 지난달 6% 감소했다고 발표했다.

The Commerce Department reported that orders for all ***durable goods*** -items expected to last at least three years-fell by 6.0% last month.

보완재 complementary goods

대체재 substitute goods

중간재 intermediate goods

중간재의 가격 상승은 제조 원가에 타격이 크다.

The price increase of ***intermediate goods*** greatly affects manufacturing costs.

소득 income

1인당 소득 **per-capita income**

소득 2만 불 시대가 도래하고 있다.

Korea's ***per-capita income*** is reaching U.S. $20,000.

명목 소득 **nominal income**

실질 소득 **real income**

소비자 물가 지수가 급격히 상승함으로 인해 올 하반기 도시 근로자들의 실질 소득 증가율은 0.8%밖에 오르지 않았다.

Due to the sharp rise in the consumer price index, the ***real income*** growth rate for urban workers edged upward only 0.8 percent in the second quarter this year.

가처분 소득 **disposable income**

구매력 **purchasing power**

한국 미혼 여성들의 구매력이 높다.

Korea's single young women have a strong ***purchasing power***.

빅맥 지수 **Big Mac Index**

빅맥 지수에 의하면 한국인들의 구매력은 미국의 50%, 일본의 35%로 나타났다.

The ***"Big Mac" index*** indicated that the purchasing power of Koreans was 50% of that of the United States and 35% of Japan's.

• Big Mac Index란?

영국 Economist지에서 1986년 처음 사용한 용어로 구매력평가지수 개념을 좀 더 이해하기 쉽게 만든 것이다. 세계 120여 개국에서 팔리는 맥도날드의 빅맥 햄버거를 기준으로 각국의 환율을 측정하는 지표다.

구매력 평가 지수/기준 **purchasing power parity (PPP)**

구매력 평가 기준으로 본 한국의 1인당 소득은 오히려 개도국에 더 가깝다.

Korea's per capita income based on ***purchasing power parity*** (***PPP***) is closer to that of developing countries.

소득 격차 **income gap**

— 크다 **wide, big, large**

— 작다 **small, narrow**

— 늘다 **widens, increases, grows**

— 줄다 **narrows, decreases**

빈부 간 소득 격차가 늘어나면서 사회적 갈등이 빚어질 수 있다.

Social conflict can result from the ***widening income gap*** between the rich and the poor.

빈부 간 소득 격차를 줄이려면 적극적인 대책이 필요하다.
Active measures are necessary to ***narrow the income gap*** between the rich and the poor.

소득 불균형 **income disparity/imbalance**

소득 불균형을 해소하다.
...reduce/solve ***income disparity***...

소득 불균형이 심화되다.
...increasing/growing ***income disparity***...

소득 분포, 소득 분배 **income distribution**

소득 분포가 고르지 못하다.
Income distribution is uneven.

부의 분배 **distribution of wealth**

공정한 부의 분배…
...fair and equitable ***distribution of wealth*** ...

부의 편중 **concentration of wealth**

90%의 부가 10%에 편중되어 있는 경제 구조…
...an economic structure where 90% of ***wealth is concentrated*** among 10% of the population...

소득의 재분배 **income reallocation, income redistribution**

누진세는 소득의 재분배 효과가 있다.
Progressive taxes act as a means of ***income redistribution***.

지니 계수 **Gini Coefficient**

• Gini Coefficient란?

지니 계수. 이탈리아의 인구통계학자 Corrado Gini가 개발한 용어로서 소득 내지는 분배의 불평등 정도를 나타내는 경제 지표다. 소득 분포가 완전히 평등한 상태는 0이며 1에 근접할수록 불평등이 심하다는 의미를 갖는다.

전 국민 기본소득, 기본소득 **Universal Basic Income**

전 국민 기본소득이란 정부가 모든 국민에게 지급하는 소득이다.
Universal Basic Income is a policy proposal in which the government pays out income to all citizens.

생산 **production, manufacturing**

— 요소 **production factors**

재화와 용역을 생산하는 데 있어 필요한 요소들에는 노동·자본·기술 등이 있다.
...***production factors*** of goods and services include labor, capital, and

technology.

비용 cost

명시적 비용 nominal cost

잠재 비용 implicit cost

간접 비용 indirect cost

☞ <경영/생산> 참조.

고용과 실업 employment and unemployment

☞ <사회/노동> 참조.

시장 MARKET

시장 market

시장 경제 market economy

시장 경제는 경제 주체들이 규범을 지킬 때 제대로 작동된다.

Market economy will work only when market players abide by the rules.

시장 기능 market forces, market mechanism

시장 기능의 실패 market failure

정부는 시장 기능이 실패할 때에만 시장에 개입해야 한다.

The government should intervene only when ***market forces fail***.

The government should intervene only in case of ***market failure***.

시장 원리 market principle, market discipline

시장의 원리에 따라 경쟁력이 없는 기업들은 퇴출되어야 한다.

Non-competitive businesses should exit the market according to ***market principles***.

시장의 효율성 market efficiency

시장의 비효율성 market inefficiency

비효율적인 시장에서는 가격 결정의 오류가 생긴다.

Inefficient markets result in mispricings.

판매자 시장 seller's market

매수자 시장 buyer's market

이제는 공급 과잉으로 판매자 시장이 아니라 매수자 시장이 되었다.

It's shifting from a ***seller's market*** to a ***buyer's market*** due to oversupply.

가격 price

가격 결정 pricing, price determination

수요와 공급이 가격을 결정한다.

Supply and demand ***determine the price***.

델사가 경쟁사인 컴팩보다 시장 점유율이 앞설 수 있었던 주 원인은 비용 억제와 적정 가격의 책정이다.

Cost controls and ***pricing*** are the main reasons Dell was able to take market share from rival Compaq.

가격 탄력성 **price elasticity**

가격 수용자 **price taker**

판매자 시장에서는 소비자가 가격 수용자다.

In a seller's market, the consumer is the ***price taker***.

물가 **prices**

소비자 물가지수 **Consumer Price Index (CPI)**

물가가 올랐다.

Prices have risen.

☞ *Prices* : 물가를 지칭할 경우에는 복수로 표현한다.

물가 상승 **inflation**

물가 상승 압력 **inflationary pressures**

국제 원유의 수입 가격이 지난해보다 11%나 증가하면서 한국은 물가 상승 압력을 받고 있다.

With import prices for crude oil going up by 11% over last year, the nation is facing ***inflationary pressures***.

물가 상승률 **inflation rate**

— 반영 **reflecting inflation**

이 사업 예산은 물가 상승률을 감안했다.

The project budget ***reflects inflation***.

☞ "*COLA*" : *Cost of Living Adjustments*. 향후 물가 상승으로 인한 생활 비용 상승을 감안한다.

— 감안 **taking inflation into consideration, accounting for inflation, adjusted for inflation**

물가 상승률을 감안하면 임금이 오히려 줄었다.

Wages have actually decreased if you ***consider inflation***.

— 목표치 **inflation target**

이미 올해의 정부 물가 상승률의 목표치를 넘어섰다.

We have already surpassed the government's ***inflation target*** for this year.

코스트 인플레이션 **cost-push inflation**

초(超)인플레이션 **hyperinflation**

디플레이션 **deflation**

일본의 금리는 이미 제로 수준이며 물가가 하락하여 디플레이션을 겪고 있다.
Japanese interest rates already are at zero while the nation struggles with ***deflation***, when prices actually decline.

수요와 공급 **demand and supply**
이 문제는 공급 측면에서 풀어야 된다.
This issue must be resolved from the ***supply-side***.

총수요 **aggregate demand**
총수요가 급증했다.
There was rapid growth in ***aggregate demand***.

수급 불균형 **supply and demand imbalance**
공급 과잉 **surplus supply, over supply**
수요 과잉 **surplus demand**
실리콘 밸리에서는 수급 불균형으로 인해 개발업자들에게 일방적으로 유리한 주택 시장이 형성되었다.
The ***imbalance of supply and demand*** in Silicon Valley makes for a new home market in which developers hold all the cards.

가수요 **speculative demand**
새로운 정책이 가수요를 통제하는 데 도움은 되겠지만 주택 가격 안정에 대한 근본 대책이 될지는 의문이다.
While the move will help in controlling ***speculative demand***, it remains doubtful that it will work as a fundamental solution for housing price stability.

경기 BUSINESS

경기 **business, economy, economic performance**
요즘 경기가 워낙 좋지 않다.
Basically, ***the economy*** is very bad these days.
경제가 호전되고 있다.
The economy is improving,

— 탄다 **cyclical, fluctuate with the economy**
내구재 산업은 경기를 많이 탄다.
The durables industry ***is affected by business fluctuation***.
The durables industry ***is pro-cyclical*** in nature.
☞ *pro-cyclicality* : 경기 순응성.

경기 변동 **business cycle**

경기 변동 주기가 짧아지고 있다.

Business cycles are becoming shorter.

☞ *business cycle* : 경기 순환 주기.

— 둔화 | **business slow down, economic slowdown, deceleration of economy**

경기가 둔화되고 있다.

Business is ***slowing down***.

The economy is ***decelerating***.

— 침체 | **sluggish economy, recession**

대부분의 경제학자들은 내년에 경기 침체를 예상한다.

Most economists anticipate an economic ***recession*** next year.

— 하강 | **business downturn/decline**

— 회복 | **business recovery, business pick-up**

경기가 회복되고 있다는 신호…

...signs that ***business is recovering***...

— 상승 | **business upturn**

불황 | **bust, recession, depression**

9·11 사태 이후 관광 산업은 불황에 빠졌다.

The travel industry has been ***in recession*** since 9·11.

불경기 | **stagnation, business slump, slow business**

불경기가 당분간 지속될 것으로 보인다.

The ***economic slump*** is expected to last for a while.

경기 저점 | **trough, bottom**

경기가 저점을 통과했다.

The economy has ***bottomed out***.

☞ *double dip* : 경기가 저점을 통과하고 회복하다가 다시 하강하여 저점을 두 번째 통과한 후에야 상승 곡선을 그리는 경기 회복 양상.

경기 정점 | **peak**

경기가 정점에 도달했다.

The economy has ***peaked***.

The economy has ***reached the peak*** of the cycle.

호황 | **prosperity, boom**

항공기 제조업체들은 주기적으로 호황과 불황을 겪는다.

The aircraft manufacturing industry is notorious for its ***boom-and-bust*** cycle.

경기 과열 | **overheating of the economy**

경기의 경착륙 — **hard-landing of the economy**

경기의 연착륙 — **soft-landing of the economy**

경기는 연착륙할 것으로 보인다.

The economy is headed for a ***soft landing***.

The economy is expected to ***make a soft landing***.

거품 경제 — **bubble economy**

1980년대의 거품 경제가 붕괴되었다.

The ***bubble economy*** of the '80s collapsed.

거품 경기 — **business bubble, economic bubble**

최근 아파트값 급등은 거품 경기로 인한 일시적 현상이다.

The recent surge in apartment prices is a temporary effect of a ***business bubble***.

설비 투자 — **facility investment, capital investment, capital expenditure (CAPEX)**

설비 투자의 증가는 경제 회복의 신호다.

Increase of ***facility investment*** signals the start of economic recovery.

— 활발 — **strong, active**

설비 투자가 활발하다.

Capital investment is strong.

— 부진 — **weak, slow**

설비 투자가 부진(저조)하다.

Capital investment is weak (***slow***).

경제 변수 — **economic variables**

경제에 영향을 미치는 대내외적 변수…

...external and internal ***economic variables*** that influence the economy...

경제 지표 — **economic indicator**

산업신뢰지수 — **Business Confidence Index (BCI)**

경기 실사/체감 지수 — **Business Survey Index (BSI)**

선행지표 — **leading indicator, forward indicator**

여행수지는 경기의 선행지표다.

The balance in the travel account is a ***forward indicator*** of the economy.

후행지표, 지행지표 — **lagging indicator**

경제 지표	
경기동향지수	Diffusion Index (DI)

경제 · 경기

경기실사지수	Business Survey Index (BSI)
경기지표	Business Indexes (BI)
도매물가지수	Wholesale Price Index (WPI)
물가지수	Price Index
산업신뢰지수	Business Confidence Index (BSI)
생산자물가지수	Producer Price Index (PPI)
생활물가지수	Living Price Index
소비자물가지수	Consumer Price Index (CPI)
소비자신뢰지수	Consumer Confidence Index (CCI)
실업률	Unemployment Rate
경기종합지수	Composite Index (CI)
선행종합지수	Composite Leading Indicator
핵심물가지수	Core CPI

경기 부양책 **economic stimulus package**

경기 부양 **boost the economy, jump-start the economy**

일본 정부는 다시 한번 경기 부양책을 발표했다.

The Japanese government announced yet another ***economic stimulus package.***

소비자 기대 심리 **consumer confidence**

긍정적 소비자 기대 심리에 힘입어 연말 매출이 늘었다.

Thanks to strong ***consumer confidence***, end-of-year sales increased.

경제 성장 ECONOMIC GROWTH

경제 성장 **economic growth**

— 촉진 **promote/stimulate economic growth**

XX는 경제 성장을 촉진한다.

XX ***promotes economic growth.***

— 저해 **impede/inhibit/retard economic growth**

XX는 경제 성장을 저해한다.

XX ***inhibits economic growth.***

성장 동력 **growth engine, driver of economic growth**

IT 부문이 지난 몇 년 동안 경제 성장 동력이었다.
The IT sector has been the ***driver of economic growth*** for the past few years.

국민 계정	**National Account**
자본 계정	**capital account**
상품 계정	**goods account**
신국민 계정	**New National Account**
국민 총생산	**Gross National Product (GNP)**
국내 총생산	**Gross Domestic Product (GDP)**
국민 총소득	**Gross National Income (GNI)**

- **G7이란?**

The Group of Seven. 미국·프랑스·독일·영국·이탈리아·일본 등 1975년 석유 파동 직후에 결성된 G6에 1976년 캐나다가 합류하여 G7이 되었다. 한동안 러시아가 옵서버로 참석하여 G7+1로 부르다가 1997년 러시아가 정회원이 되면서 G8이 되었다. 그러나 2014년 돈바스 전쟁 발발 이후 2017년 러시아의 G8 완전 탈퇴가 이뤄짐에 따라 다시 G7 체제로 돌아가게 되었다. 7개국 재무장관과 중앙은행 총재들은 균형 발전 및 환율 안정을 목표로 세계 경제 방향과 정책 협조 등을 논의하며, 1년에 한 차례 각국 대통령과 총리가 참가하는 G7 정상회담도 개최하고 있다.

경제 성장률 **economic growth rate**

인플레를 감안한 경제 성장률은 4%다.
4% is the ***growth rate*** adjusted for inflation(accounting for inflation).

마이너스 성장 **contraction of the economy, negative growth**

일본 경제는 연속 마이너스 성장을 기록하고 있다.
The Japanese economy continues to ***post negative growth***.

연성장률 **annual growth rate**

연평균 성장률 **Compounded Annual Growth Rate (CAGR)**

지난해 경기 후퇴와 테러 공격으로 침체되었던 경제는 1분기에 연성장률 5.8%로 다시 제자리를 찾았다.
The economy, knocked down by last year's recession and terror attacks, bounced back in the first quarter at an ***annual growth rate*** of 5.8%.

분기별 성장률 **quarterly growth rate**

반도체 부문은 분기별 성장률 13%를 기록했다.
The semiconductors sector posted ***a quarterly growth rate*** of 13%.

전년 대비 성장률 — **year-on-year (YoY) growth rate**
전년 동기 대비 성장률 — **growth rate over the same period last year**

경제 전망에 의하면 2002년 전년 대비 경제 성장률은 3.9%일 것으로 보인다.
According to the economic outlook, the ***year-on-year economic growth rate*** for 2002 will stand at 3.9 percent .

경제 전망 — **economic outlook, economic forecast**
— 낙관 — **optimistic, bright, rosy**
— 비관 — **gloomy, dim**
— 불확실 — **uncertain**

경제 전망이 어둡다.
The ***economic outlook is gloomy***.

경제 성장 전망치 — **forecasted growth rate, projected growth rate**
상향 조정 — **upward revision**
하향 조정 — **downward revision**

추정치를 상향 또는 하향 조정하려면 여러 가지 경제 변수에 유의하여 주의 깊게 관찰해야 한다.
We have to be conscious of and closely follow the evolution of different variables in the economy to be able to ***revise*** estimates ***upward or downward***... (*Reuters*)

경제 규모 — **size of the economy, economic size**

경제 규모에서 한국은 세계 10위다.
Korea ranks 10th in the world in terms of ***economic size***.
Korea is the 10th ***largest economy*** in the world.

— 확장 — **expansion, growth**

경제가 확장되다.
The ***economy expands***.

— 위축 — **contraction, shrink**

경제가 위축되다.
The ***economy contracts***.

경제 도약 — **economic take-off**

한국은 제2의 경제 도약을 준비한다.
Korea is preparing for a second ***economic take-off***.

최빈국 — **least less developed country (LLDC)**
후진국 — **less developed country (LDC), underdeveloped country**

지난 20년간 에이즈로 2천 2백만 명이 사망했으며 이 중 대부분이 후진국의 젊은이들이다.

In two decades, AIDS has killed 22 million people who are mostly young people in ***underdeveloped countries***.

개발도상국 **developing country**

한국은 더 이상 개발도상국이 아니다.

Korea is no longer a ***developing country***.

☞ 개발도상국은 매우 광범위한 용어로서, 후진국도 developing country로 지칭하는 경우가 많다.

중진국 **intermediate country, middle income country, midranking country**

선진국 **advanced/industrialized/developed country**

한국이 선진국 대열에 들어서다.

Korea joins the ranks of ***advanced countries***.

경제 대국 **economic power, economic powerhouse**

중국이 제2의 경제 대국으로 부상하고 있다.

China is slowly emerging as the second ***economic power*** in the world.

• OECD란?

Organization for Economic Cooperation and Development. 경제협력개발기구. 1961년에 미국·캐나다·서유럽 국가·일본·호주·뉴질랜드가 출범시켰으며, 전신은 Organization for European Economic Cooperation(OEEC)이다. 1990년대 이후 한국·터키·그리스·멕시코 등 비선진국까지 회원국으로 가입하여 2022년 기준 회원국은 38개국이다. OECD는 가장 높은 수준의 지속가능한 발전, 회원국의 생활수준 제고, 금융 안정을 통한 경제 기여를 목적으로 하는 국가 간 경제사회 정책 협의체로서 파리에 본부를 두고 있다.

회원국 : Australia, Austria, Belgium, Canada, Chile, Colombia, Costa Rica, Czech Republic, Denmark, Estonia, Finland, France, Germany, Greece, Hungary, Iceland, Ireland, Israel, Italy, Japan, Republic of Korea, Latvia, Lithuania, Luxembourg, Mexico, Netherlands, New Zealand, Norway, Poland, Portugal, Slovak Republic, Slovenia, Spain, Sweden, Switzerland, Türkye, United Kingdom, United States.

신흥 공업국 **newly industrializing countries (NICs)**

신흥 경제국 **newly emerging economy**

신흥 시장 **newly emerging market**

당시 자유 시장 정책으로 수년간의 경제 침체를 극복하고 아르헨티나는 최고의 신흥 시장으로 돌아섰다.

Free market policies at that time reversed years of decline and transformed Argentina into a leading ***emerging market***.

☞ *emerging market* : 일반적으로 이머징 마켓이라고 한다.

선발 개도국 **newly developed countries/economies**

후발 개도국 **late developing countries, latecomers**

후발 개도국들이 한국을 바짝 추격하고 있다.

The latecomers are close on Korea's heels.

경제 개발 정책 **economic development policy**

국가균형발전위원회 **Presidential Committee on Balanced National Development**

5개년 경제개발계획 **5-Year Economic Development Plan**

제1차 경제개발 5개년 계획은 비료·시멘트 등과 같은 기간산업 육성에 집중했다.

The First ***5-year Economic Development Plan*** focussed on the development of key industries such as fertilizer and cement production.

• LDC란?

Less Developed Country. LDC는 1인당 GNP가 매우 낮은 국가로서 third world, poor, developing nations, underdeveloped, less developed countries 등으로 불리는 국가들이다. 후진국도 후진국이라는 표현을 피하고 포괄하여 developing nation으로 부르는 경우가 많다.

• LLDC란?

Least (Less) Developed Countries 또는 Lesser Developed Countries라고 부르는 국가들로 1971년 UN의 개발계획위원회(1999년 개발정책위원회로 개칭)가 유엔에서 대외 원조의 지침으로 이렇게 분류했다. LLDC 분류 항목은 1인당 소득, 문해율, 전체 GDP에서 제조 부문의 비중 등이다. 기준은 매년 조정된다. '최빈국'이라고 한다.

• EM이란?

Emerging Markets. '이머징 마켓' 혹은 '신흥 시장'. 개발도상국 가운데 상대적으로 경제성장률이 높고 산업화가 빠른 속도로 진행되고 있는 국가의 시장을 말한다.

대외 지향적 개발 정책 **export oriented development policy**

계획 경제 **planned economy, dirigiste economy**

북한은 계획 경제의 실패와 자연재해로 식량 부족을 겪었다.

North Korea has been suffering from severe food shortages due to the failure of its ***planned economy*** and natural disasters.

압축 성장 **intensive/condensed (economic) growth**

고용 없는 성장 **jobless growth, growth recession**

수출이 호조를 보이고 있지만, 일자리는 별로 늘지 않아 '고용 없는 성장'의 장기화에 대한 우려가 크다.

Despite strong exports, the number of jobs remain stagnant leading to concerns over an extended period of ***"jobless growth."***

인프라 **infrastructure**

— 구축 **build infrastructure**

필요한 인프라부터 구축해야 한다.

We must build the necessary infrastructure first.

— 확충 **improve infrastructure, upgrade/expand infrastructure**

인프라를 확충하다.

...expand ***infrastructure.***

— 부족 **lack of infrastructure, insufficient infrastructure**

나진·선봉 지역의 가장 큰 투자의 걸림돌은 인프라의 부족이다.

The biggest impediment for investing in Rajin-Sunbong region is the ***lack of infrastructure.***

경쟁력 COMPETITIVENESS

경쟁 **competition**

경쟁의 심화 **increased competition, intensifying competition**

모든 분야에서 국제 경쟁이 심화되고 있다.

There is ***increased global competition*** in all areas.

Global competition is intensifying in all fields.

경쟁력 **competitiveness, competitive edge**

스위스의 IMD는 한국의 과학 경쟁력을 10위로 책정했다.

IMD of Switzerland ranked Korea 10 in terms of ***competitiveness*** in the science field.

☞ "*IMD*와 "*WEF*"의 순위 : 스위스의 유명 교육 기관인 *IMD*(*International Institute for Management Development*)와 다보스포럼을 개최하는 *WEF*(*World Economic Forum*)에서는 매년 국가 경쟁력을 비교하는 *World Competitive Yearbook*과 *Global*

*Competitive Report*를 각각 발표한다.

국제 경쟁력 international competitiveness

국가 경쟁력 national competitiveness

한국의 국가 경쟁력 순위가 세 단계 하락…

Korea's ***national competitiveness*** ranking drops 3 notches...

경쟁 우위 competitive advantage, competitive edge

비교 우위 comparative advantage

절대 우위 absolute advantage

아직 한국은 중국에 비해 고급 가전제품에서 경쟁 우위에 있다.

Korea still ***has a competitive edge over*** China in high-end consumer electronics.

무한 경쟁 unfettered/unbridled/no-holds-bar competition, free-for-all competition

세계는 무한 경쟁 시대에 돌입했다.

The world has entered an era of ***unbridled competition***.

국제 분업 international division of labor

☞ *Flying Geese Model* : 일본을 선두로 국제적 분업 체제를 형성하며 발전해온 아시아 국가들을 가리켜 경제학자들이 '기러기 무리 모델(*flying geese model*)'이라고 설명한다.

경제 개혁 ECONOMIC REFORM

경제 개혁 economic reform

새 정부는 경제 개혁을 추진했다.

The new government carried out ***economic reforms***.

The new government pursued ***economic reforms***.

경제의 글로벌화 globalization of economy

글로벌 경제 global economy

경제의 통합 economic integration

동조화 synchronization, coupling

탈동조화 decoupling

글로벌화된 경제에서 각 시장 간의 동조화 현상이 뚜렷하다.

Synchronization of markets is a clear signal of a globalized economy.

경제 자유화 economic liberalization

개방 경제 open economy, liberal economy

경제 자유도 degree of economic freedom

경제 자유 지수(도) Index of Economic Freedom

☞ *Index of Economic Freedom* : 매년 미국의 월스트리트 저널과 헤리티지 재단에서는 공동으로 국가별 경제 자유도를 지수로 평가하여 발표한다.

시장 자유화 **market liberalization**

2002년도부터 보험 시장이 완전 자유화되었다.

The insurance ***market was completely liberalized*** in 2002.

시장 개방 **opening of market**

수입 농산품에 대하여 시장을 개방하다.

...***open the market to*** imported agricultural goods.

규제 **regulation**

진입 규제 **restrict market entry**

정부는 증권사의 자기 자본 규정으로 시장 진입을 규제했다.

The government ***restricted market entry*** through capital requirements.

규제 완화 **deregulation, ease regulations**

몇몇 일본 신용 회사들은 정부가 규제 완화 계획을 밝힌 후 한국 시장에 진입하기 위해 준비를 해왔다.

A couple of Japanese credit firms have been getting ready to enter the Korean market since the government revealed its ***deregulation*** plan.

정부는 에너지 부문의 규제를 완화할 것이다.

The government will ***deregulate*** the energy sector.

The government will ***ease regulations*** in the energy sector.

규제 철폐 **abolish/eliminate/lift regulation**

정부는 특별세 조사와 관련한 규제를 철폐하기로 결정했다.

The government decided to ***abolish the regulation*** concerning special tax investigations.

4차 산업 혁명 **fourth/4th industrial revolution**

4차 산업 혁명은 사물인터넷, 로봇공학, 가상현실 및 인공지능 등의 기술에 의해 추동된다.

The ***Fourth Industrial Revolution*** is driven by technologies such as the Internet of Things (IoT), robotics, virtual reality (VR) and artificial intelligence (AI).

경제 관행 **economic practices**

정경 유착 **collusive ties between politicians and businesses**

정경 유착의 고리를 단절해야 한다.

We must cut (sever) the ***collusive ties between politicians and businesses.***

정실 자본주의 **crony capitalism**

아시아적 가치는 정실 자본주의를 묵인한다고 비판받는다.

Asian Values are criticized for condoning ***crony capitalism***.

관주도 경제 **government-led/government-orchestrated economy**

과거의 관주도 경제에서는 집중 육성 산업을 지정하고 정책 금융에 의해 자원을 배분했다.

In the past ***government-orchestrated economy***, key industries were designated and promoted by allocating resources through policy loans.

정책 금융 **policy loans**

관치 금융 **government directed lending**

관치 금융은 은행의 부실을 초래했다.

Government directed lending caused banks to become insolvent.

자원 배분 **allocate resources, resource allocation**

과거에 자원이 제한됐을 때 정부가 이를 배분했다.

The government ***allocated resources*** in the past when resources were limited.

민간 주도 **private initiative**

이제 경제는 관주도 경제에서 민간 주도 경제로 전환해야 한다.

Now economic development has to be ***led by private initiative*** instead of government planning.

경제 정의 **economic justice**

한국에 경제 정의를 실천해야 한다.

Economic justice must be implemented in Korea.

부정 축재 **illicit gain/accumulation of wealth**

불로 소득 **unearned income**

불로 소득에 대한 철저한 과세가 있어야 한다.

Unearned income must be strictly taxed.

경제정의실천시민연합 **Citizens' Coalition for Economic Justice (CCEJ)**

금융 실명제 **real-name financial transaction system, prohibition of financial transactions using false identities**

1993년도부터 금융 실명제가 실시되었다.

The real-name financial transaction system was introduced in 1993.

대규모 기업 집단 **large conglomerate(s), *chaebol***

☞ 대규모 기업 집단 : 재벌의 법률 용어다.

재벌 ***chaebol (jaebeol)*, family-owned business group, conglomerate**

재벌 2세들이 경영 일선에 진출했다.

Children of ***chaebol group*** owners are taking on managing jobs.

☞ *chaebol* : 새로운 표기법에 따라 재벌은 *jaebeol*로 표기되어야 하나, 이미 *chaebol*이라는 단어가 널리 알려져 그대로 쓰는 경우가 더 많다.

가족 소유 경영 **family-controlled business group**

오너 경영 **owners managing the business**

오너 경영 체제에서 전문 경영인 체제로 전환해야 한다.

Professional managers should ***manage the business*** instead of ***owners***.

방만한 사업 구조 **over-diversified business structure**

규모를 중시하는 기업 관행은 방만한 사업 구조로 이어진다.

Business practices focusing only on scale leads to ***overly diversified business structures***.

문어발식 경영 **over-diversification, diversifying into unrelated business areas**

선단식 경영 **fleet-style management**

한국 공정거래위원회가 재벌들에게 선단식 경영에 대해 경고했다.

Korea Fair Trade Commission (KFTC) warned chaebols against ***fleet-style management***.

상호 출자 **cross shareholding (among subsidiary companies), cross-subsidiary investment**

재벌의 가족 간, 혹은 계열사 간 상호 출자가 또다시 급격히 늘어나고 있다.

Cross shareholding at chaebol by family members, or affiliates is once again on the rise.

순환 출자 **circular shareholding, circuitous equity investment**

상호 지급 보증 **inter-subsidiary debt guarantee, cross-guarantee of payments**

공정거래위원회에 의하면 국내 30대 기업들이 계열사 간 상호 지급 보증을 약 7조 원 줄이는 데 성공했다.

According to the Korea Fair Trade Commission, the top 30 business groups have succeeded in reducing their ***inter-subsidiary debt guarantees*** by about 7 trillion Won.

재벌 개혁 **chaebol reform**

대마 불사론 **Too big to fail**

재벌들의 대마 불사론은 더 이상 유효하지 않다.

The chaebols are no longer ***"Too big to fail."***

The *"Too big to fail"* argument is no longer valid.

경제 양극화 **economic polarization**

일각에서는 경제 양극화가 미국의 정치 양극화의 근본 원인이라고 주장한다.

Some contend that ***economic polarization*** is a root cause of America's political polarization.

전문 경영인 **professional managers**

재벌 2세가 경영하는 것보다 전문 경영인에게 기업을 맡겨야 한다.

The company should be managed by ***professional managers*** rather than the off-springs of chaebol group owners.

경영 소유 분리 **separation of ownership and control**

재벌 그룹의 경영 소유가 분리되다.

Ownership and control of chaebol groups ***are separated.***

재벌 정책 **chaebol policy**

출자총액제한제도 **ceiling on cross-subsidiary investment, ceiling on investment in other companies**

☞ 출자총액제한제도의 공식 영어 명칭은 *ceiling on total amount of shareholding of other domestic companies*다. 해당 법령의 내용은 대기업 집단의 계열사가 순자산의 25%를 초과하여 다른 국내 회사의 주식을 취득 또는 보유하는 것을 금지하는 것이며, 그 목적은 상호 출자를 통한 가공 자본 형성을 방지하는 것이기 때문에 *ceiling on cross-subsidiary investment*라고 해도 된다.

경제력 집중 **concentration of economic power**

몇몇 거대 기업의 경제력 집중은 중소 기업들의 성장을 저해한다.

The ***concentration of economic power*** among a few giant conglomerates inhibits the growth of small and medium businesses.

재벌 해체 **dissolve chaebols**

대우그룹이 해체되었다.

Daewoo Group ***was dissolved.***

기업 구조 조정 **corporate restructuring**

차입 위주의 경영 **financing the business mainly through borrowing**

국제 정합성 **international alignment**

회계 기준의 국제 정합성을 통해 대외 신인도를 높여야 한다.

We must strengthen international confidence through ***international alignment*** of our accounting standards.

민영화 **privatization**

공기업의 정부 지분을 매각하여 완전 민영화를 이룬다.

...complete ***privatization*** by selling off government share of ownership...

공기업 — **public corporation, state-owned-enterprise (SOE), public sector corporation**

비효율적인 공기업을 민영화해야 한다.

Inefficient ***state-owned-enterprises*** should ***be privatized***.

공정 거래 FAIR TRADE

불공정 거래 — **unfair trade**

담합 — **collusion**

A와 B는 담합했다.

A and B engaged ***in collusion***.

There was ***collusion between*** A and B.

가격 담합 — **price collusion**

삼성전자와 SK하이닉스는 양사 간의 가격 담합에 대한 대만 신문의 보도에 대하여 사실이 아니라고 부인했다.

Samsung and SKhynix Semiconductors denied a Taiwan newspaper report of a ***price collusion*** between the two.

카르텔 — **cartel**

OPEC은 산유국들로 구성된 원유 카르텔이다.

OPEC is an oil ***cartel*** composed of major oil producing countries.

경성 카르텔 — **hard-core cartel**

반경쟁 행위 — **anti-competitive action, anti-competitive practice**

• Level Playing Field란?

공정한 경쟁 조건. 공정 거래를 저해하거나 경쟁을 왜곡하는 조건이 없는 상태. 시장에서의 경쟁 환경을 야구장에 비유하여, 피처 마운드처럼 다른 선수들과 높이가 다른 경쟁자가 없도록 지면이 평평하다는 뜻이다.

공정거래법 — **Monopoly Regulation and Fair Trade Act**

공정거래위원회 — **Korea Fair Trade Commission (KFTC)**

X사는 Y사를 공정거래위원회에 제소했다.

Company X filed a complaint with ***the Fair Trade Commission*** against Company Y.

Company X registered a complaint with ***the Fair Trade Commission*** against Company Y.

독점 — **monopoly**

미국 연방 법원은 마이크로소프트사의 독점에 대한 시정책으로 회사 분할 명령을 내렸다.

The U.S. federal court ordered the split-up of Microsoft as a measure to redress its ***monopoly***.

과점 oligopoly

복점 duopoly

컴퓨터 회사들이 계속해서 인텔 칩과 마이크로소프트의 운영 체제를 갖고 PC를 만들면서 강력한 '윈텔' 동맹이 생겨나게 되었다.

They went on to make PCs with Intel's chips and Microsoft's software-creating the powerful Wintel ***duopoly***.

독과점 monopolistic, monopolized by few

몇 개의 업체에 의한 시장의 독과점 체제는 소비자들에게 피해를 준다.

The ***monopolistic structure*** of the market only harms the consumers.

The consumers lose when the market is ***monopolized by a few companies***.

독점금지법 anti-trust law, anti-monopoly law

독점금지법에 위배되는 독과점 행위…

Monopolistic practices that violate the ***anti-trust law***...

독점 규제 및 공정거래에 관한 법률 Monopoly Regulation and Fair Trade Act

매점, 사재기 hoarding

매점매석 cornering and hoarding

가격 상승이 예상되면 사람들은 물건을 매점매석한다.

People ***corner the market and hoard goods*** when they anticipate price inflation.

정부는 상품값이 폭등하자 매점매석에 대한 철저한 단속을 발표했다.

The government announced that it would strictly enforce the law against ***cornering and hoarding*** in the market.

외국인 투자 FOREIGN INVESTMENT

외국인 투자 foreign investment, inward investment

— 유치 attract foreign investment, promote inward investment

한국이 더 많은 외국인 투자 유치를 하기 위해서는…

In order for Korea to ***attract more foreign investment***...

외국인 직접 투자 Foreign Direct Investment (FDI)

외국인 직접 투자는 고용을 창출한다.
Foreign direct investment creates jobs.

외국인 포트폴리오 투자　foreign portfolio investment
외국인의 포트폴리오 투자는 주식 시장에 유동성을 공급한다.
Foreign portfolio investment in the equity market provides much needed liquidity.

투자 유치 정책　investment promotion policies

투자 설명회　investment seminar

외국인투자촉진법　Foreign Investment Promotion Act
외국인투자촉진법은 한국 정부의 투자 유치 정책을 지원하기 위해 제정되었다.
The Foreign Investment Promotion Act was established to support the ***investment promotion policies*** of the Korean government.

인베스트 코리아　Invest Korea

외국인 투자 옴부즈만 사무소　Office of Investment Ombudsman (OIO)

투자 환경　investment climate
한국의 투자 환경을 개선하기 위한 조치들…
...measures to improve the ***investment climate*** in Korea...

사업 규정과 관행　business law and practices
한국의 사업 규정과 관행은 외국 기업들에게 어려움이다.
The ***Korean business laws and practices*** are challenges for foreign companies.

규제 환경　regulatory environment
불투명한 규제 환경은 기업에게 비용을 초래한다.
An opaque ***regulatory environment*** incurs business cost to a company.

시장 접근성　market access
EU라는 거대한 시장에 대한 접근성이 독일의 장점이다.
Access to the huge EU ***market*** is an advantage of Germany.
한국에 투자하여 중국 시장에 접근할 수 있는 교두보를 마련하다.
...invest in Korea to establish a sound base to ***access*** the Chinese ***market***.

투자 대상국　recipient of foreign investment, destination for foreign investment, host country
영국은 한국의 가장 큰 투자 대상국 중 하나다.
U.K. is one of the largest ***recipient of*** Korean overseas ***investment***.

투자 자유화　investment liberalization
투자 자유화는 외자 유입의 증대를 가져올 것이다.

Liberalization of investment would allow increased inflow of foreign capital.

외자 **foreign capital**

외자 유입으로 인해 한국의 증권 시장은 호황을 맞이했다.

Helped by the inflow of *foreign capital*, the Korean securities market has boomed.

자본 유입 증대 **increased influx of foreign capital**

정부는 외환 관리 자유화로 외국 자본 유입 증대를 기대하고 있다.

The government is anticipating an *increased influx of foreign capital* by lifting foreign exchange control.

행정 절차 간소화 **reduce government red tape, simplify administrative procedures**

서류 절차 간소화 **reduce paperwork**

일괄 처리 제도 **one-stop-service, one-step-processing**

허가제에서 신고제로 행정 절차를 간소화했다.

We *simplified administrative procedures* by changing from a license system to a notification system.

금융 지원 혜택 **financial incentives**

조세 감면 혜택 **tax breaks, tax incentives**

정부는 외국인 투자자들에게 여러 가지 조세 감면 혜택을 제공한다.

The government provides many *tax incentives* to foreign investors.

조세 감면 기간 **tax holiday**

8년 동안 세금이 면제된다.

An 8-year *tax holiday* is granted.

토지 취득 자유화 **allow foreigners' acquisition of land**

외국인의 토지 취득이 자유화되었다.

Restrictions on foreigners' acquisition of land were eliminated.

장기 저리 임대 **long term lease for low interest rates**

외국 기업체들에게 장기 저리 임대를 제공한다.

Long term leases with low interest rates are available for foreign businesses.

외국인 전용 단지 **Foreign Invested Complex (FIC)**

외국인 투자 기업만 입주 가능한 외국인 전용 단지…

...*a Foreign Invested Complex* exclusively for foreign businesses...

경제 특구 **Special Economic Zone (SEZ)**

경제 특구에 입주하는 외국인들에게 여러 가지 특혜가 주어진다.
The foreign companies who become tenants of ***the SEZ*** will enjoy special privileges.

자유 무역 지대 **Free Trade Zone**
자유 경제 지역 **Free Economic Zone (FEZ)**
송도 국제도시 **Songdo International City**
– 국제 업무 단지 **Songdo IBD (International Business District)**
디지털 미디어시티 **Digital Media City (DMC)**
제주 국제 자유 도시 **Jeju Free International City**
양자 투자 협정 **Bilateral Investment Treaty (BIT)**
이중과세 방지 협정 **Double Taxation Treaty**

☞ 이중과세 방지 협정은 일반적으로 *Double Taxation Treaty*라고 지칭하고, 정식으로는 *Treaty for the Avoidance of Double Taxation*이라 한다.

투자 보장 협정 **Investment Guarantee Agreement**

투자 보장 협정으로 외국인 투자를 보호해주어야 한다.
Foreigners' investments have to be protected through ***investment guarantee agreements.***

외국인 투자 기업 **Foreign Invested Company (FIC), Foreign Invested Enterprise (FIE)**
외국인 투자 비율 **foreigners'equity share, foreigners' ownership share**

외국인 투자 비율 50%인 회사…
...companies in which a foreigner holds a 50% ***equity share***...

고급 인력 **qualified workers, skilled workers**

한국은 교육 수준이 높은 고급 인력이 풍부하다.
Korea has an abundant supply of ***well-educated skilled workers.***

노동 시장의 유연성 **flexibility of labor market**

한국 노동 시장의 유연성 부족은 투자의 걸림돌이다.
The ***lack of flexibility*** in the Korean ***labor market*** impedes foreign investment.
Korea's ***inflexible labor market*** discourages foreign investment.

☞ <사회/노동> 참조.

투자 제약 요소 **factors inhibiting investment**
인허가 제도 **license and approvals**

복잡한 행정 규제와 인허가 제도…
...complicated administrative regulations and ***license and approvals sys-***

tem...

현지 조달률 — local content

현지 조달 규정 — local sourcing requirement, local content rule

수출 의무 규정 — export obligation, export requirement

외국인 기업은 수출 의무 규정을 충족해야 한다.

Foreign companies must fulfill their ***export obligations***.

예측성 — predictability

투명성 — transparency

일관성 없는 정책과 투명성의 결여가 외국인 투자 환경의 큰 저해 요소다.

Foreign investment is stifled by such factors as lack of ***transparency*** and inconsistencies.

외환 규제 철폐 — eliminate foreign exchange control

☞ <금융/외환> 참조.

과실 송금, 이익금 본국 송환 — revenue transfer, repatriate profits, remit profits to home country

외환 규제를 철폐하여 외국인의 본국 이익금 송환이 용이하도록 한다.

The ***elimination of foreign exchange control*** makes it easier for foreigners to remit business ***profits to their home countries***.

외국인 소유지분 한도 — ceiling on foreign ownership

외국인 소유지분 한도 폐지…

...eliminate ***ceiling on foreign ownership***...

투자 회수 — exit, divestment

회수 전략 — exit strategy

2002년에 도입된 규정은 외국인 투자 기업들에게 투자 회수 전략을 제공한다.

2002 regulations provide an ***exit strategy*** for foreign-invested shareholding companies.

투자자-국가 간 소송 — ISD (Investor State Dispute)

2012년 미국의 사모펀드 론스타가 대한민국 정부를 상대로 '투자자-국가 간 소송(ISD)을 제기했다.

In 2012, Lone Star, a U.S. private equity fund, filed a request for ***Investor State Dispute*** (***ISD***) against the Korean government.

13 경영 BUSINESS

기업 CORPORATION

기업 company, enterprise, firm, business, corporation

기업가(창업) 정신 entrepreneurship, entrepreneurial spirit

한국인들은 기업가 정신으로 잘 알려져 있다.

Koreans are known for their ***entrepreneurship***.

기업 문화 corporate culture

X사는 창의성과 모험 정신을 장려하는 기업 문화를 갖고 있다.

Company X's ***corporate culture*** encourages creativity and risk-taking.

기업 윤리 corporate ethics

최근 엔론 등 일련의 사태는 기업 윤리의 문제점을 드러냈다.

Recent incidents such as Enron raise the issue of ***corporate ethics***.

기업 시민 corporate citizen

기업 시민으로서의 기업은 사회적 책임을 갖는다.

Corporations have social responsibilities as ***corporate citizens***.

신생 기업 new company, start-up company, start-ups

7월에 설립된 신생 기업의 수가 3,000개를 기록했다.

The number of ***new start-ups*** during July recorded 3,000.

창업 business start-up

- **창업 자본** seed capital, start-up capital
- **창업 붐** numerous start-ups, boom in start-ups

회사 설립 establishment of company, founding of company

HP는 1939년 팔로 알토의 작은 차고에서 설립되었다.

HP ***was founded*** in Palo Alto in 1939 in a one-car garage.

- **창립자, 창업주** founder of the company
- **회사 정관** Articles of Incorporation (AOI)

그 회사는 회사 정관을 개정할 것이다.

The company will move ahead with a revision of its ***articles of incorporation***.

법인화, 법인 설립 incorporate

- **법인체** legal entity

외국 기업의 현지 지사를 한국에서 법인화했다.

The foreign company ***incorporated*** its local subsidiary.

대기업 **large corporations**

대기업들이 고용을 늘이려는 조짐을 보이고 있다.

Large corporations are reflecting signs of improving employment.

중소기업 **small and medium enterprises (SMEs)**

탄탄한 중소기업들이 투자자들을 끌어들이고 있다.

Healthy ***small and medium enterprises*** are attracting investors.

중견 기업 **mid-size company**

영세 기업 **small scale business, small-sized firm**

많은 수의 영세 기업들이 새로운 아이디어에 회사의 운명을 건다.

Many ***small-sized firms*** stake their fate on new ideas.

— 육성책 **measures to promote SMEs**

정부는 중소기업 육성책을 마련했다.

The government has devised ***measures to promote SMEs***.

벤처 기업 **venture company, venture firm**

통계치를 보면 벤처 기업의 수가 1998년 이래로 늘어나고 있다.

Statistics show the number of ***venture firms*** has been on the rise since 1998.

벤처 캐피탈 **venture capital**

벤처 캐피탈 투자가 기술 부문으로 몰리고 있다.

Venture capital investments are flowing into the tech sector.

- **Venture Capital이란?**

고도의 기술력을 갖고 있지만 자금이 없는 기업에 주식 취득 등의 형식으로 투자하는 기업 또는 그러한 목적을 위한 자금.

기업 본부 **corporate center**

본사 **head office, corporate headquarters**

회사 본사를 이전했다.

The company relocated its ***corporate headquarters***.

지사 **branch office**

— 설립 **establish, open, set up**

— 폐쇄 **close down**

본사는 1997년 동경에 지사를 설립했다.

We opened our ***branch office*** in Tokyo in 1997.

기업 구조 **corporate structure**

사업 단위 **business units (BU)**

사업 단위별로 채산성에 대한 책임을 진다.

Individual ***business units*** are responsible for their own profitability.

부서/과 **division, department, team**

대기업 집단 **business group, conglomerate**

계열사 **subsidiary company, affiliate company**

☞ 계열사는 일본 *zaibatsu*(財閥)의 후신이라고 할 수 있는 기업 집단 *keiretsu*(系列)라는 단어에서 유래한 것으로 수직적인 기업 집단에 속한 종속회사를 뜻하며, *affiliate company*는 투자 관계가 있는 회사를 뜻한다. 상호 출자한 계열사도 *affiliate company*가 된다.

경영 BUSINESS MANAGEMENT

경영 **business management, business administration**

전문 경영인에게 회사 경영을 맡겼다.

A professional business manager was given the job of ***managing the company***.

사업 **business**

— 운영 **business operation, running the business**

자금난으로 사업 운영이 어려워졌다.

It was difficult to ***run the business*** under financial difficulties.

— 확장 **business expansion**

그 회사는 무리한 사업 확장으로 경영난에 빠졌다.

The company ran into difficulties after recklessly ***expanding its business***.

사업이 확장될수록 운전 자본과 투자를 위한 현금이 더 많이 필요하게 된다.

The faster a ***business expands***, the more cash it will need for working capital and investment.

— 인수 **business acquisition, buy business**

신규 사업에 투자를 하느니 기존 사업을 인수하는 쪽이 나을 것이다.

Oftentimes it's better to ***buy*** an existing ***business*** than make greenfield investments.

☞ *greenfield investment*: 새로운 사업체를 설립하기 위해 투자하는 것.

사업 다각화 **business diversification, diversify business portfolio**

그 회사는 위험을 분산하기 위하여 사업을 다각화했다.

The company ***diversified its business portfolio*** to disperse risk.

신규 사업 진출 **venture/go into a new business area**

신규 사업 개발 **develop new business**

내년에 우리 회사는 신규 사업에 진출한다.

Our company is ***going into a new business area*** next year.

사업 전략 **business strategy**

핵심 역량 **core competence**

우리 회사의 핵심 역량은 가전 분야다.

Home appliances is our company's ***core competence***.

핵심 사업 **core business**

그 회사는 핵심 사업에만 역량을 집중하기로 결정했다.

The company decided to concentrate its energy on ***core businesses***.

사업 제휴 **business alliance, business partnership**

X사와 Y사는 사업 제휴를 했다.

Company X and Company Y ***formed a business alliance***.

전략적 제휴 **strategic alliance, strategic partnership**

실무 차원의 전략적 제휴 협상…

...working-level negotiations on a ***strategic alliance*** deal.

기술 제휴 **technological alliance**

합작 사업 **joint venture (JV)**

두 회사는 올해 안에 중국에서 합작 회사를 설립할 것이다.

A ***joint venture*** between two companies will be set up in China before the end of this year.

경영인 **business manager**

전문 경영인 **professional business manager**

재벌 가족이 경영하기보다는 전문 경영인을 영입해야 한다.

Professional business managers, rather than the members of the Chaebol family, should be brought in to run the business.

경영 능력 **management capability**

지식 경영 **knowledge-based management**

가치 경영 **value-based management**

그는 탁월한 경영 능력으로 기업을 흑자로 돌렸다.

His outstanding ***management capability*** turned around the company into a profitable one.

책임 경영 제도 **Accountable Management System**

…책임 경영 제도를 도입하다…

...introduce the ***Accountable Management System***...

경영 스타일 **management style**

그는 과감한 경영 스타일로 잘 알려져 있다.

He is well known for his bold ***management style***.

경영 판단 **business judgment**

기업 인수 문제에 훌륭한 경영 판단을 적용하는 것…

...the application of good ***business judgment*** in all acquisition decisions.

경영 철학 **business philosophy**

경영관 **management values**

경영 목표 **management objective**

기업의 경영관에 따라 직원을 채용한다.

Hiring of an employee takes place in line with a company's ***management values***.

윤리 경영 **ethical management**

기업의 사회 책임성 **Corporate Social Responsibility (CSR)**

기업 시민 **corporate citizen**

사회 책임 투자 **Social Responsible Investing (SRI)**

TBL은 사회 책임 투자(SRI)에서 기업 평가의 잣대가 되고 있다.

One of the tools employed for ***SRI*** screening is the Triple Bottom Line.

지속가능 경영 **sustainable management**

• ESG란?

Environment, Social, Governance. 친환경, 사회 책임 경영, 지배구조 등의 비재무적 요소를 지표로 기업을 평가하는 것이다.

• SRI란?

Socially Responsible Investing. 사회 책임 투자. SRI란 투자자들이 투자 대상 기업의 사회 책임성을 고려하여 투자 결정을 하는 개념이다. 즉 지역사회에 대한 공헌도, 지속가능성 등이 투자 결정 기준이 된다.

• CRM란?

Corporate Responsibility Management. 사회 책임 경영. 경제적 이윤 추구와 동시에 환경성, 사회 책임성 등의 사회적 가치도 추구해야 한다는 경영 철학.

• **TBL이란?**

Triple Bottom Line. 기업의 가치 및 성과를 단순히 재무적인 수치로만 평가하는 것이 아니라, 경제성, 환경성, 사회 책임성을 기반으로 평가하는 개념. 손익계산서의 가장 밑줄에 세후 손이익을 "bottom line"이라고 부르는 데서 착안한 용어다. Global Reporting Intitiative (GRI)에서 채택한 툴이다.

기업 목표 **corporate objective, corporate mission**

사업 목표 **business objective, business purpose**

이러한 사업 목표를 달성하기 위해서는 모든 고용인들이 다음의 목적을 명심해야 한다.

To accomplish this ***business purpose,*** all employees must keep the following goal in their minds.

기업 실적 **business performance**

기업 실적을 향상시키다.

...improve ***business performance***...

매출 **revenue, sales**

올해 우리는 매출액 2억을 기록했다.

This year, we recorded a ***revenue of*** 200 million won.

분기 실적 **quarterly earnings, quarterly results**

경상 이익 **recurring profit**

영업 이익 **operating income**

영업외 이익 **non-operating income**

☞ <경영/회계> 참조.

시장 진출 **advance into market, enter market, have a presence in the market**

우리는 올해 중국 시장에 진출할 것이다.

We will ***advance into*** the Chinese ***market*** this year.

시장 진출 업체 **market entrant**

현재 시장 진출 업체가 3개 사가 있다.

There are three ***market entrants*** at the present.

시장 침투 **market penetration**

MPPS 사의 슈퍼컴퓨터 시장 침투가 자주 논쟁의 대상이 되고 있다.

The ***penetration*** of the supercomputer ***market*** by MPPS is an often debated issue.

시장 선점 **early entry, early foothold**

— 하다 　 **be the first to market, be an early mover, gain early foothold in market**

이 시장을 선점하여 우위를 점하는 것이 중요하다.

It's important to secure ***an early mover*** advantage in the market.

시장 점유율 　 **market share, M/S**

현재 우리의 시장 점유율은 34%다.

Our present ***market share*** is 34%.

시장 지배력 　 **dominant market position, market dominance**

영국의 1998 시장경쟁법령은 시장 지배력의 남용을 금지한다.

The UK's Competition Act 1998 prohibits abuses of ***dominant market position***.

시장 잠식 　 **market encroachment, take over the market**

값싼 수입품이 우리의 시장을 잠식했다.

Cheap imports have ***taken over*** our ***market***.

시장에서 퇴출 　 **exit the market, close down business**

경쟁력이 없는 기업은 시장에서 퇴출되어야 한다.

Uncompetitive businesses should be forced to ***exit the market***.

진입 장벽 　 **entry barrier**

시장 진입 장벽을 낮추다.

The market ***entry barrier*** is lowered.

경쟁 　 **competition**

X는 경쟁에서 도태되었다.

X was unable to survive the ***competition***.

X was eliminated in the ***competition***.

과당 경쟁 　 **excessive competition**

과당 경쟁으로 양사 모두 손해를 보고 있다.

Both companies are losing money from ***excessive competition***.

출혈 경쟁 　 **cut-throat competition**

출혈 경쟁으로 휴대폰 사업은 수익성이 없어졌다.

The cell-phone business became unprofitable due to ***cut-throat competition***.

다국적 기업 　 **multinational corporation (MNC)**

중국 기업들이 다국적 기업들의 현지화를 도울 것이다.

Chinese indigenous enterprises will help localize ***multinationals***.

초국적 기업 　 **transnational corporation (TNC)**

• MNC란?

Multinational Corporation. 세계 각지에 자회사(子會社)·지사·합병회사·공장 등을 확보하고, 생산·판매 활동을 국제적 규모로 수행하는 기업.

• TNC란?

Transnational Corporation. 초국적 기업. 다국적 유연성과 세계적 통합 네트워크를 특징으로 하는 기업으로 세계화의 이상적 형태.

해외 생산 **off-shore production**

• Offshoring이란?

오프쇼링. 인건비 등 각종 비용 절감을 위해, 혹은 판매시장을 찾아 해외로 생산기지를 옮기는 것을 의미한다. 반대로 해외에 나가 있는 자국 기업이 본국으로 회귀하는 것을 '리쇼어링(reshoring)'이라 한다.

현지화 **localization**

그 회사의 중국 현지 법인은 현지화에 성공했다.

The company's local subsidiary in China succeeded in ***localization***.

현지 법인 **local subsidiary**

X사는 영국에 법인을 설립했다.

Company X established a ***local subsidiary*** in U.K.

초일류 기업 **world-class company**

대부분의 초일류 기업들이 끊임없는 변화를 겪고 있다.

Most ***world-class companies*** are undergoing continuous change and transformation.

초일류 제품 **world-class product, product with global recognition**

이 회사는 초일류 제품을 생산할 역량을 갖고 있다.

This company has capability to produce ***world-class products***.

경영 합리화 **business rationalization**

기업 구조 조정 **corporate restructuring**

분사 **spin-off, demerger**

그 은행은 현재 신용카드 부문을 분사할 계획이다.

The bank is expected to ***spin-off*** its current credit-card operation.

매각 **sell off, divestiture**

비핵심 사업 부문을 매각하기로 결정…
...decide to ***sell off*** its non-core businesses...

사업 단위 **business units (BU)**
사업 단위별로 채산성에 대한 책임을 진다.
Individual ***business units*** are responsible for their own profitability.

구조 조정 본부 **Corporate Restructuring Headquarters**
기업 구조 조정 본부에서는 2개 사업 부문을 분사시키기로 했다.
Corporate Restructuring Headquarters decided to spin-off 2 business units.

사업 구조 개편 **streamline business, reorganize business structure**
핵심 사업을 중심으로 사업 구조를 개편했다.
...***reorganized the business structure*** around its core business...

주력 업종 선정 **concentrate on core business**
그 회사는 자동차 생산을 주력 업종으로 선정할 것이다.
The firm is going to ***concentrate on its core business*** of manufacturing automobiles.

경영 프로세스 혁신 **business process reengineering (BPR)**
경영 프로세스 혁신은 급격한 변화와 개선에 대한 접근 방법 중 하나다.
BPR is one approach for rapid change and dramatic improvement.

감량 경영 **downsizing, delayering, slim down organization**
대기업들이 감량 경영을 목표로 중간 관리자층을 없앴다.
Large corporations got rid of middle managers in order to ***downsize*** the business.

• Six Sigma(6Σ)란?

품질 관리 기법 중 하나로 과거의 품질 관리가 제품에만 적용된 것과는 달리 모든 업무 프로세스에 적용되는 경영 품질의 개선 기법. 시그마(σ)는 통계학에서 '분포의 편차'를 나타낸다. 즉 6시그마란 100만(10의 6승) 건 가운데 3, 4개의 에러만 발생한다는 의미다.

• ERP란?

Enterprise Resource Management. 기업 내 전사적 자원 관리를 위해 구축하는 통합 정보 시스템이다.

• BPR이란?

Business Process Reengineering. 미국 MIT 대학 교수인 Michael Hammer가 1990년에 개발한 개념. 기존의 업무 방식을 근본적으로 재고하여 혁신적으로 비즈니스 시스템 전체를 재구축하는 것으로서, 제품 개발 속도나 품질, 비용 서비스 등의 프로세스를 획기적으로 개선시키는 노력을 말한다.

기업 가치 **corporate value**

그 회사의 이사회는 기업 가치를 높이기 위해 회사 분할에 동의했다.

The firm's board of directors agreed on the company split to pursue higher ***corporate value.***

기업 실사 **corporate due diligence**

기업 실사는 모든 인수 과정에서 필수적 부분이다.

Due diligence is an essential part of any acquisition process.

기업 가치 평가 **corporate valuation**

기업 실사를 통해 기업 가치를 평가하여 매각 금액을 책정한다.

The corporate value is determined to set the selling price of a company.

평가 방법 **valuation method**

평가 모형 **valuation model**

기업 가치 평가에 많이 쓰이는 평가 모형 중 하나가 수익 접근법이다.

The Income Approach model is one of the ***models used for corporate valuation.***

기업 지배 구조 CORPORATE GOVERNANCE

소유 구조 **ownership structure**

소유주 **owner**

응답자의 46.6%는 재벌의 소유 구조가 시장에 의해 결정되도록 해야 한다고 답했다.

About 46.6 percent of the respondents answered that ***ownership structure*** of the family-run chaebols must be left to the market. (*Korea Times*)

대기업 집단 **business group**

지주 회사 **holding company**

정부는 금융 지주 회사 설립을 허용했다.

The government allowed the establishment of financial ***holding companies.***

모회사 **parent company**

부채 증가로 인한 모회사의 붕괴.

The ***parent company*** collapsed under mounting debt.

자회사 **daughter company, subsidiary company**

손자 회사 **grand-daughter company**

독립 자회사 **wholly owned subsidiary**

Y사는 X사의 독립 자회사다.

Company Y is a ***wholly owned subsidiary*** of Company X.

사기업, 비공개 회사 **private company, privately held company**

실리콘 밸리에서 가장 빠르게 성장하는 사기업 중 하나…

...one of the fastest growing ***privately held companies*** in the Silicon Valley...

비공개 유한회사 **private limited liability company**

그 회사는 1997년 7월 24일 비공개 유한회사로서 사업 등록을 했다.

The company was registered as a ***private limited liability company*** on 24th July 1997.

개인 소유 기업 **sole proprietorship**

공개 기업 **publicly held company, public company, publically traded company**

주식회사 **stock corporation, joint stock company**

합자 회사 **limited partnership company**

합명 회사 **partnership company**

유한 책임 주식회사 **limited liability company (LLC)**

유한 책임 주식회사의 소유주들은 사업상 부채에 대해 개인적 책임을 지지 않는다.

Limited liability company owners are protected from personal liability for business debts.

우리 사주제 (차입형) **Urisaju Plan, Korean employee ownership plan**

종업원 지주 제도 **Employee Stock Ownership Plan (ESOP)**

☞ *"ESOP"* : *Employee Stock Ownership Plan*. 미국의 종업원 지주 제도. 종업원들이 신탁(*trust*)을 통해 자사주를 매입할 수 있게 해주는 제도. *ESOP*는 수탁자(*trustee*)를 통해 자산 운영이 가능한 데 비해서, 한국의 우리 사주 조합은 한국증권금융에 예탁해야 한다.

스톡옵션형 우리 사주제 **Employee Stock Purchase Plan (ESPP)**

…근로자가 시가의 일정 비율을 할인해 자사주를 취득할 수 있는 스톡옵션형 우리 사주제…

...the ***Employee Stock Purchase Plan***(***ESPP***) which gives employees the chance to buy the company's stock at prices discounted by a certain percentage from the market price.

지분 **equity, ownership, share**

개인이 소유할 수 있는 소유 지분의 한계는 7%이다.

The per-person share ***ownership*** limit is up to 7 percent.

지분 참여 **equity participation, shareholding**

피고용인들의 지분 참여는 기업 지배 구조 개혁의 기반이 될 수 있다.

Employees' ***equity participation*** can be the basis of reforming governance.

소유 한도 **ownership ceiling**

금융 지주 회사 지분의 소유 한도를 완화하다.

...ease the ***ownership ceiling on*** financial holding companies...

출자 총액 제한 제도 (출총제)

Ceiling on Total Amount of Shareholding in Other Domestic companies, restrictions on ownership in other companies

출총제 대상이 되는 기업 집단…

Business groups subject to the ***ceiling on total amount of shareholding in other domestic companies***...

기업 지배 구조 **corporate governance**

세계화로 인해 점점 더 많은 시장들이 개방되면서 기업 지배 구조에 대한 중요성이 더욱 부각되고 있다.

As globalization opens up more and more markets, the emphasis on ***corporate governance*** is increasing.

이사회 **Board of Directors (BOD)**

이사 **director, member of the board**

사외 이사 **outside director, independent director**

공기업의 경우 사외 이사들은 평균 4,300불 정도의 연봉을 받는다.

Outside directors of public sector organizations receive an average of approximately $4,300 per year in annual retainer.

선관주의 의무 **fiduciary duty**

이사회는 주주들에 대한 선관주의 의무를 갖는다.

The Board of Directors has a ***fiduciary duty*** to shareholders.

독립 감사 **independent auditor**

감사 위원회 **audit committee**

독립 감사도 의무화되었다.

Companies are also required to have ***independent auditors***.

외부 감사 external auditor

감사 보고서 audit report

준법 감사인 compliance officer

이제는 많은 기업들이 준법 감사인을 두고 있다.

Many firms now have ***compliance officers***.

주주 shareholder

나는 X회사의 주주다.

I'm a ***shareholder*** of company X.

대주주 majority shareholder

코스닥에 등록된 50개 기업의 대주주들…

...the ***majority shareholders*** of 50 KOSDAQ-registered firms...

외국 투자자들이 국내 투자자들보다 더 많은 지분을 소유함으로써 대주주가 된다.

Foreign investors hold more shares than domestic ones, giving them ***majority shareholder status***.

최대 주주 largest shareholder

지배 주주 controlling shareholder

X사는 추가 지분 인수로 지배 주주가 되었다.

Company X became the ***controlling shareholder*** through further acquisition of shares.

소액 주주 minority shareholder

소액 주주의 권한을 강화해야 한다.

Minority shareholders' rights should be strengthened.

소액 주주 운동 minority shareholder movement

주주 행동주의 shareholder activism

주주 행동주의는 주주들의 이익을 위해 공개 기업을 변화시키는 데 목적을 둔다.

Shareholder activism aims at changing publicly listed companies for the benefit of its shareholders.

참여 연대 People's Solidarity for Participatory Democracy (PSPD)

대표 소송제 derivative action suit

경영에 대한 책임을 묻기 위해 경영진에 대표 소송을 제기…

...file ***derivative lawsuit*** against management and hold them liable for bad management...

집단 소송제 class action suit

소액 주주 50명이 경영진을 대상으로 부실 경영의 책임을 묻기 위해 집단 소송을 했다.
50 minority shareholders filed ***a class action suit*** against the management, holding them responsible for mismanagement of the company.
주식 시장의 공정 경쟁 시스템을 위해 집단 소송제를 도입할 것이다.
Class action suits will be introduced to ensure fair competition in the equity market.

집중 투표제 **cumulative voting**
집중 투표제는 주주들의 표를 한 후보에게 몰아줄 수 있게 해준다.
The ***cumulative voting system*** allows shareholders to cast all their votes for a single director.

주주 제안 제도 **shareholder's proposal of agenda**

장부 열람권 **right of access to books**
소액 주주도 장부 열람권을 갖는다.
Minority shareholders also have the ***right to access the company's books.***

주주 가치 **shareholder value**
한국 기업들은 주주 가치를 극대화하도록 회사를 경영해야 한다.
Korean companies should manage the business to maximize ***shareholder value.***

주주 총회 **general shareholders' meeting**
X사는 내주에 주주 총회를 연다.
Company X will hold its ***general shareholders' meeting*** next week.

정기 주주 총회 **ordinary shareholders' meeting**

임시 주주 총회 **ad hoc shareholders' meeting**
X사는 임시 주주 총회를 소집했다.
Company X convened an ***ad hoc shareholders' meeting.***

의결권 **voting rights**
보통주만 의결권이 있다.
Only common shares have ***voting rights.***
지분에 따라 의결권을 행사하다.
...exercise ***voting rights*** on the shares.

위임장 투표 **proxy voting**
그들은 해외 투자자들로부터 위임장을 받아 투표권을 행사한다.
They exercise ***voting rights after receiving proxy*** from overseas investors.

• Proxy Voting이란?

위임장 투표. 기업의 경영권을 행사하는 대주주들은 일정량 이상의 투표권이 있어야 주주 총회에서 의사를 관철할 수 있다. 따라서 대주주들은 의사 결정보다는 배당이나 주가에 관심을 갖는 소액 주주들이나 투자를 목적으로 하는 기관 투자자들로부터 투표권의 위임을 받아 주주 총회에서 투표를 하는데 이를 위임장 투표라고 한다.

기업 투명성 **corporate transparency**

한국 기업은 기업 투명성을 제고시켜야 한다.

Korean companies must enhance ***corporate transparency***.

기업 공시 **corporate disclosure**

증권거래위원회는 기업 공시 기준을 강화하기 위한 방안을 제시할 것이라고 발표했다.

The Securities and Exchange Commission announced that it will propose measures to strengthen ***corporate disclosure*** rules.

공정 공시 제도 **Regulation Fair Disclosure (RFD)**

정보 비대칭 **information asymmetry**

수시 공시 **ongoing disclosure**

허위 공시 **false disclosure**

집단 소송제는 분식 회계, 허위 공시, 주가 조작 등 명백한 불법 행위에 한정되며…

Class action suits will be limited to fraudulant accounting, ***false disclosures*** and stock price manipulation...

회계 투명성 **accounting/financial transparency**

접대비 **business entertainment expense/cost**

장부 조작 **falsification of books, cook the books**

분식 회계 **fraudulant accounting, window dressing**

CEO 인증 제도 **CEO certification of financial statements**

Sarbanes-Oxley 법에 의해 CEO 및 CFO들은 매년 회사 재무제표의 정확성과 성실성에 대하여 인증할 의무가 있다.

The Sarbanes-Oxley Act requires both the ***chief executive officer*** and chief financial officer of a public company to ***certify*** annually that their ***financial statements*** are accurate and contain full disclosure. (*MSNBC News*)

• Sarbanes-Oxley Act란?

Public Company Accounting Reform and Investor Protection Act of 2002.

미국 기업의 연속적인 금융 스캔들을 계기로 제기된 기업 투명성 및 책임 강화 대책으로서 2002년에 제정된 미국의 법. Paul Sarbanes 상원의원과 Michael G. Oxley 하원의원이 발의한 법안이다.

인사 관리 HR MANAGEMENT

인사 관리 — **personnel management, HR management**

인사 관리도 전문성이 필요하다.

Human resources management requires expertise.

인사 부서 — **HR department, personnel management division**

인사 부서에서 X를 대구 지사로 발령냈다.

The ***HR department*** transferred X to the Daegu branch office.

인사 기록 — **personnel records**

인사 기록을 공개할 수 없다.

The ***personnel records*** cannot be made public.

인력 자원 — **human resources, human capital**

고급 인력 — **talented/competent/high-quality people**

풍부하고 우수한 고급 인력 공급…

...plentiful supply of ***talented workers***...

대졸 인력 — **college graduates, workers with college degrees**

올해 취업 시장에서 대졸 인력들은 더 많은 기회를 가지게 될 것이다.

College graduates will find the job market much more open this year.

인재 — **qualified workers, talented workers, talent**

인력은 모자라지 않지만 인재가 없다.

There is no shortage of workforce, but there are no ***talents*** to be found.

최고 경영진 — **top management**

중역, 임원 — **executives, officers**

회사 중역들이 주요 의사 결정을 한다.

The corporate ***executives*** make the major decisions.

최고경영자 — **Chief Executive Officer (CEO)**

이제는 최고 경영자가 재무제표에 서명해야 한다.

Now, the ***CEOs*** are required to sign the financial statement.

인사 제도 — **personnel management system**

직책 — **position**

회사에서 직책이 무엇인가?

What is your ***position*** in the company?

직급 **rank, grade**

그는 한 직급 승진되었다.

He was promoted a ***grade***.

He got a ***grade*** promotion.

직함, 직위 **title**

한국 사람들은 직함을 중시한다.

Titles are very important to Koreans.

승진 **promotion**

부장으로 승진하신 것을 축하드립니다.

We congratulate you on your ***promotion to*** general manager.

전근 **transfer**

그는 홍콩 지사로 전근 발령받았다.

He received ***transfer*** orders to Hongkong.

직위표

최고 경영진 Executive Level

최고경영자	Chief Executive Officer (CEO)
대표이사	Representative Director
명예회장	Honorary Chairman
고문	Advisor, Senior Corporate Advisor
회장	Chairman of the Board
이사회	Board of Directors
이사	Director
임원	Officer, Executive Officer
사장	President, CEO
대표이사사장	President and Representative Director
수석부사장	Senior Vice President, Executive Vice President
부사장	Vice President
재무총괄	Chief Finance Officer (CFO)
정보총괄	Chief Information Officer (CIO)
기술총괄	Chief Technology Officer (CTO)
업무총괄	Chief Operating Officer (COO)

상위 관리자 Upper Management	
전무이사	Senior Managing Director, Executive Vice President (EVP)
상무이사	Managing Director, Senior Vice President (SVP)
감사	Auditor
본부장	General Manager, Director
부장	General Manager
차장	Deputy General Manager
중간 관리자 Middle Management	
과장, 실장	Manager, section chief
차장	Deputy Manager
대리	Assistant Manager, Junior Manager
계장	Sub-Manager, sub-section chief, senior staff
팀장	Team Manager, Team Head, Team Leader

☞ 각 회사마다 직급 체계와 영어 직급이 다르다. 최근에는 상무나 전무를 영어로 *Executive Vice President* 또는 *Vice President*라고도 부른다.

부서 Divisions, Department	
기획실	planning
경리, 재무	accounting, treasury
인사	personnel management
IT부서	IT division
홍보	public relations
법무	legal affairs
준법감사인	legal compliance officer
영업	sales
생산관리	production management
상품기획	product design
구매	purchase, procurement, sourcing

인사 고과 **appraisal, performance review**
업적 평가 **performance appraisal**
근무 평정 **performance evaluation, performance rating**
  상사 평가제 **supervisor evaluation system**

동료 평가제 **peer evaluation system**

토의 참여도는 동료 평가제 방식으로 평가된다.

Each member's participation in the discussion is assessed through a ***peer evaluation system***.

다면 평가제 **360 Degree (Performance) Review, 360 Degree Assessment**

정부도 다면 평가제를 도입한다.

The government will also introduce a ***360° Review*** program.

• 360° Review란?

다면 평가제. 인사 고과 시 상관으로부터의 평가뿐 아니라, 동료 직원, 부하 직원, 타부서 직원, 그리고 때로는 고객으로부터도 피드백을 받는 평가제도.

위계질서 **hierarchy**

직장의 위계질서…

…***hierarchy*** in the workplace…

상사, 상관 **supervisor, manager**

상관에게 결재를 받아야 한다.

I need to get approval from my ***supervisor***.

직속상관 **immediate supervisor**

직속상관들은 사원들의 업무 실적을 검토할 것이다.

The ***immediate supervisors*** will review all employees for performance.

부하 직원 **subordinate, staff workers**

그는 부서에 다섯 명의 부하 직원을 두고 있다.

He has 5 ***subordinates*** working in his division.

동료 직원 **co-workers, colleagues, peers**

동료 직원들과 잘 화합할 수 있는 사람이라야 한다.

…has to be someone who can get along with his ***co-workers***.

근속 연수 **service period, length of service, tenure**

근무 경력 **tenure, number of years with the company**

우리는 근무 경력보다 능력 위주의 인사를 할 것이다.

We will base our personnel management on merit rather than ***tenure***.

보상 제도 **remuneration system, compensation structure**

호봉제 **mixed-salary system**

한국의 호봉제에서는 같은 직급이라도 호봉에 따라 급여 차이가 난다.

In the Korean ***mixed-salary system***, salaries can be different for the same grade because grades are subdivided into steps.

등급과 호봉 **grades and steps within a grade**

연봉제 **annual salary system, annual remuneration scheme**

☞ *annual retainer fee* : 이사, 컨설턴트, 변호사 등 외부 인사를 1년 단위로 계약할 때 많이 사용된다.

월급제 **monthly salary**

직원들은 연봉제보다 월급제를 선호한다.

The employees prefer to be paid on a ***monthly salary*** basis rather than an ***annual remuneration scheme***.

성과급 **performance-based pay, merit-based remuneration**

성과급제 실시 여부는 매우 민감한 사안이다.

The introduction of a ***performance-based pay*** scheme is a very sensitive issue.

성과 배분 **profit sharing**

상여금 **bonus pay**

과거에는 회사에서 상여금 300%를 지급하고 정규 보수의 일부로 간주했었다.

In the past, the company paid out a ***bonus*** of 300% which was considered a part of the regular pay.

포상 제도 **reward and recognition**

스톡 옵션 **stock option**

임원들은 경영 성과에 대한 보상으로 스톡 옵션을 받았다.

The executives received ***stock options*** for business performance.

☞ *stock option* : 주식 매입(매수) 선택권.

채용 **recruitment, hire, employment**

신규 채용 **newly hire**

2/4분기에 약 10,000명 정도 신규 채용을 할 것이다.

About 10,000 will be ***newly employed*** in the second half.

경기가 나빠 대부분의 기업들이 신규 채용 계획이 없다.

Most companies have no plans for ***hiring*** because of the sluggish economy.

중견자(경력자) 채용 **hiring experienced workers**

약 1,000명의 중견자들이 일자리를 구할 것이다.

About 1,000 ***experienced workers*** will land new jobs.

인재 스카우트 **talent recruitment, recruit qualified people**

회사가 필요로 하는 인재를 스카우트하는 헤드헌팅 업체들…

...head hunting agencies that ***recruit talents*** needed by companies...

업무 태도 **work attitude**

불성실한 업무 태도를 보이는 사원…

...an employee that shows poor ***work attitude***...

성실 **conscientious, dedicated**

근면 **diligent, industrious**

그 사람의 가장 큰 장점은 부지런하다는 것이다.

His strongest point is ***diligence***.

의욕적 **motivated**

우리는 의욕적인 사람을 찾고 있습니다.

We are looking for highly ***motivated*** individuals.

애사심 **company loyalty**

그는 애사심의 발로에서 초과 근무 수당도 없이 일했다.

He worked out of ***company loyalty***, without even receiving overtime pay.

결근 **absenteeism, absence from work, miss work day**

사원들의 건강 증진은 결근율을 낮추어 준다.

Better health of employees will lower the ***absence rate***.

입사 **come to the company, start working for company, enter the company**

신입 사원 **entry level worker, newly hired staff**

신입 사원들의 봉급은 XXX다.

The salary for ***entry level workers*** is XXX.

수습사원 **trainee**

수습 기간 **training period, probation period**

수습 기간은 6주에서 8주 정도 될 것이다.

The ***training period*** is to run six to eight weeks.

실무 교육 **on-the-job training (OJT)**

그는 정식 사원으로 채용되기 전에 실무 교육을 받았다.

He went through one year of ***on-the-job training*** before being allowed fulltime employment

해외 연수 **overseas training**

그 회사의 해외 연수는 길어봤자 두 달이다.

The firm's ***overseas training*** programs are fairly short, 2 months at the longest.

인원 감축 **employee/workforce reduction**

정리 해고 redundancy lay-off, retrenchment

노사는 정리 해고에 동의했다.

Management and labor agreed to the ***lay-offs***.

계약직 contract-based workers, fixed-term contract worker

임시직 temporary workers

기업들이 갈수록 계약직과 임시직을 활용하고 있다.

More companies are taking advantage of ***temporary and contract-based workers***.

☞ <사회/노동> 참조.

재택근무자 telecommuter, at-home worker

재택근무 telecommuting

정보통신의 발달로 재택근무자가 늘어나고 있다.

With the advancement of IT technology, the number of ***telecommuters*** is increasing.

순환 근무제 job rotation system

부서간 인사 교류 cross-training

다기능 근로자 cross-functional worker

부서간 영역 철폐 boundarylessness

결재 approval

결재 서류 document for approval

사장에게 결재 서류가 올라가 있다.

The ***document*** is on the president's desk for ***approval***.

종신 고용제 life-time employment

연공서열제 seniority system

평생 고용과 연공서열 임금제의 끝…

...the demise of ***life-time employment*** and the ***seniority-based pay system***...

직원 만족도 Employee Satisfaction Index (ESI)

조사 연구에 따르면 우량 기업의 직원 만족도는 평균 60%다.

Surveys show that the average ***Employee Satisfaction Index*** of leading companies is 60%.

이직률 worker turnover

이 회사는 직원들의 이직률이 높다.

This company has a high ***worker turnover***.

퇴직 retirement

퇴직금 **retirement allowance**

퇴직금이 20%가량 올랐다.

Retirement allowances jumped by around 20%.

퇴직금 적립 **contribution for retirement allowance**

매달 월급에서 일정 금액이 퇴직금으로 적립된다.

A fixed amount from the monthly salary is ***contributed towards the retirement allowance*** fund.

☞ <사회/복지> 참조.

조기 퇴직 **early retirement**

명예퇴직 **early retirement/leave, voluntary early retirement**

IMF 당시에 조기 퇴직 또는 명예퇴직을 강요당했다.

During the economic crisis, people were forced into ***early retirement***.

사직 **resignation, quit job, leave company**

그는 사직했다.

He ***quit his job***.

He ***resigned his job***.

He ***left the company***.

He ***left his job***.

사표 **letter of resignation**

그는 사표를 제출했다.

He submitted a ***letter of resignation***.

사표가 수리되었다.

His ***letter of resignation*** was accepted.

사표가 반려되었다.

His ***letter of resignation*** was returned.

생산 PRODUCTION

제품 **product**

— 차별화 **product differentiation**

경쟁사의 제품에 대한 차별화가 성공의 관건이다.

Differentiating products from those of competitors is the key to success.

— 다양화 **product diversification**

그 회사는 제품 다양화를 통한 더 큰 성장을 목표로 하고 있다.

The company is targeting further growth through ***product diversification***.

제품 개발 **product development**

그 회사는 신상품 개발 계획을 밝혔다.

The company unveiled a ***new product development plan***.

제품 설계/디자인 **product design**

그 사고는 제품 디자인상의 결함 때문에 발생했다.

The accident was a result of a defect in ***product design***.

제품 개발 주기 **product cycle time**

중국의 foundry와 유럽의 IC 설계사 간의 새로운 협력 체계로 유럽의 전자 OEM업체들의 제품 개발 주기가 단축될 수 있게 되었다.

The deal between the Chinese foundry startup and the European IC design house enables electronic OEMs in Europe to reduce their ***product cycle times***. (*EE Times*)

TTM **time-to-market**

기업들은 제품을 디자인하여 시장에 내놓는 데 걸리는 TTM을 줄이기 위해 노력한다.

Companies strive to reduce ***time-to-market, i.e.***, the time it takes to design and manufacture new products and push them out the door.

리드 타임 **lead time**

리드 타임이 늘어나면 시장 선점의 우위가 강화된다.

An increase in the ***lead time*** should enhance the advantage of early entry.

• TTM이란?

Time-to-Market. 제품을 디자인하여 시장에 출시하는 데까지 걸리는 시간.

• Lead Time이란?

시장을 선점한 기업의 진입 시점과 뒤따라 들어온 기업의 진입 시점 사이의 기간.

시제품 **prototype**

그 회사는 시제품을 2022년까지는 출시하려고 계획 중이다.

The company is planning to have a ***prototype*** by 2022.

품평회 **product evaluation session**

그 제품은 품평회에서 좋은 평가를 받았다.

The product was well received at the ***product evaluation session***.

제품 수명 주기 **product life-cycle (PLC)**

제품 수명 주기가 짧아지면 기업들은 끊임없이 신제품을 개발해야 한다.

Shorter life cycles mean that companies must constantly develop new products.

제품 특징 **product feature**

다음의 표가 이 제품의 주요 특징들을 설명해준다.

The following table describes the *key features* of this product.

내구성 **durable, durability**

내구성 테스트는 제품 개발의 중요한 부분이다.

Durability testing is a critical part of product development.

경제성 **economics, affordability**

신제품의 경제성도 판매를 좌우한다.

Affordability of new products also determines sales.

신뢰성 **reliable, reliability**

그 회사는 신뢰성 있는 제품을 경제적인 가격에 공급한다.

The company supplies a *reliable* product at an affordable price.

제품 사양/규격 **product specification**

그 회사는 모든 제품 사양서를 제공한다.

The company provides complete *specification sheets* for all products.

제품 성능 **product performance**

모든 신제품은 제품 성능 테스트를 거칠 것이다.

All new products will go through *product performance tests*.

이 제품은 타사 제품보다 성능이 우수하다.

This *product outperforms* the competitors' products.

기능 **function, feature**

이 모니터는 차 안에 설치됐을 때 네 가지 기능을 수행한다.

When installed in a car, this monitor can offer four *functions*.

— 첨가 **add on feature(s), extra feature**

제품 디자이너들은 제품에 새로운 기능을 첨가하려고 계획 중이다.

Product designers are planning to *add on new features to* the products.

— 내장 **built-in feature**

이 사진기는 플래시가 내장되어 있다.

The camera has a *built-in flash*.

부가 가치 **added value, value-added**

상품의 부가 가치를 창출해야…

...must create *added value for* the product...

...must *add value to* the product...

고부가 가치 상품 **high value-added product**

저부가 가치 상품 **low value-added product**

경공업 제품은 저부가 가치 상품이다.

Light industry products are ***low value-added goods***.

고급형, 고가품 **high-end product**

X사는 기업 고객들을 대상으로 하는 고가 시장을 위한 신제품을 출시했다.

Company X released a new product hoping to woo the ***high-end*** corporate market.

보급형, 저가품 **low-end products**

중국은 보급형 상품에 있어 이미 한국보다 우위를 차지하고 있다.

China has already been enjoying an edge over Korea in ***low-end products***.

재고 **inventory**

재고 수준 **inventory level**

이 회사는 재고 수준을 1,390만 불 규모로 줄이는 데 성공했다.

The Company also made significant progress in reducing its ***inventory level*** to $13.9 million. (*Business Wire*)

완충 재고 **buffer stock**

물자 관리 **Material Management (MM)**

재고 관리, 창고 관리 **Warehouse Management (WM)**

창고 관리 시스템이란 정해진 입고·출고를 지시하도록 디자인된 소프트웨어 시스템이다.

A ***Warehouse Management*** System is a software program designed to direct the flow of materials both into and out of specific storage locations.

무재고 운동 **just-in-time inventory (JIT)**

무재고 운동을 적용하면 재고 관리 비용을 줄이게 된다.

If you can implement ***JIT***, you will reduce your inventory costs.

재고 회전율 **inventory turnover**

재고 회전율은 일반적으로 2~3배였다.

Inventory turnover has typically ranged between 2.0 and 3.0 times.

• Inventory Turnover란?

재고 회전율. 일정 기간에 걸친 재고의 회전수를 말한다.

재고 회전율 = 일정 기간의 소요량 ÷ 재고량

생산성 **productivity**

생산성이 향상되었다.

Productivity grew/rose/increased.

생산성이 저하되었다.

Productivity fell/dropped/decreased.

생산 설비 **production facility**

그 회사는 생산 설비를 내년 말까지 확장하려고 계획 중이다.

The company is planning to expand its ***production facilities*** by the end of next year.

공장 **production plant, factory**

새 생산 공장이 중국에 세워질 것이다.

A new ***production plant*** will be located in China.

노후 시설 **outdated/obsolete/aging equipment/facilities**

노후 시설을 어떻게 하느냐 하는 것도 문제다.

What to do with ***obsolete facilities*** is another issue.

첨단 장비 **advanced/cutting-edge/latest equipment**

이 공장은 최첨단 설비를 갖추고 있다.

This plant has installed the ***latest equipment***.

유휴 설비 **idle equipment, idle facility**

남한의 유휴 설비를 북한으로 이전시키면 남북 경제 협력을 활성화시킬 수 있다.

Sending ***idle facilities and equipment*** from South Korea to North Korea can promote inter-Korean economic cooperation.

설비 용량 **production capacity**

과잉 설비 **overcapacity, spare capacity**

철강 산업의 근본 문제는 과잉 설비다.

Overcapacity is the underlying problem in the steel industry.

설비 가동 **operation of facility, running facility**

공장이 다음 달 가동을 시작한다.

The factory will ***go into operation*** next month.

가동 시간 **up-time**

비가동 시간 **down-time**

주문 폭주로 24시간 가동하고 있다.

The factory is ***up and running*** 24 hours a day due to a surge in orders.

설비 가동률 **capacity utilization rate, factory operation rate**

장기 경기 침체로 공장들의 평균 설비 가동률은 70%에 못 미친다.

Average ***capacity utilization rate*** of factories is below 70% as a result of the long economic recession.

자동차 제조 공장의 설비 가동률이 90퍼센트였다.

The auto manufacturing plant's ***operation rate*** stood at 90 percent.

설비 관리 plant management, facility management

보수 관리 maintenance and repair

이 노후 시설을 수년 동안 사용할 수 있더라도 수리비는 계속 늘어날 것이다.

While this aging equipment might continue to function for several years, ***repair costs*** will continue to rise.

부품 교체 parts replacement

부품을 교체할 때 가동을 멈춘다.

The machines are shut down when ***parts are replaced***.

• TCO란?

Total Cost of Ownership. 총소유 비용. 소비자들이나 사업자가 장비나 기계를 구입할 때 관련되는 직간접 비용을 예측하는 계산 방법이다. 단순한 구매 비용만을 비교할 것이 아니라, 사후 보수 비용이나 부품 교체비, 노후화로 인한 장비 교체 등을 모두 포함한 TCO 분석을 한 후 구매 결정을 해야 한다는 개념이다.

생산량 production volume

대량 생산 volume production, mass production

그 반도체 회사는 대량 생산을 시작할 것이라고 밝혔다.

The chip maker said it will launch ***a mass production*** of the chip.

올해 말까지 양산 체제로 들어가는 것이 우리 회사의 목표다.

Our company is planning to go into ***volume production*** by the end of this year.

소량 생산 small-lot production

증산 production increase, production ramp up

회사는 급격한 컴퓨터 증산을 발표했다.

The company announced steep ***ramp-up of*** computer ***production***.

다품종 소량 생산 mass customization, customized production

업체들은 대량 생산에서 다품종 소량 생산으로 전환하여 경쟁 우위를 확보하고 고객이 원하는 것을 제공하려고 노력한다.

In making the switch from mass production to ***mass customization***, companies are looking to gain an edge over competitors and get closer to their customers.

• Mass Customization이란?

다품종 소량 생산. 유연한 생산 체계를 통해 같은 제조 라인에서 많은 품종을 각각 소량씩 생산하는 방식으로, 주문에 의한 생산 체계의 전형적 방식이다.

생산 공정 **production process**

효율성을 높이기 위해 생산 공정을 합리화…

...rationalize ***production process*** to meet the demands for high production rate...

생산 관리 **production control**

동시 공학 **Concurrent Engineering**

동시 공학의 목적은 제품 개발 주기를 짧게 하는 것이다.

The objective of ***Concurrent Engineering*** is to reduce the product development cycle time.

생산 공급망 관리 **Supply Chain Management (SCM)**

생산 공급망 관리를 통해 기업은 창고 관리, 구매 발주 등의 효율성을 증대시키고 비용을 절감한다.

A good ***SCM*** enables companies to be more efficient and cut costs from warehouse management and procurement.

• SCM이란?

Supply Chain Management. 생산 공급망 관리. 제품 생산을 위한 프로세스로 부품 조달에서 생산 계획, 납품, 재고 관리 등을 효율적으로 처리할 수 있는 관리 솔루션.

생산 계획 **production planning**

자재 소요 **material requirement**

수요 예측 **demand forecast**

자재 수요 예측 수치가 줄어들었다.

Material ***demand forecast*** shrank.

• MRP란?

Material Resource Planning. 자재 소요 계획. 1970대부터 시작된 생산 계획을 기반으로 제조 과정에서 어떤 원자재가 어느 시점에서 공급되어야 하는가를 예측해주는 정보 시스템.

• ERP란?

Enterprise Resource Planning. 전사적 자원 관리 또는 계획. 생산에 필요한 자재 구매뿐만 아니라 생산 관리, 영업, 재무, 인사 등 기업의 모든 기능을 통합적으로 운영하여 기업의 자원을 효율적으로 운영하는 시스템.

품질 관리 **quality management, quality control**

전사적 품질 관리 **Total Quality Management (TQM)**

1980년대 일본 회사의 간판 시스템과 TQM은 벤치마킹 대상이었다.

The Kanban system and ***TQM*** of Japanese companies were benchmarked by others in the 1980's.

불량, 결함 **defect**

그 사고는 상품 디자인의 결함으로 발생했다.

The accident was a result of a ***defect*** in product design.

불량률 **defect rate**

불량률이 0.1퍼센트로 크게 떨어졌다.

The ***rate of defect*** has fallen sharply to 0.1 percent.

무결함 **Zero Defect**

그 회사는 무결함 제품을 생산하는 데 우선순위를 둔다.

The company's priority is with producing ***zero-defect*** products.

생산팀은 철저한 품질 관리를 통한 무결함 생산 운동을 추진하고 있다.

Our production team is striving to achieve ***zero-defect*** manufacturing based on thorough quality control.

구매 **purchasing, sourcing**

자재 구입은 구매과의 구매 담당 책임이다.

Purchasing material is the responsibility of the ***purchase*** manager at the ***purchase*** department.

주문 처리 **order processing**

발주 **order placement, place order**

기계를 100대 발주하다.

...***place an order*** for 100 units of the machine.

새 에어컨을 사려는 사람들은 주문하고 나서 일주일을 기다려야 할 것이다.

Those in the market for a new air conditioner would have to wait one week from the time of ***placing an order***.

수주 **order receipt**

수주 후 보통 24시간 이내에 제품이 출하된다.

The product is generally shipped within 24 hours of ***order receipt***.

선적 **shipping**

그 회사는 내일 300,000불 어치의 제품을 선적할 계획이다.

The company plans ***to ship*** US$300,000 worth of products tomorrow.

주문 적체 **order backlog**

KLA는 현재 선적량 기준으로 6개월분의 주문량이 적체되고 있다고 말했다.

KLA said it continues to maintain a six-month ***order backlog*** based on current shipment levels. (*Electronic News*)

외주 **outsourcing**

X사와 Y사는 부품 생산을 외주하려고 한다.

Company X and Company Y are making a move to ***outsource*** parts production.

용역 **contract out**

X사는 정보 기술 부문을 용역을 주고 있다.

Company X ***contracts out*** IT work.

도급 **contracting**

도급 업체 **contractor**

다단계 하도급 **multilayered subcontracting**

하도급 업체 **subcontractor**

X사는 하도급 업체 중 하나를 인수했다.

Company X took over one of its ***subcontractors***.

공급 업체 **supplier**

부품 공급 업체들과 주문 정보를 공유하여 공급을 원활히 하다.

...facilitate supply by sharing order information with ***parts suppliers***.

납품 **supply, deliver**

납기 **delivery date, delivery time**

납기를 맞추기 어렵다.

It is going to be difficult to meet the ***delivery date***.

회계 ACCOUNTING

회계 **accounting**

회계 장부 **accounting book, ledger, books**

— 관리 **manage the books, book keeping**

그가 X사의 회계 장부를 관리했다.

He ***did the accounting*** for Company X.

He ***did the books*** of Company X.

He ***did the book keeping*** for Company X.

차변 **debit**

대변 **credit**

그 항목은 차변에 계상되었다.

The item is entered on the ***debit*** side of the account.

복식 부기 **double entry**

복식 부기를 사용하면 돈은 항상 어느 곳에서 어느 곳으로 이전된다.

Using ***double-entry*** means that money is always transferred from one place to another.

선입 선출법 **First-In-First-Out (FIFO)**

후입 선출법 **Last-In-First-Out (LIFO)**

재고의 가치를 알기 위해서는 선입 선출법이나 후입 선출법을 사용해야 한다.

You must use ***FIFO or LIFO*** to determine the value of your remaining inventory.

회계 보고서 **accounting report**

그 회사는 회계 보고서를 조작했다.

The company ***falsified*** the ***accounting report***.

공인 회계 법인 **public accounting firm**

공인 회계사 **certified public accountant (CPA), a chartered accountant**

X사는 외부 감사를 공인 회계 법인에게 의뢰했다.

Company X hired a ***public accounting firm*** as an external auditor.

회계 감사 **audit**

그 회계 기업은 X사에 대한 회계 감사를 월말까지 끝낼 예정이다.

The accounting firm is due to finish its ***auditing*** company X by the end of the month.

회계 감사 보고서 **auditing report**

회계 감사 보고서를 통해 승인 감사 의견을 받았다.

The ***auditing report*** gave a clean audit opinion.

회계 부정 **fraudulent accounting, accounting fraud**

회계 부정과 관련된 추문으로 미국 경제가 몸살을 앓고 있다.

United States economy has been plagued by scandals involving ***accounting fraud***.

분식 회계 **fraudulent accounting, window-dressing,**

cooking the books, creative accounting

대우는 분식 회계로 투자자들을 속였다.

Daewoo deceived investors by ***window-dressing*** its financial statements.

☞ *cook the books, creative accounting* : 조금 속된 표현이므로 적절히 가려서 사용해야 한다.

이중장부 **double book-keeping**

그들은 외부인들의 신용을 유지하기 위해 이중장부를 기록했다.

They used ***double book-keeping*** to maintain credibility to outsiders.

회계 기준 **accounting standard(s)**

기업 회계 기준 **Generally Accepted Accounting Principles (GAAP)**

한국의 기업 회계 기준은 국제적 기준에 맞추기 위해 큰 변화를 거쳤다.

Kores's ***GAAP*** underwent a major facelift to meet international standards.

• GAAP란?

Generally Accepted Accounting Principles. 일반 회계 기준. 회계 측정 기준과 재무제표의 형식상의 표시 방법 등 재무제표의 실질적 내용에 대한 회계 원칙. U.S. GAAP, 한국 GAAP 등 각국마다 다른 일반 회계 기준을 갖고 있다.

회계 연도 **fiscal year**

당기 **current period, current year**

전기 **prior period, prior year**

전기 오류 수정 손익…

...gain or loss on ***prior period*** error corrections...

이월 **carried forward, brought forward**

전기 이월한 금액이다.

The amount was ***carried forward*** from the prior period.

기준일 **record date**

배당금을 받으려면 기준일에 주주로 등록이 되어야 한다.

One must be registered on the ***record date*** in order to receive dividends.

재무제표 **financial statement**

투자자들은 회사의 재무제표를 꼼꼼히 살펴봐야 한다.

Investors should look closely at the company's ***financial statements***.

결합재무제표 **combined financial statement**

연결재무제표 **consolidated financial statement**

재벌 기업들은 이제 연결재무제표를 만들어야 한다.

The chaebol companies are required to prepare ***consolidated financial statements***.

• Consolidated Financial Statement란?

연결재무제표. 모기업과 자회사 등 경제적으로는 지배 종속 관계의 기업을 하나의 기업 내지 기업 집단으로 보고 작성한 재무제표. 지배 회사의 개별 손익 계산서를 기초로 여기에 지배·종속 회사 간 또는 종속 회사 상호 간 거래액과 미실현 손실을 상계 제거하여 작성한다. 모기업이 지배 주주이거나 30% 이상의 지분을 갖고 있을 때 적용된다.

• Combined Financial Statement란?

결합재무제표. 대기업군에 속한 계열사들의 재무제표들을 종합하여 작성하는 재무제표. 모기업 집단에 속하는 모든 계열사 및 해외 법인의 재무제표를 하나로 묶는다는 면에서 지분율 기준에 따른 연결재무제표보다 더욱 강력하다.

대차 대조표 **balance sheet**

손익 계산서 **profit and loss (P/L) statement, income statement**

손익 계산서는 일정 기간 동안 모든 수입과 지출을 비교해준다.

The ***income statement*** measures all revenue sources against expenses for a given period.

☞ *P/L Statement* : *P and L Statement*라고 읽는다.

현금 흐름표 **cash flow statement**

외국인 투자자들에게는 현금 흐름표가 대차 대조표보다 더 믿을 만한 자료다.

Cash flow statements are a more reliable source than balance sheets for foreign investors.

대차 대조표 Balance sheet	
유동 자산 Current Assets	
현금과 예금	Cash and Bank Deposits
유가증권	Marketable/Tradable Securities
매출채권	Trade Receivables
대손충당금	Allowance for Bad Debts
단기대여금	Short-term Loans
이연법인세차	Deferred Income Tax Debits
재고자산	Inventories

고정 자산 Non-current Assets	
투자자산	Investments
유형자산	Tangible Assets
토지	Land
무형자산	Intangible Assets
영업권	Goodwill
이연자산	Deferred Assets
유동 부채 Current Liabilities	
매입채무	Trade Payables
단기차입금	Short-term Borrowings
미지급법인세	Income Taxes Payable, Accrued Corporate Tax
미지급배당금	Dividends Payable
유동성장기부채	Current Portion of Long-term Debts
고정 부채 Long-term Liabilities	
사채	Debentures
충당금	Liability Provisions, Allowance
장기성매입채무	Long-term Trade Payables
자본 Stockholders' Equity	
자본금	Capital Stock
자본잉여금	Capital Surplus
이익잉여금	Retained Earnings
이익준비금	Legal Reserves
~적립금	Reserve for ~
자본조정	Capital Adjustment
손익 계산서 P/L Statement	
매출액	Sales
매출원가	Cost of Sales
매출총이익(손실)	Gross Profit (Loss)
판매비와 관리비	Selling and Administrative Expenses
급여	Salaries

퇴직급여	Retirement Allowance
임차료	Rent
복리후생비	Other Employee Benefits
감가상각비	Depreciation
세금과 공과금	Taxes and Dues
접대비	Entertainment
대손상각비	Bad Debt Expenses
영업이익(손실)	Operating Income (Loss)
영업외수익(비용)	Non-operating Income (Expense)
이자수익	Interest Income
외환차익	Gain (Loss) on Foreign Currency Transactions
사채상환이익	Gain on Redemption of Debentures
경상이익(손실)	Ordinary Income (Loss)
특별이익(손실)	Extraordinary Gain (Loss)
법인세차감전순이익(손실)	Income (Loss) before Income Tax
법인세비용	Income Tax Expense
당기순이익(손실)	Net Income (Loss)

손익 분기점 **break-even point**

X사는 3년 내에 손익 분기점에 도달할 것으로 예상된다.

Company X is expected to reach ***break-even point*** within 3 years.

Company X is expected to ***break-even*** within 3 years.

이익 **profit, earnings**

총이익 **gross profit, gross earnings**

순이익 **net income, net earnings**

X사는 상반기에 3억 달러의 순이익을 낼 것으로 예상된다.

Company X is forecast to enjoy a first-half ***net income of*** $300 million.

세전 순이익 **net earnings before income tax**

세후 순이익 **net earnings after income tax**

공헌 이익 **profit contribution**

영업 **operation, sales**

영업 이익 **operating profit/income, EBITDA**

영업 이익이 올해에 1억 달러로 감소할 것으로 예상된다.

The ***operating profit*** is expected to decline to $100 million this year.

영업 이익률 **operating margin**

영업 손실 **operating deficit**

2001 회계 연도의 영업 손실은 그 전해보다 크다.

Our ***operating deficit*** in fiscal year 2001 is larger than the previous year.

영업 효율 **operation efficiency**

영업 효율을 높이기 위해…

...in order to improve ***operation efficiency***...

• Bottom Line이란?

이익이라는 의미. 수입에서 비용을 차감한 후 가장 아랫줄에 남는 수치가 이익이므로 이익을 지칭하는 단어.

• EBIT란?

Earnings Before Interest and Taxes. 지급 이자, 법인세 차감 전의 이익.

• EBITDA란?

Earnings Before Interest, Taxes, Depreciation and Amortization. 지급 이자, 법인세, 감가상각비 차감 전의 이익.

수익성, 채산성 **profitability**

매출 증가가 반드시 수익성의 증가를 뜻하는 것은 아니다.

Increased sales do not always equate to additional ***profitability***.

비용 **cost, expense**

1997년 경제 위기 이래로 고비용 구조가 더욱 악화되었다.

The ***high-cost*** structure has gotten even worse since the crisis of 1997.

— 회수 **recover cost, recoup cost**

초기 투자 비용을 회수한 다음에는 점차 가격이 내려갈 것이다.

Once the initial investment ***costs are recouped***, the product price will start to drop.

그는 효율성과 비용 회수를 높이기 위해 모든 배송로와 서비스를 검토할 것이라고 말했다.

He said he would look at every route and service to improve efficiencies and ***cost recovery***.

— 분석 **cost analysis**

비용 분석을 통하여 총 생산 비용을 감소시킬 수 있다.
Cost analysis helps reduction of the total cost associated with production.

— 배분 cost allocation
경영하는 데 드는 비용을 배분하는 것이 그녀의 책임이다.
She is in charge of ***allocating the cost*** of operating the business.

— 절감 cost reduction, cost savings
회사들이 불경기 때문에 비용을 절감한다.
Companies are ***cutting back on costs*** due to the slumping economy.

— 전가 transfer of cost, pass on cost
결국 추가 비용은 소비자에게 전가된다.
In the end, the additional ***cost is passed on to*** the consumers.

고정 비용 fixed cost

가변 비용 variable cost
가변 비용의 변화에 따라 판매 마진이 변한다.
Sales margins depend on changes in the ***variable costs***.

간접비, 경상비 overhead cost, overhead
경영에서의 간접비에는 건물 난방비가 포함된다.
The ***overheads*** in running a business include the cost of heating the building.

일반 관리비 general administrative cost

제조 원가 manufacturing cost
제조 원가 이하로 판매했다.
The product was sold below ***manufacturing cost***.

재무 FINANCE

재무 corporate finance
그 회사의 재무를 책임지다.
...be responsible for the company's ***finances***.

재무 관리 financial management

재무 관리사 financial controller

경리 accounting, book keeping
그녀는 경리부 직원이다.
She works in the ***accounting*** department.

자산 asset

고정 자산 fixed asset, non-current asset
유동 자산 current asset
감가상각 depreciation
감가상각비 depreciation cost

고정 자산의 감가상각 비용을 빼다.
Subtract ***depreciation cost*** on fixed assets.

공장 설비의 감가상각비는 가치의 감소를 나타낸다.
Depreciation costs of the plant facility indicate a reduction in value.

부채 debt, liabilities
부채 비율 debt-to-equity ratio, d/e ratio

기업들은 부채 비율을 200% 이하로 줄여야 한다.
Companies must reduce its ***d/e ratio*** to below 200%.

우발 채무 contingent liabilities

우발 채무가 발생할 수 있다.
Contingent liabilities can occur.

부외 부채 off-balance sheet liabilities

장부상에는 나오지 않는 부외 부채…
...***off-balance sheet liabilities*** that do not appear on the books...

부채 상환 능력 debt repayment capability
부채 상환 비율 (배율) debt service coverage ratio (DSCR)
이자 보상 비율 (배율) interest coverage ratio (ICR)

업계 전체로 볼 때 지난해 이자 보상 비율은 작년에 비해 9.6%포인트 하락해 재무 구조가 다소 취약해졌다.
The ***interest coverage ratio*** of the industry as a whole dropped 9.6% points, showing an overall weakened financial structure.

• DSCR이란?

Debt Service Coverage Ratio. 부채 상환 비율. 순영업 이익을 채무 상환 지출로 나눈 값. 채무 상환 비율이 1보다 커야 채무를 이행할 능력이 있다는 뜻이다.

• ICR이란?

Interest Coverage Ratio. 이자 보상 비율. 영업 이익을 이자 비용으로 나눈 것이다. 이자 보상 비율이 1배 미만이면 영업 활동에서 창출한 이익으로 금융 비용조차 지불할 수 없기 때문에 잠재적 부실기업으로 볼 수 있다.

자본금 **capital, capital stock**

X사는 주식을 추가로 발행하여 자본금을 늘렸다.

Company X increased its ***capital*** by issuing more shares.

법정 자본 **legal capital, regulatory capital**

납입 자본 **paid-in capital**

그 회사는 납입 자본금이 10억원이다.

The company has a ***paid-in capital*** of 1billion Won.

투하 자본, 사용 자본 **capital employed**

사용 자본이란 회사가 매상을 올릴 수 있도록 쓰이는 자본의 가치를 뜻한다.

Capital employed is the value of the assets that contribute to a company's ability to generate revenue.

운전 자본 **working capital**

X사는 1,000억원의 운전 자본을 늘였다.

Company X raised its 100 billion Won of ***working capital*** on its own.

자기 자본 **equity capital, shareholders' equity, net worth**

X사의 자기 자본은 Y원이다.

Company X has an ***equity capital*** of Y Won.

자기 자본 비율 **capital equity ratio, capital ratio**

자기 자본 수익률 **return on equity (ROE)**

자기 자본 수익률은 자기 자본에 대한 순이익의 비율이다.

ROE is the ratio of net earnings against equity capital.

타인 자본 **borrowed capital**

재무 비율 Financial Ratios	
재무 건전성 Measurements for Solvency	
유동 비율	Current Ratio
부채 비율	Debt-to-Equity ratio, D/E ratio
당좌 비율	Quick Ratio
이자 보상 비율	Interest Coverage Ratio
부채 상환 비율	Debt Service Ratio (DSR)
유동 부채 비율	Total Liability to Net Worth
고정 장기 적합율	Fixed Assets to Net Worth
수익성 Measurements for Profitability	
매출 수익률	Return on Sales (ROS)

총 자산 수익률	Return on Assets (ROA)
투하 자본 수익률	Return on Invested Capital (ROIC)
투자 수익률	Return on Investment (ROI)
자기 자본 수익률	Return on Equity (ROE)
투하 자본 수익률	Return on Capital Employed (ROCE)
현금 흐름 투자 수익률	Cash Flow ROI (CFROI)

기업 금융 CORPORATE FINANCING

기업 금융 **corporate financing**

직접 금융 **direct financing**

회사들은 이제 자본 시장에서의 직접 금융을 더 많이 한다.

Companies are resorting to ***direct financing*** in the capital market.

간접 금융 **indirect financing**

기업들이 과거에는 은행을 통한 간접 금융에 의존했다.

Companies used to depend on banks for ***indirect financing***.

사업 자금 조달 **finance the business**

그는 사업 자금을 조달하지 못하여 망했다.

He went bankrupt because he failed to ***finance the business***.

은행 차입 **borrowing from banks**

그 기업의 은행 차입액은 30억원이다.

The company ***borrowed*** 3 billion Won from ***the bank***.

The company ***has a bank debt of*** 3 billion Won.

The company ***owes the bank*** 3 billion Won.

자본 비용 **capital cost**

기업의 신용 등급이 낮아지면 자본 비용이 올라간다.

The ***capital cost*** becomes higher for a business when its credit rating falls.

이자 비용 **interest cost**

가중 평균 자본 비용 **Weighted Average Cost of Capital (WACC)**

주식 금융 **equity financing**

채권 금융 **debt financing**

한국 기업들은 아직도 채권 금융에 대한 의존도가 높다.

Korean companies are still heavily dependant on ***debt financing***.

증자 **capital increase, recapitalization**

유상 증자 — capital increase with consideration, recapitalization, rights issue

X사는 외국 투자자들의 자본금 증자에 이어 민영화 과정을 밟을 것이다.

Company X will take steps towards privatization following ***recapitalization*** through foreign investors.

무상 증자 — capital increase without consideration, bonus issue

자본 잠식 — capital erosion

감자 — capital reduction, capital write-down

자본 잠식이 된 경우 감자 조치를 취해서…

...take a ***capital write-down*** as a consequence of capital erosion...

시가 총액 — market capitalization

X사의 시가 총액은 5조 2천억원으로 추정된다.

Company X's ***market capitalization*** is estimated at 5.2 trillion Won.

자사주 — treasury stock, own shares

자사주 매입 — share buyback, share repurchase

X사가 사기업으로 전환하기 위하여 자사주를 매입했다.

Company X ***bought back its own shares*** to go private.

주식 소각 — retire stock, stock/share redemption

우리는 우선주를 소각할 수 있었다.

We were able to ***retire the preferred shares***.

주식 병합 — stock consolidation, stock merge

그 회사는 120개 주식을 하나로 통합하는 주식 병합을 실행할 것이다.

The firm will go through a 120-to-1 ***stock consolidation***.

주식 분할 — stock split

회사는 예상보다 높은 4/4분기 수익을 발표하고 주식을 분할했다.

The company reported higher-than-expected 4Q earnings and ***split its stocks***.

보통주 — common share/stock

액면가 5,000원의 보통주…

...***common stock*** at the face value of 5,000 Won per share...

우선주 — preferred share/stock

배당금은 보통주 주주들보다 우선주 주주들에게 먼저 지급된다.

Dividends are paid to ***preferred shareholders*** before common stock shareholders.

무의결권주 — non-voting share/stock

의결권주 voting share/stock

실권주 unsubscribed shares

소수의 투자자들이 시장에 나온 실권주를 거의 모두 매입해버렸다.

A small group of investors bought almost all of the ***unsubscribed shares*** offered to the market.

배당금 dividend payment, cash dividend

주주들에게 배당금을 지급하다.

...***pay out dividends*** to shareholders.

배당 수익률 dividend rate

배당 성향 dividend propensity

중간 배당 interim dividend

배당주 dividend paying shares, dividend payer

무배주 non-dividend payer

후배주 deferred stock

후배주는 배당 수익률이 높은 경향이 있다.

Deferred stock tends to yield high dividends.

어음 commercial paper/notes

약속 어음 promissory note

기업 어음 commercial paper (CP)

진성 어음 commercial bill

융통 어음 accommodation bill

☞ <금융/투자>, <금융/은행> 참조.

어음 발행 issue commercial notes/paper

어음 배서 endorsement of promissory note

약속 어음을 배서한 사람은 지급 보증을 하는 것이나 마찬가지다.

The person who ***endorses a promissory note*** is in fact guaranteeing payment.

어음 부도 default on/dishonor bills, failure of payment

X사는 1억원의 약속 어음을 부도냈다.

Company X ***defaulted on a promissory note*** for the sum of 100 million Won.

Company X ***failed to honor a promissory note*** for the sum of 100 million Won.

— 만기 mature, reach maturity

이 회사는 지난 16일 현재 만기 도래 어음 총 43억 3천 939만원을 부도냈다.

The company defaulted on 430 billion Won worth of commercial papers that ***matured*** on the 16th.

어음 부도율 **rate of dishonored bills**

어제 한국은행은 작년 국내 기업의 어음 부도율이 0.23%였다고 발표했다.

The Bank of Korea said yesterday that the ***rate of dishonored bills*** for domestic businesses stood at 0.23 percent last year.

회사채 **corporate bond, debenture, commercial paper (CP)**

3년 만기 회사채.

...3-year ***corporate bond.***

보증 사채 **secured corporate bond**

무보증 (회)사채 **unsecured corporate bond**

3년 무보증 회사채의 만기가 도래하면…

...when the 3-year ***unsecured corporate bonds*** reach maturity...

전환 사채 **convertible bond (CB)**

삼성에서 세금을 피하기 위해 이재용에게 전환 사채를 발행했다.

Samsung issued ***convertible bonds*** to Lee Jae Yong for tax evasion purposes.

신주 인수권부사채 **bond with warrant (BW)**

교환 사채 **exchangeable bond (EB)**

SK(주)는 또 최근 해외 주식 매각(ADR)과 교환 사채(EB) 발행을 통해 1조 7611억원의 자금을 확보했으며… (조선일보)

SK corporation has secured 1.7611 trillion Won through the issuance of ADRs and ***exchangeable bonds***...

경영 부실 INSOLVENCY

건전 경영 **sound management**

경영 악화 **deterioration of business**

경영난 **financial difficulties, financially strained, financially distressed**

X사가 경영난에 빠졌다.

Company X ran into ***financial difficulties.***

부실 경영 **mismanagement**

CEO는 부실 경영에 대한 책임을 져야 한다.

The CEO must take responsibility for ***mismanaging*** the company.

부실기업 **insolvent company, financially troubled company, debt-ridden company**

워크아웃을 통해 부실기업들을 회생시키다.
...rehabilitate ***financially troubled companies*** through work-outs.

재무 상태 **financial condition, finances, financial state**

X기업의 재무 상태가 탄탄하다.
Company X is ***financially healthy***.
Company X is a ***financially sound*** company.

재무 건전성 **financial soundness, solvency**

재무 비율 **financial ratio**

재무 비율은 한 기업의 재무 건전성을 보여준다.
The ***financial ratios*** indicate the ***financial soundnes***s of a company.

신용 경색 **credit crunch**

국내 관계자들은 현재의 신용 경색은 5월에 새한그룹이 도산하면서 야기된 기업 어음 및 회사채 시장의 마비로 인한 것이라고 말한다.
Local observers say the current ***credit crunch*** began with the bankruptcy of the Saehan group in May, which paralyzed the commercial paper and corporate bond markets.

과다 차입 구조 **heavy indebtedness, heavily indebted, highly leveraged**

지급 불능 **insolvency, insolvent**

지급 불능 상태가 된 X사는 채권자들에 대한 모든 지급을 정지했다.
Company X became ***insolvent*** and suspended all payments to creditors.

기업 도산 **corporate bankruptcy, business failure**

그 회사는 100년 운영 끝에 지난 금요일 도산했다.
The company ***went bankrupt*** last Friday after 100 years ***in the business***.

부도 유예 **forbearance, standstill**

부도 방지 협약 **forbearance agreement**

채권단은 부도 방지 협약을 체결했다.
The Creditors Committee signed a ***forbearance agreement***.

채권단 **creditors committee**

출자 전환 **debt-equity swap, debt-equity conversion**

채권 은행은 출자 전환에 합의했다.
The creditor banks agreed to a ***debt-equity swap***.

기업 개선 작업(워크아웃) **corporate work-out**

회생 가능한 기업은 기업 개선 작업을 통해 부채 구조 조정을 했다.
Viable companies restructured their debts through ***corporate work-outs***.

• Work-Out이란?

워크아웃 또는 기업 구조 개선 작업. 기업 회생을 목적으로, 기업이 자구책으로 회생하지 못할 경우 스스로 하기 힘든 기업 내부 구조 조정 작업을 채권 금융 기관이 주도하여 진행하는 것.

재무 구조 개선 **improve financial structure, improve capital structure, clean up balance sheet**

채무(부채) 구조 조정 **debt restructuring, restructuring of debt**

월드컴은 법정 관리 신청을 통해 약 410억 달러의 채무를 조정해서 기업 회생을 도모할 계획이다.

Worldcom plans to file for court receivership, and rehabilitate itself by ***restructuring*** $41billion worth of ***debt***.

법정 관리 **court receivership**

법정 관리에 들어가거나 정리될 회사들…

...companies to be placed under ***court receivership*** or reorganized...

화의 절차 **court mediation**

자구 노력 **self-rescue efforts, self-rehabilitation efforts**

하이닉스 반도체 채권단은 자구 노력 대신에 회사 매각을 추진하기로 했다.

Creditors of Hynix Semiconductor opposed ***self-rescue efforts*** and chose to sell off the company.

회사 정리 **close down business, dissolution, reorganization**

X사는 회사 정리 절차를 밟았다.

Company X underwent corporate ***dissolution*** procedures.

파산 **bankruptcy**

— 선언 **declare bankruptcy**

X사는 어제 파산 선언을 했다.

Company X ***declared bankruptcy*** yesterday.

— 신청 **file for bankruptcy**

US Air는 파산보호신청을 했다.

US Air ***filed for bankruptcy protection*** under Chapter 11.

☞ *Chapter 11* : 미연방파산법 11장으로 회사 정리에 관한 규정.

파산법 **bankruptcy law**

한국은 파산법을 정비해야 한다.

Korea needs to improve its ***bankruptcy law***.

청산 **liquidation**

법정 관리에 들어가거나 청산될 회사들의 목록이다.
Here is the list of companies to be put under court receivership or ***liquidated***.

인수 합병 MERGER & ACQUISITION

인수 합병 **merger and acquisition (M&A)**
석유 화학 기업들이 서로 인수 합병을 추진하려고 한다.
Petrochemical firms are set to carry out ***merger and acquisition*** (***M&A***) deals among them.

M&A 시장 **M&A activities market, management control market**
M&A 시장이 활성화되어야 한다.
M&A activities should be promoted.

국제 M&A **cross-border M&A**
인수 기업들이 위험을 피함에 따라 국제 M&A 규모가 줄었다.
Cross-border M&A volume dropped as acquirers avoid risk.

적대적 M&A 시장 **takeover market**
그 조직은 유럽의 적대적 M&A 시장의 자율화를 위해 싸워왔다.
The organization has been fighting for a liberalization of the European ***takeover market***.

인수 **acquisition, take over, purchase**
우호적 인수 **friendly takeover, buyout**
적대적 인수 **hostile takeover**
기업 인수 **acquisition/take over/purchase company**
X사의 채권자들은 이달 말까지 인수 제안들을 받아들일 계획이다.
Creditors of Company X plan to accept ***acquisition proposals*** by the end of this month.

경영권 **management control, control**
한국중공업의 경영권을 인수한 두산은…
Doosan, which acquired the ***management control*** of Korea Heavy Industries…
회사의 경영권을 놓고 치열한 경쟁을 했다.
The two parties fought to take over the ***control*** of the company.

— 인수 **take over management control**
— 포기 **give up management control**
X사는 외국 기업에 반 이상의 지분을 넘김으로써 경영권을 포기했다.
Company X ***gave up its management control*** by selling more than half of

the shares to a foreign company.

• LBO란?

Leveraged Buyout. 차입 합병. 채권 발행 금액이나 차입금으로 기업을 매수하는 전략. 매수할 기업의 자산 등을 담보로 자금을 조달하여 미래의 현금 흐름으로 상환한다.

• MBO란?

Management Buyout. 기업의 경영진이 소속 기업의 지분을 인수하여 경영권을 확보하는 것.

부실기업 인수 **acquire/takeover a debt-ridden company**

X사는 부실기업인 Y사를 인수하려던 계획을 포기할 것이다.

Company X will give up its plan to ***takeover the debt-ridden Company*** Y.

자산 부채 인수 **purchase and assumption (P&A)**

부채 승계 **debt assumption**

고용 승계 **employment succession**

GM사는 대우자동차를 인수하면서 고용 승계를 보장해야 한다.

GM must guarantee ***employment succession*** as it acquires Daewoo Motors.

• P&A란?

Purchase and Assumption. 자산 부채 인수. 기업을 인수하면서 피인수 기업의 자산과 부채를 일괄 승계하는 것.

합병 **merger**

X사는 Y사와 합병했다.

Company X ***merged with*** Company Y.

X사는 Y사와의 합병을 위한 단계를 밟기 시작했다.

Company X has begun taking steps for a ***merger with*** Company Y.

우호적 합병 **friendly merger**

양사는 우호적 합병을 발표했다.

The two companies announced plans for a ***friendly merger***.

적대적 인수·합병(M&A) **hostile M&A, hostile takeover, takeover**

X사는 적대적 M&A의 대상이 되었다.

Company X is facing a ***hostile takeover*** attempt.

베어 허그 **bear hug**

그린 메일	**green mail**
적대적 공개 매수	**tender offer**
위임장 대결	**proxy fight, file a proxy contest, mount a proxy contest**

☞ proxy voting : 위임장 투표. <경영/기업 지배 구조> 참조.

• Bear Hug란?

대상 기업의 이사회에 매력적인 인수 가격을 제시한다. 이사회는 이를 거부할 경우 주주들의 반발이 예상되므로 거절하기 어렵다.

• Green Mail이란?

대상 기업의 주식을 시장이나 장외에서 대량 매입한 후 경영권이 취약한 대주주에게 보유 주식을 높은 가격에 되팔아 프리미엄을 챙기는 전략.

• Tender Offer란?

50% 이상의 지분을 확보할 목적으로 대상 기업의 주주들에게 공개적으로 높은 가격을 제시하여 주식을 매입하는 방법.

• Proxy Fight란?

대상 기업의 주주 총회에서 소액 주주들의 위임장을 확보하여 경영권을 획득하는 방법.

적대적 M&A 방어책	**anti-takeover defense(s)**
황금 낙하산	**golden parachute**
황금주	**golden share**
독약 처방 (독소 조항)	**poison pill (clause)**
백기사	**white knight**
초다수 결의 제도	**super majority requirement**
대리권 행사 제한	**restriction on proxy voting**

• Golden Parachute란?

경영진이 교체되면 거액의 보상금이 지급되어야 한다는 규정을 만들어 M&A를 어렵게 만드는 방어 전략.

• Poison Pill이란?

적대적 M&A를 위해 주식을 매집하는 경우 회사에서 나머지 주주들에게 아주 싼 가격으로 신주를 발행하여 인수를 어렵게 하는 방어 전략. 이것이 가능하도록 하는 정관의 조항을 독소 조항(poison pill clause)이라고 한다.

• White Knight란?

대상 기업이 모든 방어 수단을 동원해도 공격을 막을 수 없을 경우 우호적인 기업 인수자에게 경영권을 넘기게 되는데, 이때 우호적인 기업 인수자를 백기사라고 한다. (경제용어사전)

기업 매각 **sale of company**

분할 매각 **split and sell the company**

대우자동차의 생산 사업과 판매 사업을 분할 매각한다.

...***split and sell*** the production and sales businesses of Daewoo Motors.

헐값에 매각 **fire-sale**

채권단이 헐값에 기업을 매각했다.

The creditor committee went ahead with the ***fire-sale*** of the company.

기업 사냥 **corporate raid**

기업 사냥꾼 **corporate raider**

이 조치들은 기업 사냥꾼들의 계속적인 주식 매입을 통제할 것이다.

These actions would control consistent stock acquirings by the ***corporate raiders***.

벌처 펀드 **vulture fund**

• Vulture Fund란?

부실기업이나 파산 기업을 헐값에 인수하여 경영을 정상화시킨 후 기업 가치를 올려서 매각하여 고수익을 올리는 기금 또는 회사.

• A&D란?

Acquisition and Development. 인수 후 개발. 토지를 매입한 후 개발하거나 신생 기업 또는 부실기업을 인수한 후 성장시키는 것을 의미한다.

14 금융 FINANCE

투자 INVESTMENT

투자 investment

그는 퇴직금을 모두 주식에 투자했다.

He *invested* all of his retirement pay in stocks.

투자자 investor

개인 투자자 retail investor

기관 투자자 institutional investor

외국인 투자자 foreign investor(s)

기관 투자자들이 주식 시장에 미치는 영향은 막대하다.

The influence of *institutional investors* on the stock market is huge.

재테크 wealth management (techniques), money management

그 사람은 재테크를 잘한다.

He is very good in *managing his wealth.*

여윳돈 extra money

시중 자금 investors' money, available funds

증시 침체와 저금리로 인하여 시중 자금이 부동산으로 유입되고 있다.

Investors' money is flowing into real estate as a result of the depressed stock market and low interest rate.

투자 수익률 return on investment (ROI)

더 높은 수익률을 실현하려면…

If you want to realize higher *returns*...

투자 수익률 계산 방법에는 몇 가지가 있다.

There are several methods to estimate *return on investment or ROI.*

투자 포트폴리오 investment portfolio

포트폴리오는 투자 위험을 분산시킬 수 있게 구성해야 한다.

Investment portfolios must be well diversified.

투자 위험 분산 risk diversification, portfolio diversification

고위험 고수익 high risk high return

계란을 한 바구니에 담지 말라는 것은 위험을 분산시키라는 뜻이다.

"Don't put all your eggs in one basket" means that you need to ***diversify risk***.

쏠림 현상　　　**herd behavior**

우리나라 금융 시장의 쏠림 현상으로 인해 부분적인 부실 요인이 금융 시스템 전체의 위기로 확대된다.

Herd behavior in the Korean financial markets causes insolvency factors of a certain sector to spread to the overall financial system.

헤징　　　**hedging**

헤지 펀드와 투기 자금을 분간하기 어렵다.

It's hard to distinguish ***hedge funds*** from speculative funds.

개인 금융　　　**personal financing**

고액 자산가　　　**High Net Worth Individual (HNWI)**

☞ *"HNWI"* : *High Net Worth Individual*. 직역하면 '고액 순자산 보유 개인'이지만 고액 자산가, 재력가 등으로 표현이 가능하다.

개인 재산　　　**personal wealth, personal net worth**

빌 게이츠의 재산은 XX이다.

Bill Gates has a ***net worth*** of XX.

개인 채무　　　**personal debt**

그 사람은 은행 빚이 3억원이다.

He ***owes*** 300 million Won ***to*** the bank.

He ***owes the bank*** 300 million Won.

자산 운용　　　**asset management**

자산 운용 회사　　　**asset management company (AMC)**

일부 회사에서는 고객에게 자산 운용 전략 같은 금융 서비스를 제공하기도 한다.

Some companies offer customers financial services, including ***asset management*** strategies.

유가 증권　　　**securities, marketable securities**

회사는 유가 증권에 투자하여 돈을 벌었다.

The company made money by investing in ***securities***.

☞ *securities* : 유가 증권이라는 뜻의 *securities*는 주식과 채권을 모두 포함하며 복수로 사용한다. 다만, 특정 금융 상품을 가리킬 때는 단수 사용이 가능하다.

예) …*the first company to issue an equity-linked security*…

금융 상품　　　**financial product, financial instrument**

실적 배당 상품　　　**participating product, dividend payment product**

원금 보장형 상품　　　**capital protected product**

BNP에서 원금 보장형 주식연계채권을 설계했다.
BNP structured a ***Capital Protected*** Equity Linked Security, or CaPELS.

주가지수 연계 증권 **Equity Linked Securities (ELS)**
주식 워런트 증권 **Equity Linked Warrant (ELW)**
지수 연계 상품 **index linked products**

지수 연계 상품은 최근에 많이 볼 수 있게 되었다.
Index linked products have become common recently.

지수 연계 저축상품 **Equity Linked Deposits (ELD)**

• ELW란?

Equity Linked Warrant. 주식 워런트 증권. 만기 때 특정 주식이나 주가지수를 미리 정해진 가격에 사거나 팔 수 있는 권리가 부여된 일종의 옵션 상품. 어떤 종목(지수)을 언제 얼마의 가격으로 살(팔) 수 있는 권리를 매매하는 것으로 살 권리는 콜(Call), 팔 권리는 풋(Put)이라고 부른다. (경제용어사전)

대체 투자 **alternative investment**

☞ *Alternative Investment* : 대체 투자. 즉 주식, 채권, 예금 등 전통적 금융 상품이 아닌, 헤지 펀드, 선물, 선물환 등에 투자하는 자산 운용 방식.

지수 펀드 **index fund**
상장지수 펀드 **Exchange Traded Funds (ETF)**

방콕, 서울, 싱가포르 시장의 지수와 연동하는 상장지수 펀드를 포트폴리오에 포함시켰다.
The portfolio recently included ***ETFs***(***exchange-traded funds***) that track the market indices of Bangkok, Singapore and Seoul.

• ETF란?

Exchange Traded Fund. 상장지수 펀드. 지수 펀드처럼 주가지수의 수익률을 그대로 따라잡을 수 있도록 만든 지수 펀드의 일종이면서 주식처럼 매일 증시에서 매매가 가능한 금융 상품.

투자 신탁 기금 **investment trust fund**
주식형 펀드 **equity-type fund**
채권형 펀드 **bond-type fund**
공사채형 펀드 **government and corporate bond fund**

대부분 투신 운용사들은 순수 주식형 펀드의 주식 편입 비율을 80%까지 채워 놓는다.
Most ITMCs' ***equity-type funds*** are weighted up to 80% in equities.

투자 신탁 회사	investment trust company (ITC)
투자 신탁 운용사	investment trust management company (ITMC)

SK글로벌 분식 회계가 드러난 이후 촉발된 투신사의 환매 사태…
ITC's had to redeem investors after the incident triggered by SK Global's accounting fraud incident...

간접 투자 자산 운용법	Asset Management Business Act (AMBA)
한국투자공사	Korea Investment Corporation (KIC)
뮤추얼 펀드	mutual funds
적립식 펀드	regular savings plan (RSP), automatic investment plan (AIP)
수익 증권	beneficiary certificates

펀드에 투자한 투자자들은 수익 증권을 받는다.
The investors who invest in funds receive ***beneficiary certificates.***

사모 주식 투자	private equity
사모 주식 투자 펀드	Private Equity Fund (PEF)

☞ *Private Equity* : 기업의 주식을 증시를 통하지 않고 매입하는 투자 형태. *Private Equity Fund*는 사모 방식으로 투자자로부터 자금을 조달하여 대주주나 채권단으로부터 주식을 직접 매입하여 투자한다.

• Fund of Funds란?

펀드 내 자산을 다른 펀드에 투자할 수 있는 이중 간접 투자 상품.

• Mutual Fund란?

뮤추얼 펀드, 회사형 투자 신탁. 투자자들이 회사를 만들고 펀드 매니저를 선정하여 투자를 맡긴 후, 그 실적에 따라 배당금을 받고 투자 손익 책임도 투자자들에게 돌아가는 상품.

• MMF란?

Money Market Fund. 고객의 돈을 모아 금리가 높은 단기 금융 상품에 집중 투자해 수익을 돌려주는 실적 배당 상품.

자본 시장	capital market
채권	bond, debt, fixed-income product
주식	stocks, equity
외국채	foreign bond
유로채	euro bond

그 사건은 유로채 시장에서 치열한 경쟁의 서막을 알리는 것이었다.
The event marked the beginning of a fierce competition in the ***euro bond*** market.

금융 기관 Financial Institutions	
은행권 banks	
상업은행	Commercial Bank
상호저축은행	Mutual Savings Bank
장기신용은행	Long Term Credit Bank
저축은행	Savings Bank
제2금융권 Non-Banking Financial Institutions	
리스회사	Lease Company
보험사	Insurance Company
부동산투자신탁회사	Real Estate Investment Trusts (REITs)
상호신용금고	Mutual Savings and Finance Company (MSFC)
상호신용기금	Mutual Savings Fund
신용조합	Credit Union
여신금융전문회사	Credit-Specialized Firms
저축기관	Thrift Institutions
저축대부조합	Savings and Loan Association (S&L)
종금사	Merchant Bank
증권사	Securities Company
증권투자신탁	Securities Trust Company
투자신탁운용사	Investment Trust Management Company (ITMC)
투자신탁	Investment Trust Company (ITC)
팩토링 회사	Factoring Company
할부금융회사	Installment Financing Company (IFC)

화폐 시장, 단기 금융 시장 **money market**
단기 국공채 **short-term government bonds**
양도성예금증서 **Negotiable Certificates of Deposit (CD)**
환매조건부채권 **Repurchase Agreements (RP)**

화폐시장상호기금 Money Market Mutual Funds (MMMFs)
유로달러 Eurodollar
콜 자금 Call Loans
기업 어음 Commercial Paper (CP)

기업 어음은 신용도가 높은 회사에서 발행하는 경우가 대부분이다.
Commercial papers are usually issued by corporations with high credit ratings.

사채 private lending, non-institutional financing
사채 시장 private loan business, curb market
사채업자 private lenders
고리대금업, 대부업 usury
대부업법 Usury Law

사채 상환 금리를 초과하는 대부로 인한 피해 사례를 줄이기 위해 대부업법이 개정되었다.
A new ***Usury Law*** was passed to reduce the damage people suffer from interest rates that exceed the legal rate for private lending.

큰손 large lenders, large investors

사채 시장의 큰손들의 돈이 주식 시장으로 몰렸다.
The ***large lenders*** in the curb market shifted their funds to the stock market.

어음 할인 매입(와리깡) cashing notes at deep discounts

사채 시장에서 어음을 세칭 와리깡하던 회사들이 나중에 종금사가 되었다.
Curb market businesses that ***cashed notes at deep discounts*** later became merchant banks.

금융 개혁 FINANCIAL REFORM

금융 개혁 financial reform
대형화 concentration, conglomeration

• 금융 BIG BANG이란?

금융 규제 완화 또는 금융 혁신을 의미. 영국 정부는 1986년 증권 매매 위탁 수수료 자유화, 금융 업종 간 장벽 철폐, 외국 금융 기관의 자유로운 참여 허용, 새로운 매매 시장 채택 등의 금융 대개혁을 단행했다. 금융 센터로서의 지위가 흔들리던 런던의 증시를 활성화하고 증권사의 경쟁력을 높이는 데 성공한 이 개혁 조치의 효과가 우주의 빅뱅과 견줄 만하다 하여 붙여진 이름이다. 미국에서는 유사한 조치로 은행업과 증권업을 엄격히 분리시켰던 Glassman Steagell 법을 철폐했다.

금융 겸업 universal banking

겸업화 convergence, diversification, conglomeration

금융 기관의 대형화·겸업화 추세…

...increasing ***concentration and convergence*** across financial services...

...increasing ***financial conglomeration***...

자본시장통합법(자본시장 및 금융투자업에 관한 법률)

Capital Market Consolidation Act (CMCA)

금융 자유화 financial liberalization

금융 시장의 개방 open the financial market

장쩌민 주석은 금융 시장 개방을 약속했다.

Jiang Zemin, the Chinese president, promised to ***open the financial market.***

금융 구조 조정 financial restructuring

금융 구조 조정은 쉬운 일이 아니며, 시간과 노력이 필요하다.

Financial restructuring is not an easy task; it requires time and effort.

금융 지주 회사 financial holding company

정부 허가 없이는 금융 지주 회사로의 전환이 불가능하다.

A company cannot change into a ***financial holding company*** without receiving government approval.

• Financial Holding Company란?

금융 지주회사. 지주회사는 따로 영업 활동을 하지 않지만 자회사의 지분을 갖고 있는 회사를 말한다. 금융 지주회사란 은행·증권·보험·카드·캐피털·투자은행 등 다양한 금융 자회사의 지분을 갖고 있는 회사로서 전체의 종합적인 기획과 통합된 인사·재무 업무를 한다. 우리나라도 한빛·평화·광주·경남은행 등 정부의 공적 자금을 받은 금융 기관이 모여 만든 우리금융 지주회사가 지난 2001년 4월 출범했고, 10월에는 신한은행이 중심이 된 신한금융 지주회사가 설립되었다.

금융 감독 financial supervision

금융 건전성 감독 prudential supervision

금융 건전성 financial soundness

은행에 대한 건전성 감독을 강화해야 한다.

Prudential supervision of banks must be strengthened.

금융감독원 Financial Supervisory Service (FSS)

금융위원회 Financial Services Commission (FSC)

자율 감독 기관 Self-Regulatory Organization (SRO)

미국의 SEC가 6조 달러 규모의 뮤추얼 펀드 산업에 새로운 규제를 도입하는 과정에서, 자율 감독 기관의 설립은 예상하지 못했다.
As the SEC moves to impose new rules on the $6-trillion [mutual fund] industry... establishment of a so-called ***"self-regulatory organization"***, or ***SRO***, was not expected... (*Forbes*)

금융 관련 기관	
국민연금공단	National Pension Service (NPS)
금융감독원	Financial Supervisory Service (FSS)
금융위원회	Financial Services Commission (FSC)
금융결제원	Korean Financial Telecommunications and Clearing Institute (KFTC)
손해보험협회	General Insurance Association of Korea
생명보험협회	Korea Life Insurance Association (KLIA)
예금보험공사	Korea Deposit Insurance Corporation (KDIC)
은행연합회	Korea Federation of Banks (KFB)
한국예탁결제원	Korea Securities Depository (KSD)
금융투자협회	Korea Financial Investment Association
한국부동산원	Korea Real Estate Board (REB)
한국금융연구원	Korea Institute of Finance (KIF)
한국거래소	Korea Exchange (KRX)
한국은행	Bank of Korea (BOK)
한국자산관리공사	Korea Asset Management Corporation (KAMCO)
한국조세재정연구원	Korea Institute of Public Finance (KIPF)
코스콤(증권전산)	Korea Securites' Computer Corporation (KOSCOM)
한국투자공사	Korea Investment Corporation (KIC)

통화 MONEY

중앙은행 **central bank**

연방준비제도이사회 **Federal Reserve Board (FRB)**

파월 연방준비제도이사회 위원장은 추가 금리 인하 계획이 없다고 했다.
Powell, chairman of the ***Federal Reserve Board***, said there were no plans

for further interest rate hikes.

연방준비제도이사회에서 월요일에 금리를 또다시 0.5% 내렸다.

The ***Federal Reserve Board*** lowered interest rates another 0.5% on Monday.

한국은행 **Bank of Korea (BOK)**

금융통화위원회 **Monetary Policy Committee**

한국은행 총재 **Governor of BOK**

각국의 중앙은행 및 통화 당국	
한국은행	Bank of Korea (BOK)
중국인민은행	People's Bank of China
일본중앙은행	Bank of Japan
영란은행	Bank of England
미 연방준비제도/이사회	Federal Reserve System, Federal Reserve Board (FRB)
프랑스중앙은행	Banque de France
독일중앙은행	Deutsche Bundesbank
러시아중앙은행	Central Bank of the Russian Federation
멕시코중앙은행	Banco de Mexico
캐나다중앙은행	Bank of Canada
노르웨이중앙은행	Norges Bank
벨기에중앙은행	National Bank of Belgium
스웨덴중앙은행	Sveriges Riksbank
핀란드중앙은행	Bank of Finland
남아공중앙은행	South African Reserve Bank
스위스중앙은행	Schweizerische National Bank
호주중앙은행	Reserve Bank of Australia
덴마크중앙은행	National Bank of Denmark
유럽중앙은행	European Central Bank
홍콩통화당국	Hong Kong Monetary Authority
싱가포르통화당국	Monetary Authority of Singapore
스페인중앙은행	Banco de Espana
오스트리아중앙은행	Oesterreichische National Bank

네덜란드중앙은행	De Nederlandsche Bank
인도중앙은행	Reserve Bank of India
태국중앙은행	Bank of Thailand
말레이시아중앙은행	Bank Negara Malaysia
필리핀중앙은행	Bangko Sentral Ng Pilipinas
인도네시아중앙은행	Bank Indonesia
대만중앙은행	Central Bank of China

최후의 대부자 **Lender of Last Resort**

인도의 중앙은행은 최후의 대부자로서의 전통적인 역할 외에 2개의 새로운 기능을 담당하게 되었다.

The central bank in India has come to play two very different roles apart from its traditional role as the ***lender of last resort***. (*Indian Express*)

화폐, 통화 **currency, money**

화폐 발행 **currency issuance**

10만원짜리를 발행해야 한다.

We need to issue ***100,000 Won bills***.

가상 화폐 **virtual currency**

암호 화폐 **cryptocurrency**

넓은 의미에서 암호 화폐란 토큰이나 코인 형태의 가상 또는 디지털 화폐다.

A ***cryptocurrency***, broadly defined, is virtual or digital money which takes the form of tokens or "coins." (*investopedia.com*)

지폐 **bills, banknotes, paper money**

— 발행 **issue/print notes**

동전 **coins**

— 주조 **mint/issue coins**

통화위원회에서는 지폐 및 동전의 발행량을 정한다.

The Monetary Board shall prescribe the amounts of ***notes and coins to be printed and minted***.

통화 정책 **monetary policy**

통화 긴축 정책 **tight/contractionary monetary policy**

통화 확대 정책 **loose/expansionary monetary policy**

많은 이들이 통화 확대 정책을 지지하는 것으로 드러났다.

It turned out that many people advocate ***expansionary monetary policy***.

법정 지불 준비율 **legal reserve ratio**

법정 지불 준비율 변화는 은행에 어떤 영향을 미치는가?
How does a change in the ***legal reserve ratio*** affect banks?

금융통화위원회 **Monetary Policy Committee (MPC)**

7월 회의에서 금융통화위원회는 기존의 정책 노선을 유지하기로 결정했다.
At the meeting in July, the ***Monetary Policy Committee*** decided to keep its policy line unchanged.

공개 시장 조작 **open market operations**

보고서에 따르면, 공개 시장 조작이 시장 안정에 핵심적인 역할을 했다.
According to the report, ***open market operations*** played a key role in stabilizing the market.

통화량 **money supply, money stock**

통화량 증발은 인플레를 유발한다.
Increase in ***money supply*** leads to inflation.

총통화량 **total money, monetary supply, M2**

본원통화 **Reserve Base (RB), reserved high power money**

☞ *Reserve Base*(본원통화)=화폐발행액(민간 보유 현금통화+은행 시재금)+은행의 지급 준비 예치금=민간 보유 현금통화+은행의 지급 준비금 총액(지급 준비 예치금+시재금).

화폐 유통 **money circulation**

조만간 화폐 유통의 X%가량은 인터넷을 통해 이루어질 것이다.
Sooner or later, X% of total ***money circulation*** will take place on the Internet.

유통 속도 **velocity (of circulation of money)**

통화 증가율 **monetary growth rate, M2 growth rate**

지난 분기에 통화 증가율이 거의 두 배로 뛰었다.
The ***monetary growth rate*** has almost doubled in the last quarter.

우리나라의 통화 지표 (한국은행)	
M1	현금통화와 요구불예금(당좌예금, 보통예금 등), 수시입출식 저축성예금(저축예금, MMDA, MMF 등)
M2	M1과 기간물 예적금 및 부금, 시장형 금융 상품(CD, RP, 표지어음 등), 실적 배당형 상품(금전신탁, 수익증권 등), 금융채, 기타 수신(신탁형 증권저축, 종합금융회사 발행어음 등)의 합계. 단·장기(계약 만기 2년 이상) 금융 상품 제외
M3	현금통화, 은행 및 비은행 금융기관 예수금, 금융채, CD, RP, 표지어음의 합계.

화폐 단위 **currency unit, denomination**

고액권 **large denomination bill, large bill**

• Denomination이란?

원래는 화폐 단위 자체를 뜻하나 화폐 단위의 하향 조정을 의미하기도 한다. 특히, 지속적인 인플레이션의 결과로 상거래액의 숫자가 너무 커졌을 때 초래되는 불편을 해소하기 위해 실시하며, 화폐 가치의 변동은 없이 법정의 비율에 따라 단위만 절하하는 조치를 뜻한다. 우리나라도 1953년과 1962년 두 차례 신·구 화폐의 환가 비율을 각기 100대 1, 10대 1로 디노미네이션한 예가 있다. 화폐의 통용 가치 또는 화폐 호칭 단위를 변경하는 조치는 포괄적으로 'redenominate'라고 한다. (경제용어사전)

소액권 — **small denomination bill, small bill**

1달러, 5달러, 10달러 같은 소액권을 미리 준비해두어라.

Prepare ***small bills*** such as ones, fives, and tens in advance.

금리 정책 — **interest rate policy**

저금리 정책 — **low interest rate policy, policy of maintaining low interest rates**

정부는 경기 부양책의 일환으로 저금리 정책을 실시했다.

The government has implemented a ***low interest rate policy*** as a part of the economic stimulus package.

금리 인하 — **lower interest rates, interest rate cut**

금리 인상 — **raise interest rates, interest rate hike**

연방준비제도이사회는 월요일에 금리를 또다시 0.75% 올렸다.

The Federal Reserve Board ***raised interest rates*** another 0.75% on Monday.

신용 정책 — **credit policy**

신용 확대 — **credit expansion**

외환 FOREIGN EXCHANGE

외환 — **foreign exchange, FX**

정부는 외환 관리 규제를 완화했다.

The government relaxed its ***foreign exchange policy***.

외환 거래법 — **Foreign Exchange Transaction Act**

외환 거래법의 개정으로 외국인 투자자들의 환전이 자유로워졌다.

The revision of ***Korea's Foreign Exchange Transaction Act*** allows foreign investors to freely exchange currencies.

외환 위기 — **currency crisis**

외환 보유고 — **foreign reserve(s), foreign currency reserve, external reserve**

작년 중국의 GDP는 1.2조 달러를 상회했고, 외환 보유고는 2,800억 달러에 달했다.

Last year, China's GDP exceeded [1.2 trillion U.S. dollars] and its ***foreign currency reserve*** reached 280 billion U.S. dollars. (*People's Daily*)

외화 — **foreign currency, foreign money, foreign exchange**

자국 통화 — **local currency, national currency**

관광 부문의 외화 수입이 15% 증가…

...***foreign exchange earnings*** out of tourism rose by 15 percent. (*Business-Standard.com*)

교환성(태환성) — **convertibility**

경화 — **hard currency**

연화 — **soft currency**

해외 차입금은 거의 항상 경화로 갚아야 한다.

Foreign loans must almost always be paid in ***hard currency***.

• Soft Currency vs. Hard Currency란?

연화의 본래 의미는 지폐나 은행권 등 소재 가치가 없는 화폐로서 금·은 등과 교환이 불가능한 화폐를 지칭하지만, 최근에는 외국 통화와 교환이 자유롭지 않은 화폐를 의미. 경화는 국제 금융상 환관리를 받지 않고 금 또는 각국의 통화와 늘 바꿀 수 있는 화폐를 의미한다.

교환 통화 — **convertible currency**

부분 교환 통화 — **partially convertible currency**

기축 통화 — **anchor/key currency**

금본위제 — **gold standard**

달러화의 금태환 중지…

...take the dollar off the ***gold standard***...

• Gold Standard란?

금본위 통화제. 금을 화폐로 사용하거나, 언제든지 금으로 태환이 가능한 지폐를 사용하는 것을 뜻한다. 통화 1 단위와 금의 일정 중량이 등가로 결합되는 화폐 제도.

• Bretton Woods Agreement란?

브레튼우즈협정. 각국 통화 간의 관계를 정립하는 국제 통화 질서. 1944년 미국 뉴햄프셔주 브레튼우즈에서 연합국 44개국이 통화금융회의를 열어 의정서를 채택하고, IMF 협정 조문과 세계은행 협정 조문 두 가지를 첨부하여 1945년 12월에 조인했다. 이후 1946년 6월에 세계은행, 1947년 3월에 IMF가 출범했다. 브레튼우즈 협정에 의거하여 발족한 이 국제 통화 금융 체제를 브레튼우즈 체제라고 한다.

• Plaza Accord란?

플라자협정. 1985년 주요 통화에 대하여 가치가 극도로 절상되자 미국은 심각한 무역 적자를 기록하게 되었다. 이에 따라 프랑스·독일·일본·미국·영국 등 G5 국가들이 뉴욕의 플라자호텔에 모여 미국 달러화를 절하시키기로 합의하게 되는데 이를 플라자협정이라 한다. 플라자협정으로 이후 2년간 달러화는 30% 평가절하 되었다.

환전 **currency exchange, currency conversion, (ex)change money**

환전 수수료 **foreign exchange fee**

환전소에 가서 한국 돈을 달러로 바꿔야 한다.

I need to go to the money exchange and ***change*** some Korean ***money into*** dollars.

☞ <문화/관광> 참조.

외화 송금 **overseas remittance, remittance in foreign currency**

이라크 전쟁이 발발하면 걸프 지역에서 파키스탄으로 들어오던 외화 송금액이 현저히 줄어들 것이다.

Pakistan will witness significant drop in its ***foreign currency remittances*** from the Gulf region in case of war on Iraq. (*PakTribune.com*)

지급 통화 **payment currency**

결제 통화 **settlement currency**

대부분의 국제 거래는 결제 통화로 미 달러화를 사용한다.

Most international deals have the U.S. dollar as ***settlement currency***.

환율 **exchange rate**

공항에서 바꾸면 환율이 제일 유리하다.

You get the best ***exchange rates*** at the airport.

오늘 엔화 환율이 얼마인가?

What is today's *exchange rate* for the Yen?

매매 환율 buy sell rate

매도 환율 selling (exchange) rate, buy rate

매입 환율 buying (exchange) rate, sell rate

오늘 달러의 매도 환율은 X, 매입 환율은 Y다.

The *selling rate* for dollar is X and the *buying rate* is Y.

일일 고시 환율 daily exchange rate

대 달러 환율 exchange rate against the dollar, [X]-dollar rate

원의 대 달러 환율이 120 밑으로 떨어져야 수출 경쟁력이 생긴다.

The *won-dollar* (*exchange*) *rate* must fall below 120 Won in order to gain export competitiveness.

강세 통화 strong currency

통화 강세 the strong [currency], a strong [currency]

미국의 재정 수지 흑자가 증대되며 달러의 강세로 이어졌다.

The U.S. fiscal surplus *strengthened the dollar*.

The U.S. fiscal surplus led to *the strong dollar*.

약세 통화 weak currency

달러 약세 현상은 미국 경제의 불확실성에 기인한다.

The *weak dollar* can be attributed to the uncertainty of the U.S. economy.

엔고 현상 the strong Yen, a strong Yen

엔고 현상은 한국 수출에 유리하게 작용한다.

A *strong Yen* is favourable for Korean exports.

환율 변동 exchange rate fluctuation

— 상승 rise

— 하락 drop

달러에 대한 원화의 환율이 떨어졌다.

The Won's *exchange rate* against the dollar *dropped*.

환율 변동폭 exchange rate fluctuation range

이달 들어 원달러 환율 평균 변동폭이 12원을 넘고 있다.

This month's Won's exchange rate against the dollar has been *fluctuating in the range of* over 12 Won.

평가 절상 revaluation, revalue

평가 절하 devaluation, devalue

아시아 금융 위기 당시 중국 정부는 위안화를 평가 절하하지 않겠다고 약속했다.

China promised not to *devalue the Yuan* during the Asian financial crisis.

통화 가치 **currency value**

— **상승** **value rises, appreciate**

달러화에 대하여 유로화의 가치가 상승하다.

The ***value of the Euro goes up*** against the dollar.

— **하락** **value drops, depreciate**

달러 가치가 급락하다.

The ***value of the dollar drops*** rapidly.

환율 제도 **foreign exchange mechanism, FX system**

변동환율제도 **flexible exchange rate system**

고정환율제도 **fixed exchange rate system, peg system**

싱가포르 통화위원회의 관장하에 고정환율제도…

...Singapore's ***fixed-exchange rate system*** under the earlier currency board system...

자율변동환율제도 **floating exchange rate system**

준고정환율제도 **managed float**

한국의 환율 제도의 변천		
고정환율제도	1945-1964	정부가 환율을 일정한 범위 내에서 고정.
단일변동환율제도	1964-1980	미 달러화에 고정하여 변동.
복수통화바스켓제도	1980-1990	미 달러화 이외에 주요 교역 대상국 통화에 연동.
시장평균환율제도	1990-1997	매매 기준을 중심으로 환율의 일중 변동폭 제한.
자유변동환율제도	1997-	환율의 일중 변동폭 제한 폐지.

고정, 연동 **pegged to, fixed to**

연계환율제도(페그제) **peg, pegging**

연고정환율제도 **soft peg**

홍콩 달러는 미 달러화에 연동한다.

Hongkong dollar is ***pegged to*** the U.S. dollar.

• Dirty Float란?

환율이 외환 시장의 수급 상황에 따라 변동되도록 하되 중앙은행이 적정하다고 판단하는 수준에서 환율을 안정시키기 위해 수시로 외환 시장에 개입하여 환율 수준을 관리하는 제도. Managed Float라고 하기도 한다. 반대 개념은 Clean Float.

• Peg란?

자국의 통화 가치를 다른 통화, 또는 복수의 통화에 고정시켜놓는 환율제도를 말한다. 그러나 연계된 통화와는 환율이 고정되어 있으나 연계된 통화 자체는 여러 통화에 대하여 변동하게 되어 있어 간접적으로 변동환율제도를 채택한 결과가 된다. (동원경제연구소 금융·증권용어사전)

• Soft Peg란?

연고정환율제도. 자국 통화를 다른 통화(미국 달러화)에 비공식적으로 연동시키는 환율 제도.

환위험 **exchange risk, currency risk**

환차익 **foreign exchange gain**

환차손 **foreign exchange loss**

작년 말 기준 512개 상장 기업의 환차손은 1조 6,700억원이었다.

As of the end of last year, the ***foreign exchange loss*** for 512 listed companies reached 1.67 trillion Won.

환위험 헤징 **currency hedging**

환율 변동에 대하여 헤징하여 환위험을 관리한다.

...manage ***currency risk*** by ***hedging*** against exchange rate volatility.

통화 스와프 **currency swap**

통화 스와프로 환리스크를 헤징할 수 있다.

FX risk can be hedged with ***currency swaps***.

통화 옵션 **currency option**

통화 선물 **currency futures**

환율 변동 위험을 회피하기 위해 통화 스와프, 통화 옵션, 통화 선물을 이용한다.

Currency swaps, options and futures are used to ***hedge currency risks***.

• Currency Swap란?

통화 스와프. 두 차입자가 서로 다른 통화로 빌린 자금의 원리금을 상환할 때, 통화를 서로 교환하여 채무를 이행하기로 한 약정 거래.

• Currency Option이란?

통화 옵션. 특정 기간 중에 정해진 가격(환율)으로 다른 통화를 매입할 수 있는 권리.

환관리 능력 **manage currency risk**

한국 기업들의 환관리 능력이 좋아졌다.

Korean companies have become more adept in ***managing currency risk***.

외환 시장 **currency market, foreign exchange (FX) market**

외환 딜러 **FX dealer, currency dealer, currency trader**

카라치의 ABN AMRO 은행의 외환 딜러인 Fahim Ahmed는…

...Fahim Ahmed, a ***currency trader*** at ABN AMRO Bank in Karachi... (*International Herald Tribune*)

환투기 **currency speculation**

– 공세 **speculative attack, speculation against currency**

바트화에 대한 환투기 공세로 바트화의 통화 가치가 폭락했다.

The ***speculation***(***speculative attack***) ***against the*** Batt caused its sudden depreciation.

환차익 거래 **exchange arbitrage**

환투기꾼 **currency speculator**

많은 사람들은 환투기꾼들이 1997년 아시아 금융 위기를 촉발했다고 믿는다.

Many believe that ***currency speculators*** triggered the 1997 Asian financial crisis.

외환 거래 **currency trading, currency transaction**

고객들은 온라인으로 외환 거래를 할 수 있게 되었다.

...customers now have access to online ***foreign exchange*** (***FX***) ***trading*** .

현물 환거래 **spot exchange transaction**

선물 환거래 **forward exchange transaction**

선물 계약 **forward currency contract**

통화가 필요한 정확한 시점을 알 경우에만 선물 계약을 해야 한다.

Only enter into a ***forward contract*** when you know the exact date you need the ***currency***.

• Forward Exchange Transaction이란?

선물 환거래. 미래의 일정 시점에 일정 환율로 교환하는 거래를 약정하는 것으로 거래 상대방끼리 직접 거래하는 방식.

은행 BANK

은행 업무 **banking service**

은행은 예금과 대출이 주 업무다.
Deposits and loans are the main ***banking services***.

국책 은행	government financed bank

산업은행은 국책 은행이다.
Korea Development Bank is a ***government financed bank***.

시중 은행	commercial bank
본점	head office, main branch
은행장	president of the bank, governor
지점	branch

HSBC 강남 지점을 개설하다.
...open the HSBC Kangnam ***branch***.

지점장	branch head
지점망	branch network
창구 직원	teller, clerk

대부분의 은행 업무는 창구 직원이 처리한다.
Tellers deal with most banking services.

소매 금융	retail banking
기업 금융	firm banking, corporate banking
도매 금융	wholesale banking
퍼스널 뱅킹	Personal Banking
종합 자산 관리	wealth management, global asset management
프라이빗 뱅킹	Private Banking

프라이빗 뱅킹 수수료 수입이 은행 수익의 70%까지 차지할 수도 있다.
The commissions from ***private banking*** can take up as much as 70% of bank revenue.

• Private Banking이란?

고액 자산가(High Net Worth Individuals)들을 상대로 예금 관리뿐 아니라 부동산, 주식, 채권 투자 등 총체적인 자산 관리를 해주고 수수료를 받는 은행의 특화된 영업. 18세기 중반에 스위스 은행들이 은행에 거액을 예치한 부호들을 상대로 시작했다.

수신 업무	deposits
예금주	depositor
은행 계좌	bank account

신한은행에 신규 계좌를 개설하다.

...open a new ***account at*** Shinhan Bank.

통장 **account passbook, bankbook**

ATM에서 통장을 정리하다.

...update the ***bankbook*** statement at the ATM.

잔고 **account balance**

예금 인출 **withdrawal**

이 통장에서 100만원을 인출하다.

...***withdraw*** 1 million Won ***from*** this account.

...***make a withdrawal of*** 1 million Won from this account.

보통 예금 **passbook deposit**

당좌 예금 **current account, checking account**

당좌 대월 **overdraft**

현금 부족으로 당좌 대월을 하여 대금을 결제했다.

Due to shortage of cash, the company made a bank ***overdraft*** and made the payment.

요구불 예금 **demand deposit**

일반 통장 예금은 요구불 예금이다.

Ordinary passbook accounts are ***demand deposits***.

예금 상품 **savings products**

정기 예금 **time deposit, term deposit**

정기 예금의 이자율은 일반 예금보다 높다.

The interest rate you get on a ***term deposit*** is higher than that of ordinary accounts.

적금 **installment savings**

정기 적금 **time installment savings**

자유적립예금 **free installment savings**

그는 정기 적금을 들어 매달 10만원을 적립한다.

He opened an ***installment savings*** account and deposits 100,000 Won on a designated date every month.

근로자 우대 저축 **Preferential Savings Plan for Workers**

비과세 상품 **non-taxable savings product**

현금 자동 입출금기 **Automatic Teller Machine & Cash Dispenser, ATM & CD**

현금 자동 인출기에서 현금을 인출하다.

...withdraw cash from the ***ATM machine***.

비밀번호 | Personal Identification Number (PIN)

비밀번호를 3번 잘못 입력하면 거래가 정지된다.

Transactions are suspended if the wrong ***PIN*** is entered three times.

송금 | remittance

자행환 | intra-bank remittance

타행환 | inter-bank remittance

온라인 자금 이체 | online funds transfer

송금 수수료 | remittance fee, remittance charge, transfer fee

외환 송금 수수료가 인상되었다.

Foreign exchange ***remittance fees*** have been raised.

지급 수단 | payment method

현금 | cash, banknotes

자기앞수표 | cashier's cheque

환어음 | bills of exchange

양도성예금증서 | Negotiable Certificate of Deposit, CD

어음 | bills, notes, papers

어음 교환소 | bills clearing house

☞ <경영/기업 금융> 참조.

여신 업무 | lending business

여신 심사 | credit assessment

여신 승인 | loan approval

오랜 담보 대출 관행으로 한국 은행들은 여신 심사 능력이 부족했다.

Due to the long practice of collateralized lending, Korean banks lacked ***credit assessment*** abilities.

일본 주요 은행의 여신이 3월에 전년 대비 4.4% 줄어들었다.

Lending by the main categories of Japanese banks fell 4.4 percent in March from a year earlier. (*CNN International*)

여신 관리 | loan management

여신 포트폴리오 | loan portfolio

여신 포트폴리오 관리상의 사소한 실수가 법정 분쟁의 불씨가 되었다.

A minor mistake on the ***loan portfolio*** management triggered a law suit.

여신 한도 | credit limit, line of credit, credit line

은행은 X기업에 대한 여신 한도를 늘렸다.

The bank increased the ***line of credit*** extended to company X.

시중 은행	
KB국민은행	Kookmin Bank (KB)
IBK기업은행	Industrial Bank of Korea (IBK)
NH농협은행	Nonghyup Bank (NH)
KDB 산업은행	Korea Development Bank (KDB)
한국수출입은행	Export-Import Bank of Korea (EXIM Bank)
신한은행	Shinhan Bank
하나은행	Hana Bank
우리은행	Woori Bank
SC 제일은행	Standard Chartered Bank Korea (SCBK)
홍콩상하이은행	Hongkong and Sianghai Banking Corporation (HSBC)

대출 **bank loan**

은행 대출을 받다.

...take out ***a bank loan***.

...receive ***a bank loan***.

대출 신청 **loan application**

은행에 대출 신청을 하다.

...***apply*** for a bank ***loan***.

통장 대출 **passbook loan**

신용 대출 **credit loan**

담보 대출 **secured loan, collateralized loan**

무담보 대출 **unsecured loans**

100만원짜리 무담보 대출을 신청하다.

...apply for an ***unsecured loan*** of 1,000,000 Won.

개인 대출 **personal loan**

기업 대출 **corporate loan**

가계 대출 **household loan**

IMF 이후 기업 대출이 줄고 가계 대출이 늘고 있다.

Ever since the economic crisis, ***corporate loans*** are decreasing while ***household loans*** are on the rise.

대출 조건 **loan term, loan condition**

대출을 신청할 때에는 자신에게 적합한 대출 조건을 선택할 수 있다.

When you apply for a loan, you can choose a ***loan term*** that suits you.

상환 기간 — **repayment period**

원리금 — **principal and interest**

원금 — **principal**

이자 — **interest**

이자를 정확히 얼마나 물어야 하는지 확인해보라.
Double-check how much ***interest*** you have to pay.

이자율 — **interest rate**

우대 금리 — **prime lending rate**

수신 금리 — **deposit rate**

여신 금리 — **lending rate**

K은행에서 여신 금리를 6.5%로 내렸다.
K Bank lowered/cut its ***lending rate*** to 6.5%.

예대 마진 — **loan-to-deposit ratio**

예대 마진은 대다수 은행에 있어 중요한 재무지표의 하나다.
A ***loan-to-deposit ratio*** is one of key financial indicators for most banks.

콜 금리 — **call rate, overnight interbank rate, overnight rate**

콜 시장 — **call market, interbank loan market, overnight market**

…다음 달 연방준비은행이 현행 1.25% 콜 금리를 인하할 것이라고…
...that the Federal Reserve will lower its 1.25 percent ***overnight interbank rate*** target next month... (*Bloomberg Asia*)

리보 금리 — **London Interbank Offered Rate (LIBOR)**

• Overnight Interbank Rate란?

금융 기관이 다른 기관에게 하루 동안 자금을 제공하며 적용하는 금리다. 각 은행이 중앙은행에 예치해놓은 자금 내에서 빌려줄 수 있기 때문에, 콜 금리는 중앙은행의 영향을 받고, 단기 금리 변동을 예측하게 해준다. 영국의 LIBOR가 대표적인 콜 금리이며, 미국에서는 이를 Federal Funds Rate라고 한다.

• LIBOR이란?

London Interbank Offered Rate. LIBOR는 단기 금리를 책정하는 데 가장 널리 사용되는 기준 금리(benchmark rate)다. 런던의 British Bankers Association에서 매일 오전 11시에 발표한다. LIBOR는 은행 간 제시하는 대출 금리로서 런던 소재 은행 간 자금을 차용하는 데 사용되며, 전 세계적으로도 LIBOR + 가산 금리로 이자율을 결정한다.

가산 금리 **spread**

대출 기업의 신용 등급 때문에, 리보(런던 소재 은행 간 거래 금리) 기준 금리에 90bp 가산 금리를 부가하여 금리를 책정했다.

Based on the Company's current credit ratings, the credit facility bears interest at a rate equal to ***LIBOR*** plus ***a spread of*** 90 basis points... (*Business Wire*)

☞ *"bp" : basis point*. 1bp = 0.01%.

자산 부채 관리 **Asset Liability Management (ALM)**

자본 적정 비율 **capital adequacy ratio, capital requirement**

은행들은 자본 적정 비율에 대한 감독을 받는다.

Banks receive supervision regarding ***capital adequacy ratio***.

국제결제은행 **Bank of International Settlement (BIS)**

바젤위원회 **Basel Committee**

BIS 자기자본 비율 **BIS Capital Requirement, BIS ratio**

BIS 8%에 미달하는 12개의 은행들은 경영 개선 계획을 제출하도록 했다.

12 banks that did not meet the minimum ***BIS ratio*** of 8% were required to submit rehabilitation plans.

신바젤자기자본협약 **New Basel Capital Accord**

신 BIS 기준 **BIS II**

2001년 1월 바젤위원회는 1988년에 제정된 은행 자본의 적정성에 관한 금융 협정을 대체할 새로운 규정의 초안을 제시했다.

In January 2001 the ***Basel Committee*** on Banking Supervision issued a proposal for a ***New Basel Capital Accord*** that, once finalised, will replace the current 1988 Capital Accord.

• BIS Ratio란?

국제결제은행의 은행감독위원회가 1988년 7월 각국 은행의 건전성과 안정성 확보를 위해 정한 은행의 위험자산(부실채권) 대비 최소 자기자본 비율 기준. 이 기준에 따라 적용 대상 은행은 위험 자산에 대해 최소 8% 이상의 자기자본을 유지해야 한다.

• BIS II란?

바젤위원회가 기존 BIS 비율 산정 방식 중에서 위험 측정 방식을 세분하고 개별 은행에 일정 부분의 재량권을 부여하는 것을 주요 내용으로 하는 새로운 BIS 비율 산정 방식이다. 2006년 말부터 바젤위원회 회원국 주요 은행을 대상으로 시행되고 있다. (경제용어사전)

적정 시정 조치 **Prompt Corrective Action (PCA)**

은행의 자본 확충 **recapitalization of banks**

X은행은 자본 확충을 통해 건전성을 제고했다.

X bank improved its financial soundness through ***recapitalization***.

부실 자산 **distressed asset, non-performing asset (NPA)**

부실 채권 **non-performing loans (NPL)**

은행권의 부실 채권 규모에 대한 정확한 수치가 없다.

There is no accurate figure for the amount of ***NPLs*** on the banks' balance sheets.

대손 상각, 대손 처리 **loan loss, loan write-off**

대손 충당금 **loan loss provision**

회수 의문 여신에 대한 대손 충당금이 X% 있다.

We have a ***loan loss provision*** of X% for doubtful ***loans***.

가계 대출에 대하여 대손 충당금 적립…

…***provisioning for*** household ***loans***…

…***provision against*** household ***loans***…

한국자산관리공사 **Korea Asset Management Corporation (KAMCO)**

은행들은 부실 채권을 자산관리공사에 매각하여 재무 구조를 개선했다.

Banks cleaned up their balance sheet by selling their NPLs to ***KAMCO***.

여신 분류 **loan classification**

자산 건전성 **asset quality**

신자산 건전성 분류 기준 **Forward Looking Criteria (FLC)**

이제 은행들은 신자산 건전성 분류 기준을 적용하여 여신을 분류해야 한다.

Banks now must classify their loans in accordance with the new ***Forward Looking Criteria***.

여신 분류	
정상 여신	Normal Loans
고정 여신	Substandard Loans
요주의 여신	Precautionary Loans, Special Mention Loans
회수 의문 여신	Doubtful Loans
추정 손실	Estimated Loss

예금자 보호법 **Depositor Protection Act**

대규모 예금 인출 **bank run, run on banks**

대규모 예금 인출 사태가 벌어졌다.

There was a huge ***run on banks***.

예금 보험 **deposit insurance**

부분 보장 제도 **limited deposit insurance (system)**

전액 보장 제도 **blanket deposit insurance (system)**

예금의 일부분만 보장해주는 부분 보장 제도가 전액 보장 제도를 대체했다.

The ***limited deposit insurance system***, that only partially covers deposits, replaced the ***blanket deposit insurance system***.

예금보험공사 **Korea Deposit Insurance Corporation (KDIC)**

공적 자금 투입 은행들의 전직 임직원에 대하여 예금보험공사가 손해 배상 소송을 제기했다.

KDIC filed for damages against all the employees of banks that received public funds.

부실 은행 **insolvent bank, undercapitalized bank**

우량 은행 **good banks**

배드 뱅크 **Bad Bank**

• Good Bank vs. Bad Bank란?

Bad Bank란 금융 기관의 부실 채권을 정리하기 위해서 전문적으로 금융 기관의 부실 채권을 인수하여 처분해주는 기관이다. 우리나라는 성업공사가 한국자산관리공사로 이름을 바꾸고 본격적으로 이 기능을 수행하여, 은행들이 재무 구조를 개선하여 Good Bank가 될 수 있었다.

공적 기금 **public funds**

정부는 64조원의 공적 기금을 투입하여 은행권의 부실 채권을 정리했다.

The government injected 64 trillion Won worth of ***public funds*** to dispose the NPLs in the banking sector.

과다 채무 금융 기관 **Highly Leveraged Institution (HLI)**

선진국들은 헤지 펀드 등 과다 채무 금융 기관(HLI)에 대한 규제를 강화해야 한다.

Developed countries must strengthen regulations on hedge funds and other ***HLIs***.

주식 STOCK

한국거래소 **Korea Exchange (KRX)**

유가 증권 시장 **Stock Market Division, KSE**

코스닥 시장 **KOSDAQ Market Division, KOSDAQ**
선물 시장 **Futures Market Division, KOFEX**

• KOSDAQ이란?

Korea Securities Dealers Automated Quotations. 코스닥 시장은 증권업협회와 증권사들이 1996년 7월에 미국의 나스닥(NASDAQ) 시장을 모델로 만든 것이다. 증권거래소 상장에 비하여 상장하기가 쉽기 때문에 벤처 기업이나 고성장 기업들이 많지만 안정적인 금융 기관이나 대기업도 상장되어 있다.

주식 시장 **stock market, equity market**

거래소 **exchange, bourse**

장내 시장 **face-to-face market, exchange**

장외 시장 **over-the-counter market, OTC market**

그 회사주는 미국의 장외 시장에서도 거래가 된다.
The Company's shares also trade on ***the U.S. OTC Market***.

제3시장 **the third market**

제3시장에서 주식이 거래되는 기업의 절반 이상이 2/4분기에 손실을 냈다.
More than the half of the companies whose shares are traded ***on the third market*** suffered a loss in the second quarter.
☞ *traded in the stock market*이 아니라 *traded on the stock market*이다.

• OTC Market이란?

Over-the-Counter Market. 장외 시장. 증권 거래소 시장을 이용하지 않고 주로 증권 회사의 창구를 이용하여 증권 회사간 또는 증권 회사와 고객 간, 고객 상호 간에 개별적으로 매매 거래가 형성되는 것을 말한다.

• Third Market이란?

제3시장. 거래소에 등록하지 않은 브로커·딜러·기관 투자자들이 상장주를 거래하는 장외 시장.

발행 시장 **primary market**
유통 시장 **secondary market**

유통 시장에 유동성을 공급하려면…
...in order to supply liquidity in the ***secondary market***...

시가총액 **total market capitalization, aggregate market capitalization**

12개 기술주 시가 총액이 3월 5일 이후 크게 올랐다.

Total market capitalization of 12 tech stocks skyrocketed since March 5.

일일 거래량 **daily trading volume**

일일 평균 거래량이 20,000주다.

The average ***daily trading volume*** is 20,000 shares.

증시에 거래량이 많았다.

There was ***heavy trading*** on the market.

증시에 거래량이 적었다.

There was ***thin trading*** on the market.

증시의 동조화 **coupling of stock markets, synchronized movement of markets**

증시의 탈동조화 **decoupling of stock markets**

주식, 채권, 외환 및 상품 시장이 거의 완벽한 동조화 현상을 보였다.

...stocks, bonds, currency or commodities, they all ***moved in near-perfect synchronization***... (*Washington Post*)

개장 **market opening**

시가 **opening price**

종가 **closing price**

X주는 주당 2만원의 종가로 마감되었다.

Share X ***closed at a price of*** 20,000 Won per share.

Share X's ***closing price*** was 20,000 Won.

폐장 **market closing**

폐장이 되자 주식 거래인들은 모두 서둘러 떠났다.

With the ***market closing***, all traders left impatiently.

시황 **market conditions**

변동성 **market volatility**

불안한(변동성이 큰) 시장…

...a ***volatile market***...

...a ***market with great volatility***...

활황세, 강세장 **bull market, strong market, up market**

시장이 활황세다.

The market is ***bullish***.

거래가 활발하다.

Trading was ***strong/brisk***.

침체, 약세장 **bear market, slow market, down market**

시장이 활황세에서 약세장으로 돌아섰다.

The stock market has turned from ***bullish to bearish***.

거래가 침체되었다.

Trading was ***slow/lackluster/down***.

장세 market movement

보합세 steady, stationary

상승세 rally

시장이 상승세를 보였다.

The market ***rallied***.

주가 동향 stock price movement

— 폭락 plunge, crash

주가가 폭락했다.

Share prices ***plunged***.

— 폭등 soar, surge

주가가 폭등했다.

Share prices ***soared***.

— 바닥침 bottom out

주가가 바닥을 쳤다.

Share prices ***bottomed out***.

— 반등 rebound

주가가 반등했다.

Share prices ***rebounded***.

— 상승 rise, advance

— 하락 fall, drop, decline

등락주선 Advance Decline Line (ADL)

조정 국면 correction phase, corrections

주가가 조정 국면에 들어갔다.

Stock prices are going through a price ***correction***.

가격(변동) 제한폭 daily trading limit, daily price limit

상한가 upper limit

하한가 lower limit, daily loss limit

주가지수 stock price index

— 올라감 rise, gain

— 내려감 drop, loss

코스피 지수 Korea Composite Stock Price Index (KOSPI)

KOSPI 지수가 876.01에 마감되었다.

The ***KOSPI*** closed at 876.01.

코스닥 지수 **KOSDAQ Index**

증권 시장 Major Securities Markets	
뉴욕증권거래소	New York Stock Exchange (NYSE)
나스닥시장	National Association of Securities Dealers Automated Quotation (NASDAQ)
도쿄증권거래소	Tokyo Stock Exchange (TSE)
런던증권거래소	London Stock Exchange (LSE)
NYSE 유로넥스트	NYSE Euronext
파리증권거래소	Euronext Paris
프랑크푸르트증권거래소	Frankfurt Stock Exchange (Deutsche Börse)
홍콩증권거래소	Hong Kong Stock Exchange (HKEX)
상하이증권거래소	Shanghai Stock Exchange

주가지수 Stock Indices	
종합주가지수, 코스피 (한국)	KOSPI (Korea Composite Stock Price Index)
KRX100 (한국)	KRX 100 Index
스타지수 (한국)	STAR Index
코스닥지수 (한국)	KOSDAQ Index
뉴욕증시종합주가지수 (미국)	NYSE Composite Index
다우존스지수 (미국)	Dow Jones Industrial Average
S&P 500 (미국)	S&P 500 (Standard & Poor's 500)
나스닥종합지수	NASDAQ Composite Index
항생지수 (홍콩)	Hang Seng Index
상하이종합주가지수 (중국)	Shanghai Composite Stock Index
니케이지수 (일본)	Nikkei 225
DAX (독일)	DAX
CAC 40 (프랑스)	CAC 40 Stock Index (caci로 읽는다.)
FTSE 100 지수 (영국)	FTSE 100 (footsie로 읽는다.)

기업 공개 **going public (IPO)**

기업을 공개하고 코스닥에 상장했다.

The company ***went public*** and listed shares on KOSDAQ.

주식 상장 **listing shares, Initial Public Offering (IPO)**

그 회사는 올해 상장되었다./기업 공개를 했다.

The company ***was listed*** this year./The company ***did an IPO*** this year.

차이나텔레콤은 내달 홍콩과 미국 증시에 상장하여 31.9~36.8억 달러의 자금을 조달할 계획이다.

Fixed-line phone giant China Telecom Corp Ltd. plans to raise US$3.19~$3.68 billion in its Hong Kong and New York ***initial public offering*** next month.

공기업의 민영화에 따라 기업 공개가 활발하게 이루어졌다.

A boom in ***initial public offerings*** has been driven by ambitious plans for privatizations.

주식 발행 **issuance of shares**

액면가 **par value**

액면가 5천원인 주식 3천 주…

...three thousand shares with a ***par value*** of 5,000 Won...

발행사 **issuer**

주간사 **lead manager**

인수사 **underwriter**

상장 폐지 **delisting**

Cereol사의 주식은 유럽 증권 거래소에서 상장 폐지되었다.

Cereol has been ***delisted*** from the European stock exchange... (*Reuters*)

• IPO란?

Initial Public Offering. 비공개 사기업이나 공기업이 증권 거래소나 다른 주식 시장에 주식을 상장 또는 등록하기 위해 일반인을 대상으로 새로 발행한 주식을 모집하는 것.

동시 상장 **dual listing**

교차 상장 **cross-listing**

상장주 **listed shares**

코스닥 상장주에 투자하려면…

...in order to invest in ***shares listed on*** the KOSDAQ...

비상장주 **unlisted shares**

비상장주에 투자하는 것은 위험이 높다고 본다.

An investment in ***unlisted shares*** is considered high risk.

주식 모집 **offering of shares**

회사에서 주식을 추가 모집한다고 공고했다.

The company announced an additional ***offering of shares***.

공모 public offering

공모주를 청약하다.

...subscribe for ***publicly offered shares***.

사모 private offering, private placement

사모를 통해 주식을 사다.

...purchase shares in a ***private offering***.

주식 청약 share subscription

청약 공모 offering for subscription

그 회사는 주식을 주당 2만원에 공모했다.

The firm's ***publicly offered*** subscription price was set at 20,000 Won per share.

초과 청약 oversubscription

한국통신의 주식에 대한 청약 신청이 초과되었다.

Korea Telecom's share was ***oversubscribed***.

주가 share prices, stock prices

액면가 par value, face value, face amount

장부가 book value

주식이 액면가로 거래되었다.

The shares traded at ***par value***.

주식의 액면가를 50스위스프랑에서 32스위스프랑으로 낮추겠다고 발표했다.

It said it planned to cut the ***par value*** of shares from SFr50 to SFr32. (*Swiss Info*)

주식 가치 평가 valuation of stock

고평가 overvalued

저평가 undervalued

국제 투자자들이 보기에 아직도 한국주는 저평가되어 있다.

International investors still perceive Korean stocks to be ***undervalued***.

코리아 디스카운트 Korean discount

불투명한 회계 관행과 재벌의 가족 경영이 코리아 디스카운트의 주요 원인이다.

Opaque accounting techniques and family control of chaebols are largely responsible for "the ***Korean discount***"... (*International Herald Tribune*)

주가 이익 비율 Price Earnings Ratio (PER)

삼성전자의 PER은 현재 18배로서 Microsoft의 35배에 비해 낮다.

Samsung Electronics' ***PER*** is 18, a much lower figure than that of Microsoft which is 35.

주당 이익　　**Earnings per Share (EPS)**

• PER이란?

Price Earnings Ratio. 주가를 1주당 순이익(EPS)으로 나눈 것. 주가가 1주당 순이익의 몇 배인가를 나타냄. PER가 낮다는 것은 순이익에 비해 주가가 저평가가 되었다는 것을 의미. '주가 수익 비율'에서 '주가 이익 비율'로 명칭이 바뀌었다.
PER= 주가 ÷ 1주당 세후 순이익

• PBR이란?

Price to Book Ratio. 배당 수익률. 주가 수익 비율과 함께 많이 이용되고 있는 주가 척도로서 그 회사의 자산 가치와 주가와의 관계를 본 것이다.
PBR =주가 ÷ 1주당 순자산

• EPS란?

Earnings per Share. 발행 주식 1주당 순이익. EPS가 클수록 주식 가격이 높다.
EPS =순이익 ÷ 발행 주식수

신주　　**new shares, secondary shares**

구주　　**old shares, primary shares**

ABN AMRO와 Credit Suisse First Boston은 인도네시아 최대 은행의 구주와 신주의 30%를 매각하는 작업을 책임져왔다.
ABN AMRO and Credit Suisse First Boston have held the mandate for a 30% sale of combined ***primary and secondary shares*** in Indonesia's largest bank... (*Financeasia.com*)

대형주　　**large cap stocks**

중형주　　**mid cap stock**

소형주　　**small cap stock**

그 보고서는 주로 소형주 시장에 초점을 맞추고 있다.
The report focuses mainly on the ***small cap stock*** market.

우량주　　**blue chip stock**

성장주　　**growth stock**

이번 주 눈에 띄는 성장주로는 X가 있다.
The ***growth stock*** of the week is X.

산업주　　**industrial stock**

기술주 **technology stock**

기술주는 아직 바닥을 치지 않았다(계속 떨어지는 중이다).

Technology stocks haven't hit bottom yet.

1부 종목 **shares traded in the 1st section**

2부 종목 **shares traded in the 2nd section**

1부 종목이 되려면 몇 가지 조건이 필요하다.

Several conditions are required for ***shares traded in the 1st section***.

관리 종목 **issues for administration**

감리 종목 **issues for surveillance**

증권거래소는 X사 주를 4월 1일자로 관리 종목에 지정한다고 밝혔다.

KSE announced that the Company X's shares would be placed on the list of ***issues for administration*** as of April 1.

증권사 **stock brokerage, securities company**

매매 중개 **broker trades/deals**

매매 수수료 **broker's commission**

매매 수수료는 보통 매매가의 X%다.

The usual ***broker's commission*** is X% of the traded price.

• Wrap Account란?

증권사가 일정 수수료를 받고 고객에게 가장 적절한 투자 전략 및 유가 증권 포트폴리오 구축에 대한 상담을 제공하며 부수적인 업무를 일괄 처리해주는 금융 상품.

랩어카운트(자산운용계좌) **wrap account**

파생 상품 **derivative products, derivatives**

파생 금융 상품의 주 목적은 시장이 불안할 때 예상되는 위험을 줄이는 것이다.

The main purpose of ***derivative products*** is reducing possible risk when the market is volatile.

옵션 **options**

— 행사 **exercise option**

풋옵션을 행사하면 거래 상대자는 주식을 매입해야 한다.

If you ***exercise a put option***, the counterparty must buy the shares.

행사 가격 **strike price**

대차거래 **securities lending**

공매도 **short selling**

증거금 **margin**

유지 증거금은 시장 상황에 따라 추가로 요구될 수도 있는 증거금이다.

Maintenance margin is a ***margin*** which can be required later depending on changes in the market situation.

선물 **futures**

선물 거래 **futures trading**

선물 계약 **futures contract**

지수 선물 **index futures**

선물 거래는 위험이 크기 때문에 누구에게나 다 적합한 것은 아니다.

Futures trading is not appropriate for all investors, because it is highly risky.

선도 계약 **forward contract**

선도 시장 **forward market**

선도 거래 **forward trading**

선도가 **forward price**

…이제 회사들은 선도 계약을 할 수 있다.

...companies can enter into a ***forward contract***. (*Economic Times*)

스와프 **swaps**

한국과 일본이 미화 XX달러 규모의 통화 스와프 협정을 체결했다.

Korea and Japan signed a U.S. $XX ***currency swap*** deal.

주식 매매 **shares trading, buying and selling shares**

매도 주문 **selling offer**

매수 주문 **buying offer**

매도 호가 **calling price**

매수 호가 **offer price**

매수 호가가 XX원으로 결정되었다.

Offer price has been set at XX Won.

매수 포지션 **long position, over-bought position**

매도 포지션 **short position, over-sold position**

매수/매도 포지션을 취하다…

...take a ***long/short position***...

매도 **selling**

순매도 **net selling**

월요일, 외국인 투자자들이 순매도세로 돌아서면서 KOSPI 지수는 1.84% 내려간 2,395.41로 마감됐다.

Foreign investors turned to ***net selling*** on the stock market Monday leaving the Korea Composite Stock Price Index to close at 2,395.41, down 1.84%.

매수 **buying**

순매수 **net buying, net purchase**

외국인 투자자들의 순매수세에 힘입어…

...thanks to foreign investors who became ***net buyers*** in the market...

차익 거래 **arbitrage trading**

차익 거래는 쌀 때 사두었다가 가격이 오르면 파는 것이다.

Arbitrage trading means buying when prices go down and selling when prices go up.

프로그램 매매 **program trading**

프로그램 순매수를 유발해 주가를 끌어올렸다.

...rebounded from the losses, as ***program-related buying*** battled back into the market.

• Program Trading이란?

컴퓨터로 자동 매매하는 거래 방식. 15개 이상의 주식을 바스켓으로 만들어, 현물과 선물을 대량으로 동시에 사고 팔면서 차익 거래(arbitrage trading)를 한다. 현물과 선물 주식을 동시에 매매하려면 컴퓨터 프로그램을 통해 한꺼번에 주문을 내야 하기 때문에 '프로그램 매매'라고 한다.

온라인 주식 거래 **on-line trading, Internet trading**

한국에서 주식 거래의 3분의 2가 온라인 거래다.

Nearly two-thirds of all ***trading*** in South Korea is done via the Internet.

증권거래법 **Securities Exchange Act**

증권거래법은 몇 차례 개정되어 현재에 이른다.

The ***Securities Exchange Act*** has been revised several times so far.

불공정 거래 **unfair trading**

한국거래소와 정부는 국내 주식 시장에서의 불공정 거래를 줄이기 위한 대책을 마련할 예정이다.

The Korea Exchange and the government are planning to come up with measures that will work to reduce cases of ***unfair trading*** on the domestic stock market.

주가 조작 **stock price manipulation**

내부자 거래 **insider trading**

홍콩 증권감독 당국은 양빈 장관의 Euro-Asia Agriculture 지주회사에 대하여 주가 조작과 내부자 거래 혐의로 조사에 착수했다.

Hong Kong securities authorities began investigating Mr. Yang's flagship firm, Euro-Asia Agriculture Holdings, for alleged ***stock price manipulation*** and ***insider trading.***

증권 예탁 **deposit securities, securities deposit**

한국예탁결제원 **Korea Securities Depository (KSD)**

주식명의개서 **stock transfer**

주식명의개서 업무 전문…

...specialized in ***stock transfer*** ...

예탁 증서 **depository receipt (DR)**

☞ <금융/국제 금융> 참조.

증권 결제 **securities settlement**

청산 **securities clearing**

T+2 결제 **T+2 settlement**

T+2 결제는 거래 3일째에 결제가 이루어지는 방식이다.

T+2 settlement means settlement on the second business day after the day of transaction.

일괄처리 시스템 **Straight Through Processing (STP)**

대체거래 시스템 **Alternative Trading System (ATS)**

X사에서 새로운 유가증권 대체거래 시스템을 개발했다.

Company X has developed a new ***alternative trading system*** for trading securities.

채권 BONDS

채권 **debt, bond, fixed-income securities**

— 시장 **debt market, bond market, fixed-income market**

이번 분기 첫 두 달 동안 채권 시장은 안정적이었다.

...the ***fixed income market*** remained firm for most of the first two months of the quarter. (*Business Wire*)

— 발행 **issue**

— 환매 **redemption of bonds**

지난 2월 대우채 펀드 95% 환매(인출) 허용 이후…

...after fund investors were allowed to ***redeem Daewoo bonds*** at 95% of value...

사모채 **privately placed bonds**

사모채에 투자하여 큰 손해가 났다.

Huge losses incurred on the ***privately placed bonds.***

이표 **coupon**

무이표채 **zero-coupon bond**

무이표채는 액면가에서 상당히 할인된 가격에 매매된다.

Zero coupon bonds are sold at a substantial discount from its face amount.

채권 수익률 **bond yield**

금리가 떨어지면 채권 수익률은 올라간다.

Bond yields rise when interest rates drop.

만기 수익률 **Yield to Maturity (YTM)**

재무 증권 수익률…

The ***yield on*** Treasury Notes...

이 채권은 미 재무증권보다 135bp 높은 수익률을 갖도록 가격을 책정했다.

The bonds were priced ***to yield*** 135 ***basis points*** more than U.S. Treasury Notes.

만기 **maturity**

가중 평균 만기 **duration**

가중 평균 만기는 채권 투자를 회수하는 데까지 걸리는 시간…

Duration is a measure of the time until a bond investment is recovered...

수익률 곡선 **yield curve**

채권의 수익률 곡선이 20년 정도로 늘어나야 채권 시장이 활성화된다.

The ***yield curve*** of bonds must extend to about 20 years for the bond market to become active.

지표 채권 **benchmark bond**

국공채 **government and public bond**

지방 자치채 **municipal bond**

지방채 투자가 두 배 이상 늘었다.

Investment in ***municipal bonds*** has more than doubled.

국채 전문 딜러 **Primary Dealer**

국채 전문 딜러는 정부 유가 증권이나 재무성 단기 채권을 사고 판다.

Primary Dealers buy and sell government securities or Treasury Bills.

공사채 **government and corporate bond**

공사채 가격은 소비자 물가지수에 영향을 많이 받기 때문에 1년 중 특정 시기에 변동하는 경향이 있다.

The prices of ***government and corporate bonds*** tend to change at certain periods during the year because they are strongly influenced by the CPI.

국공채 Government and Public Bonds	
국고채	treasury bond
국공채	government and public bond
국채	sovereign bond
국채관리기금채권	National Debt Management Fund (NMF)
국민주택채권 1종	National Housing Bond Type 1
국민주택채권 2종	National Housing Bond Type 2
도로공사채	National Road Construction Bond
물가연동국채	Inflation Indexed Bond
산업금융채권	KDB bond
서울도시철도채권	Seoul and Local Subway Bond
양곡증권	Grain Bond
외평채	Foreign Exchange Stabilization Bond
지방정부채	Local Government Bond
지방자치채	Municipal Bond
통안채	Monetary Stabilization Bond (MSB)
특수채	Special Law Bond

시장 조성인 **market maker**

큰 은행뿐 아니라 기업이 시장 조성인 역할을 맡기도 한다.

Sometimes companies as well as large banks take on the role of ***market maker***.

시가 평가 **mark-to-market**

시가 평가제는 그날그날의 시장 가격을 반영한다.

Mark-to-market system reflects market prices on a daily basis.

변동 금리채 **Variable Rate Note (VRN)**

고정 금리채 **Fixed Rate Note (FRN)**

기명채 **registered bond**

무기명채 **bearer bond**

무기명채에는 원주인이 누구인지 표시되어 있지 않다.

The original owner is not registered on a ***bearer bond***.

환매채 **Repos, RPs**

환매 약정 **repurchase agreement**

환매 약정에 대해 양측의 신용도를 알아보다.

...examine the credit quality of the counterparties to the ***repurchase agreement***.

선순위 채권 **senior debt**

후순위 채권 **junior debt, subordinated debt**

후순위 채권은 선순위 채권에 비해 위험 부담은 크지만 수익률이 높다.

Compared to ***senior debt, junior debt*** is riskier but yields higher rates of interest.

고위험 고수익 채권 **high-risk high-yield bonds, junk bonds**

자산 유동화 증권 **Asset Backed Securities (ABS)**

자산 유동화 증권이란 유동성 없는 자산을 증권화한 것이다.

ABS allows you to ***securitize*** or issue bonds on illiquid assets.

유동화 전문 회사 **Special Purpose Company (SPC)**

매출채권 담보부 증권 **Collateralized Loan Obligation (CLO)**

채권 담보부 증권 **Collateralized Bond Obligation (CBO)**

신용보증기금은 현대 계열사에 대하여 CBO(채권 담보부 증권)와 CLO(매출채권 담보부 증권)에 대한 신용 보증을 해주었다.

The Korea Credit Guarantee Fund provided guarantee for ***CBOs*** and ***CLOs*** issued by Hyundai subsidiaries.

• SPC, SPV란?

Special Purpose Company, Special Purpose Vehicle. 원래는 특수 목적 회사 또는 특수 목적 법인이라고 한다. 특정한 세금 및 법률 관련 목적으로 설립하는 명목 회사(paper company)로서, 한국에서는 SPL로서 자산 유동화를 위해 설립된 유동화 증권 회사 또는 기업 구조 조정 투자 회사(CRV, Corporate Restructuring Vehicle) 등이 있다.

• CBO, CLO란?

CBO(Collateralized Bond Obligation)란 회사채를 자산유동화 전문 회사(SPC)에 매각하고, 이를 기초로 발행하는 자산유동화 증권(ABS)이다. 프라이머리 CBO(Primary CBO)란 신규 발행되는 신용 등급 B~BBB를 기초로 한 CBO다. CLO(Collateralized Loan Obligation)란 은행들이 기업 대출 채권을 자산유동화 전문 회사(SPC)에 매각하고, SPC가 대출 채권을 담보로 발행하는 자산유동화 증권(ABS)이다.

신용 평가 CREDIT RATING

신용 평가 기관 **credit rating agency**

신용 등급 **rate, give/assign rating**

등급 부여 **rate, give rating**

무디스는 한국산업은행 채권에 A3 등급을 부여했다.

KDB's bonds ***are rated*** A3 by Moody's Investors Service.

— 상향 조정 **upgrade/raise rating**

— 하향 조정 **downgrade/lower rating**

한국 신용 등급이 한 등급 상향 조정되었다.

Korea' s sovereign ***rating*** was ***upgraded*** a notch.

신용 등급 전망 **rating outlook**

안정적 전망 **stable outlook**

긍정적 전망 **positive outlook**

부정적 전망 **negative outlook**

목요일 Fitch 신용평가사는 캄벨수프사의 신용 등급 전망을 안정적에서 긍정적으로 상향 조정했다.

Credit-rating agency Fitch Ratings on Thursday raised Campbell Soup Co.'s debt-***rating outlook*** to positive from ***stable***....(*AFX*)

투자 적격 등급 **investment grade**

투자 부적격 등급 **non-investment grade**

S&P가 신용 평가 기관으로서는 가장 늦게 멕시코의 국가 신용 등급을 투자 적격 등급으로 상향 조정했다.

Standard & Poor's became the last rating agency to upgrade Mexico's sovereign rating to ***investment grade***... (*Financial Times*)

국가 신용 등급 **sovereign rating**

국가 신용 등급이란 국공채에 대한 신용 등급이다.

Sovereign ratings are credit ratings for government issued bonds.

신용카드 CREDIT CARD

신용카드 **credit card**

신용카드로 물건을 구입하면 세금 혜택을 받을 수 있다.

If you purchase goods with a ***credit card***, you get tax benefits.

— 발급 **issue**

은행에서 나에게 BC 카드를 발급해주었다.

The bank ***issued*** me a BC card.

— 신청 **apply**

AMEX 카드를 신청했으나 안 나왔다.

I ***applied*** for an AMEX card but was rejected.

— 승인 **approval**

손님의 카드 승인이 떨어졌습니다.

Your credit card has ***been approved***.

손님의 카드 승인이 안 떨어집니다.

Your credit card ***failed to get approval***.

— 받다 **take, accept, honor**

그 가게는 AMEX 카드를 받는다.

The store ***takes*** American Express.

The store ***accepts*** American Express.

The store ***honors*** American Express.

소비자 금융 **consumer credit, consumer finance**

소비자 금융에는 신용카드의 신용 서비스와 은행의 개인 대출 같은 것이 있다.

Consumer finance includes credit extended by credit card companies and personal loans from banks.

신용카드 빚 **credit card debt**

많은 사람들의 신용카드 빚이 5백만원이 넘는다.

Many people have ***credit card debts*** of over 5 million Won.

신용카드 회사 **credit card company**

가장 대표적인 카드 회사로서는 비자와 마스터카드가 있다.

The two major ***credit card companies*** are Visa and MasterCard.

신용 구매 **purchase on credit, buy on credit**

현금은 없었지만 물건들을 신용 구매할 수 있었다.

I didn't have cash but was able to ***buy*** the items ***on credit***.

할부 구매 **extended payment plan, installed payment plan**

나는 컴퓨터를 3개월 할부로 구매했다.

I bought a computer on a 3 month ***extended payment plan***.

현금 서비스 **cash advance service**

나는 카드 회사에서 제공하는 카드 현금 서비스를 이용했다.

I took advantage of the ***cash advance service*** from my credit card company.

연회비 **annual fee**

아메리칸 엑스프레스는 연회비를 받는다.
American Express charges an ***annual fee***.

가맹점 **merchants**

가맹점 수수료 **interchange fee**

일부 가맹점들은 가맹 수수료 때문에 현금을 선호한다.
Some merchant stores prefer cash, because they don't have to pay ***interchange fees***.

사용 한도액 **spending line, spending limit**

신용 한도액 **credit limit**

신용 한도액을 초과하지 않도록 조심해라.
Be careful not to exceed your ***credit limit***.

이용 대금 명세서 **credit card statement**

사용액 **total charge, charged amount**

카드 이용 대금 명세서에서 본인이 사용하지 않은 금액이 있는지 확인해야 한다.
You should check the ***credit card statement*** to see if there's any amount that you did not spend.

대금 결제 **credit card payment**

그는 카드 사용 대금을 결제했다.
He made his ***credit card payment***.

회전 신용 **revolving credit**

회전 결제 **revolving credit payment**

회전 결제 방식은 사용자가 결제 금액을 부분 상환할 수 있게 해주는 제도다.
Revolving credit is a system where the card user is allowed to repay only part of his outstanding credit.

연체, 체납 **delinquency, late payment**

납입 기일을 지키지 못해서 연체가 된다면 신용도에 문제가 생긴다.
If you do not keep the payment deadline, the ***late payment*** will affect your credit score.

연체율 **delinquency ratio**

월요일 금융감독원이 밝힌 바에 따르면 신용카드 연체율이 10퍼센트를 넘어섰다.
According to the Financial Supervisory Service (FSS) on Monday, the ***delinquency ratio*** on credit card payments has surpassed 10 percent.

전자 지갑 **electronic purse**

전자 화폐 **electronic currency**

그 회사에서는 새로운 전자 화폐 유통 시스템을 만들었다.

The company has built a new ***electronic currency*** transaction system.

후불 카드 **charge card**

후불 교통 카드 **multi-transportation charge card**

직불 카드 **debit card**

선불 카드 **pre-paid card, stored-value card**

선불 전화 카드는 카운터에서 구입할 수 있다.

Pre-paid phone cards are available at the counter.

자석 테이프 **magnetic strip**

자석 테이프가 고장 났다.

There's something wrong with the ***magnetic strip***.

IC 칩 **IC chip**

IC 칩이 내장된 스마트카드…

...Smart card with built-in ***IC chip***...

카드 부정 거래/사용 **credit card fraud**

온라인 카드 부정 거래 및 사용이 증가해왔다.

Online ***credit card frauds*** have been increasing.

위조 카드 **counterfeit card**

도난 카드 **stolen card**

분실 카드 **lost card**

분실 또는 도난 카드를 신고하면 이용 대금을 물지 않는다.

If you report ***lost or stolen cards***, you don't have to pay the charged amount.

휴면 카드 **inactive card**

제휴 카드 **co-branded card**

개인 파산 **personal bankruptcy**

Caymen은 Chapter 7 개인파산법에 의하여 파산을 신청하다.

Caymen filed for ***personal bankruptcy*** under Chapter 7.

☞ *Chapter 7, 13* : 미국의 개인 파산에 관한 법.

개인 회생 제도(워크 아웃) **personal debt work-out**

파산에 직면한 개인 가운데 꾸준한 수입이 있는 사람들은 5년간 최선을 다해 채무의 25% 이상을 상환하면 나머지 빚을 탕감받는 개인 회생 제도…

A ***personal debt work-out*** system, in which any debtor with a steady income repays at least 25 percent of his/her debt over five years and is forgiven for the remainder.

신용도 **creditworthiness**

신용 정보 기관 **credit bureau, credit reference agency**

신용 관련 의문점이 있으면 신용 정보 기관에 문의하도록 한다.
If you have enquiries about your credit record, please contact a ***credit bureau***.

• Credit Bureau란?

개인이 대출 신청 또는 신용카드 발행 신청 등을 할 때 신청자의 신용도를 분석·판정하는 일을 대행해주는 신용 평가 회사다. 때로는 기업 신용도를 조사하여 등급을 발표하기도 하지만, 주로 개인의 채무 이행 기록을 바탕으로 한 소비자 금융 정보를 제공한다.

신용 우량 good credit, good credit history/profile

신용 우량자 a person with good credit, a creditworthy person

신용 우량자에게 대출 우대 금리를 적용한다.
A person with good credit can enjoy preferred rates on loans.

신용 불량 bad credit, bad credit history/profile

신용 불량자 credit delinquent, a person with bad credit

카드 돌려막기 bicycling

…다른 신용카드로 현금 서비스를 받아 카드 금액을 결제하는 소위 "돌려막기"로 1년 넘게 버텨온 직장 동료…
...a co-worker who maintained [heavy spending] for more than a year by ***"bicycling"*** his cards-using cash advances from one to pay off another. (*New York Times*)

신용 불량자 종합대책 Bailout Package for Credit Delinquents

신용 회복 지원 rehabilitate credit delinquents

신용회복위원회 Credit Counseling & Recovery Service

보험 INSURANCE

보험 insurance

나는 화재 도난 보험에 들어 있다.
I am ***insured against*** fire and theft.

보험 밀도 insurance density

보험 침투율 insurance penetration rate

작년에 중국의 보험 밀도(국민 1인당 보험료)는 168.8위안화가 넘었다. 보험 침투율(GDP 대비 수입 보험료)은 3.6%였다.
Last year, the insurance density (average per capita premium) exceeded

168.8 yuan (US$20.38). The ***penetration rate*** (percentage of premium income in GDP) was 3.6 percent. (*Asia News Network*)

보험 증권 — insurance policy

— 가입 — buy insurance policy

지난달 나는 보험에 가입했다.

Last month, I ***bought an insurance policy***.

Last month, I ***took out an insurance policy***.

— 청약 — apply for a policy, subscribe to a policy

생명 보험 청약자들은 건강에 관한 설문에 답해야 한다.

Life insurance ***policy applicants*** must answer questions regarding their health.

— 인수 — underwrite policy

보험사에서는 청약자가 제출한 정보를 검토하고 보험 인수 여부를 결정한다.

The insurance company uses the information they collect from the applicant to determine whether they can ***underwrite an insurance policy***.

피보험자 — insured

보험 가입자 — policyholder

보험 수익자 — insurance beneficiary

대부분 생명 보험은 배우자가 수익자로 되어 있다.

Most life insurance policies have the spouse as the ***insurance beneficiary***.

개인 보험 — individual insurance

단체 보험 — group insurance

직장 보험 — workplace insurance, company group insurance

가장 대표적인 단체 보험으로는 의료 보험과 직장 연금 보험이 있다.

The major ***group insurance*** policies include medical plans and pension plans.

보험 상품 — insurance product

아시아 지역 여행 시 적용되는 여행 보험 상품을 찾고 있다.

I'm looking for a travel ***insurance product*** which is available for Asian travel.

저축성 보험 — savings (type) insurance, deposit (type) insurance

보험 판매인 — insurance agent

보험 설계사 — professional insurer, life planner, financial planner (FP), life consultant (Lico)

전문 설계사와 충분한 상담을 하면 보험료를 절약할 수 있다.

You can save on premiums if you consult a professional ***life planner***.

보험 사정인 underwriter

보장 protection

사망에 대한 보장을 받다.

...***be protected*** against death.

보장 급부 protection benefit

부보 범위 insurance coverage

작업 중 부상을 당했다고 해서 수입 보장 급부를 다 받을 수 있는 것은 아니다.

Everyone who is injured while working cannot receive the full income ***protection benefit***.

보장성 보험 protection (type) insurance

사고·실직·질병 등으로부터 보호해주는 역할을 하는 보장성 보험이 많이 있다.

There are various ***protection insurances*** which protect you from accidents, unemployment, or sickness.

보상 기간 indemnity period

보상 기간은 계약서에 명시되어 있다.

The ***indemnity period*** is stated clearly on the contract.

정기 보험 term insurance

변액 보험 variable insurance

변액 유니버설 보험 variable universal life (VUL)

변액 유니버설 보험은 뮤추얼 펀드와 생명 보험을 접목시킨 것이다.

Variable universal life combines mutual funds and life insurance. (*Press World*)

배당 상품 participatory insurance, participating product

무배당 상품 non-participatory insurance, non-participating product

그 회사는 무배당 상품 전문이다.

The company provides only ***non-participatory insurance*** service.

종합 보험 general insurance

생명 보험 life insurance

생보사 life insurance company

생명표 mortality table

사망률 mortality rate

사망 위험(률) mortality risk

나이가 많아질수록 사망 위험률이 높아져 보험료도 올라간다.

Insurance premium goes up with age because the ***mortality risk*** increases as well.

종신 보험 **whole life insurance**

종신 보험이 인기를 끄는 이유는 계약자가 사망하면 이유에 관계없이 무조건 보험금을 지급하기 때문이다.

Whole life insurance policies are popular, because benefits are paid out at the death of the policyholder regardless of the cause of death.

연금 보험 **annuity insurance**

여행자 보험 **travel insurance**

손해 보험 **non-life insurance, property and casualty (P&C) insurance**

손보사 **non-life insurance company, P&C insurer**

XX는 국내에서 손꼽히는 손보사 중 하나다.

XX is one of the leading ***non-life insurance companies*** in the country.

화재 해상 보험 **marine and fire insurance**

그는 선단과 화물을 보호할 목적으로 화재 해상 보험사를 찾았다.

He visited a company offering ***marine and fire insurance***, in order to protect his ships and cargoes.

보험료 **premium**

생명 보험은 피보험자의 나이와 건강 상태에 따라 보험료가 결정된다.

Life insurance ***premiums*** are determined by age and state of health of the insured.

수입 보험료 **premium income**

원수 보험료 **direct premiums written**

위험 보험료 **risk premium**

경과 보험료 **net premiums earned**

순보험료 **net premium**

초회 보험료 **first month premium**

18세 미만의 운전자들에게는 위험 보험료가 붙는다.

There is an additional ***risk premium*** for drivers under 18.

일부 보험사에서는 가입 신청서 작성시 초회 보험료도 지불하라고 요구한다.

Some insurance companies require the ***first month premium*** payment with the application form.

할증 **loading**

할증 보험료 **additional premium, extra premium**

교통사고가 잦은 운전자들은 자동차 보험료가 할증된다.

Drivers with frequent accidents will have to pay ***additional premium*** for their auto insurance.

보험료 납입 **premium payment**

분할 납입 **installment premium**

납입 기일 **due date for premium**

납입 기일 후에도 15일간의 유예 기간을 둔다.

...allow a grace period of 15 days after the ***due date for premium*** payment.

보험금 **benefit, claim payment**

— 청구 **submission of claim, make/file claim**

보험사에 보험금을 청구하다.

...***file claim*** with the insurance company.

보험금 청구 지연으로 기한을 넘겨 보상을 제대로 받지 못하는 가입자들이 많다.

Many policyholders are losing compensation due to failure to ***make claims*** within the required period.

— 지급 **payment of claim**

그는 회사가 보험금을 즉시 지급해야 한다고 주장했다.

He insisted that the company was responsible for prompt ***payment of claim***.

보험 수혜 **policy benefits**

보험 금액 **insured value, insured amount**

보험 금액을 산정하다.

...calculate the ***insured value***.

손해 사정 **loss assessment, claims settlement**

손해 사정인 **loss investigator/assessor**

보험사뿐 아니라 개인도 손해 사정인을 고용할 수 있다.

An individual, as well as an insurance company, can employ a ***loss assessor***.

• Bancassurance란?

방카슈랑스. 은행의 겸업화의 일환으로, 은행에서 파는 보험 상품을 뜻한다. banc(불어로 은행)와 assurance(불어로 보험)가 합하여 만들어진 합성어.

• Assurbanking이란?

아슈르방킹. 보험사가 은행과 제휴하여 보험 설계사 등을 통해 은행의 금융 상품을 판매하는 것. 은행에서 보험 상품을 판매하는 방카슈랑스의 반대 개념. (www.mofe.go.kr)

개인 보험 Insurance for Individuals	
개인연금보험	personal pension insurance
교통상해보험	auto accident insurance
보장보험	protection insurance
상해보험	personal accident insurance
생명보험	life insurance
손해보험	insurance against loss
암보험	cancer insurance, dread disease insurance
양로보험, 생존보험	endowment insurance
여행보험	travel insurance
연금보험	annuity insurance
자동차 종합보험	comprehensive auto insurance
재해사고보험	casualty insurance
종신보험	whole life assurance
주택 종합보험	householder's comprehensive policy
질병보험	sickness insurance
책임보험	liability insurance
특종보험	specialty lines

기업 보험 Insurance for Corporations	
근로자산업재해보험	workers industrial accident insurance
기업연금보험	corporate pension insurance
도난보험	theft insurance
보증보험	surety bond
수출신용보험	export credit insurance
이행보증보험	performance guarantee insurance
입찰보증보험	bid guarantee insurance
제조물배상책임보험	product liability insurance
해상보험	marine insurance
화재보험	fire insurance

특약 **special (policy) conditions, riders**

종신 보험은 특약에 가입하면 사망 이외의 질병이나 상해에 대한 보장을 받을 수 있다.

If you subscribe to ***special conditions*** in a whole life policy, you can be protected against illness and injury, in addition to death.

실효 **lapse**

실효율 **lapse ratio**

실효 보험 **lapsed policy**

이 기간 동안 계약이 실효되거나 해약된 보험 계약이 18만 건이 넘었다.

More than 180 thousand insurance ***policies lapsed*** or were cancelled during this period.

중도 해약 **cancellation of policy**

해약 환급금 **surrender value, return premium for policy cancellation**

해약 환급금 범위 내에서 금전을 대출해주는 특약이 있다.

Special conditions can provide for cash loans up to the amount of ***surrender value*** of the policy.

만기 환급금 **maturity refunds (to policy holders)**

재보험 **reinsurance**

재보험사 **reinsurer**

재보험사는 보험사를 위한 보험사라고 할 수 있다.

A ***reinsurer*** can be described as an insurance company for insurance companies.

재재보험 **re-reinsurance, retrocession**

재재보험사 **retrocessionaire**

재보험사와 재재보험사는 모두 위험 분담과 관련이 있다.

Both ***re-insurer*** and ***retrocessionaire*** are related to risk sharing.

보험 계리 **actuarial**

보험 계리인 **actuary**

보험 계리인은 수학적·분석적 방법을 동원하여 금융 문제를 해결한다.

An ***actuary*** applies mathematical and analytical methods to solve financial problems.

지급 여력 **solvency margin**

지급 여력 비율 **solvency margin ratio**

지급 준비금 **loss reserve, claims reserve**

책임 준비금 **policy reserve**

책임 준비금액은 금리에 따라 달라진다.
Policy reserve level varies with interest rates.

사업비	operating expense
사업 비율	expense ratio
합산 비율	combined ratio
손해율	loss ratio

손해율이란 보상금을 보험료로 나눈 비율이다.
A ***loss ratio*** is the ratio of claims divided by premiums.

부동산 REAL ESTATE

부동산	real estate, property
주택	residential building, houses
상용 건물	commercial building
상가	shopping center
사무실 빌딩	office building
주상복합 건물	commercial-residential building, mixed-use building

그는 2층짜리 주상복합 건물을 지을 계획이다.
He is planning to build a two-story ***commercial-residential building***.

부동산 개발	real estate development

여러 부동산 개발 업체가 그 지역에 관심이 있다.
Many ***real estate development*** companies have shown interest in the area.

공업용 부동산	industrial real estate
상업용 부동산	commercial real estate
주거용 부동산	residential real estate

XX사이트에서는 부산 지역 주거용 부동산 매물 목록을 제공한다.
XX website offers the list of ***residential real estate*** for sale in Busan.

건축 부지	building lot

그는 호수 근처에서 여름 별장을 짓기에 안성맞춤인 부지를 찾아냈다.
He has found a perfect ***building lot*** near the lake for a summer house.

입지 조건	location
위치	geographical location
교통 편리	convenient location, easily accessible

위치가 좋고 교통이 편리한 사무실 빌딩은 임대료를 많이 받을 수 있다.
Office buildings ***in prime locations*** with ***easy access to transportation***

will fetch higher rents.

공실률 **vacancy rate**

홍콩은 부동산 과잉 공급으로 공실률이 높다.

Hong Kong real estate market has a high ***vacancy rate*** as a result of oversupply.

입주율 **occupancy rate**

최고의 위치에 있는 건물은 입주율이 더 높다.

Buildings built in prime locations will have higher ***occupancy rates***.

면적 **area**

대지 면적 **land area, land coverage area**

총부지 면적 **total site area**

부지 면적 **site area**

부지 면적이 100헥타르인…

...with ***a site area*** of 100 hectares...

건물 **building**

건평 **floor area (FA)**

연면적 **gross floor area (GFA), total floor area**

용적률 **floor area ratio (FAR)**

건폐율 **building coverage ratio**

층수 **story, storey, level, number of floors**

지상 22층, 지하 2층짜리 건물.

...a 22 ***story building*** with 2 ***basement floors***.

아파트 **apartments, condo-apartments**

평수 **floor area of apartment unit (in pyeongs)**

공용 면적 **common area, service area**

전용 면적 **floor area of apartment unit, net area**

☞ 전용 면적을 직역하면 *exclusive use area*이지만, 공용 면적을 제외한 면적이므로 *floor area of apartment unit* 또는 *net area*로 표현하는 것이 더 적절하다.

• Condominium이란?

원래 영어로 condominium은 입주자가 소유주인 형태의 건물(대부분 아파트)을 뜻한다. 외국은 대부분 아파트가 임대형이지만, 개별 호를 개인에게 분양한 아파트는 condominium이라 한다. 한국에서 콘도미니엄이라고 하는 것은 휴양지 등에서 몇 명의 소유주가 돌아가며 사용하는 아파트 형태의 부동산을 말하며, 영어로는 time-share unit라고 한다.

부동산 시장 **real estate market, property market**

작년에 부동산 시장은 큰 불황을 겪었다.

The ***real estate market*** experienced a major slump last year.

부동산 투자 **real estate investment**

부동산 투자는 돈을 불리기 위한 좋은 방법이다.

Real estate investment is a good way to increase your fortune.

부동산 투자 신탁/회사 **Real Estate Investment Trust (REITs)**

전 세계 리츠 시장의 총 투자 자본 규모는 6,080억 달러이며 빠르게 성장하고 있다고…

The global market capitalization of ***REITs*** stands at $608 billion and is rising fast...

CR 리츠 **Corporate Restructuring REITs (CR REITs)**

GE 캐피탈이 국제 CR 리츠에 나선다고 발표했다.

GE Capital announced it would push into the international ***CR REITs*** market.

• REITs란?

리츠란 소액 투자자들로부터 자금을 모아 부동산이나 부동산 관련 유가 증권에 투자하고 그 수익을 투자자들에게 배당하는 부동산 투자 신탁 회사다.

• CR REITs란?

CR REITs란 기업 구조 조정 대상이 되는 부동산에 투자하는 리츠 회사를 말한다.

부동산 투기 **real estate speculation**

서울시가 용적률 규정을 바꾼 것이 투기 바람을 일으켰다.

When the Seoul government changed the FAR regulation, it fueled ***real estate speculation***.

1가구 다주택 **multiple home owner**

위장 전입 **false registration of/falsify residential address**

후보자는 부동산 투기 목적으로 위장 전입을 한 것으로 의심된다.

The candidate is suspected of having ***falsified his residential address for*** purposes of real estate speculation.

투기 억제 정책 **anti-speculation policy**

부동산 보유세 **property tax, real estate holding tax**

종합부동산세 **comprehensive real estate (holding) tax**

분양 원가 공개 **disclosure of apartment (construction/development) cost**

부동산 중개 **real estate brokerage**

X는 부동산 중개 및 개발 업체를 운영한다.

X runs a ***real estate brokerage*** and development firm.

부동산 중개 회사 **realtor, real estate agency**

중개료 **commission, agent fee**

공인중개사 **licensed realtor**

그는 2010년부터 공인중개사 일을 했다.

He has worked as a ***licensed realtor*** since 2010.

부동산 감정 평가 **real estate appraisal**

부동산 감정가 **appraisal price**

부동산 감정가와 구입가는 다른 경우가 많다.

In many cases, the ***appraisal price*** is not the same as the purchase price.

공정 가격 **fair market value**

공정 가격은 부동산 가치 평가의 한 기준이다.

Fair market value is one of the standards used in valuing a real estate.

분양가 **(pre-) selling price**

공시가 **government announced price**

땅 주인들의 시위 후 공시가가 평당 5만원 올랐다.

After a demonstration of the land owners, the ***government announced price*** went up by 50,000 Won per pyung.

지가 **land prices**

서울의 높은 지가와 임대료는 외국인 기업 진출에 큰 걸림돌이다.

Seoul's high ***land prices*** and rental fees are serious obstacles for foreign businesses entering Korea.

개별 공시 지가 **Officially Assessed Individual Land Price (OAILP)**

개별 공시 지가가 너무 낮게 나왔다.

The ***Officially Assessed Individual land Price*** (***OAILP***) was too low.

매입자, 원매자, 살 사람 **buyer**

매각자, 팔 사람 **seller**

매각자 측에서 마지막 순간에 집을 팔지 않기로 마음을 바꾸었다.

The ***seller*** changed his mind at the last moment and decided not to sell the house.

소유권 **ownership, property rights**

그 부동산의 소유권은 X에게 있다.

X has ***ownership*** to(of) the real estate.

집의 소유권 분쟁.

...dispute over ***ownership*** of the house.

소유 문서 **title deed**
양도 **transfer, assignment**
양도 증서 **deed of transfer**

X는 Y에게 집문서를 넘겨주었다.
X transferred the ***title deed*** to the house to Y.

부동산권리보험(권원보험) **title insurance**

부동산권리보험은 부동산 소유권을 둘러싼 문제 발생 시 보호 역할을 해준다.
Title insurance protects you against problems arising through claims on real estate.

부동산 매매 **real estate sales, real estate transactions**

부동산 매매가 활발하다.
Real estate sales are brisk.

계약금 **earnest money, security deposit, initial deposit**
중도금 **first/second installment payment, first/second payment**
잔금 **final payment, balance payment, settlement**

어제 잔금을 치렀으니 X가 새 주인이 되었다.
Now X is the new owner, for he ***paid the balance*** yesterday.

임대 **rent, lease, let**
월세 **monthly rent, wolsei**
임대료 **rent, rental fee**
임대인 **lessor, landlord**
임차인 **lessee, tenant**

임대인과 임차인 양측은 계약 갱신에 합의했다.
The ***lessor*** and ***lessee*** agreed to renew the contract.

입주자, 세입자 **tenant**

계약에 따르면 입주자는 집주인에게 난방 수리비 부담을 요청할 권리가 있다.
According to the contract, the ***tenant*** has the right to ask the landlord to pay the cost for fixing the heater.

전세 제도 **chonsei system, full-deposit system**
전세 보증금 **chonsei deposit, key money, security deposit**
전세권 **leasehold rights**

2년 단위의 전세 계약의 전세 보증금이 올라갈 것으로 예상되고 있다.
Tenants of the two-year rental contracts on a ***key money*** or ***deposit*** system will face huge increases.

퇴거 | eviction

퇴거 명령 | eviction notice

1년 이상 집세를 내지 않아 집주인은 입주자를 퇴거시켰다.

The landlord ***evicted*** the tenant because he failed to pay rent for over a year.

부동산 투자 수익 | real estate investment returns

내부 수익률 | Internal Rate of Return (IRR)

임대 수익률 | Rate of Return for leasehold

부동산 가격이 오르면 임대 수익률은 하락하는 것이 보통이다.

The ***rate of return for leasehold*** generally goes down when the property price goes up.

부동산 금융 | real estate financing

X사는 부동산 금융업으로 유명하다.

Company X is known for its ***real estate financing*** business.

부동산 담보 대출 | mortgage (loan)

장기 주택 담보 대출 | home mortgage loan

☞ *mortgage loan* : '모기지론'이라고도 한다.

장기 주택 담보 대출 신청자가 3월 이래 크게 늘었다.

The number of applicants for long-tern ***home mortgage loans*** has sky-rocketed since March.

역모기지(론) | reverse mortgage (loan)

역모기지 대출로 노후에 경제적 안정을 얻을 수 있다.

A ***reverse mortgage*** can provide seniors with financial security in their retirement years.

• Reverse Mortgage란?

역모기지론. 차입자가 대출 기관에 매월 일정액을 상환하는 모기지론과 반대로, 차입자가 주택 가치의 부분에 상당하는 금액을 대출 기관으로부터 매월 일정액씩 받는다. 차입자가 사망한 후 대출 기관은 주택을 팔아서 대출을 상환받는다.

주택 담보 대출 비율 | loan-to-value ratio (LTV)

주택 담보 대출 비율이란 주택 가격에서 대출 자금이 차지하는 비율이다.

Loan-to-value ratio is the proportion of loan out of the total value of the house.

주택 담보 인정 비율 | LTV rule, maximum LTV

총 부채 상환 비율 | debt-to-Income ratio (DTI)

소득 대비 주택 가격 | price-to-income ratio (PIR)

PIR이 높을수록 주택 융자를 많이 받아야 한다.
The higher the ***PIR***, the more need for home financing.

• LTV, DTI, PIR이란?

주택 담보 대출 비율(LTV)이란 은행들이 주택을 담보로 대출해줄 때 적용하는 담보 가치 대비 대출 금액이며, 이것을 기준으로 한 최대 대출 한도를 결정하는 것이 Maximum LTV다. 총 부채 상환 비율(DTI)이란 금융 부채 상환액을 연소득으로 나눈 비율이고, 소득 대비 주택 가격(PIR)은 가계의 연간 소득 대비 주택 가격의 배수다. (경제용어사전)

저당권 **mortgage lien**

대여자는 집에 대한 저당권을 갖고 있다.
The lender has a ***mortgage lien*** on the house.

— 설정 **establish mortgage**

저당권을 설정하면 다른 채무자에 앞서 변제를 받을 권리가 있다.
Established mortgage is granted repayment prior to other creditors.

— 행사 **exercise mortgage lien**

차입자가 채무를 이행하지 못하면 저당권 소유자가 저당권을 행사할 수 있다.
If the borrower defaults on the loan, the mortgage lien holder may ***exercise the mortgage lien***.

근저당 **Geun mortgage, home equity line of credit (HELOC)**

XX에 근저당을 설정하다.
...establish ***geun mortgage*** at XX Won...
...establish ***home equity line of credit*** at XX dollars...
☞ *home equity loan* : 2차 주택 저당 대출(미국). *Second mortgage*라고도 한다.

주택저당증권 **Mortgage-Backed Securities (MBS)**

상업용 부동산저당증권 **Commercial MBS (CMBS)**

• MBS란?

Mortgage Backed Securities. 주택 담보 대출(mortgage loan) 채권을 기초 자산으로 발행하는 자산 유동화 증권.

주택 정책 HOUSING POLICY

내 집 마련 **becoming a home owner**

그는 결혼 3년 만에 내 집 마련의 꿈을 이루었다.
He ***became a home owner*** three years after marriage.

주택 공급 housing supply

주택 부족 housing shortage

멕시코시티에서는 주택 부족과 대기 오염이 골칫거리다.
A ***housing shortage*** and air pollution are big problems in Mexico City.

주택 건설 산업 housing industry

주택 건설업은 여전히 호황을 누리고 있다.
The ***housing industry*** still remains robust.

주택 보급률 housing supply (to demand) ratio

자가 비율 home ownership ratio

90%에 달하는 높은 자가 비율은 경제 성장의 결과다.
The high ***home ownership ratio*** of 90% is the result of the economic growth.

단독 주택 single-unit house, detached housing

공동 주택 multi-family house

단독 주택보다 공동 주택을 선호하는 사람도 있다.
Some people favor ***multi-family houses*** than ***single-unit houses***.

공공 주택 public housing

영구 임대 주택 rental housing

공공 주택 사업 public housing project

중국 정부는 북경에서 대규모 공공 주택 사업에 착수했다.
The Chinese government launched a massive ***public housing project*** for Beijing.

공공 주택 금융 public housing finance

민간 주택 금융 private housing finance

민간 주택 금융 부문에서 심각한 문제가 발견되었다.
A serious flaw was discovered in the ***private housing finance*** sector.

국민 주택 기금 National Housing Fund

국민 주택 채권 2종 National Housing Bond Type 2

국민 주택 채권 1종 National Housing Bond Type 1

그 2000가구 주택 건설 사업은 국민주택기금에서 후원했다.
The 2000-unit public housing project was financed by the ***National Housing Fund***.

분양 sale of units/lots/parcels

아파트 분양 pre-sell, pre-construction distribution of purchase

rights, sales of apartment units

아파트 2만 가구가 내달에 분양된다.

There will be 20,000 units of condo-apartments ***for pre-sell*** next month.

분양권 purchase rights

분양률 presale success rate

선분양 pre-construction sales, pre-sell, pre-sale

후분양 post-construction sales, build-and-sell

☞ 분양은 엄밀히 선분양과 후분양이 모두 포함된다. 우리나라에서는 선분양이 보편화되어 있기 때문에 이를 일괄적으로 '분양'이라고만 하지만, 상황에 따라 *pre-sell*(선분양)이라고 번역해야 하는 경우도 있다.

택지 분양 sale of residential lots/building lots/land parcels

X사는 정부로부터 택지 매입권을 받았다.

Company X received the right to buy a ***building lot*** from the government.

주택 청약 apply for purchase of housing (apartment)

주택 청약 예금 housing savings deposit

청약 부금 installment savings

…청약 부금 만기일…

…***installment savings*** expiration date…

청약자 applicants, subscribers

청약을 했다고 해서 반드시 아파트를 구입할 수 있는 것은 아니다.

Not every ***applicant*** is guaranteed an apartment.

딱지 ticket

고층 아파트 단지 high-rise apartment complex

저밀도 아파트 지구 low-density apartment building area

고밀도 아파트 지구 high-density apartment building area

고밀도 아파트 지구로 이사하다.

…move to a ***high-density apartment building area***.

재건축 reconstruction, redevelopment

정부는 아파트 재건축 규정을 강화할 계획이다.

The government will strengthen requirements to ***rebuild*** apartment complexes.

재건축 조합 tenants' redevelopment committee, residents' association for reconstruction

건축 회사 측은 재건축 조합의 요구를 거절했다.

The building company did not accept the demand of the ***residents' association for reconstruction***.

조립식 주택 **pre-fabricated house, prefab house**

전원주택 **country home, country side house**

X에게는 경기도 어디쯤에 아름다운 전원주택이 한 채 있다.

X is the owner of a beautiful ***country side house*** somewhere in Gyeonggi Province.

국제 금융 INTERNATIONAL FINANCING

국제 자본 **international capital**

장기 자본 **long term capital**

단기 자본 **short term capital**

FDI 형태의 장기 자본은 바람직하나, 투기성 단기 국제 자본은 금융 불안정을 야기한다.

Long term capital in the form of FDI is good, but ***short term speculative foreign capital*** causes financial instability.

☞ *"FDI" : Foreign Direct Investment*. 외국인 직접 투자.

자본 이동 **capital flow, flow of capital**

글로벌화는 인력과 자본의 자유로운 이동을 의미한다.

Globalization means the free ***flow of*** human resource and ***capital***.

자본 유출 **capital outflow, capital flight**

2002년도 상반기에 러시아에서 21억 달러의 민간 자본이 유출되었다.

Net private ***capital flight*** from Russia reached $2.1 billion in the first half of 2002.

자본 유입 **capital inflow**

신흥 경제국의 증시로 외국 자본이 유입되었다.

Foreign capital flowed into the equity markets of emerging economies.

국제채 **international bond**

표시 통화 **currency of denomination**

국제채는 표시 통화에 따라 여러 가지로 나뉜다.

International bonds can be divided into several types depending on the ***currency of denomination***.

— 화 표시 채권 **— denominated bond**

미국에서 발행되는 달러화 표시 외국채…

U.S. Dollar denominated foreign ***bonds*** issued in the United States...

외국채 **foreign bond**

양키채 **Yankee Bond**

사무라이채 **Samurai Bond**

IBM이 일본에서 1400억 엔(13.2억 달러) 규모의 사무라이채를 발행…

…140 billion yen (U.S. $1.32 billion) ***Samurai bond*** for IBM in Japan…

불독채 **Bulldog Bond**

유로채 **Euro Bond**

한국전력은 18일 일본 도쿄에서 3년 만기 350억 엔의 유로엔화 채권을 1.27%의 고정 금리로 발행했다고 밝혔다.

KEPCO announced a 35 billion yen issuance of a 3-year ***Euro-Yen bond*** at a fixed rate of 1.27%.

• Yankee Bond란?

양키채. 미국 기업이 아닌 외국 기업 또는 금융 기관이 미국에서 발행하는 달러화 표시 채권.

• Samurai Bond란?

사무라이채. 일본 기업이 아닌 외국 기업 또는 금융 기관이 도쿄에서 발행하는 엔화 표시 채권.

• Bulldog Bond란?

불독채. 영국 기업이 아닌 외국 기업 또는 금융 기관이 런던에서 발행하는 파운드화 표시 채권.

• Euro Bond란?

통화국이 아닌 국가에서 발행되는 통화국 화폐 표시 채권. 예를 들어 일본 기업이 외국에서 엔화 표시 채권을 발행하면 유로엔채라 한다.

해외 차입 **overseas borrowing, foreign loan**

해외 차입이 과도하여 경제가 흔들린다.

Excessive ***overseas borrowing*** threatens the economy.

대외 신인도 **international confidence**

무디스가 신용 등급을 올려줄 경우 기업들의 해외 차입금의 금리 부담이 줄어들고, 대외 신인도도 올라가게 된다.

Moody's upgrade of Korea's sovereign rating enables private companies to borrow from overseas at lower interest rates and boosts ***international confidence*** towards Korea.

해외 상장 **international IPO, overseas listing**

동시 상장 **co-listing**

교차 상장 **cross-listing**

주식 교차 상장 및 교차 거래를 허용하다.

...allow the ***cross-listing*** or ***cross-trading*** of shares.

주식 예탁 증서 **Depository Receipt (DR)**

IDR 발행 **IDR issuance**

ADR 발행 **ADR issuance**

재정경제부는 담배인삼공사의 민영화 대상 잔여 지분 13.8%를 주식예탁증서(DR) 발행을 통해 해외에 매각하기로 했다고 밝혔다.

MOFE announced that the remaining 13.8% of Korean Tobacco and Ginseng Corporation's shares for privatization will be sold through the issuance of ***DRs***.

• IDR이란?

International Depository Receipts. IDR이란 주식을 기초로 은행이 발행하는 양도성 증권이다. 해외 주식 시장에 상장할 때 기초가 되는 원주(underlying shares)는 IDR을 발행하는 은행이나 이에 상응하는 기관에 예탁된다. 외국의 투자자는 시장에서 주식 대신 IDR을 매입한다.

• ADR이란?

American Depository Receipt. 미국에서 발행되는 DR이다.

역외 금융 **off-shore financing, off-shore borrowing**

역외 금융 회사 **Off-shore Financial Center (OFC)**

많은 역외 금융 회사는 법인세 면제 목적으로 바하마 등의 조세 피난 지역에 설립된다.

Many ***off-shore Financial centers*** are established in tax havens, such as the Bahamas, for tax purposes.

☞ <경영/경영> 참조.

• Offshore Banking Center란?

역외 금융이란 조세 피난 지역 등 금융 통화 및 외환 규제가 없는 환경에서 은행 및 금융 활동을 하는 것이며, 이런 회사를 역외 금융 회사라고 부른다. 예로, 런던의 유로 통화 시장, 미국의 International Banking Facilities, Barbados, Belize, Cook Islands, Grand Cayman, Panama, Vernau 등의 역외 금융센터가 있으며,

금융 및 기업법은 일반 국내법보다 훨씬 느슨하다.

차관 **foreign loan**

6억 달러에 상당하는 차관을 도입하다.

...obtain a ***foreign loan*** of $600 million.

개발 차관 **development loan**

키프로스는 에너지·교육·교통 부문의 개발을 위해 유럽투자은행으로부터 2.2억 유로의 개발 차관을 받을 예정이다.

Cyprus is to receive a €220 million ***development loan*** from the European Investment Bank (EIB) for the development of its energy, education and transport services.

국제금융기관 **International Financial Institutions (IFI)**

아시아개발은행 **Asian Development Bank (ADB)**

세계은행 **World Bank**

국제개발부흥은행 **International Bank for Reconstruction and Development (IBRD)**

• IBRD란?

International Bank for Reconstruction and Development. 세계은행 그룹에 속하는 기관으로 1945년 설립되어 제2차 세계 대전 이후 개도국 회원들의 개발 사업을 위하여 개도국 정부에 차관을 제공하거나 민간 차관에 대한 보증을 해준다. 미국 워싱턴D.C.에 본부를 두고 있다.

국제통화기금 **International Monetary Fund (IMF)**

유럽개발부흥은행 **European Bank of Reconstruction and Development (EBRD)**

• IMF란?

International Monetary Fund. 국제 통화의 안정을 통하여 세계 경제의 균형 성장을 도모하고자 1945년에 설립. 회원국들의 단기적 국제수지 불균형을 완화하기 위해 SDR 형태로 회원국들에게 신용을 공여한다. 미국 워싱턴D.C.에 본부를 두고 있으며 190개 회원국이 있다.

• SDR이란?

Special Drawing Rights. 특별 인출권. SDR은 IMF가 1970년에 도입하여 회원국들에게 할당했다. 일시적 국제수지 적자 상태가 된 회원국들은 IMF가 설정한 조건하에 SDR을 사용하여 타국 또는 IMF에 대한 채무를 상환할 수 있다. SDR은 주요 통화의 가중 평균치로 회원국들의 GDP, 외환 보유액, 경상지급 및 수입 규모, 경상수입의 변동성 등 5가지 공식을 이용하는 다소 복잡한 과정을 거쳐 산출된다.

채권국 **creditor country**

순채권국 **net creditor country**

한국의 순채권은 450억 달러로 1999년 9월 이후 순채권국의 위치를 유지했다.
Korea has remained a ***net creditor*** since September, 1999 with a net credit of $45 billion.

채무국 **debtor country**

순채무국 **net debtor country**

저소득 과다 채무국 **Heavily Indebted Poor Country (HIPC)**

IMF와 세계은행은 과다한 외채로 어려움을 겪는 저소득 과다 채무국을 지원하기 위한 방안을 제시했다.
IMF and the World Bank have drawn up a framework paper for assisting ***heavily-indebted poor countries*** (***HIPCs***) with unsustainable debt burdens.

외채 **external debt**

외채 탕감 **debt write-off**

외채 감면 **debt relief**

채무국들은 3년 동안 IMF 프로그램을 준수하고 파리 클럽에 공식 외채 감면을 요청한다.
Debtor countries will visit the Paris Club for official ***debt relief*** after three consecutive years of compliance with an IMF programme as they do now.

• Paris Club이란?

파리 클럽. 채권국(주로 OECD 국가) 정부가 주로 IMF 자금 지원을 받고 있는 저소득 과다 채무국에게 자신들이 공여 또는 보증한 공공 채무의 재조정을 논의하기 위해 회동하는 비공식 포럼. 1974년 발족되었다.

• London Club이란?

런던 클럽은 1980년 초에 발족, 채권자인 민간 상업 은행들이 모여 민간 채무 과다국의 채무 상환 문제를 협의하는 포럼이다. 채무 구조 조정에 관한 Brady 딜(총미상환 채무를 일괄적으로 할인)이 나오면서 정기적으로 상환 기간을 조정할 필요가 없어짐에 따라 Bank Advisory Committee가 사실상 런던 클럽을 대체하고 있다.

총대외 지불 부담 **total external liabilities**

2002년 8월 말 현재 한국의 총대외 지불 부담은 1,296억 달러를 기록…

Korea's ***total external liabilities*** as of August, 2002 is $129.6 billion...

채무 상환 기간 조정 **debt rescheduling**

채무 만기 연장 **debt rollover**

만기 연장에 들어간 채무 20억 달러…

...a ***debt rollover*** of 2 billion dollars...

채무 상환 **debt repayment, debt reimbursement**

거치 기간 **grace period**

5년 거치 15년 상환…

...repay in 15 years with 5 years ***grace period***...

현물 상환 **Payment in Kind (PIK), repay in kind**

러시아 경협 차관 중 3억 7천만 달러는 헬기와 방산 물자 등으로 현물 상환이 이뤄졌다.

Korea received ***a payment-in-kind*** from Russia worth $370 million in military equipment including helicopters.

대외 지급 유예 **debt moratorium**

브라질은 이미 대외 지급 유예를 선언했다.

Brazil has already declared a ***debt moratorium***.

대외 채무 위기 **external debt crisis**

외채 협상 **debt refinancing negotiations**

금융 위기가 닥치면서 한국은 해외 채권 은행과 외채 협상에 들어갔다.

On the onset of the financial crisis, Korea launched ***debt refinancing negotiations*** with foreign creditor banks.

국제 협조 융자 **international syndicate loan/syndicated lending**

가교 융자 **bridge loan**

장기 저리 융자 **soft loan, concessional loan**

국가 부도 **sovereign default**

한국은 1997년 국가 부도 위기에 처했었다.

Korea faced a potential ***sovereign default*** in 1997.

이제 IMF는 국가 부도로 인한 자본 유출이 우려될 경우 일시적인 통제가 필요할 수 있음을 인정하고 있다.

The IMF now concedes that temporary controls may be necessary if a ***sovereign default*** threatens capital flight.

금융 위기 **financial crisis**

IMF 위기 (1997) **Asian financial crisis**

한국은 IMF 위기를 성공적으로 극복했다.

Korea successfully overcame the ***1997 financial crisis.***

☞ *IMF Crisis* : 금융 위기의 원인이 *IMF*에게 있다는 의미를 갖는다. 굳이 사용할 때는 *so-called IMF crisis* 라고 표현한다.

IMF 구제 금융 **IMF bailout (package)**

IMF 체제 **IMF Program**

IMF 구제 금융을 받으며 한국은 IMF 체제로 들어갔다.

Korea was placed under ***the IMF program*** as it received the bailout package.

기업구조조정위원회 **Corporate Restructuring Committee (CRC)**

재무구조개선약정 **Capital Structure Financial Improvement Agreement**

기업구조조정협약 **Corporate Restructuring Agreement**

재무구조개선계획 **Capital Structure Improvement Plan**

통안채, 통화안정증권 **Monetary Stabilization Bond (MSB)**

도덕적 해이 **moral hazard**

호스트 콜러 IMF 총재는 이런 도덕적 해이 때문에 구제 금융에 대한 의존도를 줄여야 한다고 말했다.

IMF head, Horst Kohler, identifies such ***moral hazard*** as one reason to reduce reliance on bailouts.

전염 효과 **contagion effect**

태국에서 시작된 금융 위기의 전염 효과는 인근 국가로 퍼졌다.

The Asian financial crisis that started in Thailand had a ***contagion effect*** on neighboring countries.

15 통상 TRADE

국제 통상 INTERNATIONAL TRADE

통상교섭본부 **Ministry of Trade**

통상교섭본부장 **Minister of Trade**

통상교섭본부장은 미 무역대표부 대표와 만났다.

The ***Minister of Trade*** met with the U.S. Trade Representative.

교역 관계 **trade relations**

교역 대상국 **trading partner**

X국은 한국의 최대 교역 대상국이다.

Country X is Korea's largest ***trading partner***.

수출 대상국 **export market, market for Korean exports**

A국은 한국의 제3대 수출 대상국이다.

Country A is Korea's third largest ***export market***.

교역량 **trade volume**

이란과 한국의 교역량은 30억 달러에 이른다.

Iran-Korea ***trade volume is*** 3 billion dollars.

Iran-Korea ***trade volume stands at*** 3 billion dollars.

Iran-Korea ***trade volume is recorded at*** 3 billion dollars.

Iran-Korea ***trade volume amounts to*** 3 billion dollars.

무역 관계 **trade relations**

쌍무적 — **bilateral trade relations**

다자간 — **multilateral trade relations**

양측은 공동 연구를 통해 쌍무적 무역 관계를 강화하기로 합의했다.

The two sides agreed to further strengthen ***bilateral trade relations*** through joint research.

무역 협상 **trade negotiations**

쌍무적 — **bilateral trade negotiations**

다자간 — **Multilateral Trade Negotiations (MTN)**

1947년부터 GATT 관장하에 8개의 다자간 무역 협상이 진행되었다.

8 rounds of ***MTNs*** were held from 1947 under the auspices of GATT.

무역 자유화 **trade liberalization, freer trade**

무역의 자유화는 비교 우위에 있는 국가에게 유리하게 작용한다.
Trade liberalization works for the advantage of countries with comparative advantages.

자유무역주의 **free trade, principle of free trade**

새로운 정부는 자유무역주의를 주창한다.
The new government believes in the ***principle of free trade***.

보호무역주의 **protectionism**

보호무역주의 옹호론자들은 정부들이 무역 규제 조치를 취하고 각국의 경제 보호 차원에서 업계에 보조금을 지급해야 한다고 주장한다.
Advocates of ***protectionism*** believe that governments must take action to regulate trade and subsidize industries to protect their domestic economy.

자유무역협정 **Free Trade Agreement (FTA)**

한국과 칠레는 자유무역협정을 체결했다.
Korea and Chile signed a ***Free Trade Agreement***.

지역무역협정 **Regional Trade Agreement (RTA)**

포괄적 경제 동반자 협정 **Comprehensive Economic Partnership Agreement (CEPA)**

• FTA란?

Free Trade Agreement. 자유무역협정. 국가 간 무역을 자유화하기 위하여 모든 수입 관세와 수입 제한을 철폐하여 상호 상품·투자·서비스 시장을 개방하는 협정이다. 한국은 2002년 칠레와 처음으로 FTA를 체결했다.

• CEPA란?

Comprehensive Economic Partnership Agreement. 포괄적 경제 동반자 협정. 상품 교역, 서비스 교역, 투자, 경제 협력 등 경제 관계 전반을 포괄하는 내용을 강조하기 위해 채택된 용어로서 실질적으로 자유무역협정(FTA)과 동일한 성격이다.

• RCEP란?

Regional Comprehensive Economic Partnership. 역내포괄적경제동반자협정. 동남아시아국가연합(ASEAN) 10개국과 한·중·일 3개국, 호주·뉴질랜드 등 15개국이 참여한, 관세장벽 철폐를 목표로 하는 자유무역협정이다. 2019년 타결되고 2022년 공식 발표했다.

시장 개방 **market opening, open the market, market liberalization**

시장 개방을 바탕으로 경제의 글로벌화가 이루어진다.
Economic globalization is based on ***open markets***.

경제 블록 **economic bloc**

유럽 국가들은 경제 블록을 형성했다.
The European countries have formed an ***economic bloc***.

세계적으로 경제 블록화 현상이 진행되고 있다.
Economic blocs are forming around the world.

지역주의 **regionalism**

APEC은 개방된 지역주의를 표방한다.
APEC is committed to open ***regionalism***.

지역 경제 협의체 **regional economic forum**

아시아태평양경제협력체 **Asia-Pacific Economic Cooperation (APEC)**

북미자유무역협정 **North American Free Trade Agreement (NAFTA)**

지역 경제 협의체	
아프리카경제공동체	African Economic Community (AEC)
아세안자유무역지대	ASEAN Free Trade Area (AFTA)
아시아태평양경제협력체	Asia-Pacific Economic Cooperation (APEC)
긴밀경제관계무역협정	Australia-New Zealand Closer Economic Relations (CER)
동남아프리카공동시장/코메사	Common Market for Eastern and Southern Africa (COMESA)
유럽공동체	European Community (EC)
유럽자유무역연합	European Free Trade Association (EFTA)
메르코수르	Southern Common Market (MERCOSUR)
북미자유무역협정	North American Free Trade Agreement (NAFTA)
미주자유무역지대	Free Trade Area of the Americas (FTAA)
남아시아지역협력연합	South Asian Association for Regional Cooperation (SAARC)

상품과 서비스의 교역 **trade of goods and services**

두 국가 간의 상품과 서비스의 교역이 활성화되었다.
The ***trade of goods and services*** between two countries became more active.

대응 무역 **countertrade**

구상 무역 **barter trade**

중계 무역 intermediary trade
삼각 무역 triangular trade
상계 무역 offsetting trade

X상사는 수수료 수입이 많은 삼각 무역을 늘리겠다는 방침이다.
X Trading plans to increase ***triangular trades*** that brings in substantial commission fee revenue.

국제 수지 International Balance of Payments (BOP)

국제 수지가 유리하다는 것은 상품 계정이나 경상 계정의 흑자를 뜻하며, 불리하다는 것은 적자를 뜻한다.
The term "favourable" ***balance of payments*** means a surplus, and "unfavourable" means a deficit on merchandise or current account.

• BOP란?

International Balance of Payments. 국제 수지. 한 나라가 외국과 재화, 용역, 자본 등을 거래함으로써 생긴 모든 지급과 수취를 말하며, 일정 기간(보통 1년)을 대상으로 한 나라의 국제 수지를 체계적으로 한 표에 기록한 것을 국제 수지표라고 한다. 국제 수지표에서 보통 거래는 상품과 서비스의 수출 및 수입, 국제적 증여 등이 기록된 경상 거래, 장기 자본과 단기 자본 거래가 포함된 자본 거래로 대별된다.

경상 수지 balance on current accounts, current account balance
— 악화 deteriorate
— 개선 improve

2/4분기부터 경상 수지가 악화/개선되기 시작했다.
The ***current account balance*** started to deteriorate/improve from the second quarter.

상품 수지 balance on the goods account, balance on goods

상품 수지 적자는 6월의 5억 불에서 7월에 317억 불로 늘었다.
The ***goods deficit***(***deficit on goods***) rose form $0.5 billion in June to $31.7 billion in July.

서비스 수지 balance on the services account, balance on service
경상이전 수지 balance of current transfers
소득 수지 balance on the income account, balance on income

소득 수지 적자가 4사분기에는 3사분기의 45억 달러에서 5억 달러로 감소했다.

The deficit ***on income*** decreased to $0.5 billion in the fourth quarter from $4.5 billion in the third.

자본 및 투자 수지 **balance on capital and financial account**

자본 수지 **balance on capital account, capital account balance**

4사분기의 자본 계정의 순유입액은 3억 달러로 자본 수지는 변화가 없다.

The ***capital account balance*** remains unchanged with a net inflow of $0.3 billion in the fourth quarter.

투자 수지 **balance on financial account, financial account balance**

무역 수지 **balance of trade, trade balance**

의약품 무역 수지가 사상 최고 수준을 기록했다.

Pharmaceuticals' ***trade balance*** soars to a new record.

무역외 수지 **balance of invisible trade, invisible trade balance**

종합 수지 **combined balance of accounts**

무역 흑자 **trade surplus**

한국은 무역 흑자 기조를 유지한다.

Korea maintains a ***trade surplus*** (***base***).

무역 적자 **trade deficit**

핵심 부품을 일본에서 수입하여 한국의 대일 무역 적자는 계속 늘어난다.

Korea continues to run/record a ***trade deficit*** against Japan because it imports core components from Japan.

무역 불균형 **trade imbalance**

미국은 중국과의 무역 불균형을 해소하기 위한 조치를 취했다.

The U.S. took measures to correct its ***trade imbalance*** with China.

관세 **tariffs, duty**

— 부과 **impose**

유럽연합은 철강 수입 제품들에 대해 관세를 부과할 것으로 기대된다.

The European Union is expected to ***impose tariffs*** on steel imports.

종가세 **ad valorem duty (AD)**

관세율 **tariff rate**

DDA 농업 협상에 의해 한국은 농산물 평균 관세율이 36% 감축된다.

With DDA agriculture negotiations, Korea's average ***tariff rate*** on agricultural goods will be reduced by 36%.

관세화 **tariffication**

관세화는 완전한 자유화의 첫 단계일 뿐이다.

Tariffication is only the first step to full-scale liberalization.

☞ *Tariffication* : 모든 수입 제한 조치를 관세로 대체하는 것.

무관세화 **zero for zero tariffication (ZFZ)**

미국은 인터넷 교역 무관세화, 새로운 내국세 신설 금지 등 개별 국가에 큰 영향을 미치는 안건들을 추진하고 있다.

The U.S. is promoting issues, such as ***zero for zero tariffication*** of the online trade, and ban on new domestic taxes, that affect individual countries.

관세 유예 **moratorium on tariffication**

차기 WTO 각료 회의까지 전자상거래 관세 유예 기간을 연장…

...extend the ***moratorium on tariffication*** of e-commerce until the next WTO ministerial conference...

관세 동맹 **customs union**

관세 동맹으로 인해 터키의 유럽연합 회원국들에 대한 시장 접근성이 확대된다.

The ***customs union*** offers Turkey improved access to the countries of the European Union.

무역 장벽 **trade barrier**

— 낮추다 **lower trade barrier**

— 높이다 **raise trade barrier, strengthen trade barrier**

— 철폐 **lift/eliminate/abolish trade barrier**

미국은 대부분의 무역 장벽을 철폐했다.

The U.S. has gradually ***eliminated*** most of its ***trade barriers***.

비관세 무역 장벽 **Non-tariff Barrier (NTB)**

비관세 무역 장벽에는 수입 할당제, 가변 수입 관세, 수입 허가제, 위생 검역 등이 있다.

Non-tariff barriers include import quotas, variable import levies, discretionary licensing systems, and sanitary inspections.

수입 할당제 **import quota**

1974년에서 우루과이라운드가 종결될 때까지, 섬유 무역은 다자간 협정에 의해 수입 할당제를 중심으로 이루어졌다.

From 1974, until the end of the Uruguay Round, textile trades were governed by the Multifiber Agreement which was based on ***import quotas***.

수입 다변화 **import diversification**

중국의 원유 수입 다변화 전략은 변하지 않을 것이다.

The strategy of oil ***import diversification*** in China will not change.

수입 대체 **import substitution**

수입 대체를 촉진하기 위한 프로그램들은 국내 경제 안정에 중요한 역할을 할 수 있을 것이다.

Programs to promote ***import substitution*** can play a major role in stabilizing the local economy.

국산화 **promote domestic/local production, localize**

부품의 국산화를 촉진함으로써 무역 수지를 개선할 수 있다.

Promoting domestic/local production of components can improve the trade balance.

차별 **discrimination**

비차별 **non-discrimination**

차별적 관행/행위 **discriminatory practice**

무역 왜곡 **trade distortion**

선진국에도 농산품 교역을 왜곡하는 국내 정책들이 있다.

Industrialized countries also have domestic policies that ***distort*** agricultural ***trade***.

무역 마찰 **trade friction**

무역 마찰의 초점이 섬유와 철강에서 컬러 텔레비전과 자동차와 같은 상품으로 옮겨갔다.

The focus of ***trade friction*** has shifted from textiles and steel to such products as color televisions and automobiles.

무역 분쟁 **trade dispute**

무역 보복 **trade retaliation**

로버트 졸릭 미 무역대표는 러시아가 미국산 육가공품에 대한 무역 장벽을 철폐하지 않으면 무역 보복 조치를 취할 수 있다고 말했다.

U.S. Trade Representative Robert Zoellick said Russia might face U.S. ***trade retaliation*** if it does not remove import barriers for meat. (*Moscow Times*)

자발적 수출 규제 **Voluntary Export Restraint (VER)**

자발적 수출 규제란 특정 국가가 상대 국가에 대하여 일정 기간 특정 상품의 수출을 자발적으로 제한하는 것이다.

VER is when a country voluntarily limits the export of a product to another country for a certain period of time.

자율규제협정 **Voluntary Restraint Agreement (VRA)**

자율규제협정은 철강, 반도체 등에 종종 적용되었으며 시장 왜곡을 초래한다.

VRAs were applied frequently on products such as steel and semiconductors and usually cause market distortion.

불공정 무역 관행/행위 **unfair trade practice**

미국의 옥수수 및 콩 수출업자들은 그들이 주장하는 중국의 '불공정 무역 관행'에 반대하는 움직임에 앞장서고 있다.
U.S. corn and soybean exporters are leading the lobbying effort against what they call China's ***unfair trade practices***. (*International Herald Tribune*)

피해 **injury**

구제 조치 **relief, remedial measure, remedy**

…는 '불공정 무역 행위'로 피해를 입은 국내 산업이 구제 조치를 요구할 수 있게 해주는 세이프가드 조항으로…
… is a safeguard clause that allows a domestic industry ***injured*** by "unfair trade practices" to seek relief…

— 시정, 개선 **redress, eliminate**

X국의 불공정 무역 관행은 개선되어야 한다.
Country X's unfair trade practices must be ***eliminated***.
Country X must ***redress*** its unfair trade practices.

수출 보조금 **export subsidy**

수출 보조금은 농산물 무역에 있어서 중요한 정책 도구였다.
Export subsidies were an important policy tool in agricultural trade.
☞ *subsidized product, subsidized export* : 수출 보조금을 받은 수출 상품.

상계 조치 **countervailing measures**

상계 관세 **countervailing tariff/duty (CVD)**

반덤핑 제소에 대한 상대국의 반응은 대부분 상계 관세의 부과다.
Usually countries respond to anti-dumping suits by levying ***countervailing duties*** on the other party's exports.

덤핑 **dumping**

미국 시장에 캐나다가 밀을 덤핑했다는 주장을 아직 조사하고 있다.
The Commerce Department is still considering claims that Canadian wheat ***is being dumped on*** the U.S. market at less than fair market value. (*Canada.com*)
☞ 덤핑 행위를 표현할 때는 *[product] is being dumped*로, 덤핑되고 있는 시장은 *dumped on the [market]*로 표현한다. 덤핑 행위의 주체는 국가가 아니라 기업이므로 *Korea dumped [product] on the U.S. market*보다는 *Korean [product] was dumped on the U.S. market*으로 표현하는 것이 정확하다.

반덤핑 조치 **anti-dumping measures**

EU는 한국산 PET에 대하여 반덤핑 조치를 취했다.
The EU took ***anti-dumping measures*** against Korean PET film.

반덤핑 제소 anti-dumping complaint

[국가]는 한국산 철강 제품에 대해 반덤핑 제소를 했다.

[country] filed an ***anti-dumping complaint*** against Korean steel products.

— 조사 investigation

반덤핑 조사를 개시하려면…

...in order to initiate ***anti-dumping investigations***...

실질적 피해 material injury

반덤핑 조사에 의해 피해가 인정되면 반덤핑 관세가 부과된다.

If anti-dumping investigations confirm that there was ***injury***, anti-dumping duties are levied.

덤핑 판정 anti-dumping determination

예비 판정 preliminary determination

최종 판정 final determination

ITC는 대만산 냉연코일 제품에 대한 반덤핑 예비 판정을 내렸다.

ITC made a ***preliminary determination*** of the anti-dumping case against cold rolled steel coils.

정상 가격 normal value

수출 가격 export price

덤핑 마진 dumping margin

정상 가격과 수출 가격의 차이를 덤핑 마진으로 계산한다.

The ***dumping margin*** is calculated based on the difference between ***normal value*** and ***export price***.

가격 인상 약속 price undertaking

반덤핑 관세 anti-dumping duty

…10%의 반덤핑 관세 부과…

...impose an ***anti-dumping duty*** of 10%...

...levy an ***anti-dumping duty*** of 10%...

허용 가능 최소 마진 de minimis margin

우회 덤핑 circumvention

제3국을 통한 우회 덤핑은 막기가 어렵다.

It's hard to prevent ***circumvention*** through a 3rd country.

미국 국제무역위원회 International Trade Commission (ITC)

미국의 국제무역위원회는 13개 철강 품목에 대한 피해 판정을 내려 수입 제한 조치를 권고했다.

The U.S. ***International Trade Commission*** ruled that 13 steel products had caused injury and recommended import restriction measures to the administration.

미무역대표부 **U.S. Trade Representative (USTR)**

미무역 대표 **U.S. Trade Representative**

슈퍼 301조는 미무역대표부가 미국 상품과 기업들에게 가장 큰 장애가 되는 무역 장벽을 규명하고 이에 대한 조치를 취할 수 있게 해준다.

The Super 301 allows the ***U.S. Trade Representative*** to identify and take action against foreign trade barriers that impose the greatest burden on U.S. products and businesses.

통상법 슈퍼 301조(美) **Super 301, Section 301**

— 발동 **invoke Super 301**

— 부활 **reinstate Super 301**

미 의회는 클린턴 대통령에게 통상법 슈퍼 301조를 항구적으로 부활시킬 것을 촉구했다.

Members of Congress today urged President Clinton to permanently reinstate the ***Super 301 trade law***.

X국의 특정 무역 관행에 대하여 미국이 통상법 슈퍼 301조를 발동했다.

The U.S. ***invoked Section 301*** against the trade practice of country X.

'88 종합무역법 **1988 Omnibus Trade Act, Omnibus and Competitive Act of 1988**

• Super 301이란?

슈퍼 301조. 1988년 종합무역법에 들어 있는 조항으로, 불공정 무역 관행국에 대한 보복 조치와 그 발동(invoke) 절차를 규정한 것이다. 국별 무역장벽보고서를 통해 우선협상대상국 관행(PFCP)을 지정하여 조사·협의·보복 조치를 추진하며, 한시적으로 발동된다.

• Special 301이란?

스페셜 301조. 1988년 신통상법에 들어 있는 조항으로, 지적 재산권을 보호하기 위하여 IPR 관련 불공정 무역 제도나 관행에 대한 보고서를 토대로 우선협상대상국 보복 조치와 그 발동(invoke) 절차를 규정한 것이다. 국별 무역장벽보고서를 통해 우선협상대상국(PFC)을 지정하여 조사·협의·보복 조치를 추진한다.

국별 무역장벽보고서 **National Trade Estimate Report (NTE)**

매년 미 무역대표부는 국별 무역장벽보고서를 작성한다.

Every year, the USTR draws up the ***National Trade Estimate Report*** on foreign trade barriers.

감시 대상국 리스트 **Watch List (WL)**

우선감시 대상국 리스트 **Priority Watch List (PWL)**

한국은 지적 재산권 문제와 관련하여 우선감시 대상국 리스트에서 감시 대상국 리스트로 하향 지정되었다.

Korea was downgraded from ***PWL*** to a simple ***WL*** regarding intellectual property rights.

☞ *upgrade vs. downgrade* : 감시 대상국 리스트와 우선감시 대상국 리스트 사이에 서 옮겨질 때, 하향 지정은 *downgrade*, 상향 지정은 *upgrade*라는 동사를 사용한다. 따라서 대상국으로서 *downgrade*가 *upgrade*보다 좋은 것이다.

우선감시 대상국 **Priority Watch Country (PWC)**

우선협상 대상국 **Priority Foreign Country (PFC)**

우선협상 대상국 관행 **Priority Foreign Country Practice (PFCP)**

한국은 우선협상 대상국으로 지정되었다.

Korea was designated as a ***Priority Foreign Country***.

Korea was included in the ***Priority Foreign Country*** list.

정상 무역 관계(美) **Normal Trade Relations (NTR)**

— 연장 **renewal of Normal Trade Relations**

미국은 중국과 정상 무역 관계를 연장했다.

The U.S. ***renewed NTR*** with China.

— 지위 부여 **grant NTR status**

미국은 A국에 정상 무역 관계 지위를 부여했다.

The U.S. ***granted NTR status to*** country A.

항구적 정상 무역 관계 **Permanent Normal Trade Relations (PNTR)**

☞ 미국은 "*MFN*"을 "*NTR*"이라고 한다.

무역 촉진 권한(美) **Trade Promotion Authority, TPA authority**

신속 처리권 **Fast Track Authority**

조지 W. 부시 미국 대통령은 27일 무역 촉진 권한인 '신속 처리권'을 부활시킬 것을 의회에 촉구했다.

George W. Bush urged the Congress to reinstate the ***"fast track authority,"*** known officially as ***trade promotion authority***.

• Fast Track Authority란?

원래 정식 명칭은 Fast Track Authority for Trade Agreements. 신속처리권 또는 신속무역협상권이라 한다. Fast Track Authority란 미국 행정부가 국제 통상 협정을 보다 신속하게 체결할 수 있도록 의회로부터 부여받은 특별 권한이다. Fast Track 법안이 통과되면, 행정부가 체결한 통상 협정을 의회가 심의할 때 정해진 기간 안에 수정 사항 없이 찬성과 반대만을 의결해야 한다. 미국에서 1974년부터 대통령에게 계속 Fast Track Authority를 부여했으나, 1994년 만료된 후 부활되지 않았다. 2001년에 부시 행정부가 이를 부활시키고자 Bipartisan Trade Promotion Authority Act of 2001라는 이름의 법안을 제출했고, 이로써 이를 공식적으로는 Trade Promotion Authority라는 이름으로 부르게 되었으나, 일상적으로는 Fast Track Authority라는 용어와 혼용되고 있다.

무역 TRADING

무역업 — **trading business, import-export business**

무역 진흥 — **trade promotion**

OSEC는 스위스의 공식 무역 진흥 기관이다.

OSEC is the official ***trade promotion*** organization of Switzerland.

한국무역협회 — **Korea International Trade Association (KITA)**

대한무역투자진흥공사 — **Korea Trade-Investment Promotion Agency (KOTRA)**

코트라는 이번 달 수출액이 137억 달러에 달할 것이라고 추정했다.

KOTRA estimated that exports for this month would reach $13.7 billion.

무역업체 — **trader, trading company**

무역 전시회 — **trade exhibition**

1,000여 개의 무역업체들이 이번 무역 전시회에 참가했다.

Over 1,000 ***trading companies*** participated in the recent ***trade exhibition***.

수입 — **import**

수입품 — **imports, imported goods/item/product**

생활 수준이 올라가면서 수입이 빠른 속도로 늘어났다.

Imports increased at a rapid pace as living standards improved.

수출 — **export**

수출 품목 — **exports, exported goods/item/product**

수출 효자 상품 — **leading export item**

반도체는 한국의 주요 수출 품목 중 하나다.

Semiconductor chips are a ***leading export item*** of Korea.

요즘 휴대폰이 수출 효자 상품으로 부상했다.

Recently cell phones have become the ***leading export item***.

수출 촉진 정책 — **export drive policy, policy to promote exports**

수출 촉진 정책의 결과로 구미는 하이테크 산업의 중심지가 되었다.

As a result of the ***export drive policy***, Gumi has become the center of high-tech industry.

수출 금융 export financing

필요한 수출 금융의 규모가 작아 상업 은행들의 관심을 끌기에 부족하다면…

If the needed ***export financing*** is too small to interest a commercial bank ...

무역 금융 trade financing

수출 환어음 export bill of exchange

기한부 환어음 usance bill

기한부 환어음은 수입업자가 물건을 팔아 대금을 지불할 수 있게 해준다.

Usance bills allow the importer to sell the goods and make the payment with the proceeds.

신용장 letter of credit (L/C)

은행에서 신용장을 개설하다.

...open an ***L/C*** at the bank.

은행에서 신용장을 발행했다.

The bank issued a ***Letter of Credit***.

송장 invoice

X에게 송장을 보냈다.

The ***invoice*** was sent to X.

송금 remit payment, remittance

결제 방식 method of settlement

현물 지불 payment in kind

현금 지불 payment in cash

우리가 선호하는 결제 방식은 은행 간 계좌 이체다.

Our preferred ***method of settlement*** is by bank transfer.

일괄 지급 lump-sum payment

분할 지불 payment by installments, installed payment

수입 대금을 분할 지불하는 조건으로 계약을 체결…

...sign the contract based on ***installed payment*** terms...

이전 지급 transfer payment

이전 지급은 지급 이행 일정에 따라 결정된 일정 금액이어야 한다.

The ***transfer payment*** shall be such amount as is determined in accordance with the schedule.

연불 수출 deferred-payment export, export on a deferred payment basis

연지급 수입 deferred-payment import,

import on a deferred payment basis

연지급 수입은 일종의 외상 수입으로 대개 기한부 환어음을 활용한다.

Deferred-payment import is importing on credit utilizing usances.

수출 신용 **export credit**

수출 신용이란 수입자에게 연지급 조건으로 상품 및 서비스를 제공하는 것이다.

Export credit means that goods and services are provided to the importer on conditions of deferred payment.

지불 계정 **account payable**

수취 계정 **account receivable**

결제 자금 **settlement fund**

AEFA는 총 3,100만 달러를 결제 자금으로 지불할 것에 동의했다.

AEFA agreed to pay into a ***settlement fund*** a total of 31 million dollars.

운임 보험료 포함 가격 **Cost-Insurance-and-Freight (CIF)**

본선 인도 가격 **Free On Board (FOB)**

본선 인도 가격 기준 수출은 6.8% 늘어 1.376조엔을 기록하는 한편, 운임 보험료 포함 가격 기준 수입은 11.7% 늘어 1.145조엔을 기록했다.

Free-on-board(***FOB***) exports rose 6.8 percent to 1.376 trillion yen while ***cost-insurance-and-freight***(***CIF***) imports gained 11.7 percent to 1.145 trillion yen. (*Forbes*)

• CIF란?

Cost-Insurance-and-Freight. CIF 가격이란 상품 가격, 운임, 보험료 등 물품이 출발 항구에 도착해서 하역될 때까지 발생하는 모든 비용이 포함된 가격이다.

• FOB란?

Free on Board. FOB 가격이란 물품이 출발 항구에서 선박에 선적될 때까지 발생하는 비용이 포함된 가격이다.

서류 상환 인도 **cash against documents (CAD)**

현금 상환 인도 **cash on delivery (COD)**

현금 상환 인도는 물품의 인도와 동시에 그 대금을 지급하는 결제 방식이다.

Cash on delivery is a payment system that makes payment upon delivery of the goods.

인도 **delivery**

비행기 인도는 2005년 12월에 시작될 예정이다.

The ***delivery*** of the planes is to start in December of 2005.

물품 인도 | delivery of goods

통관 | customs clearance, clear customs

물품을 통관시켰다.

The goods were ***cleared*** through ***customs***.

통관 수수료 | customs clearance fee

면세 | duty-free

400달러 이하의 물품은 면세로 통관이 된다.

Goods valued under $400 are ***duty-free*** items.

보세 | bonded, on bond

다시 반출될 물건은 보세로 통관이 된다.

Goods that will be re-exported can enter on ***bond***.

보세 구역 | bonded area

보세 가공 수출 | bonded processing export

보세 공장 | bonded factory

보세 공장에서 만든 옷들이 이태원으로 흘러나온다.

Many apparel goods made in ***bonded factories*** find their way to Itaewon.

위탁 가공 무역 | commission processing trade

위탁 가공 | process-on-commission, process manufacturing by consignment

남북 경협의 주요 형태는 위탁 가공이다.

Most cases of economic exchange between the two Koreas take on the form of ***processing-on-commission***.

주문자 상표 부착 생산 | Original Equipment Manufacturing (OEM)

그 회사는 주문자 상표 부착 생산 방식으로 단말기를 수출할 준비를 하고 있다.

The company is getting ready to export handsets on an ***OEM basis***.

자유 무역 지대 | Free Trade Zone

전 소련연방에 속했던 독립국가연합(CIS) 4개국은 자국 내에 자유 무역 지대를 조성할 계획이라고 발표했다.

Four members of the CIS of the former Soviet Union said they planned to create a ***Free Trade Zone*** for their countries.

수출 공단 | Export Processing Zone (EPZ)

수출 공단은 서비스 향상도 강조했다.

The ***Export Processing Zone*** has also placed emphasis on the improvement of services.

세계무역기구 WORLD TRADE ORGANIZATION

세계무역기구 **World Trade Organization (WTO)**

우루과이라운드 협상 **Uruguay Round (UR)**

우루과이라운드 협정 **UR Agreement**

우루과이라운드 협정을 이행한 첫해에 한국의 농산물 수입은 총 50% 이상 증가했다.

Korean agricultural imports increased overall by more than fifty percent in the first year of implementation of the ***UR Agreement***.

도하개발의제 **Doha Development Agenda (DDA)**

…새로운 다자 무역 라운드인 도하개발의제(DDA) 협상과 때를 같이하고 있다.

...coincides with the latest round of trade liberalization talks, the ***Doha Development Agenda***. (*RTE News*)

비농산물 시장 접근 **Non-Agricultural Market Access (NAMA)**

세부 원칙 **modalities**

비차별의 원칙 **principle of non-discrimination**

• WTO란?

World Trade Organization. 세계무역기구. 관세 및 무역에 관한 일반협정(GATT) 및 우루과이라운드 협상 결과 전체를 포괄하는 기구로, 1995년 1월 1일 출범했다. WTO는 종전 GATT 체제와 연속성을 가지며 제네바의 사무국도 승계했으나 상품 교역에 관한 추가적 협정, 서비스 교역 및 지적 재산권에 대한 GATT 협정 이외에 분쟁 해결 및 무역 정책 검토 제도 등도 포함하므로 GATT에 비해서 관장 범위가 확대되었다. 2022년 기준 회원국은 164개국이며 우리나라는 출범 시부터 원가맹국으로 참여하고 있다. (www.wto.org)

• DDA란?

Doha Development Agenda. 도하개발의제. 당초 2000년 미국 시애틀에서 열린 제3차 WTO 각료회의에서 우루과이라운드에 이어 농업·공산품·서비스 등 모든 분야에서의 자유화를 논하는 New Round를 출범시키려고 했으나, 反글로벌화 세력의 격렬한 시위로 무산되었다. 그 이후 11월 카타르의 도하에서 열린 제4차 WTO 각료회의에서는 후진국의 개발에 역점을 둔다는 의미에서 도하개발의제라는 새로운 이름으로 다자간 무역 협상을 출범시켰다. (www.wto.org)

최혜국 대우 원칙 **Most Favored Nation (MFN) principle**

GATT 회원국은 타회원국에게 최혜국 지위를 부여한다.

GATT members grant ***MFN status*** to all other members.

세계무역기구 World Trade Organization (WTO)

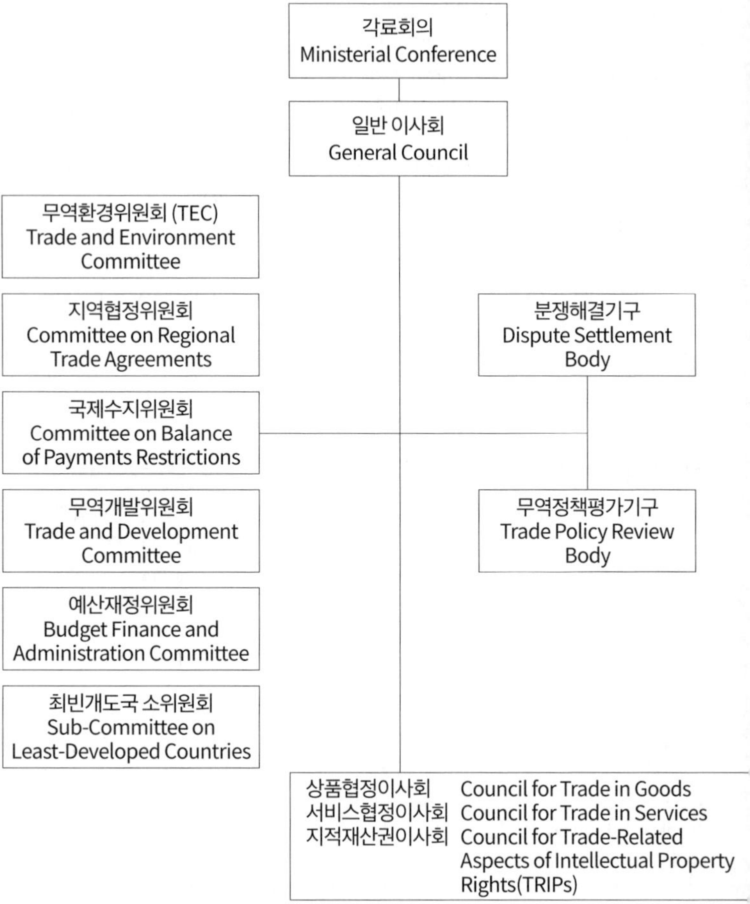

내국민 대우 원칙 **National Treatment Principle**

내국민 대우란 외국 상품, 서비스와 국민을 자국의 것과 동등하게 대우해야 하는 원칙이다.

National Treatment means a country may not discriminate between its own and foreign product, services or nationals.

• MFN이란?

Most Favored Nation. 최혜국 대우. 어떤 WTO 회원국에 부여한 가장 우대적인 조치를 다른 국가에도 동일하게 부여할 것을 요구하는 원칙. GATT 협정 제1조에 의하면 최혜국 대우 원칙은 '동일 또는 유사한 물품'의 수입과 수출에 적용된다. 모든 국가가 동등한 조건에서 교역하고 최선의 교역 조건의 혜택을 누릴 수 있도록 보장하는 원칙이다. (www.mofat.go.kr)

• National Treatment란?

내국민 대우. 수입된 외국 상품이 국내에 수입된 후에는 국내 동종 물품에 비하여 세제나 기타 경쟁 관계에 영향을 미치는 법 또는 규제에서 불리한 대우를 받아서는 안 된다는 원칙. GATT 제3조, GATS 제17조, TRIPS 협정 제3조, 정부 조달 협정 제3조에 규정되어 있다. 내국민 대우 원칙에는 정부 조달, 생산자 보조금, 스크린쿼터제 등이 예외로 인정되고 있다. (www.mofat.go.kr)

일반 특혜 관세 제도 **Generalized System of Preference (GSP)**

양허 **concession**

구속적 양허 **bindings**

관세 양허 **tariff concession, binding tariff**

양허 관세율 **bound tariff rates, bound rates**

양허표 **schedule of concessions**

WTO 내 회원국은 상품과 서비스에 대하여 시장을 개방하기로 합의하면 특정한 세율이나 장벽에 대한 양허를 한다.

At WTO, countries ***"bind" their commitments*** when they agree to open markets to goods and services.

관세의 양허는 각국의 관세 양허표로 작성되어 제출된다.

These ***bindings*** are listed in individual country ***tariff schedule*** and submitted.

최소 시장 접근 **Minimum Market Access (MMA)**

그것은 본래 민감한 품목들에 대한 최소 시장 접근을 보장하기 위한 것이었다.

It was originally intended to ensure ***minimum market access*** for sensitive products.

WTO 협정 **WTO Agreements**

관세 및 무역에 관한 일반 협정

General Agreement on Tariffs and Trade (GATT)

관세 및 무역에 관한 일반 협정의 목적은 무역을 위한 안정적이고 예측 가능한 기반을 제공하는 것이다.

The purpose of the ***GATT*** is to provide a stable and predictable basis for trade.

긴급 수입 제한 조치 **safeguard measure**

미국의 부시 정부는 수입 철강 제품에 대하여 긴급 수입 제한 조치를 취했다.

The Bush administration implemented ***safeguard measures*** on steel imports.

무역 관련 투자 조치 **Trade Related Investment Measures (TRIMs)**

WTO의 TRIMs 협정은 상품 무역을 왜곡시키는 투자 승인 조건을 철폐하려는 것이다.

WTO's ***TRIMs Agreement*** aims to eliminate investment approval terms that distort the trade of goods.

농산품 교역 **trade in agricultural goods**

농업 협정 **Agreement on Agriculture**

농업 보조금 **agricultural subsidies, farm subsidies**

농업 보조 총액 **Aggregate Measurement of Support (AMS)**

허용 보조 **Green Box**

감축 보조 **Amber Box**

생산제한 직접지불 **Blue Box**

• Green Box란?

WTO 농업협정은 농산물 무역 왜곡 효과나 생산에 미치는 효과가 극소하고 공공재정에 의한 지출로서 생산자에 대한 가격지지 효과가 없는 보조는 허용하고 있다. Green Box는 허용보조의 종류를 말하며 WTO 농업협정 Annex 2에 명시되어 있고, 농업협정에 따른 보조금 감축 의무로부터 면제된다. (농업통상용어집)

• Blue Box란?

생산제한 계획에 따른 직접지불. WTO 농업협정 제6.5조에 규정된 기준에 합치하는 '생산제한 계획에 따른 직접지불(direct payment)'은 감축 대상 보조금 총액 계산 시 산입되지 않는다. 생산량이 정해져 있어 무역 왜곡을 최소화한다고 보기 때문이다. (농업통상용어집)

• Amber Box란?

무역을 왜곡시키는 보조금으로 감축 약속을 해야 하는 보조금이다. (농업통상용어집)

케언즈 그룹 **CAIRNS Group**
유럽 공동 농업 정책 **EU Common Agricultural Policy (CAP)**

유럽의 공동 농업 정책이 60년대부터 시행되면서, 유럽의 농산품은 보조금에 힘입어 지속적으로 수출량이 늘어났다.

From the initiation of the ***EU Common Agricultural Policy*** in the 1960's, we had experienced a steady and dramatic rise in subsidized EU exports.

• CAP란?

Common Agricultural Policy. 유럽 공동 농업 정책. 유럽 공동체에서 대외 농산물 교역을 관리하기 위해 만든 포괄적인 정책으로 생산 목표치와 공동 마케팅 등이 포함된다.

• Cairns Group이란?

케언즈 그룹. 1986년 호주의 케언즈 시에서 결성된 그룹으로 농업 수출 국가들의 비공식 단체다. 회원국은 호주·아르헨티나·브라질·캐나다·칠레·콜럼비아·인도네시아·말레이시아·뉴질랜드·필리핀·태국·우루과이 등 19개국이다.

쌀 시장 **rice market**
식량 안보 **food security**

유예 기간이 끝나면 한국은 쌀 시장을 개방해야 한다.

After the grace period, Korea must open its ***rice market***.

위생 및 식물 위생 조치 **Sanitary and Phytosanitary Measures (SPS)**
위생 조치 **sanitary measures**
식물 위생 조치 **phytosanitary measures**

위생 및 식물 위생 조치는 사람·식물·동물의 건강과 관련한 수입 규제의 과학적인 근거를 바탕으로 해야 한다고 규정하고 있다.

The ***Sanitary and Phytosanitary Measures*** (***SPS***) ***Agreement*** requires, inter alia, that import restrictions related to human, plant or animal health be based on scientific evidence.

섬유 및 의류에 관한 협정 **Agreement on Textiles and Clothing (ATC)**
다자간 섬유협정 **Multifiber Agreement (MFA)**

WTO의 섬유 및 의류에 관한 협정은 1995년부터 다자간 섬유협정을 대체했으며, 2005년도까지는 섬유 부문도 정상적인 GATT 규범을 적용하게 되어 있다.
WTO's ***Agreement on Textiles and Clothing*** has taken over from ***MFA*** since 1995, and will bring the textile sector fully into normal GATT rules.

무역에 대한 기술 장벽 **Technical Barriers to Trade (TBT)**

표준 규정 **standards**

형식 승인 **type approval**

통신 장비의 형식 승인은 무역에 대한 기술 장벽으로 작용할 수 있다.
Type approval of telecommunications equipment can become a ***technical barrier to trade.***

☞ *"TBT" Agreement*: 무역에 대한 기술 장벽에 관한 협정.

서비스 무역에 관한 일반 협정 **General Agreement on Trade in Services (GATS)**

정부 조달에 관한 협정 **Agreement on Government Procurement**

정부 조달에 관한 협정에 의해 정부 조달 사업 입찰에 외국 업체도 동등하게 참여할 수 있다.
The ***Agreement of Government Procurement*** allows foreign firms to equally participate in bids for government procurement projects.

지적 재산, 지식 재산 **intellectual property**

무역 관련 지적 재산권 협정 **Trade Related Aspects of Intellectual Property Rights (TRIPS) Agreement**

TRIPS 협정은 특허권·의장권·상표권·저작권에 대한 다자간 규범이다.
The ***TRIPS Agreement*** is a multilateral rule that governs patent rights, design rights, trademarks and copyrights.

☞ <통상/지적 재산권> 참조.

수입 허가 절차에 관한 협정 **Agreement on Import Licensing Procedures**

수입 허가제 **import licensing system**

수입 면장 **import license**

수입 허가제는 수입에 대한 진입 장벽으로 작용한다.
The ***import licensing system*** acts as a barrier against imports.

선적 전 검사에 관한 협정 **Agreement on Preshipment Inspection**

선적 전 검사에 관한 협정은 1993년 세계무역기구에 의해 비준되었다.
Agreement on Preshipment Inspection was ratified in 1993 by the World Trade Organization.

원산지 규정에 관한 협정 **Agreement on Rules of Origin**

WTO 내에서는 원산지와 관련된 사항들은 원산지 규정에 관한 협정에 따라 규제된다.

Within the WTO issues of origin of goods are regulated by the ***Agreement on Rules of Origin***.

원산지 증명 | certificate of origin

분쟁 해결 절차 | dispute settlement procedure

분쟁 해결 기구 | Dispute Settlement Board (DSB)

상소 기구 | Appellate Body

X국과 Y국은 분쟁 해결 기구를 통해 분쟁을 해결했다.

Country X and Y settled their trade dispute through the ***Dispute Settlement Board***.

WTO 제소 | WTO complaint

유럽집행위는 WTO에 제소할 계획이며, 이는 미국산 제품에 대하여 최고 60억 달러 상당의 관세가 부과되는 결과로 이어질 수 있다.

The European commission will maintain a ***WTO complaint*** that could lead to European tariffs as high as $6 billion on U.S. goods.

X를 WTO에 제소 | file complaint with the WTO against X

일본을 비롯한 국가들이 미국을 WTO에 제소했다.

Japan and other countries ***filed complaints with the WTO against*** the U.S.

☞ *with*와 *against*가 사용되는 것에 주의.

무역 규제 조치 | Trade Defense Instruments (TDI)

WTO는 국제 협정들에 부합하는 정당한 무역 규제 조치들을 제공한다.

There are legitimate ***Trade Defense instruments*** provided by the WTO in strict accordance with international agreements.

제3자 가격 | arm's length pricing

수출 보조금과 상계 조치 | Export Subsidies and Countervailing Measures

☞ <통상/국제 통상> 참조.

지적 재산권 INTELLECTUAL PROPERTY RIGHTS

지적 재산 | intellectual property

지적 재산권 | Intellectual Property Rights (IPR)

산업 재산권 | Industrial Property Rights

지적 재산권은 발명자의 발명품과 창조성을 보호하는 역할을 한다.

Intellectual property rights serve to protect the inventor's invention and creativity.

저작권 | copyright

디지털 저작권이 강화되면서, 소비자가 DVD의 워터마크를 제거하고 인터넷상에서 전송을 하게 될 경우 최고 25,000달러의 벌금을 내야 한다.

With stronger enforcement of digital ***copyrights***, a consumer who removes a watermark from a DVD and sends it over the Internet could be liable for fines up to $25,000.

• WIPO란?

World Intellectual Property Organization. 세계지적재산권기구. 1967년 지적소유권의 국제적 보호의 촉진과 국제협력을 위하여 설립한 국제기구로 2022년 기준 193개 회원국이 있으며, 본부는 스위스 제네바에 소재한다. (www.wipo.int)

• Berne Convention이란?

베른 협약. 1886년 스위스의 수도 베른에서, 국제적으로 저작권을 상호 보호할 것을 목적으로 체결된 조약. 한국도 조인국이다.

저작권자 **copyright owner, author**

저작물 **copyrighted work**

컴퓨터 프로그램은 저작권은 인정되지만 특허권은 인정되지 않는다.

A computer program per se is ***copyrightable*** but not ***patentable***.

창작물 **creation, work**

미국 의회가 책·영화·음악·만화 캐릭터와 같은 창작물에 대한 저작권 보호 기간을 종전의 50~75년에서 20년 더 늘렸다.

The U.S. congress added 20 years to the current 50~75 years of copyright protection period on ***creations*** such as books, movies, music, and cartoon characters.

특허권 **patent rights**

특허 기간 **patent term**

특허 기간은 특허 출원 일자로부터 20년이다.

The ***patent term*** is 20 years from the date of filing the application.

특허권자 **patentee, patent holder**

특허 **patent**

— 획득 **acquire/be granted/take patent**

본 기술은 작년에 특허를 획득했다.

The ***patent*** for the technology ***was granted*** last year.

— 출원 **apply for patent, file (application) for patent**

이 기술은 특허 출원 중이다.

The technology has a ***pending patent***.

We have ***filed the patent application for*** this technology.

심사 **examination**

— 만료 **expiration of patent**

2005년 말에 특허가 만료되었다.

The ***patent expired*** at the end of 2005.

특허 범위 **scope of claim**

선기술 **prior art, prior technology**

특허 심사과정에서 출원일을 기준으로 선기술이 규정…

...the filing date determines what is ***"prior art"*** for examination purposes. (*Mondaq News Alert, UK*)

특허 기술 **patented technology**

특허 기술을 바탕으로 한 사업 계획…

...a business plan based on a ***patented technology***...

특허 실시(권) **patent license**

사용료, 실시료 **royalty, patent fee**

따라서 20년 동안은 특허 기술을 사용하려면 특허권자에게 사용료를 지불해야 한다.

So, during the 20 years anyone who wants to use the patented technology must ***pay royalty to the patentee.***

특허청 (한국) **Korean Intellectual Property Office (KIPO)**

일본 특허청 **Japan Patent Office (JPO)**

미국 특허청 **U.S. Patent and Trademark Office (USPTO)**

유럽 특허청 **European Patent Office (EPO)**

유럽 특허청에서는 영어로 출원 절차가 이루어지지만 다시 번역문을 각국에 제출해야 한다.

The patent application is filed in English at the ***EPO***, but translations must be filed in each country.

발명 **invention**

신규성 **novelty**

진보성 **non-obviousness, inventiveness**

산업적 이용 가능성 **industrial applicability, industrial usefulness**

발명이란 자연 법칙을 이용한 기술적 사상의 창작으로서, 신규성, 진보성, 산업적 이용 가능성의 요건을 충족시켜야 한다.

Invention is a technical creation utilizing laws of nature and meeting the criteria of ***novelty, industrial usefulness***, and ***non-obviousness.***

발명 특허 **invention patent**

발명품 **invention**

벤처 회사가 개발한 장치에 대한 발명 특허를 냈다.

The venture company received ***an invention patent*** on the manufacturing device they developed.

실용신안권 **utility patent**

신안 특허 **utility model patent**

의장권 **design right, copyright in registered design**

등록 의장 **registered design**

상표권 **trademark**

등록 상표 **registered trademark**

불법 복제품은 명품 제조업체들의 상표권을 침해한다.

Counterfeit goods violate the ***trademark*** rights of luxury brand manufacturers.

초상권 **portrait rights**

유명 연예인인 그는 초상권을 침해받았다고 주장했다.

The well-known celebrity claims that his ***portrait rights*** were violated.

불법 복제 **counterfeit, piracy**

복제품 **copies, counterfeit goods**

현지 시장에는 유명 브랜드의 불법 복제품이 판친다.

The local market is full of ***counterfeit*** designer brand goods.

가짜 **fake, copy**

그녀가 든 가방은 가짜 샤넬 백이었다.

She was carrying a ***fake*** Chanel bag.

The bag she was carrying was ***a copy***.

위조 상표 **fake label**

특허청과 경찰은 위조 상표 부착 상품에 대한 단속을 벌였다.

The Industrial Property Office and public prosecutor's office cracked down on merchandise with ***fake labels*** attached.

진품 **original product**

가짜 명품은 진품과 거의 유사하다.

The illegally copied designer goods are almost identical ***to the original***.

가짜 명품은 진품과 구분하기가 어렵다.

They are very hard to distinguish from the ***original***.

해적판 **illegal copies, pirated goods**

인기 좋은 CD들의 해적판을 노점상에서 판다.

Illegal copies of popular CDs are sold by street vendors.

특허 소송	**patent litigation**
모방	**copy, imitation**
특허권 침해	**patent infringement**

X사는 반도체 기술 특허권 침해로 제소되었다.

Company X was sued for ***patent infringement*** of a chip technology.

16 농림 수산 PRIMARY INDUSTRIES

농업 AGRICULTURE

농본주의 agrarianism, agrarian fundamentalism

농업 사회에서 산업 사회로 발전하면서 농본주의 사상은 무너졌다.

As the ***agro society*** evolved into an industrialized society, the ***philosophy of agrarianism*** disappeared as well.

농업 사회 agro society

농업국 agrarian state, agricultural country

급속한 산업화 이전에 한국은 농업 국가였다.

Korea used to be an ***agrarian state*** prior to the rapid industrialization.

농민 farmers

농촌 rural area, rural societies

이농 현상 farmers leaving for cities, out-migration of farming population

일손 부족 labor shortage

이농 현상으로 농촌의 일손이 부족하다.

There is a ***labor shortage*** in rural areas because of the ***out-migration of the farming population***.

농가 farming households

영농 인구 farming population

영농 후계자 young farmers, next generation farmers

영농 후계자를 양성해야 한다.

We need to educate and train ***young farmers***.

농가 소득 farming household income

농업 소득 farming income

농외 소득 off-farm income

많은 농촌 부녀자들은 농외 소득을 올린다.

Many women in the rural areas earn ***off-farm incomes***.

농업 관련 산업 agribusiness, agro-industry

농업 관련 산업은 전체 산업 생산량 중 40%를 차지한다.

Agribusiness accounts for 40% of total industrial output.

농가 부업 | farming households' ancillary business
양잠 | silkworm farming, sericulture
양봉 | beekeeping

견사에 대한 수요가 줄면서 양잠 농가가 줄어들고 있다.

Sericulture farms are decreasing in number as demand for silk drops.

양봉은 밀랍과 꿀을 생산한다.

Beekeeping produces beeswax and honey.

식량 증산 | increase of food production
식량 자급 | self-sufficiency of food

북한에게는 식량 증산을 통한 식량 자급이 우선 과제라야 한다.

Achieving ***self-sufficiency of food*** through ***increased food production*** should be North Korea's first priority.

식량 안보 | food security

쌀시장 개방 때문에 식량 안보가 위협받을 것이라고 주장하는 사람들이 많다.

Many argue that ***food security*** will be threatened if we open our rice market.

농경지 | farmland, agricultural land, arable land

빠르게 진행하는 사막화 영향으로 농경지가 급격히 감소했다.

There has been a sharp decrease of ***arable land*** due to rapid desertification.

재배 면적, 농경지 면적 | acreage, farmland

쌀 재배 면적은 국가 전체 농경지의 70%다.

Rice ***acreage*** is 70% of the country's total farmland.

경작지 | cultivated land
휴경지 | idle land, set-aside land
휴경 보조금 | payment/subsidy for idling cropland

농민들에게 휴경 보조금을 지급했다.

Farmers were paid ***subsidies to idle cropland***.

자영농 | owner-operated farm
소작농 | tenant farmer

소작농들은 지주에게 임대료를 지불한다.

Tenant farmers pay rent to the land owner.

영세농 | small-scale family farming, subsistence farming
가족농 | family farming
기업농 | enterprise farming, large agro-based farming

영세농에서 기계화된 기업농으로 전환해야 생산성이 올라간다.

Productivity can be gained when ***small-scale family farming*** shifts to mechanized ***enterprise farming***.

조방 농업 — **extensive farming, extensive cultivation**

농업의 조방화 — **extensification of farming**

농업의 조방화로 생산의 효율을 높인다.

Production becomes more efficient with the ***extensification of farming***.

집약 농업 — **intensive farming**

집약 농업은 토양을 척박하게 만든다.

Intensive farming exhausts the soil.

기계농 농가 — **mechanized farms**

농업 기계 — **agricultural machinery**

쟁기 — **plow**

경운기 — **cultivator**

경운기는 트랙터의 일종으로 경작과 운반에 사용된다.

The ***cultivator*** is a type of tractor that can be used for cultivating land as well as for transport.

이앙기 — **rice transplanter**

탈곡기 — **thresher, threshing machine, combine machine**

☞ *combine machine* : 베어서 탈곡까지 하는 기계.

작물 — **crop**

곡물 — **grain, cereal**

주요 작물 — **main crop, staple grain**

아시아 국가의 대부분은 쌀이 주요 작물이다.

Rice is the ***staple grain*** for most countries in Asia.

작물	
곡류 Grain	
쌀	Rice
보리	Barley
밀	Wheat
메밀	Buckwheat
수수	Indian Millet, Sorghum
옥수수	Corn, Maize
귀리	Oat
조	Millet

두류 Legumes, Pulse	
콩, 대두	Soybean
녹두	Mungbean
팥	Redbean
서류 Potatoes	
감자	Potatoes
고구마	Sweet potatoes
채소류 Vegetables	
엽채류	Leafy and Stem Vegetables
근채류	Root Vegetables
과채류	Fruit Crops

쌀농사 **rice farming**

논 **rice paddy**

모 **rice seedling**

모판 **seedbed, seed-plot**

파종기에는 모판에 모를 심는다.

Rice seedlings are cultivated ***in seedbeds*** in the planting season.

모내기 **dibbling of rice seedling, transplanting seedlings into the paddies**

6월에 논에 물을 대고 모내기를 한다.

Rice seedlings are ***transplanted into the flooded paddies*** in June.

단립종 **short grain rice, japonica rice**

장립종 **long grain rice, indica rice**

쌀농사 짓는 농민들이 관심을 갖는 것은 동남아 등에서 수입되는 장립종보다는 캘리포니아 지역에서 재배하는 단립종이다.

Rice farmers are more concerned about the possible impact of importing Californian-grown ***short grain rice,*** rather than the ***long grain rice*** imported from Southeast Asia.

파종기 **planting season**

봄에 볍씨를 파종하다.

Rice seeds are ***planted*** in early spring.

김매기 **weeding**

주로 여자들이 밭에서 김을 맨다.

It's mostly women who ***weed*** the field.

논에 김도 매야 한다.

The rice paddies have to ***be weeded***.

정미, 도정 **milling, rice polishing**

정미소 **rice mill**

쌀겨 **rice bran, rice husk**

볏짚 **rice straw**

가장 타격이 큰 지방은 Echuca로서, 정미소가 4월에 문을 닫으면 90명이 일자리를 잃게 된다.

Hardest hit is Echuca, where the ***rice mill*** will close permanently in April, resulting in the loss of 90 jobs. (*Wodonga Border Mail, Australia*)

현미 **brown rice, unpolished rice**

백미 **milled rice, polished rice**

백미가 맛은 좋지만 현미가 건강에 좋다.

Unpolished rice is better for your health, although ***polished rice*** tastes better.

풍작 **bumper crop, good harvest**

풍년 **bumper crop year, good year**

여름이 더우면 풍년이 든다고 한다.

Hot summers usually mean a ***bumper crop year***.

흉작 **poor harvest, poor crop**

흉년 **poor harvest year, poor crop year, lean year**

올해는 가뭄으로 흉작이다.

This year's poor harvest was caused by the drought.

작황 **crop (situation)**

올해 작황이 좋다.

The ***crops situation*** is good this year.

We have a good ***crop*** this year.

수확(량) **harvest**

수확기 **harvesting season, harvest time**

올해 쌀 수확량은 X톤이다.

This year's rice ***harvest*** is X tons.

벼가 누렇게 익고 고개를 숙이면 추수를 한다.

Rice is harvested in fall when the stalks turn golden yellow and the grains are fully grown.

이모작 **double-cropping**

삼모작 triple-cropping, harvest three crops a year

동남아시아에서는 삼모작을 한다.

Southeast Asian countries ***harvest three crops*** a year.

고수확 농업 high-yield farming

단위당 수확량 yield

고수확 농업은 같은 면적의 수확량을 2배까지 늘려준다.

High-yield farming increased the yield from the same acreage up to two folds.

녹색 혁명 Green Revolution

신품종 개발에 의한 개발도상국의 급속한 식량 증산을 녹색 혁명이라 부른다.

The ***Green Revolution*** is the development of new species which dramatically increased food production in developing countries.

농업 기술 agricultural technology

농학 agricultural science

농공학 agricultural engineering

농공학은 토양과 수자원 관리, 그리고 농어촌 환경 관리에 초점을 맞춘다.

Agricultural engineering deals with soil and water resource management, and the environmental management of farming and fishing communities.

관개 irrigation

농토의 관개가 잘되어 있다.

The farm lands ***are well irrigated***.

수리화 사업 irrigation project

관개 사업 irrigation project, irrigation works

관개 시설 irrigation facility

주먹구구식의 주민 재정착 사업 때문에 대규모 관개 사업들이 실패로 돌아갔다.

Large commercial ***irrigation projects*** have been decimated by the disorderly resettlement programme. (*Zimbabwe Independant*)

저수지 reservoir

이 저수지의 일일 저수량은 Xm^3다.

The ***reservoir's daily pondage*** is Xm^3.

저수량 pondage

저수지의 저수량이 최대 수위를 넘어서면 물이 방출된다.

Water is discharged from the reservoir when ***pondage*** levels rise above the full supply level.

농법 farming method

계단식 농업 **terrace farming, terrace cultivation**

산이 많은 발리섬은 계단 경작으로 잘 알려져 있다.

The mountainous island of Bali is well known for ***terrace farming***.

화전 농업 **slash-and-burn farming**

현재 화전 영농은 거의 자취를 감추었다.

Slash-and-burn farming has almost disappeared.

윤작 **crop rotation, rotation of crops**

윤작은 토양이 척박해지는 것을 막는다.

Crop rotation prevents the soil from becoming depleted of nutrients.

단작농 **monoculture**

단작농이란 한 가지 작물만을 재배하는 농업 형태다.

Monoculture means cultivating only one type of crop.

농약 **agrochemical, agrichemical**

농약 공중 살포 **crop-dusting**

☞ *crop duster* : 농약 살포용 비행기.

살충제 **pesticide**

제초제 **herbicide**

살균제 **fungicide**

살충제에 지나치게 노출되는 농민들은 건강에 문제가 있기 쉽다.

Farmers face health risks from too much exposure to ***pesticides***.

비료 **fertilizer**

화학 비료 **chemical fertilizer, synthetic fertilizer**

퇴비, 두엄 **compost**

밭에 퇴비를 주다.

...fertilize the field with ***compost***.

외양간 두엄 **farmyard manure**

두엄에는 질소·인산·칼륨의 3요소가 고루 함유되어 있다.

Farmyard manure contains the three plant nutrients: nitrogen, phosphorus and potassium.

인분뇨 **human manure, night soil**

인분뇨는 옛날부터 농가의 중요한 자급 비료로 사용되어왔다.

Night soil has long served as an important self-supply fertilizer for farms.

특용 작물 **industrial crops, cash crops**

그 사업은 특용 작물 재배를 통해 농가 소득을 올릴 수 있게 해준다.

The program is designed to raise income levels through production of

cash crops.

원예 농업 horticulture

비닐하우스 vinyl house

온실 greenhouse

특히 비닐하우스는 급속도로 발전하여 현재 가장 중요한 원예 시설로 전국에서 이용되고 있다.

Vinyl houses developed rapidly in Korea and are currently used nationwide as the most important ***horticulture*** facility.

감귤 농사 citrus farming, citriculture

제주도의 감귤 농사는 이제 수익성이 없다.

Citrus farming in Jeju Island is no longer profitable.

화훼 농업 floriculture

관상식물 decorative plant

화훼 농업이란 원예 농업 중에서 관상식물에 주력하는 농업이다.

Floriculture is a type of horticulture that focuses on decorative plants.

유기 농법 organic farming, organic agricultural technique

유기 농산품 organically grown products

유기 농산품은 일반 농산품보다 가격이 높다.

Organically grown products are more expensive than regular products.

저수확 유기 농업 low-yield organic farming

무농약 무공해 pesticide-free and pollution-free

유기농 쌀은 무농약 무공해 식품이다.

Organically grown rice is a ***pesticide-free and pollution-free*** food product.

수경 재배 hydroponics, hydro-planting

수경 재배한 채소들은 잔류 살충제가 없다.

Vegetables grown by ***hydroponics*** are free of pesticide residue.

농업 정책 agricultural policies

양곡 관리 제도 food grain management system

추곡 수매 state purchase of rice (harvest)

추곡 수매가 state purchase price of rice

정부는 추곡 수매를 통해 쌀가격을 안정시킨다.

The ***government*** stabilizes rice prices by ***purchasing rice*** after harvest.

농업 보조금 agricultural subsidies, farming subsidies

한국은 2001년에 GDP의 4.7% 수준의 보조금을 농업 부문에 지원했다.

Korea ***subsidized*** the agricultural sector with funds amounting to 4.7% of GDP.

Korea ***provided subsidy to*** the agricultural sector amounting to 4.7% of GDP.

가격 지지　　**price support, support prices**

소득 보전　　**income subsidy to make up for losses, deficiency payment**

쌀의 시장 가격이 떨어질 경우 정부는 농가의 소득 손실 보전금을 지원한다.

The government will provide ***income subsidies*** to farmers ***to make up for the losses*** in the event the market price for the produced rice falls.

The government will make ***deficiency payments*** to farmers in the event the market price for the produced rice falls.

☞ *deficiency payment program* : 농산물의 목표 시장 가격을 설정한 후 농산물 가격이 이에 못 미칠 때 부족분을 정부에서 지급하는 제도.

농가 부채　　**farming household debt, debt of farmers**

농가 부채로 인하여 농민들의 부담이 크다.

The ***farmers*** are burdened with heavy ***debt***.

— 삭감　　**reduce farming households' debt**

농업협동조합중앙회　　**National Agricultural Cooperative Federation (NACF)**

농산물 시장　　**agricultural market, market for agricultural goods**

농산물 시장을 개방해야 한다.

Agricultural markets must be open.

신토불이　　**local products for local people, people and land are one**

☞ 신토불이 : *Local products for local people, Products grown on local soil is best suited for its people* 등으로 개념 설명 가능. 그러나 현지 생산 농산품을 구매하자는 슬로건으로는 *Buy Local, Locally Grown is Best, Good Food is Near You* 등의 표현이 사용된다.

품종　　**variety, species**

개량종　　**improved variety**

잡종　　**hybrid variety**

품종 개량　　**plant breeding, breed new varieties, develop new species**

병충해에 견디는 벼의 품종 개량을 통해 수확량을 늘렸다.

Rice yield was increased by ***developing a new variety*** of rice resistant to pests.

유전자 변형 식품　　**Genetically Modified Organism (GMO), genetically** modified food

1999년 현재 전 세계적으로 유통되고 있는 GMO는 콩·옥수수·감자 등 약 50여 개 품목이다.

As of 1999, there are 50 or more ***GMOs*** distributed worldwide, including soy beans, corn and potatoes.

GMO 표시제 **GMO labelling**

정부는 수입 농산품의 유전자 조작 식품 표시를 의무화했다.

The government requires ***GMO labelling*** on all imported agricultural products.

• GMO Labelling이란?

유전자 변형 농산물은 병충해에 강하고 수확량을 늘리는 이점이 있지만, 과학적으로 안전성이 검증되지 않아 유럽 및 일본에서는 해당 농수산물에 GMO를 표시하는 제도를 도입했다. 한국에서 유통되는 콩·콩나물·옥수수 등은 GMO가 3% 이상 섞일 경우에는 반드시 GMO를 표시해야 한다. 가공식품은 2001년 7월, 감자는 2003년 3월부터 의무 표시제를 실시했다.

축산업 LIVESTOCK FARMING

축산업 **livestock farming, animal husbandry**

가축 사료 **animal feed**

밀·감자·옥수수 등이 가축 사료로 사용된다.

Wheat, potatoes and maize are used for ***animal feed***.

육우 사육 **cattle farming, beef production**

육용우 **beef cattle**

사육장 **feedlot**

가축들을 사육장에서 살찌운 후에 도살한다.

Animals are fattened in the ***feedlots*** before being slaughtered.

축사 **stable**

도축 **slaughter**

도축장 **slaughter house**

소값 **cattle prices**

광우병으로 유럽의 소값이 폭락했다.

Cattle prices in Europe dropped due to the mad cow disease.

쇠고기 등급제 **beef grading program**

한국도 쇠고기 등급 표시제를 도입했다.

Korea also started to ***grade and label the quality of beef.***

위생 검역 **sanitary inspections**

위생 검역 과정에서 미국산 수입 쇠고기가 불합격 판정을 받았다.

Imported U.S. beef failed to pass ***sanitary inspections***.

낙농업 **dairy production**

유가공품, 낙농 제품 **dairy products**

젖소 **dairy cow**

시중에 유통되는 국산 쇠고기 가운데 한우는 70% 정도이고 나머지는 젖소인 것으로…

...only 70% of domestic beef sold in the market are from domestic meat cattle with the rest coming from ***dairy cows***...

유제품 **milk products, dairy products**

유제품 등 쉽게 상하는 식품은 냉장 보관해야 한다.

Perishable food such as ***dairy products*** must be kept refrigerated.

저온 살균 처리 **pasteurization**

저온 살균 처리는 발효·부패 등을 초래할 수 있는 미생물을 제거해준다.

Pasteurization kills micro-organisms that can cause fermentation or spoilage.

☞ *pasteurized milk* : 저온 살균 우유.

양계 **poultry farming, poultry production**

가금류 **poultry**

조류 독감, 조류 인플루엔자

bird flu (H5N1 virus), Avian Influenza (AI)

태국 정부는 북부 2개 주의 농가에서 조류 독감이 추가적으로 발생했다고 확인했으며…

Thailand has confirmed more recurrences of the deadly ***bird flu*** virus on several farms in two northern provinces... (*Reuters*)

양돈 **pig farming, hog production/farming**

돼지고기 값의 폭락으로 양돈 농가들의 손실이 크다.

Plunging pork prices has caused ***hog farmers*** great losses.

육가공식품 **meat products, processed meat products**

육가공식품은 칼로리가 높고 식품 첨가제가 들어 있다.

Processed meat products are high in calories and contain food additives.

광우병, 우(牛)해면상 뇌병증 **mad cow disease, Bovine Spongiform Encephalopathy (BSE)**

광우병은 현재 유럽 13개국에서 발생했다.

Mad cow disease – or ***bovine spongiform encephalopathy*** (***BSE***) – has so far been found in cattle in 13 European countries.

구제역 **foot-and-mouth disease (FMD)**

전남 지역에 구제역이 발생했다.

There was an outbreak of ***foot-and-mouth disease*** in the South Jeolla region.

축산 정책 **livestock programmes, livestock policies**

축산 정책에서는 구제역을 중심으로 질병 관리에 역점을 두었다.

Livestock programmes have concentrated on disease control, with emphasis on Foot and Mouth Disease.

수산업 FISHERIES

수산업 **fisheries**

어업 **fishery, fishing industry**

수산 가공업 **fisheries processing industry**

수산 가공업의 원료는 현재 주로 원양 어업이 공급한다.

Most of the raw material supplied to the ***fisheries processing industry*** comes from deep-sea fishing.

어촌 **fishing village**

어가 **fishing household**

어부, 어민 **fishermen, fishers**

2001년도 말 어가 부채는 가구당 1천 363만 5천원으로 2년 전에 비해 18% 증가했다.

The average debt of ***fishing households*** was 13,635,000 Won as of the end of 2001, marking an 18% increase in two years.

생계 유지형 어업 **artisanal fishing, subsistence fishing**

기업형 어업 **industrialized fishing**

기업형 어업의 등장으로 소규모 생계 유지형 어업이 사라지고 있다.

Small-scale ***artisanal fishing*** is disappearing as ***industrialized fishing*** is introduced.

어선 **fishing boat, fishing vessel**

원양 어선 **deep-sea fishing vessel**

어선단 **fishing fleet**

포경 **whaling**

포경선 **whaling boat, whaler**

IWC는 10년간 포경업을 금지하는 법을 제정…

The IWC enacted a 10-year ban on commercial ***whaling***...

☞ *"IWC" : International Whaling Commission.* 국제포경위원회.

수산업 협동조합 **National Federation of Fisheries Cooperatives (NFFC)**

수산업 협동조합은 어민들에 대한 여신 업무도 수행하고 있다.

The ***National Federation of Fisheries Cooperatives*** also gives loans to fishers.

근해 어업 **off-shore fishing, inshore fishing**

연안 어업 **coastal fishing**

원양 어업 **deep-sea fishing**

빈국의 어민들은 연안 어업으로 생계를 유지한다.

The livelihood of fishers in poor countries depends on ***coastal fishing***.

조업 **fishing, fishing activities, fishing operations**

조업 형태 **fishing methods**

조업을 중단했다.

...stopped/suspended ***fishing***.

채낚시 **jigging**

채낚시 미끼로는 멸치와 오징어가 가장 많이 사용된다.

Top baits for ***jigging*** are anchovies and squid.

그물낚시 **netting**

자망 **gill nets**

유자망 **drift gill nets, drift-net**

유인망, 끌그물 **dragnet, dragged net**

캐나다, 스코틀랜드, 노르웨이는 유자망 어업을 금지시켰다.

Drift-net fishing was outlawed in Canada, Scotland and Norway.

저인망 어업, 트롤 어업 **trawl fishing, trawling**

트롤망 **trawl net, trawl**

트롤선 **trawler**

쌍끌이 어선 **dual trawler**

손실 보상 차원에서, 러시아는 우리나라 트롤선을 24척까지 베링해에서 조업을 하도록 허용할 방침이다.

To make up for the loss, Russia will let 24 Korean fishing ***trawlers*** catch pollack in the Bering Sea.

기선 저인망 어업 **bottom trawling**

저인망 **bottom trawl**

쌍끌이(기선 저인)망 **Paranzella net, two-boat trawl, pair trawl, bull trawl**

저인망 어업은 1876년 2척의 선박이 끄는 쌍끌이망이 도입되면서 캘리포니아에서 처음 시작되었다.

Trawl fishing began in California in 1876 with the introduction of the ***Paranzella***, a net towed by two vessels.

어획 **catch**

어획량, 어획고 **size of the catch, harvest, landing**

올해 명태의 어획고가 줄어들어 명태 값이 크게 올랐다.

Pollack prices rose significantly due to the sharp fall in the ***catch***.

어장 **fishing grounds, (ocean) fisheries**

연근해 오염이 악화되어 어장이 황폐화되고 있다.

Increased pollution in the coastal and off-shore waters is depleting the ***fishing grounds***.

알래스카의 명태 어장…

... the Alaskan ***pollack fishery***...

어종, 어족 **fish stock, species of fish**

어족 보호 **protection of fish stocks**

과다 어획으로 어족 자원이 고갈되고 있다.

Overfishing is depleting ***fish stocks***.

어획 쿼터 **fishing quota**

한국과 러시아 정부가 합의한 어획 쿼터에 따라 명태 2만 5천 톤이 확보되었다.

The Russian and Korean governments agreed on 25,000 tons of ***fishing quota*** for pollack.

어업권 **fishing rights**

입어료 **fishing fee**

타국의 배타적 경제 수역에서 조업하기 위해 입어료를 내야 한다.

Boats must pay ***fishing fees*** in order to fish in other countries' EEZs.

남획 **overfishing, indiscriminate fishing**

과다 어획, 과잉 어획 **overfishing**

과다 어획으로 어족 자원이 고갈되다.

Overfishing is depleting fish stocks.

양식업 **fish farming, aquaculture, culture based fisheries**

양식업자 **fish farmer, aquafarmer**

양식업은 전 세계 수산업의 20%를 차지하며 점점 그 비중이 늘어나고 있다.

Fish farming is an industry that accounts for nearly 20% of world fisheries production, and is steadily increasing its share.

양식 — cultivated -

식당에서 쓰는 새우는 대부분 태국산 양식 새우다.

Most of the shrimp served in restaurants are ***cultivated shrimp*** produced in Thailand.

자연산 — wild -, natural -

자연산 연어가 양식 연어보다 훨씬 맛이 있다.

Wild salmon tastes much better than cultivated salmon.

자연산 진주는 값이 양식 진주의 몇 곱절이다.

Natural pearls cost several times more than ***cultivated pearls***.

진주 양식 pearl farming

굴 양식 oyster farming

새우 양식 shrimp farming, shrimp aquaculture

새우 양식업은 고수익 산업이다.

Shrimp aquaculture is a lucrative industry(profitable business).

양식장 fish farms, aquafarm

가두리 양식 cage culture, enclosed fish farming

가두리 양식장은 바닷물을 오염시킨다.

Enclosed fish farms pollute the ocean water.

해양 목장 ocean farm, marine ranch

바다 양식 marine culture

내륙 양식 inland fish farming, inland water culture

해양수산부는 22일 동해·서해·제주해에서 바다 목장 조성 예비 후보지 10곳을 선정했다.

On the 22nd, MOMAF designated 10 spots in the East Sea, Yellow Sea and Jeju Sea for potential candidates to be developed into ***ocean farms***.

산란 spawn

산란장 spawning grounds

연어와 같은 회유성 어종은 알을 낳기 위해 산란장으로 회귀한다.

Straddling fish stocks such as salmon return to their ***spawning grounds*** to hatch.

산란 활동 spawning

부화 hatch

부화장 hatcheries

인공 부화 artificial hatching

남면에 사는 어민들은 6~7년 전부터 대량으로 빙어를 인공 부화, 방류해왔다.

The Nam-myeon fishing village residents have been ***artificially hatching*** smelt and releasing them into the water.

회유어 **migratory fish, straddling fish**

연어와 같은 회유성 어종은 알을 낳기 위해 산란장으로 회귀한다.

Straddling fish stocks such as salmon return to their spawning grounds to hatch.

국제 어업 협정 **international fisheries agreement**

한일어업협정 **Korea-Japan Fisheries Agreement**

그동안 지연되었던 한일어업협상은 양측이 상대편 경제 수역에 조업을 허용하는 어선의 숫자를 1,395척으로 합의하여 타결되었다.

The long-delayed ***bilateral fishery negotiations*** were concluded between Korea and Japan as both sides agreed on the quota for the number of fishing vessels allowed in the other country's exclusive economic zone (EEZ) at 1,395.

☞ 공식 명칭 : 대한민국과 일본 간의 어업 협정.

Agreement on Fisheries between the Republic of Korea and Japan.

한러어업협정 **Korea-Russia Fisheries Agreement**

한중어업협정 **Korea-China Fisheries Agreement**

북태평양공해어업조약 **International Convention for the High Seas Fisheries of the North Pacific Ocean**

국제포경조약 **International Convention for the Regulation of Whaling**

남동대서양어업조약 **Convention on the Conservation of the Living Resources of the Southeast Atlantic**

어종	
가다랭이	frigate mackerel
가오리	red sting ray
가자미	sole, flounder
갈치	(largehead) hairtail
고등어	mackerel
광어	fluke, flatfish
꽁치	mackerel pike
넙치	halibut, sole, flounder
농어	grouper, perch, sea bass, rock fish
대구	cod, haddock

도미	red snapper, sea bream
메로	snow fish
멸치	anchovy
명태	pollock, pollack, walleye pollack
병어	pomfret, flatfish
복어	blowfish, puffer
빙어	smelt
삼치	spanish mackerel
아구	monk fish
아지	horse mackerel
연어	salmon
옥돔	red horsehead
임연수어	atka mackerel
잉어	carp
장어	eel
정어리	sardine
조기	yellow croaker, yellow corvina
참치	tuna
청어	herring
홍어	red skate

기타 수산물	
가리비, 패주	scallop
가재	lobster
고동	sea conch
굴	oyster
꼴뚜기	beka squid (loliolus beka)
낙지	poulp squid, octopus minor, common octopus (octopus vulgaris)
대하	king prawn
대합	large clam

멍게	sea squirt, ascidian
문어	octopus
바지락	little-neck clam
새꼬막	ark shell
새우	shrimp
소라	trumpet shell
오징어	squid, cuttlefish
우렁이	mud snail
전복	abalone
조개	clam
쭈구미	baby octopus (octopus ocellatus)
한치	cuttlefish, spear squid
해삼	sea cucumber
해파리	jellyfish
홍합	mussel

해양 OCEAN

근해 **off-shore seas, inshore seas, white water**

원양 **high seas, distant seas, blue water**

원양에서 참치 조업을 하던 선박이…

...the fishing vessel which was fishing for tuna on the ***high seas***...

연안 **coast, coastal**

프랑스 남부 지중해 연안의 항구 도시…

...a port city ***on*** the Mediterranean ***coast*** in southern France...

해안선 **shoreline, coastal line**

한반도는 서남쪽으로 복잡한 해안선을 갖고 있다.

The Korean peninsula has meandering western and southern ***shoreline***.

Korea's southern and western ***shorelines*** are heavily indented.

다도해 **archipelago**

필리핀의 다도해에는 무인도가 많다.

There are many uninhabited islands in the Philippine ***archipelago***.

갯벌	**tidal flat, mud flat**

☞ <환경/생태계> 참조.

해류	**ocean current**
한류	**cold current**
난류	**warm current**

난류와 한류가 만나는 곳에 풍부한 어장이 형성된다.
Abundant fishing grounds can be found where ***warm and cold ocean currents*** meet.

공해	**open seas, high seas**
영해	**territorial seas**

한국의 영해에서 타국 어선의 조업이 금지되었다.
Foreign ships are forbidden to fish ***in the Korean waters***.

영해 침범	**violation of territorial seas, intrusion into territorial waters**

북한 괴선박이 영해를 침범했다.
An unidentified North Korean boat intruded into our ***territorial waters***.

배타적 경제 수역	**Exclusive Economic Zone (EEZ)**
2백 해리 경제 수역	**200 nautical miles/sea miles offshore**

각국의 200해리 배타적 경제 수역 외의 공해상의 어족은 Tuna Commission에서 관리하게 된다.
The Tuna Commission will manage the fish stocks on the high seas outside of each nation's ***200-mile exclusive economic zone (EEZ)***. (*Fiji's Daily Post*)

어업 전관 수역	**Fishery Zone**
국가 관할 수역	**waters within national jurisdiction**
공동 규제 수역	**international waters, joint control area**

한일어업협정에 의하여 독도가 우리의 전관 수역에서 배제되었다.
In accordance with Korea-Japan Fisheries Agreement, Dokdo is no longer within Korea's ***Fishery Zone***.

해저	**seabed**
심연	**abyss**
심해저	**deep seabed**
해구	**sea trench, deep**
해저 광물	**seabed mineral resources**
국제 해저 기구	**International Sea-Bed Authority (ISA)**

해저 광물을 탐사하다.

...explore ***seabed mineral resources.***

해양 자원 **ocean resources, marine resources**

해양 공원은 해양 자원을 이용하면서 동시에 보존할 수 있는 방법이다.

Ocean parks provide a way to exploit and preserve ***marine resources.***

해양법 **Law of the Sea**

유엔해양법협약 **UN Convention on the Law of the Sea, (UNCLOS, LOS)**

국제해양법재판소 **International Tribunal for the Law of the Sea (ITLOS)**

국제해양관측시스템 **Global Ocean Observing System (GOOS)**

• EEZ란?

Exclusive Economic Zone. 배타적 경제 수역. 자국 연안으로부터 200해리까지의 수역으로 UN 국제해양법에 의거, 연안국은 그 안에서 해양 자원의 탐사 개발과 수역의 경제적 개발에 관한 독점적 권리를 행사하고 해양의 과학적 조사에 대하여 관할권을 가지도록 하고 있다. 그리고 이 수역 안에서는 연안국이 전면적으로 어업 활동을 관리하게 되었다. EEZ는 전통적인 해양법에 의한 공해와 영해의 중간에 위치하는 제3의 수역으로 인정하는 것이다.

• UN Convention on the Law of the Sea란?

유엔해양법협약. 1982년 12월 10일 자메이카의 몬테고베이에서 채택된 해양법에 관한 조약. 국가 관할 수역에 관한 전통 국제법을 대폭 수정한 것으로, 1973년부터 1982년까지 개최된 제3차 유엔해양법회의에서 오랜 협상 과정을 거쳐 1982년 12월 10일 채택, 1994년 11월 16일 발효했다.

항행의 자유 **freedom of navigation, freedom of passage**

무해 통항권 **right of innocent passage**

연안국은 영해의 무해 통항을 방해해서는 안 된다.

Coastal states should not obstruct the ***innocent passage of vessels*** on territorial seas.

대륙붕 **continental shelf/reef**

대륙붕에서 해저 원유 탐사…

...explore off-shore oil reserves in the ***continental shelf...***

대륙붕이란 연안에서 완만하게 경사를 이루고 있는 수심 200m 이내의 해저다.

Continental shelf is the seabed, where there is no noticeable slope, between the shoreline and the point where the depth of the water is 200 metres.

대륙붕 한계위원회 **Commission on the Limits of the Continental Shelf (CLCS)**

임업 FORESTRY

산림 **forests, forestry**

한국은 국토 면적의 20%만 농지이고 나머지 65%는 산림이다.

Twenty percent of the Korea's land is agricultural, while ***forests*** cover sixty-five percent of the land.

삼림 지역 **wooded areas**

우루과이는 중남미 국가 중 삼림 면적이 가장 작은 국가로 전체 국토의 4%에 불과하다.

Uruguay is one of the least ***wooded areas*** in Latin America, with forests covering only about 4% of its territory.

임업 **tree farming, forestry**

조림학 **silviculture**

조림학이란 경제적 목적으로 산림을 가꾸는 것을 뜻한다.

Silviculture is the name usually given to the management of the forest for economic purposes.

산림 보호 **protection of forestry (resources)**

숲가꾸기 **forest tending**

솎아베기 **thinning**

가지치기 **pruning**

솎아베기는 식재 후 얼마 후, 그리고 10~15년 후에 다시 한다.

Thinning is done soon after planting the trees and once again after 10-15 years.

한대림 **frigid forest**

온대림 **temperate forest**

온대림은 연강수량이 100cm인 북미·남미·아시아와 유럽의 지역에서 찾아볼 수 있다.

Temperate forests are found in areas with annual precipitation of 100cm in North America, South America, Asia and Europe.

난대림 **sub-tropical forest**

열대림 **tropical forest**

열대 우림 **tropical rain forest**

전문가들은 분당 100에이커에 달하는 열대 우림이 파괴되고 있는 것으로 추정하고 있다.

Experts estimate that 100 acres of ***rain forest*** are destroyed each minute.

활엽수	latifoliate, broadleaf tree
낙엽수	deciduous tree
낙엽 활엽수림	broadleaf deciduous forest
상록수	evergreen tree, indeciduous tree
침엽수	conifer, conifer plant/tree, needle-leaf tree, acicular tree
침엽수림	coniferous forest

침엽수림은 대부분 낙엽송보다 차고 건조한 조건에서 자라는 침엽수로 이루어진다.

Coniferous forests are made up mostly of ***needle-leaf trees*** which grow better in cooler, drier conditions than do ***deciduous trees***.

관엽수	foliage plant, foliage tree
관목	shrub, bush
유실수	fruit-bearing tree, fruit tree

임업에서 주요 유실수는 호도나무·밤나무·대추나무 등이다.

The major ***fruit-bearing trees*** in forestry would be walnut trees, chestnut trees and Chinese date trees.

원시림	virgin forest
인공림	artificial forest, planted forest
자연림	natural forest

인공림을 조성하다.

...create ***artificial forests***.

황폐화	deforestation
사막화	desertification
조림 사업	forestation, afforestation

대기 중의 이산화탄소를 줄일 수 있는 방법 중 하나는 조림의 극대화다.

One of the ways to reduce atmospheric carbon dioxide is to maximize ***forestation***.

재조림, 녹화 사업	reforestation, greening program, greening project

정부는 녹화 사업의 일환으로 식목일을 지정했다.

Arbor Day was instituted as part of the government's ***forest greening program***.

방풍림	windbreak forest, shelterbelt

방풍림 없는 밭은 풍화 작용으로 토양이 침식된다.

Fields without ***shelterbelts*** will suffer damage from wind erosion of soil.

사방 조림 **afforestation for erosion control**

사방 조림을 통해 산사태를 방지할 수 있다.

Landslides can be prevented through ***afforestation for erosion control***.

식재, 식수 **tree planting, plantation**

식목일 **arbor day**

식목일을 기념하여 공원 곳곳에 식수를 했다.

They planted trees at various locations around the park in recognition of ***Arbor Day***. (*WDAM-TV*)

묘목 **seedling, sapling**

양묘장, 묘목장 **(plant) nurseries**

시에서는 인근 양묘장에서 소나무 묘목 1,000그루를 구매했다.

The city government bought 1,000 pine ***seedlings*** from a local area ***nursery***.

조림장 **plantation**

임산품, 임산물 **forest products**

특수 임산물 **special forest products**

특수 임산물로 밤·호도·잣·죽순·버섯 등이 있다.

Special forest products include chestnut, walnut, pine-nut, bamboo shoot and mushroom.

잣 **pine nuts**

밤 **chestnut**

송이버섯 **pine mushroom**

표고버섯 **shitake mushroom**

약재 **medicinal herbs, medicinal plants**

한국의 임산품 수출은 주로 합판, 섬유판, 밤, 그리고 버섯이 있다.

Korea's exports in forest products are dominated by plywood, fiberboard, ***chestnut*** and ***mushrooms***.

원목 **log**

판재 **boards**

각재 **squared timber**

원목을 제재하여 판재와 각재를 만든다.

Logs are lumbered and made into ***boards*** and ***squared timber***.

제재 **lumbering**

제재목 **sawn timber**

구조목 **structured lumber**

제재소 **sawmill**

원목은 제재소에서 판재로 자른다.
Logs are sliced into boards at the ***sawmill***.

목재 **wood, sawnwood**

연재, 침엽수재 **softwood**

경재, 활엽수재 **hardwood**

목재품 **timber product, wood product**

수출용 임가공품 중 목재와 합판산업이 1977년까지 중점적으로 육성되었다.
Among Korean timber processing industries, ***sawnwood*** and plywood industries had been developed for export purpose until 1977.

펄프 **pulp**

펄프칩 **wood chip**

목재와 섬유 식물에서 얻는 펄프로 종이를 만든다.
Pulp from wood and fiber plants is used for making paper.

합판 **plywood**

주택 산업의 호황과 함께 일반 목재 및 합판 수요가 늘었다.
The boom in the housing industry increased demand for general ***timber products and plywood***.

베니어합판 **veneered plywood**

벌목, 벌채 **tree felling, logging**

벌목을 하려면 벌목 허가를 받아야 한다.
Trees must ***be felled*** with a license.

벌목공 **logger**

북한 출신의 벌목공들이 벌목장을 탈출했다.
A handful of North Korean ***loggers*** ran away from the logging field.

벌목장 **felling fields, lumber camps, logging camps**

제3세계에 벌목장들이 증가하고 있다.
Logging camps are increasing in the third world.

무단 벌목 **illegal logging**

무단 벌목을 억제하기 위해 인도네시아 정부는 원목 수출을 금지했다.
Indonesia has imposed a ban on exports of logs to curb ***illegal logging***.

산불 **forest fire, brush fire, wildfire**

매년 산불로 전체 삼림의 1.5% 정도가 유실되는 것으로 추정된다.
It is estimated that 1.5% of forest is lost every year due to ***forest fires***.

진화 작업 **extinguish/fight/put out forest fire**

미국에서는 산불의 예방 및 진화에 연간 1억 달러를 소비한다.

It costs the U.S. approximately $100 million annually to ***prevent and control forest fires***.

공중 진화 **aerial firefighting, aerial fire suppression**

지상 진화 **ground firefighting, ground fire suppression**

헬기 5대로 공중 진화 작업을 벌였다.

...conducted ***aerial forest fire suppression*** with 5 helicopters.

병충해 **pests and diseases**

송충이 **pine caterpillar**

송충나방 **eggar**

솔잎혹파리 **pine gall midge**

1,760종의 병충해 중에서 가장 그 피해가 큰 것은 솔잎혹파리다.

Among the 1,760 species of forest ***pests and diseases***, the ***pine gall midge*** causes the most damage.

조림 수종	
개나리	Forsythia, Golden-bell tree
굴참나무	Oriental oak
서양호랑가시나무	Holly
너도밤나무	Beech
느티나무	Japanese Zelkova (Zelkova serrata)
녹나무	Cinnamomum camphora Siebold
닥나무	Paper Mulberry
단풍나무	Maple
대추나무	Jujube Tree, Chinese Date Tree
동백나무	Camellia
등나무	Wisteria
떡갈나무	Daimyo Oak
미루나무	Poplar
백향목	Cedar
버드나무	Willow
뽕나무	Mulberry
사시나무	Aspen
삼나무	Japanese cedar

상수리나무	Sawtooth oak
소나무	Pine tree
오동나무	Paulownia Tree
오미자	Maximowiczia chinensis
은행나무	Gingko tree
자작나무	Birch
작약	Peony
잣나무	Big cone pine, Pine nut tree
전나무	Fir (tree)
쥐똥나무	Wax
참나무	Oak tree
탱자나무	Trifoliate orange
편백나무	Hinoki Cypress
향나무	Chinese juniper
회양나무	Boxwood
후박나무	Silver magnolia

광업 MINING

광업 **mining**

광산업 **mining industry**

광업은 제조업·건축업과 함께 3D 산업이다.

Mining is one of the 3D industries, along with manufacturing and construction.

세계 광산업에서 탐광 및 채광지로서의 알래스카의 이미지가 퇴색되고 있다.

Alaska's image as a place to explore for and develop minerals is slipping in the world's ***mining industry***.

광부 **miner**

광산 근로자 **mine workers**

지하자원 **underground resources**

산이 많은 페루는 지하자원이 풍부하다.

Peru, a mountainous country, is abundant with ***underground resources***.

광물 **minerals**

매장량 **deposit, reserve**

　광물 매장량 **mineral deposit**

　　광물 매장량이 많다.

　　Mineral deposits are plentiful.

　　석탄 매장량이 고갈되었다.

　　The ***coal deposit*** is depleted.

광산 **mine**

　채광 **mining, ore extraction**

　　중국 남서 지방의 광산 폭발 사건의 사망자 수가 38명으로 늘었다.

　　The death toll in a southwestern China ***mine*** explosion rose to 38... (*Bangkok Post*)

암석 **rock**

채석 **quarrying**

　채석장 **quarry**

　　불법 채광으로 인한 자연환경 파괴를 막아야 한다.

　　We must prevent the destruction of the natural environment caused by unauthorized ***quarrying*** activities.

암석	
퇴적암 Sedimentary Rocks	
석고	Gypsum
부싯돌	Flint
암염	Rock Salt
석회암	Limestone
사암	Sandstone
변성암 Metamorphic Rocks	
대리석	Marble
사문암	Serpentine
비누돌	Soapstone
화강암	Granite
화성암 Igneous Rocks	
현무암	Basalt
용암	Lava

광석 | ore
철광석 | iron ore
알루미늄 원광 | bauxite

그 지방에서 철광석이 많이 난다.
The region produces large quantities of ***iron ore***.

보석 | gem stone, precious stone, precious gem
준보석 | semi-precious stone
인조 보석 | synthetic stone

자수정은 준보석에 속한다.
Amethyst is a ***semi-precious stone***.

원석 | rough stone
나석 | loose stone, unset stone
연마 | stone cutting (and polishing)

ABN-Amro은행은 이스라엘의 다이아몬드 연마량의 50%는 향후 3년간 인도로 갈 것으로 내다보고 있다.
ABN-Amro Bank expects 50% of Israel's ***diamond cutting*** to move to India over the next three years. (*Business Week*)

보석 감정 | stone appraisal, gem appraisal
감정인 | gemologist
감정서 | certificate of authentication

보석을 살 때 가장 좋은 방법은 전문 감정인에게 감정을 받는 것이다.
The best way to buy a ***gem stone*** is to buy one that was professionally ***appraised*** by a ***gemologist***.

탄생석 | birthstone

7월생의 탄생석은 루비다.
The ***birthstone*** for those born in July is the ruby.

금속 광업 | metal mining industry
금속 광물 | metallic minerals, metals
귀금속 | precious metal
비금속 | base metal

구리·납 등은 비금속이다.
Copper and lead are ***base metals***.

합금 | alloy, metal compounds
비금속 광물 | non-metallic minerals

석유와 석탄은 비금속 광물이다.
Petroleum and coal are ***non-metallic minerals***.

비철 금속 **non-ferrous metal**

금·은·아연·구리는 비철 금속이다.

Gold, silver, zinc and copper are ***non-ferrous metals***.

경금속 **light metal**

골프채에 쓰이는 티타늄은 대표적인 경금속이다.

Titanium is one of the well known ***light metals***.

탐광 **prospecting, exploration**

광상 **deposit**

광맥 **metalliferous vein**

연장 1,200m의 대규모 광맥이 발견되었다.

A large ***metalliferous vein*** ranging a total of 1,200 meters was found.

지질 조사 **geological survey**

인근 지역에 지질 조사를 실시했다.

A ***geological survey*** was conducted around the area.

시굴 **trial digging**

시추 **boring**

지하 광산을 개발할 때 첫 번째 단계는 시추다.

The first step in developing an underground mine is ***boring***.

주요 금속 및 보석

금속 Metal	
금	Gold
은	Silver
동	Copper
철	Iron
주석	Tin
망간	Manganese
아연	Zinc
중석, 텅스텐	Tungsten
안티몬	Antimony
알루미늄	Aluminum
우라늄	Uranium
보석 Gem Stones	
금강석, 다이아몬드	Diamond

루비	Ruby
에메랄드	Emerald
사파이어	Sapphire
진주	Pearl
알렉산더석	Alexandrite
첨정석	Spinel
준보석 Semi-precious Stones	
오팔	Opal
옥	Jade
호안석	Tiger's Eye
호박	Amber, Succinite
자수정	Amethyst
황수정, 토파즈	Topaz
오닉스	Onyx
월장석	Moonstone
말라카이트	Malachite
마노	Agate
남옥, 아쿠아마린	Aquamarine
청금석	Lapis Lazuli

탄전 **coal field**

탄광 **coal mine**

탄광의 생산성이 떨어지다.

Productivity of the ***coal mines*** dropped.

노천 채굴 **open-air mining**

노천광 **open mine, open-pit mine**

최근 몇 년간 노천광의 복토 문제를 둘러싸고 법적 소송이 벌어졌다.

Reclamation of ***open-pit mines*** has been the subject of litigation in recent years. (*Billings Gazette, Montana*)

갱도 **mine shaft**

광상까지 갱도를 굴착한다.

A ***mine shaft*** is dug to reach the mineral deposit.

갱구 **pit mouth**

갱내 작업 **underground mining work**

갱도가 무너지면서 갱내 작업을 하던 인부들이 매몰되었다.

Workers ***working underground*** were buried as the shaft collapsed.

수직갱 **vertical shaft**

수평갱 **level tunnel**

먼저 탐사용 수직갱을 설치한다.

An exploratory ***vertical shaft*** is sunk first.

폐광 **closed mine, abandoned mine**

북한은 대만 원전의 핵폐기물을 받아 폐광에 저장할 계획이다.

North Korea will be storing nuclear waste from Taiwanese power plants in ***abandoned mines***.

— 하다 **closing mine, closing down mine**

석탄의 사용량 감소에 따라 2005년까지 서너 곳의 국내 석탄광의 폐광 또는 감산이 추진된다.

3 to 4 coal ***mines will be closed down*** or cut production by 2005 in response to decreased consumption of coal.

폐광 카지노 **casinos in closed/abandoned mine area**

폐광 카지노의 운영 주체인 강원랜드에 출자했던 지방 자치 단체들이 큰 수익을 올렸다.

Local governments made huge returns on investments made in Kangwon Land, the operator of the casino built in an ***abandoned mine area***.

17 주요 산업 MAJOR INDUSTRIES

산업 일반 INDUSTRY GENERAL

산업 육성 | industry promotion
국산화 | promote domestic production, localization

부품 국산화를 촉진하기 위한 국내 부품 산업 육성…

...***promote domestic*** parts ***industries*** to ***localize*** parts manufacturing...

산업 구조 | industrial structure
— 고도화 | upgrade/modernize industrial structure
— 개편 | ndustrial restructuring

개도국에서 선진국형으로의 산업 구조 개편…

...***industrial restructuring*** from a developing to developed structure...

탈산업화 | de-industrialization
1차 산업 | primary industry
2차 산업 | secondary industry
3차 산업 | tertiary industry

경제에서 서비스 산업 등의 3차 산업 비중이 가장 높다.

The service industry and other ***tertiary industries*** take up the largest proportion of the economy.

성장 산업 | growth industry
기간산업 | key industry

산업을 발전시키려면 먼저 기간산업을 육성해야 한다.

Key industries must be fostered to start industrial development.

제조 산업 | manufacturing industry, manufacture industry
굴뚝 산업 | smokestack industry

…지난 25년간 굴뚝 산업이 퇴조함에 따라 오히려 대기 오염은 줄어들었다.

...the air improved with the quarter-century decline of ***smokestack industry***. (*Pittsburgh Tribune Review*)

생산 체제 | production system
주문 생산 | made-to-order

델 컴퓨터사의 주문에 의한 생산 체제는 재고 낭비를 최소화해준다.

Dell Computer's ***made-to-order*** production minimizes obsolete inventory.

단순 조립 **simple assembly, fabrication**

전기·전자·기계 업종은 초기에는 개성 공단에 단순 조립 공장을 설립한다는 계획들이다.

The electronics and machinery industries are planning to start by building ***simple assembly plants*** in Gaeseong industrial complex.

핵심 부품 **core component, key component**

아직도 핵심 부품은 일본에서 수입한다.

The ***core components*** are still imported from Japan.

반제품 **semi-finished product**

완제품 **finished product**

그 회사는 작년에 완제품의 가격이 하락해 큰 손해를 입었다.

The company incurred a huge loss last year due to downfall in the prices of ***finished products***.

산업 생산량 **industrial output, industrial production**

2020년도 산업 생산량이 전년 대비 X% 증가했다.

The ***industrial output*** in 2002 increased by X% over the previous year.

산업의 공동화 **hollowing-out of industries, diminishing manufacturing base**

공동화 현상 **hollowing-out effect**

생산 시설 해외 이전 **relocate/move production facilities overseas**

생산 시설의 해외 이전으로 산업 공동화 현상이 급속히 일어나고 있다.

As production ***facilities are relocated*** overseas, there is a rapid ***"hollowing-out" of the domestic industry***.

장치 산업 **fixed-capital based manufacturing/processing industry**

설비 투자가 큰 장치 산업의 한계비용은 낮다.

Marginal cost is low in ***fixed-capital based industries*** with high facility investments.

경공업 **light industry**

신발 산업 **footwear industry**

섬유 산업 **textile industry**

완구 산업 **toy industry**

의류 봉제 **apparel industry**

신발·섬유 등의 경공업 위주의 산업 구조…

...industrial structure comprising mostly of ***light industries*** such as footwear or textile...

정밀 산업	**precision industry**
정밀 기계 공업	**precision machinery industry**
정밀 화학 산업	**precision chemistry industry**
기계 산업	**machinery**
공작 기계	**machine tool**
계측 기기	**measurement device, instrumentation**

Westinghouse Nuclear Plant Projects는 한국에 건설될 4개의 원전에 대하여 부품, 계측 제어, 기술 및 엔지니어링 지원을 제공하는 것을 내용으로 4억 달러 규모의 계약을 체결했다.

Westinghouse Nuclear Plant Projects [signed a] $400 million agreement in 2002 to provide components, ***instrumentation*** and control, and technical and engineering support services to four new nuclear power plants to be built in South Korea. (*Westinghouse Press Release*)

중화학 공업	**heavy chemistry industry**
석유화학 공업	**petrochemical industry**
나프타 분해 공장	**naphtha cracking plant**
합성수지	**plastic, synthetic resin**
합성 섬유	**synthetic fiber**
합성 고무	**synthetic rubber, styrene-butadiene rubber (SBR)**
염화 비닐	**Polyvinyl Chloride (PVC)**
중공업	**heavy industry**
중장비	**heavy machinery, heavy equipment**

세계 중장비 산업을 주도하는 캐터필러사…

...Caterpillar, a global leader in the ***heavy equipment*** industry...

노동 집약적 산업	**labor-intensive industry**
기술 집약적 산업	**technology-intensive industry**
자본 집약적 산업	**capital-intensive industry**

…노동 집약적인 경공업에서 자본 집약적인 중공업으로 산업 구조 개편…

...industry restructuring from ***labor-intensive*** light industries to ***capital intensive*** heavy industries...

산업 연관 효과	**industry linkage effect**
전방 효과	**forward effect**
후방 효과	**backward effect**

자동차 산업은 전후방 효과가 가장 큰 산업 중 하나다.

The automotive industry is one of the industries with the strongest ***backward and forward effect*** in the economy.

• Upstream vs. Downstream이란?

연관된 전후방 산업들은 차지하는 위치에 따라 상류와 하류라는 의미로 upstream 또는 downstream industry라고 한다. 예를 들어, 석유 화학에서 정유 산업이 upstream이라면 원료 공급을 받아 생산 활동을 하는 플라스틱 제품 산업은 downstream 산업이다.

반도체 SEMICONDUCTORS

반도체 — **semiconductor**

도체 — **conductor**

절연체 — **non-conductor**

반도체는 전도성에서 도체와 절연체의 중간 물질이다.

Semiconductors are substances whose ability to conduct electricity ranks between that of a ***conductor*** and a ***non-conductor***.

☞ *semiconductor* : 원래 반도체 물질. 반도체로 만든 *semiconductor chip*을 간단히 *semiconductors* 또는 *chip*이라고 한다.

반도체 산업 — **semiconductor industry, chip-making industry**

반도체 산업은 기술 집약적 사업이다.

The ***semiconductor industry*** is a technology-intensive industry.

일관 가공 생산 라인 — **fabrication (FAB) line**

삼성전자는 화성 사업장에 위치한 300㎜ 웨이퍼 일관 가공 생산 라인(FAB)인 12라인에 대한 설비 투자에 착수한다.

SEC plans to make capital investments in the twelve 300mm wafer ***FAB lines*** at Hwaseong plant.

주문 수탁 생산 공장 — **foundry**

동부그룹이 반도체 파운드리 업체인 아남반도체를 인수한다.

Dongbu Group will acquire Anam Semiconductors, a semiconductor ***foundry*** business.

• Fabless vs. Foundry란?

반도체 칩을 생산하는 공장을 'fab(fabrication plant)' 또는 'foundry'라고 한다. 반도체 기술 개발에서 앞서기 위해 또는 생산 비용을 절감하기 위한 목적으로 칩을 설계만 하고 생산은 외주를 주는 업체를 'fabless'로 지칭하며, 반면 설계는 하지 않고 칩을 주문 받아 생산하는 업체를 'foundry'라고 한다.

반도체 제품	
메모리 제품 Memory Products	
D램	DRAM
S램	SRAM
V램	VRAM
고속D램	High Speed DRAM
메모리 모듈	Memory Module
비메모리 제품 Micro Products, Non-memory Products	
시스템온칩	System-On-Chip (SOC)
Micro Component	MPU(Micro Processor Unit), MCU(Micro Controller Unit), DSP(Digital Signal Processor), Chip set, Graphic IC
리니어 IC	Linear IC
파워 IC	Power IC, Power Tr, Power MOSFET, PWM IC
주문형반도체	Application Specific IC (ASIC)
LCD 구동 IC	LCD Driver IC
특수 사업 제품 Special Products	
액정표시소자	Liquid Crystal Display (LCD)
감열기록소자	Thermal Print Head (TPH)
밀착형 화상인식소자	Contact Image Sensor (CIS)
화합물반도체	Compound Semiconductor

반도체 칩 — **semiconductor chips**

- 집적 회로 칩 — **Integrated Circuit (IC) chip**
- 개별 소자 — **discrete semiconductor/device**
- 화합물 반도체 — **compound semiconductor**

반도체는 구조와 용도에 따라 집적 회로, 개별 소자 및 화합물 반도체로 구분된다.

Semiconductors are classified into ***IC chips, discrete devices*** and ***compound semiconductors***.

메모리칩 — **memory chips**

- D램 — **Dynamic RAM (DRAM)**
- S램 — **Static RAM (SRAM)**

롬 **Read Only Memory (ROM)**

한국 반도체 산업의 주력 상품은 메모리칩이다.

Memory chips are the main product of the Korean semiconductor industry.

비휘발성 **nonvolatile**

☞ *volatile* : 휘발성. 전원 공급이 중단되면 기억된 내용이 사라지는 특성.

플래시 메모리 **flash memory**

플래시 메모리란 전원이 차단되어도 데이터를 기억하는 비휘발성 메모리칩이다.

Flash memory is a ***nonvolatile*** memory chip that retains data even when the power is turned off.

비메모리칩 **non-memory chips, Micro products**

한국 반도체 사업은 부가가치가 큰 비메모리칩에서는 뒤떨어진다.

The Korean semiconductor industry lags in the ***non-memory chip*** area which offers better added-value.

주문형 반도체 **Application Specific IC (ASIC)**

• DRAM이란?

Dynamic RAM의 약자. 우리나라의 주력 상품으로서, RAM이기 때문에 정보를 읽고 쓰는 것이 가능하나 전원이 공급되고 있는 동안에라도 일정 기간 내에 주기적으로 정보를 다시 써넣지 않으면 기억된 내용이 없어지는 메모리다. 이처럼 DRAM은 refresh를 계속 해주어야 한다. (한국반도체산업협회 www.ksia.or.kr)

• SRAM이란?

Static RAM의 약자. 전원이 공급되는 동안은 항상 기억된 내용이 그대로 남아 있는 메모리다. DRAM에 비해 집적도가 4분의 1 정도이지만 소비 전력이 적고 처리 속도가 빠르기 때문에 컴퓨터의 캐쉬(CACHE), 전자오락기 등에 많이 사용된다. (한국반도체산업협회 www.ksia.or.kr)

반도체 설계 **chip design**

회로 설계 **circuit design, design circuitry**

반도체 회로의 굵기가 0.14μ이다.

The ***chip circuitry*** is printed with a width of 0.14μ.

☞ *1μ(micron)* : 1마이크론 = 0.001mm.

선폭 **line width**

손톱 크기 **size of thumbnail**

손톱 크기만한 칩에 회로를 설계…

...design circuitry for a chip the ***size of a thumbnail***...

머리카락 **human hair**

머리카락 굵기의 XX분의 1에 해당하는 선폭…

...the width or thickness is one-XXth of a (single strand of) ***human hair***...

반도체 소자 **semiconductor device**

트랜지스터나 다이오드 등의 반도체 소자를 만들기 위해…

...in order to make ***semiconductor devices*** such as transistors or diodes...

집적도 **level of integration, density**

소규모 — **Small Scale Integration (SSI)**

중규모 — **Medium Scale Integration (MSI)**

대규모 — **Large Scale Integration (LSI)**

초대규모 — **Very Large Scale Integration (VLSI)**

극초규모 — **Ultra Large Scale Integration (ULSI)**

기술의 발전과 함께 반도체 회로의 고집적화가 진행된다.

Advances in technology make it possible to increase the ***level of integration***.

고집적도 소자 **high density device**

• SOC란?

System on Chip. System on IC라고도 한다. SLI(System Level Integration)를 통해 칩 하나가 많은 기능을 수행할 수 있게 한 것. 예를 들어 CPU, memory, DSP, I/O, graphics accelerator 등의 소자를 모두 하나의 칩에 집적시킨다.

저전압 작동 **low voltage operation, low-powered operation**

이 소자는 저전압으로 작동하여 전력 소비가 적다.

The device ***operates at a low voltage*** and consumes less energy.

처리 속도 **processing speed**

처리 속도가 두 배로 향상…

...a two-fold improvement of ***processing speed***...

실리콘 **silicone**

고순도 — **ultrapure silicone**

단결정 — **monocrystalline silicone**

— 웨이퍼 **silicone wafer**

— 봉 **silicone ingot**

실리콘은 단결정 성장 과정을 걸쳐 단결정 봉으로 만들어진다.

The silicone is made into ***silicone ingots*** by a ***monocrystalline*** growth process.

• Wafer란?

반도체 물질로 만들어진 얇고 둥근 조각. 직경 크기에 따라 4, 5, 6, 8, 12인치(12인치=300mm)가 있다. 먼저 천연의 규소를 정제(purify)해서 실리콘 단결정 봉(Ingot)을 만들고 이를 수백 μm의 두께로 얇게 절단하여 한쪽 면을 거울같이 연마(polish)하면 실리콘 웨이퍼(wafer)가 된다. 그 후 이 실리콘 웨이퍼의 표면에 die 단위로 직접 회로를 만들고, 조립과 패키징을 하면 칩이 완성된다.

• Die란?

웨이퍼는 엄지손톱 크기 만한(size of a thumbnail) 네모로 나뉘어 그 위에 하나하나 집적 회로가 만들어진다. 이 웨이퍼상의 각각의 IC 칩을 다이(die)라고 한다. 하나의 웨이퍼에서 몇 개의 다이 또는 칩 불량이 나느냐에 따라 수율(yield)이 결정된다.

청정실 **clean room**

청정실의 공기는 엄격히 정화된다.

The air in the ***clean room*** is extremely well filtered and cleaned.

방진복 **dust-proof clothing**

웨이퍼 가공 **wafer fabrication**

수율 **yield**

웨이퍼의 직경이 300mm로 커짐에 따라 수율도 향상될 것이다.

With ***wafer*** diameters at 300mm, ***yields*** are expected to improve as well.

기판 **substrate**

실리콘 봉을 둥근 웨이퍼 모양으로 얇게 잘라 기판을 만든다.

The ***substrate*** is created by slicing the silicone ingots in the shape of a round wafer.

☞ *wafer* : 원래 얇고 둥근 모양의 물건, 특히 과자나 비스킷을 지칭하는 용어로서, 한국에서 웨하스라고 부르는 과자도 "*wafers*"의 일본식 발음이다.

다이오드 **diode**

p-n 접합부 **p-n junction**

기본 반도체 소자는 다이오드로서, 이는 웨이퍼에 형성된 n지역과 p지역의 접합부다.

The basic building block of semiconductor devices is the ***diode***, a ***junction of n-type and p-type*** materials on the wafer.

산화 처리 **oxidation**

산화 처리 공정에는 이산화규소가 사용된다.

Silicone dioxide is used for ***oxidation***.

사진 공정 **photolithography**

감광제 **photoresist, resist**

포토마스크 **photo-mask**

웨이퍼 표면에 감광제를 입힌 후에 노광 과정을 거친다.

A coating on the surface of the wafer, called the ***photoresist***, is exposed to light.

☞ *mask* : 웨이퍼 위에 만들어질 회로 패턴의 모양을 각 층(*layer*)별로 유리판 위에 그려 놓은 것. 이 패턴이 웨이퍼에 복사된다.

식각 공정 **etching**

습식 식각 **wet-etching**

건식 식각 **dry-etching**

화학 약품이나 부식성 가스에 노출시킴으로써 웨이퍼를 식각한다.

The wafer is ***etched*** either by chemicals or by exposure to a corrosive gas.

확산 공정 **diffusion**

불순물 **impurities**

이온 주입 **ion implantation**

에칭 후에 이온 주입기로 붕소나 인 등의 불순물을 실리콘에 주입한다.

After etching, impurities such as boron and phosphorus are introduced into the silicone using an ***ion implanter***.

증착 공정 **deposition**

알루미늄/구리 증착 **metallization**

화학적 박막 생성 **Chemical Vapor Deposition (CVD)**

웨이퍼에 박막을 증착시킨다.

Thin film is deposited on the wafer.

패키징 **packaging**

조립 **assembly**

칩 자르기 **die sawing**

칩 부착 **die bonding, die attaching**

리드 프레임 **lead frame**

선 연결 **wire bonding**

☞ *lead frame* : 보통 구리로 만들어진다. 조립 공정 시 칩이 이 위에 놓이게 되며 가는 금선(*gold wire*)으로 칩과 연결된다. *Lead frame*을 통해 *IC*칩은 외부와 전기 신호를 주고받는다.

마킹 공정 **marking**

코스닥 상장 기업인 이오테크닉스의 주력 품목은 레이저를 이용한 반도체 마킹 장치다. (조선일보)

The main product of EO Technics, a KOSDAQ listed company, is its laser ***marking*** equipment.

☞ *marking* : 칩 위에 제조 회사의 로고나 이름을 인쇄하거나 레이저로 새기는 공정.

검사 **testing**

분자 반도체 기술 **nano-chip technology, molecular nanotechnology**

나노 기술 **nano technology**

회사는 90나노미터 기술을 활용해 플래시 메모리칩을 생산하는 데 성공했다.

The company succeeded in producing flash memory chips using 90 ***nanometer technology***.

반도체 관련 약어	
AGP	Accelerated Graphics Port
ASIC	Application Specific IC (특정 용도용 IC)
Bi-MOS	Bipolar MOS
CCD	Charged Coupled Device
CIS	Contact Image Sensor
CISC	Complex Instruction Set Computing
CMOS	Complementary MOS
CMP	Chemical Mechanical Polishing
CVD	Chemical Vapor Deposition
DDR-DRAM	Double Data Rate DRAM
DDR-SDRAM	Double Data Rate SDRAM
D-RDRAM	Direct Rambus DRAM
DIMM	Dual In-line Memory Module
DRAM	Dynamic Random Access Memory
EPROM	Erasable Programmable ROM
EEPROM(E2PROM)	Electrically Erasable Programmable ROM
EDO DRAM	Extended Data Out DRAM
EPROM	Erasable Programmable ROM
GaAs	Gallium Arsenide (갈륨비소)

HIC	Hybrid Integrated Circuit (혼성접착회로)
FAB	Fabrication (웨이퍼가공)
FET	Field Effect Transistor
FRAM	Ferroelectric RAM
OLED	Organic Light-emitting Diode
LCD	Liquid Crystal Display
LSI	Large Scale Integration
MCP	Multi Chip Package
MIPS	Millions of Instructions per Second (초당수행명령어)
MOS	Metal Oxide Semiconductor
MOSFET	MOS Field Effect Transistor
MEMS	Micro-electromechanical Systems
NAND	Flash Memory Nand(Not And) Flash Memory
NOR	Flash Memory NOR(Nor Or) Flash Memory
PVD	Physical Vapor Deposition (Sputtering)
RAM	Random Access Memory
ROM	Read Only Memory (읽기 전용 메모리)
RDRAM	Rambus DRAM
RISC	Reduced Instruction Set Computing (명령축소형 칩)
SRAM	Static DRAM
SDRAM	Synchronous DRAM
Si	Silicone (실리콘, 규소)
SiO4	Silicone Dioxide (이산화규소)
SIMM	Single In-line Memory Module
SLDRAM	Synclink DRAM, Synchronous Link DRAM
SLI	System Level Integration
TFT	Thin Film Transistor
TPH	Thermal Print Head
USB	Universal Serial Bus
VCM	Virtual Channel Memory

VLSI	Very Large Scale Integration
VRAM	Video RAM

전자 디스플레이 기술 **electronic display technology**

평판 화면 **flat panel**

휴대용 전자 기기의 보급으로 평판 화면 시장 규모도 폭발적으로 성장했다.

The popular use of handheld electronic devices has led to exponential growth in the ***flat panel*** market.

액정 화면 **Liquid Crystal Display (LCD)**

박막 화면 **Thin Film Transistor Display (TFT)**

삼성전자는 세계 최초로 54인치 TFT-LCD 제품을 개발했다고 발표했다.

Samsung Electronics announced its development of the world's first 54-inch ***TFT-LCD***.

유기 EL **Organic Light-Emitting Diode (OLED)**

유기 EL은 휴대폰, 카오디오, 게임 시장에 급속히 확산되고 있다.

OLED displays are rapidly being adopted in the cellphone, car audio and game industries.

자동차 AUTOMOBILE

자동차 산업 **auto industry, automotive industry**

국민차 **national car**

한국의 기아자동차는 인도네시아의 국민차 사업을 곧 재개할 계획이다.

KIA Motors of South Korea would resume the Indonesian ***National Car*** Project soon. (*Tradeport*)

자동차 판매 **car sales, auto sales**

자동차 할부 **installment loans, installment payment plan, auto financing**

할부차 **car purchased with auto financing, car on installment payment plan**

대부분의 소비자들은 자동차를 할부로 구매한다.

Most consumers ***purchase cars on installment payment plans.***

Most consumers ***purchase cars on installment.***

Most consumers ***purchase cars with auto financing.***

자동차 판매 대리점 **auto dealership, auto dealer**

자동차의 인터넷 판매로 판매 대리점들이 위협을 받고 있다.

Auto dealerships are threatened by car sales through the Internet.

공식 대리점 — authorized dealership, authorized dealer

중고차 — used cars

한국의 중고차 시장이 발전해야 한다.

The Korean *used-car* market needs to develop.

주행 거리 — mileage

이 차는 주행 거리가 10,000마일에 지나지 않는다.

The mileage on this car is only 10,000miles.

The car has *run* only 10,000miles.

The car only *has a mileage of* 10,000miles.

컨셉트 카 — concept car

자동차 쇼 — motor show, auto show

신차 — new model

현대자동차는 금번 자동차 쇼에서 신차를 발표했다.

Hyundai Motors unveiled its *new model* at the *auto show*.

시운전 — test drive

시승 — test ride

승차감 — driving comfort, riding comfort, ride

기아차 리갈은 조용한 실내와 부드러운 승차감이 돋보인다.

Kia Motors' Regal excels with its quiet interior and *smooth ride*.

기본 사양 — standard features

선택 사양, 편의 사항 — options

차를 살 때 몇 가지 편의 사항만 골라도 차 가격이 크게 올라간다.

The price of the car increases substantially after adding on a few *options*.

소형차 — compact car

중형차 — mid-size car

대형차 — full-size car

고급형 — luxury model, high-end model

보급형 — low-end model

유럽이나 일본에 비해 한국 시장에서는 대형차들이 인기가 있다.

Full-size cars are quite popular in the Korean market, unlike Europe or Japan.

승용차 — passenger car, sedan

승합차 — minivan

SUV — sports utility vehicle

RV recreational vehicle

SUV는 환경오염을 유발하는 것으로 주목을 받고 있다.

SUVs are attracting attention for their emission of pollutants.

상용차 commercial vehicles

소형 트럭 light commercial vehicle

대형 트럭 heavy duty truck

중형 트럭 medium duty truck

픽업트럭 pick-up truck

버스 bus

디젤 차량 diesel car

LNG 차 LNG car, natural gas fueled vehicle

LNG 자동차는 LNG 가스 충전소가 드물다는 흠이 있다.

The drawback of ***LNG cars*** is that LNG-supplying gas stations are hard to find.

경차 lightweight vehicle

경차 디자인은 연료 절감에 중점을 둔다.

Lightweight vehicle design focuses on fuel savings.

전기 자동차 electric car, battery car, electric vehicle (EV)

충전 charge

충전소 EV charging station

하이브리드 자동차(복합형 차) (gasoline-electric) hybrid car

에스티마는 하이브리드 자동차로서, 가솔린 엔진과 전기 모터를 함께 사용하는 자동차다.

Estima is a ***hybrid car*** using both a gasoline engine and an electric motor.

플러그인 하이브리드 차 plug-in hybrid car

수소차, 수소 연료전지 자동차 Fuel Cell Electric Vehicle (FCEV)

사륜 구동 four wheel drive (4WD)

이륜 구동 two wheel drive (2WD)

전륜 구동 front wheel drive, Front Engine Front Wheel (FF)

후륜 구동 rear wheel drive, Front Engine Rear Wheel (FR)

전륜 구동차는 모래, 진흙길, 눈길 등에서 탈출이 용이하다.

Front wheel drive cars can come out of sand, mud or snow easily.

연료 효율, 연비 fuel efficiency, fuel economy, mileage

이 자동차는 연료 1리터로 27km를 주행한다.

This car ***runs 27km on*** a liter of fuel.

This car ***gets 27km to*** the liter.

실내 — interior
운전석 — driver seat
　조수석 — passenger seat
　뒷좌석 — rear seat

조수석에도 에어백 장착이 되어 있다.
Passenger seats are also equipped with airbags.

실내등 — interior light, ambient light
　전조등 — head light
　후미등 — tail light, rear light
　안개등 — fog light

후미등이 하나 깨졌다.
A ***tail light*** was broken.

사물함 — storage compartment, glove compartment
뒤트렁크 — back trunk, luggage compartment
계기판 — dash board
　속도계 — speedometer
　회전 속도계 — tachometer
　주행거리 미터기 — mileage meter

중고차의 주행거리 미터기를 조작한 사례가 흔하다.
There are many cases where the ***mileage*** is turned back on the ***meter***.

새시 — chassis
차체 — body
　범퍼 — fender, bumper
　전면 — front
　후면 — rear
　측면 — side

차체 측면의 몰딩은 차체를 보호해준다.
A ***side*** molding can provide some protection.

차륜 — wheel
　축거 — wheelbase

축거를 늘림으로써 뒷좌석 승객들에게 여유 공간이 주어진다.
Increasing the ***wheelbase*** allows for more leg room in the rear seat.

엔진 — engine
　내연 기관 — internal combustion engine
　외연 기관 — external combustion engine

배기량 **engine displacement**

새 규정은 배기량 기준으로 SUV에 특소세를 부과한다.

The new regulation slaps excise taxes on SUVs based on ***engine displacement***.

린번 엔진 **lean-burn engine**

린번 엔진 기술 응용에서 가장 큰 걸림돌은 질소 산화물 배출을 억제하는 것이다.

One of the major hurdles in the application of ***lean-burn engine*** technology is the control of NOx emissions from these engines.

엔진 회전수 **Revolution per Minute, rpm**

새 차의 경우 엔진 회전수 3,000rpm으로 주행하는 것이 적절하다.

3,000 ***rpm*** is adequate for new cars.

최대 출력 **maximum power**

Ferrari Testarossa의 최대 출력은 390bhp/rpm이다.

Ferrari Testarossa's ***maximum power*** is 390bhp/rpm.

토크 **torque**

마력 **horsepower**

…본 V6 엔진은 최대 출력 175마력, 최대 토크 185lb-ft를 자랑…

...the V6 engine will deliver 175 ***horsepower*** and 185 lb-ft of ***torque***... (*The Globe and Mail*)

공회전 **engine idling, idling**

공회전 차량 **idling vehicle**

새 규정은 시내에서 불필요한 엔진의 공회전을 줄이기 위한 것이다.

The new regulation is intended to reduce unnecessary ***idling*** in the City.

소음기, 마후라 **muffler**

저공해 차량 **low emission vehicle (LEV)**

극저공해 차량 **ultra low emission vehicle (ULEV)**

촉매 변환 장치 **catalytic converter**

포항공대에서는 유레아를 환원제로 사용한 촉매 저감 시스템을 개발해왔다.

Postech has been working on an effective ***catalytic system*** using urea as a reducing agent.

변속기 **transmission**

자동 변속 **auto transmission, automatic**

수동 변속 **manual transmission, manual shift, stick shift**

자동보다는 수동 변속 자동차의 연료 소모가 적다.

Manual transmission cars consume less fuel than auto transmission cars.

A ***stick shift*** car consumes less fuel than auto cars.

5단 자동 변속기 — **5-speed auto transmission**
전자 기어 변속 — **shift-by-wire**
전진 — **forward**
후진 — **reverse**
1단 — **first gear**
2단 — **second gear**

수동 변속 자동차는 1단에 놓고 시동을 걸어야 한다.
The engine is started with the ***transmission on first gear*** for manual transmission cars.

동력 전달 장치, 구동 장치 — **power train, power transmission system**
조향 장치 — **steering system**
현가 장치 — **suspension**
카뷰레터 — **carburetor**
연료 분사식 — **fuel injection**

카뷰레터식에서 연료 분사식으로 변환…
...conversion from ***carbureted*** to ***fuel injection*** system...

네비게이터 — **car navigator system, GPS**
도난 방지 시스템 — **theft prevention system, theft-proof system**
안전장치 — **safety system**
안전벨트 — **safety belt**

운전자와 승객의 안전벨트 착용이 의무화되었다.
Drivers and passengers are required to wear ***seatbelts***.

에어백 — **airbag**
— 장착 — **equipped with airbags**
— 터짐 — **airbag inflation**

경찰은 조수석 에어백이 터졌다고 말했다.
Police said the passenger's ***airbag inflated***.

— 작동 — **airbag deployment**

충격에 의해 에어백이 작동되었다.
The ***airbag had been deployed*** from the impact.

자동차 관련 약어	
SUV	Sports Utility Vehicle
RV	Recreational Vehicle

주요 산업 • 자동차

ABS	Anti Lock Brake System
DOHC	Double Overhead Cam
EV	Electric Vehicle
RPM	Revolutions per Minute
HP	Horse Power
FF	Front Engine Front Drive
FR	Front Engine Rear Drive

측면 — side airbag

운전 operation, driving

시동 ignition

자동차 엔진키를 돌려 엔진 시동을 건다.

The ***ignition key*** is turned to start the engine.

가속 accelerate

감속 decelerate

— 꺼짐 engine stall

추운 날씨로 시동이 자꾸 꺼진다.

The ***engine stalls*** in cold weather.

핸들, 운전대 steering wheel, driving wheel

— 왼쪽 left-hand drive

— 오른쪽 right-hand drive

본사는 수출용으로 운전대가 오른쪽에 있는 차량도 제조한다.

We also manufacture ***right-hand drive*** vehicles for export.

좌측통행 drive on left side of road

우측통행 drive on right side of road

홍콩, 도쿄, 방콕에서는 차량이 좌측통행을 한다.

People ***drive on the left side*** in Hong Kong, Tokyo and Bangkok.

급발진 sudden start

자동차 급발진 사고 가운데 상당수는 시프트록이라는 안전장치를 걸지 않았기 때문에 일어난다.

Many of the vehicle ***sudden start*** accidents are caused by failure to engage the safety device called shift lock.

미끄럼 skid

차량이 미끄러져 3중 추돌 사고가 났다.

There was a 3-vehicle collision after the car ***skidded*** on the road.

타이어 **tire**

— 펑크 **flat tire, tire blowout, tire puncture**

타이어가 펑크 나서 교체…

...change a ***flat tire***...

...replace a ***punctured tire***...

— 순환 **tire rotation**

전천후 타이어 **all-weather tire**

스노타이어 **snow tire**

스페어타이어 **spare tire, extra tire**

스노타이어를 장착하다.

...put ***snow tires*** on the car.

주유 **gasoline service, refueling**

가득 주유하다.

Fill up the car.

주유소 **oil station, gas station, service station, petrol station**

급유기 **gas pump**

기름값은 신용카드로 급유기에서 계산할 수 있다.

You can pay for the gasoline with your credit card at the ***pump***.

주유구 **gas tank door, fuel tank door**

주유 캡 **gas tank cap, gas cap**

셀프 주유한 후, 주유 캡을 놓고 가는 사람들이 많다.

Many drivers leave the ***gas caps*** behind after self-***refueling*** their cars.

노즐 **gas nozzle**

경유, 디젤 **diesel oil**

보통 휘발유 **regular gasoline**

저유황 휘발유 **low-sulfur gasoline**

무연 휘발유 **unleaded gasoline, lead-free gasoline**

고급 승용차는 무연 휘발유를 주유해야 한다.

Luxury cars require ***unleaded gasoline***.

자동차 검사 **automobile inspection**

차가 너무 오래되어 자동차 검사에서 떨어졌다.

The car was too old and failed to pass the ***mandatory inspection***.

☞ *automobile inspection* : 보험료나 매매를 위한 검사는 *inspection*, 의무적으로 해야 하는 자동차 검사는 *mandatory automobile inspection*이라고 한다.

점검	(engine) check
정비	servicing

자동차를 정기적으로 점검하고 정비해야 한다.
You should regularly ***check and service*** the car.

오일 교환	oil change
세척액	(windshield) washer fluid

오일을 교환하고 세척액을 넣는다.
Change the oil and add more ***windshield washer fluid***.

차량 고장	engine trouble, car breakdown

차가 고장 나서 노변에 섰다.
A vehicle stopped on the road side because of ***engine trouble***.
A ***broken-down vehicle*** is standing on the road side.

폐차	scrap a car, disposal of vehicle
폐차장	auto junkyard, automobile scrapyard
폐차 업소	automobile dismantler's yard

오래 방치된 차는 폐차장이나 폐차 업소로 보내질 수도 있다.
Abandoned cars may be ordered to be taken to a licensed ***scrapyard*** or ***automobile dismantler's yard***.

전자 ELECTRONICS

가전제품	electronic products, home electronics, electric home appliances
소비자 가전제품	consumer electronics
소형 가전	small appliances
대형 가전	large appliances, white appliances
백색 가전	white appliances

냉장고·세탁기 등의 백색 가전제품의 소비가 늘었다.
Sales of ***white appliances***, such as refrigerators and washing machines, have increased.

포장	packaging
포장재	packaging material

본사는 환경 친화적 포장재를 사용한다.
Our company only uses environmentally-friendly ***packaging material***.

완충재	shock absorbent material
스티로폼	styrofoam

제습제 desiccant

파손 damage

포장이 잘 된 물건이 파손이 적다.

Well packaged products have less ***damage***.

사용 설명서 user manual, owner manual, owner's guide, operating instructions

반드시 사용 설명서를 읽은 후 사용하십시오.

Make sure to read the ***user manual*** before using this product.

기능 표시 function display

전기 배선 electrical wiring

타이머 timer

2시간 후 취사를 하도록 타이머를 설정한다.

Set ***timer*** to start cooking in 2 hours.

사용 주의 safety instructions

접지 grounding

전자 제품은 접지하여 사용해야 한다.

Electric appliances should ***be grounded*** before use.

취급 handling

제품을 취급할 때 반드시 XX…

Make sure to XX when ***handling*** the product...

제품 보증서 product warranty

☞ <유통/소비자> 참조.

설치 installation, setting up, placement, position

본 제품은 열원에 설치하면 안 된다.

This product should not ***be placed*** next to heat sources.

This product should not ***be installed*** next to heat sources.

꺼냄, 제거 remove

본체부터 박스에서 꺼낸다.

The main unit should be ***removed*** from the box first.

떨어짐 away from, apart from

벽에서 최소 50cm 떨어져야 한다.

...should be at least 50cm ***away from*** the wall.

통풍 ventilation

직사광선 direct sunlight

…제품을 통풍이 잘되고 직사광선을 피할 수 있는 장소에 설치…

...install product in a well ***ventilated*** place avoiding ***direct sunlight***...

수평 조절 **leveling**

냉장고나 세탁기는 설치 시 수평 조절을 해야 한다.

Refrigerators and washers have to ***be leveled*** when being installed.

크기 **dimensions**

전원 **power, power supply**

전원을 꺼도 플러그를 뽑지 않으면 전력이 소모된다.

Even if the ***power*** is turned off, electricity continues to be used unless the appliance is unplugged.

— 버튼 **on/off button**

플러그 **plug**

콘센트 **electrical outlet**

연결 **connect**

A를 B에 연결한다.

Connect A ***to*** B.

Connect A ***with*** B.

전원 표시 램프 **power lamp**

전원 코드 **power cord**

전원 코드의 길이는 6m나 된다.

The ***power cord*** is long enough to extend 6m.

코드감기 **cord reel-in, retractable cord**

전자파 **electromagnetic wave**

— 방출 **emission of electromagnetic waves**

휴대폰은 몸에 해로운 전자파를 방출한다.

Cellphones ***emit*** harmful ***electromagnetic waves***.

— 차단 **block electromagnetic waves**

전압 **electric voltage**

110/220 겸용 **dual voltage**

110/220 겸용 제품이란 양 전압에서 작동이 가능한 전기 제품을 말한다.

Products that can be operated on 110 or 220 volt service are called ***dual voltage products***.

에너지 효율 **energy efficiency**

이 제품은 에너지 효율이 높다.

This product is ***energy efficient***.

This product provides good ***energy efficiency***.

— 등급 **Energy Efficiency Rating (EER) Level/Grade**

에너지 효율 등급이 높을수록 운용 비용이 낮아진다.
Higher ***energy efficiency ratings*** result in lower operating costs.

— 1등급 | **EER Grade 1, EER Level 1**

이 냉장고는 에너지 효율 1등급이다.
This refrigerator ***has*** a ***Level 1 EER*** (***Energy Efficiency Rating***).
This refrigerator ***received*** a ***Level 1 EER*** (***Energy Efficiency Rating***).

☞ <에너지/에너지 자원> 참조.

절전형 | **energy-efficient model**
절전 모드 | **energy-save mode**
대기 모드 | **stand-by mode**

• EER이란?

Energy Efficiency Rating. 냉장고나 에어컨 등의 가전제품의 에너지 효율성을 측정하는 방법으로, 제품의 BTU(British Thermal Units)나 Kcal/hr 등으로서 냉각 용량을 소요 에너지(Watt)로 나눈 값이다. 예를 들어 10,000-BTU 에어컨이 1,200watts를 소비한다면 EER은 8.3이다 (10,000 BTU ÷ 1,200watts). 따라서 EER 값이 높으면 에너지 효율성이 높은 것이다. 소비자가 알기 쉽게 이를 1~5등급으로 나누기도 하고, 별도 표시하기도 한다.
(<에너지/에너지 자원> '에너지 스타' 참조.)

배터리(팩) | **battery (pack)**
— 충전 | **battery recharge**
충전기 | **battery charger**

휴대폰 충전기를 표준화할 것이다.
The mobile phone ***battery chargers*** will be standardized.

— 수명 | **battery life**
— 방전 | **power drain, discharge**

정기적으로 배터리를 완전히 방전시켜야 수명이 연장된다.
The ***battery life*** will be extended if the ***power is*** completely ***drained*** regularly.

A/S | **service, after-sales service, warranty service**

본 제품은 본사 승인 기술자에게만 A/S를 받도록 한다.
This product should ***be serviced*** only by authorized service personnel.

음향, 영상 제품 | **A/V, Audio & Visual products**
TV 시청 | **TV viewing, watching TV**
브라운관 TV | **cathode-ray tube (CRT) TV**

디지털 TV **digital TV**

많은 디지털 TV로 아날로그 방송을 수신할 수 있다.

Many ***digital TVs*** can receive analogue broadcasts.

ATSC 방식(미국) **American Television System Committee (ATSC) standard**

DMB(한국) **Digital Media Broadcasting (DMB) standard**

DVB-H 방식(유럽) **Digital Video Broadcast-High Definition (DVB-H) standard**

PDP TV **Plasma Display Panel TV, PDP TV**

벽걸이형 PDP **wall-mounted PDP**

PDP TV 시장은 급속히 성장할 것으로 전망된다.

The ***PDP TV*** receiver market is expected to increase sharply.

고화질 TV **High-Definition TV (HDTV)**

일반 화질 TV **Standard-Definition TV (SDTV)**

미국은 2010년까지 모든 TV 방송을 HDTV로 전환할 것이다.

The U.S. is planning to completely switch over to ***HDTV*** by 2010.

• HDTV란?

High-Definition Television (HDTV). HDTV란 TV 주사선이 현재 NTSC의 525라인이나 PAL, SECAM의 625라인을 초과하는 TV의 제작·전송·수신 기술을 지칭하는 포괄적인 용어다. 현재 일본·유럽·미국이 각각 HDTV 기술을 개발하고 있는데 대부분 주사선은 1,000라인 이상이며, 다채널 음성 다중 기능을 제공한다. 화면의 종횡비도 현재 TV 화면의 3:4 대신 16:9의 와이드 스크린이다.

프로젝션 TV **projection TV**

프로젝션 TV에서는 영상이 뒤에서 대형 스크린으로 투사되므로 평면 TV보다 본체가 크다.

In ***projection TVs***, the image is projected from the back of the set onto a large screen, so the sets are larger than flat-panel TV sets. (*PC World*)

화면 **screen**

평면 TV **flat-panel TV, flat-screen TV**

한국 회사들의 평판 화면은 일본에서 경쟁력이 강하다.

Flat-panel screens made by Korean companies are strong contenders in Japan.

요즘은 책상 위의 공간을 덜 차지하는 평면 모니터가 인기 있다.

Flat-panel monitors that take up less room on the desk top are very popular.

완전 평면 **perfectly flat**

PDP 모니터는 전혀 굴곡이 없는 완전 평면 화면을 제공한다.

Plasma display monitors have screens that are ***perfectly flat***, with no curvature whatsoever.

X 인치 **X inch screen**

와이드 — **wide screen**

X사는 54인치 와이드 스크린 벽걸이형 PDP를 출시할 예정이다.

Company X is to market a 54-inch ***wide screen*** PDP wall TV.

종횡비, 가로세로비 **aspect ratio**

TV 화면의 비율, 즉 이미지 사이즈의 종횡비는 3:4다.

The ***"aspect ratio"*** of the television screen, the ratio of the vertical dimension to the horizontal dimension, is 3:4.

주사 **scanning**

주사선 **scanning line**

기존 텔레비전 화질은 주사선을 두 배로 늘림으로써 향상시킬 수 있다.

Conventional TV pictures can be enhanced by doubling the number of ***scanning lines***.

• Scanning이란?

주사(Scanning)란 화면을 많은 회선(주사선)으로 분해하고, 그 선상의 명암을 좌단으로부터 차례차례 전기 신호로 바꾸어가는 것을 말한다. 주사에는 수평 주사와 수직 주사가 있다. 주사선 수가 많으면 상이 선명해지고 1초 동안 보내는 화면의 장수가 많으면 상의 깜박거림이 적다. 각국의 주사선과 매초 장(프레임) 수는 TV 방식에 따라 다른데 우리나라에서는 525라인에 30장, 영국 등에서는 625라인에 25장이다.

해상도 **(picture) resolution**

이 화면은 1920×1080의 해상도를 갖고 있다.

The screen has a 1920×1080 ***picture resolution***.

화소 **pixel, picture element**

화면 내의 픽셀 수는 해상도의 단위로 쓰인다.

The number of ***pixels*** in one screen is used as a measurement for ***resolution***.

• NTSC system이란?

National Television System Committee (NTSC) System. 미국 NTSC위원회에서 개발한 표준으로서, 주사선 수가 525라인, 1초간 30프레임 방식이다. 1초간 30프레임이란 TV 카메라가 초당 30개의 영상을 포착하여 TV 화면에서 재현된다는 뜻이다. 초당 30개의 영상이 바뀌므로 영화를 보듯이 화면의 연속성이 뛰어나다. NTSC 표준은 현재 미국·캐나다·일본·한국과 남미에서 사용하고 있다.

• PAL system이란?

Phase Alternation Line System. 팔 방식은 1962년 서독의 텔레픈켄사에서 개발했다. 1초간에 25프레임이기 때문에 NTSC의 30프레임보다 어른거림이 다소 눈에 띄나 주사선 수가 625라인이기 때문에 영상의 결이 세밀하여 화질이 좋다. 서독·영국·네덜란드·인도·동남아·북한 등이 사용하고 있다.

• SECAM system이란?

SECAM 방식은 초당 25프레임의 표준으로 프랑스·러시아와 동유럽 국가의 대부분이 사용하고 있다. 지역별로 공급 전력의 전류 진폭이 60Hertz인 지역은 60의 2분의 1인 초당 30프레임 방식을 사용하며, 50Hertz인 국가들은 초당 25프레임 방식을 택하고 있다.

디지털 카메라 **digital camera**

필름 **film**

디지털 카메라는 필름을 넣을 필요가 없다.

There is no need to ***load films*** into ***digital cameras***.

광각 렌즈 **wide angle lens, pantoscope**

광학 렌즈 **optical lens**

촬상 소자, 전자 결합 소자

Charged-Couple Device (CCD)

☞ <스포츠 레저/취미·여가> 참조.

비디오카메라 **video camera**

그는 비디오카메라로 행사를 녹화했다.

He recorded the event with a ***video camera***.

캠코더 **camcorder (camera + video recorder)**

녹화 시간 **recording time**

4시간까지 녹화가 가능하다.

...can ***record up to*** 4 hours.

동영상 | video
정지 화면 | still picture

정지 화면도 촬영하여 저장한다.
...also captures and stores ***still pictures***.

보관용 케이스 | carrying case
뷰파인더 | view finder
외부 마이크 | external microphone
액정 모니터 | LCD screen

접이식 액정 모니터가 장착되어 있다.
...equipped with a flip-out ***LCD screen***.

비디오 플레이어 | video player, video cassette recorder (VCR), video tape recorder (VTR)
녹화 | record
재생 | playback, play
되감기 | tape rewind
앞으로 감기 | fast forward
예약 녹화 | timer recording

원격으로 예약 녹화를 할 수 있다.
You can remotely schedule a ***timer recording***.

오디오 시스템 | audio system
음향 | sound, acoustics
음질 | sound quality, audio quality

방의 음향에 따라 스피커 시스템의 음질이 영향을 받는다.
The ***acoustics*** of the room can affect the ***sound quality*** of the speaker system.

앰프 | amplifier
음량, 볼륨 | volume

볼륨을 올리거나 내려서 소리 크기를 조절한다.
The sound level is adjusted by turning up or turning down the ***volume***.

음향 출력 | power output, audio power

채널당 음향 출력은 2.3W다.
Power output is rated 2.3W per channel.

서라운드 음향 | surrounding sound
우퍼 스피커 | woofer speaker
홈시어터 | home theater system

요즘 신혼부부에게는 홈시어터가 인기가 있다.

Home theater systems are popular among newlyweds these days.

생활 가전	**home appliances**
가습기	**humidifier**
제습기	**dehumidifier**

A/V 가전제품 관련 약어	
AV	Audio Visual
AC	Alternate Current
CCD	Charged Couple Device (촬상소자)
DC	Direct Current
DVD	Digital Video-Disc
DSS	Digital Satellite System
DTV	Digital Television
HDTV	High-Definition Television
NTSC	National Television Standard Committee
PAL	Phase Alternation Line
PDP	Plasma Display Panel
SDTV	Standard-Definition Television
TFT	Thin Film Transistor
VCR	Video Cassette Recorder
VHF	Very High Frequency
VHS	Video Home System
VTR	Video Tape Recorder
UHF	Ultra High Frequency

공기 청정기	**air purifier**
난방기	**heater**
난로	**space heater**
선풍기	**electric fan**
에어컨	**air conditioner**
분리형 —	**split-systems units, split-type a/c**
창문형 —	**window air conditioner, window units**
이동형 —	**portable air conditioner**

스탠드형 —	stand alone air conditioner
벽걸이형 —	wall-mounted air conditioner, wall air conditioner
천장매립형 —	ceiling mounted air conditioner, ceiling air conditioner
항균 필터	anti-bacterial filter
냉각제	refrigerant

에어컨은 프레온가스 등의 냉각제로 냉각 기능을 제공한다.

Air conditioners use the evaporation of a ***refrigerant***, like Freon, to provide cooling.

실내기	indoor unit
실외기	outdoor unit, outdoor compressor, condensing units

실외기 1대에 실내기 2대…

...two ***indoor units*** running on one ***outdoor unit***...

대부분 사무실 건물에서는 실외기를 옥상에 설치한다.

Most businesses and office buildings have ***condensing units*** on their roofs.

세탁기	washing machine
세탁판 방식	top-load/tub-type washing machine
드럼 방식	front-load/drum-type washing machine
회전 속도	spin speed
수중 강타식	hydromatic wash system
세탁기 건조기 겸용	washer-dryer combo
먼지 거름망	lint remover
세탁조	tub
세탁봉	agitator

세탁조에 빨래를 넣으면, 급수가 되어 물이 차고 세탁봉으로 빨래를 회전시킨다.

After you fill the ***tub*** with clothes, the machine fills the tub with water, and then stirs the clothes around using an ***agitator***.

세제통	detergent dispenser
섬유 유연제통	fabric softener dispenser
배수 호스	drainage hose
급수 호스	water line, water supply hose

배수가 안 되면 배수 호스를 점검한다.

Check the ***drainage hose*** if water does not drain.

세탁물, 세탁 용량	laundry, load

신형 세탁기는 기존 제품에 비하여 한 번 세탁하는 데 사용되는 물은 35~50%, 전력은 50% 절약된다.

This new model uses 35-50% less water and 50% less energy per ***load*** than our conventional washers.

☞ *load* : 세탁기에 한 번 돌리는 세탁물. 예로, *small load*는 소량의 세탁물.

대용량	**large capacity, super capacity**

…XX리터의 대용량 세탁기…

...a washing machine with a ***super capacity*** of XX liters...

세탁 코스	**wash cycles**
전자동 세탁	**automatic full-wash cycle**
일반 세탁	**normal wash cycle**
합섬 세탁	**delicate cycle**
울/합성섬유 세탁	**woolens and delicates**
애벌빨래	**pre-wash**
삶는 빨래	**95° hot-wash cycle**
찌든 빨래	**heavy wash cycle, heavy soil cycle**
세탁	**wash cycle**
헹굼	**rinse cycle**
탈수	**spin cycle**
진공청소기	**vacuum cleaner**
분리형 —	**canister vacuum**
일체형 —	**upright vacuum**
핸디형, 스틱형 —	**handheld vacuum**
흡입 호스	**suction hose**
흡입구	**cleaning head**
먼지 봉투	**dust bag**

너무 꽉 차기 전에 먼지 봉투를 갈아준다.

Replace the ***dust bag*** before it is too full.

로봇 청소기	**robot(ic) vacuum cleaner**
전기다리미	**iron**
분무 노즐	**spray nozzle**
스팀다리미	**steam iron**
온도 선택	**temperature selection**
물때	**scale, deposit, fur, water grime**
주방 가전	**kitchen appliances**
냉장고	**refrigerator**

실내등 interior lamp
압축기 compressor
냉각 시스템 cooling system
자동 제빙 및 디스펜서 automatic icemaker and dispenser
양문형 side-by-side refrigerator

요즘 양쪽으로 문이 달린 초대형 냉장고가 인기다.

Side-by-side refrigerators with two adjacent doors are popular these days.

김치 냉장고 kimchi refrigerator

김치 냉장고에 김치를 넣어두면 잘 시지 않는다.

Kimchi will not easily turn sour if stored in a ***kimchi refrigerator***.

칸, 서랍, 함 drawer, bin, shelf, compartment
냉동실 freezer compartment
냉장실 refrigerator compartment
싱싱고 crisper

냉장실이나 냉동실에 음식을 여유 있게 저장해야 한다.

Do not fill the ***refrigerator*** or ***freezer compartment*** to full capacity.

서리 방지 anti-frost, frost-free, no-frost
해동 defrost

냉장고를 해동시키고 따뜻한 물로 청소한다.

Defrost and clean refrigerator with warm water.

오븐 레인지 oven range, oven stove
가스레인지 gas range, gas cooktop
전기 레인지 electric range
자동 점화 automatic ignition

버너 3개와 생선구이용 그릴이 있는 가스레인지…

...a ***3-burner gas range*** with a separate grill for cooking fish...

하이라이트 highlight cooktop
인덕션 induction cooktop
전자레인지 microwave oven

전자레인지에 2분 가열한다.

Heat in ***microwave oven*** for 2 minutes.

믹서기 electric mixer, blender
전기밥솥 rice cooker
취사 cook

보온 keep warm
에어프라이어 air-fryer

철강 STEEL

철강 산업 **steel industry**

철강 산업은 기초 소재 산업이다.

The ***steel industry*** is a basic materials industry.

일관 제철 **integrated steel mill**

일관 제철 공정 **integrated steel making**

용광로를 이용, 철광석에서 쇳물을 뽑아 최종 제품을 만들어내는 회사를 일관 제철(소)이라 한다.

An ***integrated steel mill*** is a plant that uses a blast furnace to draw pig iron from iron ores and makes final products.

• Integrated Steel Mill이란?

일관 제철 또는 일관 제철소란, 용광로를 갖추고 철광석을 원료로 하여 제선-제강-압연의 일관된 공정으로 철을 만드는 공장을 말한다. 한국에는 포항제철이 유일한 일관 제철소이며, 그 외에는 일관 제철로부터 반제품을 공급받아 압연 제품을 만드는 가공 전문 업체, 고철을 원료로 전기로에서 제강을 하여 철강 제품을 생산하는 업체, 그리고 스테인리스강과 같은 특수강을 전문적으로 생산하는 특수강 업체들이 있다.

제선 공정 **iron making**

철광석 **iron ore**

한국은 철광석을 전량 수입에 의존한다.

Korea depends 100% on imports for ***iron ore.***

조강 **steel products**

선철 **crude steel**

용선, 쇳물 **pig iron**

고로에서 철광석을 녹여 만든 철이 선철이다.

Crude steel is obtained by melting the iron ore in the blast furnace.

용광로, 고로 **blast furnace**

— 화입 **ignite**

5고로를 화입하다.

...***ignite*** No. 5 ***blast furnace.***

전기로 electric arc furnace

전기로 제강, 미니밀 mini mill

제강 공정 steel making

제강 공정이란 쇳물에서 불순물을 제거하고 강철로 만드는 과정이다.

Steel making is the process of removing impurities from the pig iron and making it into steel.

연속 주조 continuous casting

단조 forging

주조 casting

주조는 복잡한 형상의 기계 부품 같은 것을 만드는 데 적합하다.

Casting is suitable for machinery parts that take on complex shapes.

철강 반제품 semi-finished steel

블룸 bloom

빌렛 billet

슬랩 slab

철강 반제품으로는 블룸·빌렛·슬랩 등이 있다.

Bloom, billet and ***slab*** are ***semi-finished steel products***.

압연 공정 rolling

압연 공정은 반제품들을 롤에 통과시켜 얇게 만드는 과정이다.

Rolling is the process of passing semi-finished steel through rolls and making them thin.

압연 제품 rolled products

냉연 제품 cold-rolled products

미국이 반덤핑 제소에서 승소할 경우 일본의 냉연 제품은 최고 100% 관세를 부과받게 된다.

If the U.S. anti-dumping suit prevails, Japan will face up to 100% tariffs on ***cold-rolled products***.

열연 제품 hot-rolled products

열연 코일 hot-rolled coil

포스코는 포항과 광양에 총 5개의 열연 공장과 1개의 미니밀 공장을 갖추고 연간 2,080만 톤의 열연 코일을 생산한다.

POSCO produces 20.8 million tons of ***hot-rolled coil*** a year from its 5 hotrolling plants and 1 mini mill in Pohang and Gwangyang.

조강류 long products

강관 steel pipes

봉강 bar

형강 beam

올해 중국의 H형강 판매량이 큰 폭으로 신장되고 있으며…

H-beam sales to China increased by a significant margin this year...

판재류 flat products

후판 steel plate

후판 제품은 선박·교량·건축용 구조물에 폭넓게 쓰인다.

Steel plates are widely used for building ships, bridges and architectural structures.

강판 steel sheet

전기 강판 electrical steel sheet

자동차 강판 automotive steel sheet

자동차 강판은'냉연 제품의 꽃'으로 불린다.

Automotive steel sheets are considered the jewel of cold-rolled products.

냉연 강판 cold-rolled steel (CR)

열연 강판 hot-rolled steel (HR)

선재류 wire rod products

선재는 나사·못 등 우리의 일상생활과 밀접한 제품들을 만드는 데 사용된다.

Wire rod is used for making everyday products such as screws and nails.

특수 선재 specialty steel wire rods

철근 deformed bar, deformed steel bar

일본의 한국용 철근 수출이 활발해지고 있다. (철강신문)

Japan's exporting more and more ***deformed bars*** for Korea.

• Deformed Bar란?

철근. 일반적으로 철근 콘크리트(reinforced concrete)에 사용되는 보강근(補强筋) 또는 보강 자체를 steel reinforcement라고 한다. 여기에 사용되는 철근은 원형 철근과 이형 철근이 있는데, 원형 철근은 철근 표면이 밋밋한 것을 말하며, 이형 철근은 콘크리트와 부착력이 커지도록 표면에 마디와 리브(ridge, rib)를 넣은 철근이다. 따라서 일반적으로 말하는 철근은 이형 철근(deformed bar)을 의미한다.

PC강선 pre-stressed concrete wire

철조망 barbed wire

보통강 standard steel

특수강 specialty steel

스테인리스강과 같은 특수강은 부가 가치가 높다.

Specialty steel, such as stainless steel offers high-added value.

스테인리스강 **stainless steel**

부식하지 않는 스테인레스강…

…corrosion-proof ***stainless steel***…

고철 **scrap iron**

고철을 원료로 철강 제품을 만들기도 한다.

Scrap iron is also used as raw material for making steel.

포스코 **POSCO**

18 에너지 ENERGY

에너지 자원 ENERGY RESOURCES

에너지 소비 **energy consumption**

미국은 1인당 에너지 소비량에서 세계 1위다.

The U.S. is No.1 in the world in terms of per capita ***energy consumption***.

BTU **British Thermal Units**

미국은 1인당 연간 3억 5천만 이상의 BTU를 소비한다.

The U.S. consumes more than 350 million ***BTU*** per capita annually.

• BTU란?

British Thermal Units. 영국의 에너지 측정 단위. 1BTU는 물의 온도를 물의 밀도가 가장 높은 39°에서 1°올리는 데 소요되는 에너지로서 1055joule과 같다. BTU는 특히 냉장고나 에어컨 등 냉난방 시스템의 열 생성, 열전도 능력을 계량화하는 데 사용된다.

난방 연료 **heating fuel**

취사 연료 **cooking fuel**

열대 지방의 연료 수요는 주로 취사용이다.

In the tropical regions, most of the ***fuel*** demand is ***for cooking***.

화석 연료 **fossil fuel**

인류는 수천년 동안 화석 연료를 이용했다.

Humans have been exploiting ***fossil fuels*** for thousands of years.

유한 자원 **finite resource**

화석 연료는 유한 자원이므로 고갈될 수밖에 없다.

Fossil fuels will eventually be exhausted since it is a ***finite resource***.

에너지 수입국 **(net) importer of fuel, energy importing country**

미국은 에너지 수입국이다.

The U.S. is a ***net importer of fuel***.

수입 원유 의존도 **dependence on imported/foreign oil**

에너지 안보 **energy security**

수입 원유에 대한 의존성은 우리의 에너지 안보를 위협한다.

Our *energy security* is threatened by our dependence on foreign oil.

비축유 **(emergency) oil stockpile, oil reserves**

일본이 보유하고 있는 비축유는 35년분이다.

Japan *oil reserves* is estimated to last for 35 years. (*International Energy Forum, 2002*)

☞ *SPR* : *Strategic Petroleum Reserve*. 미국의 전략 비축유.

에너지 생산 원가 **energy production cost**

대체 에너지의 에너지 생산 원가는 아직 경제성이 없다.

The *energy production cost* of alternative energy is not yet economically viable.

에너지 절감 정책 **energy conservation policy**

단열재 **insulation**

단열이 잘된 건물…

…a well *insulated* building…

새로 짓는 아파트를 대상으로 전력의 효율적 공급 및 단열재의 효과적 사용 여부를 분석하게 된다.

Newly built apartment buildings will be inspected for efficient distribution of electricity and effective use of *insulation*.

지역 난방 **district heating**

Western Greenbrier 열병합 발전소는 산업 및 지역 난방용 증기도 생산할 것이다.

The Western Greenbrier Co-generation plant will also produce steam for industrial use and *district heating*.

에너지 효율 등급 **Energy Efficiency Rating (EER)**

☞ <주요 산업/전자> 참조.

에너지 스타 **Energy Star**

본사의 복사기는 에너지 스타 지수 4.5를 획득한 제품이다.

Our copy machine received an *Energy Star* Index of 4.5.

• Energy Star란?

가전제품·건물·집 등의 에너지 효율을 소비자들이 쉽게 이해할 수 있도록 별모양으로 표시하는 등급 표시 제도. 대부분 자발적인 프로그램들로서, 미국의 경우에는 에너지 효율 등급이 어느 기준 이상이면 에너지 스타 마크를 주는 에너지 스타 프로그램이 있다. 에너지 스타 프로그램은 미국의 에너지성과 환경보호국에서 관장한다. 그 외의 국가에서는 등급을 별의 수로 표시하는 Energy Star Rating, Energy Star Index 제도를 실시한다.

석탄 **coal**

탄광 **coal mine**

☞ <농림 수산/광업> 참조.

— 가스화 **coal gasification**

— 액화 **coal liquefaction**

이 첨단 공정의 핵심은 무연탄재를 유용한 화학 성분이 함유된 가스로 전환시키는 석탄 가스화 공정이다.

At the core of the advanced process will be a ***coal gasification*** process that will turn the anthracite wastes into a chemically-rich source of gas. (*DOE*)

— 매장량 **coal reserve, coal deposit**

한국은 X톤의 석탄 매장량을 갖고 있다.

Korea has X tons of ***coal reserve***.

석탄 청정화 기술 **Clean Coal Technology (CCT)**

• Clean Coal Technology란?

석탄 청정(화) 기술. 석탄 중의 유황·회분·수분을 제거해 연소 시 발생되는 환경 오염 물질을 줄이거나, 보다 효율적인 방법으로 석탄 에너지를 이용하는 기술.

연탄 **coal briquet(te)**

연탄가스 중독 **carbon monoxide poisoning**

과거에 연탄으로 난방을 할 때에는 연탄가스 중독으로 많은 인명 피해가 있었다.

In the past, when ***coal briquettes*** were burnt for heating, many died from ***carbon monoxide poisoning***.

아역청탄 **sub-bituminous coal**

갈탄 **lignite, brown coal**

…발전소 보일러로 투입되기 전에 갈탄의 수분을 약 4분의 1 제거함으로써 연료 가치를 향상시켜…

...enhance the fuel value of ***lignite*** [by drying] nearly a quarter of the moisture... (*DOE*)

무연탄 **anthracite, smokeless coal, stone coal**

유연탄 **soft coal, bituminous coal**

이 공정을 통하여 무연탄재로부터 매일 약 5,000배럴의 청정 연소 디젤을 추출할 수 있다.

The process will produce nearly 5,000 barrels per day of clean-burning diesel fuel from raw ***anthracite*** wastes.

석유 | oil, petroleum

원유 | crude oil, oil, petroleum

— 매장지 | oil reserve

BP는 멕시코 연안에서 가장 큰 규모의 원유 매장지를 소유하고 있다.

BP is the owner of the biggest ***oil reserves*** in the depths of the Gulf of Mexico... (*International Herald Tribune*)

원유 매장량 | oil deposit, oil reserve

— 고갈 | exhaust crude oil resources/deposits

중동 지방의 원유 매장량은 40년 후면 고갈된다.

The ***oil deposits*** in the mideast will be ***exhausted*** in 40 more years.

석유수출국기구 | Organization of Petroleum Exporting Countries (OPEC)

• OPEC란?

Organization of Petroleum Exporting Countries. 13개 원유 수출국들로 구성된 조직으로, 원유의 국제 가격이 정해진 범위 내에서 유지되도록 생산량을 조절하는 일종의 카르텔이다. 1960년에 창설되었고 회원국들의 원유 수출량은 전 세계 수출량의 절반 이상을 차지한다.

• Oil Majors란?

Major Oil Companies. 세계 주요 석유 회사로서 ExxonMobile, Texaco, Chevron, Gulf, BP, Royal Dutch Shell이 있다.

원유가 | oil prices, petroleum prices

국제 원유가는 제조품의 원가에 영향을 준다.

International ***oil prices*** affect the cost of manufactured goods.

런던 석유국제거래소 | International Petroleum Exchange (IPE)

유가 벤치마크 | Oil Price Benchmarks

국제 원유가는 북해산 브렌트유, 서부 텍사스 중질유, 그리고 두바이유 등의 벤치마크를 기준으로 결정된다.

Oil prices are determined by ***price benchmarks*** such as the Brent, WTI and Dubai crude.

북해산 브렌트유 | Brent (crude) oil, the Brent

프랑스의 Société Générale 은행은 런던의 브렌트유 가격이 올해 배럴당 평균 22달러가 될 것이라고 전망하고 있다.

The French bank Société Générale predicts that ***Brent oil*** in London will average $22 a barrel this year. (*BBC*)

서부 텍사스 중질유 **West Texas Intermediate (WTI)**

미국에서의 유가 벤치마크는 서부 텍사스 중질유(WTI)다.

In the United States, the benchmark is ***West Texas Intermediate***(***WTI***).

사우디 경질유 **Saudi Arabian light crude, Arabian Light**

두바이유 **Dubai crude**

두바이유는 아시아 지역에서 거래되는 원유 가격의 기준이 된다.

Dubai crude is the benchmark for crude oil traded in Asia.

API도 **API gravity**

WTI-Cushing유의 API도는 대개 38~40도이며 유황 함유량은 약 0.3%다.

WTI-Cushing's ***API gravity*** is typically 38-40 degrees with a sulfur content of approximately 0.3%.

• Oil Price Benchmarks란?

Brent(브렌트유), WTI(텍사스 중질유), Dubai Crude(두바이유) 등 국제 유가의 표준이 되는 원유가. 별도의 언급 없이 국제 원유가를 말할 때 대부분은 북해산 브렌트유가 런던 석유국제거래소(IPE)에서 거래되는 가격을 말한다. 기타 원유가는 품질, 거래 조건 등에 따라 벤치마크 유가를 중심으로 프리미엄이나 디스카운트를 적용하여 산정된다.

• Brent Crude Oil이란?

북해산 브렌트유란 브렌트 유전에서 생산되는 원유뿐 아니라 북해 전체에서 생산되는 원유들의 집합이다. 브렌트유는 런던의 국제석유거래소에서 거래되며 시장의 변동 상황이 가격에 반영되므로, 다른 원유들도 가격을 브렌트유에 연동시키고 있다. 브렌트유 자체의 생산량은 현재 일일 생산량이 40만 배럴 정도로 다른 원유들에 비하여 판매량은 적으나 국제 원유가의 벤치마크로서 자리잡고 있다.

유전 **oil field**

유정 **oil well**

걸프 전쟁이 끝난 후에도 쿠웨이트의 유정들은 몇 달간 불탔다.

The ***oil wells*** in Kuwait burned for several months after the Gulf War.

원유 탐사 **oil exploration**

한국 남해안 대륙붕의 원유 탐사…

...the ***oil exploration*** in the continental shelf of the Southern sea of Korea...

원유 굴착 **oil drilling, excavation**

원유 시추 **oil drilling**
탐사 시추 **exploratory drilling**
시추관 **drill pipe**

한국 남해안에 매장된 원유는 굴착 비용이 높아 경제성이 없다.
The oil deposit in the southern off-shores of Korea is not economically viable because ***drilling*** costs are too high.

해저 원유 **offshore oil**
— 생산 **offshore oil production**
— 탐사 **offshore oil exploration**
— 시추 **offshore drilling**

남해 대륙붕에서 해저 원유를 탐사하다.
...***offshore oil exploration*** projects take place in the continental shelf of the Southern Sea.

시추선 **offshore oil rig**

환경론자들은 원유 시추선이 해양 오염을 유발한다고 주장한다.
Environmentalists argue that ***offshore oil rigs*** pollute the ocean.

송유관 **oil pipes, pipeline system**

대륙을 횡단하는 송유관.
trans-continental ***oil pipes***.
스코틀랜드 연안에서 미국 시장으로 가스를 운송할 송유관의 건설 승인이 났다.
Approval was recently granted for a ***pipeline system*** to move gas from the Scotian Shelf to the U.S. market.

원유 수송선 **oil tanker**

원유 수송선의 원유 유출 사고 복구 작업은 수년이 걸린다.
The spills from ***oil tankers*** take several years to clean up.

정유 **oil refining**
정유소 **oil refinery**
경유 **light fuel oil (LFO), diesel**
중유 **heavy fuel oil (HFO)**
등유 **kerosene, paraffin oil, lamp oil**
벙커 C유 **Bunker C fuel oil**

가이아나는 트리니다드로부터 가스, 디젤 및 벙커 C유를 사온다.
Guyana now buys gas, ***diesel*** and ***Bunker C fuel*** from Trinidad. (*Black World Today*)

가스 GAS

액화천연가스 Liquefied Natural Gas (LNG)
액화원유가스 Liquefied Petroleum Gas (LPG)
LNG 기지 LNG receiving station, LNG terminal
LNG 충전소 LNG fueling station

LNG 충전소는 주로 상용 차량들이 사용한다.
LNG fueling stations are used mostly by commercial vehicles.

LNG 수송선 LNG carrier

우리가 쓰는 LNG는 대부분 동남아시아에서 LNG 수송선으로 수송해온다.
The LNG we use is mostly transported from Southeast Asia by ***LNG carriers.***

셰일 가스 shale gas
도시 가스 city gas
가스관 gas pipe

노후 가스관을 교체해야 한다.
The old ***gas pipes*** have to be replaced.

계량기 gas meter
— 검침 reading the gas meter

가스 계량기를 조작하지 않았는가 점검해야…
...should check to see whether the ***gas meter*** has been tampered with...

프로판 가스 propane gas
가스통 gas can

도시 가스가 공급되지 않는 가정에서는 프로판 가스를 사용한다.
Households with no access to city gas use ***propane gas.***

한국가스공사 Korea Gas Corporation (KOGAS)
가스 누출 사고 gas leaks, gas leakage
가스 냄새 gas smell

가스 냄새가 난다.
It ***smells of gas.***
I ***smell gas.***

가스 누출 감지기 gas leakage detector
안전밸브 safety valve

가스 누출 사고를 예방하기 위해 사용하지 않을 때는 안전밸브를 잠가야 한다.
The ***safety valves*** should be closed when not in use to prevent ***gas leaks.***

비눗물 **soap suds, soap bubble**

의심되는 부분에 비눗물로 도포하여 거품 등을 확인합니다.

To check for a gas leak, put ***soap suds*** on any suspect connection or hose and look for bubbles.

Do a ***soap bubble*** check on places that could leak gas.

전력 ELECTRICITY

전기 **electricity**

전류 **electric current**

전압 **electric voltage**

— 상승 **power surge**

— 강하 **power drop**

갑작스런 전압 상승은 컴퓨터 고장을 일으킬 수 있다.

A sudden ***power surge*** can cause the computer to malfunction.

전기 저항 **electric resistance**

접지 **grounding**

전기 제품들의 접지를 제대로 해야 벼락이 쳐도 안전하다.

Electrical appliances should ***be*** properly ***grounded*** to be safe against lightening.

누전 **electricity leakage**

합선 **short circuit**

화재의 원인은 합선이었다.

The fire was caused by a ***short circuit***.

두꺼비집 **fuse box**

두꺼비집의 휴즈가 나갔다.

A fuse was blown in the ***fuse box***.

전력 **electric power, electricity**

전력 산업의 민영화…

...the privatization of the ***power*** industry...

— 공급 **power supply**

전력 공급이 끊어졌다.

The ***power supply*** was cut off.

발전 **power generation**

발전기 **(electric) generator**

X회사에 의해 매우 효율성이 높은 발전기가 개발되었다.

A highly efficient ***generator*** has been developed by company X.

연소기 **burner**

자가 발전 **self-generation**

정전이 잦아서 발전기를 사서 자가 발전하는 병원들이 많다.

Many hospitals buy generators and ***self-generate*** electricity because of frequent power outages.

— 용량 **power generation capacity**

우리나라의 연간 총발전 용량은 XXMW다.

Korea's annual ***power generation capacity*** is XXMW.

발전소 **power plant, power station**

태국의 1,434메가와트 규모의 발전소 건설 사업…

...the construction of a 1,434 megawatt(MW) ***power plant*** project in Thailand...

이용률 **capacity factor**

원자력, 석탄과 같이 비용이 작은 발전소의 이용률을 높이고…

...to raise the ***capacity factor*** of low-cost power plants such as nuclear or coalfired power plants...

화력 발전 **thermo-electric power generation**

화력 발전소 **thermal power plant**

석탄 화력 발전소 **coal-fired power plant**

가스 화력 발전소 **gas-turbine power plant/station**

복합 화력 발전소 **combined cycle power plant**

미쯔이 상사와 히타치 전자는 어제 미국과 1,200억 엔 규모의 석탄 화력 발전소 건설 계약을 체결했다.

Mitsui trading company and the Hitachi electronics conglomerate yesterday signed a deal to build a ¥120bn ***coal-fired power plant*** in the U.S. (*Financial Times*)

수력 발전 **hydro-electric power generation**

대부분 댐을 막아 수력 발전을 한다.

Usually dams are built for ***hydro-electric power generation***.

수력 발전소 **hydro power plant**

소수력 **small scale hydro, small hydro-electric power**

소수력 발전은 농촌 지역의 전력 공급원으로서 잠재력이 크다.

Small scale hydros have high potential in supplying electricity in rural areas.

열병합 발전 combined heat and power, cogeneration

  열병합 발전소 cogeneration plant, combined heat and power plant

열병합 발전소는 폐열을 회수하여 재사용한다.

Cogeneration power plants recover and reuse waste heat.

송배전망, 전력망 electric grid

  변전소 substation

  변압기 transformer

북한에 전력을 지원하려 해도 전력망이 제대로 갖추어져 있지 않아 어렵다.

Supplying power to North Korea is difficult due to its poor ***electric grid***.

송전 power/electricity transmission

  송전탑 transmission tower

배전 power/electricity distribution

  전선 (transmission) line/cable

  고압선 high-voltage wire

전력은 316,634km에 이르는 전력망으로 송배전된다.

The power is ***transmitted and distributed*** via 316,634km of power lines.

한국전력공사 Korea Electric Power Corporation (KEPCO)

한전은 발전 사업을 포기할 것이다.

KEPCO will give up its power generation business.

전력 소비 power consumption

전력 부족 power shortage

매년 여름 전력 수요 성수기에는 전력 부족 사태가 빚어진다.

Every year, there is a ***power shortage*** during the peak-demand period in summer.

절전 save electricity, reduce power consumption

전자 제품을 사용하지 않을 때 플러그를 뽑아두면 절전 효과가 있다.

You can ***reduce power consumption*** by unplugging electrical appliances when not in use.

정전 power failure, power outage, blackout

폭우로 일대가 3시간 동안 정전되었다.

Torrential rains caused a ***power failure*** for 3 hours in the area.

There was a ***power outage*** for 3 hours in the area, caused by torrential rains.

☞ *Brownout* : 전력 수요가 극도로 높은 기간에 일어나는 전압 하락 현상.

전력 요금 electricity charges, electricity bill

전력 요금 누진제 **progressive electricity charge**

전력 사용량 **electricity usage**

전기 검침 **metering**

전기 검침을 하여 사용량대로 전기 요금이 부과된다.

The ***electricity charge*** is based on the ***metered usage***.

전력 수급 **power supply and demand**

올해는 전력 수급의 차질이 예상된다.

Power ***supply and demand*** imbalance is expected this year.

예비 전력 **reserve power**

전력 예비율 **power reserve ratio, supply reserve ratio, reserve margin, reserve capacity**

산업통상자원부는 전력 공급 예비율이 13.9%이므로 전력 공급에 차질이 없을 것으로 예상한다고 말했다.

MOTIE said that they did not anticipate any problems in the ***power supply***, as the ***reserve ratio*** stands at 13.9%.

기저 부하 **base load, baseload demand**

삼천포 화력과 영동 1, 2호기 등이 기저부하 발전소다.

Samchon thermal power plant and Youngdong unit 1 and 2 are ***base load*** facilities.

첨두부하 **peak load**

작년보다 1.4% 높은 77.06메가와트의 첨두부하가 기록되었다.

A new record ***peak load*** of 77.06 Mega Watts(MW) was achieved a 1.4% increase over last year's peak. (*Stockhouse Canada*)

• Reserve Margin이란?

일반적인 첨두부하 시의 수요를 충족하는 데 필요한 전력에 비해 가용 발전 용량의 크기를 측정하는 비율. 대부분 규제 당국에서는 발전 사업자 및 송전 사업자 모두에게 갑작스러운 에너지 수요의 증가에 대비하여 10~20%의 전력 예비율을 갖추도록 의무화하고 있다.

• Base Load vs. Peak Load란?

기저부하와 첨두부하. 전자는 소비자들의 가장 적은 발전 수요 또는 발전 및 송전 업자가 소비자들에게 제공해야 하는 최소 발전 용량이다. 기저부하 값은 계절과 시간에 따라 시시각각 변동한다. 후자는 가장 많은 발전 수요 또는 그것을 충족시키기 위해 요구되는 발전 용량을 말한다. 특정 시간의 부하를 말할 수도 있고 주어진 시간 동안의 평균 부하를 말할 때도 있다.

전력 사업의 민영화 **privatization of the power industry**

지역 발전 사업자 **regional power company**

독립/민자 발전 사업자 **Independent Power Producer (IPP)**

민간 기업이 전력을 소비자들에게 일정 가격으로 판매하는 소위 독립발전 사업자 모형…

The so-called ***independent power producer*** (***IPP***) model, where private companies sell power at fixed rates to consumers...(*Bangkok Post*)

전력 풀 **power pool, electricity pool**

영국은 민영화 이후 도매 가격인 pool 가격이 50% 상승했다.

The ***electricity pool*** price of U.K. rose by 50% after privatization.

전력 매매 **power trading**

원자력 NUCLEAR POWER

원자력 에너지 **nuclear energy, atomic energy**

원자력 에너지는 온실 가스를 생성하지 않는 청정 에너지다.

Nuclear energy is a clean energy that doesn't produce greenhouse gases.

원자력 발전 **nuclear power generation**

— 비중 **proportion of nuclear energy, nuclear fraction**

원자력 에너지는 전제 에너지 생산량의 X%를 차지한다.

Nuclear energy accounts for X% of total energy production.

원자력 발전소 **nuclear power plant**

시험 가동 **start-up tests, test operation**

영광 3, 4호기가 상업 운전을 앞두고 시험 가동 중이다.

Young Gwang Power Plant Units 3 & 4 are conducting ***start-up tests*** waiting for commercial operation.

상업 운전 **commercial operation**

내년도에 상업 운전에 들어간다.

...will go into ***commercial operation*** next year...

...will start ***commercial operation*** next year...

가동 **commission**

원자로 폐로 **decommission**

1980년대에는 많은 원자로가 폐기 처분되었다.

Many reactors ***were decommissioned*** in the '80s.

체르노빌 원전은 2008년에 해체된다.

The Chernobyl nuclear power plant will be ***decommissioned*** in 2008.

(*Itar-Tass*)

기술 자급률 **technology self-reliance rate**

우리나라 원자력 기술의 자급률은 X%다.

Korea's ***self-reliance rate for*** nuclear ***technology*** is X%.

한국형 원자로 **Korean-type reactor**

한국형 차세대 원자로 **Korean-type Next Generation Reactor (KNGR)**

한국전력은'한국형 차세대 원전'을 개발 중이다.

KEPCO is developing the ***KNGR***, a ***Korean-type next generation reactor.***

실험로 **prototype reactor**

연구로 **research reactor**

국제 감시가 없는 상태에서 북한은 5메가와트급 연구로의 사용 후 연료를 추출하기 시작했다.

North Korea begins removing spent fuel from a five-megawatt ***research reactor*** without international monitoring. (*Forbes*)

핵분열 **nuclear fission**

핵분열 물질 **fissionable material, fissile material**

핵분열 물질인 플루토늄은 무기 생산 목적으로 전용될 수 있다.

The ***fissile*** plutonium can be diverted to weapons manufacture.

핵융합 **nuclear fusion**

상온 핵융합 **cold fusion**

이보다 한 차원 높은 미래 에너지로 핵융합 발전도 가능해질 것이다.

There is the possible development of ***nuclear fusion***, as an advanced energy source of the future.

핵융합로 **nuclear fusion reactor**

미국은 목요일 수십억 불 규모의 핵융합로 건설 프로젝트에 다시 참여할 것이라고 발표했다.

The United States announced on Thursday it was rejoining a multibillion-dollar international project to build a ***nuclear fusion reactor***. (*Strait Times*)

• ITER이란?

International Thermonuclear Energy Reactor. 국제핵융합실험로. 미국·EU·러시아·일본·중국·인도 등이 참여하고 있는 ITER 프로젝트는 50억 달러 규모의 국제 협력 프로젝트다. 2007년부터 융합로를 건설하기 시작하여 2025년 첫 플라즈마 생성을 목표로 한다. 이후 2040년까지 실험·운영될 예정이다.

원자로 | reactor

X MW급 | **X MW reactor**

X 호기 | **Unit X**

영광 3, 4호기가 상업 운전을 앞두고 시험 가동 중이다.

Young Gwang Power Plant ***Units 3 & 4*** are conducting start-up tests before commercial operation.

가동 중 | **operational, in operation**

운전원 | **operators**

현재 원자로가 가동 중이다.

...the reactor is presently ***operational.***

...the reactor is presently ***in operation.***

원자로 용기 | **reactor vessel**

격납용기 | **container**

노심 | **reactor core**

…원자로의 노심 직경은 6.6m, 높이는 6m…

...the ***reactor core*** measures 6.6m in diameter and 6m in height...

제어봉 | **control rod**

냉각재 | **coolant**

감속재 | **moderator**

지난 1995년 고속 증식로인 몬주(Monju)에서 나트륨 냉각재 누출 사고가 발생했다.

Monju, a fast breeder reactor, experienced an accidental sodium ***coolant*** leak in December, 1995.

노형 | **types of reactor**

경수로 | **Light Water Reactor (LWR)**

중수로 | **Pressurized Water Reactor (PWR)**

비등수형로 | **Boiled Water Reactor (BWR)**

흑연감속로 | **Graphite Moderated Reactor (GMR)**

북미 제네바 기본 합의는 북한이 흑연 감속 원자로의 가동을 동결·해체하는 대신 경수로 2기를 건설해주는 것을 골자로 한다.

The Geneva Framework's key agreement is that NK freezes and decommissions its ***graphite moderated reactor*** in exchange for the construction of two ***light water reactors.***

가스 냉각로 | **Gas Cooled Reactor**

고속 증식로 | **Fast Breeder Reactor (FBR)**

아직 상업적으로 검증되지 않은 고속 증식로도 여기에 추가…

Add to this is the yet-to-be-commercially-proven ***fast breeder reactor***... (*Hindu Times*)

가압 중수로 Pressurized Heavy Water Reactor (PHWR)

가압 경수로 Pressurized-Water Reactor (PWR)

한전이 국내 도입을 추진 중인 CANDU-9는 900MW급 가압 중수로다.

The CANDU-9 that KEPCO is considering to purchase is a 900MW ***pressurized heavy water reactor***.

☞ *"CANDU"* : 캔두형 원자로.캐나다에서 개발한 가압 중수로. *Canadian Deuterium-Uranium*의 약어다.

핵반응 nuclear reaction

중성자 neutron

원자 atom

전자 electron

양자 proton

중수 heavy water, deuterium oxide, H_3O

경수 light water, H_2O

중수는 보통 물인 경수에 반해 중성자를 감속하는 작용을 하며…

As opposed to ***light water, heavy water*** can moderate ***neutrons*** better...

중수소 원자 2개가 수소원자 대신 산소와 화합하여 만들어진 중수는…

Heavy water is formed when two ***deuterium atoms*** replace the hydrogen atoms in a water molecule...

동위 원소 isotope

중수소 deuterium

삼중 수소 tritium

중수소는 물에서 추출하며 삼중 수소는 전 세계적으로 풍부한 경금속인 리튬으로 만든다.

Deuterium is extracted from water and ***tritium*** is manufactured from a light metal, lithium, which is found all over the world.

반감기 half-life

플루토늄-241(Pu241)의 반감기는 13.2년이다.

The ***half-life*** of Plutonium 241(Pu241) is 13.2 years.

연쇄 반응 chain reaction

임계점 criticality

일본의 몬주(Monju)로는 1994년에 임계점에 도달했다.

Japan's Monju reactor had ***reached criticality*** in 1994.

핵연료 nuclear fuel

— 장전　　fuel loading
— 교체　　refueling
천연 우라늄을 핵연료로 사용하는 흑연 감속로인 이 원자로에는 8천 10개의 연료봉이 장전된다.
8,010 fuel rods are ***loaded*** in the reactor which is a GMR using natural uranium as ***nuclear fuel***.
핵물질　　nuclear material
연료 성형 가공　　fuel fabrication
핵물질에 대한 국제 통제가 강화되고 있다.
International control of ***nuclear material*** is being tightened.
— 재처리　　nuclear fuel reprocessing
연료 재처리 시설　　reprocessing plant, reprocessing facility
사용 후 연료는 때로 재처리 시설로 보내진다.
The spent fuel can be transferred to a ***reprocessing plant***.
— 농축　　nuclear fuel enrichment
핵연료의 재처리 및 농축 시설…
...***nuclear reprocessing*** and ***enrichment*** facility...
연료봉　　fuel rod, ingots
연료 집합체　　fuel bundle
— 추출　　remove fuel rods, defueling
원자로에서 11인치 길이의 연료봉들을 추출했다.
The 11-inch-long ***ingots were removed*** from the reactor.
농축 우라늄　　enriched uranium
저농축 우라늄　　low-enriched uranium (LEU)
고농축 우라늄　　highly-enriched uranium (HEU)
이란은 나탄츠 시설이 앞으로 건설할 민간 발전소에서 사용될 저농축 우라늄을 만들기 위한 것이라고 주장하고 있다.
Iran says Natanz will be used to produce ***low-enriched uranium*** for civilian power plants that it has yet to build. (*Yahoo News*)
원심 분리기　　centrifuge, centrifugal separator
우라늄 농축에 사용되는 원심 분리기…
...a ***centrifuge*** for enriching uranium...
사용 후 연료　　spent fuel, used fuel
저수조　　storage pond
냉각조　　cooling pond
사용 후 연료봉은 추출되어 현장 냉각조에 저장된다.

Spent fuel rods are removed from the reactor and stored in on-site ***cooling ponds***.

핵 안전	nuclear safety
냉각 계통	cooling system
안전 계통	safety system
다중 안전 계통	multi-layered safety system

발전소당 안전 계통의 고장 횟수는 1년에 0.8회로 반감되었다.

The number of ***safety system*** failures per plant was cut in half, to 0.8 per year. (*Washington Post*)

방사능	nuclear radiation, radioactivity
방사성 물질	radioactive material
— 누출	leakage of radiation, radiation leak

방사능 누출을 감지하는 누출 감지기 설치…

...installation of leakage detectors that detect ***radiation leaks***...

원자력 사고	nuclear accident
냉각재 상실 사고	loss-of-coolant accident (LOCA)
노심 용융	core melt down

지진 발생 시 원자로의 노심 용융의 위험성이 크다.

There is a high risk of reactor ***core melt down*** during an earthquake.

방사선 폐기물	radioactive waste, radwaste
고준위 방사성 폐기물	high-level radioactive waste (HLW)
저준위 방사성 폐기물	low-level radioactive waste (LLW)

냉각수, 보호복, 장갑 등은 저준위 방사성 폐기물이다.

Cooling water, protective clothing and gloves are examples of ***low-level radioactive waste***.

• REM이란?

Roentgen Equivalent in Man (mrem). 미온화 방사성량 단위.

• SCRAM이란?

원자로 검출기 신호에 의해 원자로 운전이 신속하게 정지되는 것.

• TMI란?

Three Mile Island. 1979년에 미국에서 있었던 원전 사고. TMI 사고로 불리는 이 원전 사고는 출력 운전 중 가압기 밸브가 개방되면서 발생한 냉각재 상실 사고였

는데, 핵연료봉이 파괴되고 핵연료가 녹아내리는 중대 사고로 확대됐다. 피해 규모는 사망자 없이 20억 달러 정도의 재산 손실에만 그쳤다.

• Chernobyl Accident란?

1986년 구소련의 우크라이나 공화국 체르노빌 원자력 발전소에서 근무자가 안전 수칙을 지키지 않은 채 가동 중지 터빈을 시험하다가 원자로가 폭발한 사건으로, 방사능 누출로 대규모 인명 피해를 초래했다. 그 후 발전소는 2000년에 폐쇄되었다.

핵폐기물, 원전 수거물 **nuclear waste**
원전 수거물 관리 센터 **nuclear waste disposal/storage facility**
지하 저장 시설 **underground repository, underground disposal site**
지하 영구 보관 **permanent underground storage**
고준위 핵폐기물은 지하 저장 시설에 영구 보관한다.
High-level nuclear waste ***is stored permanently in underground repositories***.
핵 쓰레기장 **nuclear waste dump/disposal site**
런던덤핑협약 **London Dumping Convention**

대체 에너지 ALTERNATIVE ENERGY

대체 에너지 **alternative energy**
화석 연료에 대한 의존성을 줄이기 위하여 대체 에너지를 개발해야 한다.
We must develop ***alternative energies*** in order to reduce our dependency on fossil fuels.
청정에너지 **clean energy**
오염의 심화는 청정에너지 사용의 중요성을 부각시켰다.
Growing pollution has spotlighted the importance of using ***clean energy***.
재생 (가능) 에너지 **renewable energy, renewables**
재생 에너지 사용을 장려…
Promote the use of ***renewable energy resources***...
풍력 발전소 **wind farm**
풍력 터빈 **wind turbine**
몇 개의 첨단 풍차로 이루어진 조그마한 풍력 발전소는 마을 하나 전체에 필요한 동력을 공급할 수 있다.

A small ***"wind farm,"*** consisting of a few high-technology windmills, can supply the necessary power to a whole village.

수소 에너지 **hydrogen energy**

수소 연료 **hydrogen fuel**

일단 생산 비용을 줄일 수 있으면 수소 에너지는 널리 이용될 수 있을 것이다.

Hydrogen energy will have wide applications once the cost of its production can be reduced.

에너지 식물 **energy crop, energy plant**

에너지 식물이 화석 연료를 대체할 수 있으면 온실 가스 저감을 위해 큰 역할을 할 수 있을 것이다.

In substitution for fossil fuels, ***energy crops*** have the potential to make a significant contribution to reduction in greenhouse gases.

오니 가스 발전 **sewer gas generation**

하수 처리장에 오니 가스 발전 시설이 설치되어 있다.

Sewer gas generation facilities are installed at the sewage treatment plants.

오일 셰일, 유혈암 **oil shale**

경제적으로 유혈암으로부터 석유를 추출할 수 있는 기술이 개발된다면, 그 잠재력은 대단하다.

If a technology can be developed to economically recover oil from ***oil shale***, the potential is enormous.

오일 샌드 **oil sand**

캐나다의 오일 샌드에서는 사우디아라비아의 원유 매장량보다 더 많은 원유를 채취할 수 있다.

Canada's ***oil sands*** contain more recoverable oil than Saudi Arabian reserves.

타르 샌드 **tar sand**

타르 샌드로부터 석유를 추출하다.

...extract oil from ***tar sand*** deposits.

조력 발전 **tidal power, tidal energy**

파력 발전 **wave power, wave energy**

영국 해안의 조력 및 파력 발전을 개발하기 위하여 민간 및 공공 부문의 재생 에너지 사업에 추가적인 정부의 재정 지원이 있을 것이다.

A new infusion of government funding into both public and private Renewable Energy projects aims to develop ***wave and tidal energy*** off the coast of England... (*Solaraccess.com*)

해류 발전 **ocean current power**

해류 발전을 재생 가능한 에너지원으로 사용…

...tap ***ocean current power*** as a source for renewable energy...

해수열 발전 **Ocean Thermal Energy Conversion (OTEC)**

해수열 발전의 주목표는 바다에 흡수된 태양 에너지를 다시 사용 가능한 에너지로 전환하는 데 있다.

The main objective of ***Ocean Thermal Energy Conversion***(***OTEC***) is to turn the solar energy trapped by the ocean into useable energy.

태양 에너지 **solar energy**

환경 의식이 있는 사람들은 이미 태양 집열기를 사용하여 태양 에너지로 난방을 하고 있다.

Those who are environmentally conscious already use ***solar energy*** for heating by using a solar collector.

태양열 **solar heat**

태양열 발전 **solar thermal power generation**

태양 집열기 **solar collector**

태양 전지판 **solar panel**

태양열 주택 **solar-heated house**

태양 반사경 **heliostat**

태양열 발전의 상업화를 가속화시켜 온실 가스 배출을 감소시킨다.

...reduce greenhouse gas emissions by accelerating the commercialization of ***solar thermal power generation***.

연료 전지 **fuel cells (batteries)**

태양 전지 **solar cell**

태양열을 연료 전지에 축전하여 태양열 자동차에 동력을 공급한다.

The solar energy stored in the ***fuel cells*** is used to supply power to solar electric cars.

수소 연료 전지 **hydrogen-powered fuel cell**

부시 대통령은 수소 연료 전지 개발을 위해 향후 5년간 17억 달러를 투자할 것을 제안하고 있다.

President Bush is proposing a total of $1.7 billion over the next five years to develop ***hydrogen-powered fuel cells***.

태양광 발전 **solar photovoltaic power generation**

태양광은 가장 장래성 있는 대체 에너지원 중 하나다.

Photovoltaic solar power is one of the most promising alternative energy sources in the world.

태양광 전지 **photovoltaic cells**

태양광 전지 또는 연료 전지 등의 대체 에너지를 사용하도록 의무화…

…required to use alternative energy sources such as ***photovoltaic cells*** or fuel cells…

지열 발전 **geothermal power generation**

지열 발전은 화력 또는 원자력 발전에 비해 배출 가스의 통제가 용이하며 배출량도 적다.

Geothermal power plants have fewer and more easily controlled atmospheric emissions than either fossil fuel or nuclear plants.

지진 에너지 **seismic energy, earthquake energy**

지구 심층의 지진 에너지를 이용할 수만 있으면 대단한 에너지원이다.

The earth's ***seismic energy*** is a great energy source if we can only harness it.

19 교통 TRANSPORTATION

교통 TRANSPORTATION

교통, 수송 — transportation

수송로 — transportation route

수송이란 인적·물적 자원의 이동이다.

Transportation is the movement of goods and people.

교통 요충지 — hub of transportation, center of transportation network, central location

사통팔달 — easily accessible (from all directions)

이 도시는 사통팔달의 교통 요충지로서…

…the city is at a central location and ***easily accessible from all directions***…

차량 교통 — vehicular traffic

보행자 교통 — pedestrian traffic

교통수단 — transportation mode, transportation means

아직도 가장 환경 친화적인 교통수단은 해운…

…shipping remains the most environmentally friendly ***transportation mode***… (*Canada Newswire*)

지상 교통 — surface transportation

이 지역은 항공과 지상 교통이 모두 발달한 교통 인프라를 갖고 있다.

The region has a well-developed transportation infrastructure in terms of both air and ***surface transportation***.

도로 교통 — road transportation

연안 교통 — coastal transportation

내륙 교통 — inland transportation

해운 회사들은 내륙 수송업체와 협력한다.

Shippers usually work with ***inland transportation*** companies.

화물 — cargo, freight

물동량 — cargo load, cargo volume, cargo traffic

물동량이 꾸준히 늘어나 처리량은 1500만 TEU를 능가할 것…

Cargo volume continues to increase and the throughput is expected to exceed 15 million TEUs…

한국타이어는 물동량의 80% 이상을 미국의 서안으로 수출한다.
80% of Hankook Tire's ***cargo traffic*** goes to the U.S. West Coast.

화물 처리 **freight/cargo handling**

화물 처리 능력 **freight/cargo handling capacity, throughput**

부산항의 일일 화물 처리 능력은…
The daily ***cargo handling capacity*** of Busan Port is...

화물 터미널 **cargo terminal**

내륙 화물 터미널 **Inland Cargo Depot (ICD)**

복합 화물 터미널/기지 **Integrated Freight Terminal (IFT), Intermodal Cargo Terminal (ICT)**

복합 화물 터미널은 2가지 이상의 운송 수단 간의 연계 운송을 할 수 있는 규모 및 시설을 갖춘 화물 터미널이다. (국토교통부)
An ***Integrated Freight Terminal*** is a cargo terminal equipped with the size and facilities to handle intermodal transportation.

물류 **physical distribution, logistics**

항만의 적체 현상 때문에 수출의 물류 비용이 늘어난다.
The bottlenecks at ports increase the ***logistical*** cost of exports.

물류 체계 **logistics, logistical network, logistical system**

제조 산업의 물류 체계가 취약하면 더 많은 창고와 수송트럭이 필요하게 된다.
For manufacturing industries, a weak ***logistical system*** means extra warehouses and trucks.

물류 거점 **logistical hub**

한국이 동북아의 물류 거점이 되려면…
...if Korea is to become the ***logistical hub*** of Northeast Asia...

물류 산업 **physical distribution industry**

교통과 물류 산업 같은 인프라는 외국인 투자를 결정하는 중요한 요소다.
A developed infrastructure, such as transportation and ***physical distribution industry***, is an important factor for foreign investment.

수송 체계 **transportation system**

복합 화물 수송 체계 **intermodal transportation system, multimodular transportation**

항구에서 화물 기지까지 고속 철도로 화물을 운송하는 복합 화물 수송체계…
...an ***intermodal transportation system*** where a high-speed rail brings the cargo from the port to the terminal...

일관 화물 수송 체계 **integrated cargo transportation system**

• Integrated Cargo Transportation System이란?

일관 화물 수송 체계. 원활한 물류를 위해 화물을 표준 규격에 의해 단위화하고 물류의 각 단계에서 시설·장비 간 시스템을 통합하여 운송·보관·하역 등 일련의 작업 흐름을 일관되게 처리하는 체계.

도시 교통 URBAN TRANSPORTATION

도시 교통 — **urban transportation**

모빌리티, 이동성 — **mobility**

카카오T, 우버 등은 플랫폼 기반 모빌리티 서비스다.

Kakao T, Uber, etc. are platforam-based ***mobility*** services.

시내 교통 — **city traffic, intra-city transportation**

출퇴근 시간의 시내 교통 상황이 안 좋다.

The ***city traffic*** conditions are not good during commuting hours.

대중교통 — **public transit, mass transit, mass transportation**

대중교통 체계 — **public transit system**

요금 — **fare**

교통 체증 — **traffic congestion**

교통 체증을 완화…

...alleviate ***traffic congestion***...

가다 서다를 반복…

...there is ***bumper to bumper traffic*** in the slow traffic area...

시청까지 밀려 있다.

...***traffic is backed up*** all the way to City Hall.

출퇴근 시간 — **commuting hours**

지체 구간 — **congested area, slow traffic area**

통행 속도 — **traveling speed**

지체 구간의 통행 속도가 시속 10km 이하로 떨어졌다.

Traveling speed has dropped to below 10km/hr in the ***congested area***.

병목 현상 — **bottleneck**

터널 진입부에서 병목 현상이 일어난다.

A ***bottleneck*** is created at the entrance of the tunnel.

교통량 — **traffic volume, traffic flow**

서울 시내 교통량이 많다.

Traffic flow is heavy in Seoul City.

교통정리 **traffic regulation, traffic control**

교통 신호 체계 **traffic signalling system**

교통 수요 관리 **Traffic Demand Management (TDM)**

☞ <행정/도시 행정> 참조.

버스 전용 차선 **bus-only lanes, reserved bus lanes**

승용차가 버스 전용 차선으로 주행하면 벌금 6만원이다.

There's a 60,000 Won fine for passenger cars that travel in the ***bus-only lanes***.

혼잡 통행료 **congestion fee/toll/charge**

도시로 진입하는 일부 터널에서 혼잡 통행료 2천원을 받는다.

Several tunnels leading into the city charge ***congestion fees*** of 2,000 Won.

승용차 사용 제한 **Passenger Vehicle Use Restriction (PVUR)**

자가용 부제 **No-Drive-Day Program (NDD)**

오늘은 내 차가 부제에 의해 운행이 제한된다.

Today is my ***"no-drive" day***.

멕시코시에서는 자동차 끝번호에 따라 운행이 금지된다.

In Mexico city, your license plate's last number determines your ***no-drive day***.

2부제 **odd-even No-Drive Day, odd-even driving days, alternate NDDs**

5부제 **weekly No-Drive Days, No-Drive Days once every 5 days/a week**

휴스턴시 주민의 3분의 1 이상이 자동차 5부제를 수용할 용의가 있다고 응답했다.

More than a third of the residents in the city of Houston said they were even willing to accept a ***"no-drive" day once a week***. (*Houston CEC*)

10부제 **plate-number-based NDD, No-Drive Days once every 10 days**

☞ 자동차 부제는 주말에 실시하지 않으므로, 실질적으로 5부제는 *weekly No-Drive Days*로, 10부제는 *bi-weekly No-Drive Days*로 표현이 가능하다.

자율 요일제 **(voluntary) weekly No-Drive Days**

강제 10부제 **mandatory bi-weekly No-Drive-Day (Program)**

승용차 강제 10부제 실시 대상을 상주 인구 10만 명 이상 대도시로 국한하기로 했다.

Mandatory bi-weekly No-Drive-Days will be enforced only in cities with populations over 100 thousand.

가변 차선제 **variable lanes, reversible lanes**

출퇴근 시간에 정체 현상이 극심한 곳은 가변 차선제를 실시한다.
Reversible lanes are put in place in areas where traffic is heavily congested during commuting hours.

차량 동승제 **car pools, car pooling**

1인승 (나홀로) 차량 **single passenger car**

1인승 차량을 줄이기 위해 차량 동승제를 활성화해야 한다.
Car pooling should be promoted to reduce the number of ***single passenger cars.***

다인승 차량 **High-Occupancy Vehicle (HOV)**

3인 이상이 탑승한 다인승 차량은 혼잡 통행료가 면제된다.
High-occupancy vehicles with 3 passengers or more do not pay congestion fees.

☞ *"HOV Lane"* : 3~4인 이상 승차한 *High-Occupancy Vehicle*만 통행하는 차선. 차량 동승제(*car pool*)를 장려하기 위한 제도로서 *Commuter Lane*이라고도 부른다.

자전거 전용 차선 **bicycle lane, bikeway**

보행자 전용 구역 **dedicated pedestrian zone**

보행자 우선 구역 **Pedestrian Priority Zone**

고가 도로 **overpass, elevated roads**

교각 **pier**

교각이 12개 있는 다리…
A bridge with 12 ***piers***...

횡단보도 **pedestrian crosswalk, pedestrian crossing**

횡단보도에 '보행 신호등 잔여 시간 표시기'를 설치…
...installing countdown signals at ***pedestrian crosswalks***...

점멸등 **blinking sign**

점멸등이 켜진 상태에서 보행자는 횡단보도에 진입하지 말아야…
Pedestrians shouldn't start ***crossing*** when the ***blinking sign*** is on...

육교 **pedestrian bridge**

보도 **sidewalk**

지하 차도 **underpass**

지하 차도를 건너면…
...if you go through the ***underpass***...

주차 **parking**

주차 공간 **parking space**

주차가 어렵다.
It's hard to find a ***parking space.***

주차 공간이 없다.

There is no more available ***parking space***.

일렬 주차	**parallel parking**
주차난	**shortage of parking space**
공영 주차장	**public parking lot**
유료 주차장	**commercial parking lot, parking building**
무료 주차	**free parking**

무료 주차가 된다.

Free parking is available.

주차 확인	**parking validation**

주차 티켓에 주차 확인을 받아와야 한다.

You must ***get*** your ***parking ticket validated***.

주차비, 주차 요금	**parking fee, parking charge**

은행 고객에게는 주차비를 받지 않는다.

Clients to the bank do not have to pay the ***parking fee***.

난폭 운전	**reckless driving**
과속	**speeding**
추월	**overtake**
끼어들기	**cutting in**

교차로에서의 무리한 끼어들기는 사고를 유발할 가능성이 있다.

Recklessly ***cutting in*** in front of other vehicles can cause accidents.

교통 단속	**traffic control**
교통 벌과금	**traffic fine**
교통 벌점	**penalty points for traffic violation**

통학버스 보호 규정 위반 시 벌점은 10점이다.

The ***penalty points for*** school bus protection ***violation*** is 10 points.

무인 단속	**photo radar enforcement**
무인 단속 카메라	**photo radar camera, red light camera**
교통 법규	**traffic rules, traffic regulation**

교통 법규를 성실히 지키다.

...strictly obey ***traffic rules***.

많은 운전자들이 교통 법규를 무시한다.

Many operators of vehicles disregard ***traffic regulations***.

— 위반	**traffic violation**
속도위반	**speed violation**
과속	**speeding, traveling above speed limit**

작년에 그는 과속으로 다섯 번 벌금을 물었다.

He has been fined for ***speeding*** five times last year.

제한 속도 **speed limit**

제한 속도 준수는 운전자의 의무다.

It is the driver's responsibility to keep the announced ***speed limit***.

불법 주차 **illegal parking**

음주 운전 **drunk driving, Driving Under the Influence of Alcohol (DUI)**

☞ *Driving Under the Influence* : 음주 운전을 말할 때 *of Alcohol*은 생략한 표현으로 일반적으로 사용된다.

음주 운전 단속 **police testing for drunk driving/DUI**

혈중 알코올 농도 **alcohol concentration in blood**

혈중 알코올 농도를 측정한다.

...measure ***alcohol concentration in blood***...

음주 운전 테스트 **sobriety test**

경찰관이 운전자에게 음주 운전 테스트를 했다.

The policeman administered a ***sobriety test*** on the driver.

버스 **bus**

시내버스 운행 **operation of (intra-city) city buses**

서울 시내의 버스들은 밤 12시까지 운행한다.

Seoul's ***intra-city's buses*** operate until 12 pm.

시외버스 **inter-city bus**

마을버스 **local shuttle bus, maeul bus**

전철역까지 마을버스를 타는 승객들…

...passengers who take the ***local shuttle bus*** to subway stations...

통근 버스 **commuter bus**

이층 버스 **double decker bus**

저상 버스 **low-floor bus, kneeling bus**

굴절 버스 **articulated bus**

시에서는 3량 굴절 버스를 도입할 것을 검토 중…

The city is considering introducing ***double-articulated buses***...

간선 급행 버스 **Bus Rapid Transit (BRT)**

지선 버스 **feeder bus/line**

버스 노선 **bus route**

버스 노선을 간선-지선 체계로 개편할 계획…

...plans to reorganize ***bus routes*** into ***arterial-feeder lines***...

버스 노선들의 수입이 모두 같지는 않다.
Some ***bus routes*** are more lucrative than others.
서울시는 내달에 시내버스 노선을 개편한다.
Seoul City will overhaul its intracity ***bus routes*** next month.

종점 **final stop, destination**
시발점 **origination**
버스 중앙(전용) 차로 **median bus lane, median busway**
상습 교통 체증 지역인 서울의 도봉-도심 구간에 버스 중앙 차로가 건설된다.
A ***median bus lane*** will be installed in the Dobong-CBD section which is a chronically congested area.

환승 **transfer, change over**
다른 노선으로 갈아타야…
...have to ***transfer to*** another line...
전철과 버스 간 환승…
...***change over*** between bus and subway...

환승역 **transfer station, intermodal transfer station**
☞ *transfer station*: 단순히 노선을 바꿔 타는 역.
☞ *intermodal transfer station*: 차나 버스에서 전철로 바꿔 타는 역.

환승 주차장 **Park & Ride**
☞ *Park & Ride*: 승용차를 두고 전철을 탈 수 있도록 주차 시설을 제공하는 환승 전철역.

도로 교통 ROAD TRANSPORTATION

한국교통연구원 **Korea Transport Institute (KOTI)**
한국도로공사 **Korea Expressway Corporation**
도로 **road**
포장로 **paved road**
비포장로 **unpaved road**
미륵사로 가는 길은 포장되어 있지 않다.
The road which leads to Mireuk-sa is ***unpaved***.

차로 **car road**
차선 **lane**
차선을 변경하려면 신호를 주어야 한다.
Drivers must signal when ***changing lanes***.
중앙선 **center line (of road)**
노란색 실선으로 표시된 중앙선…

...*center of the road* marked with yellow solid lines...

도로망　road network, road system

간선 도로　artery roads, trunk roads, arterial highways

순환 도로　circular expressway, beltway, ring road

서울 외곽 순환 도로를 타고 판교 쪽으로 가는 편이 빠르다.

It is faster to take the direction of Pan-gyo on the Seoul ***Outer Circular Expressway***.

삼거리　junction, forked road, 3-way intersection

사거리　crossroad, 4-way intersection

사거리가 나오면 좌회전을 하라.

Make a left turn when you come to the ***4-way intersection***.

국도　national highway, state road

한국도로공사에서는 설 연휴에 국도를 이용할 것을 권장한다.

Korea Expressway Corporation recommends that people use ***national highways*** rather than expressways during the Lunar New Year holidays.

유료 도로　toll road

통행료　toll

요금 정산소　toll gate

요금 정산소에서 통행증을 발급받고 나중에 통행료를 지불한다.

Receive a ticket at the ***toll gate*** and pay the ***toll*** as you get off the highway.

통행 요금 자동 징수　Electronic Toll Collection (ETC)

고속도로 통행카드　Expressway Card

고속도로　expressway

— 타다　get on expressway

— 내리다, — 나가다　get off expressway, make an exit

곤지암에서 나가서 12km를 더 간 후…

Get off the expressway at the Gonjiam Exit and travel another 12km...

나들목, 인터체인지　Interchange, IC

다음 인터체인지에서 나가야 한다.

You have to make an exit at the next ***interchange***.

분기점　junction, JCT, interchange, IC

호남고속도로는 회덕 분기점에서 시작된다.

Honam Expressway starts at the Hoe-deok ***interchange***.

중앙 분리대　median, median strip

중앙 분리대 벽　median barrier

고속버스가 중앙 분리대 벽을 들이받았다.

The Express Bus crashed into the ***median barrier***.

갓길, 길 어깨	**shoulder lane**

갓길 운행이 금지되어 있다.

Traveling on the ***shoulder lane*** is prohibited.

입체 교차로	**freeway**

인터체인지 없이 교차하는 입체 교차로…

...***freeways*** that do not cross at interchanges...

고속버스	**express bus**
고속버스 터미널	**express bus (passenger) terminal**
도로 표지판	**road signs**

한국 도로 표지판의 영문 표기가 혼란스럽다.

The English on Korean ***road signs*** is confusing.

교통 표지판	**traffic signs**
일단 멈춤	**stop sign**
일방통행	**one way traffic, one way street**
진입 금지	**do not enter**
감속	**slow down, decelerate**
우회 표시	**detour sign**
공사 구간	**construction lane**

전방 200m 공사 중…

...***road construction*** 200m ahead.

안전 운전	**safe driving**
안전거리	**safe distance**
안전벨트	**safety belt**
회전 신호	**turning signal**
과속방지턱	**speed bump**

학교 앞 건널목 전에는 과속방지턱이 있어야 한다.

Speed bumps should be placed before school crosswalks.

교통사고	**traffic accidents**
추돌 사고	**collision**

고속도로에서 3중 추돌 사고가 있었다.

There was a 3-car ***collision*** on the highway.

전복 사고	**vehicle overturn**
정면충돌	**head-on collision**
노면 상태	**road surface conditions**

비가 온 후 노면이 미끄러울 때 급제동을 하면 위험하다.
It's dangerous to apply a sudden brake after the rain when the ***road surface*** is slippery.

운전면허증 **driver's license**

자동차등록증 **vehicle registration**

인터넷으로도 자동차등록증을 갱신할 수 있다.
You can renew your ***vehicle registration*** over the Internet as well.

번호판 **license plate**

차량 등록 번호 **license plate number, vehicle registration number**

사고 처리 **accident handling**

뺑소니 **hit-and-run**

사고 내고 도망간 뺑소니차…
...a ***hit-and-run car*** that fled the accident scene...

경찰이 뺑소니 차량을 추적하고 있다.
The police is tracking down a ***hit-and-run vehicle***.

목격자 **witness, eye witness to accident**

견인차 **tow truck**

보험 가입 차량 **insured vehicle**

교통 정보 **traffic information**

GPS **Global Positioning System (GPS)**

GPS를 사용하여 운전자가 목적지까지 쉽게 길을 찾을 수 있다.
GPS enables a driver to find his way to a destination easily.

☞ *"GPS"* : 원래 *GPS*는 인공위성 위치 확인 시스템으로서, 위성 항법 시스템(*satellite navigation system)* 중 상용화된 기술의 이름이다. 그러나 흔히 *GPS*를 위성 항법 시스템이라고 번역하고 있다.

지능형 교통 시스템 **Intelligent Transport System (ITS)**

가변 교통량에 따라 운용되는 지능형 교통 시스템…
...the ***Intelligent Transport System*** that operates according to changing traffic volume...

• GPS란?

Global Positioning System. 위성 항법 시스템. GPS는 시간, 기상 상태에 관계 없이 지구 전역에서 사용 가능한 가장 이상적인 항법 시스템으로서 1970년대 초에 미 국방성에 의해 군사용으로 개발되었지만 급속도로 민간용으로 확장되어 항해·우주·관제 및 일반 휴대폰 사용자에 이르기까지 널리 쓰이고 있다. GPS 수신기는 위성 신호를 수신하여 사용자의 위치 및 속도를 계산한다.

• ITS란?

Intelligent Transport System. 지능형 교통 시스템. 도로·자동차·신호 시스템 등의 교통 체계의 구성 요소에 전자·컴퓨터·정보통신 등을 접목시켜 안전한 교통 환경을 확보하고 교통 체계의 혁신을 이루는 교통 시스템. 주요 기능으로는 실시간 교통 제어(Advanced Traffic Control), 교통 법규 등 차량 자동 단속(Automatic Traffic Enforcement), 교통사고 등 돌발 상황 관리(Advanced Incident Management), 고속도로 통행 요금 자동 징수(Electronic Toll Collection), 과적 차량 단속·관리(Heavy Vehicle Monitoring) 등이 있다.

차량 감지기 **Vehicle Detection Station (VDS)**
폐쇄회로 TV **Closed Circuit TV (CCTV)**
가변 정보 표지판 **Variable Message Sign (VMS)**
가변 정보 표지판이 남산 터널들의 교통 상황을 실시간으로 알린다.
The ***VMS*** indicates the traffic situation of the Namsan Tunnels in real time.

철도 운송 RAIL TRANSPORTATION

철도 **railway**
철도 교통 **rail transportation**
궤도 교통 체계 **track-based transportation system**
정부에서는 모노레일 등 새로운 궤도 교통 체계 건설을 제안했다.
The government proposed to build a new ***track-based transportation system***, including monorails.
한국철도공사 **Korea Railroad (KORAIL)**
시베리아 횡단 철도 **Trans-Siberian Railway (TSR)**
철의 실크로드 **iron silkroad**
러시아 관리들은 TSR의 전철화로 수송량이 40% 늘어날 것을 기대한다고 말했다.
Russian officials said they hoped the electrification would boost traffic on the ***Trans-Siberian railway*** by up to 40 percent. (*ABC News*)
상호 운전성 **interoperability**

• TSR이란?

Trans-Siberian Railway. 러시아의 블라디보스토크에서 모스크바를 거쳐 서쪽의 발틱해까지 이르는 총 9,288km의 세계 최장의 철도다. 1881년 러시아의 알렉산더 3세 때 착공하여 1916년 완공했다. 현재 남북한 종단 철도(TKR)와의 연결을 추진하고 있다.

남북한 종단 철도 | **Trans-Korean Railway (TKR)**

시베리아 횡단 철도와 남북한 종단 철도를 연결하기 위한 국제 컨소시엄이 결성되었다.

An international consortium was established in order to link ***TSR*** with ***TKR***.

아시아 횡단 철도 | **Trans-Asian Railway (TAR)**

중국 횡단 철도 | **Trans-China Railway (TCR)**

국철 | **national railway**

열차 | **train**

…부산행 10시 열차…

...the Busan bound 10 o'clock ***train***...

ITX 새마을호 | **Saemaeul Intercity Train eXpress**

특급 열차 | **limited express**

완행열차 | **regular**

급행열차 | **express**

야간열차 | **midnight express**

서울행 야간급행열차는 11시에 도착해서 11시 3분에 떠난다.

The ***midnight express*** to Seoul arrives at 11:00 pm and departs at 11:03 pm.

차량 | **car, rolling stock**

기관차 | **locomotive, power unit, engine**

동력차 | **motor car, power car**

화물차 | **freight car**

객차 | **passenger car**

식당차 | **dining car**

침대차 | **sleeper car**

운전사 | **engineer, driver**

안내원 | **conductor**

대차 | **bogie frame, chassis, bogie**

관절형 대차 | **articulated bogie**

KTX 객차는 관절형 대차로 연결된다.

KTX passenger cars are linked by ***articulated bogies***.

선로, 궤도 | **railway, track**

고속 철도의 선로 안전 관리에 문제가 있는 것으로 나타났다.

The High Speed Railway was found to have problems in ***track*** safety maintenance.

도상 | **ballast**

레일 | **rail**

침목 sleeper

노반 road bed

도로 건설 시에는 노반의 높이와 넓이도 고려해야 한다.

The width and height of the ***road bed*** should be considered in road building.

궤간 track gauge

협궤 narrow gauge

표준궤 normal gauge

광궤 broad gauge

철도는 궤간의 너비에 따라 협궤, 표준궤 및 광궤 철도로 구분된다.

Based on the track gauge, railways are classified into ***narrow, normal and broad gauge*** lines.

철로 railroad, railway track

단선 철로 single track

복선 철로 dual track

복선화 lay/build double tracks, double-tracking

복복선화 lay/build quadruple tracks, quadruple-tracking

본 사업의 제1, 2단계에서는 11.3마일 구간의 복복선화가 추진된다.

11.3 miles will be ***quadruple-tracked*** for the first two phases of this project.

전철 electric railway

전동차 electricity-powered train

전철화 electrification

시베리아 횡단 철도의 전철화 사업이 착공 뒤 74년 만에 완공되었다.

The ***electrification*** of the Trans-Siberian Railway was completed in 74 years.

현수선 catenary wire

현수선을 이용하여 철도를 전철화할 계획…

The system would be ***electrified*** with overhead ***catenary wires***.

운행 operation

운행 시간표 train schedule

정시 도착 arrival on time

정시 출발 departure on time

지연 delay, running behind schedule

수하물을 내리고 신느라 열차가 지연되었다.

The loading and unloading of the luggage caused ***delay*** to the train.

기차표 train ticket

왕복표 round-trip ticket, excursion ticket

편도표 one-way ticket

정기권 commuter ticket

고속 전철 정기권을 기존 가격에서 50% 할인해 판매하고 있다.

Commuter tickets for the high-speed railway offer up to 50% discount on regular fares.

우등석 first class

일반석 coach class

일반석 표는 3장이 남아 있는데, 장당 2만 3천 원이다.

Three ***coach class*** tickets are available now, and it's 23,000 Won per ticket.

선로변 신호기 railroad signals

철도 건널목 railway crossing

차단기 crossing bar

차단기를 올리다.

...raise the ***crossing bar***...

열차 사고 train accidents

탈선 train derailment, jump tracks

충돌 train collision

열차 탈선 사고로 50명이 사망하다.

Train derails and kills 50 people.

고속 철도 High Speed Rail (HSR), bullet train

고속 철도 건설로 전국이 반나절 생활권 안에 들어온다.

The construction of the ***high-speed railway*** will bring the whole nation within a half-day travel distance.

고속 전철 High Speed Train (HST)

떼제베 (프랑스) TGV (Train à Grande Vitesse)

이체 (독일) ICE (Inter City Express)

신칸센 (일본) Shinkansen

아베 (스페인) AVE (Alta Velocidad Española)

자기 부상 열차 magnetic levitation train, maglev train

KTX, 한국 고속 철도 KTX (Korea Train Express)

GTX, 수도권 광역급행철도 GTX (Great Train Express)

서울 GTX는 세계에서 가장 빠른 지하 철도가 될 것이다.

Seoul's ***GTX*** (Great Train Express) network will be the world's fastest underground rail line.

SRT SR Train, Super Rapid Train

SRT는 주식회사 SR이 운영하는 고속 열차다.

The Super Rapid Train, or ***SRT***, is a high-speed rail service operated by SR Corporation.

국가철도공단 **Korea National Railway (KR)**

☞ 한국고속철도건설공단(*Korea High Speed Rail Construction Authority*)과 철도청 건설 부서가 합쳐져서 2004년 1월 1일 한국철도시설공단으로 새로이 출범했으며, 이후 2020년 국가철도공단으로 명칭이 변경되었다.

구간 **section**

시험 운영 구간이 완공되었다.

The test track ***section*** is completed.

역사 **station**

지하 역사 **underground station**

도시 철도 시스템 **Mass Rapid Transit system (MRT), urban rail system**

경전철 **light railway, Light Rail Transit (LRT)**

• LRT란?

Light Rail Transit. 경전철 또는 경량 전철이란 차량 규모나 수송 인원이 기존 지하철과 버스의 중간인 도시 전철로서, 주로 15~20㎞의 도시 구간을 운행하며 수송 능력이 지하철보다는 다소 떨어지지만 버스보다는 월등히 높다. 경량 전철과 비교하여 통상의 지하철은 중량 전철(HRT : Heavy Rail Transit)이라 한다.

모노레일 **monorail**

모노레일은 놀이공원에서는 이전부터 있었지만, 최근에는 많은 중국 도시들이 도시 교통수단으로서 모노레일을 고려하고 있다.

Monorails have long been used in amusement parks but are being considered by many Chinese cities as a means of urban transportation.

지하철 **subway, underground railway, metro**

내달에 지하철 요금이 인상된다.

Subway fares will be raised next month.

전철역 **subway station, train station**

역무원 **subway attendant**

자동 발매기 **Automatic Ticket Vending Machine (ATVM)**

정기권 **prepaid ticket, commuter pass**

자동 개 · 집표기 **Automatic Gate Machine (AGM)**

개찰구 **gate, wicket, turnstile**

개찰구에서 전철표를 삽입하고…

...insert the subway ticket in the machine at the ***wicket***...

X호선 **number X line**

3호선은 오금까지 간다.

Number 3 line (the Orange Line) will take you to Ogeum.

승차 구간 **subway travel zone**

1구간 요금은 X원이다.

The basic fare for ***zone #1*** is X Won.

서울교통공사 **Seoul Metro**

배차 간격 **operation interval**

5분 배차 간격으로 운행.

The trains ***are scheduled*** 5 minutes ***apart***.

The trains ***operate at an interval of*** 5 minutes.

항공 운송 AIR TRANSPORTATION

항공 산업 **aviation industry, airline industry**

민간 항공 **civil aviation**

민간 항공 관리국은 1987년에 신설되었다.

The department of ***civil aviation*** was set up in 1987.

항공 운송 회사 **air carrier, air freight carrier**

항공 화물 **air cargo, air freight**

항공 운송 회사인 대한항공화물은 2001년도 말부터 다시 화물이 늘었다고 한다.

Korean Air Cargo, the ***air freight carrier***, announced that its worldwide freight volumes picked up from the end of 2001.

항공사 **airline, air carrier**

항공사 대표들은 정부 관리들과 만나 보안 대책을 강구했다.

Airline representatives met government officials to discuss security measures.

저가 항공사 **low-cost carrier**

• Low-cost Carrier란?

기내식 등의 서비스를 없애고 주요 공항이 아닌 주변 공항을 이용하는 대신 파격적으로 저렴한 가격으로 항공 서비스를 제공하는 항공사들로 1990년대 초부터 등장했다. 대표적인 저가 항공사로는 Ryanair, Southwest Airlines, Jetblue, Virgin Blue, Air Asia 등이 있고 한국에는 2022년 기준 제주항공, 진에어, 티웨이항공, 에어서울, 에어부산 등이 있다.

국적기 **flag carrier, national (flag) carrier**

대한항공은 한국의 국적기다.

Korean Airlines is our ***national flag carrier***.

국제항공운송협회 **International Air Transport Association (IATA)**

국제민간항공기구 **International Civil Aviation Organization (ICAO)**

• IATA란?

International Air Transport Association. 국제항공운송협회. 국제민간항공기구(ICAO)의 협의 기구로 1945년에 설립되었다. 국제 항공 운송 관련 절차나 규정을 심의·제정·결의한다.

• ICAO란?

International Civil Aviation Organization. 국제민간항공기구. 국제연합(UN)의 항공 운송 관련 전문 상임 기구로, 민간 항공기의 비행에 관련된 제반 사항을 관리한다.

항공편 **flight**

붐비는 유럽 공항에서는 항공 편수를 제한한다.

Crowded European airports limit the number of ***flights***.

국내선 **domestic flight**

국제선 **international flight**

비행기 납치 사건 때문에 그날 국제선 일정은 모두 취소되었다.

Because of the hijacking, all ***international flights*** were cancelled.

편명 **flight number**

직항편 **direct flight**

연결편 **connecting flight**

운 좋게도 당일 마지막 연결편을 탈 수 있었다.

Fortunately, I made the last ***connecting flight*** of the day.

전세기편 **chartered flight**

항공 노선 **air route**

한국과 대만은 1992년 단교 이후 양국 간 항공 노선을 폐지했다.

Korea and Taiwan suspended the operation of ***air routes*** between the two countries after severing diplomatic ties in 1992.

직항 노선 **direct route**

경유 **stop-over, via, lay-over**

노선 운항 **operate air routes**

취항 **open/inaugurate service**

대한항공은 1994년에 워싱턴에 취항했다.

KAL ***inaugurated services*** to Washington in 1994.

취리히에 취항하다.

...***open service*** between Seoul and Zurich...

재취항 **reopen service/route**

대만에 재취항하다.

...***reopen service*** to Taiwan...

항로 **air route, air line**

유럽 항공사의 미주 항로에 승객이 줄었다.

European carriers saw a decline in business on trans-Atlantic ***routes***.

결항 **flight cancellation**

회항 **flight redirection**

증편 **flight additions**

일부 항공사에서 증편 예정이라고 밝혔다.

Some airlines announced ***flight additions***.

항공 자유화 정책 **Open Sky Policy**

항공 자유화 협정 **Open Skies Agreement**

지역별 핵심 국가와 항공 자유화 협정 체결을 통해 동북아 허브 공항으로…

...become a hub airport of northeast Asia by signing ***Open Skies Agreements*** with key countries of each region...

• Open Sky Policy란?

항공 자유화 정책. Open Skies라고 하기도 한다. 국내·국제 항공의 규제 완화를 목표로 하는 정책이다.

• Open Skies Agreement란?

항공 자유화 협정. 항공 자유화 협정을 체결하면 당사국 간 여객·화물 등 항공 시장을 상호 개방하여 항공에 대한 수요와 공급을 시장 기능에 맡기게 된다. 협정을 체결하면 참여하는 양국 항공사들 간 code-sharing 등이 가능해지고, 국제 노선에 대한 진입, 항공사의 수와 운항 편수, 이원권, 운임, 전세기 운항, 항공기 관리 등 제분야에서 규제가 폐지된다.

비수기 운임 **off-season fare**

아메리칸 에어라인에서는 비수기 운임을 상향 조정할 계획이라고 밝혔다.

American Airlines says it is planning to step up its ***off-season fare***.

유상 여객 **revenue passengers**

무상 여객 **non-revenue passengers**

보너스 항공권으로 탑승하는 승객은 무상 여객이다.

Passengers traveling on bonus tickets are ***non-revenue passengers***.

마일리지 프로그램 **mileage program**

좌석 승급 **seat upgrade, class upgrade**

마일리지 공제 **mileage redemption**

미주 노선 좌석 승급 공제 마일리지는…

The ***mileage redeemed for upgrades*** on North American flights is...

보너스 항공권 **bonus ticket, flight award**

마일리지 누적 **mileage award, mileage accrual**

실제 탑승 거리로 마일리지가 누적된다.

Actual travel distance ***miles are accrued*** towards the frequent flyer program.

공항 **airport**

인천국제공항 **Incheon International Airport (IIA)**

착륙료 **landing fee**

중추 공항 **hub airport**

수용 능력 **airport capacity**

이 공항은 연간 3백만 명의 승객을 수용할 수 있다.

The ***airport capacity*** is 3 million passengers per annum.

공항 교통 **airport transportation**

공항버스 **airport bus**

공항에서 시내로 가려면 공항버스를 이용하는 것이 가장 편하다.

The easiest way into town from the airport is the ***airport bus***.

공항 전용 고속도로 **airport toll road**

도심공항터미널 **City Air Terminal (CAT)**

삼성동의 도심공항터미널을 이용하면 편리하다.

It is convenient to use the ***City Air Terminal*** at Samseongdong.

공항 청사 **airport terminal**

여객 청사 **passenger terminal**

그 건물은 4년째 국제선 여객 청사로 쓰이고 있다.

The building has been used as an international ***passenger terminal*** for 4 years.

화물 청사 **cargo terminal**

격납고 **hangar**

김포공항 격납고 안에서 폭발 사고가 있었다.

There was an explosion in the maintenance ***hangar*** at Gimpo Airport.

공항 이용료 **airport tax, airport service charge**

항공편으로 출국할 때에는 공항 이용료를 내야 한다.

You have to pay ***airport tax*** when you depart from the nation by air.

출발층 **departures**

도착층 **arrivals**

안내 데스크에서 편명과 출발지를 포함한 도착 정보를 제공한다.

The information desk offers ***arrival*** information, including flight number and origin.

좌석 등급 **seat class**

일등석 **first class**

나는 항상 일등석을 탄다.

I always travel ***first class***.

비즈니스석 **business class**

일반석 **economy class, coach class**

일반석 승객은 일등석과 비즈니스석 승객보다 나중에 탑승한다.

Economy class passengers board after first and business class passengers.

이코노미클래스 증후군 **economy class syndrome (ECS)**

☞ *"DVT"* : *Deep Vein Thrombosis*. 이코노미클래스 증후군의 의학적 명칭. 심부정맥 혈전증. 좁은 좌석에서 장시간 움직이지 못하기 때문에 혈전증(*thrombus*)이 발생하는 것이다.

좌석 배정 **seat assignment**

창가 좌석 **window seat**

복도 좌석 **aisle seat**

장거리 비행의 경우 승객 대부분이 창문 쪽보다 복도 쪽 좌석을 선호한다.

In the case of a long-distance flight, most passengers prefer an ***aisle seat*** over a ***window seat***.

수하물 수속 **baggage check**

꼬리표 **baggage tag, claim tag**

위탁 수하물 **checked baggage, hold baggage**

기내 (반입) 수하물 **carry-on baggage, cabin luggage**

9·11 테러 사태 이후 미국 공항에서는 무작위로 수화물을 검색한다.

Since the 9·11 incident, ***random baggage search*** is done at U.S. airports.

수하물 수취대/지역 baggage claim area

공항 수하물 수취대에서 짐을 찾은 후에…

...after collecting your luggage from the ***baggage claim area*** at the airport...

보안 검색 security check

모든 승객은 보안 검색을 받아야 한다.

All passengers must go through ***security check***.

금속 탐지기 metal detector

금속 탐지기를 통과할 때 경보음이 울림…

...alarm going off when a passenger passes the ***metal detector***...

탑승 boarding

탑승 수속 check-in, ticket processing

탑승 수속대 check-in counter

탑승권 boarding pass

보안 검색대에서 탑승권과 신분증 확인 절차를 거쳐야 한다.

You are required to show your ID and ***boarding pass*** at the security checkpoint.

탑승구 boarding gate

환승, 통과 transit

환승 여객 transit passenger

X공항에서는 모든 환승객에게 커피와 각종 신문을 서비스한다.

X Airport provides ***transit passengers*** with coffee and newspapers.

기장 captain

조종실 cockpit

납치범이 어떻게 조종실로 들어갈 수 있었는지는 밝혀지지 않은 상태다.

How the hijacker successfully entered into the ***cockpit*** is unknown.

승무원 flight crew

기내 승무원 cabin crew

여승무원 female flight attendant, stewardess

남승무원 male flight attendant, steward

보안관 security officer

기내 보안 담당자는 일반 승객처럼 가장하는 경우가 많다.

A ***security officer*** on board usually is disguised as an ordinary passenger.

기내 서비스 in-flight service

객실 passenger cabin

기내식 in-flight meal
기내 영화 in-flight movie
기내 면세품 판매 in-flight duty-free shopping
비행중 제공되는 서비스에는 기내식과 면세품 판매 등이 있다.
Services provided during an airline flight include ***in-flight meals*** and ***duty-free shopping***.

기류 current
난기류 turbulence
앞바람 head wind
뒷바람 tail wind
앞바람이 강하여 도착 시간이 지연될 예정…
Strong ***head winds*** will delay flight arrival time...

고도 altitude
순항 고도 cruising altitude, cruising level
순항 고도 10,600미터에서 급작스럽게 기체가 추락…
...the plane suddenly fell from its ***cruising altitude*** of 10,600 metres.

자동 운항 autopilot
비행기는 자동 운항 장치를 작동 중이다.
The aircraft is on ***autopilot***.
The ***autopilot*** is engaged.
☞ *autopilot* 은 선박에도 사용한다.

이륙 take off
활주로 runway, airstrip
그 공항에는 활주로가 두 군데 있다.
The airport has two ***runways***.

상승 ascent
하강 descent
비행기가 케네디공항을 향해 하강하기 시작할 것이다.
The plane will start its ***descent*** toward Kennedy Airport.
The plane will start to ***descend*** as it approaches Kennedy Airport.

착륙 landing
착륙 유도 guided landing
지상 활주 taxiing
비상 착륙 emergency landing
수요일 UA항공사 소속 제트기가 알바니 국제 공항에 비상 착륙했다.

A United Airlines [jet] was forced to make an ***emergency landing*** at the Albany International Airport Wednesday. (*Albany Times Union*)

동체 착륙 belly-landing

비행기는 활주로에 동체 착륙을 했다.

The aircraft made a ***belly-landing*** on the runway.

The aircraft did a ***belly-landing*** on the runway.

관제 air control

지상관제 ground control

관제사 air controller

승인 clearance

관제탑 control tower

관제탑 지시 없이는 어떤 비행기도 착륙할 수 없다.

Without directions from the ***control tower***, no aircraft can land.

항공 사고 plane accident

추락 crash

납치 hijacking

비행기 납치 용의자 중 한 명은 아시아계 미국인으로 밝혀졌다.

One of the ***hijacking*** suspects turned out to be Asian-American.

구명보트 life boat

산소마스크 oxygen mask

승무원이 산소마스크 착용법을 가르쳐줄 것이다.

The crew will show you how to put on the ***oxygen mask***.

비상 탈출구 emergency exit

해운 SHIPPING

해운 shipping

선주 shipowner

선사, 선박 회사 shipping company, shipping line, carrier

현대상선은 현대 그룹의 선박 회사다.

Hyundai Merchant Marine is a ***shipping line*** belonging to the Hyundai Group.

해운 화물 maritime cargo

적재 화물 cargo on board

벌크 화물 bulk cargo

화물 cargo
  운송인 carrier
  송하인, 화주 shipper
  수하인 consignee
선박 ship, vessel, boat
  상선 merchant ship
  화물선 cargo ship, freighter
  여객선 passenger ship
  바지선 barge
  컨테이너선 container ship
  LNG 수송선 LNG carrier/tanker
  자동차 전용선 car carriers
  벌크선 bulk carrier

중국 선사 COSCO는 7만 6천 DWT 규모의 벌크선 2척을 발주했다.
The Chinese carrier COSCO placed an order for 2 ***bulk carriers*** with a DWT of 76,000.

정기선 liner
부정기선 tramper
전세 화물선 charter
용선 charter, charter ship

2000년 2월 TI는 본격적인 용선 활동에 착수했고…
TI's ***charter business*** went into full swing from February, 2000...

  용선 계약 contract by charter party
  용선료 charterage
나용선 bareboat charter (BBC), bare charter

나용선은 승무원 없이 선박만을 용선하는 것이다.
Bareboat charter is the hiring of a ship without crew.

기국선 national flag ship
  기국 flag state
  편의치적제 Flag of Convenience (FOC)

편의치적제로 파나마 국적으로 등록한 선박이 가장 많다.
Panama provides the world's largest ***flag-of-convenience*** registry.

  편의치적선 Ships of Convenience, FOC ship

편의치적선은 선주 국가와는 다른 국가의 국기를 다는 선박이다.
An ***FOC ship*** is one which flies the flag of a country other than the country of ownership.

• FOC란?

Flag of Convenience. 편의치적제. 조세·선원·안전 규정 등이 유리한 국가에 선박을 등록하는 제도.

선원 **seafarer, seamen**

선박 건조 **ship building**

조선 산업 **shipbuilding industry**

EU는 한국 조선업계를 세계무역기구(WTO)에 제소할 전망이다.

EU is expected to file a complaint with WTO against the Korean ***shipbuilding industry***.

건조장 **shipyard**

한진 고텐버그호는 KG펀드에 의해 국내 조선소에서 건조했다.

The Han-jin Gohtenburg was built in a domestic ***shipyard*** using KG Fund.

건조량 **shipbuilding tonnage**

조선 업체 **shipbuilder, shipbuilding company**

선박 수주 **shipbuilding order**

컨테이너선 수주 물량이 급증하고 있다.

The number of ***orders for new container ships*** is rising sharply.

선복량 **shipping capacity**

세계 총 선복량 중 개도국이 차지하는 비율은 6.7%였다.

The developing countries accounted for only 6.7% of total ***shipping capacity***.

중량 톤수 **deadweight tonnage (DWT)**

적재 중량 **load capacity, cargo capacity**

• TEU란?

Twenty Foot Equivalent Unit. 화물의 부피를 길이가 20피트인 컨테이너로 환산한 수를 표기하는 단위로서 컨테이너 선박의 최대 적재 능력을 표시하거나 운임의 기준으로 사용된다.

• FEU란?

Forty Foot Equivalent Unit. 화물의 부피를 40피트 컨테이너로 환산한 수. TEU의 2배가 되는 용량이다.

흘수 **draft, draught, sea gauge**

이 배는 흘수가 16피트다.

This ship has ***a draft of*** sixteen feet.

만재 흘수 **load draft, full load draft**

선체 **hull**

선체의 균열로 원유가 유출되었다.

A crack in the ship's ***hull*** was the cause of the oil spill.

단일 선체 **single hull**

이중 선체 **double hull**

새 EU 규정에 의해 이중 선체형보다 덜 안전한 단일 선체형 유조선은 2015년까지 단계적으로 운항이 중지된다.

Under the new EU rules, all ***single-hull tankers***, deemed less safe than ***double hull ships***, would be phased out by 2015. (*Washington Post*)

국제해양오염방지협약(MALPOL) 개정 협약에 의해 모든 유조선은 이중 선체 구조가 의무화되었다.

The newly revised MALPOL requires oil tankers to have a ***double hull*** structure.

진수 **launching**

진수식 **launching ceremony**

명명식 **christening (ceremony)**

Hatsu Marine Ltd.는 5척의 6,332 TEU급 선박 중 세 번째 선박을 진수했다.

Hatsu Marine Ltd. ***launched*** the 3rd of its five 6,332 TEU ships.

선박 해체 **decommission, scrap**

노후 선박을 해체하다.

...***decommission*** old ships.

항만 **port**

배후 지역 **hinterland, back area**

배후 도로 **access road**

홍콩은 항만으로서 잘 발달된 배후 지역을 갖추고 있다.

Hong Kong, as a port, is equipped with a well developed ***hinterland***.

환적 **transshipment**

환적항 **transshipment port**

환적 센터 **transshipment center**

환적 화물 **transshipment cargo**

부산항에서 처리되는 환적 화물의 입출항료가 다소 감면된다.

The Port of Busan will slightly lower charges for ***transshipment cargo*** handled in Busan.

운임 **freight, freight charges, freight rates**

선하증권 **Bill of Lading (B/L)**

선하증권이란 화물주와 선박 회사 간의 계약이다.

Bills of lading are contracts between the owner of the goods and the carrier.

선하증권을 제시하고 화물을 인도받는다.

...receive delivery of cargo against ***B/L***.

화물 인도증 **Cargo Delivery Order (D/O)**

항로 **sea route, trade lane**

직항 노선 **direct liner service**

해운 협정 **shipping agreement, agreement on maritime transport**

한국과 이스라엘 간 해운 협정이 체결되었다.

A ***shipping agreement*** was signed between Korea and Israel.

해운 동맹 **shipping conference, freight conference**

입항 동맹 **inbound conference**

출항 동맹 **outbound conference**

운임 동맹 **freight conference**

극동-구주 운임 동맹 선사들도 운임을 인상한다는 계획을 밝힌 바 있다.

Member shipping companies of Far Eastern ***Freight Conference*** announced the increase in freight charges.

• Shipping Conference란?

해운 동맹. 특정 항로에 정기선을 취항시키고 있는 해운업자들(regular liners)이 동맹사들이 되어 운임을 비롯한 운송 조건에 관하여 상호 간에 협정을 체결하는 일종의 국제 카르텔이다. 비동맹사의 경쟁을 억제할 수 있는 해운 협정은 항로에 따라 명칭이 붙는다. 운임 문제에 중점을 두는 경우에 운임 동맹(freight conference)이라고 한다.

태평양항로 안정화협정 **Transpacific Stabilization Agreement (TSA)**

아시아 지역 선사들의 동맹체인 TSA 회원사들이 내년 아시아-북미 항로의 운임을 FEU당 700~900달러씩 올리기로 합의했다.

Major carriers of the ***Transpacific Stabilization Agreement*** (***TSA***) agreed to hike freight rates next year by $700-900 per FEU.

국제해사 위성기구 **International Maritime Satellite Organization**

	(INMARSAT)
국제해사기구	**International Maritime Organization (IMO)**

• IMO란?

International Maritime Organization. 국제해사기구. UN 전문기구로서 해운 기술, 안전 및 해양 오염 방지 등에 관련된 국제적 기준을 설정하고 국제 해상 안전 도모를 주 업무로 한다. IMO는 1948년 3월 제네바 유엔해사협의회에서 채택된 「국제해사기구에 관한 협약」에 의거, 설립이 확정되었으며, 1959년 출범했다. 우리나라는 1962년 4월 10일 체약 당사국이 됨으로써 정회원이 되었다.

항구 **port**

항만청 **Port Authority**

LA 항만청은 8월에 입항 컨테이너가 30% 증가했다고 발표했다.

The ***Port of Los Angeles*** reported a 30 percent increase in loaded inbound containers in August.

부두 **dock, pier**

접안 부두 **berth**

접안 능력 **berthing capacity**

이 항구의 동시 접안 능력은 5만톤×20척이다.

The port has a simultaneous ***berthing capacity*** of 50,000ton×20ships.

항만 사용료 **port dues, harbour dues**

정박 **anchorage, mooring, berth**

MV Sanko Robust호는 사건 발생지 근처에서 정박 명령을 받은 후…

...the MV Sanko Robust had been ordered to ***anchor*** near the area of the incident... (*Star, Malaysia*)

기항 **call in at port**

SS 'NYK Lyra' 호가 어제 로테르담항에 기항했다.

SS 'NYK Lyra' ***called in at the Port*** of Rotterdam yesterday.

기항지 **port of call**

양밍 라인은 일본 내 기항지가 도쿄, 요코하마, 나고야, 오사카, 고베 등을 포함해 총 6곳으로 늘어나게 됐다.

Yang Ming Line will now have 6 ***ports of call*** in Japan, including Tokyo, Yokohama, Nagoya, Osaka and Gobe.

선적항 **port of loading**

양하항 **port of discharge**

자유 항구 **free port**

제주도에 국제 자유 항구 도시를 만들자는 계획…

...plans to establish an international ***free port*** city in Jeju Island...

컨테이너 항구 **container port**

야적장 **container yard**

그 기관에서 야적장 관리를 맡고 있다.

The office supervises the ***container yard*** operation.

하역 **loading and unloading, stevedoring**

선적, 적하 **loading, lading, shipping**

항만 근로자 **dockworker, stevedore, longshoreman**

미국의 서부 항만 노동자들과 항만 운영 당국 간의 분쟁으로 업무가 중단되었다.

U.S. West Coast ports shut down due to a dispute between American ***longshoremen*** and port operators.

해상 사고 **maritime casualty**

해상 보험 **maritime insurance**

선박 보험 **vessel insurance, ship insurance**

선박 보험이 없는 선박…

...a ship without any ***vessel insurance***...

피해 보험 **P&I (protection and indemnity) insurance**

해상 적하 보험 **marine cargo insurance**

해상 적하 보험은 해상 화물 손실 사고 발생 시 무역업자들이 큰 손실을 보지 않도록 해준다.

Marine cargo insurance saves traders from huge losses in the event that sea cargos are lost or damaged.

20 유통 DISTRIBUTION

유통 산업 DISTRIBUTION INDUSTRY

유통 산업 **distribution industry**

도매업 **wholesale business**

도매업자 **wholesaler, wholesale company**

중간 도매상 **medial wholesaler**

도매상에서는 한 번에 최소량 이상의 물건을 구매해야 한다.

Wholesale businesses require buyers to purchase a certain minimum per order.

소매업 **retail business**

소매업자 **retailer, retail company**

소매업자들은 도매상에서 물건을 사서 소매가를 받고 팔아 이윤을 남긴다.

Retail businesses buy in bulk from the wholesalers and profit by marking up the retail price.

유통 혁명 **distribution revolution**

유통 경로 **distribution channel**

물류 센터 **distribution center**

농수산물 물류 센터의 효율적인 운영이 필요하다.

The ***distribution centers*** for agricultural and fishery products need to be operated more efficiently.

☞ <교통/교통> '물류' 참조.

중간 유통 마진 **distribution margin, retail margin**

도매상에서 물건을 직접 사면 소비자들은 소매 마진만큼 돈을 아낄 수 있다.

By purchasing directly from wholesalers, consumers can avoid ***retail margin***.

재래시장 **conventional market, traditional market**

대형 쇼핑 센터가 들어서고 재래시장이 사라지고 있다.

Big shopping centers are continuously replacing ***conventional markets***.

노점상 **street vendor**

많은 거리의 노점상에서 불법 복제품을 판다.

Many ***street vendors*** sell illegally copied merchandise.

잡화점 general store

백화점 department store

흔히 소비자들은 값을 조금 더 주더라도 편리한 백화점을 선호한다.

Many consumers prefer the convenience of a ***department store***, even if they have to pay higher prices.

동네 가게 neighborhood store

구멍가게 mom-and-pop store

영세한 구멍가게는 대형 슈퍼마켓과 경쟁할 수가 없다.

Small ***mom-and-pop stores*** cannot compete against large supermarkets.

편의점 convenience store (CVS)

세븐일레븐을 비롯한 편의점 때문에 동네 식품점이 점차 사라지고 있다.

Neighborhood groceries are slowly disappearing because of ***convenience stores*** such as Seven Eleven.

할인 매장 discount store, outlets

백화점은 계절 지난 재고 상품을 할인 매장으로 보낸다.

Department stores move their out-of-season inventory to ***discount stores***.

회원제 창고형 매장 Membership Warehouse Club (MWC)

대형 할인 매장 mega-scale discount store, mega store

코스트코는 회원제 창고형 매장이다.

Costco is a ***Membership Warehouse Club***.

다점화 franchising

체인 사업 franchising business

체인점, 가맹점 chainstore, franchise store

맥도날드는 미국 전역에 12,000개 이상의 체인점을 갖고 있다.

McDonald's has over 12,000 ***franchise stores*** all over the U.S.

점포망 franchise network

이제 그 사업은 전 세계에 점포망을 갖고 있다.

The business now has a global ***franchise network***.

• Franchise란?

유통업자가 특정 회사나 제조사의 이름을 사용하고 그 회사의 상품을 판매하도록 허락하는 라이센스 계약. 다점화 또는 쉽게 체인 사업이라고 한다.

매장 store

매장 면적 floor area, square footage

단위 면적당 매출 sales per unit floor area, sales per square foot

전 세계 X사 매장 중 단위 면적당 매출이 1위인 곳은 서울 매장이다.

Of all the stores of Company X, the Seoul store ranks first in terms of ***sales per square foot***.

단위 면적당 임대료 **rent paid per unit floor area, rent paid per square foot**

☞ *Flagship Store* : 본매장, 또는 점포망 중에서 가장 대표적이거나 큰 매장.

상품 진열 **product display**

상품 구색 **product assortment**

• UPC란?

Universal Product Code. 스캐너로 상품명, 제조업체, 용량, 가격 등을 알 수 있게 제품 포장에 찍힌 12자리(12-digit) 바코드. GS 1 US에서 관장한다.

• EAN이란?

European Article Numbers. 유럽에서 사용하는 12-digit 상품 바코드. GS 1에서 관장한다.

전자태그, RFID **radio frequency identification (RFID)**

월마트는 전 매장에 RFID를 도입할 계획이라고 발표…

Wal-Mart's recent announcement that they plan to push ***RFID*** in all their stores...(*Slashdot*)

• RFID란?

Radio Frequency Identification. 비접촉 무선 방식의 정보 인식 기술인 RFID는 1980년대에 개발되었다. 제조 환경 등에서 사용되면서 축산 분야 및 차량 자동 인식(automated vehicle identification) 등에서 널리 사용되고 있으며 물류 유통 부문에도 도입이 되고 있다. 소매 매장에서 바코드 대신 사용하게 되면 바구니에 담는 즉시 신용카드로 자동 계산되어 계산대에 줄을 설 필요가 없다. 이 기술을 적용한 상품 부착표는 Smart Tag나 Smart Label이라고 부른다.

진열대 **display shelf**

매장의 상품 진열 위치에 따라 매출이 크게 영향을 받는다.

The product's ***displayed*** position greatly affects sales.

검품 **goods inspection**

검품장 **incoming goods inspections**

백화점에 물건이 도착하면 검품장으로 들어간다.

The merchandise that arrives at the department stores first goes to ***in-***

coming goods inspections.

반품 **rejection, product return**

엄격한 검품 과정에서, 제품의 50%가 반품 처리되었다.

Upon closer inspection, over 50% of the inventory was ***rejected***.

파손품 **damaged goods**

출하량 중 5%가 파손품으로 반품되었다.

5% of the shipped volume was returned as ***damaged goods***.

품절 **sold out, out-of-stock**

그 상품은 인기가 너무 좋아 첫날 품절되었다.

The product was so popular that it ***sold out*** the first day.

결품 **out-of-stock**

결품률 **stock-out rate**

배송에 예상치 못했던 차질이 생겨 결품률이 올라갔다.

Due to unexpected problems in delivery, ***out-of-stock rates*** went up.

재고 **inventory, stock**

그 상품은 재고가 있다.

We have that item ***in stock***.

그 상품은 재고가 없다.

We're ***out of stock*** for that item.

창고 재고 **warehouse stock, warehouse inventory**

완충 재고 **buffer stock**

안전 재고 **safety stock**

안전 재고가 없으면 기회 비용이 발생한다.

Unless you have ***safety stock***, you will incur an opportunity cost.

재고 보충 **stock replenishment**

재고 보충을 적시에 해주어야 한다.

Stock replenishment has to be on time.

재고량 **inventory volume**

판매가 부진하여 현재 재고량이 너무 많다.

Due to slow sales, current ***inventory volume*** is too high.

재고 수준 **inventory level**

재고 수준이 갑자기 줄었다.

Inventory levels have suddenly dropped.

재고 회전율 **inventory turnover**

판매가 부진하여 현재 재고 회전율이 낮다.

Due to slow sales, current ***inventory turnover*** is low.

구매 발주서 **purchase order**

구매 발주서가 어제 발행되었다.

The ***purchase order*** was issued yesterday.

출하 지시서 **release order, delivery order**

일단 창고에서 출하 지시서를 접수하면…

...once the ***delivery order*** is received at the warehouse...

납품 **product supply**

납일 기일 **delivery date**

납품 계약 **delivery contract**

그 업체는 납기를 지키지 못해 납품 계약 조건을 이행하지 못했다.

The company violated the delivery terms by missing the ***delivery date***.

무점포 판매 **non-store retailer**

무점포 판매에서 앞서고 있는 업체는 현대백화점, 이마트 등 이미 유명 브랜드를 갖고 있는 유통업체들이다.

Many leading ***non-store retailers*** are companies with famous brand names, such as Hyundai Department Stores, E-Mart and others.

입하, 입고 **receive stock, stock coming in**

봄 신상품이 입하되다.

Our new spring merchandise is ***in***.

출하, 출고 **release stock, send out/shipment of stock**

상품이 창고에서 출하되어 매장으로 간다.

The stock is ***released*** from the warehouse and ***shipped*** to the stores.

창고에서 제품이 출고되다.

Products are ***shipped*** from the warehouse.

출시 **launch product, release product (into market)**

이 제품의 업데이트 버전은 3월에 출시된다.

The updated version of the ***product*** will be ***released*** in March.

배송 **delivery**

새벽 배송 **early morning delivery, next-day delivery**

택배 **home delivery**

배송료 **delivery charge**

일정 금액 이상을 구매하면 배송료가 면제된다.

There's no ***delivery charge*** for purchases over a certain amount.

배송 차량 **delivery trucks, delivery fleet**

상품가 **product price**

구매가 **purchase price**

판매가 **sale price**

공급가 **supplied price**

공급가와 판매가 간에는 상당한 차이가 있다.

There is quite a bit of difference between the ***supplied price*** and the ***sale price***.

가격 책정 **pricing**

신제품을 출시할 때 가장 중요한 것이 가격 책정이다.

Pricing is the most important thing when launching a new product.

약탈적 가격 책정 **predatory pricing**

아메리칸 항공과 그 모기업인 AMR사는 약탈적 가격 책정 혐의로 기소당한 상태…

American Airlines and parent company AMR are being sued for ***predatory pricing***...

출혈 가격 책정 **cut-throat pricing**

대기업들의 출혈 가격 책정으로 시장에서 영세 기업들이 밀려났다.

Cut-throat pricing by the big companies has eliminated small businesses from the market.

가격 파괴 **price break**

팜사는 Vx모델의 가격을 199달러로 내렸고 모든 주요 업체들은 가격 파괴를 내건 과대광고를 하고 있다.

Palm has reduced the price of its Vx model to $199, and all of the major retailers are hyping the ***price break*** in their advertising.

박리다매 **high-volume low-margin sales**

대형 할인 매장은 박리다매 전략을 쓴다.

High-volume low-margin sales is the strategy behind mega discount stores.

인터넷 쇼핑 **on-line shopping, internet shopping**

대부분 인터넷 소매업체들은 배송료를 청구하므로 생각만큼 싸지는 않다.

Since most internet retailers charge shipping, ***Internet shopping*** is not as cheap as it seems.

인터넷 쇼핑에서 성공한 기업들을 보면 기존의 소매업체들이 인터넷 쇼핑 사이트를 병행한 경우다.

The successful ***internet shopping*** companies are the traditional brick-and-mortar companies who expanded business on the Internet.

☞ *Brick and Mortar*: 벽돌과 진흙이라는 뜻으로, 인터넷 구매 사이트와 대비되는 현실 세계의 매장을 의미한다.

텔레마케팅 **telemarketing**

통신 판매 **mail order, catalogue shopping**

다단계 판매 **Multi-level Marketing (MLM)**

허벌라이프, 암웨이 같은 다단계 회사들…

Multi-level marketing companies such as Herbal Life or Amway...

피라미드 조직 **pyramid schemes**

외부 고객에게 상품을 판매하는 것보다 영업망을 구축하는 것에 역점을 두는 회사는 불법 피라미드 조직일 가능성이 크다.

If the emphasis is on building a sales force rather than selling products to outside customers, chances are it's an illegal ***pyramid scheme***.

방문 판매 **door-to-door sale, home visit sales**

최근 몇 년간 방문 판매량이 점차 줄어들었다.

Door to door sales have dropped steadily over the last few years.

백화점	
가정용품/생활잡화	Household Goods, Houseware
주방용품	Kitchenware
가구	Furniture
식품	Food, Grocery
여성 의류	Women's Apparel
남성 의류	Men's Apparel
아동 의류	Children's Apparel
명품	Designer Brands
보석·액세서리	Jewelry & Accessories
핸드백	Handbags
선물포장코너	Gift Wrapping
스포츠 의류	Activewear
스포츠용품	Sports Gear
가전제품	Household Appliances, Electronics
화장품	Cosmetics
패션잡화	Fashion Accessories

슈퍼마켓	
냉동식품	Frozen Food
냉장식품	Chilled Food
주류	Wine & Beer
음료	Beverages
건강용품	Healthcare Products
미용제품	Beauty Products, Personal Care Products
양념·조미식품	Spices & Condiments, Seasonings
세제류	Detergents & Cleaners
비누·샴푸	Toiletries
여성생리용품	Feminine Care Products
육가공품	Processed Meat Products
육류	Meat
유제품	Dairy Products
청과류	Produce, Fruits & Vegetables
수산품	Seafood
기호식품	Specialty Food
계산대	Check-out Counter

홈쇼핑 **home shopping, cable shopping**
홈쇼핑 채널 **shopping channel, cable shopping channel**
바캉스 용품 **beach gear, camping gear**
명절 선물 세트 **Holiday (Chuseok, Lunar New Year) Gift Sets**
상품권 **gift certificate**

빅3 백화점들이 발행한 백화점 상품권은 2조원이 넘는다.
The Big 3 department stores issued ***gift certificates*** worth over 2 trillion Won.

패션 의류 **fashion apparel**
춘하 상품 **spring-summer line, S/S line**
추동 상품 **fall-winter line, F/W line**

추동 패션 상품은 복고풍이다.
The ***F/W line*** garments are retro in style.

상품 예약 **put merchandise on hold, reserve merchandise**

이 원피스가 마음에 들면 예약해놓으면 됩니다.
If you like the dress, we can ***put it on hold*** for you.

할인 행사	sale
연말 할인 행사	end-of-year sales
이월 상품 처분 세일	clearance sale
재고 처분 세일	inventory clearance sale
정리 세일	close-out sale
폐점 정리 세일	store liquidation sale

백화점들이 다음 주부터 일제히 연말 할인 행사에 들어간다.
Department stores will hold their ***end-of-year sales*** starting next week.

식품 FOOD

식품 가공 산업	processing industry
식품 가공	food processing
냉동 건조	freeze dried

냉동 건조한 커피는 향이 보존된다.
Freeze dried coffee retains its flavor.

육가공식품	processed meat product
유가공식품	processed dairy product
식품 포장	food packaging
개별 포장	individual packaging, individual wrapping

과자의 개별 포장은 신선도를 유지하지만 쓰레기를 늘린다.
Individually wrapped cookies stay fresh but increase waste.

진공 포장	vacuum sealed

진공 포장한 오징어는 유통 기간이…
Vacuum sealed cuttlefish have a shelf life of ...

가공 식품	processed food
냉장 식품	chilled food
냉동식품	frozen food
즉석 식품	convenience food, instant meals
조리 식품	prepared food

우동, 짜장면 등 즉석 냉장 식품의 매출이 급증하고 있다.
Sales of ***chilled prepared food*** such as Udong or Jajangmyeon are rapidly increasing.

냉장 및 냉동 식품을 포함한 조리 식품 부문은 2002년도 시장 규모가 18억 유로에 달했다.

The ***prepared food*** sector incorporates ***chilled and frozen food*** products and was valued at EUR 1.8 billion in 2002. (*FarmingLife*)

반조리 식품 **semi-prepared food, semi-homemade food**

간편식 **ready-to-eat food**

밀 키트 **meal kit**

식품 표시 **food labelling**

성분 **ingredients**

현명한 주부는 반드시 식품의 함유 성분과 함유량을 확인한다.

Smart homemakers always check the ***ingredients*** and contents of food products.

성분 강화 **fortified**

아이들에게는 칼슘 강화 식품을 먹여야…

...children should consume ***calcium-fortified food*** products...

건강 보조 식품 **health supplement, dietary supplement**

건강 보조 식품은 식품으로 간주되지 않기 때문에 미 식약처의 규제 대상이 아니다.

Food supplements are not regulated by the FDA because they are not considered food.

기능성 식품 **functional food**

기능성 음료 **functional beverage**

게토레이는 기능성 스포츠 음료다.

Gatorade is a ***functional sports beverage***.

건강 강조 표시 **Health Claim**

건강 경고 표시 **Health Warning**

두유와 같은 건강 식품 포장에는 건강 강조 표시가 있다.

The packaging of health foods such as soymilk has ***Health Claims*** printed on them.

• Nutraceuticals란?

Nutrition(영양)과 pharmaceutical(의약)의 합성어로서 영양약학 제품 또는 "뉴트라슈티칼"이라고 한다. 건강 증진 또는 질병 예방 효과가 있는 식품을 뜻하며, 일명 foodaceuticals, FoSHU(Food for Specified Health Use), pharmafood, designer food, dietary supplements, functional food, vitafood 등 여러 가지 다른 이름으로 불리는 광범위한 분야다. 인삼·녹차·석류·콩·로얄젤리·키토산 등

동식물에서 건강 증진 효과나 질병 예방 효과가 있다고 믿어지는 성분을 추출하여 생명공학 기술로 농축시키거나 또는 유전공학 기법으로 성분을 제조하여 보조 식품으로 만든다.

다이어트 식품 **diet food, low-calorie food**

무지방 **non-fat**

저지방 **low-fat**

…탈지 분유…

...***non-fat*** powdered milk...

저탄고지 식단 **low-carb high-fat diet**

식품 첨가물 **food additives**

식용 색소 **food coloring**

방부제 **preservative**

향신료 **flavoring**

조미료 **seasoning**

인공 감미료 **artificial sweetener**

식품 첨가제에 대한 건강 위험 평가를 실시해야 한다.

A scientific health risk assessment of ***food additives*** should be done.

☞ *"MSG" : Monosodium Glutamate.*

아이들에게 방부제가 들어간 육가공식품은 권장하지 않는다.

Processed meat products containing ***preservatives*** are not recommended for children.

무료 시식 **free tasting, free taste samples**

무료 시식 코너를 운영하면 매출이 올라간다.

Giving out ***free taste samples*** increases sales.

식품 안정성 **food safety**

저온 살균 **pasteurization**

저온 살균 처리한 우유…

...***pasteurized*** milk...

부정 식품 **unsanitary food, unsafe food**

불량 식품 **adulterated food**

사우디 상무성은 시장에서 유통되는 불량 식품과 유통 기한이 지난 식품에 대한 단속을 강화했다.

The Ministry of Commerce has tightened restrictions on the trading of ***adulterated and expired food*** items in the Saudi market. (*Arab News*)

유통 기간 **shelf life**

유제품은 냉장칸에 보관해도 유통 기간이 짧다.
Dairy products have a short ***shelf life*** even if they are stored in refrigerated shelves.

유통 기한 — **expiration date**

선도 — **freshness**

변질 — **spoiled**

이 지역의 일부 슈퍼마켓은 변질된 식품을 판매한 혐의로 고발되었다.
Some area supermarkets were charged with selling ***spoiled food***.

식약처 — **Korea Food and Drug Administration (KFDA)**

— 승인 — **approved by KFDA**

본 식품은 식약처 승인을 받은 제품이다.
This product has been ***approved by*** (***the***) ***KFDA***.

식품 위해 요소 중점 관리 기준 — **Hazard Analysis and Critical Control Point (HACCP)**

HACCP는 국제적으로 인정받은 식품 안전 관리 방법이다.
HACCP is an internationally recognized food safety methodology.

• HACCP란?

Hazard Analysis and Critical Control Point. 식품 안전관리 인증 기준. HACCP 규정은 처음 우주 비행사들이 섭취하는 음식물의 안전성을 점검하기 위해 마련된 기준이었으나, 일반 식품에도 도입되어 식품 제조 과정에서 발생할 우려가 있는 유독물, 오염, 이물질, 부패 등의 위해 요소를 지정하여 중점적으로 관리하는 기준으로 국제적으로 사용되고 있다. 한국에서는 1995년에 도입했다. (hassip이라 발음한다.)

소비자 CONSUMERS

소비자 — **consumers**

까다로운 — — **demanding consumers, sophisticated consumers**

현명한 — — **smart consumers, educated consumers**

소비자들이 갈수록 까다로워지고 있다.
Consumers are becoming more ***demanding and sophisticated***.

소비자 만족 — **consumer satisfaction**

소비자 만족 지수 — **Consumer Satisfaction Index**

한국 능률협회 소비자 만족 지수 X부문 1위…
...ranked no. 1 in the X area by Korea Management Association's ***NCSI***

(*National Consumer Satisfaction Index*)

소비자 불만 **consumer complaints**

제품이 전국에서 판매된 후 많은 소비자 불만이 접수되었다.

After the products were sold throughout the country, ***consumer complaints*** have flooded in.

소비자 선호도 **consumer preference**

소비자 선호도 조사에 의하면…

...***consumer preference*** tests show that...

• Prosumer란?

프로슈머는 1980년에 미래학자 Alvin Toffler의 저서 『제3의 물결』에 처음 등장한 단어로 producer와 consumer의 합성어다. 수동적으로 대량 생산 제품을 수용하는 소비자가 아니라, 능동적으로 제품의 설계와 생산에도 참여하는 미래형 소비자를 의미한 단어다.

소비자 보호 **consumer protection**

소비자를 보호하기 위한 조치…

...a measure to ***protect the consumers***...

소비자 운동 **consumer campaign/movement, consumerism**

폭력적 영화를 반대하는 소비자 운동이 일어나 올해 수입이 줄어들 것으로 예상된다.

New ***consumer campaign*** against violent movies looks to lower this year's revenue.

소비자 보호 운동 **consumer protection campaign**

소비자 운동가 **consumer activist**

Ralph Nader는 유명한 소비자 운동가다.

Ralph Nader is a famous ***consumer activist***.

소비자 단체 **consumer group, consumer organization**

소비자 단체들이 악덕 기업에 압력을 가한다.

Consumer groups pressure unethical companies.

소비자 단체에 신고하다.

...report to the ***consumer group***...

소비자 관련 기관	
한국소비자보호원	Korea Consumer Protection Board (KCPB)
한국소비자단체 협의회	Korea National Council of Consumer Organizations

한국소비자연맹	Consumers Union of Korea
소비자분쟁조정위원회	Consumer Dispute Settlement Commission

소비자 상담 **consumer counseling**

소비자 고발 **file complaint**

제품 X에 대한 소비자 고발이 있었다.

X consumer ***filed a complaint about*** product X.

제품 X에 대한 소비자 불만들이 접수되었다.

Consumer ***complaints*** over product X ***were received***.

소비자 권리 **consumer rights**

소비자들의 권리가 보호되어야 한다.

Consumer rights should be protected.

소비자들이 알 권리를 주장한다.

Consumers advocate their ***right*** to know.

소비자 인식 **consumer perception**

GMO 식품에 대한 소비자 인식이 좋지 않다.

Consumers have negative ***perception*** towards GMO products.

소비자 경고 **consumer warning**

담뱃갑에 소비자들을 위한 경고가 있다.

There's a ***consumer warning*** on each cigarette pack.

소비자 경보 **consumer alert, consumer warning**

소비자 단체에서는 일부 다이어트 식품에 대한 소비자 경보를 발표했다.

Consumer groups issued a ***consumer alert*** against several weight-loss products.

상품 표시 **product label**

상표 부착 **product labelling**

식품 재료 성분에 대한 상표 부착을 의무화…

...mandatory ***labelling*** indicating the ingredients of the food ***product***...

가격 표시 제도 **price labelling**

판매 가격 표시 제도 **open price labelling, unit price labelling**

공장도 가격 **ex-factory price**

권장 소비자 가격 **suggested retail price**

희망 소매 가격 **manufacture suggested price, manufacture suggested retail price (MSRP)**

판촉 기간 동안 모든 제품은 희망 소매 가격에서 10% 할인된다.

During the promotion period, all items are 10% off the ***MSRP***.

제품 안전성 **product safety**

자동차를 구입할 때는 제품 안전성이 관건이다.

Product safety is a key consideration when buying cars.

품질 보증 **quality assurance**

자사 제품에 대하여 품질을 보증한다.

They provide ***quality assurance*** for their products.

제품 결함 **product defect**

제품 보증 **product warranty, warranty protection**

중고차도 보증 수리를 해주는 것을 사야 한다.

You should only buy used cars that come with a ***warranty protection***.

제품 보증 기간 **warranty period, warranty**

이 제품의 보증 기간이 끝나서 무료 A/S를 받을 수 없다.

I can't get this appliance fixed free of charge because its ***warranty*** ran out.

무상 보증 수리 기간 **warranty period, warranty**

현대자동차의 10년 무상 보증 수리 프로그램은 큰 효과가 있었다.

Hyundai Motor's 10-year ***warranty*** program was very effective.

상품 반품 **product return, return the merchandise**

3일 내에 반품이 가능하다.

The ***merchandise*** can ***be returned*** within 3 days.

Consumers can ***return the merchandise*** within 3 days.

반품 교환 불가 **non-refundable, non-exchangeable**

상품 교환 **exchange merchandise**

사이즈가 안 맞으면 교환이 가능하다.

It is ***exchangeable*** if the size doesn't fit.

다른 상품으로 교환이 가능하다.

It can be ***exchanged*** for another product.

환불 **refund, return money**

물건 값을 환불받았다.

I ***was refunded*** for the merchandise.

전액 환불 **full refund**

부분 환불 **partial refund**

물건 값을 전액 환불받았다.

I received a ***full refund*** for the merchandise.

I was ***fully refunded*** for the merchandise.

리콜 제도 **product recall**

X전자에서 일부 에어컨 제품에 대한 리콜을 실시했다.

X Electronics ***recalled*** several air-conditioner ***products***.

제조물 책임 **product liability (PL)**

제조물 책임법, PL법 **Product Liability Act**

모토로라의 블루투스 헤드세트에 대하여 제조물 책임 소송이 제기되었다.

A ***product liability*** suit was filed against Motorola's Bluetooth headsets.

☞ 손해 배상은 <사법/민사> 참조.

• Product Recall이란?

제품의 사용이나 안전에 지장을 주는 불량이나 설계상 결함이 발견되면 생산 업체는 이를 구매한 소비자들에게 환불이나 교환, 또는 무상 수리를 제공한다. 이때 판매된 제품을 소환한다는 의미로 recall이라고 한다.

• Product Liability란?

결함이 있는 제조물을 시장에 유통시킨 자가 제조물로 인하여 발생한 손해에 대하여 소비자에게 배상하도록 하는 제도.

• Product Liability Act란?

제품의 결함으로 인해 그 제조물의 소비자 또는 제3자의 신체나 재산에 손해가 발생한 경우에 그 제조물의 제조·판매 등에 관여한 자가 부담해야 하는 손해 배상 책임이다. 우리나라에서는 제조물 책임법이 1999년에 국회에서 통과되어 2002년 7월 1일부터 시행되었다.

소비자 피해 **consumer damages**

소비자 피해 보상 규정 **Consumer Damage Compensation Regulation**

피해 구제 **redress damage**

소비자들이 피해 구제를 신청했다.

Consumers sought ***redress for the damage***.

소비자 집단 소송 **consumers' class action suit**

소비자들이 담배 회사를 상대로 집단 소송을 했다.

Some ***consumers filed a class action suit*** against the cigarette company.

불매 운동 **product boycott, boycott of product**

소비자 단체에서 X사의 제품에 대한 불매 운동을 벌였다.

The consumer group members ***boycotted*** Company X's ***products***.

The consumer group conducted a ***boycott of*** Company X's ***products***.

폭리 **excessive profit, windfall profit**

제품에 대한 폭리를 취하다…

...make a ***windfall profit*** on the product.

소비자 행동/행태 **consumer behavior**

구매 성향 **purchase pattern, buying pattern**

반복 구매 **repeat purchase**

시장 조사를 통해 기업들은 소비자 행태를 파악한다.

Companies use market research to understand ***consumer behavior***.

충동구매 **impulse buying**

충동구매가 신용카드 채무의 가장 큰 원인이 된다.

Impulse buying is the leading cause of credit card debt.

고객 충성도 **customer loyalty**

소비자 충성도 **consumer loyalty**

비교 구매 **comparison shopping**

꼼꼼한 비교 구매 행위는 많은 돈을 절약해준다.

Diligent ***comparison shopping*** can save consumers a lot of money.

계획 구매 **planned purchase**

자동차의 경우 대부분 계획 구매이므로…

Since cars are usually a ***planned purchases***...

☞ <유통/마케팅> 참조.

소비자 이동성 **consumer mobility**

소비자 이동성이 높아지면서 도시 인근 지역에 대형 쇼핑몰들이 들어서게 된다.

As ***consumer mobility*** increases, more large-scale shopping malls are being built in the suburb areas.

소비자 심리 **consumer sentiment, consumer confidence**

소비자 심리에 대한 보고서에 의하면 경기에 대한 신뢰가 6월에서 7월 사이에 갑작스럽게 떨어졌다.

According to the report on ***consumer sentiment***, confidence in the economy dropped heavily from June to July.

매점매석 **cornering the market, hoarding**

사재기 **hoarding**

전쟁 소문이 돌면 매번 라면·연료 등 생필품 사재기 현상이 일어난다.

Consumers start ***hoarding*** everyday necessities such as ramen or fuel whenever there are rumors of a war.

마케팅 MARKETING

마케팅 **marketing**

마케팅 활동을 통해 제품 판매를 늘리다.

...promote product sales through ***marketing*** activities...

신제품 **new product**

출시 **launch**

내년 3월에 출시될 상품…

...a ***new product*** that will be ***launched*** in March of next year...

판촉 **marketing, promotion**

제품 판촉을 통해 매출을 늘리다.

...increase sales by ***marketing*** a product...

시장 조사 **market research**

제품 설계에 앞서 시장 조사를 해야 한다.

Market research should be conducted before product development.

시장의 세분화 **market segmentation**

고객 분류 **customer segmentation**

고객들을 분류해서 구매 행태를 조사한다.

Customers are segmented and studied to identify purchase patterns.

고객 집단 **customer group**

고객 집단마다 좋아하는 색상이 다르다.

Different ***customer groups*** show different color preference.

포커스 그룹 **focus group**

구매 의향 **purchase intention**

구매 동기 **motivation to buy, buying motivation**

회사들은 일반 소비자들로부터 피드백을 받기 위해 포커스 그룹을 활용한다.

Companies often use ***focus groups*** to collect feedback from the general public.

☞ *"FGI"* : Focus Group Interview.

틈새시장 **market niche, niche market**

이것은 틈새시장을 공략하기 위한 제품이다.

This is a product that targets a ***niche market***.

특화된 시장 **specialized market**

고객 사은 행사 **customer reward program/benefit program/offerprogram**

판촉 행사 sales promotion program/event

경품 free gift, promotional gift

현상 경품 prize competition, sweepstakes

음료 회사에서 100만원 병뚜껑 경품 행사를 했다.

The beverage company held a 1 million won bottle cap ***sweepstakes***.

사은품 bonus gift(s), premiums

20만원 이상 구매 고객에 대하여 사은품을 증정한다.

Bonus gifts are awarded to customers with purchases over 200 thousand Won.

증정품 give-away, bonus gift

제품을 소개하는 뜻에서 샘플을 증정품으로 내보냈다.

Samples of the new product were handed out as ***give-aways***.

무료 증정 (1+1) buy-one-get-one-free

이번 주 동안 제품 한 개 사면 한 개를 무료 증정하고 있다.

We have a ***buy-one-get-one-free*** promotion this week.

특가 행사 special price sale, promotional price sale

이번 주에 본 제품 특가 행사를 하고 있다.

We are holding a ***special price sale*** of the product this week.

보상 제도 rebate system

보상 판매 trade-in program, trade-in promotion, trade-ins

노트북 컴퓨터 보상 판매 실시…

…***trade-in programs*** available for laptop computers…

• POS란?

Point of Sales. 판매 지점 및 시점이라는 의미다. POS에서 수집하는 데이터는 마케팅의 중요한 도구가 되며, POS에서의 판촉도 중요한 판촉 경로가 되었다.

고객 마일리지제 customer rewards program, (mileage) points award program, loyalty reward program

1만원 구매액에 대하여 1점을 주는 고객 마일리지제를 도입했다.

We have introduced new ***customer rewards program*** where 1 point is awarded for every 10,000 Won worth of purchase made.

☞ *mileage program* : 처음에 항공사에서 승객이 구매한 마일리지를 누적하여 보상하는 승객 누적 마일리지제(*frequent flyer mileage*)를 도입한 것이 다른 분야에도 적용되어 일괄적으로 '마일리지제'라고 부르고 있다. 영어로 *mileage point*도 되지만, 일반적으로 *customer rewards program* 또는 *points award program*이라고 한다.

우수 고객 **high-end customer**

고객 중 최우수 고객에 해당하는 20%가 전체 매출의 80%를 올린다는 것은 이미 잘 알려진 사실이다.

It's a known fact that the ***high-end customers*** account for 20% of the customer base and 80% of the revenue.

☞ *The 80-20 Rule* : 상위 20%의 소비자가 수익의 80%를 가져다준다는 원칙. 파레토의 법칙(*Pareto Principle*)이라고 한다.

우수 고객 프로그램 **loyalty program**

고객 생애(평생) 가치 **customer lifetime value (CLTV, LTV)**

인터넷 마케팅 기획을 위해 고객 생애 가치를 산정하는 방법…

...how to calculate ***Customer Lifetime Value*** for your Internet marketing plan.

고객 유지 **customer retention**

고객 이탈 **customer attrition, churn, drop-out**

가격 행사 **price promotion**

행사 가격 **promotional price**

행사 가격은 한시적 가격이다.

Promotional prices are for a limited time only.

영업 전략 **sales strategy, business strategy**

브랜드 제휴 **co-branding**

삼성은 마스터카드와 브랜드 제휴…

Samsung's ***co-branding*** with Mastercard...

고객 관계 관리 **Customer Relationship Management (CRM)**

업체들은 CRM을 통한 서비스 강화와 매출 신장에 주력하고 있다.

Customers are focusing on using ***CRM*** to improve services and sales.

• Push Strategy 와 Pull Strategy란?

기존에는 제품을 대량 생산하여 도·소매업 등의 유통 경로를 통하여 판촉 활동을 했다면 이제는 직접 소비자에게 호소하여 간접적으로 유통 경로를 촉진 강화하는 pull 전략을 써야 한다.

• CRM이란?

Customer Relationship Management. CRM이란 포괄적인 고객 관리 방식으로 마케팅, 영업, 고객 서비스, A/S 등 모든 고객과의 접점에서 정보를 취합하고 이를 바탕으로 적극적인 고객 관리를 하는 것을 뜻한다. 정보통신 기술과 소프트웨어를 기반으로 한다.

입소문 마케팅 **word-of-mouth marketing (WOM)**
순 추천 고객지수 **Net Promoter Score (NPS)**

• NPS란?

Net Promoter Score. Bain & Company의 Fred Reichheld가 개발한 개념으로서 "이 기업을 친구나 다른 동료에게 추천하겠습니까"에 대한 답을 통계 수치화한 것. 추천할 사람 수에서 비추천할 사람 수를 뺀 숫자를 전체 응답자 수로 나눈다.

바이럴 마케팅 **viral marketing**

입소문 마케팅과 달리 바이럴 마케팅은 온라인에서 주로 이루어지기 때문에 훨씬 파급 효과가 크다.
Unlike word-of-mouth marketing, ***viral marketing*** has a compounding effect as it is executed mainly online.

21 과학 기술 SCIENCE & TECHNOLOGY

과학 기술 일반 SCIENCE & TECHNOLOGY GENERAL

기초과학 **basic science**

생명과학·수학·물리학·지구과학 등의 기초과학 연구…

...research in ***basic sciences*** such as life science, mathematics, physics and earth science...

응용과학 **applied science**

응용과학은 기존 방법의 향상을 갖고 오는 반면, 기초과학은 새로운 양식을 발견한다.

Applied science leads to improvements in old methods, while ***basic science*** leads to new methods.

원천 기술 **source technology**

CDMA의 원천 기술은 퀄컴사에서 개발했다.

The ***source technology*** for CDMA was developed by Qualcomm.

선도 기술 **leading technology**

핵심 기술 **core technology**

해외 기술 **offshore technology**

도입 기술 **imported technology**

1997년에 전 산업에 도입된 기술 건수는 7,888건에 이르렀고…

There were 7,888 cases of ***imported technology*** for all industries in 1997...

첨단 기술 **advanced technology, cutting edge technology, state-of-the art technology**

첨단 산업 **high-tech industry**

Tellabs는 통화 품질의 향상을 위해 음질 향상 솔루션에 새로운 첨단 기술을 도입했다.

Tellabs adds new, ***cutting-edge technology*** to its voice-quality enhancement solutions for superior sound quality.

기술력 **technological strength, technological prowess**

일본 기업들은 기술력이 뛰어나다고 알려져 있다.

Japanese companies are known for their ***technological prowess***.

기술의 상용화(사업화) **commercialization of technology**

기술의 상용화는 노하우와 인내를 요구한다.

The ***commercialization of technology*** requires both know-how and patience.

신기술 **new technology, emerging technology**

기술 채택/수용 **technology uptake**

조기 수용층 **early adopters**

파급 효과 **spill-over effect**

GDP 대비 R&D 투자 비율 **R&D as a Percentage of GDP**

두뇌한국21 사업 **BK (Brain Korea) 21 Project**

두뇌한국21 사업은 연구 활성화를 위해 선정된 한국 대학 프로그램에 자금을 지원해준다.

BK (Brain Korea) 21 Project provides funds to selected university programs in Korea to promote further research.

두뇌 유출 **brain drain**

빈국의 두뇌 유출로 인한 문제는 심각하다.

The problems caused by the ***brain drain*** in poorer countries are great.

싱크 탱크 **think tank**

X연구소는 정부에서 운영하는 싱크 탱크다.

Research institute X is a government-run ***think tank***.

국제 논문 인용 지수 **Science Citation Index (SCI)**

SCI(등재) 논문 **paper published in SCI journals**

SCI(과학기술논문인용색인) 논문의 경우 BK21 사업 전인 1999년에는 3,842편이었으나, 올해는 5,698편으로 늘었다.

Comparing before and after the BK21 Project, the number of ***papers published in SCI journals*** increased from 3,842 in 1999 to 5,698 this year.

• SCI란?

Scientific Citation Index. 국가, 연구 기관 또는 개인의 과학 기술 연구 업적 또는 능력을 나타내는 지수로서 미국의 International Science Institute라는 기관이 1960년대부터 사용했다. 가장 널리 이용되는 것은 게재 논문 건수인데, 과학 기술 관련 학술지에 발표된 논문의 건수를 말한다. 인문·사회과학은 SSCI(Social Science Citation Index)가 있다.

산학연 협력 **university-industry-institute cooperation**

산학 협동 **science-industry/industry-academia/industry-university cooperation/collaboration**

지방 정부들이 산학 협동을 촉진시키고 혁신적인 아이디어를 산업에 적용하도록 도와주고 있다.
Some local governments have been promoting ***industry-academia co-operation*** and helping turn innovative ideas into actual businesses.

기술 집적(지), 클러스터 **technology cluster**
가장 유명한 기술 집적지인 실리콘 밸리…
Silicon Valley as the most famous ***technology cluster***...

과학 공원 **science park**
과학 단지 **science town**
연구 단지 **research park, science town, techno-park**
대덕연구단지 **Daedeok Science Town**
― 조성 **building/construction/creation of science complex**
본 대학에서는 3,450만 달러 규모의 새로운 종합 과학 단지를 조성할 계획이다.
The college is planning to ***build*** an extraordinary new $34.5 million unified ***science complex***.

창업보육센터 **technology business incubator (TBI)**
1999년에 창립된 Gaebler Ventures는 창업보육센터로 시카고에 위치하고 있다.
Gaebler Ventures, established in 1999, is a ***business incubator*** based in Chicago.

첨단 과학	
전자공학	Electronical Engineering
광전자학	Photonics
메카트로닉스	Mechatronics
바이오일렉트로닉스	Bioelectronics
첨단소재공학	Advanced Materials Engineering
양자물리학	Quantum Physics
유전공학	Genetic Engineering
분자물리학	Nanotechnology (NT)
생명공학	Bio-technology (BT)
생명정보학	Bioinformatics
천체물리학	Astro-physics
분자생물공학	Molecular Biotechnology

분자공학	Molecular Manufacturing
항공전자학	Avionics
환경공학	Environmental Technology (ET)
로봇공학	Robotics

나노기술, 나노테크놀로지 nanotechnology

분자 크기의 물체를 다루는 나노테크놀로지에는 숨은 위험 요소도 있다.
There are potential dangers in ***nanotechnology*** that involves making moleculesize objects and devices.

• Nanotechnology란?

100만분의 1미터인 마이크로미터(μm : 10^{-6}m)보다 더 작은 나노미터(nm : 10억분의 1m, 10^{-9}m) 수준에서 원자나 분자 단위의 극미세물질을 조작하여 새로운 물질이나 소자(device)를 만드는 기술이다. 좁게는 마이크로론보다 더 미세한 반도체 lithography 기술을 nanotechnology라고 부르고 있고, 좀더 넓게는 기계·약품·로보트 등 여러 분야에 적용되기도 한다. 광범위한 의미에서는 molecular nanotechnology, molecular manufacturing(분자공학)이라고도 한다.

재료 공학 materials engineering
신소재 new material
복합 소재 composite material
첨단 복합 소재 advanced composite material (ACM)

최근에 고성능 소재를 사용하는 첨단 복합 소재는 선체의 자재로 사용된다.
Recently, ***ACM*** (***advanced composite material***) which uses high-performance materials is used as a constructive material of ship hulls.

과학기술정보통신부 Ministry of Science and ICT
국가지정연구실 National Research Laboratory (NRL)

국가지정연구실은 핵심 연구 과제를 지정하여 최대 5년간 정부 지원을 받는다.
The ***NRLs*** identify a key R&D project for which they receive government support for up to 5 years.

21C프론티어 연구개발사업 21st Century Frontier R&D Program
창의적 연구진흥사업 Creative Research Initiative (CRI)
중점국가 연구개발사업 National Critical R&D Program
국책 연구개발사업 National R&D Program
민군겸용 기술사업 Consolidated Technology Program
선도기술(G7) 개발사업 Highly-Advanced National Program (HAN),

	G7 Project
국가기술 혁신체계	**National Innovation System (NIS)**
우수 연구 센터	**Centers of Excellence (COE)**
국제 과학올림피아드	**International Science Olympiad**

190개 인디애나주 학교의 학생들은 과학에 대한 관심과 교육을 활성화시키는 국제 과학올림피아드에 매년 참여한다.

Students from 190 Indiana schools compete each year in the ***International Science Olympiad*** program, which promotes interest and education in science.

연구 개발	**research and development (R&D)**
— 사업	**R&D project**

기업들도 연구 개발 사업을 활발하게 추진한다.

Businesses also actively conduct ***R&D projects***.

과학 기술 관련 연구 기관	
고등과학원	Korea Institute for Advanced Study (KIAS)
과학기술정책연구원	Science and Technology Policy Institute (STEPI)
기상청	Korea Meteorological Administration (KMA)
전력연구원	Korea Electric Power Research Institute (KEPRI)
정보통신정책연구원	Korea Information Society Development Institute (KISDI)
한국과학기술연구원	Korea Institute of Science and Technology (KIST)
한국과학기술원	Korea Advanced Institute of Science and Technology (KAIST)
한국과학기술정보연구원	Korea Institute of Science and Technology Information (KISTI)
한국산업기술평가관리원	Korea Evaluation Institute of Industrial Technology (KEIT)
한국과학기술기획평가원	Korea Institute of Science and Technology Evaluation and Planning (KISTEP)
한국과학기술한림원	Korean Academy of Science and Technology (KAST)
한국기계연구원	Korea Institute of Machinery and Materials (KIMM)
한국기초과학지원연구원	Korea Basic Science Institute (KBSI)
한국생명공학연구원	Korea Research Institute of Bioscience and Biotechnology (KRIBB)

한국식품연구원	Korea Food Research Institute (KFRI)
한국에너지기술연구원	Korea Institute of Energy Research (KIER)
한국원자력안전기술원	Korea Institute of Nuclear Safety (KINS)
한국원자력연구원	Korea Atomic Energy Research Institute (KAERI)
한국전기연구원	Korea Electrotechnology Research Institute (KERI)
한국전자통신연구원	Electronics and Telecommunications Research Institute (ETRI)
한국천문연구원	Korea Astronomy & Space Science Institute (KASI)
한국표준과학연구원	Korea Research Institute of Standards and Science (KRISS)
한국항공우주연구원	Korea Aerospace Research Institute (KARI)
한국해양과학기술원	Korea Institute of Ocean Science & Technology (KIOST)
한국화학연구원	Korea Research Institute of Chemical Technology (KRICT)

우수 인력 **qualified researchers, high-caliber manpower**
— 확보 **attract, recruit, secure**
— 육성 **train, educate**

우수한 과학 인재를 육성하기 위한 정부 지원…
...government support to train ***qualified researchers***...

석좌 연구원 **chaired researcher**
연구 위원 **research fellow**
선임 연구원 **senior researcher**
책임 연구원 **principal researcher**
연구원 **researcher**

선임 연구원은 세미나와 회의에서 뛰어난 연구 발표를 할 수 있어야 한다.
A ***senior researcher*** will be expected to be capable of giving stimulating research presentations at seminars and conferences.

국책 연구소 **Government Research Institute (GRI)**
정부 출연 연구 기관 **Government Funded Research Center**

한국기계연구원은 기계와 금속 재료 분야의 정부 출연 연구 기관으로 1981년에 설립되었다.
Korea Institute of Machinery & Materials was established in 1981 as a ***Government Funded Research Center*** in the field of machinery and metal material.

민군 겸용 기술 **Dual Use Technology**

민군 겸용 기술이란 안보 역량 강화와 산업 경쟁력 제고를 동시에 이룩할 수 있는 기술이다.

Dual Use Technology is a technology that enhances our defense capability as well as industrial competitiveness.

항공 우주 AEROSPACE

항공 우주 **aerospace**

항공학 **aeronautics**

항공전자공학 **avionics**

항공 역학 **aerodynamics**

항공 역학은 공기로부터 받는 힘이나 그로 인한 물체의 운동에 관한 학문이다.

Aerodynamics is the study of forces and the resulting motion of objects through the air.

한국항공우주연구원 **Korea Aerospace Research Institute (KARI)**

미항공우주국 **National Aeronautics and Space Administration (NASA)**

유럽우주국 **European Space Agency (ESA)**

유럽우주국에 의하면 영국은 앞으로 모든 우주 비행사를 향후 본 기관을 통해 배출하기로 동의했다.

ESA says Britain has agreed that all future astronauts will be put forward via them.

우주 탐사 **space exploration**

우주 탐사기 **space probe**

우주 탐사기는 목요일에 지구 궤도를 떠나서 2025년에 문제의 혜성에 도달할 예정이다.

The ***space probe*** was scheduled to depart Earth orbit on Thursday for a 2025 encounter with the comet.

우주 비행 **space flight**

우주 비행사 **astronaut, cosmonaut, spaceman**

우주 유영 **space walk**

무중력 상태 **zero-gravity, weightlessness**

2003년 4월에 캐나다인 우주 비행사 맥린은 무중력 상태에서 걷게 될 것이다.

In April of 2003, Canadian Astronaut Steve MacLean will be walking in ***zero-gravity***.

우주 비행체 spacecraft
우주 왕복선 space shuttle, multiple re-entry vehicle (MRV)
— 발사 launch
발사대 launch pad

그 우주 비행선은 발사대에 탑재되기 전에 마지막 준비 작업으로 연료 공급을 받고 추진체와 연결된다.

The spacecraft will then be fueled and mated to an upper stage booster, the final activities before going to the ***launch pad***.

우주 실험실 space lab
우주 정류장 station
무인 — unmanned space station
궤도 — orbital space station

미국은 영화 <스타워즈>와 같은 국가 미사일 방어 체제의 장비들을 갖추기 위해서 궤도 우주 정류장을 필요로 할 수 있다.

America may really need a new ***orbital space station*** for deploying the elements of its Star Wars-type national missile defense system.

달 착륙선 lunar lander, lunar module

무인 우주 비행선은 버려진 아폴로 달 착륙선 옆에 착륙할 것이다.

The unmanned spacecraft would make a landing near a stranded Apollo ***lunar module***.

빅뱅 이론 Big Bang theory
블랙홀 black hole
우주 팽창 Expansion of Universe

영국과 호주 천문학자들로 구성된 연구팀은 우주 팽창이 가속화되고 있다는 새롭고 독립적인 증거를 발견했다.

A team of U.K. and Australian astronomers has discovered new, independent evidence that the ***expansion of the universe*** is accelerating.

일식 solar eclipse, eclipse of the sun
개기 일식 total solar eclipse
부분 일식 partial solar eclipse

보건 당국은 사람들에게 심각한 망막 손상과 시력 상실을 초래할 수 있으므로 부분 일식을 응시하지 말라고 경고했다.

Health authorities have warned people not to look at the ***partial solar eclipse***, as viewing it could cause severe retina damage and lead to permanent blindness.

월식 lunar eclipse, eclipse of the moon

개기 월식 total lunar eclipse

부분 월식 partial lunar eclipse

부분 월식의 경우 달의 일부분은 지구의 그림자에 가려진다.

In a ***partial lunar eclipse***, part of the Moon is within the Earth's umbral shadow.

광년 light years

태양을 제외한 가장 가까운 별은 4.3광년 떨어져 있다.

The nearest star other than the Sun is 4.3 ***light years*** away.

우주계 galaxy

지구에서 수백만 광년 떨어진 우주계…

...***galaxies*** that are millions of light-years away from the earth...

은하계 Milky Way Galaxy

지구가 속한 은하계는 반경이 약 십만 광년이 되며 수많은 행성으로 이루어졌다.

We live in the ***Milky Way galaxy***, a group of stars about 100,000 light-years across.

태양계 the Solar System

수성 Mercury

금성 Venus

지구 Earth

화성 Mars

목성 Jupiter

토성 Saturn

천왕성 Uranus

해왕성 Neptune

명왕성 Pluto

토성의 고리는 1610년 갈릴레오가 발견한 이래 천문학자들에게 의문으로 남아 있다.

The rings of ***Saturn*** have puzzled astronomers ever since they were discovered by Galileo in 1610.

태양 흑점 sunspots

태양의 중앙 자오선 근처 두 개의 태양 흑점은 복잡한 자기장을 형성하고 있다.

Two large ***sunspots*** near the Sun's central meridian have developed complex magnetic fields.

외계 outer space

외계 생명체 extraterrestrial life

고등 생명체 **intelligent life**

우주에 인간 외 다른 고등 생명체가 존재하는가?

Does ***intelligent life*** other than human beings exist in space?

외계인 **extraterrestrials, aliens (from outer space)**

— 접촉 **alien encounter**

— 납치 **alien abduction**

최근 들어 외계인 납치를 주장하는 사건들이 많다.

More recently there's been a spate of ***alien abduction*** claims.

근접 조우 **close encounter**

외계인과의 근접 조우를 경험한 사람들…

...those who have experienced ***close encounters*** with alien beings...

미확인 비행 물체 **Un-identified Flying Object (UFO)**

최근에 중국에서는 미확인 비행 물체(UFO)의 목격 사례가 급증했다.

In recent years, China has witnessed a surge in ***UFO*** sightings.

우주학 **cosmology**

천체학 **astronomy**

천체 물리학 **astro-physics**

천문대 **space observatory, astronomical observatory**

7세기에 건축되어 아시아에서 현존하는 것 중 가장 오래된 천문대는 한국에 위치하고 있다.

The oldest existing ***astronomical observatory*** in Asia, built in the seventh century is located in Korea.

천체 망원경 **space telescope, astronomical telescope**

허블 망원경 **Hubble Space Telescope, Hubble Telescope**

챈드라 망원경 **Chandra X-ray Observatory (CXO)**

제작비가 15억 달러인 챈드라는 앞으로 최소 5년간 블랙홀을 찾고 성운·준성·초신성 등을 살피는 데 사용된다. (조선일보)

The ***Chandra X-ray Observatory*** will be used to find the black hole and observe nebulae, quasars and supernovae for at least 5 years.

별자리, 성좌 **constellation**

우주 망원경으로 별자리를 볼 수 있다.

Space telescopes let us observe ***constellations***.

별자리	
북극성	the North Star, Polaris
작은곰자리	Ursa Minor, the Little Dipper, the Little Bear

큰곰자리, 북두칠성	Ursa Major, the Big Dipper, the Great Bear
안드로메다자리	Andromeda
카시오페이아자리	Cassiopeia
페가수스자리	Pegasus

천체 **celestial bodies**

행성 **planet**

소행성 **asteroid**

항성 **star**

유성 **meteor**

운석 **meteorite**

혹성 **planet**

혜성 **comet**

위성 **satellite, moon**

현재 지구와 충돌 코스에 있는 소행성이나 혜성은 알려진 것이 없다.

At present, no ***asteroid*** or ***comet*** is known to be on a collision course with the Earth.

성운 **nebula, nebulae(복수)**

성단 **star cluster**

준성 **quasar**

초거성 **supergiant star**

초신성 **supernova, supernovae(복수)**

한국의 천문학자들이 발견한 초신성이 국내 최초로 국제천문연맹(IAU)으로부터 공식 인증을 받았다.

It was the first time in Korea that a ***supernova***, discovered by Korean astronomers, received official authentication of IAU.

• Supernova란?

초신성. 항성 진화의 마지막 단계에서 일어나는 폭발 현상. 항성을 유지해주는 핵에너지가 소진되면 항성의 핵이 붕괴되면서 엄청난 에너지를 방출하는데, 순간적 밝기가 평소의 수억 배에 이른다. 이때 중성자별이 생겨나기도 하는데 수년 후에나 관측이 된다.

• Quasar란?

준성. quasi-stellar radio source에서 온 말이다. Quasar는 아주 멀리 떨어져 있

는 우주계의 밝은 중심이다. 여기서 생성되는 빛이 지구에까지 오려면 수십억 년이 걸리며, 따라서 Quasar를 관찰하는 것은 이미 오랜 옛날에 일어난 우주계의 탄생을 목격하는 것이다.

인공위성 **(man-made, aritificial) satellite**

통신 위성 **communication satellite**

☞ <정보통신/통신> 참조.

정찰 위성 **surveillance satellite, reconnaissance satellite**

기상 위성 **weather satellite, meteorological satellite**

해사 위성 **maritime satellite**

지구 관측 위성 **earth observation satellite**

정지 궤도 위성 **geostationary satellite**

저궤도 위성 **orbitting satellite, earth-orbit satellite**

— 발사 **launch, put into orbit**

2005년 발사할 예정인 무궁화 위성 5호…

Koreasat 5, which is to be ***launched*** (***into orbit***) in 2005...

무궁화 위성 **Mugungwha Satellite, Koreasat**

무궁화 위성 5호는 적도 상공 38,000km의 궤도에서 지구를 돌게 된다.

Also known as ***Mugungwha, Koreasat 5*** will orbit at an altitude of 38,000 kilometers above the equator.

우리별 위성 **Wooribyul Satellite, Kitsat**

아리랑 위성 **Arirang Satellite**

아리랑 위성 3호…

...the ***Arirang 3 satellite***...

한국형 발사체 **Korea Space Launch Vehicle (KSLV)**

누리호 **Nuri rocket**

한국이 자체 개발한 누리호가 6월 21일 나로우주센터에서 발사되었다.

Korea's home grow ***Nuri rocket*** lifted off from Naro Space Center on June 21st.

궤도 **orbit, trajectory**

인공위성이 지구의 궤도를 돌고 있다.

The satellite is in ***orbit***.

The satellite is ***orbitting*** around the earth.

— 진입 **enter orbit**

— 수정 **change course, correct orbit**

우주 비행선이 궤도를 수정하고 한 행성의 궤도를 타기 위해서는 자세 제어 로

켓이 필요하다.

Control thrusters are needed for a spacecraft to ***change course*** and ***go into orbit*** around a planet.

근지점 **perigee**

원지점 **apogee**

인공위성이 원지점에 도달했다.

The satellite reached its ***apogee.***

무궁화 3호는 12~16시간을 주기로 지구를 중심으로 근지점(지구 상공 약 200km)과 원지점(지구 상공 약 3만 5천 킬로미터) 사이의 궤도를 돌게 된다.

Koreasat 3 will circle the earth every 12 to 16 hours and achieve an orbit of 200km ***at perigee*** and 35,000km ***at apogee.***

• Apogee와 Perigee란?

원지점과 근지점. 원지점은 지구 둘레를 도는 달과 위성이 궤도상 지구에서 가장 멀어지는 지점이며 근지점은 가장 가까워지는 지점이다.

위성 항법 시스템 **satellite navigation system**

요즘 가장 흔하게 사용되는 위성 항법 시스템은 미국 국방부의 인공위성 위치 확인 시스템이다.

Currently, the most commonly used ***satellite navigation system*** is the U.S. Department of Defense's Global Positioning System (GPS).

☞ <교통/도로> 참조.

항공기 **aircraft**

항공기 제작 산업 **aerospace industry, aircraft manufacturing industry**

KT-1의 개발로 한국은 21세기 항공기 제작 산업에서 선도적인 입지를 확보하게 되었다.

By developing KT-1 domestically, Korea has secured a leading position in the ***aerospace industry*** of the 21st century.

동체 **fuselage**

기체 **fuselage, airframe**

기수 **nose**

꼬리 **tail**

날개 **wing**

동체 전체의 부식이 꼬리 부분의 분리의 원인으로 생각됐다.

It appeared that massive corrosion of the ***fuselage*** had caused the ***tail section*** to separate.

쌍발기 **twin-engine aircraft**
단발기 **single-engine aircraft**

서울의 한 TV 방송은 쌍발 엔진 항공기의 엔진에서 불길이 치솟는 것이 목격되었다고 보도했다.

According to TV reports from Seoul, fire was seen spewing out from an engine of the ***twin-engine aircraft***.

제원 **specifications**
전장 **total length**
전폭 **total width**
날개폭 **wing span**

단발기의 날개폭은 최소 100인치다.

Minimum ***wing span*** for single engine aircraft is 100 inches.

경비행기 **light aircraft**
초경비행기 **ultra-light aircraft**

초경비행기 사고로 조종사는 숨졌으나, 탑승자들은 경상만 입었다.

The crash of an ***ultra-light aircraft*** claimed the life of the pilot, while his passenger escaped with relatively minor injuries.

수상 비행기 **seaplane, aerohydroplane, hydroplane**
연구기 **research plane**
상용기 **commercial aircraft**
여객기 **passenger aircraft**

1975년 9월 1일, 처음으로 하루에 4번 대서양간 비행을 한 여객기의 기종은 콩코드였다.

On 1 September, 1975, a Concorde became the first ***passenger aircraft*** to make four trans-Atlantic flights in one day.

급유기 **refueling aircraft, tanker**
공중 급유 **in-flight refueling**

중국은 자국 전투기가 남지나해까지 정찰할 수 있게 해줄 공중 급유 기술을 시연했다.

China has showcased ***in-flight refueling*** technology that will allow its fighter jets to patrol far into the South China Sea.

훈련기 **trainer**
초등 훈련기 **primary trainer**
고등 훈련기 **advanced trainer**

최고 속도 마하 1.6인 T-50은 F16, F15, F22 등 세계 최신에 및 차세대 전투기의 조종 훈련을 위해 개발되었다.

The T-50, which can travel up to a speed of 1.6 Mach, was developed as a ***trainer*** for the most advanced next generation fighters such as F16, F15 and F22.

비행 횟수 — **number of flights**
  처녀비행 — **maiden flight**
  시험 비행 — **test flight**

국내에서 처음으로 개발한 초음속 비행기인 '골든 이글' 2호기가 첫 시험 비행에 성공했다.
The Golden Eagle 2, which is the first domestically developed supersonic aircraft, successfully completed its ***test flight***.

비행 속도 — **flight speed, air speed**
  마하 — **Mach**
  음속 — **sonic speed**
  천음속 — **transonic**
  초음속 — **supersonic**

한국은 세계에서 12번째로 자체 개발한 고유 모델의 초음속 항공기를 보유한 국가가 되었다.
Korea has become the 12th nation in the world to have an independently developed ***supersonic aircraft*** based on a proprietary model.

비행 가시거리 — **flight visibility**
  시계 — **Field of View (FOV), visibility**

짙은 안개로 인한 시계 불량이 사고의 원인이었다.
Poor ***visibility*** due to the thick fog was the cause of the accident.

항법 계기 — **navigation instrumentation**
  압력계 — **pressure gauge**
  연료계 — **fuel level gauge**
  고도계 — **altimeter**
  속도계 — **speed indicator**

RPM이 2450을 초과할 경우 과속도계에 불이 들어온다.
The over-***speed indicator*** illuminates if engine RPM exceeds 2450.

회전익 — **rotary wing**
고정익 — **fixed wing**
착륙 장치 — **landing gear**

접개식 착륙 장치는 록히드 알타이어 비행기의 최소 항력을 50% 줄일 수 있다.
A retractable ***landing gear*** can reduce the minimum drag of a Lockheed Altair airplane by 50 percent.

수직 이착륙 | Vertical Take-off and Landing (VTOL)

단거리 이착륙 | Short Take-off and Landing (STOL)

단거리 이착륙 기능과 함께 강력한 착륙 장비가 있는 항공기는 활주로 길이가 짧은 비행장에서도 운행이 가능하다.

Short take-off and landing (***STOL***) capabilities together with strong landing gear allow the aircraft to operate from airfields with short strips.

계기 비행 | instrument flying
- 관성 항법 장치 | Inertial Navigation System (INS)
- 계기 착륙 장치 | Instrument Landing System (ILS)
- 자동 항법 장치 | Auto Flight System (AFS)

그 항공기는 계기 착륙 장치를 통해 '활주로 20번'에 착륙할 수 있도록 관제 유도를 받았다.

The aircraft was positioned for an ***ILS*** (***Instrument Landing System***) approach to Runway 20.

생명공학 BIOTECHNOLOGY

생명공학 | biotechnology, bio-engineering

유전공학 | genetic engineering

유전자 | gene
- 염기 서열 | genetic sequence
- 우성 인자 | dominant gene
- 열성 인자 | recessive gene

자식에게 열성 인자가 나타나기 위해서는 양쪽 부모로부터 모두 열성 인자를 물려받아야 한다.

A ***recessive gene*** is expressed in the offspring only if both parents contribute recessive genes.

유전체 | genome

유전체학 | genomics
- 구조 유전체학 | structural genomics
- 기능 유전체학 | functional genomics

애리조나 주립대학 법대는 내년에 미국 최초로 생명공학 및 유전체학 법학 석사 학위 과정을 개설한다.

The nation's first master's degree program in ***biotechnology*** and ***genomics*** law will be offered by Arizona State University's law school next year. (*USA Today*)

바이오산업 | bio-industry, bioindustry

바이오산업 시장은 2010년이 되면 25조 엔 규모로 성장할 전망이다.

...the ***bio-industry*** market is expected to grow to 25 trillion yen in 2010. (*Japan Times*)

바이오 기업 | bioindustry company

염색체 | chromosome

유전 정보 | genetic code

인간 게놈 프로젝트 | Human Genome Project

동물 유전자 연구는 인간 게놈 프로젝트를 통해 발견한 것을 토대로 발전…

The developments in animal genetics build upon discoveries made through the ***Human Genome Project***... (*Wired News*)

유전자 치료 | gene therapy

유전자 치료는 난치병을 치료하는 새로운 방법이다.

Gene therapy is a new way for treating many intractable diseases.

유전자은행 | gene bank

복제 | cloning

동물 복제 | animal cloning

인간 복제 | human cloning

복제 인간 | human clone, cloned human being

올해 미국에서는 몇몇 상원 의원들이 인간 복제 실험을 금지하려고 했으나 실패했다.

Some members of the U.S. Senate tried unsuccessfully this year to outlaw all ***human cloning*** research. (*Washington Post*)

줄기세포, 간세포 | stem cells

줄기세포는 초기 단계 배아인 포배로부터 배양한다.

Stem cells are cultured from the blastocyst - or an early stage embryo.

줄기세포 은행 | stem cell bank

중국은 질병 치료와 조직 이식을 위해 이용할 수 있는 아시아 최대의 줄기세포 은행을 설립하기로 결정했다.

Beijing gives the go-ahead for what will be Asia's largest ***stem cell bank***, providing possible treatments for diseases and tissue transplants. (*BBC*)

인간 배아 복제 | human embryo cloning

영국 정부는 세계에서 최초로 인간 배아 복제를 허용했다.

The U.K. government was the first to allow ***human embryo cloning***.

환자 체세포 | patient's somatic cell

환자 맞춤형 줄기세포 | patient-tailored stem cell

배아줄기세포 **cloned embryonic stem cells**

스탠퍼드 대학에서는 배아줄기세포로 인슐린을 생성하는 beta 세포를 만드는 방법을 발견했다.

Stanford University has discovered how to turn ***embryonic stem cells*** into insulin-creating beta cells in mice. (*Salt Lake Tribune*)

생명 정보학 **bioinformatics**

생명 정보학은 생물학·전산학 및 응용수학의 지식을 종합적으로 적용하여 생명의 신비를 해석하는 첨단 학문 분야다.

Bioinformatics is a new field of study in which biological, statistical, and computational data are comprehensively applied to reveal the mysteries of life.

생체 인식 기술 **biometrics**

지문 인식 **fingerprint identification**

안면 인식 **facial/facila identification**

정맥 인식 **vein recognition**

홍채 인식 **iris and retina identificaion**

테러와의 전쟁 등의 이유로, 지문 및 홍채 인식 기술 등의 생체 인식 기술이 집중적인 관심을 끌고 있다.

Biometrics, or the science of identifying someone by physical characteristics such as ***retinal scans*** or ***fingerprints***, is a red-hot field of study, given the war on terrorism. (*UPI*)

세포 융합 기술 **cell fusion technology**

조직 배양 기술 **tissue culture technology**

RNA **Ribonucleic Acid**

DNA **Deoxyribonucleic Acid**

— 해독 **decoding DNA**

DNA 해독 능력이 발전하면서 질병과 유전자의 상관관계를 규명하는 것이 가능해졌다.

The advances in ***decoding DNA*** have made it possible to try and correlate disease with genetics. (*International Herald Tribune*)

— 재조합 **DNA recombination**

인공적으로 재조합된 DNA 분자들에 대한 심각한 우려가 제기되고 있다.

There are serious concerns over some of these artificially ***recombinant DNA molecules***.

유전자 재조합 **genetic recombination**

이중 나선형 구조 **double helix**

와트슨과 크릭은 DNA가 이중 나선 구조 형태라는 것을 밝혀냈다.
James Watson and Francis Crick, discovered that the DNA structure was a ***double helix***.

유전자 변형(조작) 식품 **GMO (Genetically Modified Organism) food products**

중국은 국내 생산 증가율로는 부족하다는 판단하에 유전자 변형 식품에 대한 수입 규제를 완화하기로…
China will ease import restrictions on ***GMO food products*** in view of its awareness that domestic output isn't expanding fast enough... (*Yahoo Singapore*)

☞ *Franken Foods* : 유전자 조작 식품(*genetically modified foods*)을 프랑켄슈타인에 비유하여 붙인 이름.

☞ <농림 수산/농업> 참조.

생명 윤리 **bioethics**

체세포 실험, 대리 출산, 안락사 등은 생명 윤리 문제를 야기시킨다.
Human cell experiments, surrogate birth, euthanasia raise ***bioethical*** questions.

생물 의약품 **biopharmaceuticals**

생물 의약품이라고 하는 치료용 단백질을 합성하는 제약 회사들…
And makers of therapeutic proteins, known as ***biopharmaceuticals***... (*Economist*)

단백질체학 **proteomics**

재생 의료 **regenerative medicine**

줄기세포는 다른 세포로 배양하여 환자의 손상된 조직을 재생시키고 병든 장기의 기능을 복구시키기 위해 재생 의료 분야에서 이용하게 된다.
Stem cells are really about a new field called ***'regenerative medicine,'*** where stem cells are turned into the particular type of cell that will replace damaged tissue or restore the functions of a diseased organ.

맞춤 의료 **customized/tailored medicine**

• Customized Medicine이란?

맞춤 의료 또는 맞춤 의학. 개인의 유전 정보 분석을 바탕으로 그 사람이 어떤 질병에 걸릴 가능성이 높으며, 발병은 어떻게 예방할 수 있는지, 또 질병에 걸리면 어떠한 약물이 부작용의 위험이 가장 적고 효과적인가를 규명하고, 이에 따라 개인에게 적합한 약물 또는 치료법을 처방해주는 의료 방법.

22 정보통신 INFORMATION & COMMUNICATION

컴퓨터 COMPUTERS

정보 기술 — **Information Technology (IT)**

정보통신 기술 — **Information and Communications Technology (ICT)**

정보통신 기술은 생산성 증대와 함께 보다 더 풍요로운 삶을 약속한다.
Information and communications technologies (***ICT***) hold out the promise of increasing productivity and enriching our lives.

정보화 — **advance information technology, informatization, progress of information technology**

산업 정보화 — **apply IT to industry, integrate IT into industry**

전통 산업들도 정보화할 계획이다.
We will ***integrate information technology into*** traditional ***industries***.
We will ***apply information technology to*** traditional ***industries***.

☞ *Informationization* : 사전에는 정보화가 *informatization* 및 *informationization*으로 나와 있으나, 실제로 informationization이라는 용어는 영어권에서는 정책 분야 외에는 거의 사용하지 않고, 한·중·일 등 한자 문화권에서 주로 사용하고 있다. 정보화라는 단어는 매우 광범위한 의미로 사용되므로 내용에 따라 *advance/apply/introduce/integrate+information technology*로 표현하는 것이 더 적절하다.

정보화 시대 — **information age**

정보화 시대에는 정보 기술의 확산이 발전을 좌우한다.
The dissemination of information technology determines progress in the ***information age***.

정보 격차 — **digital divide**

정보화 교육으로 인한 정보 격차를 해소해야 한다.
We must narrow the ***digital divide*** through IT education.

지식 근로자 — **knowledge worker**

지식 근로자란 지식을 개발하고 활용하는 직업을 가진 사람이다.
A ***knowledge worker*** is anyone who works for a living by developing or using knowledge.

거북목 증후군 — **turtle neck syndrome**

장시간 낮은 위치에 있는 모니터를 내려다보는 사람에게 나타나는 거북목 증후군…

...the ***turtle neck syndrome*** that comes to people who work long hours looking into computer monitors positioned at a below eye-level...

정보통신 기반시설 **IT infrastructure**

국가의 주요 정보통신 인프라에 가해지는 사이버 공격은 그 국가의 경제에 큰 타격을 가할 수 있다.

Cyber attacks on the nation's critical ***IT infrastructure*** could cause great harm to the economy.

— 고도화 **upgrade/enhance IT infrastructure**

정보통신 인프라를 지속적으로 고도화해야 한다.

We need to continuously ***upgrade our IT infrastructure***.

전산화 **computerize**

모든 민원 처리가 전산화되어 몇 초 내로 서류가 발급된다.

With the ***computerization*** of public administrative services, it takes only seconds to issue documents.

자동화 **automation**

생산 속도의 향상을 위해서 생산 과정을 자동화…

...***automating*** the production line to increase production speed...

가사 자동화 **home automation**

가사 자동화의 개발은 직장 여성들의 증가를 가져올 것이다.

The development of ***home automation*** will bring an increase in the number of working women.

공장 자동화 **factory automation, industrial automation**

공장 자동화로 인해 지속적으로 비용이 절감되어 생산 제품들의 가격이 더욱 저렴해졌다.

Factory automation is continually reducing costs and making manufactured goods ever more affordable.

업무 공정의 자동화 **work process automation**

원격 교육 **e-learning, remote education, distance learning**

원격 교육은 면대면 교육과 병행 실시되어야 한다.

E-learning must be provided along with face-to-face education.

☞ *edu-tainment* : *education*과 *entertainment*의 합성어.

원격 진료 **remote diagnosis, telemedicine**

원격 진료뿐만 아니라 원격 수술도 가능해진다.

Remote diagnosis as well as remote surgery will also become possible.

인텔리전트 빌딩 **intelligent building**

인공 지능 **artificial intelligence (AI)**

인공 지능은 기본적인 인간 활동을 대신해준다.

Artificial intelligence executes basic human activities for people.

디지털 기술 **digital technology**

아날로그 기술에는 하나의 표준이 있지만, 디지털 기술에는 여러 다양한 표준이 존재한다.

While there is one standard for analog technology, there are different variations on ***digital technology***.

디지털 경제 **digital economy**

디지털 경제에서는 현실 세계와 가상 세계가 통합된다.

The real world and the virtual world are integrated in the ***digital economy***.

디지털화 **digitalization, digitization**

아날로그 형태의 문서를 디지털화하여 데이터베이스에 저장한다.

Documents in analogue form are ***digitized*** and stored in the database.

디지털 융합 **digital convergence**

디지털 융합이란 가전 제품과 PC, 통신 기기 등의 구분이 없어지는 것을 뜻한다.

Digital convergence refers to the trend of the merging of electronic home appliances with PCs and communication devices.

PC 보급 **distribution/penetration/use of PCs**

방글라데시는 PC 보급률이 낮다.

PCs are not widely ***used*** in Bangladesh.

업그레이드 **upgrade, replace**

2~3년에 한 번씩 PC를 업그레이드해야 한다.

We have to ***upgrade*** our PCs every 2 to 3 years.

컴퓨터 사용 능력 **computer skills, computer literacy**

요즘은 취직하려면 컴퓨터 사용 능력이 필수적이다.

Computer skills are indispensable to get a job nowadays.

☞ *technology literacy* : 컴퓨터 및 인터넷 등 정보통신 기술을 활용할 수 있는 능력.

컴맹 **computer illiteracy**

나는 컴맹을 탈출했다.

I am no longer ***computer illiterate***.

컴퓨터 하드웨어 COMPUTER HARDWARE

하드웨어 — **hardware**

사양 仕様 — **specifications, spec**

이 컴퓨터는 사양이 떨어진다.

The ***specs*** on this computer are lacking.

모니터 — **monitor**

마우스 — **mouse**

키보드 — **keyboard**

평면 모니터는 브라운관 모니터보다 값이 비싸다.

Flat screen ***monitors*** are more expensive than CRT monitors.

메인프레임 컴퓨터 — **mainframe computer**

메인프레임 컴퓨터들은 점점 사라지고 있다.

Mainframe systems are becoming relics of the past.

초대형 컴퓨터 — **super computer**

중형 컴퓨터 — **intermediate computer**

휴대용 PC — **handheld PC**

노트북 컴퓨터 — **laptop computer, notebook computer**

노트북 컴퓨터는 배터리 수명이 핵심이다.

Battery life is the key to ***laptop computers***.

연산 — **compute, number crunching, computation**

연산 능력 — **computing power, computational power**

유휴 컴퓨터는 연산 능력의 낭비를 뜻한다.

Idle computers mean wasted ***computing power***.

마더보드 — **motherboard**

• Moore's Law란?

무어의 법칙. 마이크로칩에 저장할 수 있는 데이터의 양이 마이크로칩 기술의 발전에 따라 매년 또는 적어도 매 18개월마다 두 배씩 증가한다는 법칙.

메모리 처리 — **memory processing**

중앙 처리 장치 — **Central Processing Unit (CPU)**

입출력 장치 — **in/out device, I/O device**

대부분의 게이머들은 그들의 컴퓨터에 TV 입출력 장치를 원한다.

Most gamers like to have a TV ***in/out device*** on their computer.

데스크탑 PC — **desktop PC**

데스크탑 PC는 수많은 용도로 쓰이고 있다.

The ***desktop PC*** is used for numerous tasks.

본체 main unit

모니터 monitor, computer screen

주변 기기 peripherals, peripheral device

모뎀, 프린터, 마우스 등의 주변 기기와 소모품…

Peripheral devices such as modem, printer, mouse and computer supplies...

프린터 printer

잉크젯 프린터 inkjet printer

레이저 프린터 laser printer

프린터-팩스 복합기 all-in-one machines

출력 속도 printing speed

용지 걸림 paper jam

해상도 printer resolution

☞ *dpi and ppm* : 프린터의 해상도를 표시하는 *dpi*는 *dots-per-inch (DPI)*, 출력 속도를 표시하는 *ppm*은 *page-per-minute (PPM)*이라는 뜻.

사용 용이성, 사용자 친화적 user-friendly

사용자 친화적인 인터페이스.

...***user-friendly*** interface.

호환성 compatibility

지원 support

역호환성 backward compatibility

802.11g가 갖는 장점은 802.11b 무선 LAN과의 역호환성이 지원된다는 것이다.

The benefits of 802.11g is that it ***supports backward compatibility*** with 802.11b wireless LAN.

☞ *backward compatibility* : 컴퓨터 시스템이나 프로그램이 그 이전 버전과 호환성이 있을 때 역호환이 가능하다고 한다.

인식 recognition

음성 인식 voice-recognition

음성 인식 소프트웨어는 손을 전혀 사용하지 않고 타자를 칠 수 있게 해준다.

Voice-recognition softwares allow complete hands-free typing.

필기 인식 handwriting-recognition

필기 인식은 데스크탑 컴퓨터보다는 작은 휴대용 기기에서 필요하다.

Handwriting-recognition is more relevant to a small, portable device than to a desktop computer.

내장(형) embedded, built-in

 내장 기능 embedded functions, built-in functions

이제는 보안 기능이 칩에 내장된 컴퓨터가 개발된다.

New computers with security ***functions embedded in*** the chips are being developed.

탑재 loaded, mounted

PC 칩이 메인보드에 탑재되어 있다.

PC chips are ***mounted on*** the mainboard.

컴퓨터 소프트웨어 COMPUTER SOFTWARE

프로그램 (software) program

소프트웨어 프로그램을 컴퓨터에 설치하다.

Install a ***software program*** on the computer.

 — 개발 software development

 — 개발자 software developer

복잡한 프로그램의 개발은 전문용 개발 도구가 필요한 경우가 많다.

The ***development*** of a complicated ***software program*** usually requires a professional toolset.

 개발 도구 development tool

 개발 언어 development language

대부분의 개발 도구는 이진 부호가 아닌 자체의 개발 언어를 사용한다.

Most ***development tools*** use their own ***development language*** instead of the binary code.

이진 부호 binary code

 십진법 decimal system

 이진법 binary system

 비트 bit

 바이트(8bits) byte

이진 부호는 0과 1로 이루어진 프로그래밍 코드를 말한다.

Binary code is the programming code consisting of 0's and 1's.

프로그래밍 언어 programming language/code

오픈 소스 코드 open-source code

명령어 수행 execute command

CPU는 특정 명령어를 수행할 때 특정한 전자파를 낸다.

CPU gives off a certain electromagnetic wave when ***executing*** a ***com-***

mand.

객체 지향 **object oriented**

설정 **configuration, set, settings**

설정을 지나치게 조작하면 각 장치들의 상호 운영성을 망칠 수 있다.

Too much changes in the ***configurations*** can damage the interoperability between devices.

구현 **implementation**

새로운 아키텍처를 구현하다.

...***implementation*** of a new architecture.

멀티태스킹(다중 작업) **multitasking**

멀티태스킹은 각 작업들을 하나하나 돌리는 것보다 느리다.

Multitasking is slower than executing each program separately.

미들 웨어 **middleware**

소프트웨어 저작권 **software copyright**

소프트웨어에 대한 저작권은 프로그램 개발을 의뢰한 측이 갖는다.

The ***copyright to the software*** belongs to the party that commissioned the development.

• Killer Application이란?

처음 세상에 등장하면서부터 모든 경쟁 제품을 몰아내고 시장을 재편성하는 제품이나 서비스를 일컫는 말.

컴퓨터 시스템 COMPUTER SYSTEM

IT 시스템 **IT system**

— 관리 **system management**

엔지니어들은 시스템 관리 업무를 자동화하려고 한다.

The engineers are trying to automate their ***system management*** tasks.

☞ *manageability* : 관리 용이성.

— 운영 **system operation/administration**

이 솔루션은 시스템 운영을 더 쉽게 만들어준다.

This solution provides an easier way to ***operate the system***.

시스템 통합 **system integration (SI)**

SI 업체 **system integrator**

합병한 두 은행 간 전산 시스템이 완벽하게 통합되었다.

The two computer ***systems*** of the merged banks were seamlessly ***integrated***.

☞ *System Integrator* : 시스템 통합을 전문으로 하는 SI 업자.

시스템 장애 **system malfunction, system fault/down**

1시간 시스템 장애로 인해 2000만원의 손실이 초래되었다.

The 1-hour long ***system malfunction*** cost the company 20 million Won.

— 복구 **system recovery**

시스템이 복구되는 데 24시간이 걸렸다.

The ***system recovery*** took 24 hours.

다운 타임 **down time**

업 타임 **up time**

운영체제 **O/S, operating system**

애플컴퓨터는 새로운 버전의 매킨토시 운영체제 소프트웨어를 준비하고 있다.

Apple Computer Inc. is preparing a new version of its Macintosh OS X software ***operating system***.

개방형 — **open operating system**

리눅스는 개방형 운영체제다.

LINUX is an ***open operating system***.

마이크로소프트는 윈도우즈 소스 코드를 공개하지 않는다.

Microsoft does not ***open its Windows source code***.

가용성 **availability**

이 네트워크의 가용성은 99.9996%다.

The network's ***availability*** is 99.9996%.

페일 오버 **failover**

자동적으로 다른 서버로 페일 오버할 수 있게 하여, 컴퓨터 시스템의 가용성을 높일 수 있다.

We can increase the availability of the system by provisioning automatic ***failover*** to another server.

☞ *failover* : 어떤 장비나 통신 경로가 장애를 일으켰을 때 자동으로 다른 백업 장비나 경로(path-failover)로 넘어가게 하는 것.

중복성 **redundancy**

☞ *redundancy* : 만약의 사태에 대비하여 장비 또는 데이터를 중복 저장하는 것.

☞ *hot-swappable* : HDD, FAN, 전원 공급기 등의 디바이스가 장애를 일으켰을 때 시스템의 중단이나 서비스의 다운 없이 교체 작업이 가능한 것으로, 역시 시스템의 가용성을 높일 수 있다.

• 365×7×24란?

1년 365일, 1주일에 7일, 그리고 하루에 24시간을 뜻하는 것으로 언제든지 가용 상태(available)임을 나타내는 말이다. seven-by-twenty-four 또는 간단히 seven-twenty-four라고 말한다.

• 9×7이란?

가용성이 99.99999%임을 의미하는 것으로, 간단히 seven nine이라고 말한다.

• Ubiquitous Computing이란?

유비쿼터스 컴퓨팅. 편재된 컴퓨팅이라는 의미로, 개인 휴대용 단말기(PDA)·스마트폰·무선 인터넷 통신 기능이 있는 컴퓨터 등 차세대 정보 기기들을 통해 언제 어디에서나 인터넷과 연결해 정보 처리를 할 수 있는 환경을 말한다.

확장성 **scalability**

이 네트워크는 X까지 쉽게 확장 가능하다.

The network ***scales*** easily ***up to*** X.

상호 운영성 **interoperability**

상호 운영성이란 두 개 이상의 시스템이나 부분이 정보를 교환하고 그 정보를 활용하는 능력을 말한다.

Interoperability is the ability of two or more systems or components to exchange information and to use the information.

신뢰성 **reliability**

이 시스템은 신뢰성이 떨어진다.

The ***reliability*** of this system is not very good.

에러 내구성 **fault tolerance**

네트워크의 에러 내구성이 X보다 낮다.

The ***fault tolerance*** of the network is less than X.

보안성 **security**

시스템의 보안성이 높다.

The system ***is*** very ***secure***.

The system has a high degree of ***security***.

보안 침해 **security breach**

방화벽 **firewall**

서버 해킹에 대비한 방화벽이 필수다.

Creating a ***firewall*** to prevent hackers from getting to the server is a must.

사용자 ID　　**user ID**

비밀번호　　**Personal Identification Number (PIN), password**

사용자 ID와 비밀번호를 입력해야 액세스할 수 있다.

You can gain access by entering ***user ID*** and ***password***.

전자 인증서　　**digital certificate, electronic certificate**

전자 서명　　**electronic signature, digital signature**

이 스마트카드 IC 제품은 보안 프로세서가 내장되어 있고 전자 서명 기능을 최단시간에 실행할 수 있다.

This smart card IC has an embedded security processor and can execute ***electronic signatures*** in the minimum amount of time.

인증　　**authentication, certification**

확인　　**identification**

승인　　**authorization**

전자 거래를 할 사용자 확인을 위한 공인인증서를 발급받는다.

These digital certificates are used to ***identify*** the user in electronic transactions.

암호화　　**encryption**

방화벽과 함께 암호화는 해킹에 대한 주요 방어 수단이다.

Along with firewalls, ***encryption*** is the major defense against hacking.

공중키　　**public key**

비밀키　　**private key**

공중키로 정보를 암호화한다.

Public keys are used to encrypt the data.

해킹　　**hacking**

해커　　**hacker**

미·중간의 해킹 전쟁은 중국의 홍커(紅客, 붉은 나그네란 말로 해커를 뜻한다)들이 미국 주요 기관의 인터넷 사이트를 공격하면서 시작되었다.

The US-China ***hacking*** war was triggered by the Honker Union of China ("Honker" being a slang in China for ***hacker***) made online raids on major US government websites.

악성 코드　　**malicious code**

바이러스　　**computer virus**

바이러스에 감염되어 컴퓨터가 다운되었다.

The computer crashed after it was infected by a ***computer virus***.

바이러스 예방 프로그램　　**virus protection program**

접근 통제 access control

원격 엑세스 remote access

기업망에 대한 원격 엑세스는 이동중인 근로자들의 업무 효율성을 극대화해 준다.

Remote access to the enterprise network maximizes the efficiency of mobile workers.

컴퓨터 네트워크 computer network

라우터 router

스위처 switcher

데이터 스트리밍 data streaming

시스템 아키텍처 system architecture

인터넷의 증가로 시스템 아키텍처가 크게 변했다.

With the growth of the Internet, ***system architectures*** have changed drastically.

분산형 아키텍처 distributed (client-server) architecture

메인프레임 환경에서 분산형 아키텍처로 바뀌면서…

...as the mainframe environment changed to a ***distributed client-server architecture***...

그리드 컴퓨팅 grid computing

동기종 환경 homogenous environment

이기종 환경 heterogeneous environment

서버와 클라이언트가 생산업체가 다른 이기종 환경을 갖추고 있다면…

If you have a ***heterogeneous environment*** with servers and clients from several manufacturers...

에코시스템 ecosystem

기술 이전 technology migration

기술 이전 과정에서 사용자들이 큰 불편을 겪어서는 안 된다.

The ***technology migration*** should not be disruptive to the the users.

기존 시스템 legacy system

기존 시스템에서 새로운 시스템으로 전환하고 있다.

...people are migrating from their ***legacy system*** to the new system...

☞ *migration* : 단계적으로 새로운 시스템이나 기술로 전환하는 것을 뜻하며, 대부분 그대로 마이그레이션이라고 한다.

데이터 DATA

데이터 처리 — data processing
- 분산 처리 — distributed processing
- 중앙 처리 — central processing
- 병렬 처리 — parallel processing
- 직렬 처리 — serial processing

두 개의 컴퓨터 간의 분산 처리 방식은 시스템 에러에 대한 안전장치가 된다.
...***distributed processing*** between two computers creates a safeguard against system errors.

데이터 처리량 — data throughput

그 제품은 어떤 네크워크상에서도 데이터 처리량을 최적화시킨다.
The products optimize ***data throughput*** over any network.

데이터베이스 — database
- 관계형 데이터베이스 — relational database

고객 정보가 저장된 데이터베이스를 구축했다.
We've built a ***database*** that stores customer data.

메타 데이터 — meta data

멀티미디어 정보(데이터) — multimedia data
- 문자 — text
- 음성 — voice, sound
- 영상 — graphics, picture

문자와 영상은 인터넷상에서 가장 보편적인 정보 매체다.
Texts and graphics are the most conventional media for information on the web.

- 동영상 — video, full-motion video

동영상은 가장 많은 대역폭을 필요로 한다.
Full-motion video requires the largest amount of bandwidth.

• Mission Critical Data란?

망 관리 관련 data, 온라인 금융 거래 등 반드시 전송되어야 하는 데이터로서, 데이터 전송에서 최우선순위를 갖는다.

스토리지 STORAGE

스토리지 **storage**

각 기업들이 보존해야 할 데이터량이 방대해지면서 이를 대신 저장해주는 스토리지 사업이 등장했다.

As companies accumulated a vast amount of data that had to be stored, a new business called ***"data storage"*** service emerged.

재난 복구 **disaster recovery**

이기종의 전산 환경에서 고성능 백업 및 재난 복구 기능을 제공한다.

...provides advanced back-up and ***disaster recovery*** capabilities in a heterogeneous computing environment...

스토리지 관련 약어

ASCII	American Standard Code for Information Interchange
BIOS	Basic Input Output System
CAM	Computer Aided Manufacturing
CAD	Computer Aided Design
CD-ROM	Compact Disk-Read Only Memory
CIM	Computer Integrated Manufacturing
CPU	Central Processing Unit
DRAM	Dynamic Random Access Memory
DTP	Desktop Publishing
EPROM	Erasable, Programmable Read Only Memory
EEPROM	Electrically Erasable, Programmable Read Only Memory
FTP	File Transfer Protocol
GUI	Graphic User Interface
HDD	Hard Disk Drive
HTML	Hypertext Markup Language
HTTP	Hypertext Transfer Protocol
LCD	Liquid Crystal Display
MEMS	Micro-electromechanical Systems
MIPS	Million Instructions Per Second

OOP	Object Oriented Programming
OS	Operating System
PC	Personal Computer
PCMCIA	Personal Computer Memory Card International Association
RISC	Reduced Instruction Set Computer
RAM	Random Access Memory
ROM	Read Only Memory
SQL	Structured Query Language
TFT	Thin Film Transistor
URL	Uniform Resource Locator
WWW	World Wide Web
WYSIWYG	What You See Is What You Get

인터넷 INTERNET

인터넷 **Internet, the Net**

— 하다 **be on the Internet**

청소년들은 매일 평균 2시간씩 인터넷을 한다.

Teenagers ***are on the Internet*** everyday for an average of 2 hours.

— 접속 **Internet connection, log on to the Internet, access the Internet**

— 접속료 **Internet connection fee, inter-connection fee, Internet access fee**

통신업체들에게 인터넷 접속료는 큰 수입원이다.

The ***Internet inter-connection fee*** is a big source of income for telecom companies.

사이버 공간 **cyberspace**

익명성 **anonymity**

사이버 공간에서는 익명성이 보장된다.

Anonymity is guaranteed in cyberspace.

초고속 인터넷 **broadband Internet, broadband**

전 가구의 75%가 초고속 인터넷을 사용하고 있으며…

…75% of all households have ***broadband Internet*** access…

초고속 인터넷 보급률 **broadband penetration**

한국은 전 세계에서 초고속 인터넷 보급률이 가장 높은 나라다.

Korea has the highest rate of Internet users and ***broadband penetration*** in the world.

무선 인터넷 **wireless Internet (access)**

무선 인터넷 접속을 위한 Wi-Fi 시스템은 미국에서 공항, 커피숍, 가정 및 사무실에서 널리 사용되고 있다.

...the so-called Wi-Fi systems used for ***wireless Internet access*** in U.S. airports, coffee shops, homes and offices.

무선 접속 **wireless connection, wireless access**

지정된 구역에서 인터넷에 무선으로 접속할 수 있다.

You can ***make a wireless connection to*** the Internet within the given area.

사물 인터넷 **IOT, Internet of Things**

클라우드 컴퓨팅 **cloud computing**

☞ cloud computing : 인터넷상의 서버를 통해 정보처리, 데이터 저장, 네트워크, 콘텐츠 사용, 보안 등의 IT 관련 서비스를 사용할 수 있는 환경.

프라이빗 클라우드 **private cloud**

☞ private cloud : 사용자 전용 클라우드 환경.

퍼블릭 클라우드 **public cloud**

☞ public cloud : 사용자가 인프라를 소유하지 않고 필요에 따라 사용량을 결정할 수 있는 공유 클라우드 환경.

하이브리드 클라우드 **hybrid cloud**

하이브리드 클라우드는 프라이빗 클라우드와 퍼블릭 클라우드를 조합한 것이다.

Hybrid cloud refers to a combination of private and public clouds.

Pass Platform as a Service,

Saas Software as a Service

IoC, Infrastructure as a Code

☞ "IOC" : 코드를 통해 인프라를 소프트웨어처럼 관리할 수 있다.

컴퓨팅 서비스 제공사 **Cloud Computing Service Provider (CSP)**

세계 3대 클라우드 서비스 제공자는 AWS Amazon Web Services, GCP Google Cloud Platform, 그리고 Microsoft Azure다.

The 3 leading global ***CSPs*** are WS Amazon Web Services, GCP Google Cloud Platform, and Microsoft Azure.

인공지능 **Artificial Intelligence**

기계학습 **Machine Learning**

딥러닝 **Deep Learning**

☞ Deep Learning : 머신러닝의 일부로서 보다 심층적인 학습이 이루어진 단계다. 딥러닝을 적용하여 이미지/비디오 분류, 음성인식, 자연어 처리 등이 가능해졌다.

가상현실 **Virtual Reality (VR)**

증강현실 **Augmented Reality (AR)**

AR이란 3차원 가상 이미지를 사용자의 환경을 실시간으로 통합하는 기술이다.

Augmented reality (AR) is the integration of three dimensional virtual images with the user's environment in real time.

메타버스 **Metaverse**

사용자 제작 콘텐츠 **User Generated Content (UGC)**

메타버스 신생기업인 Burning Galaxy가 몰입형 UGC(사용자 제작 콘텐츠) 플랫폼을 시작한다.

Metaverse startup Burning Galaxy soft launches its immersive ***user-generated content***(***UGC***) platform... (*PR Newswire*)

조회 **query, search**

조회 수가 천 대를 넘었다.

The ***number of queries*** was over the thousands.

검색 **search**

정보 검색 **retrieve data, search for information**

생명공학에 대한 정보를 검색하다.

...***search for information*** on biotechnology.

검색 엔진 **search engine**

검색 엔진으로 정보를 찾다.

...look up information through a ***search engine***.

가입자 **subscriber**

가입자 회선 **subscriber line**

무선 통신 가입자가 유선 가입자의 수를 능가한다.

The number of wireless telecommunication ***subscribers*** exceeds that of wired subscribers.

인터넷 사용량 **Internet usage**

학생들의 일일 평균 인터넷 사용량이 2시간을 넘는다.

The average daily ***Internet usage*** among students exceeds 2 hours.

PC방 **Internet Café, cybercafé, PC Room**

전국에 25,000개가 넘는 PC방에서 한국 청소년들은 고속 전송망을 통해 온라인 게임을 즐긴다.

In the more than 25,000 ***cybercafés*** around the nation, young Koreans enjoy super fast connection to play online games.

인터넷 카페 **online community, chat sites**

☞ *Internet Café* : 원래 인터넷 카페란 무료로 잠시 인터넷을 사용할 수 있도록 공공장소에 설치된 것이나, 혹은 PC방과 가까운 형태의 유료 Internet Café를 의미했다. 그러나 이제 한국에서는 인터넷 카페가 온라인 커뮤니티를 지칭하고 있다.

채팅 **chatting**

오늘날 사람들은 채팅을 통해 새로운 사람을 만나려고 한다.

People try to meet new people through ***online chatting*** .

이모티콘 **emoticon, smileys**

아바타 **Avatar**

• Avatar란?

아바타. 3D 또는 가상 현실 게임 또는 일부 채팅 커뮤니티에서 접속자를 시각적으로 상징하는 동물이나 가상 인물. 원래 힌두교에서 아바타는 신(神)의 화신이라는 뜻을 가지며, 따라서 어떤 이상이나 다른 현실이 발현된 모습을 의미한다. (searchWebservices.com)

쌍방향 서비스 **interactive service**

완벽한 쌍방향 서비스를 제공한다.

...provide fully ***interactive services***.

전자 상거래 **e-commerce**

— 하다 **conduct/engage in e-commerce**

전자 상거래에서 가장 큰 보안 문제는 결제다.

The biggest security concern in ***e-commerce*** is settlement.

B2B **Business-to-Business commerce**

B2C **Business-to-Customer commerce**

처음에는 B2B가 전자 상거래의 대부분을 차지했다.

B2B transactions initially accounted for most of the e-commerce.

웹사이트 **website**

— 구축 **set up website, create website**

기업 웹사이트를 구축하다.

...***set up*** a corporate ***website***...

...***create*** a company ***website***...

☞ *site under construction* : 사이트 준비 중.

— 운영 **run a website, manage a website**

그는 개인 웹사이트를 운영한다.

He *has* a personal *website*.

인터넷/온라인 구매 　　 buy online, buy on the internet

온라인 결제 　　 online payment

방문자 수 　　 number of visitors, number of hits

본 웹사이트에 매일 1,000명이 넘게 방문하고 있다.

The website is getting over ***1,000 hits*** per day.

유료 사이트 　　 fee-based site

무료 사이트 　　 free site

대부분의 인터넷 사이트는 무료 사이트다.

Most websites are ***free sites***.

유료화 　　 switch to a fee-based service

구독료 　　 subscription fee

구독형 서비스 　　 subscription-based service

많은 프로그램이나 애플리케이션이 구독형으로 전환하고 있다.

As many programs and applications are switching to a ***subscription-based service***...

도메인 　　 domain

포털 사이트 　　 Internet portal site

인터넷 서비스 제공자 　　 Internet Service Provider (ISP)

KT, 하나로통신, 두루넷 등 주요 ISP(인터넷 서비스 제공자)들이 수시간 만에 망을 복구했지만 …

Although major ***ISPs*** including KT, Hanaro and Thrunet restored their networks in a couple of hours...

닷컴 　　 dot.com

1990년대 말에는 닷컴 열기가 한창이었다.

There was a ***dot.com bubble*** during the late-1990's.

• dot.com bubble이란?

2000~2001년까지 미국을 중심으로 신규 인터넷 서비스 업체들이 상장하면 주식 값이 수십 배까지 폭등하면서, 주식 시장에서는 닷컴 회사들의 주식으로 거품 현상이 일었다. 2001년도 하반기부터 거품이 빠지기 시작하여 장기간 침체되었다.

인터넷 전화 　　 Internet telephony

VoIP 　　 Voice over IP

스팸 메일 　　 spam mail

— 차단 　　 screen spam mail

스팸 메일을 차단할 수 있는 소프트웨어…
...a software that screens all ***spam mail***...

유해 사이트 harmful sites, pornographic sites

— 차단 filter pornographic sites, block access to harmful sites

— 차단 소프트웨어 internet filter

filter란 서버에 설치되어 음란물을 차단함으로써 아동들을 포함한 인터넷 사용자들을 보호해주는 유해물 차단 소프트웨어다.
A ***"filter"*** is a ***blocking software*** installed on a computer server to protect internet users - including children-from graphic online pornography.

개인 정보 보호 privacy protection

정보 보호 information security

명의 도용, 신분 도용 identity theft

2005년도에 미국인 4%가 명의 도용 피해자였으며…
While 4 percent of Americans fell victim to ***identity theft*** in 2005... (*San Jose Mercury News*)

정보통신 INFORMATION & COMMUNICATIONS

방송통신위원회 Korea Communications Commission (KCC)

전기통신기본법 Telecommunications Basic Act

전기통신기본법과 전기통신사업법이 통신업계를 규제한다.
The ***Telecommunications Basic Act*** and the Telecommunications Business Act regulate the telecoms industry.

국가정보화기본법 Framework Act on National Informationization

유무선 통신 wireline and wireless telecommunications, wired and wireless telecommunications, fixed-mobile convergence

무선 통신 사업이 유선 통신 사업을 앞질렀다.
Wireless telecommunication services now surpass ***wireline services***.

유무선 통합 fixed mobile convergence (FMC), wireline and wireless integration, wired and wireless integration

유무선 통합 등의 신기술을 기반으로 한 혁신적 제품으로 시장을 선점하려면…
...to be first to market by offering innovative products based on the emerging technologies such as the ***fixed mobile convergence*** (***FMC***), (*Li-*

nuxWorld.au)

통신 장비 **communication equipment**

통신 기기 **communication device**

노키아는 미래적인 통신 기기를 홍보하고 있다.

Nokia is promoting a futuristic ***communication device***.

통신망 **communication network**

현대의 통신망은 국제적으로 연결되어 있다.

The ***communication network*** of today is globally connected.

— 구축 **build/construct network**

컴퓨터들 사이에 네트워크를 구축…

Building a network between computers...

— 관리 **network management**

— 관리자 **network manager, network administrator**

네트워크 관리자는 단말기 설치, 사용자의 등록, 비밀번호 및 보안 관리, 장애 복구 등의 업무를 관장한다.

The ***network administrator*** is in charge of installing terminals, registering users and passwords, security and disaster recovery.

네트워크 관리자는 망의 통신량이 서버의 용량을 초과하지 않도록 관리해야 한다.

A ***network manager*** has to confirm that all activities on the network is within the server's capacity.

망 부하 **load on network**

망에 과부하가 걸려 다운되었다.

The ***network*** went down because of ***overload***.

공중망 **public network**

사설망 **private network**

기업망 **enterprise network**

기업망은 정보를 전달하든가 의무를 부여할 때 쓰인다.

An ***enterprise network*** is used to send information or to assign tasks.

대역 **band, spectrum**

광대역 **broadband**

협대역 **narrowband**

대역폭 **bandwidth**

스트리밍 비디오 같은 애플리케이션은 많은 대역폭을 필요로 한다.

Applications such as streaming video require a large amount of ***bandwidth***.

유비쿼터스 센서 네트워크 **Ubiquitous Sensor Network (USN)**
광대역 통합망 **Broadband Convergence Network (BcN)**
종합정보통신망 **Integrated Services Digital Network (ISDN)**
DSL **Digital Subscriber Line**

미국 가구 중 50%가 DSL을 신청할 수 있다.
DSL is available to 50% of U.S. households.

VDSL **Very High-bit Rate Digital Subscriber Line**
ADSL **Asymmetrical Digital Subscriber Line**

한국 가정에서 인터넷에 접속하는 방법은 ADSL이 83.9%다.
83.9% of Korean households access the Internet through ***ADSL***.

무선 랜 **wireless LAN**

월드컵 경기 때 기자들은 KT에서 제공한 무선 랜을 활용했다.
Journalists at the World Cup games took advantage of the ***wireless LAN*** provided by KT.

광섬유망 **fiber optic network**
광섬유 케이블 **fiber optic cable**

광섬유 케이블로 사무실 빌딩들을 연결하여 기업들에게 end-to-end 통신 서비스를 제공…
...offering end-to-end communications solutions to companies by connecting office buildings with ***fiber optic cables***...

• Dark Fiber란?

설치는 되어 있지만 현재 사용하지 않고 있는 광섬유 인프라를 말한다. Dark는 광섬유에서 아무런 광파도 보내지 않는다는 것을 의미한다.

패킷 교환망 **packet-switched network**
회선 교환망 **circuit-switched network**

이 환경에는 패킷 교환망이 더 좋다.
A ***packet-switched network*** would be better in this environment.

송수신 **transmission, sending and receiving**
전송 **transmit, send**

과열이 전송 실패의 주요 원인이다.
Overheating is the leading cause of ***transmission*** failure.

파일의 전송 시간은 네트워크의 상태와 양쪽 컴퓨터의 성능이 다 반영된다.
The time to ***transmit*** depends on the abilities of both computers and the condition of the network.

수신 receive
모뎀 Modem
변조 modulation
복조 demodulation

아직도 세계의 많은 국가들은 표준 모뎀을 사용해 인터넷에 접속한다.
Most of the world still uses a standard ***modem*** to connect to the Internet.
☞ *"MODEM" : modulation + demodulation*

압축 compression
복원 decompression

데이터 압축에는 ZIP 방식이 사용된다.
Zip standard is used for data ***compression***.
☞ *"CODEC" : compression + decompression*. 압축된 동영상이나 음악 파일을 복원시키는 데에 필요한 프로그램.

데이터 전송 data transmission
재전송 retransmission
전송 속도 data transmission speed
전송량 data volume, data traffic

데이터 전송량이 폭주하면 서버 자체가 다운되는 경우가 많다.
When the amount of ***data traffic*** is overwhelming, it's likely for the whole server to crash.
☞ *data traffic* : 교통망에서의 교통량과 같은 개념으로 네트워크상에서의 데이터 총전송량이다. 일반적으로 트래픽이라고 한다.

실시간 real-time

많은 소프트웨어 업그레이드 프로그램들은 실시간으로 인터넷을 체크한다.
Many software upgrade programs keep a ***real-time*** check on the Internet.

주파수 frequency

주파수의 단위는 헤르츠(Hz)와 킬로헤르츠(KHz), 메가헤르츠(MHz)다.
The Hertz(Hz) is the scale of ***frequency***, along with KiloHertz(KHz) and Mega Hertz(MHz).

— 할당 frequency allocation

현재는 정부가 주파수 대역을 경매를 통해서 할당한다.
Currently the government ***allocates frequency*** bandwidth through auctions.

— 경매 frequency auction

정부가 주파수 대역을 경매한다.
The government ***auctions frequency*** bandwidths.

전파 — **electric wave, radio wave**

— **방해** — **jamming, interference**

X가 라디오 방송 전파를 방해하다.
X is causing ***interference*** to the radio broadcasting.

통신 표준 — **telecommunications standard**

• ITU-T란?

ITU-T는 국제전기통신연합(International Telecommunication Union) 산하 기구로 통신 표준을 담당한다. 통신 장비 및 시스템에서 국제적으로 합의된 표준을 수립하며 이전에는 CCITT로 지칭되었다.

• IEEE란?

Institute of Electrical and Electronics Engineers. 미국전기전자통신학회. 통신 표준화 기구로서 여기서 나온 표준은 IEEE 802.11 등의 이름이 붙으며 "I triple E"라고 읽는다.

통신 프로토콜 — **communication protocol**

통신 프로토콜은 그 네트워크의 효율을 결정한다.
...efficiency of a network depends on the ***communication protocol***.

• Protocol이란?

통신망에서 통신을 할 때 단말(end points) 간 교신을 위하여 사용하는 일련의 약속이다. 프로토콜은 통신의 계층(layer)별로 존재하여 상응하는 계층 간 정해진 프로토콜을 인식하고 이행하면 커뮤니케이션이 이루어진다. 프로토콜은 업계 또는 국제 표준에 의해 규정된다. 대표적 인터넷 프로토콜로 TCP, IP, HTTP, FTP 등이 있다.

• TCP/IP란?

Transmission Conrol Protocol/Internet Protocol. 인터넷상에서 호스트들을 연결하여 데이터를 전송할 수 있게 하기 위한 통신 프로토콜. 1980년 초 미국 국방부가 제정한 통신 프로토콜.

• Bluetooth란?

무선 RF 기술을 이용하여 통신 기기와 컴퓨터 기기를 근거리에서 연결해주는 무선 통신 프로토콜이다.

비동기 전송 방식 **Asynchronous Transfer Mode (ATM)**
동기 전송 방식 **Synchronous Transfer Mode (STM)**

비동기 전송 방식은 멀티미디어를 위해서 전화 통신 업계가 설계했다.
ATM(Asynchronous Transfer Mode) was designed by the telephony world for multimedia.

광대역 부호 분할 다중 접속 **Wideband Code Division Multiple Access (W-CDMA)**
부호 분할 다중 접속 **Code Division Multiple Access (CDMA)**
시분할 다중 접속 **Time Division Multiple Access (TDMA)**

한국은 세계에서 최초로 CDMA 기술을 상용화했다.
Korea was the first in the world to commercialize ***CDMA technology***.

직교 주파수 분할 다중 **Orthogonal Frequency Division Multiplexing (OFDM)**

• CDMA란?

Code Division Multiple Access. 디지털 이동통신 방식의 일종. 여러 개의 신호를 의도적으로 하나의 채널에 집어넣되, 각 신호에 고유 코드를 부착하고 수신자들은 해당 수신 코드의 신호만 선별적으로 접수한다. 미국 퀄컴(Qualcomm)사에서 개발하여, 한국에서 처음 상용화했다.

• TDMA란?

Time Division Multiple Access. 다중 접속 방식의 하나. 주파수대를 100분의 1초 단위의 시간 슬롯(slot)으로 나누고 휴대폰이 접속하면 하나의 slot를 배정받아 디지털 신호를 전송한다. 유럽의 GSM, 미국의 TIA, 일본의 JDC 등에서도 무선 기지국과 이동국 간의 다중 접속 방식으로 TDMA 방식을 채택하고 있다.

• IMT2000이란?

International mobile telecommunication-2000. IMT2000 또는 WCDMA는 현재의 이동통신 기기나 휴대용 무선 기기로도 훨씬 빠른 데이터 전송 속도를 구현하게 해주는 3G(third generation) 이동 무선 통신 기술이다. 5 MHz 대역폭을 사용하며 데이터 전송 속도는 2 Mbps(local area access) 내지 384 Kbps(wide area access)가 가능하다.

• Wi-Fi란?

Wireless Fidelity의 약어. 와이파이는 무선 이더넷 호환성 협회, 즉 WECA에서

802.11b 무선 이더넷 표준에 대해 제공하고 있는 로고다. 호환성을 가진 PC 카드 및 컴퓨터는 Wi-Fi 로고를 사용할 수 있다. (한국정보통신기술협회)

• WIBRO란?

Wireless Broadband. 국제적으로 '모바일 와이맥스 IEEE802.16e'라는 기술 명칭으로 통용된다. 속도는 내려받기 20Mbps, 올리기 6Mbps로 광대역 통신(ADSL)보다 두 배 이상 빠르다.

• DMB란?

Digital Multimedia Broadcasting. 디지털 멀티미디어 방송. 음성, 영상 등 다양한 멀티미디어 신호를 디지털 방식으로 이동 단말기에 제공하는 방송 서비스. (정보통신용어사전)

위성통신 SATELLITE COMMUNICATION

위성통신 **satellite communication**

X사는 국제 위성통신 서비스를 선보일 예정이다.

Company X is to launch international ***satellite communication*** services.

위성통신은 시간대에 따라서 달라진다.

Satellite communication has time variables.

송출 **transmission**

업링크 **satellite uplink**

접시 안테나로 위성에 연결하다.

Creating an ***uplink to a satellite*** with a satellite dish...

다운링크 **satellite downlink**

위성 중계기 **transponder**

위성 중계기는 정해진 주파수 내에서 무선 신호를 송수신한다.

A ***transponder*** receives and transmits radio signals at a prescribed frequency range.

접시 안테나 **satellite dish**

위성 TV방송은 채널 수는 많으나 접시 안테나를 별도로 설치해야 한다.

Satellite TV offers more channels but you need to install a separate ***satellite dish***.

위성 지구국 **earth station, satellite farm**

이 위성 지구국은 동시에 수백만의 국제 전화들을 처리한다.

This ***satellite earth station*** simultaneously handles millions of international phone calls.

전화 TELEPHONY

전화 사업 — **telephony**

전화 보급률 — **telephone penetration, fixed line density, teledensity**

전화 보급률이 거의 100%에 육박하고 있다.

Teledensity is approaching 100%.

전화 신청 — **subscribe to phone service, install a telephone line**

가설료 — **installation charge, fixture charge**

처음에 전화 신청을 하고 가설료를 내야 한다.

You have to pay the ***installation charge*** when you ***subscribe to the phone service.***

전화기 — **telephone set**

본체 — **base unit, base station**

수화기 — **receiver, handset**

수화기를 들다.

...pick up the ***receiver***.

수화기를 내려놓다.

...put down the ***receiver***.

자동 응답기 — **answering machine**

단축 다이얼 — **speed dial, auto dial**

XXX-XXXX를 단축 다이얼에 추가했다.

I added XXX-XXXX for ***speed dial***.

무선 전화기 — **cordless phone**

가정용 무선 전화기는 이제 기본 가전제품이 되었다.

Cordless phones for the home have become a basic home appliance.

영상 전화기 — **video phone**

영상 전화기로 전화하는 상대방의 얼굴을 볼 수 있다.

Video phones allows the user to see the face of the person on the other end.

전화번호 — **telephone number**

국번 prefix

지역 번호 area code

XX의 지역 번호는 ##이다.

...the ***area code*** for XX is ##.

국제 전화 international calls

국제 전화 사업자 번호 international dialing prefix

국제 전화를 걸 때 001, 002 등의 국제 전화 사업자 번호를 제일 먼저 돌린다.

When making an international call, you first dial the ***international dialing prefix***, such as 001 or 002.

국가 번호 country code

국제 전화 요금 international call rate

국제 전화 선불카드 pre-paid international calling card

만원짜리 국제 전화 선불카드…

...a 10 thousand Won ***pre-paid international calling card***...

전화 안내 서비스 directory service, directory assistance

…XX 기관의 번호…

... ***the number for*** XX.

미등록 번호 unlisted number

번호가 나와 있지 않다(미등록 번호).

The number is ***not listed***.

It is an ***unlisted number***.

전화번호부 phone book, telephone directory

전화번호부에서 전화번호를 찾다.

...look up the number in the ***telephone directory***.

☞ *Yellow Pages* : 미국에서 전화번호부는 상용 전화번호부(*Yellow Pages*)와 개인 전화번호부(*White Pages*)로 나누어 발행한다.

공중전화 pay phone, public phone

공중전화 박스 public telephone booth

휴대폰이 널리 보급되면서 공중전화 박스를 찾아보기 어렵다.

With the high penetration of mobile phones, ***phone booths*** are becoming hard to find.

부가 서비스 value-added services

무료 통화 서비스 toll-free call

한국의 080은 미국의 1-800번과 같은 무료 통화 서비스 번호다.

Korea's 080 is a ***toll-free number*** like the 1-800 of the U.S.

☞ *1-800 number* : 무료 전화번호. *one-eight-hundred*라고 한다.

수신자 부담 통화 collect call

수신자 부담 통화 수신을 거부하다.

...refuse to accept the ***collect call***.

착신 통화 전환 call forwarding

집으로 오는 전화를 핸드폰으로 착신 전환했다.

I ***forwarded the calls*** coming to my house to my cell phone.

통화 보류 call holding

통화 중 대기 call waiting

통화 중 대기 신호는 상대방으로서는 짜증이 난다.

Call waiting signals can be annoying to the other person on the line.

평생 번호 personal life-time phone numbers

데이콤은 평생 번호 등의 부가 서비스로 매출이 올라갔다.

Revenue of Dacom was bolstered by value-added services such as ***personal life-time phone numbers***.

통화 call

통화가 된다.

The ***call*** is going through.

수신 — incoming call

발신 — out going call

모든 발신 통화는 9를 먼저 돌려야 한다.

Dial 9 first for all ***out going calls***.

— 불통 service interruption, lines cut off, lines gone down

태풍으로 인해 그 지역 전화가 불통이다.

The ***phone lines are down*** in that area due to the storm.

시내 통화 local call

시내 통화 요금은 회당 XX원이 부과된다.

...XX Won is charged for every ***local call***.

시외 통화, 장거리 통화 long distance call (DDD: Direct Distance Dialing)

장난 전화 prank call

음란 전화 obscene phone call

누구에게 장난 전화를 걸다.

...make a ***prank call*** to a person.

통화량 call volume

통화 폭주 call congestion, call surge

재난 상황의 통화 폭주 시에도 통화가 되어야 한다.

The calls have to go through even when there is a ***call congestion*** during disasters.

통화 완료율 **call completion rate**

통화 완료율은 연결의 안정도의 척도다.

The ***call completion rate*** is a measure of a connection's stability.

신호 **signal**

신호음 **call signal**

신호음을 듣기가 어렵다.

It's hard to get a ***call signal***.

통화음 **dial tone**

통화음이 안 떨어진다.

I'm not getting a ***dial tone***.

통화중 신호 **busy signal, busy tone**

통화중 신호만 들린다.

I am only ***getting a busy signal***.

통화 품질 **call quality, voice quality**

잡음 **noise**

신호 대 잡음비(SN비) **signal-to-noise ratio**

SN비가 그리 높지 않다.

The ***signal-to-noise ratio*** is not very high.

혼선 **crossed lines**

혼선이 자주 되는 경우에는 도청의 가능성을 생각해야 한다.

...constant ***crossed lines*** may mean that the line is tapped.

반송파 신호 **carrier signal**

반향, 에코 **echo**

간섭 **interference**

전파 간섭은 통화의 질을 떨어뜨린다.

Wave ***interference*** degrades the quality of reception.

왜곡 **distortion**

감쇠 **attenuation**

감쇠란 한 지점에서 다른 지점으로 전송할 때 신호 크기의 감소다.

Attenuation is the reduction of signal level as it is transmitted from one place to the other.

전화 관련 약어	
장거리 직통 전화	Direct Distance Dialing (DDD)

국제 자동 전화	International Direct Dialing (IDD)
일반 전화 교환망	Public Switched Telephone Network (PSTN)
기존 전화 서비스	Plain Old Telephone Service (POTS)
교환국	Private Branch Exchange (PBX)

PSTN 일반 전화 교환망 **Public Switched Telephone Network**

PSTN을 통한 전화 서비스는 POTS(기존 전화 서비스)라고도 불린다.

Telephone service carried by the ***PSTN*** is often called POTS (plain old telephone service).

☞ *Network* : 망에 대한 상세한 용어는 <정보통신/정보통신> 참조.

통신 사업자 **carrier, telecom company, phone company, telecom operator, telco**

한국의 제2위 통신 사업자인 데이콤은 2/4분기에 13억원의 이익을 기록했다.

Dacom Corp., the No. 2 South Korean ***phone company*** posted a 2Q profit of 1.3 billion Won.

영업 전화국 **branch office**

장거리 통신 사업자 **long distance carrier**

기간 통신망 사업자 **Facility Based Telecom Service Provider (FSP), facility-based telecom carrier**

기간 통신망 사업자는 통신망을 보유한다.

Facility-based telecom carriers own physical networks.

발신자 **caller**

착신자 **receiver**

발신자의 위치를 수색하다.

...search for the location of the ***caller***.

교환기 **switching system**

교환국 **Private Branch Exchange (PBX)**

현대에서 교환기는 자동화되었고…

...the ***switching system*** has become automated...

전화선 **telephone line**

동축 회선 **coaxial cable**

연선 **twisted pair wire**

연선은 값이 싸고 모뎀 회로와 LAN 등에 사용된다.

Twisted pair wires are cheap and used for modem lines and LANs.

가입자 회선 **local loop, last mile distance**

가입자 회선을 무선화해서 인터넷용을 위해 사용하다.
...develop a wireless ***local loop*** for Internet uses.

전용 회선 **dedicated line**

임대 회선 **leased-line**

기업 고객들에게 대한 회선 임대 등의 인터넷 관련 사업 매출…
...Internet-related sales, including ***lines leased to*** corporate clients...

해저 케이블 **submarine cable**

알래스카와 러시아 사이에 해저 케이블을 설치…
...lay a ***submarine cable*** between Alaska and Russia...

통화 요금 **tariff per pulse, call charge**

시내 통화 요금 **local tariff, local call rate**

일반적인 시내 통화 요금은 분당 XX다.
...conventional ***local tariff*** is XX per minute.

전화 요금 **phone bill/tariff/charge**

통화료 **call rate**

인도네시아 정부는 국민들의 거리 시위에 못 이겨 전화 요금 인상을 미루기로…
Jakarta has already bowed to street protests in delaying ***phone tariff*** hikes... (*Channel News Asia*)

가입자 월평균 사용 금액 **Average Revenue per User (ARPU)**

컬러 단말기는 3G 환경에서 ARPU를 높일 수 있는 핵심 요인 중 하나다.
Color handsets are one of the key ***ARPU*** drivers in the 3G environment.

사용량 **usage amount**

사용 시간 **Minutes of Usage (MOU)**

통신 서비스 산업의 수익 구조는 가입자 월평균 사용 금액(ARPU)과 사용 시간(MOU)의 변화에 의존한다.
The profit structure of telecommunication services depends on changes in ***ARPU*** and ***MOU***.

기본 사용료 **basic (service) charge**

월 사용료 **monthly usage charge**

월 전화료 **monthly phone bill**

월 전화료를 인상하다.
...increase the ***monthly phone bill***.

요금 관리, 요금 청구 **billing**

KT가 요금 관리 시스템을 새로이 도입했다.
KT introduced a new ***billing system***.

발신 요금 **originating bill**

발신 요금은 XX였다.

...the ***originating bill*** was XX...

착신 요금 **terminating bill**

통합 요금 고지 서비스 **bundled billing service**

KT는 고객들에게 통합 요금 고지 서비스를 제공한다.

KT provides ***bundled billing services*** to its customers.

이동통신 MOBILE COMMUNICATION

이동 전화 **mobile phone**

이동통신 사업자 **mobile carriers, mobile communications service provider, mobile operator**

한국 이동통신 사업자들이 신용카드 회사들과 갈등을 겪고 있다.

Korean ***mobile carriers*** are clashing with credit card firms.

유선 전화 **fixed-line/wireline/land line telephone**

유선 전화 요금이 인상될 계획이다.

Tariffs for ***fixed-line phone service*** will be raised.

무선 전화 **wireless telephone, mobile telephone**

젊은 층은 대체로 편의를 위해서 무선 전화 서비스에 가입한다.

The younger market subscribes for ***wireless phones*** for its convenience.

셀 분할 **cell splitting**

로밍 **roaming**

글로벌 로밍 서비스는 출장이 잦은 사업가들에게 매우 유용하다.

Global ***roaming*** services are very useful for businessmen who travel frequently.

기지국 **base station**

가입자가 많아 기지국 증설이 필요하다.

More ***base stations*** should be built, because the number of subscribers are increasing.

이동 단말기 **mobile handsets**

요즘 청소년들은 단말기를 3개월에 한 번씩 교체한다.

Teenagers replace their ***handsets*** with new ones every 3 months these days.

개인 휴대용 단말기 **Personal Digital Assistant (PDA)**

PDA 등 휴대용 단말기에는 윈도우즈의 소형 버전이 필요하다.

A smaller version of Windows is required for handheld devices such as ***PDA***.

호출기 **pager**

휴대폰 **mobile phone, cell phones**

운전 중 휴대폰 사용이 금지되었다.

Drivers are prohibited from using ***mobile phones*** while driving.

폴더블 폰 **foldable phone**

플립형 **flip style**

막대형 **bar type**

한국에서는 플립형이 인기가 있다.

The ***flip style*** handsets are popular in Korea.

무음 모드 **silent mode**

진동 모드 **vibration mode, vibrating call alert mode**

휴대폰을 꺼주시거나 무음 모드로 해놓으십시오.

Please turn off all cell phones or put it on ***silent mode***.

음성 인식 다이얼 **voice activated dialing**

음성 인식 다이얼 기능은 발신자의 음성만으로 전화가 걸리는 기능이다.

Voice activated dialing enables the caller to dial phone numbers with only the sound of his/her voice.

문자 메시지 **text messaging, text message service**

iMode는 문자 메시지 서비스에서 성공적이었다.

iMode was very successful with its ***text message service***.

단문 메시지 전송 서비스 **Short Message Service (SMS)**

현재 한국과 일본에서는 SMS가 사업성이 있다.

Short Message Service is commercially successful in Korea and Japan.

발신자 번호 **caller ID**

발신자 번호가 핸드폰에 표시된다.

The ***caller ID*** is displayed on the cell phone.

운전 중 휴대폰 사용 금지 **ban on using cell phones while driving**

핸즈프리 **hands free unit, hands free system**

운전할 때는 핸즈프리 장치를 사용해야 한다.

You should use a cellular phone ***hands free unit*** while driving.

가입 **subscription, activation**

가입비 **activation fee, subscription fee**

가입자 **subscriber**

이번 달 동안 신규 가입 고객들에게 가입비를 면제해준다.
New ***subscribers*** do not have to pay activation fees during this one month.

해지 **termination**

휴대폰 서비스를 해지했다.
I ***terminated*** my cell phone service contract.

해지율 **churn rate**

가입자의 해지율은 젊은 층에서 높다.
The younger generation shows a high ***churn rate***.

요금 체제 **tariff regime**

다양한 요금 체제 때문에 혼란이 온다.
The wide range of ***tariff regime*** confuses people.

사용량 **usage amount, airtime**

통화금은 사용량에 비례한다.
The phone bill increases with the ***usage amount***.

사용료 **service charge**

기본 사용료 **basic charge**

정액 요금 **fixed rate**

높은 기본 사용료가 큰 부담이 된다.
The high ***basic charge*** is a big burden.

컬러링 **ringtones, polyphonic ringtones**

음반업체들은 컬러링으로 예기치 않은 수입을 올리고 있다.
Mobile ***ringtones*** have become a surprise money-spinner for music companies. (*BBC*)

보이스 피싱 **voice phishing**

보이스 피싱이란 돈이나 개인 정보를 넘기도록 만드는 전화 금융 사기다.
Voice phishing is the use of fraudulent phone calls to trick people into giving money or revealing personal information.

23 환경 ENVIRONMENT

환경 ENVIRONMENT

환경 | environment
— 보전 | environmental preservation
— 보호 | environmental protection

우리 모두 환경을 보전하기 위하여 노력해야 한다.
We must work together to ***preserve the environment***.

환경 파괴 | environmental destruction/degradation

인간의 산업 활동은 환경을 파괴했다.
The industrial activities of mankind ***destroyed the environment***.
경제 발전의 부산물은 환경 파괴였다.
The by-product of economic growth was ***environmental degradation***.

환경에 악영향 | negatively impact/adversely effect/destroy/impair the environment

자동차의 대중화는 대기 환경에 악영향을 끼쳤다.
The increased utilization of automobiles had a ***negative impact on*** air quality.

환경 부담 | environmental stress

인구가 밀집된 도시는 환경에 부담을 준다.
Densely populated urban areas place great ***stress on the environment***.
Densely populated urban areas ***stress the environment***.

환경 악화 | environmental degradation/deterioration

산업 폐수가 하천 환경을 악화시켰다.
Industrial wastewater caused ***degradation of*** the river ***environment***.

환경 오염 | environmental contamination/pollution

환경 오염은 지구를 병들게 했다.
Environmental contamination has made the earth unhealthy.

공해 | pollution
악취 | odor, malodor
소음 공해 | noise pollution

소음도가 가장 심한 구역은 구파발-종로 구간으로 평균 소음이 74.5dB였고…

(조선일보)
The area with the highest level of ***noise pollution*** was the Gupabal-Jongro section with an average noise level of 74.5dB...
☞ "*dB*" : decibel. 음압의 단위.

환경 보호 운동 **environmental protection campaign, environmental movement**
환경 보호 운동을 전개하다.
...conduct an ***environmental protection campaign***.

상생 **harmonious coexistence, symbiotic coexistence**
인간과 자연의 상생…
...***symbiotic coexistence*** of man and nature...

환경 의식 **environmental awareness**
오염의 무서운 영향에 대한 의식의 확산은 환경 보호 운동을 촉진시키고 있다.
A growing public ***awareness*** of the severe extent of pollution is driving the environmental protection movement.

생활 속의 환경 의식 **environmental awareness in everyday life**

환경 친화적 제품 **environmentally friendly products, green products**
기업 X는 환경 친화적 제품을 만든다.
Corporation X makes ***environmentally friendly products***.

재충전 건전지 **rechargeable batteries**

리필 팩 **refill pack**
리필 팩의 사용은 쓰레기를 덜 배출함으로써 환경 보호에 도움이 된다.
Using ***refill packs*** help us protect the environment by generating less waste.

재활용 **recycle**

재사용 **reuse**
재사용할 수 없는 것들을 재활용하는 것 외에도 쓰레기를 줄이고 가능한 한 재사용할 필요가 있다.
In addition to ***recycling*** those that we cannot ***reuse***, it is necessary to ***reduce*** waste and ***reuse*** materials where possible.

장바구니 **grocery sacs**
플라스틱이나 종이봉지 대신 장바구니를 사용하는 문화를 확산…
...promote the use of ***grocery sacs*** in place of plastic or paper bags...

재생지 **recycled paper**
재생지로 만든 종이 제품…
Stationary made from ***recycled paper***...

물, 에너지 사용 절감 — **conservation of/reduce usage of/use less water and energy**

물 사용량을 줄여야 한다.

We must ***reduce the amount of water*** we ***use***.

We must ***use less water***.

기업의 환경 의식 — **environmental awareness of businesses**

청정 기술 — **clean technology, green technology**

환경 경영 — **environment management, green management**

녹색 경영 — **green management**

책임 있는 기업 시민으로서 녹색 경영을 실천하다.

Implement ***green management*** as a responsible corporate citizen...

폐가전제품 회수 — **collect/recover used electronic products**

선진국 가전업체들 중에는 폐가전제품을 회수하는 업체들도 있다.

Some manufacturers in industrialized countries ***collect used electronic goods***.

오염자 부담 원칙 — **Polluters Pay Principle (PPP)**

오염자 부담 원칙에 입각하여 생산자가 오염을 처리해야 한다.

The manufacturer must clean up the pollution based on ***the Polluters Pay Principle***.

• PPP란?

Polluters Pay Principle. 오염자 부담 원칙. OECD의 환경 관련 경제 원칙. 오염자인 기업이 환경 정화에 드는 비용을 부담하도록 되어 있다.

환경 영향 분석 — **Environmental Impact Analysis (EIA)**

환경 영향 평가 — **Environmental Impact Assessment (EIA)**

댐 건설에 대한 환경 영향 분석을 실시했다.

An ***environmental impact analysis*** was conducted for the dam construction project.

전과정 분석 — **Life Cycle Analysis (LCA)**

전과정 평가 — **Life Cycle Assessment (LCA)**

제품의 환경 영향 평가를 하려면 전과정 평가를 해야 한다.

A ***Life Cycle Assessment*** is required to assess the full environmental impact of a product.

• EIA란?

Environmental Impact Analysis. 환경 평가 분석이라고도 한다. 각종 공공 사업이나 대규모 개발 사업이 환경에 미칠 영향을 사전에 분석하는 것.

• LCA란?

Life Cycle Assessment. 전과정 평가. 라이프 사이클 분석이라고도 하며, 제품의 제조 공정뿐 아니라 소비 후 최종 폐기 시점까지 제품이 환경에 미치는 영향을 평가하는 제도.

환경표지제도 **Eco-labeling, Environmental Labeling System**

바이오안전성 **biosafety**

환경 · 안전 · 보건 **environment(al) safety and health (ESH), environmental, health and safety (EHS)**

회사들의 환경·안전·보건에 대한 관점과 이를 관리하는 방법에 많은 변화가 일어났다.

There has been significant changes in how companies view and manage ***environmental, health and safety*** (***EHS***) issues.

무재해 운동 **zero-accident campaign**

환경 경영 **environmental management**

지속가능 경영 **sustainability management**

☞ *"TBL"* : <경영/경영> *'Triple Bottom Line'* 참조.

• Eco-labeling이란?

Environmental Labeling System이라고도 한다. 정부나 공공 단체가 환경에 대한 부하가 적은 제품에 부착하는 마크. 예로 Eco Mark, Green Mark 등이 있다.

• ISO 14000 Series란?

국제표준기구(International Standard Organization)에서 기업들을 위해 설립한 환경 경영 기준. 기업의 경영 활동 전단계에서 환경 문제를 체계적으로 관리하고 평가하여 환경 오염을 자발적으로 예방할 수 있도록 기업들이 지켜야 할 환경 분야의 표준화 규격이다. 기업의 환경 경영 체제, 능력, 서비스, 환경 성과 등을 평가하여 환경 인증을 주는 환경 경영 국제 규격.

환경 친화 상품 **eco-product, environmentally-friendly product**

경제 생태 효율성 **eco-efficiency**

녹색 구매 **green purchase**

• Green Purchase란?

Green Purchase, 즉 '녹색 구매'란 상품을 구입할 경우 가격이나 품질뿐만 아니라 환경친화적 요건도 고려하여 상품을 선택하는 구매 행위다. 환경 친화 상품의 판매 촉진을 위해 정부 조달 사업에서 녹색 구매를 의무화하는 정책 등이 있다.

• Eco-efficiency란?

생태·경제 효율성, 생태적 효율성, 또는 환경 효율이라고 한다. 환경에 대한 책임을 갖고 이를 통해 지속가능한 발전에 기여하는 경영 이념이다.

지속가능성 **sustainability**

지속가능(한) 발전 **sustainable development**

리우 정상회의에서 지속가능 발전이라는 개념이 채택되었다.

The idea of ***sustainable development*** was adopted at the Rio Earth Summit.

• Sustainable Development란?

지속가능한 발전. 1987년 브룬트란트 보고서(Bruntland Report : Our Common Future)에서 처음 제시되었다. 본 보고서에서는 이 개념을 "…development that meets the needs of the present without compromising the ability of futuregenerations to meet their own needs…"로 정의하고 있다.

유엔환경개발회의 **UN Conference on Environment and Development (UNCED)**

리우 지구정상회의 **Rio Earth Summit**

의제 21 **Agenda 21**

☞ *Agenda 21* : 지속가능 발전의 세부 실천 과제.

• Rio+20란?

1992년 브라질 리우데자네이루에서 개최된 리우-92 이후 10년마다 개최되고 있는 환경 관련 유엔정상회의. '유엔 지속가능발전 정상회의(United Nations Conference on Sustainable Development. UNCSD)'라고도 한다. 유엔 주관하에 각국 정상과 정부 대표, 국제기구 수장, 비정부기구(NGO) 대표 등이 모여 지구 환경을 헤치지 않으면서 지속가능한 개발을 하기 위한 방안을 논의하는 정상회의다.

• The Paris Agreement란?

파리기후협약. Paris Climate Change Accord. 2015년 12월 파리에서 열린 21차 유엔 기후변화협약 당사국 총회(COP21)에서 2020년 효력이 만료되는 교토의정서를 대체하기 위해 채택한 협정. 산업화 이전 수준 대비 지구 평균온도가 2℃ 이상 상승하지 않도록 온실가스 배출량을 단계적으로 감축하는 내용을 담고 있다.

세계지속가능발전정상회의	**World Summit on Sustainable Development (WSSD)**
요하네스버그 선언	**The Johannesburg Declaration on Sustainable Development**
WSSD 이행 계획	**WSSD Plan of Implementation**

• WSSD란?

World Summit on Sustainable Development. 세계지속가능발전 정상회의. 2002년 8월 26일~9월 4일까지 남아프리카공화국 요하네스버그에서 세계 100여 개국의 정상을 비롯한 UN 189개 회원국 대표가 모여 인류의 지속가능발전에 관하여 논의한 회의. 정부 대표와 기업계, 여성·노동·농민·청소년 단체의 지도자 등 2만여 명의 비정부기구(NGO) 인사가 참석했으며 「요하네스버그 선언」과 이행 계획이 채택되었다.

환경 감시 — **environmental monitoring/watch**

환경 감시 단체 — **environmental monitoring group/watchdog**

그린피스는 국제적 환경 감시 단체다.

Greenpeace is an international ***environmental watchdog***.

오염 물질 — **pollutants, contaminants**

유해 물질 — **harmful substance (material)**

인체에 유해한 물질…

...***substances harmful to*** the human body...

유독물 — **toxic substance**

납은 유독물이다.

Lead is a ***toxic substance***.

혈중 농도 — **concentration in the blood**

납의 혈중 농도…

...***concentration*** of lead ***in blood***...

주요 오염 물질 Major Pollutants	
이산화탄소(GHG*, ODS**)	Carbon Dioxide (CO_2)
일산화탄소(ODS)	Carbon Monoxide (CO)
질소산화물(GHG)	Nitrogen Oxides (NOx)
일산화질소(ODS)	Nitric Oxide (NO)
이산화질소	Nitrogen Dioxide (NO_2)
질산	Nitric Acid (HNO_3)
질산염	Nitrate
황산화물	Sulfur Oxides (SOx)
아황산가스	Sulfurous Acid Gas
이산화황	Sulfur Dioxide (SO_2)
황산	Sulfuric Acid ($H2SO_4$)
삼산화황	Sulfur Trioxide (SO_3)
황화수소	Hydrogen Sulfide
염화수소	Hydrogen Chloride (HCl)
수소탄화물(ODS)	Hydrocarbons
염화불화탄소(GHG, ODS)	Chlorofluorocarbon (CFC)
사염화탄소(ODS)	Carbon Tetrachloride (CCl_4)
메틸브롬화물(ODS)	Methyl Bromide
할론(ODS)	Halon
메탄가스(GHG, ODS)	Methane (CH_4)
메틸클로로포름 (ODS)	Methyl Chloroform
휘발성 유기화합물	Volatile Organic Compounds (VOCs)
염화비닐	Vinyl Chloride
입자상물질	Particulate Matter (PM)
부유분진	Suspended Particles (SP)
부유입자상물질	Suspended Particulate Matter (SPM)
미세먼지	Particulate Matter 10 (PM10), fine dust
영양염류	Nutrients
탄산염	carbonate

포름알데하이드	Formaldehyde
폴리염화비페닐	Polychlorinated Biphenyl (PCB)
파라아미노안식	Para Amenobenzoic (PAH)
벤젠	Benzene (C_6H_6)
석면	Asbestos
중금속	Heavy Metals (카드뮴 Cd, 수은 hg)
납	Lead

* GHG : Greenhouse Gases. 온실가스.
** ODS : Ozone Depleting Substances. 오존 파괴 물질.

환경 호르몬 **environmental hormones**

컵라면 용기에서 환경 호르몬이 검출되었다.

Environmental hormones have been detected in instant cup-noodle packages.

내분비 교란 물질 **endocrine interceptors/disruptors**

내분비 교란 물질들은 내분비체계의 기능을 방해하는 장애 물질이다.

Endocrine disruptors are chemicals which interfere with the endocrinal system's functions.

고엽제 **Agent Orange**

월남전뿐 아니라 우리나라 비무장 지대에도 고엽제가 살포되었다.

Agent Orange was sprayed not only in Vietnam but also in Korea's DMZ.

오염 발생 **pollution generation**

2차 오염 **secondary pollution**

자동차는 1차 오염은 물론 2차 오염 또한 야기시킨다.

Motor vehicles cause both primary and ***secondary pollution***.

건물(병) 증후군 **Sick Building Syndrome (SBS), Sick House Syndrome (SHS)**

새집 증후군 **New House Syndrome (NHS)**

유해 물질 방출 **outgassing**

• New House Syndrome이란?

건물(병) 증후군. 주택(Sick House Syndrome, SHS)이나 건물(Sick Building Syndrome, SBS)의 공기에 있는 유해 물질로 인하여 거주자에게 발생하는 천식, 피부염 등의 알레르기성 질환. 유해 물질은 새집에서 방출되는 휘발성 유기물질(VOC)과 오래된 집에서 찾아볼 수 있는 곰팡이, 집먼지진드기 등이 있다. 새집

증후군은 건물 증후군에 속하며 특히 화학 마감재에서 방출되는 포름알데하이드 (formaldehyde)가 문제가 된다.

오염 행위 — act of pollution

배출 — emit, discharge

자동차가 대기에 탄산가스를 배출하다.

Automobiles ***emit***(***discharge***) carbon gas into the air.

방출, 방류 — discharge, release

공장에서 폐수를 하천에 방출(방류)하다.

Factories ***discharge***(***release***) wastewater into the rivers.

투기 — dump, throw

쓰레기를 투기하다.

Dump (***throw away***) waste.

오염자 — polluter

환경 정화 — environmental clean-up

환경 정화 업무 대행 서비스를 제공하는 회사들이 있다.

There are companies that offer ***environmental clean-up*** services.

자연 정화 — natural recovery, natural attenuation of contamination, natural restoration

환경 오염의 심화로 지구가 자정 능력을 잃었다.

The earth has lost its ***natural recovery*** ability due to severe pollution.

환경 복원 — environmental restoration

청계천 복원 — restoration of Chonggye Stream

난지도 매립 — reclamation of Nanji waste landfill

난지도 공원은 대표적 환경 복원 사업이다.

The Nanjido Park is a major ***environmental restoration*** project.

☞ <행정/도시 행정> 참조.

토양 복원 — land remediation

오염 부지의 토양 복원…

...***remediate*** the ***land*** in the contaminated site...

환경 기술 — environmental technology

환경 기술이 낙후된 개도국들에 같은 기준을 적용할 수 없다.

The same standards cannot be applied to developing countries that lack advanced ***environmental technology***.

환경학 — environmental studies

환경 공학 **environmental engineering**

오염 관리 **pollution management**

세계보건기구는 오염 관리를 위한 여러 가지 지침을 정했다.

The WHO has set various guidelines on how to ***manage pollution***.

사전 관리 **front-end control**

사후 관리 **end-of-pipe control**

효과적으로 오염을 관리하기 위해서는 사후 관리뿐만 아니라 사전 관리가 필요하다.

Front-end control as well as ***end-of-pipe control*** is necessary to effectively manage pollution.

탈오염 **decontamination**

오염원, 발생원 **source of pollution, source of contaminants**

오염은 발생원에서 억제돼야 한다.

Pollution must be controlled at the ***source***.

점오염원 **point source**

비점오염원 **non-point source**

원류 관리 **source control**

원류 관리가 예방적 환경 보호 조치다.

Source control is a preventive measure for environmental protection.

환경 기준 **environmental standard**

허용치 **permissible level**

대기 중 일산화탄소의 허용치는 Xppm이다.

The ***permissible level*** of carbon monoxide in the atmosphere is X ppm.

• ppm이란?

parts per million. 백만분율. 미량 분석의 정량 범위를 나타날 때 사용되는 비율로서 1ppm은 100만분의 1이다.

• ppb란?

parts per billion. 10억분율. 1ppb는 10억분의 1이다.

환경 관련 기관 및 단체	
환경부 소속 기관	
국립환경과학원	National Institute of Environmental Research (NIER)
온실가스종합정보센터	Greenhouse Gas Inventory and Research Center of Korea (GIR)
환경부 산하 기관	
한국환경산업기술원	Korea Environmental Industry & Technology Institute (KEITI)
한국환경공단	Korea Environment Corporation (K-eco)
국립공원공단	Korea National Park Service (KNPS)
수도권매립지관리공사	Sudokwon Landfill Site Management Corporation
환경 관련 기관	
환경보전협회	The Korea Environmental Preservation Association (KEPA)
한국환경연구원	Korea Environment Institute (KEI)
한국화학물질관리협회	Korea Chemicals Management Association (KCMA)
2050 탄소중립녹색성장위원회	2050 Carbon Neutrality and Green Growth Commission
환경 시민 단체	
환경운동연합	Korea Federation for Environmental Movement
환경재단	Korea Green Foundation
녹색연합	Green Korea United
녹색교통운동	Green Transport
글로벌에코넷	Global Econet
전국지속가능발전협의회	Local Sustainability Alliance of Korea
환경정의	Environmental Justice
녹색소비자연대	Green Consumers Network
한국환경교육협회	Korea Environmental Education Association
한국 YWCA연합회	Korea Young Women's Christian Association

대기 오염 AIR POLLUTION

대기 오염 **air pollution**

차량 증가로 서울의 대기가 오염되었다.

The air in Seoul is ***polluted*** due to the increase in automobile traffic.

베이징은 세계 수도 중 가장 대기 오염이 심각하다.

Of all the capital cities in the world, Beijing's ***air pollution*** is the most serious.

대기질 **air quality**

수도권 대기질을 개선하기 위해…

...in order to improve the ***air quality*** in the metropolitan area...

대기 중 농도 **concentration level**

대기 중에 X의 농도가 높아 호흡계 질병을 유발한다.

The high ***concentration level*** of X in the atmosphere causes respiratory diseases.

대기권 **atmosphere**

지구의 대기권은 바다와 땅과 함께 지구의 생명 유지 체계의 기본적인 3요소로 인식되어야 한다.

The Earth's ***atmosphere*** must be considered, with the oceans and the land surface, as one of the three basic components that comprise the global life-support system.

☞ *atmosphere* : 지상 110km까지.

성층권 **stratosphere**

항공기 운항의 증가에 의해 성층권의 오염이 심화되고 있다.

Due to increasing air traffic there has been an increase of pollution in the ***stratosphere***.

☞ *stratosphere* : 지상 10km와 110km 사이 층.

대류권 **troposphere**

☞ *troposphere* : 지상 10km까지.

대기 중 오염 물질 **airborne pollutants**

대기 중 오염 물질로 앞이 뿌옇다.

Visibility is poor due to ***airborne pollutants***.

실내 공기 오염 **indoor air pollution**

공기 청정기 **air cleaner, air purifier**

어떤 공기 청정기는 살균도 한다.

Some ***air cleaners*** kills germs as well.

분진 **dust, dust particles**

천식 환자들에게 공기 중의 분진은 치명적일 수 있다.

Dust particles in the air can be detrimental to asthma patients.

부유 분진 **suspended particulate/particles (SP)**

부유입자상물질 **suspended particulate matter (SPM)**

미세 먼지 **particulate matter (PM-10), fine dust**

PM-10은 입경이 10㎛ 이하인 입자상의 부유 물질이다.

PM-10 refers to a suspended particulate measuring less than 10㎛ in diameter.

비산 먼지 **fly dust**

검댕 **soot**

공장 굴뚝에서 나오는 검댕은 불완전 연소로 생기는 검은색 분말이다.

Soot emitted from factory smoke stacks is a black powdery substance caused by incomplete combustion.

먼지 계측기 **dust counter**

시정부는 시민들에게 황사에 대한 조기 경보를 주기 위해 도시 전역에 먼지 계측기를 설치했다.

The metropolitan government set up ***dust counters*** around the city to give an early warning to its citizens of sand-dust storms.

스모그 **smog**

대도시의 스모그 현상…

The ***smog*** in big cities...

광화학 스모그 **photochemical smog**

눈 자극 **irritate eyes**

광화학 스모그는 자외선이 강할 때 발생하는 현상으로 눈이나 기도의 점막을 자극한다.

Photochemical smog occurs with strong ultraviolet rays and causes ***irritation to eyes*** and mucous membranes.

광화학 옥시던트 **photochemical oxidants**

광화학 옥시던트는 광화학 스모그 현상 시에 생성되는 2차 오염 물질로 오존(O_3)이 주성분이다.

Photochemical oxidants are secondary pollutants created during a photochemical smog, mainly composed of ozone(O_3).

공장 연기 **factory smoke, fumes from smoke stacks**

집진기 **scrubber, dust collector**

공장의 집진 시설의 의무화.

Plants are required to install ***scrubbers.***

탈황 **desulfurization, removing sulfur**

공장 굴뚝에서 나오는 배출 가스는 집진기에 의해 탈황 처리된다.

Scrubbers treat and ***remove sulfur from the emissions in smoke stacks.***

건식 집진기 **dry scrubber**

습식 집진기 **wet scrubber**

전기 집진기 **electrostatic precipitator**

소각장의 전기 집진기로 배기가스 오염 물질을 줄인다.

Incinerators use ***electrostatic precipitators*** to reduce pollutants in the emission.

• Retrofit란?

기존 기계나 설비를 새로운 환경 기준에 부합하도록 부품이나 시스템을 교체 또는 개조하는 것.

자동차 공해 **automobile pollution**

매연 **exhaust fume**

자동차 매연으로 인한 공해…

*...**pollution caused by fumes from automobiles**...*

매연 단속 **crack down on/control vehicles emitting fumes**

경찰이 매연 단속을 했다.

The police ***cracked down on vehicles emitting fumes.***

배기가스 **car exhaust fumes, car emissions, auto exhaust**

환경 당국에서 자동차 배기가스 단속을 강화하다.

The environmental authority tightens control on ***car emissions.***

배출 기준 **emission standards**

미국에 자동차를 수출하려면 미국의 Clean Air Act에 의거한 배출 기준에 부합해야 한다.

Autos that are to be exported to the U.S. must meet ***emission standards*** set by the Clean Air Act.

☞ *Clean Air Act* : 미국의 대기 오염 방지법.

불완전 연소 **incomplete combustion**

연료의 불완전 연소 시 일산화탄소가 발생한다.

Incomplete combustion produces carbon monoxide.

산성비 **acid rain, acid precipitation**

XX에 산성비가 내린다.

Acid rain falls in XX.

• Acid Rain이란?

산성비란 pH값이 5.6 이하인 비로, 화석 연료의 연소로 배출되는 질소 산화물(NOx)들과 대기 중의 수분이 결합하여 생기는 현상. 건축물, 구조물, 문화유적, 자동차 도장, 농작물, 삼림, 야생 동식물과 수중 생태계에 큰 피해를 초래한다.

산성도 **acidity**

pH는 산성도를 측정하는 단위로 7.0은 중성을 뜻하며 그 이하는 산성이라는 뜻이다.

pH is a measurement of ***acidity***. 7.0 is neutral and anything less than 7.0 is acidic.

건물 부식 **corrosion of building structures**

산성비는 건축물을 부식시킨다.

Acid rain ***corrodes building structures***.

지구 온난화 **global warming**

지구 온난화의 주범은 이산화탄소다.

The main culprit of ***global warming*** is carbon dioxide.

이산화탄소 **carbon dioxide**

이산화탄소 배출로 인한 지구 온난화 현상…

...global warming as a result of ***carbon dioxide*** emissions...

화석 연료 **fossil fuel**

CO_2는 화석 연료의 연소 과정에서 생성된다.

CO_2 is produced by burning ***fossil fuel***.

온실 가스 **green house gas (GHG)**

온실 효과 **green house effect**

온실 가스는 지구에서 복사되는 열을 차단하여 온도를 상승시켜 온실 효과를 일으킨다.

Green house gases traps the earth's radiated heat and raises the earth's temperature causing the phenomenon known as the ***green house effect***.

• Green House Effect란?

온실 효과. 화석 연료 사용이 증가하면서 이 과정에서 배출된 이산화탄소 등의 가스가 마치 비닐하우스처럼 지구 대기층을 덮어 지구 온도가 상승하는 현상. 온실가스로는 이산화탄소(CO_2)·이산화질소(NO_2)·메탄(CH_4)·염화불화탄소(CFCs) 등이 있다. 이 중 CO_2가 온실 효과의 55%를 차지하고 있다.

유엔기후변화협약 — **UN Framework Convention on Climate Change (UNFCCC)**

당사국 총회 — **Conference of the Parties (COP)**

제3차 당사국 총회에서는 2010년까지 이산화탄소 배출량을 1990년 수준에서 20% 저감하기로 합의했다.

COP3 reached an agreement to reduce CO_2 emissions by 20% from 1990 levels.

배출량 저감 — **abatement/reduction of emission**

CO_2 배출량 감축 목표(치)…

...CO_2 ***emission reduction*** targets...

...CO_2 ***emission abatement*** targets...

이산화탄소 배출권 — **CO_2 emission rights, carbon credits/permit**

이산화탄소 배출권을 거래할 수 있다.

Carbon credits can be traded.

Trading of ***emission rights*** is possible.

배출권 거래 제도 — **Emissions Trading (ET)**

인증 감축량 — **Certified Emission Reductions (CERs)**

이산화탄소 흡수원 — **carbon sink**

러시아는 자국의 흡수원에 대한 배출권을 두 배로 받아냈다.

Russia doubled the amount of credits it could claim for its ***sinks*** or ***carbon-absorbing forests and agriculture land***.

☞ *carbon sinks* : 이산화탄소를 흡수해주는 삼림이나 농경지.

탄소 기금 — **Carbon Investment Fund**

탄소 기금은 개도국들이 탄소 배출을 저감시킬 수 있도록 지원해준다.

The ***Carbon Investment Fund*** helps developing countries reduce carbon emissions.

• UNFCCC란?

UN Framework Convention on Climate Change. 공식 명칭은 기후 변화에 관한 유엔 기본 협약으로, 1997년 체결된 협약이다. 2010년까지 기후변화협약은 이산화탄소(CO_2)·메탄(CH_4)·프레온가스(CFCs)·이산화질소(NO_2) 등 지구 온난화의 원인이 되는 온실가스의 배출 감축 및 제거(흡수) 확대를 목적으로, 이산화탄소 배출량을 1990년 수준에서 20% 저감하기로 목표치를 설정했다. 1992년 6월 리우환경개발 회의에서 채택되어 1994년 3월 발효되었고, 현재 192개국이 참여하고 있다. (http://unfccc.int)

• Kyoto Protocol이란?

교토 의정서. 공식 명칭은 Kyoto Protocol to the UNFCCC다. 1997년 12월 교토에서 개최된 기후변화협약 제3차 당사국 총회에서 기후변화협약 부속 의정서로 채택되었다. 선진국에 대해서는 전체 온실가스 배출 총량을 2008~2012년까지 1990년 대비 최소 5% 감축키로 하고 각국별 감축 목표는 8% 감축에서 10% 증가 허용까지 차등적으로 설정했다. 2020년 종료를 앞두고 2015년 파리협약으로 대체되었다.

• Emissions Trading이란?

배출권 거래 제도. 오염의 배출 권한(marketable permit)을 할당하여 그 할당된 범위 내에서 오염의 배출을 허가하는 제도로서 한 기업이 허용량 이내로 오염을 배출하는 경우 그 잔여분을 다른 기업에 팔 수 있도록 허용하는 제도다.

오존층 파괴 **depletion of the ozone layer**

오존층 파괴와 함께 전 세계적으로 피부암이 증가하고 있다.

With the ***depletion of the ozone layer***, skin cancer is on a global rise.

대류권의 오존 **ground-level ozone**

대류권의 오존은 인체에 해롭다.

Ground-level ozone is harmful to the human body.

성층권 오존 **stratospheric ozone**

성층권의 오존층은 인체에 유해한 자외선을 차단해준다.

The ***ozone layer in the stratosphere*** blocks out harmful ultraviolet rays.

오존층 구멍 **the hole in the ozone layer**

남극 대륙의 오존층의 구멍이 점점 커지고 있다.

The hole in the ozone layer over Antarctica is growing larger.

오존 파괴 물질 **ozone depleting substances**

염화불화탄소 **Chlorofluorocarbon (CFC)**

염화불화탄소는 포장에 들어가는 발포제에도 사용된다.

CFCs are also used as foaming agents for packaging.

수소화불화탄소 **Hydrofluorocarbon (HFC)**

염화불화탄화수소 **Hydrochlorofluorocarbon (HCFC)**

냉매제 **refrigerant, coolant**

냉장고나 에어컨의 냉매제로 쓰이는 염화불화탄소는 오존 파괴 물질이다.

Chlorofluorocarbon(CFC) used as ***coolant*** for refrigerators and air conditioners is an ozone depleting substance.

발포제 **foaming agents**

슈퍼마켓들은 발포제를 사용하는 스티로폼 포장을 재생지 포장으로 바꾸고 있다.

Supermarkets are replacing styrofoam packaging produced with ***foaming agents*** with recycled paper boxes.

세척제 **detergents**

용매제 **solvents**

도료에 사용되는 용매제의 해로움에 대한 인식이 늘어남에 따라 점점 더 많은 회사들이 이를 사용하지 않은 도료를 개발하고 있다.

As the awareness of the harmfulness of ***solvents*** in paints increases, more and more companies are developing solvent-free paints.

분사제 **fumigants**

환경에 위해 효과가 있는 살충제의 사용을 금지하는 국제 조약에 대한 대응책으로 나온 이 가스는 분사제 대체 물질로 각광을 받고 있다.

The gas is being touted as a ***fumigant*** alternative in response to an international treaty banning the use of insect killing chemicals that can harm the environment. (*Environment News*)

CFC 대체 물질 **CFC substitute(s)**

에어컨 냉매제로서 CFC 대체 물질 개발…

...develop ***chlorofluorocarbon(CFC) substitutes*** as air conditioner coolant...

• Montreal Protocol이란?

정식 명칭은 Protocol on Substances that Deplete the Ozone Layer. 몬트리올 의정서. 1987년 몬트리올에서 체결된 조약으로 오존 파괴 물질의 생산과 소비를 감소시키며 궁극적으로 완전히 제거하는 것을 목표로 한다. 통제 물질의 교역을 금지함으로써 무역과 환경을 연계시켰다.

수질 오염 WATER POLLUTION

수질 **water, water quality**

— 개선 **improve water quality**

한강의 수질이 개선되었다.

The ***water quality*** of Han River has improved.

— 악화 **deterioration of water quality, worsened water quality**

— 검사 **water quality testing**

강의 수질 검사를 위해 시료를 채취하다.

...take a sample to ***test the water quality*** of the river...

— 급수 **water quality grade, water quality grading**

우리의 하수 처리 시설에서 방출되는 물은 보건부로부터 1급수 등급을 받는 것을 목표로 한다.

We target an ***'A' grading*** from the Ministry of Health ***for water*** leaving our treatment plants. (*Welling Regional Council website, NZ*)

수자원 **water resources**

우리의 수자원을 보호해야 한다.

We must preserve our ***water resources.***

한국수자원공사 **Korea Water Resources Corporation**

수역 **water body**

부영양화는 폐쇄성 수역에서 진행된다.

Eutrophication takes place in enclosed ***water bodies.***

호소 **lake and marshes**

하천 **rivers**

식수 **drinking water**

식수 부족 **shortage of drinking water**

…X 지역에는 식수가 부족하다.

There is a ***shortage of drinking water*** in region X.

There is a ***short supply of drinking water*** in region X.

농업용수 **agricultural water**

공업용수 **industrial water**

음용수 **potable water, drinking water**

수돗물 **tap water**

이 도시는 수돗물을 마셔도 안전하다.

It's safe to drink the ***tap water*** in this city.

지표수 **surface water**

지하수 **ground water**

기름 저장 시설의 유출로 인해 인천 남부의 토양과 지하수가 오염되었다.

Land and ***ground water*** in southern Incheon have been polluted by an oil storage facility leakage.

생수 **bottled water**

이제는 모두 생수를 사먹는다.

Now everybody drinks commercial ***bottled water.***

대수층 aquifer
광천수 mineral water

지하 500m 암반에서 솟는 광천수…

...***mineral water*** from the artesian wells 500m underground...

상수원 source water, water supply source
상수원 보호 지역 Water Source Protection Area, conservation zones for preserving the quality of drinking water

팔당호와 대청호는 상수원 보호 지역으로 설정되었다.

Paldang and Daecheong lakes have been designated as ***"Water Source Protection Area."***

Paldang and Daecheong lakes have been designated as ***conservation zones for preserving the quality of drinking water***.

팔당호 Paldang Lake

1994년 토지이용관리법이 완화된 후 팔당호의 수질은 급속하게 악화되었다.

The water quality around ***Paldang Lake*** has rapidly deteriorated since the Land Usage and Management Act was eased in 1994.

해수 sea water, marine water
담수 fresh water
담수화 desalination

사우디아라비아는 식수 수요의 70%를 해수의 담수화로써 충당한다.

Saudi Arabia meets 70% of its drinking water demand by ***desalination***.

정수 water purification, purified water
정수기 water purifier
가정용 정수기 home purifier

가정용 정수기를 임대할 수 있다.

You can now rent a ***home purifier***.

필터, 여과 filter

정수기 필터는 3개월에 한 번씩 교체해야 한다.

The ***filter*** of the ***water purifier*** should be replaced every 3 months.

정수장 water purification plant
입상 활성탄 activated carbon
역삼투압 reverse osmosis pressure

입상 활성탄 필터와 역삼투압 장치가 가정용 정수기에 널리 사용되고 있다.

Activated carbon filters and ***reverse osmosis pressure*** systems are widely used in home purifiers.

침전조 sedimentation tank, precipitation tank

폭기조 aeration tank

수질 오염 water pollution

— 물질 water pollutants

퇴적물 sediments

영양 염류 nutrients

영양 염류란 인산염·인·칼륨을 말한다.

Nutrients comprise of phosphate, phosphorus and potassium.

유기물 organic matter

3대 주요 수질 오염 물질은 퇴적물·영양 염류·유기물이다.

The 3 primary ***water pollutants*** are ***sediments, excessive nutrients*** and ***organic matter***.

하수, 폐수 wastewater

생활 하수 domestic sewage, household wastewater, household effluent

생활 하수에는 다량의 중금속이 포함되어 있다.

There are large amounts of heavy metals in ***domestic sewage***.

도시 생활 하수 municipal wastewater/sewage, human sewage

도시 생활 하수는 바다로 유입되기 전에 처리되어야 한다.

Municipal wastewater should be treated before they flow into the sea.

인분 human waste, night soil

정화조 septic tank

산업 폐수 industrial wastewater

미국의 많은 공장들은 산업 폐수 재활용 시스템을 도입하고 있다.

Industrial wastewater recycling systems are adopted by many factories in the U.S.

오니 汚泥 sludge

슬러지라고도 불리는 하수 오니는 대개 매립 처리되었다.

Sewage ***sludge*** was mostly buried in landfills.

폐수/하수 무단 방류 discharging untreated wastewater/effluent

생활 하수의 무단 방류는 하천의 주요 오염 원인이다.

The ***discharge of untreated human sewage*** is one of the main causes of river contamination.

방출수 effluent

폐수 처리 시설 wastewater treatment facility

모든 공장은 자체적으로 폐수 처리 시설을 가지고 있어야 한다.

All industrial plants should be equipped with its own ***wastewater treat-***

ment facility.

정화된 폐수 reclaimed wastewater

우리 공장에서는 폐수를 정화하여 재사용한다.

Our plant ***reclaims and reuses wastewater***.

하수 처리장 municipal sewage treatment plants (facility)

해양수산부는 도시 하수 처리장과 같은 환경 분야 하부 구조를 확대하기로 결정했다.

The Ministry of Maritime Affairs and Fisheries decided to expand various environmental infrastructures, such as ***sewage treatment facilities***.

청색증 Blue Baby Syndrome

청색증은 혈액 내 높은 수치의 질산에 의해 발병하는 희귀병이다.

The ***Blue Baby Syndrome*** is a rare illness caused by high nitrate levels in the blood.

하천 오염 pollution of rivers

가축 분뇨 처리장 animal waste disposal facility

다수의 가축 분뇨 처리장이 제대로 관리되지 못하고 있다.

Many ***animal excrement disposal facilities*** are not being managed well.

시료 water sample

낙동강 취수에서 채취한 시료에서 다량의 페놀이 검출되었다.

A significant amount of phenol was detected in the ***sample*** taken from the Nakdong River.

수자원 오염 degradation of water resources/waterways

악화되고 있는 수자원의 오염은 시민들의 건강에 커다란 위협이 되고 있다.

The continued ***degradation of waterways*** pose a great threat to the health of citizens.

부영양화 eutrophication

계면 활성제 surfactants

합성 세제 (synthetic) detergent

합성 세제가 하천에 들어가면 비료 역할을 하여 부영양화의 가장 큰 원인이 된다.

Detergents act as fertilizers when they flow into the rivers and become the main cause of ***eutrophication***.

• Eutrophication이란?

부영양화. 주변 토양에서 호수나 연안 등의 수역으로 유입되는 유출수에는 인산염·질산염 등의 영양 염류가 함유되어 있으며, 이런 물질의 유입 후에 물에서 일어나는 현상을 부영양화라고 한다. 영양 염류는 조류나 식물성 플랑크톤의 생식에 필요하지만, 영양 염류가 지나치게 유입되면 조류나 식물성 플랑크톤의 1차 생산이 과도하게 많아져 수중 생태계에 변이를 일으키고 녹조나 적조 현상을 일으킨다.

조류 **algae**

적조 현상 **red tide**

적조 피해에 대비하기 위해 양식 수산물 재해 보험제가 도입되고…

...the introduction of disaster insurance policies for aquaculture to address ***red tide*** related damages...

• Red Tide란?

적조 현상. 해수면의 온도가 상승하고, 담수 유입으로 영양 염류가 증가하며 바람이 불지 않아 해수와 혼합이 안 되면, 소형 플랑크톤이 급속히 증식하면서 바다의 색이 적색으로 변하는 현상이다. 우리나라에서는 여름과 가을에 많이 발생한다.

녹조 현상 **algal bloom**

오태광 박사팀은 13일 녹조·적조 발생을 줄일 수 있는 효소를 개발하는 데 성공했다고 밝혔다.

The Oh Tae Kwang's research team announced the development of an enzyme that reduces ***algal blooms*** and red tides.

유출수 **run-offs**

자동차에서 새어나온 기름이 포함된 유출수가 강이나 호수로 유입된다.

Run-offs that contain oil leak from cars and flow into lakes and rivers.

• Algal Bloom이란?

녹조 현상. 부영양화가 진행된 호수나 인공 연못 등 고여 있는 물에 부유성 미생물의 이상 증식으로 물 표면이 녹색으로 물드는 현상이다. 해역에서 발생되는 적조와 유사한 현상.

수질 오염 측정치 **measurements of water pollution**

부유 물질 **suspended solids (SS)**

탁도 **turbidity**

부유 물질이 많으면 탁도가 높아진다.

Suspended solids increase ***turbidity***.

용존 산소량 **Dissolved Oxygen (DO)**

영양 염류는 용존 산소량을 감소시킨다.

Nutrients reduce the ***dissolved oxygen level*** in the water.

생물학적 산소 요구량 Biochemical Oxygen Demand (BOD)

갑천은 생물학적 산소 요구량이 12mg/ℓ였다.

The ***BOD*** of Gagcheon Stream was 12mg/ℓ.

화학적 산소 요구량 Chemical Oxygen Demand (COD)

화학적 산소 요구량은 폐수를 방출하기 전에 그 수질을 평가하는 데 필수적인 실험이다.

Chemical Oxygen Demand is a vital test for assessing the quality of waste waters prior to discharge.

자정 능력 natural purification

물의 순환을 통한 자정 능력에는 한계가 있다.

There is a limit to ***natural purification*** of water through the hydrological cycle.

수자원 종합 관리 대책 Integrated Water Resource Management (IWRM)

오염 총량제 Total Maximum Daily Loads program (TMDL)

중앙 정부는 지방 정부들이 오염 총량제를 도입하는 것을 도와주기로 결정했다.

The central government has decided to assist local governments with the implementation of their ***Total Maximum Daily Loads(TMDL) programs***.

한강수계법 Special Act on the Han River

해양 오염 marine pollution, ocean pollution

기름 유출 사고 oil spill

북대서양의 기름 유출 사고 후 수습하는 데 18개월이 걸렸다.

It took 18 months to clean up the ***oil spill*** in the North Atlantic Ocean.

해양 투기 dumping into the ocean, dispose at sea

유독 폐기물을 해양에 투기하는 선박을 그린피스가 적발했다.

Green Peace caught a ship ***dumping*** toxic waste ***into the ocean***.

• TMDL이란?

Total Maximum Daily Loads. 오염 총량제. 중앙 정부가 시나 군 등 지방 당국과 함께 수계 지역을 조사한 후 달성할 수질 목표치와 오염 총량(오염 배출 부하량)의 상한선을 정하는 제도.

쓰레기 WASTE

쓰레기, 폐기물 **waste, refuse, rubbish, garbage**

— 투기 **waste disposal**

— 처리 **waste treatment**

쓰레기 처리는 모든 대도시의 난제다.

Waste treatment is a serious problem for all large cities.

일일 쓰레기 발생량 **waste generated per day, daily waste production**

서울시의 일일 쓰레기 발생량은 X톤이다.

Seoul city ***generates*** X tons of ***waste per day***.

쓰레기 발생 억제 **source reduction**

쓰레기 발생을 억제하는 것이 최우선 과제다.

Source reduction of waste is the most urgent task.

도시 고형 폐기물 **municipal solid waste (MSW)**

도시 고형 폐기물들은 부피를 줄이기 위해 압축된다.

Municipal solid wastes(***MSW***) are compacted to reduce volume.

폐유 **waste oil, used oil**

폐유와 가성소다로 비누를 만든다.

You can make soap with ***waste oil*** and caustic soda.

음식 쓰레기 **food waste**

하루 동안 서울에서 발생하는 음식 쓰레기량은 소말리아에서 굶고 있는 어린이들에게 일주일간 필요한 영양을 공급해줄 수 있는 양이다.

The amount of ***food waste*** generated in a single day in Seoul is enough to provide the necessary nutrients for the starving children in Somalia for a whole week.

건축 폐기물 **demolition and construction waste**

폐건축 자재 **construction waste**

아파트 재건축 사업은 건축 폐기물을 대량 발생시킨다.

Apartment redevelopment projects produce a large amount of ***construction waste***.

정원 쓰레기 **yard wastes/trimmings**

정부 차원의 정원 쓰레기 매립 및 소각 금지와 함께 이를 퇴비로 사용하는 방법이 점점 중요시되고 있다.

With governmental bans on land-filling and incineration, there is a growing emphasis on the composting of ***yard trimmings***.

폐목재, 광재 — wooden construction debris

산업 폐기물 — industrial waste

산업 폐기물 처리는 생산자의 책임이다.

The manufacturers are responsible for treating all ***industrial waste.***

일회용품 — disposable products

일회용품의 사용을 자제하자.

Refrain from using ***disposable products.***

일회용 기저귀 — disposable diapers

일회용 젓가락 — disposable (wooden) chopsticks

이제는 식당에서 일회용 젓가락을 내놓지 않는다.

Restaurants no longer provide customers with ***disposable wooden chopsticks.***

폐기물 처리 — treatment

유독 폐기물 — toxic waste

유해 폐기물 — hazardous waste

유해 폐기물들은 보통 쓰레기 발생 지역에 수거 지점 보관 또는 처리를 위해 저장된다.

Hazardous wastes are usually stored on the waste generating site for on-site treatment or storage.

• 3R이란?

3R 정책. Reduce, Reuse, Recycle. 쓰레기의 감축·재사용·재활용이라는 뜻으로 쓰레기 정책의 3대 원칙이다.

자연 분해 — biodegradation, decomposition

페스티로폼이 자연 분해되는 데에는 100년이 걸린다.

It takes 100 years for Styrofoam to ***biodegrade.***

자연 분해성 — bio-degradable

자연 분해성 비닐로 만든 쓰레기 봉지…

Garbage bags made from ***bio-degradable*** vinyl...

난분해성 — non-biodegradable

분해성 쓰레기와 난분해성 쓰레기를 분리하다.

Separate ***biodegradable*** and ***non-biodegradable*** waste.

자원화 — recycle, reclaim (as material), conversion into resource

음식 쓰레기의 자원화…

Food waste *converted into resource material* ...

재활용품 **recycled products**

재생지, 재생 고무…

...recycled paper, recycled rubber...

퇴비 **compost**

퇴비화 **composting**

음식 쓰레기를 퇴비화하다.

...*compost* food waste...

쓰레기 수거 **garbage collection, waste collection**

쓰레기 분류 **waste segmentation, sorting of waste**

모든 쓰레기는 처리 또는 처분되기 전에 쓰레기 집하장으로 수거되어 분류된다.

All *wastes* are *gathered* to the central collection point to be *sorted* before they are sent for disposal or treatment.

분리 수거 **source separation and collection, collect separately**

유리병과 깡통, 페트병을 분리 수거하다.

Glass, cans and pet bottles are *collected separately*.

페트병 **PET bottle (polyethylene therephthalate)**

유리병 **glass bottle**

우유팩 **milk carton**

종량제 **pay-as-you-throw scheme (PAYT scheme), pay-to-throw/pay-by-the-bag system, volume-rate waste disposal**

정부는 쓰레기 종량제를 실시했다.

The government implemented a *"volume-rate waste disposal system."*

쓰레기 종량제로 쓰레기 발생량을 줄였다.

The volume of waste was reduced thanks to the *pay-as-you-throw scheme*.

종량제 봉투 **PAYT bag, pay-as-you-throw bag**

메인주에서는 종량제 봉투에 대한 판매세가 면제된다.

The sale of *PAYT bags* in Maine is tax exempt.

쓰레기 압축기 **trash compactor, garbage compactor**

쓰레기의 부피를 줄이려면 압축기를 쓰면 된다.

You can use a *trash compactor* to reduce the volume of trash.

쓰레기 매립 **waste reclamation**

침출수 **leachate**

단순 매립지의 침출수는 토양으로 스며들어 지하수를 오염시킨다.

The *leachate* from open landfills permeates into the soil and pollutes the ground water.

매립지 **landfill, waste reclamation site**

난지도 매립지에 생태 공원을 조성할 계획이다.

The former *landfill* at Nanjido will be *reclaimed* and made into an eco-park.

단순 매립지 **dumps, open landfill**

위생 매립지 **sanitary landfill**

유해 폐기물이 아닌 쓰레기는 위생 매립지에 투기된다.

Non-hazardous wastes are disposed of in *sanitary landfills.*

복토 **landfill cover, capping, top-soil capping**

김포 매립지가 해수면보다 낮아 2~3m를 복토해야 한다.

The Gimpo *landfill needs to be covered,* as it's 2-3 meters below sea level.

쓰레기 소각 **waste incineration**

쓰레기 소각이 매립보다 경제적이다.

Waste incineration is more economical than landfills.

소각장 **incineration plant**

소각로 **incinerator**

소각로에서 배출되는 가스에 함유되어 있는 다이옥신을 제거하다.

...remove dioxins in flue gas of *incinerators.*

폐열 회수 **recovered heat, heat recovery**

폐열 회수 장치는 버려지는 에너지를 효과적으로 사용한다.

Heat recovery systems make good use of energy that would otherwise be wasted.

☞ <에너지/전력> 참조.

다이옥신 **dioxin**

— 배출 **emit/produce/release dioxins**

소각장에서 배출되는 다이옥신 때문에…

...because of the *dioxins released from* the incinerators...

가연성 쓰레기 **combustible waste**

가연성 쓰레기가 모자라 톱밥을 섞어야 소각이 가능하다.

Due to shortage of *combustible waste,* saw dust is added for incineration.

비가연성 쓰레기 **non-combustible waste**

일반적으로 배출되는 쓰레기에 비가연성 물질이 많으면 소각이 어렵다.

Incineration can be a non-viable solution if there is a large amount of

noncombustible material in the waste stream.

바젤 협약 **Basel Convention**

• Basel Convention이란?

공식 명칭은 Basel Convention on the Control of Transboundary Movements of Hazardous Wastes and Their Disposal. 유해 폐기물의 국가 간 이동 및 그 처리의 통제에 관한 협약이다. 유해 폐기물의 국가 간 이동 및 처리에 관한 국제 규범으로서 1989년 3월 채택되었으며, 1992년 5월 발효되었다. 2022년 기준 가입국은 189개국이며 우리나라는 1994년 2월 협약에 가입했다.

생태계 ECOSYSTEM

생태계 **ecosystem**

생태계는 인류의 생존과 직접적으로 연계되어 있다.

The ***ecosystem*** is directly linked with the survival of mankind.

생태권, 생물권 **ecosphere**

— 파괴 **ecological disruption/destruction**

지구의 생태계 파괴는 인류의 파괴를 가져올 것이다.

The ***ecological disruption*** of the earth will lead to the destruction of mankind.

생태학 **ecology**

생물 다양성 **biodiversity**

산림은 지구의 생물 다양성 유지와 매우 밀접한 관계가 있다.

Forests are intimately tied to preserving the earth's ***biodiversity***.

야생 동식물 **wildlife**

야생 식물 **wild plants, wild flora**

야생 동물 **wild animals, wild fauna**

— 보호 **wildlife conservation**

정부는 야생 동물 보호를 위해 DMZ의 생태계에 대한 연구를 하기로 했다.

The government has decided to conduct a study of the ecosystem in the DMZ for ***wildlife conservation***.

멸종 위기 동식물 **endangered species, endangered fauna and flora**

일부 유형의 고래는 남획으로 인하여 멸종 위기에 처했다.

Certain types of whales have become ***endangered*** due to overhunting.

멸종 **extinction, extinct species**

서식지 파괴와 오염 때문에 많은 동식물이 멸종 위기에 처해 있다.
Many species of flora and fauna, due to loss of habitat and pollution, are on the verge of ***extinction***.

반달곰 **Asiatic Black Bear, Moon Bear**

중국의 반달곰은 웅담 때문에 포획된다.
Chinese ***Moon Bears*** are hunted to make gall bladder viles.

사향노루 **musk deer**

두루미 **Red-crowned Crane, Japanese Crane**

호랑이 **Siberian Tiger**

한국에서 호랑이는 멸종되었다.
The ***Siberian Tiger*** is extinct in Korea.

서식지 **habitat**

— 보호 **preservation of natural habitat**

서식 **inhabit**

비무장 지대에는 많은 멸종 위기 동식물이 서식하고 있다.
The DMZ ***is inhabited by*** many endangered species.

생물량 **biomass**

한강의 생물량이 급격히 감소하고 있다.
The ***biomass*** of the Han river is decreasing rapidly.

밀렵 **poaching**

밀렵꾼에 의해 많은 동물이 멸종되었다.
Illegal poachers have brought about the extinction of many animals.

정력제, 최음제 **aphrodisiac**

최음제는 남성의 정력을 좋게 해준다고 한다.
Aphrodisiacs are supposed to enhance male virility.
Aphrodisiacs are supposed to make men more virile.

상아 **ivory, elephant tusks**

상아로 만든 도장…
...personal seals made of ***elephant tusks***...

코뿔소 뿔 **rhinoceros horn**

사향 **deer musk**

녹용 **deer antler, deer velvet**

웅담 **bear gall bladder**

중국에서 밀수한 웅담…
...***bear gall bladder*** smuggled from China...

멸종 위기에 처한 야생 동식물의 국제 거래에 관한 협약 **Convention on International Trade in Endangered**

• CITES란?

Convention on International Trade in Endangered Species of Wild Fauna and Flora. 이 협약은 멸종 위기에 처한 야생 동식물의 불법 또는 과도한 국제 거래를 규제함으로써 야생 동식물을 보호하기 위한 것으로 1973년 2월에 채택되어 1975년 7월 발효되었다. 한국은 1993년 7월에 가입했다.

생물다양성보존협약 **Convention on Biological Diversity**

먹이 사슬 **food chain**

모든 생물은 지구의 복잡한 먹이 사슬의 한 부분을 차지하고 있다.

All living organisms are a part of the earth's complex ***food chain.***

포식자와 먹이 **predator and prey**

고등 동물 **complex animals**

하등 동물 **simple animals**

육식 동물 **carnivorous animals**

초식 동물 **herbivorous animals**

육지 동물 **terrestrial animal**

동물계	
무척추동물 Invertebrates	
해면동물	Poriferrans
강장동물	Coelenterates
편형동물	Platyhelminths
선충류	Nematodes
환형동물	Annelids
연체동물	Mollusks
갑각류	Crustaceans
곤충	Insects
거미류	Arachnids
극피동물	Echinoderms
척추동물 Vertebrates	
포유류	Mammals

조류	Birds
파충류	Reptiles
양서류	Amphibians
어류	Fishes

수중 생태계 **aquatic life**

산성비는 수중 생태계도 파괴한다.

Acid rain devastates ***aquatic life***.

해양 동물 **marine life**

수생 동물 **aquatic organisms**

동물 플랑크톤 **zooplankton**

한국 남부 연안의 심해에 폐기된 쓰레기 때문에 중층에 서식하는 동물 플랑크톤이 영향을 받는다.

Waste dumping at a deep water site off the southern coast of Korea has effected the mid-water ***zooplankton***.

식물 플랑크톤 **phytoplankton**

식물 플랑크톤은 바다의 일차 생산자라는 점에서 매우 중대한 생태학적 의미를 갖는다.

Phytoplankton are of great ecological significance as the primary producers in the sea.

토양 **soil**

— 식물 **terrestrial plants**

외래 토양 식물은 토착 식물의 생존을 위협하며 토착 생태계를 영구적으로 변화시킨다.

Non-native ***terrestrial plants*** threaten the survival of native plants, permanently altering native ecosystems.

광합성 **photosynthesis**

광합성을 통해 대기로부터 이산화탄소를 제거하다.

...draw carbon dioxide out of the air through ***photosynthesis***.

표토 **topsoil**

매년 새롭게 형성된 표토의 양보다 20억t 이상의 표토가 사라지고 있는 것으로 추정된다.

It is estimated that every year, the amount of depleted ***topsoil*** is 2 billion tons more than that the amount newly produced.

— 황폐화 **land degradation, land exhaustion**

가축의 지나친 방목이 토양의 황폐화를 야기하고 있다.
Over-grazing is causing ***land degradation***.

산림의 황폐화 **deforestation**
아프리카의 산림 황폐화는 이미 고통받고 있는 이 대륙에 더 많은 어려움을 안겨주고 있다.
Deforestation in Africa is causing the already agonized continent more hardships.

사막화 **desertification**
한반도를 숨막히게 하는 황사는 중국의 급속한 사막화의 직접적인 결과다.
The sand-dust storms suffocating the Korean peninsula are direct results of the rapid ***desertification*** in China.

습지 **wetlands**
습지의 보존은 지구 생태계에 매우 중요하다.
The conservation of ***wetlands*** is vital to the global ecosystem.

시화호 간척 사업 **Siwha Lake reclamation project**
갯벌 **mud flat, tidal flat**
우리나라 갯벌은 생물 다양성 때문에 보존되어야 한다.
Korean ***mud flats*** must be preserved for the sake of bio-diversity.

국제습지협약 **the Ramsar Convention**
람사 지구 **Ramsar Site**
우리나라 갯벌을 람사 지구로 지정하려면…
…to have one of our mud flats designated as a ***Ramsar Site***…

물새 **waterfowl**

• Ramsar Convention이란?

Convention on Wetland of International Importance Especially As a Waterfowl Habitat. 습지 보전을 위한 람사협약. 개발을 위한 매립, 환경 오염 등 다양한 요인에 의한 습지의 잠식과 상실을 방지하고 특히 국경을 넘어 이동하는 물새류의 중계지나 서식지가 되는 습지를 국제적인 자원으로 중시하여 이를 보호하고자 1972년 2월 이란 람사에서 채택한 협약이다.

지구 EARTH

지구 **earth**
남반구 **Southern Hemisphere**

북반구 Northern Hemisphere
적도 equator
극지방 polar regions

적도 지역의 대기가 가장 열을 많이 받는다.
The atmosphere is heated most at the ***equator***.

경도 longitude
위도 latitude
좌표 coordinates

한국은 북위 43°1'에서 북위 33°6'까지 위치한다.
Korea is situated from ***north latitude*** 43 degrees 1 minute to 33 degrees 6 minutes.

날짜 변경선 International Time Line
그리니치 표준시 Greenwich Mean Time (GMT)
세계시 Universal Time (UT)

그리니치 표준시라고 하는 세계시 기준이 있다.
We have a ***universal time*** standard, known as ***Greenwich Mean Time***.

• Summer Time이란?

미국에서는 4월의 첫 번째 일요일에서 10월의 마지막 일요일까지의 반 년 동안 표준 시간보다 1시간 시계가 빨라지며 이를 서머타임이라고 부른다. 반면 겨울에는 1시간 늦추고 daylight savings time이라고 부른다. 그러나 애리조나주와 하와이주, 인디애나주 등에서는 서머 타임을 채택하지 않는다.

춘분 vernal equinox
추분 autumnal equinox
동지 winter solstice
하지 summer solstice

북반구의 하지는 6월 21일로서 일 년 중 해가 가장 길다.
The ***summer solstice*** in the northern hemisphere falls on June 21, the longest day of the year.

빙하 glacier
빙산 iceberg
만년설 ice caps
극빙하 polar ice caps, polar glacier

그들은 극빙하가 녹으면 21세기 중반에 해수면이 2~2.5피트가량 상승할 것으로 예측했다.

They projected that melting ***polar ice caps*** would raise sea levels by between two and two and a half feet by the mid 21st century.

기후 CLIMATE

기후학 **climatology**
기후대 **climate zone**
온대 **temperate zone**
아열대 **subtropical zone**
열대 **tropical zone**
냉대 **subpolar zone**
한대 **polar zone**

한국은 온대에 속하며 사계절이 뚜렷하다.
Korea lies in the ***temperate zone*** and has four distinct seasons.

연교차 **annual range of temperature**
연평균 기온 **annual average temperature**

유럽 내륙 지역의 연평균 기온은 지난 세기 동안 0.8°C 상승했다.
Annual average temperature over continental Europe has increased 0.8°C over the past century.

해양성 기후 **oceanic climate**
대륙성 기후 **continental climate**

키르기스스탄은 대륙성 기후로 상대적으로 강우량이 적다.
Kyrgyzstan has a ***continental climate*** with relatively little rainfall.

기후 변화 **climate change**
기상 이변 **abnormal weather conditions, extreme weather**

1998년의 기상 이변 현상은 엘니뇨가 발생했기 때문이었다.
The ***abnormal weather conditions*** of 1998 were due to El Niño.

라니냐 **La Niña**
엘니뇨 **El Niño**

엘니뇨는 예상보다 더 심할 수 있고 2월까지 계속될 수 있다.
The annoying ***El Niño*** weather pattern may be worse than previously predicted and could last through February.

• La Niña란?

라니냐(La Niña)는 엘니뇨의 반대 현상으로 동태평양의 해수면 온도가 5개월 이상 평년보다 0.5도 이상 낮아지는 현상이다. 적도 무역풍이 강해지면서 서태평양의 해수 온도 상승으로 동태평양에서 저수온 현상이 발생하면 원래 찬 동태평양의 바닷물이 더욱 차가워져 서진하게 된다. 따라서 지구 곳곳에 격심한 장마, 가뭄, 그리고 강추위가 찾아올 수 있다. 현재까지 이 현상의 발생 과정, 활동 주기, 기상에 미치는 영향 등에 대하여 뚜렷하게 밝혀진 것이 없다. 스페인어로 The Little Girl이라는 뜻의 La Niña는 때로 El Viejo, anti-El Niño라고 불리기도 한다.

• El Niño란?

엘니뇨(El Niño) 현상은 매년 12월경 페루와 에콰도르 국경인 과야킬만(남위 2도) 부근에 북쪽에서 난류가 흘러들어와 해면 수온이 높아지는 현상을 말한다. 스페인어로 the Little Boy 또는 Child Christ라는 말로, 난류가 유입되면서 물고기가 많이 잡혀 페루 어민들이 하늘의 은혜에 감사한다는 뜻으로 크리스마스와 연관시켜 아기 예수의 의미를 가진 '엘니뇨'라는 이름을 붙였다. 그러나 몇 년에 한 번은 해면 수온이 평년에 비해 2~5℃가량 높아져서 장기간(1~1.5년) 계속되는데, 이는 어업에도 지장을 초래하며, 적도 태평양 해수면의 광범위한 승온 현상은 전 지구적으로 홍수·가뭄 등 많은 이상 기상을 초래한다.

무역풍 **Trade Winds**
편서풍 **Westerly Winds**
제트기류 **Jet Stream**
푄 바람 **foehn wind**

편서풍이 불어 중국 내륙 지방에서 황사와 산성비를 일본으로 이동시킨다.
The ***westerly winds*** carry yellow sand and acid rain from the Chinese mainland to Japan.

기단 **air mass**
저기압 **low atmospheric pressure**
  저기압권 **low pressure zone**
고기압 **high atmospheric pressure**
  고기압권 **high pressure zone**

내일 우리나라는 전국적으로 고기압권에 들어갈 것이다.
Tomorrow, the whole country will be dominated by a ***high pressure zone***.

강수량 **precipitation**
  강우량 **rainfall**
  강설량 **snowfall**

연구자들은 난제인 인간이 세계 강수량에 미치는 영향을 파악하고자 애쓰고 있다.
Researchers are trying to solve the difficult problem of understanding

humanity's impacts on global ***precipitation***.

전선 weather front
 한랭 전선 cold front
 온난 전선 warm front

대초원 북부 지대의 온난 전선이 구름과 소나기를 동반할 것으로 예측됐다.

A ***warm front*** over the northern plains was expected to bring cloudy skies and scattered rain showers.

기상 재해 meteorological disaster

모래 폭풍은 복잡한 자연적 요인에 의한 예측 불가능한 기상 재해다.

The sand storm is an unexpected ***meteorological disaster*** under a complicated natural condition.

홍수 flood, inundation
 고립 trapped, stranded
 수해 flood damage

폭우로 강물이 불어나자 12명의 야영객이 고립되었다.

12 campers ***were stranded*** when the river suddenly swelled after torrential rains.

한발 drought
해일 tidal wave
지진 earthquake
 지진학 seismology
 지진 강도 seismic intensity, earthquake magnitude

그 지진은 리히터 지진계로 진도 4.3을 기록했다.

The ***earthquake*** registered 4.3 on the Richter Scale.

화산 volcano
 활화산 active volcano
 사화산 extinct volcano

킬리만자로 산은 사화산이며 아프리카에서 가장 높은 산이다.

Mount Kilimanjaro is an ***extinct volcano***, and is the highest mountain in Africa.

기상 WEATHER

기상청 Korea Meteorological Administration
세계기상기구 World Meteorological Organization (WMO)
기상 관측 weather observation

2020년은 기상 관측 이래 140년 만에 가장 무더운 해였다.
The year 2020 was the hottest year since ***weather observation*** began 140 years ago.

기상 관측소 — **meteorological observing station**

기상 일보 — **weather forecast**

악천후 — **inclement weather**

악천후 시 소풍을 무기한 연기한다.
The picnic will be postponed indefinitely in the event of ***inclement weather***.

기온 — **temperature**

낮 최고 기온 — **highest mid-day temperature**

내일 낮 최고 기온은…
Tomorrow's ***highest mid-day temperature*** will be...

최고 기온 — **highs, highest mid-day temperature**

최저 기온 — **lows, lowest temperature**

내일 최고 기온은 20도대, 최저 기온은 10도대가 될 것이다.
Tomorrow's ***highs*** will be in the 20's and ***lows*** in the 10's.

체감 온도 — **windchill factor, windchill**

체감 지수 — **windchill index**

기온은 약 20도였으나 체감 온도는 0도에 가까웠다.
It was approximately 20 degrees with ***a windchill factor*** near zero.

맑음 — **clear skies, sunny**

구름 낌 — **overcast**

가끔 구름 — **scattered clouds, partly cloudy**

흐림 — **cloudy**

오후에는 맑거나 구름이 조금 끼고 건조할 것으로 예측됐다.
By afternoon, fair to ***partly cloudy*** skies and dry conditions were predicted.

일교차 — **Daily Temperature Range (DTR)**

봄 가을 환절기에는 일교차가 커진다.
The ***daily temperature range*** increases during fall and spring when seasons change.

습도 — **humidity**

불쾌지수 — **temperature-humidity index (THI), discomfort index (DI)**

서울의 불쾌지수는 84.4였으며 기타 주요 도시에서도 80이 넘었다.

The ***temperature-humidity index***(***THI***) marked 84.4 in Seoul and was over 80 in other major cities throughout the peninsula. (디지털 조선)

냉방병 minor ailments caused by air-conditioning

장시간 냉방된 사무실에서 근무하는 사람들은 두통 등의 냉방병에 시달린다.
People who spend prolonged periods in air-conditioned offices suffer from headaches and other ***minor air-condition related ailments***.

☞ 냉방병을 건물 증후군(*Sick Building Syndrome*)에 포함시켜 이야기하기도 한다.

풍향	wind direction
남동풍	southeast winds
북서풍	northwest winds
풍속	wind velocity
돌풍	gust
일몰 일출	sunrise and sunset
비	rain
눈비	freezing rain, sleet
안개비	mist
뇌우	thunderstorm
소나기	rain shower

낮 한때 소나기…
...passing ***rain showers***...
때때로 소나기…
...scattered ***rain showers***...

인공 강우	artificial rain
기상주의보	weather advisory
기상경보	weather warning
— 발령	issue a warning/advisory

오전 3시를 기해 남해안 전역에 호우경보와 폭풍경보를 발령했다.
As of 3 am, ***heavy rain warning and storm warning were issued for*** the Southern coastal areas.
산간 지방에 대설주의보가 발령되었다.
A ***winter storm warning was issued*** for the mountain regions...

— 해제	lift a warning/advisory
한파주의보/경보	cold weather advisory/warning
건조주의보	dry weather alert

어제 내린 비로 건조주의보가 해제되었다.
The ***dry weather alert*** was lifted after yesterday's rainfall.

폭우 **torrential rain, severe rainstorm**
호우주의보 **heavy rain warning, flash flood warning**
집중 호우 **flash flood**
산사태 **landslide, mudslide, avalanche**

일요일 폭우로 인한 산사태는 8명의 사망자를 냈다.
Eight people were killed in a ***landslide,*** caused by ***torrential rains*** Sunday.

축대 **vertical embankment**

비가 와서 축대가 무너졌다.
The ***vertical embankment*** supporting the elevated ground collapsed after the rain.

제방, 둑 **dike, embankment**

호수 주위에 제방을 쌓기 위해 15,000명 이상의 군인이 동원되었다.
More than 15,000 troops were mobilized to shore up ***dikes*** around the lake.

수위 **water level**
위험 수위 **danger level**

대부분의 강이 이미 위험 수위를 넘어 제방이 붕괴 직전에 있다.
Most of the rivers are flowing above the ***danger level*** and threatening to burst embankments.

침수 **under water, submerged**

잘츠부르크의 천 개가 넘는 빌딩들이 침수됐다.
More than 1,000 buildings in Salzburg were ***under water.***

홍수 대책 **flood control measures**

홍수 대책과 농경지 확충으로 야생 동물의 서식지를 파괴했다.
Flood control measures and land taken for farmland have decimated the habitat of wildlife.

강 범람 **inundation, flooding, overflow**

강이 범람하여 인근 논밭이 침수되었다.
The river overflowed and ***inundated*** the nearby rice paddies and fields.

열대성 저기압 **tropical storms**
태풍 **typhoon**
허리케인 **hurricane**
사이클론 **cyclone**

대부분의 희생자는 사이클론이 닥치기 전에 집을 비우라는 정부의 경고를 따르지 않은 가난한 제염 노동자들이었다.
Most of the victims were poor salt workers who did not heed government

warnings to abandon their homes before the ***cyclone*** hit.

폭풍주의보 **storm advisory**

태풍주의보/경보 **typhoon advisory, warning/alert**

금요일 오전 9시 기준으로 제주도 남부 지역과 남해안상의 태풍주의보가 태풍 경보로 대체되었다.

As of 9:00am Friday morning, the ***typhoon warnings*** for the southern resort island of Jeju along with the southern coast were upgraded to ***typhoon alerts***.

태풍 진로 **typhoon path**

태풍 진로에 위치한 해안가 휴양지의 여행객들을 내륙 지역으로 대피시켰다.

Vacationers at coastal resorts along the ***typhoon's path*** have been evacuated inland.

폭설 **heavy snowfall**

지난 금요일 폭설로 꼼짝할 수 없었다.

We ***were snowed in*** last Friday.

대설주의보/경보 **winter storm advisory/warning**

염화칼슘 **salt, calcium chloride**

제설기 **snow plow**

삼한사온 **three cold days followed by four warm days, 3-cold 4-warm weather pattern**

혹한 **severe cold weather**

한파 **cold wave, cold spell**

폭염 **heat wave**

최근 가장 치명적인 폭염이 시카고에서 1995년 7월 한 주간 계속되었다.

The most deadly ***heat wave*** in recent years occurred in Chicago over a week in July 1995.

연무 현상 **haze**

2개월간의 연무 현상을 일으켰던 인도네시아의 산불은 1997년, 1998년의 엘니뇨 현상으로 인한 가뭄 때문에 악화되었다.

Drought caused by the El Niño weather phenomenon in 1997 and 1998 contributed to Indonesia's forest fires that caused the two-month long ***haze***.

황사 현상 **yellow dust storm, sand-dust storm, Asian dust**

한국에서는 봄철마다 황사 현상이 일어난다.

Every spring, Korea experiences ***sand-dust storms***.

☞ *yellow sand*는 황사를 직역한 것이다. 주로 *Asian Dust* 또는 *sand-dust storm*이라고

부른다.

황사 이동 **transport of sand-dust, sand-dust carried**

황사는 중국의 내륙 지방에서 발원하여 동쪽으로 이동한다.

The ***sand-dust*** comes from the inland area of China and is ***carried*** eastward.

• Asian Dust란?

황사 현상은 봄철 중국 대륙이 건조해지면서 고비 사막, 타클라마칸 사막과 내몽골 지방의 고원에서 고운 흙먼지가 강한 상층 기류를 타고 3천~5천 미터 상공으로 올라가 편서풍에 실려 우리나라와 일본, 멀리는 태평양까지 이동하는 현상이다. 황사 알갱이 크기에 따라 1000㎛의 입자는 통칭 황사(sand)라고 하며, 10㎛의 입자는 황진(dust)으로 부른다. 중국의 산업화와 함께 심해진 황사 현상은 우리나라에서는 주로 봄철에 일어난다. 아시아 먼지(Asian Dust)라고 부르기도 한다.

환경협약
대기, 기후
기후변화에 관한 국제연합 기본협약(기후변화협약) United Nations Framework Convention on Climate Change (UNFCCC)
오존층 보호를 위한 비엔나 협약 Vienna Convention for the Protection of the Ozone Layer
오존층 파괴 물질에 관한 몬트리올 의정서 (몬트리올 의정서) Montreal Protocol on Substances that Deplete the Ozone Layer
몬트리올 의정서의 런던 개정서 The London Amendment to the Montreal Protocol
몬트리올 의정서의 코펜하겐 개정서 The Copenhagen Amendment to the Montreal Protocol
몬트리올 의정서의 몬트리올 개정서 The Montreal Amendment to the Montreal Protocol
해양, 어업
국제포경 규제협약 International Convention for the Regulation of Whaling (ICRW)
대서양 참치의 보존에 관한 국제협약 International Convention for the Conservation of Atlantic Tunas (ICCAT)
동남대서양 생물자원 보존 협약 Convention on the Conservation of the Living Resources of the Southeast Atlantic

남극 해양생물 자원 보존에 관한 협약 Convention on the Conservation of Antarctic Marine Living Resources (CCAMLR)
1954년 유류에 의한 해양의 오염 방지를 위한 국제협약(1962년 및 1969년 개정 포함) International Convention for the prevention of Pollution of the Sea by Oil, 1954 (as amended in 1962 and in 1969)
폐기물 및 그 밖의 물질의 투기에 의한 해양오염 방지에 관한 협약 (런던 협약) Convention on the Prevention of Marine Pollution by Dumping Wastes and Other Matter (London Convention)
유류오염 손해에 대한 민사책임에 관한 국제 협약 International Convention on Civil Liability for Oil Pollution Damager (CLC)
유류오염 손해에 대한 민사책임에 관한 1969년 국제협약의 의정서 Protocol to the International Convention on Civil Liability for Oil Pollution Damage, 1969
1971년 유류오염 손해배상을 위한 국제기금 설치에 관한 국제협약 International Convention on the Establishment Fund for Compensation for Oil Pollution Damage, 1971 (Fund Convention)
1973년 선박으로부터의 오염 방지를 위한 국제협약 및 1978년 의정서 International Convention for the Prevention of Pollution from Ships, 1973 as Modified by the Protocol of 1978 relating thereto (MARPOL 73/78)
북서대서양 어업에 있어서의 장래 다자간 협력에 관한 협약 Convention on Future Multilateral Cooperation in the Northwest Atlantic Fisheries
해양법에 관한 국제연합 협약 United Nations Convention on the Law of the Sea
1982년 12월 10일 해양법에 관한 국제연합협약 제 6장의 이행과 관련된 협정 Agreement Relating to the Implementation of the Part XI of the United Nations Convention on the Law of the Sea of 10 December 1982
유해 물질, 폐기물
유해 폐기물의 국가 간 이동 및 그 처리의 통제에 관한 바젤 협약 (바젤 협약) Basel Convention on the Control of Transboundary Movements of Hazardous Wastes and their Disposal
자연, 생물 보호
멸종위기에 처한 야생 동식물종의 국제거래에 관한 협약 Convention on International Trade in Endangered Species of Wild Fauna and Flora (CITES)

생물 다양성 협약 Convention on Biological Diversity
물새서식지로서 국제적으로 주요한 습지에 관한 협약 (1982년 및 1987년 개정 포함) RAMSAR Convention on Wetlands of International Importance Especially as Waterfowl Habitat (as amended in 1982 and in 1987)
국제식물보호협약 International Plant Protection Convention
동남아시아 태평양 지역 식물보호협정 Plant Protection Agreement for the South East Asia and Pacific Region
1983년 국제열대목재 협정 International Tropical Timber Agreement, 1983 (ITTA)
1994년 국제열대목재협정 International Tropical Timber Agreement 1994
핵 안전
대기권, 외기권 및 수중에서의 핵무기 실험 금지조약 Treaty Banning Nuclear Weapons Tests in the Atmosphere, in Outer Space and Underwater
핵물질의 방호에 관한 협약 Convention on the Physical Protection of Nuclear Material
핵사고의 조기통보에 관한 협약 Notification Convention on Early Notification of a Nuclear Accident
핵사고 또는 방사능 긴급사태시 지원에 관한 협약 Assistance Convention on Assistance in the Case of a Nuclear Accident or Radiological Emergency
핵안전에 관한 협약 Convention on Nuclear Safety
핵무기 및 기타 대량파괴무기의 해저, 해상 및 그 하층토에 있어서의 설치 금지에 관한 조약 Treaty on the Prohibition of the Emplacement of the Nuclear Weapons and Other Weapons of Mass Destruction on the Sea Bed and the Ocean Floor and in the Subsoil Thereof
기타
남극조약 The Antarctic Treaty
환경보호에 관한 남극조약 의정서 Protocol to the Antarctic Treaty on Environmental Protection
심각한 한발 또는 사막화를 경험한 국가 (특히 아프리카) 들의 사막화를 방지하기 위한 유엔 협약(사막화 방지 협약) United Nations Convention to Combat Desertification in Those Countries Experiencing Serious Drought and/or Desertification, Particularly Africa

세계문화유산 및 자연유산의 보호에 관한 협약 World Heritage Convention for the Protection of the World Cultural and Natural Heritage
달과 기타 천체를 포함한 외기권의 탐색과 이용에 있어서의 국가 활동을 규율하는 원칙에 관한 조약 Treaty on Principles Governing the Activities of States in the Exploration and Use of Outer Space, including the Moon and Other Celestial Bodies
환경변경기술의 군사적 또는 기타 적대적 사용의 금지에 관한 협약 Convention on the Prohibition of Military or Any Other Hostile Use of Environmental Modification Techniques
세균무기 (생물무기) 및 독소무기의 개발, 생산, 비축의 금지와 그 폐기에 관한 협약 Convention on the Prohibition of the Development, Production and Stockpiling of the Bacteriological (Biological) and toxin Weapons, and on Their Destruction
국제 환경 단체
유엔환경계획 UN Environmental Plan (UNEP)
그린피스 Greenpeace
지구감시기구 Earthwatch
지구평의회, 지구협의회 The Earth Council
지구환경금융 Global Environment Facility (GEF)

24 의학 MEDICINE

생활 건강 GENERAL HEALTH

신체 건강 **physical health**

신체 건강은 적극적인 사회 활동에 필수적이다.

Physical health is essential for an active career.

웰빙 **wellness, healthy living, well-being**

☞ *wellness*: 단순한 신체 건강이 아닌 심신의 건강 내지 건강한 생활.

☞ *"HR-QOL"*: *Health-related Quality of Life*. 건강과 관련된 삶의 질.

건강 증진 **health enhancement, wellness**

이 회사는 직원들을 위한 건강 증진 센터를 운영한다.

This company runs a ***Wellness*** Center for its employees.

건강 검진 **physical examination, (medical) check-up, a physical**

정기 건강 검진에서 아무 이상이 없었다.

Nothing abnormal showed up in his regular ***check-up***.

The results of the ***physical*** shows nothing abnormal.

성인병 **adulthood disease**

현대인들에게 당뇨병·고혈압 등 성인병이 증가하는 추세에 있다.

Adulthood diseases such as diabetes or high-blood pressure are on the rise these days.

생활 습관병 **lifestyle disease**

성인병은 대부분 생활 습관병이다.

Most adulthood diseases are ***lifestyle diseases***.

식생활 **diet**

주식 **staple food**

한국인의 주식은 쌀이다.

The Korean ***diet*** consists of rice as its ***staple food***.

육식 **meat consuming diet**

채식 **vegetarian diet**

채식 위주의 한국인의 식습관은 최근 들어 육식 위주로 바뀌었다.

The Korean diet, which was mainly ***vegetarian***, has changed into a ***meat***

consuming diet in recent days.

비건, 비건주의자 **vegan**

비건주의자들은 유제품을 먹지 않는다.

Vegans don't eat dairy products.

생식 **raw foods diet, living foods diet, uncooked vegetable diet**

곡물 생식을 하면 체중을 감량시킬 수 있다.

A ***raw foods diet*** containing uncooked grain cereals can reduce body weight.

☞ 화식과 대비되는 개념의 생식은 *uncooked food*이나, 곡식을 분쇄하여 먹는 생식은 *uncooked grain cereals*로 표현된다.

가공식품 **processed food**

화학 첨가제가 함유된 가공식품을 피해야 한다.

You should stay away from ***processed foods*** which contain chemical additives.

자연식 **natural food, unprocessed food**

자연식이 건강에 좋다.

Natural food is good for the health.

인스턴트식품 **instant food, prepared food**

함유량 **content**

인스턴트식품은 지방 함유량이 많다.

Instant food has a ***high fat-content***.

균형 잡힌 식생활 **balanced diet**

편식 **unbalanced diet**

하루 세 끼 균형 잡힌 식단은 건강의 기본이다.

Three ***balanced meals a day*** is the foundation of good health.

규칙적인 식사 **regular meals**

하루 세 끼의 규칙적인 식사를 해라.

Eat three ***regular meals*** per day.

끼니 거르기 **skipping meals**

아침을 거르는 것은 건강을 해친다.

Skipping breakfast is not good for your health.

영양소 **nutrients**

5대 식품군 **five major food groups**

섭취량 **intake**

일일 권장량 | recommended daily allowance (RDA), reference daily intake (RDI)

필수 영양소의 일일 권장량을 섭취하면 건강을 유지할 수 있다.

An ***intake*** of the ***recommended daily allowance*** of essential nutrients will help you stay fit.

운동 | exercise

주 3회 이상 운동을 해야 심폐 건강을 유지할 수 있다.

Cardiopulmonary health can be maintained by ***exercising*** 3 times or more every week.

— 부족 | lack of exercise, insufficient exercise

격렬한 — | rigorous exercise, strenuous exercise

가벼운 — | light exercise

격렬한 운동을 하는 사람들은 금연에 성공할 확률이 2배 정도 높다.

People who engage in ***rigorous exercise*** have twice the success rate at quitting smoking.

체력 | physical fitness, physical strength

체력을 유지하기 위하여 규칙적인 운동이 필수적이다.

Regular exercise is essential in order to maintain ***physical fitness***.

지구력 | physical endurance

철인 3종 경기는 지구력을 시험하는 경기다.

The triathlon games test ***physical endurance***.

체력 단련실 | fitness center

걷기 | walking

만보계, 보수계 | pedometer

헬스클럽 | fitness club, health club

그는 헬스클럽에서 체력을 단련했다.

He exercised and trained at the ***fitness club***.

근력 | muscle strength

복근 | abdominal muscle

흉근 | pectoral muscle

우주 비행 중에 근력이 빠르게 사라질 수 있다.

Muscle strength can be lost rapidly during spaceflight.

정적인 생활 | sedentary lifestyle

건강하지 못한 식습관, 비만, 정적인 생활은 당뇨병의 주요 원인이다.

Unhealthy diet, obesity, ***sedentary lifestyle*** are major causes of diabetes.

유산소 운동 | aerobic exercise

30분 정도의 유산소 운동을 하면 몸이 지방을 분해하기 시작한다.

After 30 minutes of ***aerobic exercise,*** the body begins to burn stored fat.

비만 **overweight, obesity**

복부 비만 **flabby tummy, large waistline**

중년층에는 복부 비만이 흔하다.

Many middle aged people have ***obese abdomen.***

Many middle aged people have ***fat tummies.***

☞ *stomach* : *stomach*은 위장이라는 의미이며, 뱃살은 *abdomen, waist,* 또는 *tummy*로 표현해야 한다. 상복부는 *upper abdomen* 하복부는 *lower abdomen*.

뱃살 **abdominal fat**

뱃살을 빼려면 운동을 해야 한다.

You must exercise in order to ***lose abdominal fat.***

You must exercise in order to ***flatten your tummy.***

☞ *potbelly, beer-belly* : 특히 중년 남성들에게서 찾아볼 수 있는 과도한 복부 비만 현상을 표현하는 비전문 용어.

폭식증 **bulimia**

거식증 **anorexia**

카렌 카펜터는 거식증에 걸려 결국 목숨을 잃었다.

Karen Carpenter suffered from ***anorexia*** and finally lost her life.

Karen Carpenter was ***anorexic***-a condition that cost her life.

고지방 식품 **fatty foods**

트랜스지방 **trans fat**

중성지방 **neutral fat, triglyceride**

포화지방 **saturated fat**

불포화지방 **polyunsaturated fat**

식생활 개선을 통해 콜레스테롤 수치를 낮추려면, 포화지방과 트랜스지방의 섭취량을 줄여야…

To lower your cholesterol through dietary changes, limit the amount of ***saturated fat*** and ***trans fat*** that you consume. (*New York Times*)

체지방 **body fat**

체지방을 분해시켜주는 차…

...a tea that dissolves ***body fat...***

피하지방 **subcutaneous fat**

황제 다이어트 **Atkins Diet, low carbohydrate high protein (LCHP) diet, low-carb diet**

황제 다이어트는 단기적으로는 체중 감량 효과가 뛰어나지만, 장기적으로는 골다공증을 일으킬 수 있다.

Atkins Diet is highly effective for short-term weight reduction, but may cause osteoporosis in the long run.

다이어트 산업 **weight-loss industry, the diet business**

수십억 달러 시장 규모의 다이어트 산업은 놀라운 속도로 성장하고 있다.

The multi-billion dollar ***weight-loss industry*** is expanding at a phenomenal rate.

식욕 억제제 **appetite suppressant**

체중 감량 촉진제에는 식욕을 억제하는 펜플루라민이 들어 있다.

Weight-loss supplement contains fenfluramine which ***suppresses appetite***.

식이 섬유 **dietary fiber**

식이 섬유 드링크는 변비를 예방한다.

Dietary fiber drinks prevent constipation.

체질량 지수 **Body Mass Index (BMI)**

체질량 지수가 25% 이상이면 비만으로 분류된다.

A patient with a ***BMI*** of over 25% is considered obese.

• BMI란?

Body Mass Index. 비만도 또는 체질량 지수라고 하는 BMI는 비만의 정도를 나타내는 지표로 체중(kg)을 키(m)의 제곱으로 나눈 값이다.

성형 수술 **plastic surgery, cosmetic surgery, aesthetic surgery**

안면 윤곽 교정 수술 **maxillofacial surgery**

사각턱 **wide jawbones**

주걱턱 **protruding chin**

안면 윤곽 교정 수술로 사각턱이나 주걱턱을 교정한다.

Maxillofacial surgery corrects ***wide jawbones*** or ***protruding chins***.

유방 성형 수술 **mammoplasty, breast surgery**

유방 축소 수술 **breast reduction**

유방 확대 수술 **breast augmentation, breast enlargement**

삽입물 **breast implant**

과거의 유방 확대 수술은 실리콘 삽입물을 사용했다.

Silicone implants were used for ***breast augmentation procedures***.

쌍꺼풀 수술 **eyelid surgery (to create an artificial fold),**

Asian blepharoplasty

쌍꺼풀 수술에서는 위 눈꺼풀에 주름을 하나 더 만든다.

In ***Asian blepharoplasties,*** a fold is created in the upper eyelid.

쌍꺼풀 — **upper eyelid crease, upper eyelid fold, double eyelid**

동양인들은 많은 경우 쌍꺼풀이 없거나 속쌍꺼풀이 있다.

Often the ***crease of the upper eyelids*** is non-existent or invisible in Asian eyes.

☞ 쌍꺼풀 : 원래는 *fold* 또는 *crease* (*in upper eylid*)이며, 쌍꺼풀 수술 후에도 눈꺼풀(*eyelid*)은 하나이므로 엄밀히 말해서 *double eyelid* 라는 표현은 정확하지 않으나 점차 보편적으로 사용되고 있다.

코성형 수술 — **nose surgery, rhinoplasty, nose job**

탤런트 X양은 코성형 수술을 부인했다.

Actress Miss X denied that she had ***nose surgery***.

Actress Miss X denied that she had ***her nose done***. (속어적 표현)

Actress Miss X denied that she had ***a nose job***. (속어적 표현)

지방 흡입술 — **liposuction**

지방 흡입술은 미국에서 가장 흔한 성형 수술이다.

Liposuction is the most common cosmetic procedure in the U.S.

탈모 — **hair loss, alopecia**

제모 — **hair removal**

모발 이식 — **hair transplant, hair replacement**

모발 이식은 대머리를 치료할 수 있는 3가지 방법 중 하나다.

Hair implant is one of the three ways to treat baldness.

피부 건강 — **skin health**

자외선 차단제 — **UVA block, sun-block**

피부 탄력 — **skin elasticity**

피부 건강을 유지하기 위해서 자외선 차단제를 바르는 것이 중요하다.

Application of ***sun-block*** is very important in maintaining healthy skin.

필링 — **chemical peel, dermabrasion, dermapeel**

피부 미용 클리닉 — **dermato-aesthetics clinic, aesthetic dermatology clinic**

피부 미용 클리닉에서 기미를 치료한다.

Dermato-aesthetics clinics treat skin pigmentation.

기능성 화장품 — **cosmeceuticals, dermo cosmetics**

베이비붐 세대가 노령화되면서 기능성 화장품 시장은 계속 확대될 것이다.

The markets for ***cosmeceutical*** applications will continue to grow as babyboomers age.

레이저 피부 박피 수술　　**laser skin resurfacing, microabrasion**

피부 박피 수술로 주름과 잡티를 제거할 수 있다.

Laser skin resurfacing removes wrinkles and small imperfections.

레이저 기미 제거　　**LASER removal of pigmentation**

검버섯　　**brown age spots, lentigines**

기미　　**pigmentation, liver spots, melasma, discoloration,**

주근깨　　**freckles, ephelides**

모반　　**birthmarks, nevus, moles**

☞ *"LASER" : Light Amplification by Stimulated Emission of Radiation.*

콜라겐 주입　　**collagen injection**

보톡스 주사　　**Botox injection**

얼굴의 주름을 펴주는 보톡스 주사가 큰 인기를 얻고 있다.

Botox injections for reducing the appearance of facial wrinkles are rising in popularity.

정신 건강　　**mental health**

신경성 질병　　**psychosomatic ailment, psychogenic disorder**

오늘날 많은 병들이 신경성이다.

Many illnesses nowadays are ***psychosomatic***.

스트레스　　**stress**

스트레스는 만병의 근원이다.

Stress is the cause of many ailments.

나는 직장에서 스트레스를 받는다.

I'm ***stressed out*** at work.

My job is ***stressful***.

우울증　　**depression**

정신적 압박감으로 그는 우울증에 걸렸다.

The mental pressure caused him to ***suffer from depression***.

불안, 초조　　**anxiety**

그 환자는 늘 불안·초조감에 시달려왔다.

The patient suffered from feelings of ***anxiety*** for a long time.

☞ *anxiety attack* : 불안 발작.

신경쇠약　　**nervous breakdown, neurasthenia**

그녀는 신경쇠약에 걸렸다.

She had a ***nervous breakdown***.

치아 건강	dental health
앞니, 중절치	front tooth, central incisor
측절치	lateral incisor
송곳니, 견치	canine tooth, cuspid
작은 어금니, 소구치	bicuspid, premolar
어금니, 대구치	molar
충치	cavity, dental carries, tooth decay

충치가 2개 있다.

You have 2 ***cavities***.

충전	tooth filling, inlay
임플란트	(dental) implant
골유착 결합	osseointegration
치주 질환	periodontal disease
잇몸, 치은	gum, gingiva
— 출혈	gum bleeding
— 부음	gum swelling

치주 질환이 있으면 잇몸이 붓고 피가 난다.

People with ***periodontal diseases*** have ***bleeding*** and ***swollen gums***.

치주염	periodontitis
치은염	gingivitis
플라그	plaque

어떤 치약은 플라그를 제거해준다고 선전한다.

Some toothpastes claim to remove the ***plaque*** from your teeth.

치석	tartar, dental calculus, odontolith
스케일링	periodontal scaling, scaling of the teeth

정기적으로 스케일링을 해주어야 한다.

People need regular ***periodontal scaling***.

People need regular ***scaling of the teeth***.

치아 미백	teeth whitening

치아 미백 치약…

...***whitening*** toothpaste

치아 교정	orthodontics
치열 교정기	braces
교합	occlusion
부정 교합	malocclusion

그녀는 치아 배열이 고르지 않아 치아 교정을 한다.

She is receiving ***orthodontic treatment*** because her teeth are not straight.

치아 보철 **dental prosthetics**
- **보철물** **dental prosthesis**
- **의치** **dentures, false teeth**
- **국소 의치** **partial dentures**

많은 노인들이 의치를 착용하고 있다.
Many old people wear ***dentures.***

구취 **bad breath, halitosis**
- **구강세척제(가글)** **mouthwash, antiseptic mouthwash**

구취가 심한 사람들은 구강 세척제를 자주 사용하도록 권유받는다.
People with ***bad breath*** are recommended to use ***mouthwash*** frequently.

음주 **drinking, alcohol consumption**
- **습관성 음주** **habitual drinking**

습관성 음주는 알코올 중독으로 이어질 수 있다.
Habitual drinking can lead to alcoholism.

- **알코올 함유량** **alcoholic content**

소주의 알코올 함유량은 20%다.
Soju has an ***alcoholic content of*** 20%.

- **알코올 의존증(중독)** **alcoholism, alcohol dependency**
- **알코올 중독자** **an alcoholic**

난 28세에 이미 알코올 중독자가 되었다.
I became ***an alcoholic*** at the age of 28.

숙취 해소 **relieve hangover, cure hangover**

생과일 주스는 숙취에 효과가 있다.
Fresh fruit juice ***relieves hangovers.***

과음 **heavy drinking, overconsumption of alcohol**
적당한 음주 **moderate drinking, consuming in moderation**

적당한 양의 적포도주는 건강에 좋다.
Red wine, ***consumed in moderation,*** is good for the health.

흡연 **smoking**

흡연은 폐암과 동맥경화증에 걸릴 위험성을 높인다.
Smoking increases the risk of lung cancer and arteriosclerosis.

간접흡연 **second hand smoke**

직장에서 간접흡연에 노출되어 있는 사람들이 호흡기 질환에 걸릴 확률은 노출되지 않은 사람의 두 배다.

Those who are exposed to ***second hand smoke*** at work are more than twice as likely to develop respiratory problems.

금연 **quit smoking, smoking cessation**

심장 발작을 일으킨 후 그는 담배를 끊었다.

He ***quit smoking*** after the heart attack.

금연 구역 **no-smoke area, non-smoking area**

금연층 **non-smoking floor**

피로 **fatigue, tiredness**

항상 피곤하다.

I always ***feel tired***.

만사가 귀찮다.

I don't ***feel like doing anything***.

I ***feel unmotivated***.

기운이 없다.

I ***have no energy***.

I ***feel listless***.

— 누적 **build up**

피로가 누적되었다.

Fatigue has been ***building up***.

— 회복 **reduce/lessen/relieve/overcome fatigue**

뜨거운 목욕은 피로를 풀어준다.

A hot bath ***reduces fatigue***.

— 회복제 **energy drink**

사람들은 피로할 때 커피나 피로 회복제를 마신다.

People drink coffee or ***energy drinks*** when they are tired.

과로 **overexertion, overwork**

업무 중 과로로 쓰러지다.

...faint at work due to ***overexertion***.

무기력 **inertia**

환자는 만사가 귀찮고 무기력함을 느낀다.

The patient will feel unmotivated and ***inert***.

춘곤증 **spring fatigue**

노인들이 특히 봄에 춘곤증을 느낀다.

Aged people suffer from ***spring fatigue***.

만성피로증후군 **Chronic Fatigue Syndrome (CFS)**

만성피로증후군은 종종 불면증 같은 다른 증상과 함께 나타난다.
Chronic fatigue syndrome is usually accompanied by other symptoms such as insomnia.

임신과 출산 PREGNANCY & BIRTH

출산 **childbirth**
불임 **infertility**
　불임 클리닉 **infertility clinic**
　　그 부부는 10년 만에 불임 클리닉을 찾았다.
　　The couple finally went to an ***infertility clinic*** after 10 years.
시험관 수정 **in-vitro fertilization (IVF)**
　　그 불임 부부는 시험관 수정을 해보기로 결정했다.
　　The infertile couple decided to try ***in-vitro fertilization***.
시험관 아기 **test tube baby**
　　시험관 수정을 통해 1978년 임신된 최초의 시험관 아기는 X다.
　　First ***test tube baby*** was X conceived in 1978.
　　First ***baby conceived in vitro*** was X in 1978.
배란 촉진제 **fertility drug**
　배란 **ovulation**
　　배란 촉진제는 여성의 배란을 촉진시킨다.
　　Fertility drugs for women promote ***ovulation***.
인공 수정 **artificial insemination**
　　인공 수정은 불임을 치료하는 가장 오래되고 간편한 방법이다.
　　Artificial insemination is the oldest and simplest treatment for infertility.
대리모 **surrogate mother**
　　대리모 문제는 복잡한 법적·윤리적 문제를 야기시켰다.
　　Surrogate motherhood has raised many complex legal and ethical issues.
피임 **contraception, birth control**
　경구 피임약 **contraceptive pill, birth control pill**
　정관 수술 **vasectomy**
　　북한에서 피임은 전적으로 여성의 몫이다.
　　In North Korea, ***contraception*** is entirely up to females.
임신 **pregnancy, conception**
　　그녀는 결혼 후 10년 만에 임신을 했다.

She *became pregnant* 10 years after marriage.

그녀는 임신 중이다.

She *is pregnant*.

She *is carrying a child*.

— 개월 **- months pregnant, - into the pregnancy**

임신 5개월 정도가 되면, 아이의 성별을 확인할 수 있다.

At about 5 *months into the pregnancy*, the child's gender can be distinguished.

☞ 한국에서는 10달의 임신 기간이라고 하며, 서양에서는 *9 months of pregnancy*라고 한다.

입덧 **morning sickness, nausea**

그녀는 첫 2개월간 심하게 입덧을 했다.

She had severe *morning sickness* during the first 2 months.

입덧은 여성들이 임신을 했을 때 느끼는 메스꺼움과 구토 증상을 말한다.

Morning sickness refers to the nausea and vomitting that women experience during pregnancy.

나팔관 임신 **fallopian tube pregnancy, tubal pregnancy**

자궁외 임신 **extra-uterine pregnancy, ectopic pregnancy**

그녀는 자궁외 임신을 했다.

She had an *extra-uterine pregnancy*.

태교 **pre-natal care of baby**

임신 중절, 낙태 **abortion, pregnancy termination**

응급 피임약 **Emergency Contraception (EC), morning-after pill**

응급 피임약이란 일반 경구 피임약을 성관계를 가진 후 72시간 내에 복용량만 늘려 먹는 것이다.

Emergency contraception, or *EC* as the *morning-after pill* is called, is simply a higher dose of regular birth-control pills taken within 72 hours of unprotected sexual intimacy. (*ABC News*)

(자연) 유산 **miscarriage, spontaneous abortion**

분만 **delivery, give birth**

산모는 제왕 절개로 아이를 분만했다.

The mother *gave birth* by Caesarean section.

순산 **smooth delivery**

순산이었다.

The *delivery went smoothly*.

난산 **difficult birth, complications during birth, dystocia**

산모는 난산으로 고생했다.

The mother had a hard time due to ***complications during birth.***

자연 분만 natural delivery, natural birth

산모는 자연 분만을 했다.

The mother ***gave birth by natural delivery.***

제왕 절개 Cesarian section, C-sect

한국은 세계에서 가장 높은 제왕 절개 분만율을 기록하고 있다.

Korea records the world's highest rate of ***delivery by C-section.***

부아셀리에 박사는 30대 미국 여성이 지난달 26일 사상 최초의 복제 인간인 여자 아기 '이브'를 제왕 절개로 낳았다고 주장했다.

Dr. Brigitte Boisselier claimed that the first cloned human, a baby girl named Eve, was ***delivered by Cesarian section*** on the 26th of last month.

탯줄 umbilical cord

탯줄은 뱃속 태아의 생명줄이다.

The ***umbilical cord*** is an unborn baby's lifeline.

수중 분만 water birthing, giving birth in water

새 산모 병동에는 분만실 4개와 수중 분만실 1개가 계획되고 있다.

The new maternity unit will include four delivery rooms and one ***water birthing*** suite.

유도 분만 induced delivery

만약 유도 분만일이 정해졌다면…

If you have a planned ***induced delivery*** date...

양수 head water, amniotic fluid

양수 (천자) 검사 amniocentesis

다운증후군 검사를 위해 양수에서 태아의 세포를 채취한다.

To test for Down's Syndrome, foetal cells are recovered from ***amniotic fluid.***

☞ 양수는 *the water*라고도 표현하지만 소유격으로 더 많이 말한다. *My water broke*는 양수가 터졌다는 뜻이다.

조산 premature birth

그녀는 조산을 했다.

She ***gave premature birth.***

미숙아 premature baby

미숙아는 인큐베이터에 들어간다.

Premature babies are put in incubators.

샴쌍둥이(결합쌍둥이) **Siamese twins, conjoined twins**

— **분리 수술** **operation to separate Siamese twins, separation surgery**

머리 부분이 붙은 샴쌍둥이에 대한 분리 수술은 전 세계적으로 40회 정도만 시술되었다.

There have been only 40 attempts worldwide to separate ***Siamese twins*** joined at the head... (*CNN*)

산파 **midwife**

후산 **afterbirth**

태반 **placenta**

태반은 산모와 태아를 연결해주기 위한 조직이다.

Placenta is a tissue that is created to connect mother and fetus.

산전 **pre-natal, antenatal**

산후 **post-delivery, post-natal**

산후 조리 **post-delivery care, post-natal care**

산후 조리원 **post-delivery care center**

여성들에게 산후 조리는 산전 조리만큼이나 중요하다.

Post-delivery care is as important as ***pre-natal*** care for women.

산후 우울증 **post partum depression, post partum blues**

아이를 갓 출산한 산모 10명 중 적어도 한 명은 산후 우울증을 경험한다.

At least one in ten new mothers experiences various degrees of ***post partum depression***.

수유 **nursing, breast-feeding**

분유 **powdered milk, baby formula**

모유 **mother's milk**

미국의 소아과의사학회는 모유 수유를 권장한다.

The American Academy of Pediatrics recommends ***breast-feeding***.

모유 수유는 지능 발달을 촉진하고, 감염 및 설사를 예방하며, 성인이 되어 당뇨병이나 알레르기의 유병률을 낮춘다.

Breast-feeding improves mental development, lowers incidents of infection and diarrhea and lessens the likelihood of diabetes or allergies later in life.

기형아 출산 **birth defects**

언청이 **cleft palate**

다운증후군 **Down's syndrome, mongolism**

일부 기형아 출산은 유전이다.

Some ***birth defects*** run in the family.

병원 HOSPITALS

종합 병원 general hospital

병상 bed

XX병원에는 단기 입원 병동에 6개의 병상이 있다.

XX hospital has 6 ***beds*** in a short-stay unit.

대학 병원 university hospital

전문 클리닉 specialized clinic

비만 클리닉 weight loss clinic

통증 클리닉 pain clinic

불임 클리닉 infertility clinic

XX대학 병원에서 전문 클리닉 서비스를 받을 수 있다.

Specialized clinic services are provided at XX university hospital.

입원 hospital admission, hospitalization

그는 병원에 입원했다.

He ***was hospitalized***.

He ***was admitted to the hospital***.

퇴원 discharge, release

그는 퇴원했다.

He ***was dicharged/released from the hospital***.

입퇴원 수속 admission and discharge procedure/process

보호자가 퇴원 수속을 하기 위해 1층에 내려갔다.

The guardian went to the ground floor to go through ***the discharge procedure***.

원무과 patient administration

접수창구 reception

먼저 접수창구에 가서 접수를 하고 이름 부를 때까지 대기하십시오.

Sign up at the ***reception*** desk and wait until your name is called out.

수납 창구 cashier

병원으로부터 퇴원 통고를 받으면, 수납 창구로 가서…

When you receive a discharge notice from the hospital, take it to the ***cashier***'s office...

진료과 Departments, Divisions	
내과 Internal Medicine	
감염내과분과	Infectious Diseases
내분비-대사내과분과	Endocrinology & Metabolism
소화기내과분과	Gastroenterology
순환기내과분과	Cardiology
신장내과분과	Nephrology
혈액종양내과분과	Hemato-Oncology
호흡기내과분과	Pulmonology
심장내과	Cardiology
일반외과 General Surgery	
성형외과	Plastic Surgery
신경외과	Neurosurgery
심장외과	Cardiac Surgery
정형외과	Orthopedic Surgery
폐식도외과	Thoracic Surgery
혈관외과	Vascular Surgery
흉부외과	Cardiothoracic Surgery, Chest Surgery
가정간호	Family Nursing
가정의학	Family Medicine
마취과	Anesthesiology
부인과	Gynecology
산과	Obstetrics
산부인과	Obstetrics & Gynecology (OB&GY)
소아과	Pediatrics
스포츠의학	Sports Medicine
심장소아과	Pediatric Cardiology
안과	Ophthalmology
영상의학/진단방사선과	Radiology
이비인후과	Otorhinolaryngology, ENT(Ear, Nose & Throat)

재활의학	Rehabilitation Medicine
정신과	Neuropsychiatry
진단병리과	Diagnostic Pathology
진단방사선과	Diagnostic Radiology
방사선종양학과	Radiation Oncology
피부과	Dermatology
항문과	Colon and Rectal Surgery
내분비외과	Endocrine Surgery
남성병학 클리닉	Andrological Clinic
신경과	Neurology
임상병리과	Clinical Pathology
불임클리닉	Infertility Clinic
통증클리닉	Pain Clinic
알레르기클리닉	Allergy Clinic
치과 Dentistry, Oral Health Science	
교정과	Orthodontics
구강안면외과	Oral and Maxillofacial Surgery
보존과	Operative Dentistry
치과보철과	Prosthodontics
소아치과	Pediatric Dentistry
보철과	Prosthodontics
임플란트과	Implant Dentistry
치주과	Periodontics

진단 및 검사 Medical Examination and Diagnostic Tests	
혈구수 측정	blood count
혈액검사	blood test
소변검사	urine test
대변검사	feces (stool) test
청각검사	hearing test
시력검사	eye test

내시경	endoscopy
심전도	electrocardiogram
자기공명영상	Magnetic Resonance Imaging (MRI)
단층촬영	tomography
양자방출단층촬영	PET scan (positron emission tomography)
전산화축성단층촬영술	Computerized Axial Tomography (CAT)
초음파 영상	ultrasound imaging
X-선	X-ray
조직검사, 생검	biopsy
체온 측정	measurement of temperature
혈압 측정	measurement of blood pressure (BP)
맥박	pulse

입원 환자 **inpatient**

외래 환자 **outpatient**

10시부터 외래 환자를 받는다.

Outpatients are received from 10 o'clock.

병동 **patient ward**

일반 병동 **general ward**

외래 병동 **outpatient ward**

소아 병동 **pediatrics ward**

산모동 **maternity ward**

수술 병동 **surgery ward, operation ward**

응급실 **emergency room (ER)**

심폐 소생술 **cardiopulmonary resuscitation (CPR)**

익사 직전에 구한 사람에게 심폐 소생술을 실시하다.

...administer ***CPR*** to the person who was saved from drowning.

응급 의료 센터 **emergency care and trauma center**

외상 **trauma**

파열 **rupture**

골절 **bone fracture**

타박상 **contusion**

열상 **laceration**

찰과상 **abrasion**

염좌 sprain

열상·골절·염좌·절단 등은 생명에는 지장이 없지만 산업 재해로 간주될 수 있다.

Laceration, fracture, sprain, amputation can be considered as nonfatal occupational injuries.

수혈 blood transfusion

환자가 수혈을 받다.

...the patient receives a ***blood transfusion***.

헌혈 blood donation

혈액형 blood type

혈액은행 blood bank

우리 혈액은행은 혈액을 수집·처리·공급한다.

Our ***blood bank*** collects, processes, distributes blood.

중환자실 intensive care unit (ICU)

중태 critical state

혼수상태 coma

중환자실에서는 중증 환자들을 위한 특별한 간호를 한다.

Intensive care units provide specialized care for adults with serious illnesses.

사망 진단 pronounced dead

사망 진단서 death certificate, certificate of death

뇌사 brain-death, brain-dead

LA 공항 수속대에서 총에 맞은 여인이 뇌사 판정을 받았다.

The woman shot at a Los Angeles International Airport ticket counter has been declared ***brain-dead***.

식물인간 vegetative state

그는 5년째 식물인간으로 누워 있다.

He has been in a ***vegetative state*** for 5 years.

사전연명의료의향서 DNR (Do Not Resuscitate) order

환자가 사전연명의료의향서를 작성하면 기도 삽관이나 심폐소생술을 하지 못한다.

If a patient signs a ***DNR order***, intubation or CPR cannot be administered.

기도 삽관 거부 DNI (Do Not Intubate)

영안실 mortuary, morgue funeral wing

시체를 영안실로 옮겼다.

The body was moved to the ***mortuary***.

☞ *mortuary* : 시체를 보관하는 시설로서 한국식으로 입관을 해서 조문객을 받는 시설은 *funeral wing, funeral service facility*가 좀 더 상황에 적절한 표현이다.

의료 기기 **medical equipment**

청진기 **stethoscope**

체온기 **thermometer**

혈압계 **blood pressure monitor, hemomanometer**

전자 혈압계는 수축기 및 확장기 혈압 수치가 화면에 표시된다.

New digital ***blood pressure monitors*** display the systolic and diastolic rates on a panel.

인공 장기 **artificial organ**

의수족, 보형물 **artificial limb, prosthesis**

보철학 **prosthetics**

줄기세포 연구는 인공 장기 개발 및 이식 분야에서 많은 기대를 하고 있다.

Stem cell research holds enormous promise for ***artificial organ*** development and transplantation.

인공호흡 **artificial respiration**

인공호흡기 **ventilator**

호흡이 없으면, 즉각적으로 인공호흡을 시작해서…

If there is no breathing, immediately start ***artificial respiration***...

환자는 인공호흡기로 연명하고 있다.

The patient is on a ***ventilator***.

인공심폐기 **life support**

환자는 인공심폐기로 숨쉰다.

The patient is ***on life support***.

투석기 **dialysis unit, artificial kidney system**

대부분의 경우, 환자는 가정용 투석기로 주 2~3회 투석을 한다.

In most cases, the patient will be treated with the home ***dialysis unit*** two to three times per week.

목발 **crutches**

교통사고 후 그는 석 달 동안 목발을 짚고 다녔다.

He ***was on crutches*** for 3 months after the traffic accident.

He ***walked on crutches*** for 3 months after the traffic accident.

휠체어 **wheelchair**

전동 휠체어 **powered wheelchair**

수동 휠체어 **manual wheelchair**

부목 **splint**

보행기 **walker**

수술 3일 후 김재현은 보행기를 잡고 가벼운 물리 치료를 받기 시작했다.

Kim Jaehyun started his physical therapy with the help of a ***walker*** 3 days after surgery.

붕대 **bandage, dressing**

압박 붕대 **elastic bandage, stretch gauze**

반창고 **adhesive tape**

간호사가 상처에 붕대를 감았다.

The nurse ***dressed*** the wound.

간호사가 붕대를 풀었다.

The nurse removed the ***dressing***.

(석고) 깁스 **cast, gypsum bandage, plaster of paris bandage**

자동차 사고 후 한 달 동안 팔에 깁스를 했다.

His arm was ***put in a cast*** for a month after the car accident.

내일은 팔에 한 깁스를 푸는 날이다.

Tomorrow, the arm ***cast*** comes off.

☞ *Gips* : 깁스라는 말은 석고 붕대의 원료인 석고(*gypsum*, *CaSO4·2H2O*)에서 유래.

유방 촬영 **mammography, mammogram**

유방 촬영기 **mammography equipment**

☞ *Mammogram* : 유방 X-선.

중년 여성들은 정기적으로 유방 촬영을 해야 한다.

Middle-aged women should have ***mammograms*** taken regularly.

CT 촬영기 **CAT scanner, CT scanner**

그 환자에게 CT 촬영을 해봐야 한다.

We must ***do a CAT scan on*** the patient.

We must ***perform a CT on*** the patient.

We must do a CT imaging of the patient.

☞ *"CAT scan"* : *CAT(Computerized Axial Tomography)* 촬영.

☞ *"CT scan"* : *CT(Computed Tomography)* 촬영.

MRI 촬영기 **MRI scanner**

MRI 촬영기는 대형 자석으로 둘러싸인 원통이다.

The ***MRI scanner*** is a tube surrounded by a giant circular magnet.

☞ *"MRI"* : *Magnetic Resonance Imaging*. 자기 공명 영상.

수술대 **operating table**

검진대 **examining table**

환자가 검진대에 누웠다.
The patient lied down on the *examining table*.

소독기	**sterilizer**
핀셋	**tweezers, forceps**
가위	**scissors, shears**
설압자	**tongue depressor**

의료 MEDICAL PRACTICE

의학 분야 Medical Fields (specialist)	
기생충학	Parasitology, Helminthology (helminthologist)
남성병학	Andrology (andrologist)
내과	Internal Medicine
내분비학	Endocrinology (endocrinologist)
노인병학	Gerontology (gerontologist)
노인의학	Geriatrics
독물학	Toxicology (toxicologist)
면역학	Immunology (immunologist)
병인학	Etiology (etiologist)
병리학	Pathology (pathologist)
병태생리	Pathophysiology
부인과	Gynecology (gynecologist)
비뇨기학	Urology (urologist)
산과	Obstetrics (obstetrician)
산파	Mid-wifery
성형외과	Plastic Surgery (plastic surgeon)
세균학	Bacteriology
수의학	Veterinary Science (veterinarian)
신경학	Neurology (neurologist)
신장병학	Nephrology (nephrologist)
심장학	Cardiology (cardiologist)

안과	Ophthalmology (-ist, eye doctor)
약물중독학	Addiction Medicine
약학	Pharmacology (pharmacologist)
세포학	Cytology (cytologist)
여행의학	Travel Medicine
역학	Epidemiology (epidemiologist)
예방의학	Preventive Medicine
위장학	Gastroenterology (gastroenterologist)
응급의학	Emergency Medicine
이과	Otology (otologist)
이비인후과	Otorhinolaryncology, ENT (Ear Nose & Throat)
임상학	Clinical Science
재활의학	Rehabilitation Medicine
정신의학	Psychiatry (psychiatrist)
정신신경과	Psychiatry and Neurology
정신외과	Psychosurgery
정형외과	Orthopedics
종양학	Oncology (oncologist)
족병학	Podiatry (podiatrist)
직업병학	Occupational Medicine
척추교정학	Chiropractic (chiropractic)
치의학	Dentistry (dentist)
치과교정학	Orthodontics (orthodontist)
신경과	Neurology (neurologist)
스포츠의학	Sports Medicine
피부과	Dermatology (dermatologist)
심리학	Psychology (psychologist)
해부학	Anatomy
핵의학	Nuclear Medicine

의사 medical doctor, physician

한국에는 X명의 의사들이 의료 활동을 하고 있다.

X number of ***doctors*** practice medicine in Korea.

1차 진료의 primary care physician, family doctor

일반의 general physician, general practitioner

전문의 specialist

1차 진료의가 환자를 심장병 전문의에게 의뢰했다.

The ***primary care physician*** referred his patient to a cardiac ***specialist***.

개업 open a practice, run own clinic

많은 의과 대학 교수들이 학교를 그만두고 개업을 한다.

Many medical school professors are quitting teaching to ***open their own practices***.

의료 윤리 medical ethics

히포크라테스 정신 Spirit of Hippocrates

히포크라테스 선서 Hippocratic Oath

아직도 전 세계 의과 대학 졸업생들은 히포크라테스의 선서를 한다.

Graduates of medical schools around the world still give the ***Hippocratic Oath***.

의료 과실 medical malpractice

의사가 의료 과실로 피소되었다.

The doctor was sued for ***malpractice***.

— 소송 medical malpractice suit

의료 과실 소송을 제기한 산모에게 30만 달러의 손해 배상이 지급되었다.

The court awarded the mother of a baby $300,000 in a ***medical malpractice suit***.

의료 보험 medical insurance

나는 의료 보험이 있다.

I have ***medical insurance***.

의료 보험에 가입한 환자…

...patients with ***medical insurance***...

☞ <사회/복지 제도> 참조.

진찰 examination, consultation

의사한테 진찰을 받는 것이 좋겠다.

You should be ***examined by*** a doctor.

You should ***consult*** the doctor.

You need a doctor's ***consultation***.

초진 **first visit, new patient visit**

이 환자는 오늘이 초진이다.

Today is the patient's ***first visit.***

He/she is a ***new patient.***

재진 **revisit**

회진 **round, round visits**

담당 의사가 10시에 회진한다.

The doctor in charge ***makes his round*** at 10 o'clock.

진료비 **examination fee, consultation fee**

진단 **diagnosis**

검사 결과를 보고 의사가 진단을 내렸다.

The doctor ***made a diagnosis*** upon the test results.

레이건 전 대통령은 알츠하이머병 진단을 받았다.

Former president Reagan ***was diagnosed with*** Alzheimer's disease.

☞ *vital signs* : 혈압, 맥박수, 체온, 호흡수.

자가 진단 **autodiagnosis, self-diagnosis**

환자의 자가 진단은 매우 위험할 수 있다.

The patient's ***self-diagnosis*** is potentially very dangerous.

조기 진단 **early diagnosis**

유방암의 치료에는 조기 진단이 무엇보다 중요하다.

Early diagnosis is most essential for treatment of breast cancer.

오진 **misdiagnosis, wrong diagnosis**

의사가 오진을 내렸다.

The doctor made a ***misdiagnosis.***

The doctor made a ***wrong diagnosis.***

☞ *to get a second opinion* : 오진일 가능성을 감안하여 다른 의사나 의료 기관에 가서 2차 소견을 받아보는 것.

오진율 **misdiagnosis rate**

간질병 오진율이 30%를 넘는 것은 흔하다는 주장…

...the claim that epilepsy ***misdiagnosis rates*** of over 30 percent may be usual... (*Health News, UK*)

예후 **prognosis**

예후가 좋다.

The ***prognosis*** is good.

검사 **(medical) test**

환자에게 몇 가지 검사를 해야 한다.
We must ***administer a few tests*** on the patient.
We must ***run a few tests*** on the patient.
The patient must ***take a few tests***.

혈액 검사 — **blood test**
혈액 검사 결과는 1주일 후에 나온다.
The ***blood test*** results will be out in a week.

맥박 측정 — **take/measure pulse**
소변 검사 — **urine test, urine examination**
대변 검사 — **stool test, feces examination**
대변 검사에서 혈액 흔적이 채취되었다.
An ***examination of the feces*** showed traces of blood.

체온 — **(body) temperature**
체온 측정 — **take/measure temperature**
체온계를 입에 물거나 겨드랑이에 끼워서 체온을 측정한다.
Temperatures are taken by placing the thermometer under the tongue or under the arm.

정상 체온 — **normal temperature**
사람의 정상 체온은 36.5°C 또는 98°F다.
The ***normal temperature*** of the body is 36.5°C or 98°F.

미열 — **slight temperature, slight fever, low-grade fever**
환자가 미열이 있다.
The patient has a ***slight temperature***.

고열 — **fever**
환자가 이틀째 40도의 고열에 시달리고 있다.
The patient has been running a ***fever*** of 40° for 2 days.

혈압 측정 — **take/measure blood pressure**
수축기 혈압 — **systolic blood pressure**
확장기 혈압 — **diastolic blood pressure**
환자의 혈압은 90에 120이다.
The patient's ***blood pressure*** is 120 over 90.

조직 검사 — **tissue examination**
내시경 검사 — **endoscopy**
수면 내시경 — **sedated endoscopy**
초음파 검사 — **ultrasonography, sonography**

초음파 영상 **sonogram, ultrasound image**

환자가 쉬는 상태에서 의사가 심장 초음파 영상을 찍었다.

The doctor took a ***sonogram*** of his heart at rest.

X-선 촬영 **X-ray**

위 X-선 촬영을 해야 한다.

We have to take some ***X-rays*** of the stomach.

증상 **symptom**

다음과 같은 증상이 나타나면 복용을 중단할 것.

Stop taking medication when the following ***symptoms*** occur.

— 완화 **alleviate/ease/relieve symptom**

이 약을 먹으면 증상이 완화될 것이다.

This medication should ***alleviate the symptoms***.

— 호소 **complaint**

환자가 다음과 같은 증상을 호소하면 약물 투여를 중단할 것.

Stop medication if the patient ***complains*** of the following symptoms.

자각 증상 **subjective symptom**

이 병은 자각 증상이 없다.

The patient doesn't feel ***subjective symptoms*** for this disease.

가슴 두근거림(심계항진) **palpitation, flutter of the heart**

폐경기 여성들은 흔히 가슴 두근거림을 호소한다.

Menopausal women often complain of ***palpitation***.

발한 **perspiration, sweat**

식은땀 **cold sweat**

식은땀이 자주 난다.

...frequently break out in a ***cold sweat***.

식은땀이 나고 동공이 확장된 환자가 이송되어 왔다.

A patient in a ***cold sweat*** with dilated pupils was brought in.

어지러움 **dizziness, light headedness**

앉았다가 일어나면 어지럽다.

I ***feel dizzy*** every time I stand up.

오전에는 약간 어지럽다.

I ***feel light headed*** in the morning.

이명 **ear noises, ear ringing, tinnitus**

간혹 이명이 들린다.

I hear ***ringing in my ears*** once in a while.

숨참 **shortness of breath**

항상 숨이 차다.

I ***feel short of breath*** all the time.

구토증 **vomiting**

구역질 **nausea**

☞ *nausea* : 구역질, 욕지기, 멀미, 어지러움 등을 표현하기 위해 복합적으로 사용된다.

식욕 부진 **loss of appetite**

피로 **fatigue, tiredness**

늘 피곤하다.

I feel constantly ***tired***.

통증 **pain**

환자가 복부 부위에 통증을 호소한다.

The patient complains of ***pain*** in the abdominal region.

허리가 쿡쿡 쑤신다.

I feel a sharp stabbing ***pain*** in my back.

— 완화 **ease pain, relieve pain, alleviate pain**

관자놀이를 문지르면 통증이 조금 나아진다.

Massaging the temples will ***ease the pain***.

이 진통제는 빠른 시간 내에 통증을 완화시킨다.

This pain killer will quickly ***alleviate the pain***.

둔한 — **dull pain**

심한 — **sharp pain**

위에 심한 통증을 느낀다.

I feel a ***sharp pain*** in my stomach.

국부 — **local pain**

두통 **headache**

머리가 욱신욱신 쑤신다.

I have a ***throbbing pain in*** my ***head***.

편두통 **migraine, migraine headache**

그녀는 지난 2년간 적어도 일주일에 2번 이상 편두통을 앓았다.

She suffered ***migraine headaches*** at least twice a week for two years.

근육통 **muscle pain**

— 뻣뻣 **stiffness**

목이 뻣뻣하다.

My neck feels ***stiff***.

— 뻐근 sore muscles

격렬한 운동 후 근육이 뻐근하다.

My ***muscles are feeling sore*** after the vigorous workout.

— 땅김 tight

근육이 땅긴다.

My muscles ***feel tight***.

근막 통증 증후군(담) Myofascial Pain Syndrome (MPS)

섬유 근육통 증후군 Fibromyalgia Syndrome (FMS)

오십견 frozen shoulder, adhesive capsulitis

중년이 넘어 한쪽 어깨가 뻣뻣해지면 오십견이기 쉽다.

A stiff shoulder in over middle age people may well be what we call ***frozen shoulders***.

치통 dental pain, toothache

생리통 menstrual cramp

복통 abdominal pain, stomachache

요통 back pain

그는 요통으로 고생했다.

He suffered from ***lower-back pain***.

☞ *lower-back* : 허리가 아프다고 할 때는 *waist*가 아니라 *back*이며, *lower-back pain*은 특히 요추에 통증이 있는 상태를 말한다.

진통제 pain killer, pain reliever, analgesic(s)

진통제는 중독성이 매우 강할 수 있다.

Pain killers can be very addictive.

약물 MEDICATION, DRUG

약물 medication, drug

— 투여, 투약 administer drugs, administration of medicine

환자에게 약물을 투여하다.

...***administer drugs to*** the patient.

약물 투여를 중단하자 증상이 심해졌다.

The symptoms worsened once the patient was ***taken off medication***.

— 처방 prescription, put patient on drugs/medication

의사가 환자에게 항우울제를 처방했다.

The doctor ***prescribed*** an anti-depressant for the patient.

The doctor ***put the patient on*** anti-depressant.

— 복용 — **taking medication**

두 알씩 1일 3회 식후 30분에 복용할 것.

Take two ***pills***, three times a day, 30 minutes after meals.

위약 — **placebo**

복용량 — **dosage**

복용량을 차츰 줄일 것.

Gradually decrease ***dosage***.

효능, 효과 — **efficacy, effect**

신약의 효능이 입증되려면 시간이 걸릴 것이다.

It will take some time before the ***efficacy*** of the new drug is proven.

의약품 — **pharmaceuticals**

신약 — **new drugs, research-based innovative drugs**

한국 의약품 시장이 개방되면, 비아그라와 같은 신약들은 한국 시장에서 거의 동시에 판매가 될 것이다.

With the opening of the pharmaceutical market, ***newly developed products*** from overseas, such as Viagra, will be marketed almost simultaneously in Korea.

임상 — **clinical**

임상 의학 — **clinical medicine**

— 실험 — **clinical trial**

— 연구 — **clinical research**

…자발적 참여자들에 대한 임상 연구 실시하다.

...conduct ***clinical research*** in human volunteers.

약물 오남용 — **misuse and overuse of drugs**

약물 오남용의 피해를 줄이기 위해 의약 분업이 필요하다.

We need to separate medical and pharmaceutical practices in order to reduce the harmful effects of ***drug overuse and misuse***.

☞ <사회/복지 제도> 참조.

항생제 내성 — **resistance to antibiotics**

항생제 내성균 — **antibiotic resistant (microbes/strains of bacteria)**

항생제의 남용으로 항생제 내성균이 늘고 있다.

The overuse of antibiotics is producing more and more ***antibiotic resistant bacteria***.

슈퍼 박테리아 — **Super Bacteria, Superbug**

일반 항생제에 내성이 있는'슈퍼 박테리아' VRSA가 올해 미국에서 나타났다.

VRSA, a ***super bacteria*** resistant to all antibiotics emerged in the U.S. early this year.

☞ *"MRSA"* : *Methicillin Resistant Staphylococcus Aureus*. 메치실린 내성 포도상구균.

☞ *"VRSA"* : *Vancomycin Resistant Staphylococcus Aureus*. 밴코마이신 내성 포도상구균.

• Super Bacteria란?

슈퍼 박테리아란 일반 항생제에 대한 내성이 있는 세균을 말한다. 항생제의 오남용으로, '메치실린내성포도상구균(MRSA)'에 대한 내성률이 미국은 50%, 유럽 5%, 한국은 70%로 심각한 상황이다. '최후의 수단'에 해당하는 항생제 밴코마이신에 대하여 내성이 있는 밴코마이신 내성 포도상구균 VRSA가 미국에서 출현했다.

치료 TREATMENT

치료 **treatment**

그는 병원에서 상처를 치료받았다.

He ***was treated for*** his wounds at the hospital.

He ***received treatment for*** his wounds at the hospital.

약물 요법 **drug therapy**

정신 요법 **psychotherapy**

운동 요법 **kinesitherapy, exercise therapy**

식이 요법 **dietotherapy, diet therapy**

물리 치료 **physical therapy**

교통사고 환자들은 흔히 몇 개월씩 물리 치료를 받는다.

Many traffic accident victims receive ***physical therapy*** for months.

주사 **injection, shot**

피하 주사 **hypodermic injection, subcutaneous injection**

혈관(정맥) 주사 **intravenous injection**

환자에게 혈관 주사를 놓다.

...administer/give an ***intravenous injection*** to the patient.

근육 주사 **intramuscular injection**

점적 주사 **intravenous drip, IV drip, IV**

링거액 **Ringer's Solution**

그녀는 링거 주사로 연명하다가, 놀랍게도 회복되기 시작했다.

Living on just an ***IV drip***, she surprised them all and started to get better.

☞ *Ringer's Solution* : 링거액. 흔히 사람들이 링거라고 이야기할 때 점적 주사(*IV drip*)를

지칭하는 경우가 많다. 링거액은 점적 주사에 쓰이는 주사액이다. 링거 주사는 정확히 말하면 *IV administration of Ringer's Solution*이다.

주사기 — **syringe**

1회용 주사기…

...disposable ***syringes***...

수술 — **operation, surgery, procedure**

— 하다 — **perform surgery**

— 받다 — **undergo/receive/have surgery**

의사는 그에게 바이패스 수술을 받아야 한다고 했다.

The doctor told him that he needed a bypass ***surgery***.

The doctor told him that he needed to ***undergo*** bypass ***surgery***.

수술실 — **operating room**

봉합 — **suture, stitch**

상처를 봉합하다.

...to ***suture a wound***...

꿰맨 곳이 터지다.

The ***stitches*** broke.

전신 마취 — **general anesthesia**

그녀는 2시간 만에 전신 마취에서 깨어났다.

It took her 2 hours to wake up from the ***general anesthesia***.

국부 마취 — **local anesthesia**

레이저 수술 — **laser surgery**

비침습적 수술 — **non-invasive surgery, non-invasive operation**

레이저 수술은 효과적이면서도 비침습적 수술 기법이다.

Laser surgery is a ***non-invasive*** yet effective operation.

비수술적 치료 — **non-surgical treatment**

지압은 만성 요통에 효과적인 비수술적 치료법이다.

Acupressure is an effective ***non-surgical technique for treatment*** of chronic lower-back pain.

장기 이식 — **organ transplant, organ transplantation**

장기 수용자 — **organ recipient**

장기 기증자 — **organ donor**

병원에서는 뇌사한 장기 기증자의 장기를 환자들에게 이식하기 시작했다.

The hospital began procedures to ***transplant organs*** of a brain dead donor into waiting recipients.

심장 이식	heart transplant
각막 이식	corneal transplant
피부 이식	skin graft
거부 반응	rejection
면역 억제제	immuno-suppressant

동양 의학 ORIENTAL MEDICINE

동양 의학 — Oriental Medicine

서양 의학 — Western Medicine

한의학 — Korean Medicine, Oriental Medicine

한의학 — Chinese Medicine, Oriental Medicine

한방은 침, 뜸 등 다양한 치료 방법을 사용한다.

Oriental medicine uses different types of treatment such as ***acupuncture*** and ***moxibustion***.

☞ 대체로 한의는 *oriental medicine*으로 통용된다.

한의원 — oriental medicine clinic

한약방 — herbal pharmacy

한약 — herbal medicine

약초 — medicinal herbs

인삼 — ginseng

녹용 — red deer antler, nokyong

감초 — licorice root

웅담 — bear's gall

침술 — acupuncture

침 — acupuncture needle

침을 놓다.

...insert ***acupuncture needles***.

...administer ***acupuncture***.

수지침 — hand acupuncture, Koryo Hand Therapy (KHT)

수지침은 손에 침과 뜸을 놓아서 신체 전반을 치료한다는 개념이다.

KHT (***Koryo Hand Therapy***) is a form of acupuncture and moxibustion that affects the entire body through treatment on the hands.

뜸 — moxibustion

뜸이란 마른 쑥을 특정 부위에 놓고 태우는 것이다.

Moxibustion means the burning of small columns of dried mugwort, or moxa upon specific spots.

족반사학 **(foot) reflexology**

동양에서의 발마사지는 족반사학을 토대로 한다.

Asian foot massage is based on ***reflexology***.

지압 **acupressure**

경락 **meridian (system)**

경혈 **meridian points, acupuncture points**

경락은 400여 개의 경혈로 구성된다.

The ***meridian system*** in acupuncture consists of more than 400 ***acupuncture points***.

기 氣 **Chi, Qi**

기란 몸 안에 흐르는 정기다.

Qi is the energy that flows through the human body.

사상 의학 四象醫學 **Sasang Constitutional Medicine**

사상 체질 四象體質 **Sasang Constitution, the Four Temperaments**

태양인 太陽人 **Taeyangin, tai yang**

태음인 太陰人 **Taeumin, tai yin**

소양인 少陽人 **Soyangin, shao yang**

소음인 少陰人 **Soeumin, shao yin**

사상 의학에서는 사람을 체질별로 태양인, 태음인, 소양인, 소음인으로 나눈다.

In ***Sasang Constitutional Medicine*** human beings are classified in four constitutions : ***Taeyangin, Taeumin, Soyangin*** and ***Soeumin***.

민간요법 **folk remedy**

기침에 효과적인 민간요법으로 생강차를 들 수 있다.

Hot ginger tea is an effective ***folk remedy*** for coughs.

대체 의학 **alternative medicine**

호주인들은 대체 의학에 연간 6억 달러 정도를 소비한다.

Australians spend more than $600 million a year on ***alternative medicine***.

역증(이증) 요법 **allopathy**

대증 요법 **symptomatic therapy (treatment)**

동종 요법 **homeopathy, homeotherapy**

동종 요법에서는 열이 날 때 신체의 자가 치유를 자극할 수 있는 물질을 소량 투여한다.

A ***homeopathic remedy*** will treat fever with a small amount of substance that increases fever to stimulate the body to heal itself.

전인 치료	**holistic treatment, holistic therapy**

환자들의 육체뿐 아니라 정신 건강까지 포함한 전인적인 치료…

...***holistic therapy*** that treats the mental health as well as physical health of patients...

질병 DISEASE

질병	**ailments, disease, illness, disorder**
— 걸리다	**affected with a disease, contract a disease, fall victim to a disease**

환자 체질에 따라 질병에 걸릴 가능성이 다르다.

Chances of ***contracting*** certain ***diseases*** depends on the physical susceptibility of a patient.

매년 X명의 어린이들이 소아 당뇨병에 걸린다.

...X children ***fall victim to*** childhood diabetes every year.

만성 —	**chronic**
급성 —	**acute**

바이러스성 급성 B형 감염에는 특별한 치료가 없다.

There is no specific treatment for ***acute*** viral hepatitis B.

재발	**recurrence**
재발률	**rate of recurrence**

암 환자들은 재발 위험이 높다.

Survivors of cancer face high risk of ***recurrence***.

이환율	**morbidity rate**
유병률	**prevalence rate**

지난 몇 년 동안 유행성 감기 유병률이 감소했다.

Influenza ***prevalence rate*** decreased over the past few years.

생존율	**survival rate**
치사율	**mortality rate**

영아 치사율은 2001년 최저로 감소했다.

Infant ***mortality rate*** dropped to an all-time low in 2001.

역학	**epidemiology**
가족력	**family history**
위험 인자	**risk factor**

대부분의 암에서 가족력은 매우 중요한 위험 인자로 작용한다.

Family history may be an important ***risk factor*** for most cancers.

희귀병 rare disease
난치병 intractable disease
불치병 incurable disease, fatal disease

그는 희귀한 불치병에 걸렸다.
He was affected with a ***rare and incurable disease***.

유전성 hereditary
선천성 congenital
후천성 acquired

선천성 심장병 환자들에게 무료 수술 기회를 제공하기 위해…
…in order to provide ***congenital*** heart disease patients with a chance for free surgery…

감기 cold

나는 지독한 감기에 걸렸다.
I've ***caught a bad cold***.
I've ***come down with a bad cold***.
I ***have a bad cold***.

몸살 body ache, 24-hour flu

타이레놀은 몸살에 효과가 있다.
Tylenol effectively relieves ***body aches***.

일반 감기 common cold

일반 감기를 확실하게 치료하는 방법이 아직 없다.
There is no sure treatment for ***the common cold***.

유행성 독감 influenza, flu
독감 예방 주사 flu shot, influenza vaccine

그는 독감 예방 주사를 안 맞았다.
He was not ***vaccinated against influenza***.

감기 증세 cold symptoms
오한 chill

환자는 어젯밤에 오한이 났다.
The patient ***had the chill*** last night.

목아픔 sore throat
콧물 runny nose
기침 coughing
코막힘 nasal congestion, stuffy nose
가래 phlegm, sputum
재채기 sneezing

재채기·기침·콧물은 감기의 흔한 증상들이다.

Sneezing, coughing, runny nose are some of the typical symptoms of a cold.

기침약 **cough medicine**

해열제 **fever relieving drug, febricide, antipyretics**

고열은 아스피린, 아세트아미노펜 등의 해열제로 치료하는 것이 가장 효과적이다.

Fever is best treated with aspirin, acetaminophen, or other ***antipyretic drugs***.

안질환 **eye disease, ophthalmic ailment**

안구 **eyeball, phthalmos**

각막 **cornea**

한 주민이 각막 이식 수술 후 공수병으로 사망했다.

A resident died from rabies after ***receiving a corneal transplant***. (*Palm Beach Post*)

수정체 **lens**

망막 **retina**

동공 **pupils**

동공이 확장되었다.

The ***pupils*** are dilated.

시력 **vision, eyesight, visual acuity**

지나친 학업 부담으로 학생들의 시력이 나빠졌다.

Student have worse ***visions*** nowadays due to the heavy burden of study.

시력 검사 **eye exam, visual acuity test**

근시 **nearsightedness, myopia**

원시 **farsightedness, hyperopia**

난시 **astigmatism**

— 교정 **vision correction, correct eyesight**

많은 시력 문제는 교정이 가능하다.

Many ***eyesight*** problems can be ***corrected***.

처방 안경 **prescription eyeglasses**

누진 다촛점 렌즈 **progressive lenses**

안구 건조증 **dry eyes**

인공 눈물 **artificial tears**

점안액 **eye drops**

충혈안 **red eye, bloodshot eyes, pink eye**

충혈된 눈에 점안액을 넣어주면 효과적이다.

Eye drops are effective for *bloodshot eyes*.

엑시머 레이저 수술 **Eximer Laser Operation, PRK**

라식 수술 **LASIK surgery, LASIK procedure**

라식 수술은 근시, 원시 및 사시를 교정해준다.

LASIK surgery can correct nearsightedness, farsightedness and astigmatism.

• LASIK이란?

Laser Assisted In-Situ Keratomileusis의 약자. 레이저를 이용한 시력 교정술로 각막절삭가공 성형술이다.

• PRK란?

Photorefractive Keratectomy의 약자. 굴절교정레이저각막 절제술 또는 엑시머 레이저 수술. 각막에 엑시머 레이저를 조사하여 시력을 교정하는 수술이다.

색맹 **color blind, daltonism**

사시 **squint, strabismus**

외사시 **divergent strabismus, exotropia**

내사시 **convergent strabismus, esotropia**

처음에 미 FDA는 안근 질환, 안검 연축 및 사시 치료용으로 보톡스를 승인했다.

The FDA first approved Botox to treat two eye muscle disorders, blepharospasm and ***strabismus***.

백내장 **cataract**

녹내장 **glaucoma**

결막염 **conjunctivitis, pink eye**

아폴로 눈병 **"Apollo 11 Disease", acute hemorrhagic conjunctivitis**

☞ *Apollo 11 Disease* : 1969년 여름, 아폴로 11호가 달에 착륙할 무렵 서아프리카의 가나에서 유행하기 시작하여 아폴로 11호의 달 착륙과 결부시켜 아폴로 눈병이라고 불렸다. 전문 용어로는 급성출혈성결막염(*acute hemorrhagic conjunctivitis*)이다.

이비인후 질환 **ENT ailments**

점막 **mucous membrane, mucosa**

점액 **mucus**

귀지 **ear wax, cerumen**

의사들은 억지로 귀지를 파지 말라고 한다.

Doctors warn against removing ***ear wax*** by force.

타액 saliva
콧물 nasal discharge, mucus, nose runnings
중이염 otitis media

영아들과 유아들이 중이염에 특히 많이 걸린다.

Otitis media particularly affects infants and preschoolers.

비염 rhinitis, sinus infection
알레르기성 비염 allergic rhinitis
축농증 empyema, sinusitis

만성 축농증이 있는 아이들의 증상은 한 달이 넘게 지속된다.

Children with chronic ***sinusitis*** suffer from symptoms that last more than a month.

소화기 질환 gastroenteric disorder, gastrointestinal disorder
소화 불량 indigestion, upset stomach, dyspepsia
소화제 digestive (aid), peptic
제산제 antacid

의사가 위산과다 환자를 위해 제산제인 잔탁을 처방했다.

The doctor prescribed Zantac, an ***antacid,*** for the patient suffering from heartburn.

위 stomach
위점막 gastric mucous membrane
위산 gastric juice, stomach acid
위산과다 heartburn, acid stomach
위염 gastroenteritis, gastritis
위궤양 stomach ulcer

위궤양은 흔한 질병으로서, 매년 수백만 명의 미국인이 위궤양으로 고생한다.

Stomach ulcer is a common disease and affects millions of Americans every year.

위 내시경 gastro endoscopy

의료진은 18개월에 한 번씩 위 내시경을 통해 환자들을 모니터했다.

The doctors monitored patients with periodic ***gastro endoscopy*** every 18 months.

십이지장 duodenum
십이지장염 duodenitis
십이지장궤양 duodenal ulcer

일반적으로 십이지장궤양은 남성들에게서 흔히 발견된다.

Historically, ***duodenal ulcers*** have occured more frequently in men.

장 질환 | **enteropathy, bowel/intestinal disease**

설사 | **diarrhea**

지사제 | **antidiarrhea**

며칠째 설사가 계속된다.

I've had ***diarrhea*** for several days.

변비 | **constipation**

완하제 | **laxative**

관장(약) | **enema**

변비가 심한 경우에는 관장 요법을 사용한다.

An ***enema*** may be given (administered) in case of severe constipation.

식중독 | **food poisoning**

집단 식중독 | **mass food poisoning**

아동들이 급식을 먹고 집단 식중독을 일으켰다.

The children were affected with ***mass food poisoning*** after eating the school lunch.

장염 | **enteritis**

대장염 | **colitis**

대장균 | **e-coli bacteria, coliform bacillus, colon bacillus**

대장균은 설사를 일으킬 수 있다.

E-coli bacteria can cause diarrhea.

☞ "*E-coli*" : *Escherichia coli* 의 약자.

만성 맹장염 | **chronic appendicitis/cecitis**

급성 맹장염 | **acute appendicitis/cecitis**

맹장 수술(충수절제술) | **appendectomy**

이제 더 이상 예방적 맹장 수술은 하지 않는다.

Doctors no longer perform preventive ***appendectomies***.

☞ 맹장 선단에 붙은 충수에 일어나는 염증은 의학적으로는 충수염이 바른 말이지만 흔히 맹장염(*appendicitis*)이라고 한다. 맹장염의 정확한 의학용어는 *cecitis*다.

탈장 | **hernia**

치질 | **hemorrhoids**

암치질 (內痔) | **internal hemorrhoids**

수치질 (外痔) | **external hemorrhoids**

책상 앞에서 앉은 자세로 장시간 근무하는 직장인들이 치질에 많이 걸린다.

Hemorrhoids are quite common among office workers who spend long hours sitting at their desks.

좌욕 | **sitz bath, hip bath**

산후·치질·신장·방광·질염·욕창 등과 관련된 증상을 완화하는 데 좌욕이 효과적이다.

A sitz bath can be effective for relieving the discomforts associated with afterbirth, hemorrhoids, kidney, bladder, vaginal infections, and bed-sores.

반신욕	hip bath, partial immersion bath
기생충	worms, parasites
회충	roundworm
편충	whipworm
십이지장충	hookworm
촌충	tapeworm
요충	threadworm
구충제	anthelmintic, anti-helmintic, vermifuge
췌장	pancreas
담, 쓸개	gallbladder
담즙	bile
담관	bile duct, biliary duct
담석	gall stone

담석이 담관을 막았다.

A ***gall stone*** is blocking the ***biliary duct***.

간	liver

지나친 음주와 흡연은 간에 부담을 준다.

Excessive drinking and smoking places great stress on the ***liver***.

간질환	hepatic disorder
간염	hepatitis
B형 간염	hepatitis B
C형 간염	hepatitis C

B형 간염을 예방할 수 있는 예방 접종이 있다.

There is a vaccine to protect against ***hepatitis B*** infection.

간경화증	liver cirrhosis, liver-hardening
지방간	fatty liver

만성 음주, 비만 등은 지방간을 발병시킬 수 있다.

Fatty liver may be caused by chronic alcoholism, obesity, etc.

심혈관계 질환	cardiovascular disease (CVD)
심장	heart

그 사람은 심장이 약하다.

He ***has a weak heart***.

혈관 **blood vessels**

동맥 **artery**

정맥 **vein**

모세혈관 **capillary vessels, capillary**

모세혈관이 확장하다.

The ***capillary vessels*** are enlarged.

심장병 **heart disease, cardiac disease, cardiopathy**

심장 마비 **heart attack, cardiac arrest**

그 사람은 심장 마비를 일으켰다.

He ***had a heart attack***.

He ***suffered from a cardiac arrest***.

전기 쇼크 **electrical shock**

자동 제세동기 **automated external defibrillator (AED)**

선천성 심장병 **congenital heart disease**

심장판막 수술 **heart valve surgery, cardiovalvulotomy**

개심 수술 **open-heart surgery**

관상동맥이 막혔을 때는 대부분 개심 수술로만 치료가 가능하다.

A blocked coronary artery can be usually only corrected through ***open-heart surgery***.

심부전증 **heart failure**

심전도 검사 **electrocardiogram (EKG)**

그 환자는 심전도 스트레스 검사를 포함하여 심장 검사를 받았다.

The patient underwent cardiac testing-including ***EKG*** and stress tests.

부정맥 **arrhythmia**

협심증 **angina**

심근경색증 **myocardial infarction (MI)**

혈압 **blood pressure**

― 조절 **controlling blood pressure**

혈압을 조절해야 한다.

You must ***control*** your ***blood pressure***.

― 상승 **rise in blood pressure**

환자의 혈압이 올라간다.

The patient's ***blood pressure is rising***.

― 강하 **drop in blood pressure**

환자의 혈압이 100 이하로 떨어진다.

The patient's ***blood pressure is dropping*** to below 100.

혈압 강하제 — blood pressure suppressant, anti-hypertensive drug
고혈압 — high blood pressure, hypertension
저혈압 — low blood pressure, hypotension

고혈압 환자…

...patients with ***high blood pressure***...

동맥 경화증 — arteriosclerosis
관상동맥우회로 수술 — coronary bypass surgery
혈액 질환 — disease of the blood, hemopathy
적혈구 — red blood cell, erythrocyte
백혈구 — white blood cell, leukocyte

신체 어떤 부위에 염증이 생기면 백혈구 수가 늘어난다.

An infection or inflammation in the body causes the ***white blood cell*** count to rise.

혈액 응고 — coagulation, blood clotting
혈전 — thrombus

이 혈전은 정맥을 폐색시켰다.

This ***thrombus*** occludes the vein.

백혈병 — leukemia
골수 이식 — bone marrow transplant

소아 백혈병 환자들은 골수 이식 수술을 받는다.

A ***bone marrow transplant*** is done on children with leukemia.

혈우병 — hemophilia
패혈증 — septicemia
고지혈증 — hyperlipidemia
빈혈 — anemia
만성 빈혈 — chronic anemia
악성 빈혈 — acute anemia

일반적으로 악성 빈혈 치료를 위해 수혈이 필요하다.

Acute anemia therapy usually requires blood transfusions.

후천성면역결핍증 — Acquired Immuno-Deficiency Syndrome (AIDS)
HIV 양성 반응 — HIV-positive reaction

매일 한국 사람 한 명이 HIV 바이러스에 감염된다.

One Korean is infected per day with the ***HIV virus***.

그는 테스트에서 HIV 양성 반응을 보였다.

...he tested ***HIV positive***...

☞ *"HIV"* : *Human Immunodeficiency Virus*. 인체면역결핍 바이러스.

호흡기 질환 **respiratory disease**

만성 폐쇄성 폐질환 **Chronic Obstructive Pulmonary Disease (COPD)**

인두 **pharynx**

후두 **larynx**

후두염 **laryngitis**

후두염이 만성적이고 재발할 때는, 체질을 개선하는 치료가 필요하다.

When ***laryngitis*** is chronic and recurrent, constitutional treatment should be sought.

폐 **lung**

폐활량 **lung capacity, vital capacity**

휠체어에 의지해 생활하는 사람들은 폐활량이 더 작으므로 폐렴에 걸리면 더욱 위험할 수 있다.

Pneumonia is more dangerous for people confined to wheelchairs, because their ***lung capacity*** is smaller.

폐렴 **pneumonia**

폐결핵 **pulmonary tuberculosis**

기존 항생제로 치료할 수 없는 신종 결핵이 생겼다.

A new strain of ***tuberculosis***, untreatable with existing antibiotics, has emerged.

기관지 천식 **bronchial asthma**

분무 흡입기 **inhaler**

편도선 **tonsil**

환자의 편도선이 부었다.

The patient has swollen ***tonsils***.

편도(선)염 **tonsillitis**

편도(선) 절제술 **tonsillectomy**

날숨(호기) **exhalation, expiration**

들숨(흡기) **inhalation, inspiration**

X-선 촬영 시 숨을 들이쉬고 잠시 참아야 한다.

You must ***inhale*** and hold your breath during X-ray.

기관지염 **bronchitis**

상기도 감염 **upper respiratory infection (URI)**

감염이나 공기 중의 무엇에 의해 급성 기관지염이 발병한다.

An infection or something in the air can cause acute ***bronchitis***.

사스, 급성호흡기증후군 **Severe Acute Respiratory Syndrome (SARS)**
  괴질 **mysterious illness**
  사향 고양이 **civet cat**

중국에서 처음 발생한 것으로 알려진 괴질 '사스'가 아시아 국가들로 확산되고 있다.

Severe Acute Respiratory Syndrome or ***SARS,*** the ***mysterious*** respiratory ***illness*** thought to have originated in China is spreading throughout Asia.

신장병 **kidney disease, renal disorder**

짜게 먹는 것은 고혈압과 신장병을 유발한다.

A high-salt diet leads to hypertension and ***kidney disease.***

신장염 **nephritis**
신부전증 **kidney failure, renal failure**
  만성 신부전증 **chronic renal failure (CRF)**
  혈액 투석 **hemodialysis**

신부전증 환자에게 혈액 투석을 받도록 했다.

The ***kidney failure*** patient was put on ***hemodialysis.***

신장 이식 **kidney transplant**

4년간 혈액 투석을 받던 환자가 신장 이식 수술을 받았다.

He received a ***kidney transplant*** after being on hemodialysis for 4 years.

비뇨기계 질환 **urinary disease**
방광염 **urocystitis, cystitis, bladder infection**
요실금 **urinary incontinence**

요실금은 노화 현상 중 하나다.

Incontinence is a symptom of ageing.

요로 결석 **urolithiasis, urinary stone**

요로 결석을 레이저로 제거하는 수술이 있다.

Laser excision of ***urolithiasis*** is a procedure available.

야뇨증 **bedwetting, enuresis**
내분비계 질환 **endocrinopathy**
갑상선 **thyroid gland**

갑상선은 날개를 편 나비 모양으로 후두 전면에 위치한다.

The ***thyroid gland*** looks like a butterfly and sits on your windpipe.

  갑상선 호르몬 **thyroid hormone**
  갑상선염 **thyroiditis**
  갑상선기능 항진증 **hyperthyroidism, over-active thyroid glands**
  갑상선기능 저하증 **hypothyroidism, under-active thyroid glands**

갑상선기능 항진증의 증상은 불안·초조·발한과 근육의 약화 등이다.
The symptoms of ***hyperthyroidism*** include nervousness, irritability, increased perspiration and muscular weakness.

임파선염 **adenitis, lymphadenitis**
당뇨병 **diabetes (mellitus)**

그는 당뇨병 환자다.
He ***is a diabetic***.
He ***has diabetes***.

제2형 당뇨병 **type 2 diabetes**
혈당 수치 **blood sugar level**
인슐린 주사 **insulin shot, insulin injection**

당뇨병 환자들은 혈당 수치를 내리기 위해 인슐린 주사를 맞는다.
Diabetes patients get ***insulin shots*** to lower their ***blood sugar level***.

골질환 **bone disease, osteopathy**
골격계 **skeletal system**
골 **bone**
연골 **cartilage**

골격계는 몸의 형태를 만들어주고 체내 장기를 보호해준다.
The ***skeletal system*** determines the shape of the body and protects the organs.

두개골 **skull**
늑골 **ribs**
대퇴골 **femur, thigh bone**
골수 **bone marrow**
접골 **bone setting, (closed) bone reduction**
골절 **bone fracture**

교통사고로 그 사람의 다리가 세 군데 골절되었다.
The car accident left him with the leg ***fractured*** in 3 places.

관절 **joint**

비가 오려고 하면 관절이 쑤신다.
The ***joints ache*** when it's about to rain.

골관절염 **osteoarthritis**
관절염 **arthritis**
퇴행성 관절염 **degenerative arthritis**

ARTH-Rx라는 신약이 관절염의 통증 완화 효과를 인정받았다.
The new drug ARTH-Rx is recognized to be effective for relieving ***arthri-***

tis pain.

류머티즘 — rheumatism

허리 디스크 — slipped disc, herniated intervertebral disc/disk, herniated nucleus pulposus

그는 오랫동안 허리 디스크로 고생했다.

He suffered from a ***slipped disk*** for a long time.

골수염 — osteomyelitis

골다공증 — osteoporosis

인공관절 수술 — artificial joint surgery

고관절 수술 — hip replacement surgery

고관절 수술 후 통증 없이 걸을 수 있다.

...be able to walk again without pain after a ***hip replacement surgery***.

근육 질환 — muscular disease

다발성 경화증 — multiple sclerosis

파킨슨병 — Parkinson's Disease

근육 — muscle

건, 힘줄 — tendon

아킬레스건 — Achilles tendon

인대 — ligament

그 선수는 인대 파열로 출전을 포기했다.

The athletes could not play because of a torn ***ligament***.

근위축증, 근이영양증 — muscular dystrophy

위축증 — atrophy

근경화증 — myosclerosis

건염 — tendinitis

갑자기 심한 운동을 하면 건염에 걸리기 쉽다.

Those who suddenly exercise too much are often affected with ***tendinitis***.

전염병, 감염병 — infectious disease, communicable disease

— 발생 — outbreak, attack, reported

2001년도에 강원도 어린이들 사이에서 수두 환자가 발생했다. (조선일보)

In 2001, there was an ***outbreak*** of chicken pox among children in Gangwon Province.

현재까지 10건의 콜레라 환자가 발생했다.

10 cases of cholera have ***been reported***.

— 확산 — proliferation/spreading of disease

— 유행 — epidemic, prevalent, outbreak

— 대유행 pandemic

요즘 홍콩 독감이 유행이다.

The Hong Kong influenza is ***prevalent*** these days.

조류 독감의 세계적 대유행에 대비하여…

...in preparation for a global avian influenza ***pandemic***...

코로나 바이러스 Coronavirus disease, COVID-19 (Coronavirus Disease 2019)

— 확진자 confirmed case

신규 코로나 확진자 700명…

700 new ***confirmed cases*** of COVID-19...

질병관리청 Korea Disease Control and Prevention Agency (KDCA)

• Endemic vs. Epidemic vs. Pandemic

감염병은 발생 정도에 따라 endemic, epidemic, pandemic으로 분류된다. Endemic(풍토병)은 한 지역이나 집단에서 일정하게 발생하는 전염병이고, 이보다 넓은 지역으로 확산되거나 많은 환자가 발생하는 것을 epidemic이라고 한다. Pandemic(대유행, 범유행)은 epidemic보다 더 넓은 지역에서, 대부분 국제적으로 질병이 확산되는 경우를 말한다.

이질 dysentery

콜레라 cholera

장티푸스 typhoid fever

뇌염 encephalitis

수두 chicken pox, varicella

한센병, 나병 leprosy, Hansen's disease

천연두 small pox

소아마비 poliomyelitis, polio

광견병 rabies

감염성 성병 sexually transmitted disease (STD)

매독 syphilis

임질 gonorrhea, gonorrhoea

감염성 성병을 예방하기 위해서 아이들을 교육시켜야 한다.

We have to educate our children to prevent ***STD***.

공기 감염 aerial/airborne infection

공기 전염병 airborne disease

바이러스성 감염 viral infection

감염 infection

국내에서는 하루에 한 명씩 HIV 바이러스에 감염되고 있다.

One Korean is ***infected*** per day with the HIV virus.

잠복기 latency period, dormant period

석면과 관련된 암 중 잠복기가 40년까지 가는 것도 있다.

Some asbestos-related cancer has such a long ***latency period***, up to 40 years.

보균자 carrier

방역 disinfection, quarantine

격리 isolate, quarantine

감염자들을 격리시켜야 한다.

Those infected with the disease should ***be isolated***.

예방 접종 inoculation, vaccination, immunization, vaccine injection

유아들은 X세 이전에 폐결핵 예방 접종을 해야 한다.

Children should be ***vaccinated against/for*** TB before they are X-year old.

추가 접종 booster shot, booster injection

추가 접종을 하지 않으면 간염 예방 주사는 효과가 없다.

The anti-hepatitis inoculation is ineffective unless you receive a ***booster injection***.

암 cancer, neoplastic disease

암세포 cancer cell

발암 물질 cancer causing substance, carcinogen

소각장에서 나오는 다이옥신은 발암 물질이다.

Dioxin emitted from incinerators is a ***carcinogen***.

전이 metastasis, spreading of cancer cells

그녀의 폐암이 뇌로 전이된 것을 발견했다.

Her lung tumor has been shrunken 60%, but later doctors found brain ***metastasis***.

암의 치료 cancer therapy

화학 요법 chemotherapy

방사선 요법 radiation therapy, radiotherapy

화학 요법과 방사선 요법은 부작용이 많다.

Chemotherapy and ***radiotherapy*** have many side effects.

항암제 cancer-fighting/anti-cancer drugs,

	chemotherapeutic agents
암 말기	**terminal stage of cancer, advanced stage of cancer**

말기 암 환자들에게 의료 및 사회심리적인 보살핌을 제공한다.
Medical and psychosocial care are given to ***patients in the advanced or terminal stages of cancer***.

육종	**sarcoma**
근종	**myoma**
암종	**carcinoma**

수술이나 부작용 없이 암종을 치료할 수 있다.
Carcinoma treatment without surgery or side effects is possible.

종양	**Tumor**
악성종양	**Malignant Tumor**
양성종양	**Benign Tumor**

암의 종류 Types of Cancer	
구강암	Oral Cancer
뇌종양	Cancer of the Brain, Brain Tumor
유방암	Breast Cancer
자궁암	Uterine Cancer
자궁경부암	Cervix Cancer
난소암	Ovarian Cancer
결장암	Colon Cancer
전립선암	Prostate Cancer
근종	Myoma
육종	Sarcoma
임파종	Lymphoma
위암	Stomach Cancer
폐암	Lung Cancer
백혈병	Leukemia
식도암	Esophageal Cancer
피부암	Skin Cancer
후두암	Pharynx Cancer

인두암	Larynx Cancer
임파선암	Lymphoid Cancer

정신 질환 **mental illness, psychosis, mental disorder**

기억 상실증 **amnesia**

자동차 사고를 당한 사람들은 기억 상실증에 걸릴 수 있다.

Victims of a car accident may suffer from ***amnesia***.

정신 분열증(조현병) **schizophrenia**

우울증 **depression**

단극성 우울증 **unipolar depression**

양극성 장애 **bipolar disorder**

조울증 **manic depression, manic depressive illness**

공황 장애 **panic disorder**

양극성 장애 환자들은 자살할 위험이 크다.

People with ***bipolar disorder*** (***BD***) have a high risk of suicide.

☞ *bipolar disorder* : 일반적으로 말하는 조울증에는 단극성(*unipolar disorder*) 및 양극성 장애(*bipolar disorder*) 가 있다.

자폐증 **autism**

노이로제 **neurosis, paranoia**

건강 염려증 **hypochondriasis**

신경 쇠약 **nervous breakdown, neurasthenia**

수면 장애 **sleep disorder**

수면무호흡증후군 **sleep apnea syndrome**

불면증 **insomnia**

몽유병 **sleep walking, somnambulism, noctambulism**

몽유병은 아주 기이한 행동이지만, 과학적으로 설명 가능한 행동이다.

While ***sleep walking*** is a peculiar form of behavior, there is nothing mysterious about it.

정신 병원 **psychiatric institution, sanitarium, mental hospital**

정신 병동 **psychiatric ward**

그는 정신 병원에 입원했다.

He was admitted to a ***mental hospital***.

정신 치료 **psychotherapy**

그는 정신 치료를 받고 있다.

He is undergoing ***psychotherapy***.

심리학자 psychiatrist

심리 치료 psychiatric treatment

정신 분석, 정신 분석학 psychoanalysis

프로이트는 정신 분석학으로 유명하다.

Sigmund Freud is famous for his ***psychoanalysis***.

심리 테스트 psychiatric test

나는 심리 테스트 결과를 바탕으로 정신병 진단을 받았다.

I was diagnosed with a mental illness upon the result of my ***psychiatric test***.

심리적 안정 emotional tranquility

진정제 sedative

신경 안정제 tranquilizer

심리적 안정을 위해서 지나치게 안정제에 의존하는 것이 걱정스럽다.

It worries me that I depend on ***tranquilizers*** too much for my emotional stability.

최면술 hypnosis

최면술을 통해 경찰은 범죄자로부터 진실을 얻어낼 수 있다.

With ***hypnosis***, police can bring out the truth in offenders.

신경질환 neural disease

간질병 epilepsy

척추 손상 spinal cord injury

실어증 aphasia, speech loss

전신 마비 generalized paralysis, general paresis

전신 마비 환자…

...patient with ***generalized paralysis***...

하반신 마비 paralyzed from the waist down, paraplegia

그는 척추 손상으로 하반신이 마비되었다.

He was ***paralyzed from the waist down*** because of ***spinal cord injury***.

심인성 psychogenic

신경성 neurogenic, nervosa

호주 여성에게 세 번째로 흔한 만성 질병은 신경성 식욕 부진이다.

Anorexia ***nervosa*** is the third most common chronic illness in Australian women. (*Melbourne Herald Sun*)

경련 spasm

안면 근육에 경련이 일어났다.

There was a ***spasm*** of facial muscles.

뇌질환 **brain disease, encephalopathy**

뇌염 **encephalitis**

일본 뇌염 **Japanese Encephalitis (JE)**

전국이 일본 뇌염 비상에 걸렸다.

The whole nation has been warned to take precautions against the deadly ***Japanese Encephalitis*** (***JE***).

뇌막염 **meningitis**

뇌성마비 **cerebral palsy**

뇌혈관 질환 **cerebral vascular disease**

뇌일혈 **cerebral hemorrhage, apoplectic stroke**

뇌졸중, 중풍 **stroke, cerebral apoplexy**

뇌졸중 환자의 3분의 2가 생존한다.

Two-thirds of ***stroke*** victims survive.

뇌종양 **brain tumor**

피부병 **skin disease, dermatosis**

환부 **affected area**

물집 **blister**

피부가 건조해지면서 무척 가렵고, 심하면 물집까지 생기는 습진이 도지기도 한다.

With increased dryness of skin, the itching becomes severe, and can develop into eczema accompanied with ***blisters***.

부기 **swelling, puffiness**

부기가 많이 빠졌다.

The ***swelling*** has gone down considerably.

열, 통증, 부기 또는 고름이나 피가 섞인 농이 흐르면 의사에게 보여야 한다.

Consult the health care provider if you develop signs of infection, including fever, pain, redness, localized ***swelling***, or drainage that looks like pus or is bloody.

종기 **boil, furuncle**

등에 종기가 났다.

I have a ***boil*** on my back.

농, 고름 **pus**

— 흐름 **ooze, discharge**

상처가 감염되어 고름이 생겼다.

The wound was infected and shows a collection of ***pus*** in the skin.

진물 **ooze, fluid, discharge**

상처에서 고름이나 진물이 흐르면…
If the wound starts to ***ooze pus or clear fluid***...
진물을 흡수한다.
...absorb the ***wound ooze***.

민감성 피부	sensitive skin
피부 자극	skin irritation
가려움	itching, pruritus
붉어짐	redness

민감성 피부는 향이 들어간 비누를 피해야 한다.
People with ***sensitive skin*** should avoid strongly scented soaps.

소독	disinfection, cleanse
소독약	antiseptic, disinfectant

환부를 소독약으로 소독한 후 연고를 바르도록 한다.
Disinfect the affected area ***with antiseptic*** and apply the ointment.

피부 연고	skin ointment/cream
환부	affected area
국부용	topical skin ointment

국부용 피부 연고를 환부에 4시간마다 바른다.
Apply the ***topical skin ointment*** on the ***affected area*** every 4 hours.

상피 조직	epithelial tissue
피하 지방	subcutaneous fat
피부염	dermatitis
아토피성 피부염	atopic dermatitis

30여 년 전만 해도 볼 수 없었던 아토피성 피부염을 앓고 있는 아이들이 갑자기 증가하고 있다.
There is a sudden increase of the number of children suffering from ***atopic dermatitis***, a disease unheard of only 30 years ago.

여드름	acne, pimple
무좀	athlete's foot
땀띠	prickly heat, miliaria, heat rash
습진	eczema
주부 습진	housewives' eczema

주부 습진 및 피부염을 예방하기 위해 고무장갑을 사용할 것을 권장하고 있다.
Plastic gloves are recommended to be worn in order to prevent ***housewives' eczema*** and ***dermatitis***.

항균제	anti-bacterial drug

소염제 anti-inflammatory drug
항진균제 anti-fungal agent, anti-fungal
소아 질환 pediatric disease
신생아 황달 neonatal jaundice
태열 congenital fever

태열은 한 살 미만 아기의 아토피성 피부염인데, 보통 걸어다닐 때가 되면 사라진다.

Congenital fever is an atopic dermatitis of infants under 1 year and usually disappears by the time the infants start to walk.

성홍열 scarlet fever, scarlatina
백일해 whooping cough, pertussis
디프테리아 diphtheria
풍진 rubella
홍역 measles, rubeola
소아 당뇨병 pediatric diabetes
소아 천식 pediatric asthma
기저귀 발진 diaper rash
유아급사증후군 Sudden Infant Death Syndrome (SIDS)

생후 2개월에서 12개월 사이의 영아의 경우 가장 흔한 사망 원인은 사고와 SIDS다.

The most common causes of death among infants between 2 and 12 months old are injury and ***Sudden Infant Death Syndrome*** (***SIDS***). (*Reuters*)

바로 재우기 baby sleeping on back
엎어 재우기 baby sleeping on stomach

유아급사증후군으로 인하여 아기를 엎어 재우지 않도록 권장한다.

Due to ***SIDS***, doctors recommend that babies are not ***put to sleep on their stomachs***.

열관련 질환 heat related ailments
동상 frostbite
이상체온 저하증 hypothermia
일사병 sunstroke, heliosis
열사병 heat exhaustion
화상 burn
1도 화상 1st degree burn
피부 이식 skin graft

심한 화상을 입은 환자도 피부 이식으로 생명을 구할 수 있다.
For severe ***burn victims***, successful ***skin grafts*** can be a matter of life or death.

부인병 gynecopathy, female disorder
　여성 클리닉 women's clinic
유방 X선 mammograph, mammogram
자궁(경부)암 검사 cervical cancer checkup
　세포진 검사 pap smear (Papanicolaou smear)

자궁암 검사도 받아보지 않은 수천 명의 여성들이 매년 자궁경부암으로 죽는다.
Cervical cancer still kills thousands of women every year, and those women have not received a ***Pap smear***. (*ABC news*)

월경 불순 menstrual irregularity
　냉 female discharge, vaginal discharge, leukorrhea
　대하 fluor, leukorrhea

갱년기 증상으로 월경 불순이 있다.
Menstrual irregularity is a symptom of menopause.

불감증 frigidity, female sexual arousal disorder (FSAD)
생리통 cramp
폐경 menopause
　안면 홍조 hot flash, hot flush
　갱년기 장애 menopausal disorder
　호르몬 대체 요법 hormone replacement therapy (HRT)

갱년기 장애가 있는 여성들에게 호르몬 대체 요법이 종종 사용된다.
Hormone replacement therapy is commonly used for women with ***menopausal disorders***.

장기적 호르몬 대체 요법으로 심장 질환에 걸릴 위험이 커질 수 있다는 연구 결과가 나오자 여성들은 호르몬 대체 요법을 피하고 있다.
Women are shunning ***HRT*** after research linked its long-term use to an increased risk of heart disease.

복강경 laparoscope
　복강경 검사 laparoscopy

복강경 검사(시술)를 통해 큰 요로 결석들을 제거할 수 있다.
Large stones in the urinary system can be removed by ***laparoscopy***.

독쇼크 증후군 toxic shock syndrome (TSS)
남성 질환 andrological disorder
　남성 클리닉 andrology clinic, men's clinic

전립선암 prostate cancer
발기 불능 impotence
발기 부전 erectile dysfunction (ED)

발기 부전은 주로 65세 이상의 남성들에게 더 흔히 찾아볼 수 있으나, 모든 연령층에서 나타날 수 있다.

Although ***erectile dysfunction(ED)*** is more common in men older than 65, it can occur at any age.

조루증 premature ejaculation
정관 수술 vasectomy

많은 부부들이 영구적인 피임 방법으로 정관 수술을 선택한다.

Many couples choose ***vasectomy*** as a means of permanent birth control.

노인병 geriatric disease
노인병학 gerontology
퇴행성 질환 degenerative disease

퇴행성 질환은 질병이라기보다는 누구나가 경험하는 노화의 한 과정이다.

Degenerative disease is not a disease, it's a process that occurs with aging in virtually all individuals.

노인성 치매 senile dementia
알츠하이머병 Alzheimer's disease
노화 ageing
노화 방지 클리닉 anti-ageing clinic
알레르기 질환 allergic disease
알레르기 allergy

나는 X에 대한 알레르기가 있다.

I am ***allergic to*** X.

I have ***an allergy to*** X.

알레르기 항원 allergen

꽃가루나 먼지 같은 알레르기 항원이 알레르기를 유발한다.

Allergens such as pollen or dust cause allergic reactions.

꽃가루 알레르기 pollen allergy
식품 알레르기 food allergy
먼지 알레르기 dust allergy
집진드기 house dust mite

나는 먼지 알레르기가 있다.

I have ***dust allergy***.

I am ***allergic to dust***.

알레르기 반응 **allergic reaction, allergic response**

과민 반응 **hypersensitive reaction**

환자가 X에 대하여 알레르기 반응을 보이다.

...the patient ***shows an allergic reaction to*** X.

감작 **sensitization**

항알레르기 약 **anti-allergic drug**

현재 개발되고 있는 항알레르기 약은 첫 단계 임상 실험을 성공적으로 통과했다.

The anti-allergic drug in development has successfully passed the first stage of clinical trials.

피부 알레르기 **skin allergy**

집진드기가 피부 알레르기를 일으킨다.

The house dust mite causes ***skin allergy***.

의학 용어			
Latin	English	우리말	Examples
질환 및 증상			
itis	inflammation	염증	dermatitis (피부염) encephalitis (뇌염)
osis	condition	상태	sclerosis (경화증) osteoporosis (골다공증)
hyper	above normal	초, 과	hypertension (고혈압) hyperlipodemia (고지혈증)
hypo	below normal	저	hypothermia (체온저하증) hypotension (저혈압)
phobia	abnormal fear	공포	hydrophobia (공수병) acrophobia (고소공포증)
philia	attraction	호, 친	hemophilia (혈우병) pedophilia (소아기호증)
oma	tumor	종양	sarcoma (육종) myoma (근종)
patho	diseases	질병	psychopathy (정신병) pathogen (병원체)
carcino	cancer	암	carcinogen (발암물질) carcinoma (암종)
litho	stone	결석	cholelithiasis (담석증) nephrolithiasis (신장결석)

dys	difficulty	곤란, 불량	dyspepsia (소화불량) dyspnea (호흡곤란)
sclero	hard	경화	multiple sclerosis (다발성경화증) arteriosclerosis (동맥경화증)
		신체 부위	
psycho	mind	정신	psychopathy (정신병) psychosomatic (심인성)
cerebro	brain	대뇌, 뇌	cerebral palsy (뇌성마비) cerebroma (뇌종)
cephalo	head	두부	encephalitis (뇌염) encephaloma (뇌종양)
cardio	heart	심장	cardiology (심장학/과) cardiac disease (심장질환) electrocardiogram (심전도)
gastro	stomach	위	gastritis (위염)
pneumo	lungs	폐	pneumonia (폐렴)
hepato	liver	간	hepatitis (간염)
nephro, reno	kidney	신장	nephritis (신장염) renal calculus (신장결석)
ophthalmo, occu	eye	눈	ophthalmology (안과) ophthalmitis (안염)
oto	ear	귀	otorhinolaryncology (이비인후과) otitis (이염)
rhino, naso	nose	코	otorhinolaryncology (이비인후과) rhinitis (비염)
dermato	skin	피부	dermatitis (피부염) dermatology (피부학/과)
cyte	cell	세포	leukocyte (백혈구) erythrocyte (적혈구)
em	blood	혈액	leukemia (백혈병) anemia (빈혈)
hemo	blood	혈액	hemophiliac (혈우병) hemoglobin (헤모글로빈)
osteo	bone	골	osteoporsis (골다공증) osteitis (골염)
myo	muscle	근육	myocardiac infarction (심근경색증) myofibroma (근섬유증)

neuro	nerves	신경	neurology (신경학) neuralgia (신경통)
lipo	fat	지방	liposuction (지방흡입술) hyperlipidemia (고지혈증)
		기타	
leuko	white	백색	leukemia (백혈병) leukocyte (백혈구)
melano	black	흑색	melanin (멜라닌) melanoma (흑색종)
gram	record	기록	electrocardiogram (심전도영상) sonogram (초음파 영상)
thermo	heat	열	hypothermia (이상체온저하증) thermometer (체온계)
ectomy	excision, cut out	절제술	mastectomy (유방절제술) vasectomy (정관절단술)
gnos	knowledge	인지	prognosis (예후) diagnosis (진단)
scope	view	경	endoscope (내시경) microscope (현미경)

질환표 Table of Disease

소화기 질환 Gastroenteric Disease	
위궤양	stomach ulcer
위경련	convulsion of the stomach
위염	gastroenteritis, gastritis
위출혈	stomach hemorhage
십이지장궤양	duodenal ulcer
십이지장염	duodenitis
장질환 Enteropathy, Intestinal Disease	
급성맹장염(충수염)	acute appendicitis/cecitis
만성맹장염(충수염)	chronic appendicitis/cecitis
장염	enteritis
대장염	colitis
탈장	hernia

치질	hemorrhoids
수치질	external hemorrhoids
암치질	internal hemorrhoids
심혈관계 질환 Cardiovascular Disease (CVD)	
심장병	heart disease, cardiac disease, cardiopathy
심부전	heart failure
심근경색증	myocardial infarction (MI)
부정맥	arrhythmia
동맥류	aneurysm
협심증	angina, angina pectoris
선천성 심장병	congenital heart disease
심장마비	heart attack, cardiac arrest
동맥경화증	arteriolosclerosis
뇌졸중	stroke
뇌출혈	cerebral hemorrhage
관상동맥질환	coronary heart disease (CHD)
색전증	embolism
혈액 질환 Hemopathy, Blood Disease	
백혈병	leukemia
혈우병	hemophilia
악성빈혈	pernicious anemia, malignant anemia
만성빈혈	chronic anemia
고지혈증	hyperlipidemia
혈전증	thrombosis
색전증	embolism
패혈증	septicemia
후천성면역결핍증	AIDS (Acquired Immuno-Deficiency Syndrome)
고혈당증	hyperglycemia
저혈당증	hypoglycemia
허혈	ischemia

간 질환 Liver Disease	
간기능저하	liver failure
간염	hepatitis
바이러스성 간염	viral hepatitis
간경변(간경화)증	hepatic cirrhosis, liver cirrhosis
지방간	fatty liver
췌장염	pancreatitis
담석	gallstone
담석증	cholelithiasis
호흡기 질환 Respiratory Disease	
폐렴	pneumonia
폐결핵	tuberculosis
질식	asphyxia
무호흡	apnea
수면무호흡증	sleep apnea
기관지 천식	bronchial asthma
기관지 폐렴	bronchial pneumonia
기관지염	bronchitis
소아천식	pediatric asthma
편도선염	tonsillitis
후두염	laryngitis
인후염	pharyngitis, pharyngolaryngitis
상기도감염	upper-respiratory tract infection (URI)
신장 질환 Kidney Disease, Renal Disease	
신부전증	kidney failure
신장염	nephritis
신장결석	renal calculus, nephrolith, kidney stone
비뇨기계 질환 Urinary Disease	
방광염	urocystitis, cystitis
요실금	(urinary) incontinence

야뇨증	nocturnal enuresis, bedwetting
요로(도)결석	urethal calculus, urolithiasis, urethal stone
요도염	urethritis
내분비계 질환 Endocrinopathy	
갑상선 기능항진증	hyperthyroidism, over active thyroid glands
갑상선 기능저하증	hypothyroidism, under-active thyroid glands
당뇨병	diabetes
갑상선염	thyroiditis
임파선염	lymphadenitis, adenitis
골질환 Bone disease, Osteopathy	
골수염	osteomyelitis
골다공증	osteoporosis
골관절염	osteoarthritis
관절염	arthritis
퇴행성 관절염	degenerative arthritis
류머티즘	rheumatism
허리 디스크	slipped disc, lumbar herniated intervertebral disc
근육 및 조직 질환 Muscular and Tissue Disease	
근위축증	muscular dystrophy
근경화증	myosclerosis
근건염	tendinitis
다발성 경화증	multiple sclerosis
근섬유증	myofibrosis
위축증	atrophy
낭성섬유종	cystic fibrosis
파킨슨병	Parkinson's Disease
안질환 Eye Disease	
백내장	cataract
녹내장	glaucoma
결막염	conjunctivitis, pink eye

사시	squint, strabismus
외사시	divergent strabismus, exatropia
내사시	convergent strabismus, esotropia
난시	astigmatism
색맹	color blind(ness), daltonism
아폴로눈병	Apollo conjunctivitis
충혈안	pink eye
이비인후 질환 ENT disease	
이염	otitis
중이염	otitis media
비염	rhinitis, sinus infection
알레르기성 비염	allergic rhinitis
축농증	sinusitis, empyema,
뇌 및 신경질환 Brain and Neural Disease	
간질병	epilepsy
마비	paralysis
뇌염	encephalitis
뇌막염	meningitis
뇌성마비	cerebral palsy
뇌혈관질환	cerebral vascular disease
뇌졸중	cerebral apoplexy, stroke
신경통	neuralgia
실어증(감각성)	aphasia
치과 질환 Dental/Periodontal Disease	
치은염	gingivitis
치주염	periodontitis
충치	cavity, dental caries
피부 질환 Skin Ailment	
여드름	acne, pimple
무좀	athlete's foot

피부 알레르기	skin allergy
아토피성 피부염	atopic dermatitis
포진성 피부염	dermatitis herpetiformis
습진	eczema
주부습진	housewives' eczema
땀띠	prickly heat, miliaria, heat rash
티눈	corn
피부염	dermatitis
파상풍	tetanus
소양	itching, pruritus
옴, 개선	scabies
백피증	albinism
탈모증	hair loss, alopecia
원형탈모증	alopecia areata
거스러미	hang nail
내향성 발톱	ingrown toenail, ingrowing nail
열 관련 질환 Heat Related Ailments	
동상	frost bite
이상체온저하증	hypothermia
일사병	sunstroke, heliosis
열사병	heat exhaustion
화상	burn
감염성 질환 Infectious Disease	
이질	dysentery
콜레라	cholera
장티푸스	typhoid fever
뇌염	encephalitis
수두	chicken pox, varicella
나병	leprosy
천연두	small pox

소아마비	poliomyelitis, polio
광견병	rabies
광우병	mad cow disease, Bovine Spongiform Encephalopathy (BSE)
매독	syphilis
임질	gonorrhea
에이즈	AIDS (Acquired Immuno-Deficiency Syndrome)
대상포진	herpes zoster, shingles
정신 질환 Psychosis, Mental Illness	
기억상실증	amnesia
건망증	amnesia
고소공포증	acrophobia
고층공포증	fear of heights, batophobia
실어증(건망성)	anomia, aphasia
정신분열증	schizophrenia
조울증	manic depression
자폐증	autism
의처증, 의부증	insane jealousy
노이로제	neurosis, paranoia
신경쇠약	nervous breakdown, neurasthenia
소아 질환 Pediatric Ailments	
신생아황달	neonatal jaundice
언청이	cleft palate
태열	congenital fever
성홍열	scarlet fever, scarlatina
백일해	whooping cough, pertussis
디프테리아	diphtheria
풍진	rubella
홍역	measles, rubeola
소아당뇨병	pediatric diabetes

소아천식	pediatric asthma
영아급사증후군	Sudden Infant Death Syndrome (SIDS)
다운증후군	Down's syndrome
여성 질환 Female Disorder	
불임	infertility
갱년기장애	menopausal disorder
자궁근종	uterine myoma
자궁물혹	uterine cyst
자궁암	uterine cancer
자궁경부암	cervix cancer
유방암	breast cancer
남성 질환 Androgenic Disease	
전립선암	prostate cancer
발기부전	erectile dysfunction
조루증	premature ejaculation
통증 Pain	
두통	headache
편두통	migraine
치통	dental pain, toothache
생리통	menstrual cramps
복통	abdominal pain
요통	back pain
근막통증증후군(담)	Myofacial Pain Syndrome (MPS)
섬유 근육통 증후군	Fibromyalgia Syndrome (FMS)
오십견	frozen shoulder
기타 Others	
수면무호흡증후군	sleep apnea syndrome
불면증	insomnia
독소쇼크 증후군	Toxic Shock Syndrome (TSS)
몽유병	sleep walking, somnambulism, noctambulism

급성호흡기증후군	Severe Acute Respiratory Syndrome (SARS)

신체표 Table of Body	
머리와 목 head and neck skull, cranium	
뇌 (encephalo~ : brain)	encephalon, brain
대뇌 (cerebral~ : brain)	cerebrum
소뇌	cerebellum
숨골, 연수	afterbrain, medulla oblongata
대뇌피질	cerebral cortex
대뇌반구	cerebral hemisphere
좌뇌	left hemisphere of the brain
우뇌	right hemisphere of the brain
뇌막	meninges
뇌수, 뇌척수액	cerebrospinal fluid (CSF)
모발 (trich)	hair
두피	scalp
피지	sebum
이마	forehead, brow
관자놀이	temples
볼	cheek
눈 (occu~, ophthalmo~ : eye)	eyes
안구	eyeball, phthalmos
홍채	iris
동공	pupil
각막	cornea
망막	retina
수정체	lens
시신경	optic nerve
코 (rhino~ : nose)	nose
비강	nasal cavity
콧구멍	nostrils, nares, nasal opening

콧등	bridge, ridge of nose
코털	nose hair, vibrassa
입	mouth
구강	oral cavity
잇몸	gum, gingiva
구개	palate
미각	gustatory sense, taste sense
치신경	dental nerve
유치, 젖니	baby tooth
영구치, 간니	permanent tooth
앞니	incisor, front tooth
송곳니	cuspid, canine tooth
앞어금니, 전구치	premolar, bicuspid
어금니, 구치	molar
사랑니	wisdom tooth
시멘트질	cementum, cement
법랑, 에나멜질	enamel
귀 (oto~ : ear)	ears
외이	outer ear, external ear
중이	middle ear, tympanum
내이	inner ear
귀볼, 귀밥	lobule, ear lobes
귀바퀴	helix
고막	eardrum, tympanic membrane
달팽이관	cochlea
청신경	auditory nerves, acoustic nerves
귀지	ear wax, cerumen
턱	jaw, chin
상악골	upper jaw, maxilla
하악골	lower jaw, mandible

목	neck
목 앞부분	collum
목 뒷부분	cervix
후골	Adam's apple, thyroid cartilage
목덜미	back neck, nape, nucha
목구멍, 인후	throat, fauces
인후	pharynx
후두	larynx
기관	trachea, windpipe
기관지	bronchia
기도	airway, respiratory tract
상기도	upper-respiratory tract
성대	vocal cords
목젖	uvula
편도선	tonsil
림프선	lymph gland
몸통 trunk	
가슴, 흉부 (thoraco~ : thorax)	thorax
어깨	shoulder
내장	viscera
배, 복부 (abdomino~ : abdomen)	abdomen, belly
하복부	lower abdomen
상복부	upper abdomen
척추	backbone, spinal column
경추	cervical vertabrae
요추	lower back
요복, 측복	loin
골반 cervical vertabrae	pelvis
늑골	rib
배꼽	navel, umbilicus

유방	breast
엉덩이	buttocks, natis
복강신경총, 명치	solar plexus
사지 및 수족 arms, legs and extremeties	
팔	arm
겨드랑이	armpit, axilla
상완이두근, 위팔두갈래근	biceps
상완삼두근, 위팔세갈래근	triceps
팔뚝, 전완	forearm
팔꿈치	elbow
손목	wrist
손	hand
엄지	thumb
집게손가락	index finger, forefinger
장지	middle finger, second finger
약지	annulary, ring finger, third finger
새끼손가락	little finger, pinkie
손바닥	palm
손등	back of hand
손톱	finger nail
각피	cuticle
다리	leg
대퇴골	femur, thighbone
허벅지	thigh
무릎	knee
슬건	ham string
종아리	calf
정강이	shank
발목	ankle
발	foot

발 아치	arch
발바닥 앞쪽	ball
발뒤꿈치	heel
엄지발가락	big toe
평발	flat foot
피부 (dermato~ : skin)	skin
상피	epithelium
진피	dermis
표피	epidermis
피하지방	subcutaneous fat
점액	mucus
막	membrane
점막	mucous membrane
모발	hair
모근	hair root
모낭	hair follicle
심혈관 및 순환계 cardiovascular and circulatory systems	
혈관계 (angio~ : vessel)	vascular system
대동맥	aorta
동맥 (arterio~ : artery)	artery
대정맥	vena cava
정맥	vein
관상동맥	coronary artery
폐동맥	pulmonary artery
폐정맥	pulmonary vein
모세혈관	capillary
심장 (cardio~ : heart)	heart
좌심방	left atrium
우심방	right atrium
좌심실	left ventricle

우심실	right ventricle
혈액 (hemo~ : blood)	blood
적혈구	red blood cells, erythrocyte
백혈구	white blood cells, leukocyte
혈청	serum
혈장	plasma
혈소판	platelet, thrombocyte
호흡계 respiratory system	
허파 (pneumo~ : lung)	lung
인두	pharynx
후두 (laryngo~ : larynx)	larynx
기관	trachea
기관지	bronchus
횡경막	diaphragm
소화기계 digestive system	
위장관	gastrointestinal tract (G.I. tract)
식도	esophagus
십이지장	duodenum
위장 (gastro~ : stomach)	stomach
위벽	stomach wall
위산	gastric juice, stomach acid
위점막	gastric mucous membrane
대장	large intestine
소장	small intestine
맹장(충수)	appendix
직장	rectum
결장	colon
항문	anus
내분비계 endocrinal system	
림파계	lymphatic system

림프액	lymph
림프구	lymphocyte
림프선	lymphatic gland
림프절	lymph node
갑상선	thyroid gland
뇌하수체	pituitary gland
부신피질	adrenal cortex
흉선	thymus gland
땀샘, 한선	sweat gland
유선	mammary gland
간 (hepato : liver)	liver
담관	biliary duct
담즙	bile, gall
담낭	gallblader, bile-cyst
이자	pancreas
신장 (nephro : kidney)	kidney
생식 비뇨기계 reproductive and urinary system	
비뇨기계	uninary system
요도	urethra
요로	urinary tract
방광	bladder, urinary cyst
생식계	reproductive system
자궁	uterus, womb
자궁경부	cervix
질	vagina
성선	gonad
난소	ovary
난자	ovum, egg
태아	fetus, foetus
탯줄	umbilical cord

태반	placenta
고환	testicles, testis
음낭	scrotum
음경, 페니스	penis
정자	sperm
신경계 (neuro~ : nerves) nervous system	
중추신경계	central nervous system
신경절	ganglion
반사신경	reflex nerves
운동신경	motor nerves
시냅스	synapse
뉴런	neuron
교감신경	sympathetic nerve
부교감신경	parasympathetic nerve
감각기관	sensory organs
촉각	tactile sense
미각	gustatory sense
후각	olfactory sense
청각	auditory sense
시각	optical sense
근골격계 (osteo~ : bone) musculoskeletal system	
골격계	skeletal system
척추골	vertebra
늑골	rib, costa
두개골	skull, cranium
쇄골	collarbone, clavicle
복장뼈	sternum, breastbone
손목뼈	wrist bone
관골	hip bone, os coxae
골반	pelvic bone, pelvis

미골, 꼬리뼈	tail bone, coccyx
대퇴골	thigh bone, femur
종아리뼈, 비골	fibula
정강이뼈, 경골	shinbone, tibia
발목뼈	ankle bone
연골, 물렁뼈	cartilage
골수	bone marrow
근육계 (musculi~, myo~ : muscular) muscular system	
건, 힘줄	tendon
인대	ligament
수의근	involuntary muscle
불수의근	voluntary muscle
상완이두근, 위팔두갈래근	biceps
상완삼두근, 위팔세갈래근	triceps
복부근	abdominal muscles
흉근	pectoral muscles
오금줄	hamstrings
안근	eye muscles, musculi oculi, ocular muscle(s)

찾아보기

ㄷ

ㅂ

알파벳

A

D

E

F

M

O

P

S

T

U

V

이진영

약력

- 이화여자대학교 불어불문학과 졸업(B.A.)
- 미국 Rhode Island School of Design 졸업(Bachelor of Fine Arts)
- 한국외국어대학교 통번역대학원 한영과 졸업(M.A.)
- 국제회의통역사협회(A.I.I.C.) 정회원
- 국제회의통역사협회 인증 자문통역사(AIIC Accredited Consultant Interpreter)
- 미 국무부 인증 국제회의통역사(US DOS Certified Conference Interpreter)
- C.I.A.P(Conference Interpreters Asia Pacific) 정회원
- 전 이화여자대학교 통역번역대학원 교수
- 전 이화여자대학교 통역번역대학원장
- 2011년 대통령 표창
- 2013년 외교통상부 장관 표창

주요 활동

통역

- ASEM 정상회의, APEC 정상회의, G8 정상회의, 세계지식포럼 등 총 2,500회가 넘는 통역 활동

자문/총괄

- 2021 P4G 서울정상회의
- 2016-2020 SBS 디지털포럼
- 2009, 2014-2019 한-아세안특별정상회의
- 2015 UNESCO World Conference on Education
- 2014 ITU 총회
- 2013 Seoul Conference on Cyberspace
- 2012 제2차 핵안보정상회의(Nuclear Security Summit)
- 2012 세계자연보전총회(IUCN)
- 2011 4차 OECD 세계개발원조총회
- 2010 서울 G20 정상회의
- 2003 아시아 유럽 비즈니스 포럼
- 2002 세계지식포럼
- 2001 제1차 APEC 관광장관회의
- 2000 세계그래픽디자인(ICOGRADA) 특별 총회
- 1998 국제증권업협회(ICSA) 연차 총회

출판

- 『이진영의 통역번역 기초사전』
- 『글로벌 리더들을 위한 영어 스피치』(2015 세종도서 교양부문 선정)

기타

- 전문영어 학습사이트인 <통대영어 마스터클라스https://blog.naver.com/english4pros> 블로그 운영

이진영의 통역번역 기초사전 (제4개정판)

펴낸날 1판 1쇄 2004년 1월 30일
2판 1쇄 2007년 8월 24일
3판 1쇄 2020년 3월 3일
4판 1쇄 2023년 3월 14일
2쇄 2024년 8월 30일

엮은이 이진영
펴낸이 주소현
펴낸곳 이화여자대학교출판문화원
주소 서울특별시 서대문구 이화여대길 52 (우03760)
등록 1954년 7월 6일 제9-61호
전화 02) 3277-2965(편집), 362-6076(마케팅)
팩스 02) 312-4312
전자우편 press@ewha.ac.kr
홈페이지 www.ewhapress.com
책임편집 이혜지, 이지예
디자인 정혜진

ISBN 979-11-5890-484-5 11740
값 35,000원